鄉導

（四）

The Guide weekly

嚮導

週報

第一百五十一期

目次

一九二六年五月一日

第一次和第三次勞動大會之間的中國勞動運動

獨秀

中國之有勞動運動，其歷史還很短，中國的工業猶未發展，工人的數量在全國人口比例上還很小；可是中國勞動運動的特色，一開始便是政治的和革命的，這是因為中國自身是半殖民地，他的幼稚工業沒有別的殖民地供他剝削，以養成勞工貴族，以造成改良運動。并且中國的產業大部分在外國帝國主義或國內軍閥管轄之下（如輪船鐵路紗廠香烟廠礦山等），所以中國勞動運動之對象，大部分便是帝國主義與軍閥政府，同時統治中國的帝國主義與軍閥政府，就是中國民族革命的對象，因此反對帝國主義反對軍閥政府，就成了民族運動和勞動運動之共同的政綱，而且這兩個運動也只有共同力求實現這政綱，才有出路。

第一次和第二次勞動大會之間的中國勞動運動，其主要的是反對軍閥之「二七運動」；第二次和第三次勞動大會之間的主要運動，是反對帝國主義之「五卅運動」。這兩個運動雖然都失敗了，但後者却有偉大的成績與影響。

在五卅運動前，已經有了國民黨改組，國民軍發生，鐵路總工會成立，膠濟路罷工，上海及青島紗廠罷工，這些事實；第二次勞動大會開會時，已到了中國民族運動和勞動運動爆發的焦點，大會一閉幕，震驚世界的五卅運動便發生了。

五卅運動固然是各階級聯合的民族鬥爭，然而實際上和帝國主義直接抗爭的，乃是上海香港漢口九江南京青島天津焦作等處的罷工工人，其他各界人士不過是工人階級之聲援罷了。真能使帝國主義在華權利發生根本動搖的，也只有這些罷工。

五卅運動雖然因為英日帝國主義利用奉軍的高壓而失敗了，然而他在民族運動上在勞動運動上的成績與影響，我們是不能忽略的。

香港的大罷工，在香港及廣州的工會統一運動上收了很大效果，此次罷工固然有賴於國民政府之勝利始克實現，同時這次罷工也鞏固了國民政府，使國民政府在對外抵抗香港政府勢力上，在對內鎮壓反動勢力上，都得着有力的援助。

上海的大罷工，喚醒了全國的民族覺悟，尤其在上海本地，資產階級至今猶繼續他們和平的民族平等運動，如關稅自主，設立關稅公庫，收回會審公堂，工部局增加華董，公園開放，修改洋涇浜章程等。在工人階級自身的力量上，五卅以前只有很少數散漫組織或空招牌的工會；五卅以後雖然未能繼續維持當時二十萬罷工工人大羣衆的組織，而全上海三十六萬餘產業工人中，已經有約四分之一的工人有了羣衆的組織，最重要的是紗廠工會（五萬餘人）印刷工會（五千餘人）海員工會（二千餘人）碼頭工會（二千餘人），都在他們的總機關上海總工會領導之下，公開的或半公開的進行工作。五卅政治罷工失敗，又接之以經濟罷工，當時幾乎全上海無一工廠沒有經濟的罷工，即五卅運動中未舉行政治罷工的，此時也舉行了經濟罷工。即在最近數月，此次經濟罷工猶未停止，略如左表：

（自一月一日起至四月一日止）

產業	次數	參加人數	罷工期時間
紗廠	一四	一二•八〇〇	五五七•二五〇
郵務	一	六〇〇	（未罷成）
金銀業	一	四〇〇	二四•〇〇〇
商務印書館	一	四〇〇	四〇〇

麻袋	一	一・五〇〇	四・五〇〇
棧廠	一	七〇〇	
共計	一八	一六・四〇〇	五八六・一五〇

『有了組織便要罷工』，這是上海工人的特性，這因爲上海的物價不斷的增高，而工資不增，便等於不斷的減少工資；尤其是碼頭工人，他們的工資并且比去年平均減少了一半以上，這困苦不堪的五萬苦力，是眼前上海勞動運動一個最緊急的問題。

除了香港上海，從青島到濟南沿膠濟路一帶，也是一個中國革命的工人區域。這裏的十餘萬紗廠路礦市政工人，在五卅前後可悲可敬的爭鬥與流血，比任何地方都劇烈；無論經過若何慘的失敗，都沒有反動的變相發生。他們現在雖在張宗昌蹴踢蹂躪之下，猶念念不忘階級的組織與政治的爭鬥；他們的組織，他們的理想，雖然還很幼稚，而他們的本質，我們敢說是全中國工人中最英雄的部分。

沿京奉路即唐山與天津，是北方唯一的工業區，在國民軍失敗之前，天津已有五萬紗廠及城市工人組織起來，并有了他們的公開的天津總工會；唐山除原有路工外，六萬礦工亦已開始組織；國民軍退後，天津唐山都入了奉軍的範圍，工會絕對不能公開，在發展上受了很大的打擊。

北京本是一個沒有烟囱的地方，然而五卅運動後，也居然有了數千工人組織起來的北京總工會，并且熱烈的參加政治爭鬥，在羣衆的示威運動中，幾乎代替了『五四』以來的學生地位。現在奉軍入京，他不免也要受點挫折。

北方的鐵路工人運動，本居全國工人運動中首要地位；可是『二七』的傷痕猶未全愈，十餘萬路工，有組織的尚不及三分之一，現在京奉膠濟二路及津浦路之大部分，又都在奉軍高壓之下，京漢路工友與舊敵吳佩孚重逢，眼前在組織上在行動上，都有很嚴重的障礙。

漢口本是中國工業中心之一，在『二七』前，工會運動本甚發達，其後因『二七』以來的政治壓迫，農民因災失業勞力過剩及工賊活動這三個原因，所以在五卅運動中，漢口工人未能和上海香港工人携手并進；即五卅後，工會運動仍然沒有若何發展。

湖南的礦工運動雖然有兩處新的發展，而兩處舊的組織——水口山與安源却都破壞了（安源雖在江西省境內，而在工人運動的歷史關係上，則屬於湖南）；一萬多人的安源礦工組織，爲日本帝國主義者假手於中國公司所破壞，并且公司爲日本資本壓迫而瀕於破產，在山工作的工人已減少一半以上。長沙的城市工人，大部分都有了組織，且能夠參加地方的政治爭鬥。

依過去一年的經驗，尤其是五卅運動中的經驗，我們對於中國的勞動運動，可以得到以下的結論：

（一）我們固然不能誇大的說中國工人已是現時中國革命之唯一的勢力，而却不能不承認牠是一種重要的可靠的力量。

（二）中國的勞動運動之勝敗，和中國民族運動之勝敗，是在相互影響之下進行的。

（三）在民族運動得到相當勝利的地方，不但工會，即革命的組織亦能相當的存在；反之在反動的軍閥勢力之下，任何工人的組織都不能存在，雖改良派的工會亦不能發生。

（四）崩潰中的中國軍閥勢力，斷難長期鞏固其統一政權，民族運動和勞動運動這兩種勢力結合起來，隨時隨地都有衝破軍閥勢力之可能。

（五）中國工人不但要擴大及鞏固自己階級的聯合戰線，且急需工農聯合之成立，并且要和城市小資產階級甚至大資產階級成立反帝國主義反軍閥的聯合戰線，如此才能夠得工人階級在政治爭鬥上和經濟爭鬥上的初步勝利。

中國之革命的五月與馬克思主義

秋白

五七、五四、五卅、五一——五五

中國的五月有許多革命運動的紀念日——上海工部局總董費信惇，經過去年五卅的懲創之後，正在這『革命的五月』之前寢食不安的担心着。可是，他所最担心的，并不是登在廣告上力爭華董的商界——因爲高等華人是中國的優秀份子，和氣而馴服，只消輕輕撫摸一下，立刻便會替帝國主義者蒙蔽羣衆，減低要求，消沉革命運動，使帝國主義者無須眞實讓步，便可高枕無憂；他所最担心的，也不一定是革命的學生——因爲有保帝黨的研究系之類的高等士紳，如上海同濟大學的袁希濤阮忠介……，替他保駕；他們原本是在前清保護滿洲皇帝的保皇黨，如今無皇可保，轉而効忠於帝國主義者，鞠躬盡瘁的保護『外國皇帝』，他們調動軍警摧殘學生，迫令學生簽訂『賣身契約』，剝奪學生的自由和學生會的權利；同時當然還有許多破壞分裂學生運動的陰謀——新式研究系，如國家主義派之類自然要從旁助一臂之力；他們所希望的這種計謀如果奏效，帝國主義對於學生運動也就可以大大的放心；他所最担心的，更不是叛黨的國民黨右派——因爲右派不但贊助陳烱明楊希閔等破壞革命，分裂國民黨，甚至於加入帝國主義的反赤組織，並且主張勞資妥協，使工人不敢反對中國資本家，於是帝國主義者便可以會同中國資本家，宣言中國政府未頒布工會條例以前，不承認工會，帝國主義者便可以和中國資本家同樣的壓迫中國工人，使工人沒有反對的理由。然則費信惇——帝國主義者所最怕的是什麼呢？便是中國的革命的無產階級鬥爭和他所領導的國民革命運動——因爲無產階級的革命的馬克思主義，不但能分析出中國社會發展的規律並且能運用這些客觀的規律和力量，發展世界革命中之中國運動：中國無產階級的經濟上政治上的鬥爭，能領導起中國大多數的農民和一般小資產階級民衆，能建立強固的革命中樞，而實行打倒資本帝國主義。這些事實和原理，在五卅以來一年之中，尤其明顯正確的表暴出來。不但如此，我們在這些歷史的紀念日——五一、五四、五五、五七（五九）、五卅——更可以證明。

我們這裏所要論的，并不是馬克思的誕辰紀念日——五五，偶然和中國各種紀念日同在一月，而是中國革命運動紀念日的歷史上的意義，處處證明馬克思主義的歷史經濟哲學及政治學說，證明馬克思主義正在指導着中國革命行向勝利的道路。

五七——是日本帝國主義趁歐戰時機向中國進攻，賄賣北洋軍閥，贊助袁氏帝制，而強迫中國接受二十一條的日期。五九——便是中國屈服於這一哀的美敦書的國恥紀念。這一紀念日的意義是什麼？資本主義的發展，已經到了末後一期，馬克思的歷史公律，斷定這種發展必然要變成帝國主義——一方面列強帝國主義因經濟利益衝突和爭奪殖民地而實行空前大屠殺的歐戰，別方面，日本帝國主義又趁列強不暇東顧而侵略中國，征取新殖民地，製造中國國內十年來的軍閥戰爭，並且種下世界第二次大戰的禍根於東亞。可是，中國自身的資本主義因受列強侵略束縛而不能發展，那時不但無產階級幼稚而弱小，就是資產階級的經濟勢力，十分之七八還屬於買辦階級；中國社會裏沒有任何階級有能力來領導革命的反抗運動，所以祇能聽憑士紳階級的研究系裝腔做勢的反對袁氏帝制，實際上做他的工具來破壞壓迫革命平民的國民黨，援助賣國的北洋軍閥統治；於是反對二十一條的運動，便終止於袁氏所領導的可笑的『愛國儲金』了。

五四——是中國革命的學生運動發難的紀念日。自從五七之後，經過了三四年，中國可憐的自國資本主義，因爲列強互爭殖民地而戰爭，却偸着了小小的機會，發展這一半殖民地上的生產力。中國自己的所謂「國貨」——如紗布、火柴、毛巾、人丹、化裝品、香烟等，漸漸發現了。馬克思主義說：「商品的關係并不僅是物與物交換而生價值的問題，却是人與人交換其勞力而互鬥的關係」。中國貨發現，便和外國貨發生競爭，於是實際上是中國資產階級和外國資產階級，尤其是和日本資產階級互鬥。於是五四運動便不能不發現了。

五四運動的主幹，表面上雖則是學生，實際上上海商人的罷市要求及各地國貨商人的努力參加，很明顯的表示這是中國資產階級的民族覺悟之第一步。抵制日貨和提倡國貨的宣傳，普遍於窮鄉僻壤，這是五四運動的主要的實質；那外抗強權內除國賊的政綱，如果沒有這一經濟基礎，是決不會變成羣衆運動的。其次，中國資產階級的發展，既然到了一定的程度，民族覺悟和社會覺悟必然要要求摧廢一切舊式宗法社會的關係——以撤除資本主義發展之思想上社會上的種種障礙。馬克思主義說，社會的實質決定社會的思想。中國的經濟基礎，既然漸漸從封建和小農經濟進於資本主義，他的社會意識也就開始從宗法禮教等的學術思想，進於科學的自由的思想。五四運動的副產物——新文化運動，白話文、反孔教、戀愛自由、賽恩斯（科學）和德謨克拉西（民權）兩先生……都在這時候躍登歷史舞臺了。

五卅——便是中國民衆在無產階級領導之下的民族解放革命發難之日，也就是帝國主義屠殺中國革命民衆之日。五四運動雖然因爲沒有強有力的無產階級鬥爭而終於失敗，可是他開闢了國民革命的道路，解除了宗法社會的某幾部分的束縛。中國的資本主義也正在前進：一方面民族解放運動從此日進於羣衆的鬥爭和具體的要求：——從外爭國權進而爲反對帝國主義，廢除不平等條約，從內除國賊進而爲打倒軍閥，召集國民會議；從抵制日貨提倡國貨進而爲罷工封鎖，從要求收回戰敗的德國的青島，進而要求收回海關，廢除關稅協定，力爭華蓋……。別方面，民族解放運動裏漸漸的形成無產階級的鬥爭力量和組織，中國無產階級日益強大，贊助革命的國民黨改組，從五四到五卅的幾年裏，中國無產階級不但逐步以自己的階級鬥爭促進資產階級的民族覺悟，爭取民族解放運動的指導權，並且鞏固發展自己的階級覺悟和組織，實行階級鬥爭而力爭自己的自由權利和解放。

這一國民革命中的新力軍的發展，不到五年便將中國民族解放運動引導到革命的道路。廣州國民政府之形成，北京英日帝國主義的代理政府之動搖(國民軍時代)，及上海和全國各地城鄉平民革命運動的暴發，都是無產階級努力奮鬥的結果。無產階級領導之下的反帝國主義聯合戰線之進行，便不得不形成偉大的五卅運動。單以五卅事件的直接原因來說，日商紗廠虐待中國工人，鎗斃顧正紅等，而上海工人羣起罷工(去年二月)，並得革命學生及一般市民贊助——便是主因。馬克思主義說社會的階級分化後階級鬥爭的現象必然發生，而歷史的進展便成階級鬥爭的進展。中國社會裏資本主義的稍稍發展，使無產階級立上歷史的政治舞台，一方面領導中國資產階級反對帝國主義和軍閥士紳的鬥爭，別方面便實行反對中外資產階級之壓迫剝削的階級鬥爭。這種過程，不但顯然是五卅運動的骨幹，並且確實引導了中國民族革命，使他得到發展的道路，而與帝國主義以嚴重的打擊。同時，五卅運動裏，我們於許多具體的事實中，可以看見無產階級的勇猛奮鬥，聯合貧農而造成革命的中樞（廣東上海等處最近一年有無數事實，指不勝指），而資產階級，却是步步落後妥協畏怯，破壞國民革命的聯合戰線，甚至於做帝國主義的工具——上海總商會減低五卅要求；國民黨右派反對階級鬥爭主張對日妥協；國家主義派幫助帝國主義努力反赤，固執幾年前的「國權」「國賊」的空洞口號以自文飾。更可見馬克思主義說明資產階級在國民革命裏當然妥協破壞，祇有無產階級的領導能以鞏固擴大革命的中樞而取得勝利——這不但是客觀事實上的正確分析，並且是革命策略上的正確指示。

五一——是國際總同盟罷工以檢閱世界無產階級軍力而對世界資產階級示威的日期。五一紀念雖然早已流入中國，但是至今中國工人還不能羣衆的參加，實行大規模的示威。這是因為帝國主義和軍閥歷年施行殘暴的壓迫。可是今年的五一——中國工人召集第三次勞動大會於廣州，正在五卅運動的後一年。實際上五卅運動以來，中國工人運動的發達，已經事實上成了國民革命的主力軍，亦就是事實上加入了世界革命的隊伍。所以，即使今年五一在各地表面上仍舊不能有大規模的罷工示威，實際上不但工人羣衆，比以前百倍的深切了解參加國際無產階級隊伍的必要，甚至於一般革命民衆，國民革命的左派，在這一年的經驗裏，亦已經多份的感覺聯合國際無產階級及一般被壓迫民族的意義。馬克思主義說：「世界無產階級和被壓迫民族聯合起來！」五卅之中，國際革命的種種團體，以及蘇聯、敘利亞、摩洛哥、埃及、土耳其、印度等的革命運動，或者給中國以直接的贊助，或者和中國同時猶起反抗；中國工人及一般民衆，祇是感覺贊助的還不夠，響應的還沒有密切聯合。革命者的國際聯合運動五一的意義，已經感受得非常深切，自然正在更進一步的要求這一運動的深入和擴大！

我們觀察十年來的中國革命運動史——從五七、五四經過去年的五卅，到今年的五一——便可以知道：何以費信惇——帝國主義者，這樣害怕「革命的五月」，何以他所最害怕的是馬克思主義和無產階級。十年來實際上的中國歷史，已經證實馬克思主義的確能夠解釋中國革命發展的形勢，並指示中國革命的前途：中國無產階級的階級鬥爭領導着一般民衆的民族解放運動，加入世界無產階級國際革命的統一戰線；不但中國無產階級的最終解放，必然要實行世界社會革命，就是中國民族的國民革命，也必須聯合國際無產階級，然後才能得到最後的勝利。帝國主義因此要用種種手段，來分裂國民運動，破壞中國革命民衆和世界無產階級的聯合，鞏固反革命的軍閥政權，撲滅民衆的革命運動和國民軍及廣州國民政府。這種帝國主義的策略之進行，如高等華人中之「般實商家」的妥協，拋棄收回租界的要求；如士紳買辦等類的章太炎曾琦，與反動軍閥的吳佩孚張作霖等聯合，以反赤反俄；如英日勉力聯合張吳，計畫北攻張家口，南侵湖南廣東，如殺害京報記者邵飄萍，逮捕通緝各地的革命黨人，屠殺焚掠山東南部四十五村的數萬人民……之外，還要加上帝國主義及其「爪牙」的陰謀分裂學生運動和鼓吹勞資妥協，以破壞工人運動。帝國主義的努力，可謂至矣盡矣！但是革命運動從此便會消沉麼？不會的！「革命的五月」正如赤日當空，不但震駭帝國主義買辦士紳軍閥等等的么魔，並且如戰場上的巨霹，領導着中國民衆於馬克思主義之下，行向革命的決死的鬥爭！世界及中國反革命勢力的內部，正合孕着無數矛盾衝突：最近英日之間，張吳之間，各小軍閥之間，帝國主義與資產階級之間(華董問題)，軍閥與商會之間（京津罷市）：無在不是矛盾衝突；同時，中國無產階級和農民，以及一般商民學生，正是對於帝國主義軍閥有共同的利害，而且有五卅以來的鬥爭經驗，他們要在無產階級領導的聯合戰線之下，更進一步的與世界無產階級及被壓迫民族携手，共同作戰。這一戰線已經相當的在廣州實行革命戰爭而戰勝，建立了革命的政權；今年的「革命五月」祇是喚起全國的民衆，努力奮鬥，武裝自己，擴大革命戰爭，取得最後的勝利！

一九二六•四•二七•

今年的五一與中國的反赤運動

超麟

到今年，國際無產階級已經慶祝其國際紀念日——「五一勞動節」之第三十七週年了。從一八八九年定五月一日爲無產階級鬥爭的國際日以來，資本主義日就發展，無產階級解放運動亦跟着日就發展，而至於今，「五一」遂從僅由歐美先進國工人慶祝的紀念日，進而爲全世界工人普遍慶祝的紀念日。中國無產階級從七年前起早就已參加了紀念「五一」的運動。開始紀念「五一」那年，中國無產階級即開始政治的經濟的鬥爭，表現出獨立的政治勢力。未曾紀念「五一」以前，即一九一九年以前，中國無產階級尚祇是一「在自己」的階級，而從一九一九年以後，即已成了「爲自己」的階級：經過這七年的鬥爭經驗，中國無產階級遂成了中國民族運動的中心勢力，——轟轟烈烈的「五卅」運動裏，那個階級的組織力奮鬥力能夠比得上無產階級呢？到現在，中國無產階級第七次跟着歐美先進國工人慶祝這無產階級的國際日時，却正遇着反動局面的降臨——反赤運動之勝利。

今年五月一日前三星期，反動軍閥張作霖吳佩孚等的軍隊佔據了北京，北方民衆革命運動概遭摧殘，革命的民衆領袖概被通緝，左傾的進步的報館被封，左傾的進步的新聞記者被槍斃。南方呢，則軍閥官僚反動智識分子竭力爲反赤的宣傳與組織，而反動的吳佩孚又進攻接近廣東革命政府的湖南，并且齊燮元宣稱撲滅北方國民軍之後，即將撲滅廣州的國民政府。此外，國民黨右派又着着陰謀破壞國民政府；上海的帝國主義者且硬軟兼施利誘威迫中國資產階級使與之協作，以鎮壓此「可怕之五月」的運動。——這些事實無非證明反動的聯合戰線，形成而且制勝了革命的聯合戰線了。

最近反赤運動的勝利恰好正在中國無產階級將紀念第三十七次的「五一」國際勞動節之際，——這種會合是很有意義的。

反赤運動究竟是甚麼意義呢？本報獨秀同志早就說過（第一四六期）：「反赤運動實際上就是反民族運動」。這一句話到現在更加確實了。在其目標上說，反赤運動所反的「赤」，乃是民衆革命的團體，乃是廣州國民政府、國民黨、共產黨，乃是接近民衆的武力如郭松齡馮玉祥唐生智等；在主持的人上說，反赤運動的後台老板是帝國主義，積極反赤的是反動軍閥，搖旗吶喊爲反赤宣傳的是官僚買國賊反動的智識分子等。由這種分析，可見，反赤運動和反帝國主義運動是二個對敵的壁壘。在那邊的壁壘，主將是帝國主義，執鞭隨鐙的是賴帝國主義的剝削爲生活之一些中國人；在這邊的壁壘，主將是中國無產階級，而聯合於中國無產階級的是爭自由獨立解放的一切被壓迫者。

紀念「五一」運動究竟是甚麼意義呢？「五一」是無產階級鬥爭的國際紀念日，但「五一」的意義決不止於無產階級之解放。無產階級是資本主義的挖墳人，而資本主義是人類社會壓迫制度之最後的形式，故無產階級的解放同時就是全人類一切被壓迫者的解放。俄國無產階級革命成功，農民和國內的被壓迫民族都跟着解放，其他殖民地半殖民地國家也受其影響發生有力的民族運動，——這些事實就是明顯的證明。我們從「五一」運動的歷史看來，曉得，每過一年的運動，無產階級的國際團結精神即增長一分，此運動波及東方殖民地的中國，亦能表明，各國無產階級已逐漸丟棄其民族的成見，而眞正從事於國際的階級的行動了。同時，我們在各國的「五一」運動裏，都可以看出，參加此運動的，不僅是新式產業的工人，而且是一切被壓迫者農民半工業者左傾的智識分子等，這即是說每次運動都是以工人為中心聯合被壓迫者向資本主義的壓迫制度作戰。　說到中國來，『五一』的意義尤其是重大的。　中國工人需要國際無產階級的團結以解放中國民族，特別迫切；而中國民族解放需要各被壓迫階級間的聯合戰線，亦特別迫切。

在『五一』國際勞動節之前，正遇着反動的聯合戰線——反赤運動——之勝利，這正是給我們——中國的工人以及一切求自由獨立解放的民衆——以猛省的機會，去思考：這次反動局面降臨之意義，并國民革命的聯合戰線之重要　以及中國無產階級在此聯合戰線中之作用諸問題。

反赤運動的意義，既如上述，乃是帝國主義主持的反民族運動。但是這反動局面怎樣降臨呢？　第一、五卅運動給帝國主義在華統治以一重大的打擊：在五卅運動中，參加的不僅是工人，而且是一切被壓迫階級，在南方既成立了國民政府，在北方國民軍亦左傾保護民衆的反帝國主義運動。　此種聯合戰線，其勢足以推翻帝國主義在華的統治而有餘。　第二、帝國看見這危險，於是遂進行分裂民族運動的陰謀：一方面賄買奉直軍閥在奉天天津濟南青島南京上海漢口九江等處壓迫民衆運動；一方面又利誘『高等華人』——大商買辦階級和反動的大學教授——去迫逼工人讓步，先後解決日英各產業的罷工。　第三、這目的達到之後，反動勢力遂向同情於五卅運動的國民軍進攻，同時又為反赤化的宣傳，造謠誣蔑中國無產階級的政黨——共產黨，使中國工人不能繼續與其他被壓迫階級聯合起來。　第四、國民軍失敗了，北京學生被殘殺了，全國各學生會受分裂的恐嚇了，各被壓迫階級猶豫恐懼迴避工人了，於是一切反動勢力就統治了中國，將進一步向廣州國民政府進攻，為『根本肅清赤化』之計。　這次反動局面之形成，分明告訴我們，帝國主義等是從破裂革命的聯合戰線以組織反動的聯合戰線下手的。

由這一點，我們就可以瞭解國民革命的聯合戰線之重要。　機關槍大砲不能鎮壓民族革命運動，祇有這破裂國民革命的聯合戰線才能鎮壓民族革命運動。　我們試回想五卅運動高潮時，民衆勢力怎樣而今，則除工人和一部分學生尚積極奮鬥外，其餘的分子不是走到反動方面去，便是為反赤呼聲所震而『中立』了。　這種微弱的革命勢力怎能抵禦帝國主義之進攻呢？　反帝國主義的國民革命是中國民族唯一的出路；然而必須所有被壓迫的階級在這共同的目標底下一齊聯合起來，中國的國民革命才會成功。　中國無產階級在數量上是很小的，專靠無產階級和一部分學生的奮鬥是不夠的，其他階級不求中國的獨立與自由則已，若欲解放中國民族，則須明白所謂反赤乃是分裂革命的聯合戰線之口號，而積極地重來參加民族運動，重新建立并鞏固此革命的聯合戰線。

同時，中國無產階級在此革命的聯合戰線中之作用，也是我們應該瞭解的。　中國無產階級數量雖然很小，但因其生活條件中最受帝國主義的剝削，所以感覺國民革命的需要，比任何階級都更迫切。　而且新興的無產階級政治勢力伸長的特別迅速，尤非任何階級所能及。　故五卅運動中，一直是以無產階級的奮鬥為骨幹的。　直至現在，其他各階級多受帝國主義等的壓迫引誘先後停止了運動，無產階級依然不稍退却，孤軍轉戰與反動的聯合戰線相持。　從此可知，無產階級在國民革命聯合戰線中作用之重大了。　換一句話說，即若無無產階級參加並為其領導者，中國國民革命的聯合戰線縱然能夠建立起來，亦不能持久，禁不起反動潮流微小的打擊。　所以中國無產階級奮鬥的運命亦就是中國民族奮鬥的運命：中國無產階級勝利，中國民族就跟着解放，反之，中國無產階級失敗，中國民族必仍然被黑暗的反動統治着，不得翻身。

在今年的『五一』——反赤運動勝利下的國際勞動節，我們一而固然應當像往時一樣記住無產階級國際團結的意義，聯合帝國主義本國內的無產階級起來打倒帝國主義；同時，他方面，我們尤應瞭解今年的特殊意義，即帝國主義等既要排斥第一個無產階級國家蘇聯在東方的勢力（驅逐加拉罕大使打消有利於中國的中俄協定等），又積極撲滅中國的革命勢力，我們應該趕緊堅固地聯合起來，以抵禦此種反動勢力的進攻。

「五一」不僅是無產階級的國際紀念日，而且是一切被壓迫人類的國際紀念日。在中國，不僅無產階級應該紀念此國際日，而且一切被壓迫階級都應該紀念此國際日。此種意義在今年尤其明顯了。

今年在中國紀念「五一」的口號，最重要的應該是：無產階級及一切被壓迫階級聯合起來撲滅反赤運動！

一九二六年五一之國際職工運動的趨向

超麟

「五一」是國際職工運動的一個紀念節。世界無產階級在這一日應該明瞭國際職工運動目前達到了何種發展的階段及其趨向如何，俾能確定恰切的策略，繼續諸先烈在這三十七年來奮鬥犧牲的遺志，以引導國際職工運動至最終的勝利——「五一」運動所期望的勝利。

在今年的「五一」，要明瞭國際職工運動的趨向，我們須得先分析自去年「五一」以來國際職工運動上究竟發生了那些新的事變。

職工運動是與當時具體的經濟政治狀況息息相關的。最近一年來，國際的狀況仍然是資本主義暫時穩定的狀況。所謂資本主義穩定，祇是說資本主義已經渡過了戰後的恐慌時期，前一個革命風潮已經低落，後一個革命風潮尚未漲起，容許資產階級稍事休息修補破敗，加緊向無產階級進攻；而不是說資本主義，恢復了戰前狀況，真的穩定起來，免除革命的危險了。在這時期裏，無產階級自覺各國直接革命的狀況是沒有的，此時應該努力蓄養無產階級本身的勢力，積極整頓內部，而重要的尤在統一國際職工運動，建立一鞏固的聯合戰線。最近一年來國際職工運動的確是按照這方向走去的。資本主義暫時穩定了，於是資本的進攻更加兇猛起來。這進攻的目的是用降低工人生活程度的方法去減少商品生產的成本：許多國家裏工作時間都延長了，差不多到處工人的真實工資都減少了，而且捐稅的重擔一天天向勞動羣衆肩膀上壓下來。這進攻是到處有計畫的同時進行的。這進攻的結果已引起廣大工人羣衆左傾，或者將激發了第三個革命的風潮，故一九二六年含孕着國際職工運動上無限的希望，為我們所應特別注意的。

因資本進攻而引起工人羣衆左傾的事實，在過去一年所發現的，可以列舉如下：

（一）改良派職工會中形成了左派。失業人數的增加，工人生活程度的降低，美國在世界市場經濟財政霸權的長大，以及一般無產階級羣衆之不滿——這些是不能夠不反映到改良派職工會裏去的。多年跟着社會民主黨和亞姆斯德丹國際後面走的工人羣衆，開始對於改良主義的鬥爭方法發生懷疑，並要從這斷頭港中找得一條出路。所以在廣大的工人羣衆前面就具體地提出了各派的聯合戰線問題。資本進攻愈利害，聯合戰線的觀念愈深入於廣大的工人羣衆腦中。所以現在無論在那一個亞姆斯德丹國際屬下的工人團體裏，都發生了左派，主張國內的和國際的工人聯合戰線，與右派的分裂政策遙相對抗。贊成或反對與共產黨和蘇聯聯合——這就是左派和右派分野的界線。左派的勢力逐漸形成和發展，而今國際職工運動的統一已有部分的實現了；最明顯的便是英俄聯合委員會之組織。

（二）蘇聯職工會影響之增長，西歐工人代表團赴俄之熱烈，以及英俄聯合委員會之組織。　第三國際和赤色職工國際的統一國際職工運動口號發出之後，蘇俄職工會對國際職工運動的影響驟然增進起來。　去年的事實尤爲明顯。　去年，許多國家的工人羣衆，羣結代表團到蘇聯視察，是很有意義的。　這種風氣有二個原因：西歐工人生活程度的降低蘇聯經濟狀況的進步。　各國工人代表團視察蘇聯的結果都十分滿意而歸。　他們要求蘇聯觀看無產階級專政底下工人的生活條件是否一天天向上進步的，結果他們拿日往下落的西歐工人生活條件和蘇聯工人的比較起來，益發覺得以前關於蘇聯的種種不利消息完全是改良派領袖的造謠。　因此，世界工人的唯一出路，祇有學俄國無產階級榜樣，用革命的方法推倒資產階級的統治。　西歐工人這種左傾的思潮，具體地組織地表現出來，便是英俄聯合委員會。此委員會之成立是經過許多次困難的鬥爭，然後成功的。　亞姆斯德丹國際積極阻止英俄工會之接近，英國工會裏的反動派也十分反對此種接近，然而英俄聯合委員會終於成立了。　此委員會之成立在國際職工運動史上開一新紀元，證明各派的工人聯合共同鬥爭是可能的，眞正統一的職工國際的組織，亦是可能的。

（三）殖民地半殖民地國家職工運動之迅速的發展。　去年國際職工運動裏，還發生一有重大意義的事實，即西歐工人羣衆左傾之外又加以殖民地半殖民地國家的革命的職工運動。　這些國家的職工運動乃是戰後的產物，且僅僅在最近一年，才表現出有組織的獨力的勢力，而一下即開始在民族解放革命運動中起特別重大的作用。　其中最重要的就要算中國和印度二國。　上海香港天津的罷工表示中國工人階級革命的毅力和革命的組織性已達到何種程度！　中國無產階級一下即變成了中國民族解放革命運動中之中心的勢力。　在這條件底下，中國職工會加入赤色職工國際實有特別重大意義，不言可知了。

中國職工會加入赤色職工國際這一件事實，證明國際帝國主義侵略下的國家之工人十分明瞭他們的同盟者乃在莫斯科，而不在亞姆斯德丹。　中國無產階級去年的奮鬥實是十月革命後一件最重要的歷史事實。　印度無產階級去年的大罷工也有很大的意義。　印度工人的鬥爭雖然還趕不上中國的工人，但去年的罷工實可爲政治爭鬥的先聲，而且證明印度也有很強固的無產階級羣衆，不久之後將能繼中國無產階級之後起來做印度民族解放革命運動中的中心勢力。　這二國的職工運動已給英國帝國以一重大打擊了，若加以安南、突尼斯、敘利亞、埃及等地的革命的職工運動能夠起來，則我們敢斷言國際職工運動就到了其發展上的一新的時期。

從上面所述過去一年國際職工運動裏發生的最重要的三件事實看起來，則今年「五一」之際國際職工運動之趨向是很明顯的，即縱然仍在資本主義暫時穩定的時期，縱然右派的貴族勞工首領公開結合於資產階級的政權，但工人羣衆左傾的速度十分之大，加以殖民地半殖民地國家的革命的職工運動，統一國際職工運動又見諸實行，往後必定能夠更加發展，或者激起第二個革命風潮以結果這所謂資本主義暫時穩定的時期，甚至於能結果了資本主義本身的壽命——這都不是出於意料之外的變動。　故我們應該十分注意今後的國際職工運動，而此次共產國際擴大執行委員會會議決之行動大綱十六條，即可作我們在國際職工運動方面努力的準繩：

（一）反對直接的和間接的延長工作時間，堅持八小時制爲最高限度的工作時間；

（二）反對降低工人的生活程度，要求提高眞實的工資；

（三）要求國立的失業保險，救濟失業的工人；

（四）要求工會組織的完全自由；

（五）反對法西斯帝的反動，反對法西斯帝包辦工會；

（六）要求捐稅的擔負應歸於富人階級；
（七）反對職工會中的官僚氣習，要求工人的德謨克拉西；
（八）要求工會內部發表意見的自由；
（九）反對一切階級妥協的形式；
（十）要求各國組織統一的職工會；
（十一）要求一切國家的工人與蘇聯的工人接近；
（十二）要求西方工人與被壓迫的東方工人接近；
（十三）反對國際聯盟及其國際勞動局；
（十四）反對戰爭；
（十五）要求共產黨社會民主黨和無黨派的工人建立奮鬥的友愛的同盟反對資本；
（十六）要求建立一個統一的包括各國各人種各大陸－職工會的階級的國際。

這十六條自然祇是「大綱」而已，各國職工運動當然要斟酌當時當地的情況而有更具體的更確切的規定。各國職工運動若能按照這十六條行動大綱做去，則反守為攻的時期必不在遠了。

1926 5-1

雷音

奉系軍閥統治下的北京

從最近幾日各報所載北京傳來的消息，給我們以下列諸種映象：

一、強使京民行使不能兌現之直隸流通券及山東軍用鈔票，以致全城各業罷市。

二、京師四郊人民不勝奉軍姦淫搶刦之苦，遷入城中難民數萬人，因無屋住，率皆露宿。

三、北京輿論界平常反對帝國主義及奉系軍閥最激烈之京報社長邵飄萍君，被奉軍槍斃；大陸晚報記者張鵬被監視；中美晚報宋發祥，世界晚報成舍吾，均被迫逃走。

四、二十六日晚，軍警圍北大，不准　入，搜查數小時，尚在嚴重監視中；擬以赤化嫌疑名義，根本改組北大，盡驅逐一般進步的教員和學生；素號穩健的北大代理校長蔣夢麟，亦已出京。

從上面這些消息，我們試瞑目一想現時北京城中的黑暗反動是如何可怕，一切的住民，此刻均失去其居住言論行動的自由，完全在奉天馬賊鐵蹄之下討生活。

自稱討赤救國的張作霖，對於他部下嘍囉之姦淫擄刦行為，亦不能曲為辯護，所不能不發出以下之電文：

「京師四郊頗有姦淫搶刦之事，俄人尤甚（張所雇傭的白黨軍隊），京城內亦屢出刦案，東安市場復被焚燒，殊覺失望。……年來赤賊盤據，此次撤退，尚能秩序井然，一塵不染，若我軍管理以後，反多擾累，何以對國家，何以服輿論。……」

嗚呼！　這就是帝國主義者及張作霖與佩孚等所急聲宣傳的利赤政策之成績，原來所謂制赤就是反對人民有生命財產營業居住言論行動的自由，把共和國民所有的人權剝削盡淨；其主張要求此人權者，皆謂之赤：皆在不可宥赦之列，甚至舉動稍接近民衆或不能完全仰承帝國主義意旨者，亦謂之赤，亦在所必除；故國民軍赤化，廣東政府赤化，徐謙，邵飄萍赤化，唐生智蔣夢麟亦被指為赤化；帝國主義者直奉軍閥均在這制赤的口號下聯合起來，向民衆進攻。

全國被壓迫的民衆們！　我們從許多具體的事實，已經認出赤是什麼，反赤是什麼。　北京的反動現象，已有逐漸普及於全國之勢，齊燮元在京對中外記者演說直奉妥協的政策是：「先撲滅北方之赤化，然後再撲滅廣東之赤化，期達行全國之刷新」；其實所謂刷新就是造成全國鞏固的反動局面。 我們不能恐擢這一赤化名詞而放棄了一切的人民權利自由，不能視此現象爲北京一隅的現象而是向全國民衆進攻的開始；全國的民衆，應該起來援助北京市民的安全；援助北京商人的開業；全國輿論界，應該爲邵飄萍君之死而力爭言論的自由，和人權的保障；全國學生界，應爲北大被搜檢，站在學生的利益上，反對此種摧殘教育的行爲。 一切想得到人民自由權利的人們！均應站在同一聯合戰線之下，去制止這種所謂反赤的行動。

國民軍失敗後帝國主義者向中國民衆進攻的新戰略

雷音

歷次的內戰，并不僅是幾個軍人權利地盤之爭，單是軍閥的衝突，是不能持久擴大，是不能抵抗民衆革命的力量。 軍閥戰爭所需要的餉源與軍械，無一非仰給帝國主義者之援助不可，帝國主義者又結合中國軍閥作其爪牙不能統治中國，二者實互相爲用。 不過軍閥終是附屬於帝國主義者，帝國主義者有力操縱軍閥的命運，有力製造中國的內亂，其實每次的內戰，都是表示帝國主義間在華權利不平衡之衝突，也就是一幅世界戰爭的縮影；不過這個戰爭，彷如演傀儡戲，由帝國主義者牽線，反正都以中國民衆作犧牲能了。 中國若永久不能脫離半殖民地的地位，不能解除帝國主義者在華的一切不平等約束，則帝國主義者天天均有製造中國內亂延長中國內亂的機會。

帝國主義者一方面盡力製造中國的內亂，一方面又感覺這種內爭對於他們各個的發展，也不是很有利的，所以他們常常企圖得到一個相互間侵略的均勢，然而這個企圖，終不易有長時期的穩定，這正是表現帝國主義不能有很好的出路，這個衝突是要使得他們的力量削弱，使得革命的勢力以乘機發展的。

反奉戰爭，不僅是表示民衆與反動勢力之爭鬥，并顯出帝國主義間均勢破壞的裂痕，所以在這個戰爭中，英美帝國主義的走狗吳佩孚也參加在內。 反奉戰爭在郭松齡倒戈時，革命勢力達到非常勝利的局面，張作霖準備逃亡，吳佩孚消聲漢口，廣東國民政府有挾東江戰勝餘威與國民軍會師武漢的形勢，帝國主義者無不震驚失措，乃極力彌縫相互間之裂痕，結成英日張吳的 合戰線，日本公然出兵滿洲，救起已經失敗之張作霖，於是政局形勢又爲之一變。

帝國主義的聯合戰線既經成功，於是英國資助吳佩孚以一萬五千隻槍向河南進攻，日本派遣兵艦護翼奉艦由大沽上陸，合力掃除國民軍；同時在反帝國主義的聯合戰線內，却自生破裂，國民軍與民衆之要求不能十分一致，國民軍相互之間時多衝突，乃至各個國民軍內部不能統一，尤其是國民第二軍，遂授反動勢力以可乘之隙，二十八萬的國民二軍，竟不能守住河南，戰鬥力甲於全國軍隊的國民一軍，不亦不得不退往南口。

國民軍從北方總退却後，直奉軍閥之目的已達，又回復到雙方權利地盤之競爭，北京政權之分配，演出極猛烈的衝突，此委一警備司令，彼委一警備司令，此委一局長，彼亦委一局長，我們若一翻閱國民軍退出京後十數日的北京消息，可以看見很滑稽的一幅新陞官圖，聰明的帝國主義者，到底比他的奴才有見識，他知道國民軍雖退南口而實力并未消滅，時時可以威脅北京政府，南方的國民政府休養數月後，一定向北發展，現時的局面尚不能過於樂觀，尚不能自己先起衝突。 帝國主義的機關報通訊社等，天天發出警告的消息，努力追求一個均勢的形成，以鞏固目前的聯合戰線，這個企圖現在終於實現了。 他找到一個共同作戰的目標是「反赤」，并按照直奉軍閥所處的地位及雙方利益的分配（當然也是要適合於英日帝國主義間利益的分配），定出一作戰的計劃：

奉軍雲集北方，北京政府的勢力，大半要落在奉系軍閥手內，吳佩孚是無法與爭的（除非聯合國民軍可以抗奉，但這個政策爲帝國主義現時所不許）。 同時吳佩孚亦不願更出兵攻國民軍爲張作霖拓地盤（熱察綏縱然可以攻下，從地理上之便利，必不能爲吳所有）。於是讓張作霖主力對付國民軍擀滅北方的「赤」；吳佩孚則向南發展，先逐江西的方本仁，再去湖南的唐生智，除去於己有害且不可靠的勢力，南京的孫傳芳將來恐亦不免，其最終目的地，則在擀滅廣東國民政府。

帝國主義這個作戰方略異正高明，既能給中國反帝國主義運動以巨大的打擊，又能調協軍閥間帝國主義間利益之分配，使各得出路而不相衝突。 固然在帝國主義間與軍閥間是沒有絕對的和平，沒有永久的和平，然而最少在現在這一短期內，是可以保持相當的協調，這個協調表現在政治上就是極端的反動。 我們試一披閱最近反赤運動的內容，在北京方面：全城商業罷市，四郊難民不勝奉軍之姦淫擄掠紛紛入京，京報記者邵飄萍以赤化嫌疑被槍　，北京九校以赤化嫌疑被搜檢，且謀改組，北京的民衆完全失去其一切言論行動的自由，失去民主國家人權的保障，俯伏在奉軍馬蹄下討生活：在東三省、山東、直隸、河南、湖北等省，苛捐雜稅之橫征勒索，土匪軍隊之肆意騷擾，民衆組織全被解散，革命分子多被摧殘，這是何等恐怖的局面！

南方廣東國民政府之發展，與北方接近民衆的國民軍之存在，是帝國主義及其走狗一個永久的威嚇，蘇聯對於中國『民族平等』『主權獨立』之尊重，對於中國民族解放運動之同情援助，更處處暴露英日帝國主義者之凶殘貪狡，華府會議竭全國民衆呼號奔走之力而不能得之於英日……帝國主義者，中俄協定竟輕輕得之，中俄協定之存在，便無異天天暗示中國民衆去比較認識帝國主義者之罪惡；所以帝國主義者對於國民政府國民軍在所必除，對於蘇聯更不惜做到使中俄斷絕國交，破壞中俄協定，去掉可以激刺中國民衆覺悟的良友。

全國被壓迫的民衆們，我們應從速鞏固民衆反帝國主義的聯合戰線，以抵抗這個反動勢力的進攻，我們應從事實上去了解「反赤」就是反革命，就是要剝盡我們言論行動自由，要蹂躪我們的人權，每個明白的商人，他總知道奉吳軍閥統治的地面下所加於他們的壓迫是如何的重；每個公正的新聞記者，他總知道直奉軍閥是怎樣束縛言論自由，摧殘人權；每個自由思想的學生，他總知道直奉軍閥是怎　的摧殘教育，厲行反動教育；每個熱心的教育家，平日反對學生過問政治、現在他總知道這種反動的政局之下，是否有容你從容誦讀之可能；至於貧苦的工農，他們是早就明白這種壓迫而站在鬥爭的最前線了。

唐生智在其最近的表現，是極力輸誠國民政府，大反趙恆惕時代之所爲，容許國民黨在湘公開，不妨害民衆團體在湘的活動，這種接近民衆的表示，也就是吳佩孚之所謂『赤』，是帝國主義所必勦除的。 唐　智守不住湖南，則反動勢力立刻包圍廣東，此時廣東政府孤軍作戰，四面受圍，加以香港帝國主義者隨時可以進襲，或許不免於陷落。 所以現在我們對於吳佩孚之圖湘，不應簡單的只看作是對付湖南一隅的問題，而是要顛覆國民政府，除滅中國國民革命的根據地；奉軍在北方之暴行，不是僅僅對付北方的商人學生新聞記者工人農民，是要剝盡全國民衆的一切自由；所謂反赤就是不讓人民有自由，有人權，不讓被壓迫的民族有要求解放的權利。 全國的商人農人工人學生兵士們！ 都應聯合起來，擁護廣州的國民政府，擁護北方民衆的自由，反對帝國主義宣傳『反赤』之欺騙，反對吳大軍閥南侵的陰謀，爲民衆的自由而戰，爲人權的保障而戰，爲被壓迫民族的解放而戰。

寸鐵

捷足射利的上海

上海爲中國第一大市，好像美國的紐約；上海的上下三等流氓工於捷足射利，也和紐約相像。 新戲館可射利，大舞台新舞台新新舞台更新舞台大新舞台等遂絡繹出現。 游戲場可射利，樓外樓天外天繡雲天新世界大世界小世界神仙世界等遂絡繹出現。 電影可射利，神州影片公司新大陸影片公司明星影片公司大中華百合影片公司長城畫片公司國光影片公司朗華影片公司大明影片公司好友影片公司開心影片公司新人影片公司非非影片公司等遂絡繹出現。 自字林西報登載英國國家銀行匯英金六十萬鎊到東方做反赤宣傳的費用，反赤大聯合國民制赤會國民外交協會反赤同盟會等遂絡繹出現。 （實）

唐生智也赤了嗎？

吳佩孚討湘，分明是報復倒戈之仇，然而他不說是復仇，說是討赤。 現在吳佩孚又利用葉開鑫向湖南擴張地盤，也說是討赤，幷指唐生智已宣言共產。 從前陳炯明派屢次說廣州政府將於某月某日宣布共產，現在葉開鑫又說唐生智已宣言共產，何中國赤之多而共產又到處能夠這樣任便宣布！ （實）

討赤大元帥

從前還有些人不知道「赤」究竟是怎麼一回事，現在見各報京電：「某方推曹錕爲討赤大元帥，張作霖吳佩孚副之」，才知道所謂「赤」就是不利於曹錕張作霖吳佩孚，而爲他們所要討的一件東西。 （實）

反赤的滋味

奉軍一入天津，天津商人便因強兌軍用票罷市，奉軍一入北京，北京又因軍用票問題，逼得商鋪歇業，市面蕭條，國民軍在京津時從來無此現象，此時京津的商民應該飽嘗了反赤的滋味！ （實）

各國公使爲什麼均有喜色

日本電通社說：「查家墩聯軍總司令部開秘密會議，議決俟顏惠慶內閣復活時，即向赤俄政府要求召還加拉罕。」 又說：「張作霖要求俄大使加拉罕退出北京，態度非常強硬，加屈伏，擬日內出京，各國公使均有喜色。」 同時，新聞報北京電：「撤換加拉罕事，俟新政府成立，卽將提議，商請蘇俄，自動更調，屆時日本將首先改派大使，爲使團領袖。」 幫助張作霖的日使芳澤推翻了幫助國民軍的俄使加拉罕，帝國主義的各國公使當然均有喜色，反赤的先生們自然也有喜色；但若因此中俄絕交推翻了中俄協定，中國國民是否也均有喜色？ （實）

國民外交原來如此！

顧維鈞命楊春綠在上海辦一個什麼「國民外交協會」，其目的有三：一是爲英國人宣傳反赤，以抵制正在目前的五卅紀念運動；二是爲吳佩孚做聯英反赤機關；三是爲顧維鈞自己再入外交部之後援會；所謂國民外交原來如此！ （實）

這是以黨治國嗎？

「廣州國民黨黨政府之下的公安局，居然派員檢查國民黨中央黨部的機關報——民國日報等，這是以黨治國呢，還是以警察治黨？（實）

可憐的租界華人立憲運動

上海商民主張修改洋涇浜章程，這種和平的立憲運動，在革命派看起來，已經是對大英帝國主義者十分妥協了；然而帝國主義的使團，對於此次洋涇浜章程修改運動，認為華人心理已趨極端，想必他們以為租界華人必須照舊俯首帖耳受帝國主義的統治才不是極端！ 不過他們還未說修改洋涇浜章程是過激運動，已經算是客氣了。（實）

白俄不是外力嗎？

赤俄幫助一點中國革命運動，便有人起來大喊拒絕外力；現在奉軍攻取北京，首先派白俄騎兵四百餘人，從安定門入城，任意拘役行人鋪戶，為之牧馬操作（見四月二十五日上海新聞報北京通信），何以大家一聲不響？ （實）

中國共產黨致第三次全國勞動大會信

第三次全國勞動大會代表諸同志們：

去年第二次勞動大會後接着便發生了中國歷史上空前的民族革命運動——五卅運動；在此次運動中，中國的工人階級，尤其上海和香港工人，表現出驚動世界的戰鬥力，不但使帝國主義及軍閥震恐，並且使中國的資產階級震恐；香港工人至今尚能支持一年的政治罷工，上海工人也能保持為從來所未有的群眾組織，這是使今年的大會比上年的大會，更有新的生命。

現時中國工人階級的組織，在全國人口比例上雖然還很幼稚，而在政治爭鬥上，弱小的中國工人運動，已在世界革命影響上收了很大的結果；這是因為工人運動一開始，不但有靜的組織，而且有了動的政治爭鬥——民族革命的爭鬥，使計算世界革命力量的人，不得不把中國工人的力量列入。

現在反動軍閥的勢力又布滿了北京，使北方的工人運動尤其是路工和礦工運動受很大的打擊；然而崩潰中的中國軍閥，決不能長期的維持其統治地位，我們工人群眾正應在此反動時期中，格外努力積聚我們的力量，即靜的組織力量，以備馬上將來的動的政治爭鬥——與軍閥決死戰的最後爭鬥。

我們以後積聚我們的組織力量，不應僅僅是產業工人，并要普及於一般勞苦群眾，以擴大我們在數量上的戰鬥力；我們的力量在數量上增加了，我們的力量在爭鬥的質量上也是會增加的。「而且，我們不但要組織一般勞苦的工人群眾，并且要和勞苦的農民群眾組織親密的同盟來領導他們參加一切經濟的政治的爭鬥才免得工人階級孤軍獨戰之困難，因為現時中國工人的數量在全中國人口比例上還是很小」。

總之，我們必須努力擴大及鞏固全、工人農民及一切勞苦群眾的聯合戰線，才能夠抵抗一切特權階級的壓迫，以至獲得我們政治爭鬥的初步勝利——民族革命的勝利。

本黨是代表中國工人及農民利益而奮鬥的黨，本黨目前的職責，是領導中國工人農民參加中國民族革命的爭鬥；同時，在民族革命中，代表中國工人農民利益而爭鬥。

本黨和工人同志們携着手奮鬥已經四五年了，現在方開始和農民携手走上戰線，因此，在此次大會提出「全國工農及一切勞苦群眾大團結」的口號，以貢獻於大會，並祝大會之成功。

第三次全國勞動大會萬歲！

中國勞動運動萬歲！

中國工農大團結萬歲！

中國革命萬歲！

世界革命萬歲！

中國共產黨中央執行委員會

一九二六年四月二十日

中國共產黨致第一次全國農民大會信

全國農民大會代表諸同志們：

中國農民的數量，不但在全中國人口比例上居最大多數，在全世界各國農民人數比例表中，亦居第一位。　可是中國農民所受的困苦，也居第一位，因為中國農民兼受帝國主義、軍閥、地主、貪官污吏、劣紳土豪、兵匪六種蹂躪，是別國農民所未曾同時苦受的。

被人指為睡覺的中國農民，現在已經開始醒悟，開始組織自己的團體，并且準備自己的武裝，向六種蹂躪者反抗了。

中國農民運動要注意兩件事：

（一）中國完全在外國帝國主義及國內軍閥宰割之下，非到推翻帝國主義及軍閥的民族革命得着勝利，農民所受六種蹂躪者所給之困苦是不能免除的，因此農民運動必須與全中國的民族革命運動相結合；同時中國的民族革命運動，非得到農民大羣並參加，也不會成功。

（二）工人是現代革命運動中之最急進的先鋒，且城市工人又站在政治上重要地位；因此農民運動有與工人運動結合之必要，而且革命的工人階級有領導這些運動之必要。

「本黨是代表中國農民工人利益而奮鬥的黨，本黨目前的職責，是領導中國農民工人參加中國民族革命的爭鬥；同時，在民族革命運動中，代表中國農民工人利益而爭鬥」。　因此，在此次大會提出『全國農民工人大團結』的口號，以貢獻於大會，并祝大會之成功。

全國農民大會萬歲！
中國農民運動萬歲！
中國農工大團結萬歲！
中國革命萬歲！
世界革命萬歲！

中國共產黨中央執行委員會
一九二六年四月二十日

發行部
編輯部　**通信處：**

廣州國光書店黃正君

分售處

廣州	丁卜書報社
北京	各學校號房
長沙	文化書社
寧波	寧波書店
武昌	時中書報社
	共進書社
福州	福州書店
香港	萃文書坊
汕頭	汕頭書店
蕪湖	科學圖書館
太原	晉華書社
湖州	青年書社
雲南	新亞書店
重慶	唯一書局
南京	樂天書館
寶慶	寶慶書局
黃梅	書報流通處
西安	西安書局
成都	華陽書報流通處
紹興	亞民文具實業社

價目

訂閱：國內一元寄足三十五期。國外一元寄足二十五期。郵票代款九五折算。但以一分半分為限。

代派：每份大洋三分。六折計算。寄費在內。十份起碼。十期清算一次。概不退回。

零售：每份銅圓六枚。

The Guide weekly

嚮導

週報

第一百五十二期

目次

一九二六年五月八日

最近政局之觀察

獨秀

國民軍退出北京後，唯一重要的政象就是奉吳發生暗潮。　此暗潮之特點，就是護法護憲之爭執及助長此爭執之關係奉吳兩方實際利害的內閣問題。　奉張知道護憲必復顏閣必復舊國會，顏屬吳派，舊國會大部分賄選議員都不啻是曹吳家之養卒，這些都於奉不利，他又知道曹憲與賄選國會大不理於衆口，樂得在此方面與吳一爭。　吳亦知道他在北方之軍事實力遠不及奉張，非從政治上進攻，非借護憲以恢復顏閣與舊國會，無由分得北京若干政權，因為北京的精華——京師警察廳及崇文門稅關，都已落於奉派之手。　內閣問題，此時尚非閣員分配之爭，而是內閣總理屬於直派或奉派之爭，此爭仍將取決於護法或護憲。　若護憲，當然要恢復直派之顏閣，奉張所爭則在財交兩部；若護法，則奉張及其背後之主人——日本帝國主義者，必不甘心放棄政府領袖地位之權利，此時直吳及其背後之主人——英國帝國主義者，為顧維鈞所預定之外交坐位，亦決不至為他人所奪。

在北方軍事上，直吳遠遜於奉張，然直吳多政客奔走人材，即在民間的政治空氣上，奉張更不及直吳，且國民軍尚近在京北，隨時有聯直之可能，此亦迫得奉張不得不對直吳讓步之隱情。　因此，直奉軍閥及其背後英日帝國主義者實際利害之衝突雖終不能免；然以政治的環境，又不利於即時決裂，於是他們不得不別謀暫時彌縫之一策，以和緩其急衝。

其策為何，即繼續軍事行動，分討南北二赤，使奉吳勢力得分途發展，不至兩力匯集於北方，隨時皆可發生衝突。　此策見之實行者，就是直魯聯軍向南口進發及吳佩孚進攻湖南。　吳之進攻湖南，不用說其目的地乃是廣州。　此策實行將來的效果又是怎樣呢？

奉吳若真能分向南北發展，雖不能完全免除他們在北方之衝突，當能和緩其目前衝突之危機。　奉軍若得閻錫山之助，國民軍又不能於最短時間消滅閻軍，則誠難以一軍敵熱河南口大同三面之進攻；國民軍消滅，奉張對直吳態度當更強硬，同時若直吳向南亦得相當發展，則奉直關係，自必重入危機。　吳佩孚向南圖粵，在地利上當然沒有一直由湖南進兵廣州之可能，勢必由湖南江西福建及廣東內部（陳炯明魏邦平之餘孽）四面包圍，再加以香港方面之封鎖及示威，才能收效。　不過唐生智若不降吳，湖南方面即能牽制吳佩孚一大部分兵力；江西方面，方本仁雖然尚未表示反吳，而其遺留在江西之舊部如唐將二楊，實不易為吳佩孚驅為攻湘攻粵之用；閩周本只能自保，非至吳軍進入廣東，彼未必肯出兵；孫傳芳時虞吳佩孚勾結蘇皖浙各軍將領向之倒戈，其自身地位且日在危險狀態中，更不會為吳攻粵；袁楊都意在據川，那能為吳遠征；河南之紅槍會及豫軍已開始豫人治豫運動，且為吳佩孚之後患；以這樣的環境，只要廣州國民政府對於內外各方面的政策應付得宜，則吳佩孚向南發展之希望本是很少。　吳佩孚若不能向南發展，勢必一面忍氣聯奉以自固，一面勾結夏超陳儀陳調元王普等推倒孫傳芳，收蘇浙皖三省於自己勢力之下，以統一長江，以備與奉張一戰。　廣州國民政府在此期間若有充分準備，甚至國民軍尚能在北方保存若干實力，奉直戰爭再開時，中國政局又必有一次新的大變動。

英日吳張戰勝後之中國資產階級

秋白

「吳佩孚張作霖的聯合戰線戰勝國民軍之後，英日帝國主義又處於宰制中國人民的地位。　吳張的戰勝國民軍，實際上是帝國主義戰勝中國人民」，這在最近時局裏種種事實可以看出來的。「英日和吳張都是互相衝突，英日帝國主義的在華利益和吳張軍閥的地盤問題，無處不伏着許多矛盾。　帝國主義者為要避免這些衝突的暴發起見，便拿反赤主義做自己的政綱，拿欺罔政策和假意的讓步使資產階級中立做自己的策略，以求達到壓迫剝削中國人民，根本肅清赤化的目的。」

反赤主義是甚麼？　固然，我們還沒有看見反赤主義演講集，也沒有看見英吳或日張的建國大綱，但是這一反赤主義現在正在實行之中，我們祇要看下列的事實便可以知道：吳佩孚的勢力範圍內——（一）在湖北實行鹽斤加價，強索餉項；（二）在河南（鄭州）出令禁止抗用不能兌現的省票和銅元票，違者槍決；（三）王懷慶就衛戍司令之後，立刻強迫銀行公會繳納軍餉，同時，便頒布保安辦法十七條，對宣傳赤化及主張赤化者，不分首從一律處死刑；（四）吳佩孚在漢口暗中進行以京漢南段地皮抵押某國，借一千萬元；（五）吳佩孚還準備出賣象鼻山礦於日本；（六）吳佩孚主張以款築路，不僅是扼制教育經費，還含着有攫取新鐵路擴張自己勢力的陰謀。　張作霖的勢力範圍內——（一）屠殺山東農民四十五村（藉口平紅槍會），（二）殺京報主筆邵飄萍；（三）在奉天逮捕要求加資的印刷工人三十餘人；（四）在北京姦淫搶掠無所不至，攻北京時濫拋炸彈；（五）在京津行使軍用票，當街鎗斃不肯接受該票的商人至數十百人；（六）與日本訂密約出賣滿洲許多權利，以報日本出兵助滅郭松齡之恩；（七）強項主張撤退蘇聯大使，破壞中俄協定。　這些事實，已經很詳細的解釋簽註反赤主義的意義——便是賣國害民四個大字。

英日指使吳張實行這種賣國害民的反赤主義，並且囑使他們繼續戰爭，採取分工合作的反赤戰略：吳佩孚勢力往南發展，利用鄧如琢攫取江西，又遣派葉開鑫攻打湖南，宣言力討「南赤」——國民政府；張作霖進攻南口，熱河，並使閻錫山自大同進攻，要想根本消滅「北赤」——國民軍」。「這種以反赤為一致的目標而維持吳張合作之策略」，在日來路透東方各社電訊的宣傳裏，看得非常清楚。、軍事上既有這種策略，政治上帝國主義者也有同樣的指導。　最近東方社已經發表顏惠慶內閣的名單，說「曹錕下野宣言又引起了糾紛」；張作霖也就發通電，要求公開討論約法憲法問題。　路透社亦說「曹錕之通電益令時局複雜」，並且說顏惠慶尚未宣布願退林下；吳佩孚也就暫取模稜態度，主張只要新國會和曹錕自己下野並宣告解散，他的意思祇在內閣中實權的分配。　雙方衝突的意見雖未消滅，卻可以看見互相遷就，力求避免破裂的苦心。　帝國主義者自己，甚至於親身參與北京政局——路透社說福開森在治安會裏與王士珍是同等主要人物（哈哈，上海工部局不容納華董，北京臨時反動政府裏卻有了西董！）福開森竭力主張治安會暫時還不能停止辦公，便是因為要維持這過渡時期，以便英日雙方從容商定組織聯立的反動政府。

英日張吳戰勝後的時局，顯然已經是極反動的局面，殘暴的屠殺壓榨，遍及於社會各階級。　這種時局的趨勢，顯然是聯合張吳的反動勢力，延長戰爭，攻打國民軍國民政府，置全國於帝國主義軍閥的刀俎之上，又要有大批的中國權利出賣於外國帝國主義。　姑且不論張吳的聯立政府能否成立，聯合之政局究竟有多少時候，而人民的受壓迫卻始終是一樣的。　在這種明顯的情勢之下，中國資產階級的態度是怎樣呢：——還是希望妥協讓步和平解決，哀懇帝國主義軍閥的慈悲，還是和勞動平民攜手，以堅決的鬥爭（革命軍隊的戰爭和人民武裝的暴動），粉碎帝國主義的進攻呢？

上海總商會的機關報，中國公論報（The China Tribune）最近第七期發表了自己的政治主張。　他要求解決中國國家大事，須得民意的協商。 他說外國人應當贊助中國人民團體和軍事當局開會議的主，不應當堅持『依賴一二強有力者治理中國』的舊觀念。 他指出外國人對於中國的疆吏，不爲正義之主張，糾正他們的錯誤，反而『利用不平等條約橫加壓迫』．例如（一）大沽事件，強硬壓迫國民軍；（二）對張作霖的『對俄失態，驅逐大使』，不加指斥；（三）對吳佩孚的維護賄選議員和總統，不加匡正；（四）『附和』庚款築路主張，贊助軍閥攫取路權和財源，以擾亂中國（這一條見第七期通信）。 中國公論報所想望的政治，有七條綱要：

（一）軍民分治；

（二）裁兵廢督；

（三）軍隊須爲衛國之用；

（四）廢除種種苛稅；

（五）整理財政，如鐵路收入及內外債利息等；

（六）停止高壓行爲，如軍用票的行使和強迫借餉；

（七）清廉的官吏和行政，嚴懲貪婪。

這種資產階級的內政政綱，表面看來確是很正當的；但是，姑且不用說，商會首領的眼光裏，看着軍閥屠殺人民摧殘自由等事，不算是『高壓行爲』；單就實行這一政綱的方法來論，他們便沒有指出來。 難道軍民分治，裁兵減稅，整理財政吏治，現在的反赤軍閥能自動的實行嗎？ 反赤主義鼎盛的地方，一切行政恰恰與商會所希望的相反，我們上面所敘述的種種事實，都是非常明顯的證據。 如果馮玉祥國民政府等都算是赤化，那麼他們的行政和趨向，却正合於商會所想望的政治。 這樣說來，中國資產階級現時所亟亟需要的，正是赤化主義。 祗有赤化主義的軍隊戰勝，這種政綱才有實現的可能；這些赤化軍隊，曾經屢次宣言主張國民會議，尤其是孫中山的國民會議預備會，能容納一切人民團體的意見，能給人民以解決國是的機會和權能。 資產階級是否明白了解了這一點呢？

當國民軍苦戰於京津之間的時候，他們（尤其是一軍）從不強項需索；當國民軍退出北京天津的時候，秩序井然絕無騷擾，甚至於英日張吳都不能不稱贊；廣州國民政府更是早已廢除苛捐雜稅，計畫開闢黃埔。 中國資產階級對於現在吳佩孚的南侵，張作霖的西伐，以及以前反動軍閥陳炯明楊希閔等攻打廣州政府，或張宗昌李景林等侵襲國民軍的時候，總是默然不理，絲毫不與以贊助。 現在，更有所謂全國商會聯合會江蘇事務所出來，發表通電 主張：『就現在各方所有之勢力範圍，直截痛快均平支配，支配之後，專以全力各自整理其範圍內之軍民要政，與民休息，不再備戰。 而於壤地相錯防軍緊接之區，或互派中立之員，或畫作緩衝之點，務使距離遠而接觸不至發生，利害輕而衝突無自而起。 而對於中央政局之措置，則請諸公擇衆望式孚之人，推爲臨時元首，以維現狀，由元首選任國務總理：：唯各省亦須慎選代表數人，集合研究國家制度，是否適用聯省制，抑仍採用舊約法。 如仍用約法所規定制度，則請臨時政府尅期改選新國會，由新國會依法選舉總統，以成立正式政府。 如用聯省制，則宜組織聯省參議院，以議決聯治之新制。』 這樣，事實上是要求各軍閥在軍事上停止戰爭、而在政治上維持原狀，『與民休息』。全國商會聯合會號稱代表全國商人，竟主張保存反動軍閥的勢力範圍，公然割據瓜分中國。 中國全體商人，尤其是北京天津山東河南湖北的商人羣衆，日日處於軍閥壓迫的區域之下 能否贊成這樣主張？

何況，這一通電非常和四月十五遺章太炎黃大偉楊春綠等的通電相像，他們也主張『就各軍所據之疆域維持不動：：俟各省自治完成，再圖建設中央政府。』 這顯而易見是一班無恥的軍閥遺孽和士紳政客，或是假藉所謂全 商聯會江蘇事務所的名義，或是勾結政客式的商人領袖，發出這種主張。 固然，章太炎楊春綠等，有英國使領願維鈞等豢養，可以坐在上海亂發所謂「商人」的政見，可是在天津北京漢口濟南等處的商人，天天受軍閥的壓榨剝削，難道能歡迎這種割據的主張，願意鞏固反動的政局！　士紳階級的敗類至今還是壟斷着輿論和所謂法團，甘心做帝國主義軍閥走狗，但是商人的羣衆不應當再容許這種強姦民意的現象。　亦許，商人之中還有許多夢想軍閥的「悔悟」，實行「與民休息」，興以爲這樣辦法——和軍閥和平談判，可以實行那七條政綱。　所以這些士紳政客的敗類，能夠把持商人機關，而以全國商人名義暗渡陳倉地提倡軍閥的聯省割據主義。

至於帝國主義的欺罔政策，那麽，固然他們不能消滅資產階級和軍閥的衝突，他們除空口勸告奉直軍隊不可殘暴之外，別無辦法，所以帝國主義一方面利用軍閥攻打國民軍，別方面便不能進行甚麽巧妙政策緩和資產階級而使之中立；但是，他們却能在外交問題方面實行這種欺罔政策。　譬如關稅會議答應了一九二九年欽賜關稅自主；法權會議又在進行各省的司法調查；英國庚子賠款委員會裏加入幾個華人委員；華董問題在漢口英租界決定了兩個，在上海公共租界也通過了三個；上海法租界暫停徵收食物捐；公共租界的黃浦公園將要答應開放，准華人進去，越界築路彷彿可以停，並且准華人贖回，帝國主義者這些欺罔政策完全是一種手段。　他們祇能挑極小的事讓步；公園開放，可以加幾個管理花園的「華人園丁」（委員），食物捐等類可以實行停徵；租界旁原本是中國地界，工部局強佔了半段馬路去，現在也可以歸還。　這些小事上他們讓步了，這些原本是中國的權利，他們現在歸還了，——便算是給中國人面子，好緩和排外的空氣。

至於眞正的讓步，是絕對沒有的；不但關稅欵項不准交中國人的公庫管理；不但法權的調查永世也不會撤廢領事裁判權，交還會審公堂；不但庚子賠款的支配權還完全屬於英國政府；便是已經通過的華董，都實際上無形取消了——公使團認爲華人要求修改洋涇浜章程是「趨於極端」，覆工部局的電道：「華董問題在未徵得華人同意時，可不必提出」，這就是說：有三個華董你們還不滿意，索性一個也沒有！　因此，中國資產階級暫時是不能滿意的；上海總商會會長說：外交上必須根據於國家主權和民族平等兩大原則；中國的商會領袖現在還在繼續對外要求：

一、關稅自主，至少也要關稅公庫；

二、法權須從速收回，會審公廨無條件歸還；

三、庚款不應交軍閥支配；

四、租界華董按納稅多寡由華人選舉；

五、進一步要求收回租界（見中國公論報第六期）。

這種資產階級的對外要求，固然已經妥協到極端，但是，退一步說，我們就算祇要求這些，那麽究竟怎樣實行呢？　這些領袖却絕對沒有辦法。　照理論上說，孫中山的主張廢除不平等條約，是指明必須由國民會議建立人民政府，然後才有實力自動的廢除。　事實上，現在廣州的治外法權，亦已經縮小了不少，英國新聞記者和日本水兵已經兩三次受中國當局的懲罰或逮捕；英國人的海關關吏始終不敢繼續封鎖粵海關。　最近廣州政府又拒絕法權會議委員的調查。　中國的資產階級是否了解自己國家和民族的利益所在，必須在國民革命旗幟之下，毅然決然的贊助革命戰爭而要求實際上剝奪外國人在中國的一切非法特權呢？

五卅時候，廣州國民政府主張立刻召集國民會議，綜合全國的要求條件，對外強硬的交涉。　那時上海總商會却正在減低人民要求，而和帝國主義妥協，完全和廣州政府相反。　如今，上海的總商會和納稅華人會等，還是想望用和平談判的方法，修改洋涇浜章程，要求華人有平等參與市政的權利。　這不但對於一般勞動平民的要求，又是完全拒絕——納稅華人大致都要有五百兩不動產的資格，他們竟完全不顧二百多萬的無產的上海居民；而且，還不敢公開的說收回租界，反而說中國人的目的，祇在與外人平等參政，——中國境內的中外平等參政！ 在這些華人領袖的眼光裏，完全承認外國帝國主義對中國人有統治權，他們祇要求修改『上海憲法』（洋涇浜章程），使外國皇帝略略分一些統治權給他們。 他們進行這種運動的方法，如馮炳南的主張，是『以中庸之道，待人處己一視同仁……彼此合組一中外委員會（公使團、中央政府、工部局西董和上海法團），從事修改洋涇浜章程』。 這種主張，在外人卵翼之下多年的中國買辦，頂名洋商的上海地產所有人看來，固然已經很正當合理；但是，外人干涉中國市政是全國國家主權的問題，上海一般商民工人月月納巡捕捐、路燈捐、自來水捐、洋車小車照等的，也與市政有切身的關係——他們，全國的國民和上海的一般市民，是否能同意於這種主張？ 原來買辦階級的對於帝國主義和士紳階級的對於軍閥是一樣的，他們雖然也想爭地方自治或市政管理，可是永世是撇開民衆，只以安協手段，哀懇一些對於自己有利的敷衍辦法（閘北市政問題，也是這樣的）。

這種買辦階級還在把持着所謂『華人的意見』。 一然小資產階級如各馬路商界聯合會等，彷彿已經看出這一點，主張改組納稅華人會，并且說：納稅華人理事的被選舉資格，僅限於財產，『而不顧其人品良莠，行爲卑廉，事之錯乖，莫甚於斯』（虞仲咸）。 但是，上海各馬路商總會，也和胡適之博士一樣，祇希望在英國『法律之形式下另生新解釋』（他在基督教婦女協會裏講演庚欵問題說的），他們的宣言始終也是說甚麼『中西人民，同在一區域內擔負同等之納稅義務者，應享受同等之納稅權利』；可見上海商人，還是在買辦階級式的思想籠罩之下。 大半都希望外交部和公使團或者法團與外人的會議，能夠用『中外平等，誠意合作，顧全友誼』等甜言蜜語騙取上海外國政府裏的參政權，以及其他關稅自主，庚欵支配等；並且撇開一切勞動平民，默認剝奪這些下等華人的參與政權是天經地義。 這樣，自然買辦階級的政治領袖地位還是很鞏固。

「總之，帝國主義者於吳張戰勝之後，一方面以反赤主義結合互相衝突的軍閥，準備建立反動政權，別方面便利用士紳買辦階級領導的小資產階級群衆，實行他們的欺罔政策」。 他們於驅使軍閥殘殺人民之後 找着幾個士紳政領，如王士珍熊希齡之流，抱着人民的屍首哭幾場 演幾齣貓哭老鼠的滑稽戲，便想緩和資產階級使之中立，承認軍閥的政權，好再從容布置。 他們於掠奪中國大批權利之後，找着幾個買辦份子，如納稅華人之類，主張中外合作，在外國法律之下，爭求些須修改，做小小的讓步，得大大的勝利。

可是中國的平民群衆早已看透這種把戲。 廣州國民政府，最近發表通電，主張『人民自動的召集國民會議，當地組織堅固之團體，積極與軍閥帝國主義抗爭，以取得政權。』 上海及各地民衆對於華董問題 也主張作五卅案要求的總解決，主張中國人民團體自動召集市民會議，解決上海的市政管理問題。並且直接的執行自己的議決。

中國民族現在一切對內對外的要求，從華董問題到廢除不平等條約，從整頓吏治到眞正人民的政府，都必須要人民自己的積極的甚至於武裝的鬥爭，革命軍隊的戰爭，撲滅一切反革命的軍閥，——然後才能達到目的。 如今資產階級的要求既不澈底，那還不用說他，他們的運動方法，又完全是立憲主義的，可以稱之謂『民族改良主義』。

這種買辦士紳所領導的民族改良主義，只是引導着一部分資產階級，妄想帝國主義和軍閥能『誠意與之合作』，就現有的法律和制度，去彌縫補苴。 其結果，不但是大多數民衆完全處於反動政權的屠殺政策之下，就是資產階級的要求也永世沒有達到的一天！

一九二六・五・四・

我們要認清敵與友

獨秀

在中國國家的利益上觀察中俄協定，無論何人都不能否認是於中國有利的。 英美法日等國，不但不肯允許我們收回租界，我們費了九牛二虎之力，想在租界增加幾個華董都很不容易實現，要和納稅外人有平等參政權，那就更難了；可是依中俄協定蘇俄把所有的租界租借地都放棄了。 英美法日等國，不但不肯放棄領事裁判權，我們費了九牛二虎之力，至今不能收回比領判權更不法的會審公堂；可是依中俄協定，蘇俄已經把領事裁判權放棄了。 英美法日等國，把持中國的海關，以協定稅制制我工商業之死命，我們費九牛二虎之力，經過五卅慘案和全國商會關稅自主之要求，其結果關稅會議，仍舊是在協定制下增加二五，自主不過是一句空話；可是依中俄協定，蘇俄已放棄協定關稅制而改用相互平等的原則了。 英美法日等國，根據一切不平等條約欺壓中國，尤其是根據辛丑條約，駐兵京津沽等處，東交民巷簡直是國中之國；可是依中俄協定，蘇俄已放棄以前一切不平等條約，并已實行退出辛丑條約國，不在中國境內駐兵，連保衛北京大使館的兵都沒有。

蘇俄幷不像德奧是歐戰中之戰敗國，他對中國放棄了各帝國主義不肯放棄的租界領判權協定關稅京津沽等處駐兵這些侵犯中國國權壓服中國之工具，除了他以平等的友誼，對待中國外，試問還有什麼別的理由？

各帝國主義者看見蘇俄悍然退出辛丑條約國，對中國放棄了這些權利，使他們相形見絀，還恐怕因此引起中國人，對他們發生怨憤；如此，他們恨蘇俄，攻擊蘇俄，本是情理之常。 若中國人也因此恨蘇俄 攻擊蘇俄，那便出乎情理之外了！ 難道我們中國人眞是日本人嘉納治五郎所譏誚的「只服強權不服公理的民族」嗎？

杜洛斯基曾在五卅被害之工人與學生追悼大會上說：「中國的房子屬於中國人，要進去須先敲門，主人有權利放朋友進去而驅逐他所認爲敵人的出來。」

日本帝國主義者幫助張作霖打敗了郭松齡，又幫他奪取了大沽口與天津，英國帝國主義者幫助吳佩孚打敗了河南；於是吳佩孚張作霖遂帶了英日的勢力到了北京，於是張作霖吳佩孚遂出來要求蘇俄撤回辦理中俄協定之加大使。 這便是張作霖吳佩孚放進他們的朋友英日帝國主義者，驅逐他們的敵人蘇俄。 「他們認英日爲朋友，所以要親英派的顏惠慶顧維鈞出來組織政府擔任外交；他們認蘇俄爲敵人，所以連辦理中俄協定的王正廷都算是赤化黨」而加以排斥。 這原來是中國軍閥的意見，他們這種意見，當然不能夠代表中國的主人——大多數民衆——之意見。 大多數民衆之意見，也是認保有租界領判權協定關稅京津沽滬漢駐兵及一切不平等條約的英日帝國主義者爲朋友而要放他們進來，也是認放棄這些權利的蘇俄爲敵人而要驅逐他出去嗎？ 當然不是這樣：不但張作霖吳佩孚不能代表中國大多數民衆之意見，即一般反赤的政客流氓也不能代表中國大多數民衆之意見。 中國大多數民衆之意見，固然有一部分人對於赤化不無懷疑，而對於帝國主義者保有租界租借地（如旅順大連威海衛等）領判權協定關稅京津沽滬漢駐兵及一切不平等條約，卻是一致憤恨；對於蘇俄放棄這些權利的中俄協定，斷不至因爲赤化之故而加以拒絕。 此時中國民衆尤其是上海民衆所奔走運動的，是租界華董、收回會審公堂、反對越界築路捕魚、關稅自主、設立關稅公庫、修改洋涇浜章程這些問題；這些問題運動之對象，都是反赤的英美法日等國，而不是赤俄，因爲中國民衆所要收回的這些權利，赤俄都已經根本放棄了。 中國民衆正在向反赤的帝國主義者要求收回這些權利；同時，張作霖與佩孚便主張驅逐辦理中俄協定放棄這些權利的赤俄大使；不但中國的軍閥的意見和民衆不同，并且是針鋒相對。

不過中國民衆現時的態度還是不夠，因為民衆對於張作霖吳佩孚的反俄政策若不加以糾正，——足以破壞中俄協定；足以使各國的民衆懷疑中國人對於外國放棄在華權利是歡迎還是反對；足以使別國不敢效法蘇俄退出辛丑條約的關係，為一退出辛丑條約，不能駐兵北京保衛使館，便要受中國人的侮辱。

中國的主人即大多數民衆，應該更進一步明白表示其意見和軍閥不同，應該簡單明瞭的告訴一切外國人：凡是來敲我們門的，無論強弱赤白，只要聲明放棄租界租借地領判權協定關稅京津沽滬漢等處駐兵及一切不平等條約，概認為朋友請進來；否則一概認為敵人請出去。如此才能夠一洗『只服強權不服公理的民族』之恥辱！我們不從頭腦中把這種恥辱洗淨，別的一切國恥是不會洗去的啊！

英國的總同盟罷工

超麟

路透社三日倫敦電：『議員與工團代表在下院談話多次，據夜間十一時半報告，談判卒歸失敗，夜半宣布總罷工。』同日電：『鮑爾溫：今日之事乃下院所會討論最嚴重事項之一。』又四日電：『國會四周景象令人追憶一九一四年歐戰將作時之情形，國會街中萬人擁擠路不通行，警察加班維持車路極感困難，有一部分人屢唱紅旗歌……。』路透社五日以後電必將告訴我們以更可驚怖的消息，新聞報五日所載倫敦四日電，就說『保守派之報紙目罷工為內亂之始』了。現今，陸海軍人員一應銷假，軍隊奉令靜候進止，以防萬一（五日新聞報）；英國已經宣布緊急令，授權政府施行各種『必要』計畫（路透社三日倫敦電）；而政府為預防計，已調兵入威爾斯蘭開及蘇格蘭（路透社一日倫敦電）。

英國內亂果真開始了嗎？還是可信的。至少，我們也應說，這次是一九一七年十月革命之後，階級鬥爭上一件最重大的事。記者在上期本報論今年五一之際國際職工運動之趨向時，即斷定說：國際職工運動『往後必定能夠更加發展，或者激起第二個革命風潮以結束這所謂資本主義暫時穩定時期，甚至於能結果了資本主義本身的壽命——這都不是出於意料之外的變動。』不意自上一期本報出版之日（五月一日）起，上海各報即紛紛登載路透社的倫敦電，在報告英國煤礦工潮談判決裂趨於全國各重要產業總同盟罷工之消息中，就證實了我的斷語了。

（一）此次總同盟罷工之由來

此次英國重要各產業的總同盟罷工，係起於援助煤礦工人。英國煤礦業中，業主與雇工的爭執是有很久歷史的。近年英國各產業中勞資間的糾紛最甚的，不能不算煤礦業。所以鮑爾溫在下院說：要解決煤礦業之困難情形，須首先改革煤礦業裏與其他大工業不同的釐定工資之異常辦法，礦主與礦工，必須仿其他大工業，自行設法監理其事。英國煤礦業中致此困難情形之特別原因究竟在那裏呢？為了解這個，我們須得略述十年來英國煤礦業裏，管理權之變遷。

煤是英國主要生產之一，英國所以能成先進的重工業國，端賴國內有多量之煤可供開採以供給重工業的生產。十年前，一九一六年，即歐戰爆發之後二年，英國帝國主義的資產階級，為軍事上的便利起見，厲行軍事資本主義，將軍事上的重要生產集中於國家手裏；煤是製造大砲機關槍毒氣等殺人利器中，必不可少的，恰値那時南威爾斯煤礦發生風潮，所以此煤礦業，順勢也『被動員了』，也『軍事化」，即英國帝國主義的政府順勢採取『戰時辦法』將南威爾斯煤礦收歸政府管理，從此，其他各私人所營煤礦亦逐漸 政府的軌範，到一九一七年初，國內煤礦之管理遂與交通運輸事業相同，所不同的，即在尚未收歸國有。 在歐戰期間，因爲要加緊軍事生產，所以政府對工人不敢十分壓迫，譬如政府管理下煤礦工人的工資是比較多些的。但這種『讓步』是不能持久的。 果然，歐戰停止之後，政府覺得軍事生產不是十分緊迫了，於是於一九二一年三月取消了政府管理，把管理權仍交還於私人資本家；但戰事已停，煤的要求不十分緊迫，資 家是不能按照政府管理期間的工資發給煤礦工人的，所以管理權移交之後，鑛主聯合會宣佈減少工資，煤礦業即刻發生罷工風潮，即一九二一年四月有名的三角同盟罷工。 各礦工人罷工了八十八日之後，政府表示願每年津貼一千萬磅爲補助煤礦工人工資之費，風潮始解決。 其後法國佔據德國魯爾，使產煤的魯爾陷於紛亂狀態，英國煤礦業遂得一發展機會，故英國煤礦業得暫時安定；但到一九二四年魯爾煤礦復振，打擊英國煤在世界市場的銷路，英國煤礦資本家又開始向煤礦工人進攻，要推翻一九二一年的合同。 結果雙方訂立臨時協定，暫得相安無事。 到去年六月，資本家突然宣布此臨時協約於一個月後即將滿期，屆時當減少工資，但工人亦不相 ，提出煤礦國有要求以相抵制，結果政府出面使雙方讓步：一方面繼續舊時辦法由政府津貼補助，他方面組織一委員會調查全部的煤礦生產，研究煤礦應否收歸國有及政府應否繼續津貼等問題。

到最近，這個委員會，經過長時期的調查與討論之後，居然說：府不應繼續津貼，煤礦業不應收歸國有，并主張應由工人方面讓步承認減少工資，或者增加時間，自每日七小時增至八小時。 這顯是資本家及其政府重新向煤礦工人進攻！ 煤礦工人怎能忍受呢？所以工人就準備以罷工手段對付此種進攻，結果談判破裂，罷工遂見諸實行，由煤礦工人的罷工又引起了重要各產業工人的同情援助，而至於現在之總同盟罷工。

（二）此次總同盟罷工之經過

此次煤礦工人罷工係由於煤礦業中十年來之不斷的糾紛積累而成，既如上述。 現在我們再看此次由煤礦工人與鑛主爭執至總同盟罷工之經過。

自四月一日煤業委員會，提出一書面提議給礦工總會幹事，宣稱不願再仰政府津貼并欲工人減少工資增加時間之後 礦工總會幹事會即決定拒絕此種提議，并於九日召集礦工代表特別大會討論對付辦法。 大會討論結果尚無切實的決定，但願先與政府談判然後始與礦主接洽。 同時英國工團總會亦注意此問題。 十三日，礦工幹事會擬就答覆煤業委員會一文，拒絕原提議書的要求。 十四日，礦工幹事會與工團總會實業委員會又開一會議，工團總會表示援助礦工。 同時煤礦業資本家又聲言一九二四年的臨時協定到四月三十日就不能適用了。 如此，雙方談判已將成僵局了。 工人方面就有罷工的準備，但資本家方面亦做反罷工的宣傳。 路透社十七日倫敦電甚至說有二萬女子由帝國女子公會召集參加反對罷工的大會。 到二十二日，煤礦業資本家與煤礦工人的談判遂完全決裂。 鮑爾溫且聲明政府自五月一日起停止津貼，資本家也在各礦穴張貼布告宣布新工資案。 二十三日，鑛主和鑛工雖復在鮑爾溫處談判，但仍不得要領，工團總部此時亦決定切實援助鑛工。 停止津貼和實行新工資案之五月一日已經臨頭了。 二十九日工團大會通過一決議案，實行援助鑛工。 三十日夜半煤鑛工人即開始罷工。

路透社五月一日倫敦電：『煤業談判決裂，礦工停工，形勢緊張，與一九一四年英國宣戰時略相似，但是否確相似，則須視今日工團總會如何扶助礦工之決議而定，聞英皇昨晚已批准國事緊急之佈告文，但非至必要時未必發出。　全國分爲十區，每區有民事專員一人，以鄧傳大員爲民事專員長，凡維持重要役務之辦法由民事專員執行之。　昨晚馬達裝運車已集合於海德公園，此爲保持倫敦牛乳與食物供給之預防計畫。各鐵路公司亦預備於全體大罷工時，維持幹路事務的計畫。」　又同日電：『政府已宣佈緊急令。』　五月一日工團大會決定於星期二日（五月四日）如礦工能工風潮不解決，卽宣布全國總同盟罷工以爲援助，應罷工的是：運輸、印刷（連報紙在內）、鋼鐵、化學工業、建築（除民屋及醫院外）、電氣、煤氣等。　大會主席稱工團贊成罷工的，有三百六十五萬三千五百二十七人，反對能工的，則祇有四萬九千九百十一人。　一方宣布緊急令，調兵，他方又通過總同盟罷工的議案，這種形勢是何等緊張的呢？　在這種引滿待發的形勢中，自然照例有和平的談判，譬如中國的軍閥戰爭，到開火的那一天，和事老還在道途中奔走。　政府準備好了對付罷工的手段，同時又表示願與工團代表談判。　二日下午五時至七時，談判仍在進行。　但同日路透社倫敦電：『宜場宣布挽回大罷工風潮之談判現已決裂。』　三日，湯姆斯告新聞記者曰：『已宣戰矣！』　政府的『宣戰書』是：『政府以爲苟不忠實接受皇家委員會之報告，則煤業困難問題，決不能有可以實行，且可不失各方榮譽之解決法；所謂接受此報告者，卽承認一方面立卽改組煤業，一面於改組進行中，暫時釐定工資與工時，以期在經濟上維持煤業也。　如礦工準備接受此議，則政府卽可恢復談判，並繼續半月津貼，但內閣員工團委員討論後，政府查悉出席於工團公會總行政會所召集大會之各工團理事，發出特別訓令，分致數重要工業，諭令各業於星期二日實行總罷工，而騷擾行爲日亦發出，出版自由已受妨害，凡此舉動不僅與憲法權利及國民自由挑戰。　是以政府在繼續談判之前，必須要求工　委員申斥業已發生之行爲，並立卽無條件撤回總罷工之訓令云。』　工人的『宣戰書』是：『頃聞政府決計終止討論，至爲駭異，此種決議促成危局。　政府意見如何，國人自有公判。　本總行政會努力於忠實工作，以期得榮譽的解決，乃爲政府倏來之哀的美敦書所破壞，殊堪歎息。至於政府所謂之第一理由（卽指工團公會發出總罷工之訓令而言），查工人罷工以保衛利益，此乃常事，工團公會所以有此決議者，不過欲爲工　穩固其權利，僱雇主欲穩固其對於工人之權利耳。　換言之，工團公會欲談判進行，不含有工人罷工或雇主歇業之空氣而已。政府所言之第二理由，如滋擾行爲及妨礙出版自由事，則工團未有所聞，本總行政會之決議，切實禁阻任何單獨不負責任之行爲，政府遽藉口此種事，以破壞和平談判，而不予工團以調查處置之機會，實爲可惜云。』　此『宣戰書』交換之後，仍有一『最後的努力』，卽當日晚　政府與工團代表仍在下院談判，其結果是談判終歸決裂了，總同盟罷工終歸宣佈了。

由『宣戰』至『開火』這一日中，英國下院的會議是最可注意的。　鮑爾溫稱今日之事乃下院所會討論最嚴重事項之一。　鮑爾温又公言：『政府已見有另一政府　之對抗。』　鮑爾温直斥工黨領袖爲『無異宣告國內戰爭。』　自由黨領袖路易喬治以爲罷工不是革命。工黨右派　領袖湯姆斯也極力爭辯，說此次罷工『不可謂爲革命，但僅可謂爲經濟性質之工業爭執耳。』　他且確信英國人之贊成革命者不及百分之二。　但麥克唐納爾就不是這樣說。　他說：『今日之時局，其發展與結果無人能預言之。』　這是甚麼意思呢？　這是說，此次罷工是能夠做到革命的。　麥克唐納爾的觀察是不錯的。　無論自由黨和工黨右派領袖湯姆斯等怎樣辯明罷工不是革命，但保守黨的報紙早已說罷工是內亂的開始，保守黨的領袖如鮑爾温邱吉爾早已將工　當作對『敵政府』，他們早已宣佈緊急令，一切都準備好，『避過有採行嚴峻方法的必要時，亦不能卸責』了。

（三）此次總同盟罷工之意義

從此次總同盟之由來及其經過，我們便明顯看出，此次總同盟罷工雖然起於後此煤礦工人，煤礦工人罷工雖然起於　人和資本家間工資與時間問題之爭執，但由經濟的爭執達到了這爲『國內戰爭之開始』的大罷工，這中間乃是英國戰後政治經濟狀況促成無產階級解放運動左傾之必然的結果，也可以說，是世界政治經濟狀況促成國際職工運動左傾之必然的結果。

英國無產階級向來是以最缺乏革命性著名於世界的。　而近年來，自一九二三年德國革命失敗以後，英國無產階級運動反成了世界革命黨人注目的中心點：這種轉變應該在戰後英國的國際地位中去尋。

英國無產階級運動向來操在貴族工人手裏，他們的首領如湯姆斯麥克唐納爾等一向祇宣傳階級和平、階級合作、建設的進化的社會主義等，而反對革命，反對階級鬥爭。　英　爲甚麼產生這派的改良主義者以領導無產階級運動呢？　因爲英國本來是『世界第一名帝國主義』，英國資產階級剝削的殖民地最多，剝削所得分了一點給所謂貴族工人，使他們贊助殖民地政策，而貴族工人亦樂得享用這塊剩餘骨頭，替資產階級效力。　但這祇是戰前的事，戰後情形就比較不同了。

大戰結果，英國雖　打敗了當時最兇猛的世界市場競爭者——德國，但却造　了美國在世界市場上比當時德國更兇猛的勢力。　英國戰後瘡痍未復，不但在世界市場上處處受美國的打擊，而且自己的殖民地戰中都發展自國的工業，想要向大英帝國宣布獨立，甚至要入美國的勢力範圍（譬如　拿大），又加以各殖民地或半殖民地的民族革命運動日益猛烈，遂使英國的國際地位一落千里，遠非戰前的聲威所可比擬了。　因此，英國資產階級再不能賄買貴族工人，工人的生活一天一天的低落，使英國無產階級覺悟改良派首領的欺騙，而明白唯有革命唯有階級鬥爭才可以解放自己，抵禦資本的進攻。　這種狀況表現在政治上來，便是歷來與保守黨輪流掌握政權的自由黨解體了，而形成一強有力的工黨代替了舊時自由黨的位置，而與保守黨成對抗形勢。　一九二四年九個月的工黨內閣之存在，便是純粹資產階級政黨——保守黨和自由黨——無力統治，不得不暫時借助工黨勢力之明證。　在這九個月工黨執政期間，英國無產階級積極方面雖然得不着甚麼，因爲工黨所施行的仍然是英國資產階級的政策，然而無產階級左傾的過程却因之加緊了。工黨內閣的短促生命正對英國無產階級證明真正的解放是非革命不可的。　從前很少意義的革命少數派運動到此遂突然增長起來。　少數派運動特別在煤礦工人、運輸工人、機器製造工人、建築工人等中間發展。　少數派主張推翻資本主義，宣傳階級鬥爭，合工人戰線，統一國際職工運動。　爲這目的，自然要求與赤色職工國際聯合，并擁護蘇維埃俄羅斯。　從工黨組閣以後，少數派的勢力已一天一天增長了。　去年英國工團不得不應少數派的要求派代表到俄國去，英俄職工會特別的接近，并組織了一個英俄聯合委員會，爲統一國際職工運動的先聲。　這種運動受第二國際亞姆斯德丹國際和英國工黨的右派等猛烈的攻擊，是不足爲怪的。　但攻擊自攻擊，而這種運動仍不斷的發展，這中間英國共產黨又在工黨內部長大起來，有識者早就料定英國將發生重大的事變了。

這事變就是此次的總同盟罷工。　參加此次大罷工的工人，如煤礦工人、運輸工人、建築工人等，正是少數派運動發展的領域。　我們可以在此次總同盟罷工中找出一特點：此次總同盟罷工之規模不但超過過去的一切罷工規模，而且其含義也不相同，即既往英國一切的罷工運動皆是貴族工人首領所包辦的，即都是帶改良主義性的，而此次大罷工則屬於那主張推翻資本主義宣傳階級鬥爭的少數派主持，即是革命的。　從此，我們更加明白保守黨報紙目此次罷工爲國內戰爭之開始，并非無因，而日本外交省之代飽爾溫着急也非過慮了。　煤鑛業資本家此次態度之強硬和政府宣佈緊急令之迅速及其對付罷工手段之週到與嚴刻，我們知道這是英國資產階級早就準備着要撲滅此如日東昇之少數派運動，——難怪英國資產階級報紙就已開始宣傳大罷工必然失敗，而且失敗甚速。

英國此次總同盟罷工之有重大意義自不待言，其發展其結果將如英國資產階級報紙所斷言之必然失敗呢？ 抑或如我們所期望之由開始國內戰爭而進於繼續國內戰爭以至於達到少數派運動的目的——推翻資本主義？ 這個我們亦學麥克唐納爾說一句：『無人能預言之』。

但英國無產階級之有國際的援助則確是確定的事實。 四月十六日國際鑛工總會在比京通過一決議案，聲明援助英國煤鑛工人。 二十日赤色職工國際秘書長洛作夫斯基致函亞姆斯德丹國際，請約定時地集議援助英國鑛工之形式與方法。 這些還是罷工以前的消息。 五月二日路透社柏林電說：『德國社會民主黨與共產黨領袖，皆促德國鑛工竭力幫助英國同志，彼等之意今當設法阻魯爾之煤直接運往英國，目下正與荷蘭二國談判，冀阻止德煤取道荷蘭運英。』 果然，三日愛森電：『德國鑛工公會發表宣言，聲明遵守比京公約（即援助英國鑛工）。并勸鑛工勿作額外工作。』 同日洛特丹電：『荷蘭運輸工人公會勸令會員勿裝卸運往英國之煤，凡從前在英國裝煤之船，如入荷蘭口岸希圖裝煤，運輸工人亦不得爲之工作。』 德國荷蘭二國工人這種舉動對於英國之罷工是有很大助力的。 同時三日起日本運輸聯合會、鑛工工會、東京電車工人會，都發電勗勉英國工人堅持到底。 五日上海紗廠總工會也有通電援助英國工人了。 此次全世界工人階級自然將有很偉大的很齊一的表示，五日以後各地同情的援助一定層出不窮。 此次英國總同盟罷工決不僅是英國工人的事，乃是全世界工人的事。

無產階級由退守而進攻的時期到了嗎？ 資本主義暫時穩定的局面就此結束了嗎？ 世界革命的第二個風潮就此開始了嗎？ 且拭目俟之！

一九二六年五月六日晨四時

寸鐵

張作霖口供中之赤與反赤

赤軍與反赤軍究竟是怎樣的不同，現已由張作霖親口供出來了！張致奉聯軍各將領的電報說：『近屢接商民報告，京師四郊頗有奸淫搶劫之事，俄人尤甚，京城以內亦屢出劫案，東安市場復被焚燒，……年來赤賊盤據，此次撤退，尚能秩序井然，一塵不染，若我軍管領以後，反多擾累……。』

（實）

章炳麟與鎮威爭威

反赤軍的殘暴，不獨京津市民受不了，不獨王士珍通電說：『婦孺逃徙十室九空』，即吳佩孚亦通電說：『近日連接各方電告京畿附近發生官兵姦搶諸案』，張作霖也自覺不及『赤賊』秩序井然；獨有一章炳麟致顏惠慶電說：『方今居庸逋寇猶未肅清，粵中赤化直搏湘楚，……居庸之寇則請鎮威主之，衡嶽之寇則請孚威主之 待南北二赤次第盪定，然後徐議他事』，大約章炳麟覺得京津市民所受反赤軍的災難還不痛決，再要鎮威光顧張家口一下，孚威光顧湖南一下，並且一直光顧到廣州，才算稱心！

（實）

向赤或向反赤之路標

我們對於赤化有所懷疑嗎？我們應該贊成反赤嗎？　現在事實先生告訴我們說：赤俄已經把租界領判權協定關稅駐兵中國及一切不平等條約都放棄了，倒是反赤的英美日法等國不肯放棄這些不法的特權；稱為赤化的國民黨黨軍，無論在省城在東江都秋毫無犯，倒是反赤的陳炯明軍在閩粵邊焚殺不堪；稱為赤化的馮玉祥軍，無論在張家口在北京在天津都『秩序井然，一塵不染』，倒是反赤的奉直魯聯軍『頗有奸淫搶刼之事』；這些事實就是指示我們向赤或向反赤之路標。

（實）

奉軍勝利之教訓

你們常說：奉直和國民軍戰爭是軍閥的戰爭，誰勝誰敗都和人民無關。　可是國民軍開到北京天津，退出北京天津，從未驚擾人民，奉聯軍一到天津北京，軍用票便嚇破了商民的胆，一直鬧到『婦孺逃徙十室九空』，他們的勝敗，果和人民無關嗎？　你們又主張學生只應讀書求學，不應與聞政治，可是現在奉軍一入京，各校都停課了，教員大部分逃走了，女學生更驚駭的幾乎連逃走都來不及，政治如此，請問如何讀書求學？　此次奉軍勝利之教訓，能否稍稍改變你們的舊觀念呢？

（實）

白色恐怖的北方反動政局（四月二十五日北京通信）

羅敬

由日英兩系帝國主義與奉直兩系軍閥所合作建立的白色恐怖的反動政治，現在北方已經實現了。　自奉軍與直魯聯軍乘國民軍之撤退，進了北京城以後，這個恐怖政治就開始。　在表面上看起來，好像只是張吳兩派武力，勝過了國民軍一派的武力；而實際上則有進一步的意義為我們應當深刻覺悟的，這本是從五卅慘案而後，日英兩系帝國主義運用中國軍閥以圖消滅中國國民革命的一個大計劃——一個有系統的，有組織的，經過長期慘淡經營的大計劃，而現在才是這個計劃的開始成功。

要求眞正國民會議的高潮，反帝國主義的五卅運動與反奉戰爭——這三個大事件，全是以民衆為主體的，在去年以內的浩大革命工作，所以整個的一九二五年，成為中國的革命之年。　而現在則是帝國主義與軍閥，聯合撲殺壓迫國民革命運動的時期。　北方現在的政局，就是表現這個時期開始的總現象。　所以國民軍之撤退，并不是國民軍受壓迫的簡單問題；奉直軍之佔領北京，也不是很簡單的奉直軍閥勝利的問題。　現在問題之所以嚴重者，就在國民革命運動所受的打擊。　換言之，即是西北國民軍在目前的存亡問題與廣州國民政府此時的地位——這些是目前國民革命運動最重要的問題，乃是很明顯的事。

北方的國民軍在政治上誠然是着着失敗。　失敗的開始，要算從去年年底民衆倒段運動時起，那時候的國民軍既不能服從民衆的政治主張，而仍然只是自成一派武力，以孤獨的力量，與有帝國主義作後援的異派多種武力作敵，焉得不致於失敗？　所以最近的一個政變（即四月九日的逐段釋曹）成了一個大笑話，而國民軍在政治上的失敗，也就到了最後一步。　四月九日的政變，一方面表現國民軍在政治上的大弱點，另一面也表現直系軍閥在政治上的聰明陰詐，因為政變只不過是國民軍對『國直合作』的一個贄見禮，而直系軍閥即利用之以斷絕國民軍的政治生命，並以開現在直奉兩系在政治上均衡之局。

這次政變既然是比較有利於直系軍閥的，所以在目前的北方局面，直系比奉系在軍事上較弱，而在政治上則確佔優勢。　國民軍在政治上與軍事上都到了失敗之時，又受了直系的一個大騙。

國民軍既然失敗而自退，又不懂得在奉直軍閥爭鬥的夾縫裏，自己是一個目的物，或以爲退守南口還可自保，殊不知事實上是不然的。

目前在總的現象上，爲壓迫中國的國民運動起見，帝國主義者固然逼迫奉直軍閥對西北繼續作軍事行動；即在奉系軍閥一方面，現在也正要藉口對西北軍事行動，取得挾制將來北京政府的便利，既厚集兵力，又滿佈爪牙。　張學良偕張宗昌李景林入北京時，各帝國主義報紙稱贊張學良爲張作霖最直接的代表，「因爲他是他的父親的兒子」，所以大可以代表他的父親，在北京先實行建設恐怖的政治。　同時，張宗昌、李景林、褚玉樸縱兵搶刦屠殺姦擄，大逞其欲。　北方的民衆在此時固然憤恨奉軍之暴行，回念國民一軍紀律的良好，而寄以同情；但同時就有深厚的政治覺悟，認爲國民軍將領在政治上的措施失當，不能完全站在革命一方面，以擁護民衆的利益。　現在北方的一般批評中，有謂國民一軍的軍隊甚好，但領袖不好的，——這句話若正確的解釋起來，亦是不錯的。　固然軍隊之好，是由於訓練與紀律的嚴明，但有訓練紀律的軍隊易得，有政治知識的軍隊却不易得。　國民一軍雖有訓練紀律而缺乏政治知識，其原因是由於其將領沒有政治知識，所以雖有軍事上的成功，卒致政治上的失敗。

但現在因爲國民軍自身在政治上受教訓之結果，也引起了國民軍內部的分化。　這種內部分化由其將領開始，而影響到一般部下，也是很自然的現象。　目前國民軍之內部，很明然的有兩部份傾向，由其將領分別表現出來。　其中一部份表現仍是進步的武力，願繼續對奉直軍閥作戰，接近於民衆；而另一部份則仍如軍閥奪地盤，希圖與奉直軍閥妥協的心理。　現在鹿鍾麟等幾個將領代表前者，而張之江等另幾個將領代表後者。　張之江從早就派代表，打電報，分向張吳兩方求和投降，已是盡人皆知的事；雖吳佩孚覆電叫他解除武裝，繳械投誠，他亦忍受。　「整頓學風」的電報，明是張之江向民衆借題示威，而三月十八日之慘案，李鳴鐘（與張之江是同類的）之行動，完全表現國民軍右傾而背叛民衆利益的行爲。　四月九日的政變，鹿鍾麟固然受了吳佩孚的騙，但鹿鍾麟的行動，始終還不敢做出背叛民衆利益的事，推倒段政府未嘗不是民衆所歡迎的，不過推非其時，而且大稱「總統曹公」太不應該，且推倒段政府的原因，爲保自己的生存，作爲向吳佩孚的贄禮，則完全表現政治上的幼稚行爲。　不過鹿鍾麟既通電擁戴「總統曹公」又「歡迎玉帥北上主政」，而吳佩孚仍然非逼鹿鍾麟離京不可，且始終未曾直接答覆過鹿鍾麟的投誠策略，同時，張之江向吳佩孚的表示，吳就答覆了；這固然是吳佩孚的聰明，但也正是國民軍在失敗時，內部分化的激劇作用。

現在國民軍退西北後，所剩下的問題，就只是還能否存在的問題，同時這亦是國民革命裏目前的重要問題之一。　國民軍自然不應當忘却現在的情形之重要，並且忘却與放棄自反奉戰爭以來國民軍所應得的教訓。　依目前情形看來，國民軍要自保的條件，如像張之江那樣分電張吳投降是無效果的，因爲這是帝國主義者所絕不能許可的。

日本帝國主義者在事實上也未嘗不想便利的成功，如北京順天時報便向奉軍獻告說：對西北若是「真正」作戰，便算不智，但求能將西北軍取得，才算是美滿結果。　日本人可真極聰明，張之江等便應該從此了解向奉直虛意投降是不可能的事，而惟有自己振作才能自救。

但在實際上，國民軍的問題——即帝國主義與軍閥反中國國民革命運動的聯合戰線問題——已經告一個段落了。　此時北方反動舞臺上，張吳的離合，乃日英兩系帝國主義所慘淡經營的事。　但這種經營的結果，至多亦不過以能維持張吳較長期的所謂合作爲度。　這種經營自然是難有成功的，因爲不僅奉直兩系軍閥要爭地盤，爭位置爪牙，爭護法護憲，即在日英兩系帝國主義之自身利益，亦難調和。　所以日英帝國主義者將來經營之結果，不是弄成張吳長期的合作，而是各自扶持一方面，看看到將來到底是誰強誰弱。 論實際說，日本是比較的更要求張吳合作的，因爲合作的目的，是不使吳佩孚變爲太強；另一方面，在當初，英國亦曾贊成「國直合作」，在現在則注意內閣問題，其目的是要使吳佩孚逐漸強大起來。 爲「反赤」起見，英日帝國主 與直奉軍閥不得不「同床」，但爲各自的將來起見，兩方面又不得不「異夢」了。

依現狀的結果，在革命民衆一方面，張吳是否較長期合作的問題遂無關乎重要，而可以預測，——直而言之，便是可以預作直奉再戰的結論。 惟有一層最切要最直接的，在民衆方面所忍受的，便是目前的白色恐怖的政治。 除西北一隅外，此時北方全部的民衆組織在壓迫之下，生命在無日不危險之中，轉徙流離，飽受搶刼姦淫騷擾之苦。 北京與天津的商人，各自實行了一次總罷市，天津的警察，且實行了一次總罷崗，但都是陷於無辦法而出於一種消極抵抗的行爲，結果仍然是忍受一切的痛苦。 直魯聯軍的軍用票與奉票充斥京津之市場，張宗昌李景林笑嘻嘻的看着人民受苦，中心大快。 張學良因爲是「他的父親的兒子」之故，在北京威風懍懍的檢舉赤化，搜查學校，箝制輿論。 張宗昌的舊俄白黨的軍隊聚在街市裏遊行示威，散而醺酒大醉，強姦婦女。 便是日本人的順天時報，亦不能不承認奉聯軍的暴行，有甚於庚子八國聯軍蹂躪北京的行爲。

奉系軍閥這樣的行爲，自然使人民憤怒深厚，從此 能接受革命的主張起而革命，尤其能覺悟了解的，是奉直軍閥的行爲所標榜的，乃一面「反赤」的大旗；而「反赤」即反民族運動，即帝國主義與軍閥之殘殺搶刼人民，乃成爲明確的教訓、用不着再有宣傳與教育，而民衆已得實際的教育和領受活動的宣傳了。 全部的北方民衆對奉系軍閥憤恨入骨，而奉直之聯合，又增加了對於直系軍閥行爲的認識。

所以在客觀的結果看來，我們當然可以說：目前白色恐怖的局面，由帝國主義與軍閥所自己建立的，乃是眞正的革命的催生符；在民衆自然不必害怕帝國主義與軍閥之如何有計劃的反動，而只當追求自身應如何有計劃有組織的繼續國民革命的浩大工作。

本報啓事

本報隨報附送「中國共產黨五年來之政治主張」一本給本報各定戶，或因郵寄不便未曾收到者，請直接函往本報廣州通訊處索取。

柏林中國通信社啓事

敝社徵求從去歲五月三十以來所有慘殺之照片，帝國主義者在吾國橫行威逼之攝影，被帝國主義軍閥資本家土豪地王等慘殺者之玉照，民衆領袖民衆罪魁帝國主義者兇首等個人之肖像，及其他一切民衆運動之寫真及傳單宣言畫報等。關於相片，務請詳其說明，及明顯可付印者。 所有敝社收到之件，卽當奉上酬金，或美術物品；如有其他要求，亦可酌量辦理。 再者近來國內民衆大會，常有對外宣言，而此項宣言，外國報紙實未有收到者，希望能有一份直寄敝社，儘可代爲發表。 來件請掛號由西北利亞寄交 Mr. H. Liau. Berlin N. 31. Graunstr.18. 至要。

柏林中國通信社啓

The Guide weekly

嚮導週報

第一百五十三期

目次

一九二六年五月十五日

最近中國之中央政府問題

秋白

國民軍受列強哀的美敦書的逼脅而戰敗之後，北方政局便又完全在帝國主義支配之下，英日帝國主義的軍隊——吳張的勢力，相繼進逼而奪到京津，關於政權的建立便成反動派內部的嚴重問題。固然，英日吳張的自相衝突，許多小軍閥的操縱捭闔，使所謂中國的中央政府，延長了一個多月還沒有經當的解決。但是，這一政權，曾經因為這種衝突矛盾而停止其存在嗎？不然的。段祺瑞的末日，還正在屠殺民衆；王士珍的『臨時反動政府』（治安會），客觀上是維持暫時的局面，做張吳勢力的正式政府之預備，在治安會時期，京津商民受着極嚴酷殘虐的統治：姦淫擄殺，強迫使用軍票，強佔學校民房……無所不用其極；王懷慶就衛戍總司令之後，張學良到京之後，再進一步的壓迫人民：搜查大學，虐殺新聞記者，公布對於『赤化犯』不分首從，一律處死刑。這種反動政治和統治，不但是一直存在着，而且時時刻刻對人民壓迫，人民切身的感覺着。所以可以說段祺瑞後的北京政權，亦許不是對於各省軍閥的中央政府，對於他們早已無中央政府之存在；可是對於人民，卻至少有一反動政府繼續着，一天天不斷的壓迫。這一政府並未消滅過的；祇有在國民軍去後，北京政府更加明顯的反動，代表軍閥帝國主義處置被征服的中國人民，尤其是京津直隸的人民。——雖然治安會裏有王士珍熊希齡等貓哭老鼠的滑稽戲，然而並不因此而減少他為反動軍閥維持秩序的政權的意義；至於王懷慶，更可不加說明了。這一短時期，表面上是反動勢力內部衝突並未得着妥協解決的方法，形式上是沒有政府，可是事實上對於人民卻立即感受強暴有力的政府之成立和壓迫，對於帝國主義者亦已經有了『強有力的』代理人，替他們掃除革命勢力——所謂赤化。況且事實上的政府——漢口的吳佩孚和奉天的張作霖，正在往返磋商的指揮全國鎮壓民衆的政策，所謂反赤戰爭。因此，我們祇可以說：這一短期間反動勢力因內部還沒有融洽，而不能組織形式上的中央政府；卻不能說：英日帝國主義和張吳反動軍閥對外——即對於中國民衆，還沒有轄治支配壓迫屠殺之事實上的中央政府。

所以就全國大勢而論，英日帝國主義即張吳之間，如果沒有決絕的破裂和衝突，使其中之一對於國民軍及人民不得不略略讓步，那麼，這一反動政府，不論其形式如何——或是吳佔優勢或是張佔優勢，或是護憲或是護法，或是張吳平分內閣的政權——對於中國民衆的意義，卻都一般的是英日帝國主義聯合統治中國的局面。

現在的中央政府問題，完全是英日吳張內部的問題，瓜分政權的分贓問題，決不是甚麼憲法約法的法律問題，——和人民的關係是很少的。

祇看護憲的直系軍閥，他們的目標是要使英國帝國主義在北京政府裡佔優勢。他們所護的憲法是曹錕賄選的憲法；賄選國會的恢復當然可以幫助吳佩孚政治上的勢力。因此，奉張方面便竭力反對，他的辦法是要假借護法的名義，根據舊約法的選舉法召集新的國會，如此，奉張和日本的政治勢力才能有充分自由活動的機會，才能在政權支配上佔得優勢。中國的國會，在這種形勢之中，自然完全處於軍閥支配之下，不論是賄選國會或是約法的新國會，現在甚至於連粉飾和招牌的假面具作用都完全沒有了。奉張和直吳，至多不過想假借各地土紳土豪買辦的政客議員，做自己政爭的工具。這種國會對於一般民衆沒有絲毫意義，祇是多一種賣國殃民的機關罷了。賄選國會議員固然是豬仔，奉張所要召集的新國會何嘗又不是要當豬仔呢？這些豬仔性成的劣紳政客——賄選的吳景濂等，主張護法和恢復黎元洪總統的章太炎等——是中國社會裏最腐敗反動的垂死的士閥之代表，他們所代表的利益，是各地大土豪大地主的利益。他們在道德上政治上經濟上破產的過程裏，祇能勾結軍閥帝國主義，幫助壓迫民衆以取媚於他們的主人，而求保持自己對於一般農民的殘酷剝削及嚴厲壓迫的地位和聲勢，鞏固自己對於一般商民的把持政治輿論等機關的勢力和權位。軍閥如果要國會，至多也祇收買利用這一般人或者再加上些買辦份子；而國會之中這些份子再代表各派軍閥和各國帝國主義，來表現他們內部互相的衝突，再演出許多奇醜不堪的種種賄路賣身等的怪現象。軍閥之下的國會，除此以外，不能有絲毫別的意義，決談不到甚麼民主立憲等等。

何況，現在各派軍閥，連利用這種豬仔國會的需要，都並沒有。

他們在北京及各地，很有力量可以屠殺民衆壓迫言論強迫行使軍用票，對於商人農民工人學生一概可以任意鎮壓，遇不着絲毫要求民主或立憲的運動和他們抗爭；他們又何苦製造這種所謂國會的機關自討麻煩？——反正事實上對付民衆的中央政府已經站得住。護憲護法的軍閥，所注意祇是在此種名義之下多爭些政權，幷不是憲法或約法所規定的人民自由和主權。這樣胆大無恥的政治態度，已經是國人公認的公開的秘密。如今甚囂塵上的護憲護法問題裏，並沒有一個人提出這種問題；甚至於三年前擁護曹錕皇帝的保皇黨張君勱等，那：還假意說這一曹憲怎麼樣的好，還提議要江蘇公民投票表决，還說『看大家要不要這一憲法所規定的自由和民生計畫等』，——如今甚至於連這種無恥至於極點的劣紳政客，都不敢再在這一點上表示贊成護憲。為什麼？——因吳佩孚等以護憲為標榜的軍閥，天天在那裏殘殺壓迫民衆，摧殘一切所謂憲法上的自由或權利：鐵一樣的事實擺在國人的面前。護法的呢，亦是一樣。——張宗昌，張學良、張作霖等的屠殺殘暴尤甚。反動軍閥有這麼樣充分的自由可以專制宰殺人民，他們還用得着甚麼國會來做共和招牌？因此，吳佩孚對於賄選國會，已經聲明不管。護憲的意義，便祇剩爭得些政權和金錢，赤裸裸的絲毫沒有遮蔽。張作霖對於護法的主張，如擁黎補足總統任期等，也斥之為政客利用，置之不理，說甚麼政治法律問題付之『公開討論』。這雖是他明知一般輿論不會贊成賄選派的護憲說，而故意投機；其實也是他表示放開法律問題，老老實實的說：多給我些政權，甚麼政治法律，我都不管。

所以，半月以來護憲護法之爭，實際上不過是壓迫民衆的事實上的『政府』裏，各派軍閥內部爭權的鬥爭，——亦即是英日帝國主義互爭多分支配中國政權的鬥爭，與憲法國會等本身絕無關係。即使有國會有約法或憲法，也不過是奉系或直系的工具；在這所謂『憲法與約法』之下，人民『受壓制剝削是一樣的，亦許那種壓迫比較現在還要更加利害更有系統更有『名義』些，亦許更加增長地方上士紳階級和買辦階級的政治經濟勢力。何況，現時的軍閥連這種國會和法律，都已經公開的擱過一邊。所剩的問題，祇是事實上的政權分配問題。

固然，在這種爭奪政權的鬥爭裏，最近半月來張吳兩方的暗潮很厲害，雙方都還是利用所謂法律問題；但是，這種衝突始終還不至於使他們破裂。他們有一致的政綱，便是共同討赤，共同壓迫民衆。『方今赤黨猶存，軍事未了，山西有累卵之危，湖南有舐糠之急，為將帥者，不以此時戮力救國，同恤簡書，而欲樹置官僚，宴安鴆毒；吾輩當責其根本之誤，原不必以法相稽……』（辛亥同志俱樂部的通電），——這種話，護法的是這樣說，護憲的也是這樣說。足見，他們的共同目標，在於討赤；如果能一致討赤和一致壓迫民衆，大家都可以犧牲法律問題。現在法律問題還沒有解決，他們已經公開的討論分配政權的問題了。五月九日的北京電訊已經說顧內閣將要實現，內閣裏的分配有下列的擬議：

（一）直系得交通農商（或內務）兩部及烟酒署鹽務署；

（二）奉系得財政內務（或農商）兩部及稅務署崇文門監督；

（三）英國的顧維鈞得外交總長；

（四）日本的某人得外交次長；

（五）教育總長須找一特別殘暴而能壓迫學生（赤化）的。

英日吳張這種胆大無恥公開的支配北京政府，瓜分政權，準備壓迫民衆——清廓赤化，實在用不着我們再來申說。總之，現時的中央政權問題——不論英日吳張內部有多大的爭執，至少暫時不是立即破裂的局勢；帝國主義對中國人民的壓迫始終還是一致的——他們最初假借憲法約法名義互相爭執；後來明顯的變成奉派內閣（梁士詒、李景林）及直派內閣（顏惠慶）的爭執；如今已經討論到英日聯立的內閣；共同討赤的目標，使他們已經公開的聲明拋棄法律問題，事實上嚴厲的一致進行壓迫民衆的政策。

這樣英日吳張戰勝中國國民之後，既已公開的連猪仔國會都拋棄，明顯的實行變相專制政體；既已公開的討論各派帝國主義走狗的瓜分政權；既已標榜擾害人民的戰爭——所謂討赤，公然要摧殘全國比較自由的地方，如湖南廣東及西北；既已極殘暴的屠殺壓迫人民，擾亂金融，屠村屠城，禁止言論集會等一切自由，——那麽，不論他們之間是否還在衝突，人民方面難道還不實行反抗，難道靜待張吳的衝突而想偸得些自由，或是靜待他們武力征服全國？中華民國已經完完全全亡了，中央政權早已落於帝國主義之手了，我們難道就此安心做亡國奴嗎？現時英日吳張瓜分政權的結果，如果是能安協解決——或是張作霖只爭內閣中的奉派位置而不管顧內閣是否根據曹錕辭職爲名爲攝政；或是吳佩孚只爭顏惠慶事實上的總理，而不提法律即攝政的問題——那麽，英日聯立的政權更加鞏固，壓迫人民和出賣中國的政策更加要加緊的進行。如果不能安協而繼續現在的混沌局面，那麽，就是現在的形勢，這一混沌的政府也就對於人民和國家，盡其壓迫破壞之能事了。人民方面如果沒有反抗的行動，一定只能屈服在他們淫威之下，做馴服的亡國奴。我們人民應當在各地奮起抗爭，反對英日帝國主義及吳張軍閥的統治，商民農夫應當立刻實行抗稅抗租，工人學生應當努力抗爭組織罷工等等自由；一般人民都應當立刻起來組織自己的地　政權。難道人民之中，竟還有人相信甚麽約法立憲等的問題裏，軍閥能賞賜人民以自由安寧；難道還有人真的相信，可以勸告軍閥分疆自守，實行什麽聯省自治（全國商聯會江蘇辦事所）；難道還有人相信，單以言語文字懇求，便可以使軍閥尊重我們的人格性命財產（如現代評論上陶孟和所說！不的，我們所要求的決不能限於保障性命財產和人格；我們就是祗要求生命財產人格的保障，也必須推翻現在的帝國主義政權——英日吳張聯合的政權，我們必須自己取得政權）？

人民政權的建立和帝國主義政權的推翻，必須要民衆自己的奮起；消極的等待英日吳張間之衝突，是沒有用的。譬如最近吳張的衝突，使表面上對於西北國民軍的戰爭暫時和緩使吳佩孚對於湖南的進攻不能十分急進，這些當然對於政治變動有重大的意義。但是，假使民衆和反帝·主義軍隊方面，沒有積極的奮鬥和準備，那麽，吳張之間的衝突，祇是多一次軍閥的戰爭，多一次人民的災害，結果，他們的勝敗不過是英日勢力的消長；即使國民軍等類的武力能乘機略占優勢，對於人民却始終不能得到完全的解放，至多再造成前年北京政變後的局面，而不是人民的政權——因爲人民自身的武裝和政治力量一定還是很薄弱的。因此，我們應當趕緊積極奮鬥和準備：各地一般民衆應當積極起來反抗反動政治，準備自己的武裝，自動的聯合各界組織管理地方政治的機關，如市民代表會，鄉民代表會等；要達到這一目的，不應當畏懼武裝的暴動。　再則，一切接近革命的軍隊，如國民軍國民革命軍等，應當立刻積極的準備作戰，抗禦反動軍閥的侵略，和各地奮起的人民聯合，聽民衆的指揮，以實行革命的戰爭。」「總之，不是消極的利用敵人間之互相衝突，　用軍閥的戰爭；而是積極的聯合一切和軍閥帝國主義衝突的力量，實行革命的戰爭。」

「人民的政權也決不能限於地方的性質。」　譬如湖南唐生智戰勝之後，彷彿平民羣衆的政治自由和湖南與廣東的關係比較的有保證了。但是，反動的軍閥政權存在着，吳佩孚的勢力保持着，這種政權不久便被吳佩孚取去了。　再則，譬如孫傳芳在上海及江浙，帝國主義者便全利用他來轄治上海及這些地方的人民；教他來弄什麼商埠市政等把戲，把租界華董問題和地方自治問題（卽民衆管理市政問題），一概撇開；吳佩孚還會逼迫他贊成甚麼護憲的顏內閣。　所以各地的民衆，不應當、注意當地的問題，應當不問中央是王士珍、王懷慶、梁士詒、顏惠慶或是直奉英日的聯立內閣，都一致的起來反對帝國主義軍閥之支配或瓜分中國的政權；并且要互相贊助各地之革命的反抗的以至於一切改良的運動。　總之，我們亦應當有全國各地一致的政綱，便是贊助赤化——民族解放和平民自由，以與帝國主義的反赤聯合戰線抗爭，而達到建立人民政權的目的。

「人民政權的建立，更不能用立憲約法國會、軍閥會議、聯省自治等辦法來實現，必須以革命手段實行召集國民會議」。　前年北京政變之後，段政府在奉張和國民軍勢力之間，尚且不肯召集眞正的國民會議，那軍閥的善後會議，更是不必說他。　何況現在帝國主義全勝的中央政局！、舊時的國會，甚至於重新召集的國會，在這種形勢之下——我們上面已經分析過——祇會是帝國主義軍閥的代議機關。　所以我們必須召集人民的國民會議，才有眞正中國的和民衆的政治中心。「而且國民會議的召集，必須用革命的手段，就是必須各地民衆的暴動和革命軍隊的戰爭勝利。　各地人民團體，工會商會學生會等應當自動的召集國民會議預備會，打破一切士紳買辦土豪所能利用的國會之幻想。　而這種運動，正須各地民衆立刻積極起來做政治鬥爭，互相響應，努力組織自己的力量，才有基礎。　總之，我們要造成民衆的政治中心，必須用革命的手段，打破一切和平勸告、軍閥會議、立憲約法、召集國會等類的空想，必須建立各地民衆的組織，造成國民會議的基礎，立卽召集國民會議預備會。」

現時中國的中央政府，事實上已經是帝國主義聯合統治中國的機關，——不管他們內部的衝突如何，如果人民不能在各地奮起直接鬥爭，準備武裝力量，督促革命軍隊，那麼，我們並連帝國主義軍閥的內部衝突，都不能利用；各帝國主義聯合統治中國或某一帝國主義單獨統治中國的局面，是不會變的。　我們現在的責任，便是組織自己，積極實行各地的政治鬥爭，反抗軍閥帝國主義的壓迫，反對一切護憲護法的把戲，向帝國主義的政權直接鬥爭對於這種政權實行抗稅抗捐；各地人民團體自動的建立地方政權並召集國民會議預備會，督促革命軍隊，並準備民衆武裝的革命戰爭；——以達召集眞正國民會議，建立人民的中央政權，廢除一切不平等條約的目的。

一九二六·四·十·

南方形勢與國民黨

獨秀

吳佩孚不能以武力在北方奪取完全政權，遂轉而向南方發展。他向南發展之步驟，「第一步是以實力援助湖南所有的反唐軍隊，驅逐唐生智出湖南」把湖南放在他的勢力支配之下·「第二步便是聯合湘鄂川滇黔豫贛閩八省軍隊圍攻兩廣」。　他的目的是否可以完全達到呢？

他的第一步目的已經達到一半，恐怕終久只能一半，因爲唐生智的軍隊并未受損失，何況還有兩廣的援助，并且彬永地勢易守而難攻，吳佩孚欲得全湖南，不是一件容易的事。　他的第二步辦法正在開始進行，他叫袁祖銘把四川讓給楊森，一面楊森得到四川便可出兵攻粵，一面袁祖銘回黔聯唐，便可聯合滇黔軍隊攻粵，他這種如意算盤，至少一半是幻想；河南方面，只有寇英傑原有的三旅現已擴充爲三師可以作戰，但須留守河南，其餘收編的樊毅等軍都毫無戰鬥力，并且豫軍尚有勾結紅鎗會反吳的趨勢；江西方面，方本仁舊部和鄂軍對抗的暗潮，還未完全消滅；福建因與孫傳芳的關係，能否出兵攻粵，也尚成問題；此時吳佩孚眞可用作攻粵的，只有湖北全省軍隊及河南湖南江西一部分軍隊，雲南唐繼堯也有乘機攻粵之可能，其中最熱心作戰的，要算馬濟之對廣西，陳林舊部謝文炳劉志陸之對廣東。　不過吳佩孚以八省兵力攻取兩廣的計畫雖然有點幻想，而指揮湖北湖南河南江西這四省兵力并且利用唐繼堯向粵圍攻，這是可能的，因此兩方的形勢，此時十分嚴重！

國民政府所在的兩廣，不但是南方的革命根據地，而且是全中國民族解放運動的根據地，全國的革命民衆應該出其全力，擁護這根據地。

國民黨中央執行委員會，適於此時在廣州召集全體會議，在此次會議之重大的職任，即是爲國民政府決定各種方略，以抗此次吳佩孚之進攻。　因爲此次吳佩孚向粵進攻，是有大的計畫，我們不可過於輕敵。　他此次進攻之勝敗，是國民黨及國民政府之生死關頭，所以在此次國民黨之中央全體委員會議中，這是唯一的重要問題。　解決這個問題之方略，不但是要兩廣迅速出兵援湘，并且對鄰省若江西若福建，都要有適當的策略，并且對北方的國民軍河南湖北四川以及山東江蘇間的軍事政治變化，都應充分注意，尤其要果決迅速的肅清廣東內部反動的右派勢力，使他們不至乘廣東出兵後發生陰謀。　因爲由三月二十日事變，我們不能不承認廣東內部尚有反動的右派勢力之存在。

反動的右派，在廣東因環境的關係，貌爲擁護國民政府，貌爲和北京上海的右派不合作；實際上，他們不但反對共產派，并且在軍隊中禁止閱看汪精衛蔣介石的演說詞，他們在黨軍始終要團結自己一致的勢力。

反動的右派現在在上海及其他各處宣傳說：此次國民黨全體中央委員會議，共同的是要重新討論聯俄聯共政策的問題。　我們敢說這完全是謠言。　修正中山先生聯俄聯共政策，是右派自西山會議到上海大會一貫的主張，廣州中央的中央委員最大多數是革命左傾的分子，那會和西山會議以來被國民政府命令稱爲『叛徒』的右派走到一條路上去？

況且，國民黨及國民政府正在和吳佩孚勢力進攻決鬥之生死關頭，惟有加緊結合全國革命的勢力，以當大敵，凡是一個中山主義的革命黨員，豈有反而對中山先生聯俄聯共的革命政策懷疑而要重新討論之理！

憲法與賄選

獨秀

反對賄選案，始終是全國普遍的輿論。　中國社會的公是公非只有這一點了，我們萬分不應該連這一點都要把他毀去，毀去這個，比毀去任何法律，損失都大！

輿論反對賄選；當然對於一買一賣的賄選總統和賄選國會議員，

同樣反對。輿論既然反對賄選的國會議員，：他們是猪仔，怎能夠承認猪仔們有代表人民制定憲法之權

輿論現在反對護憲，其理由很簡單明白，就是：根本反對賄選，根本反對賄選的猪仔議員所制定的憲法；并不是因爲憲法的內容好或不好，也不單是因爲憲法爲曹錕所宣布說他是曹憲，更不是爲張作霖或黎元洪而反對護憲，至於不是受了赤黨的煽動，那更不用說了。

輿論反對護憲，固然是因爲賄選之故；直系護憲，也正是想使賄選議員所制定的憲法有效，依憲法賄選的總統也有效，賄選的總統雖辭職，賄選總統任命的顏閣仍然有效，如此則賄選一案遂無形宣告無罪了。 直系這種想頭，直是本末倒置，他們若無充足理由宣告沒有賄選這件事或認賄選爲無罪，則無論如何依法定程序而選舉的總統，無論如何依法定程序而制定的憲法，都是國民所不能承認的呵！ 最近吳佩孚致電張作霖申述護憲的五個理由，便是根本不懂得這個道理。

該電所舉第一個理由是憲法根據約法而產生，故護約即當護憲。

他忘記了當時憲法產生情形，除了根據約法而外，還有賄選一段事實；他更忘記了制定約法者是革命政府的臨時參議院，制定憲法者是賄選議員的憲法會議。

他第二個理由是說：『憲法經憲法會議依法定程序自行制定，自行宣布，議錄事實俱在，衆目昭彰，……大總統幷無宣布憲法之權，強謂憲法爲曹憲，與事實不合，於法理尤謬。』 不錯，十三年憲法是經憲法會議依法定程序自行制定的，可惜這班憲法會議議員所犯賄選的罪，也是『事實俱在衆目昭彰』！ 從前袁世凱想做皇帝不成，仍想保全總統地位，遂宣傳說：謀復帝制的是袁世凱個人，不是袁總統，不可併爲一談；現在直系想保全他們的賄選總統不成，仍想保全他們的賄選議員所制定之憲法，遂宣傳說：賄選是賄選，憲法是憲法，不可併爲一談』；殊不知袁世凱總統即當時謀叛民國的袁世凱，他如何能夠繼續爲民國之元首；制定憲法的國會議員即當時賄選總統的國會議員，他們如何能夠代表人民制定國家根本大法！

該電所舉第三個理由是說：『約法上只有臨時大總統，而憲法上之大總統選舉法，係民國二年十月四日所宣布，袁世凱由約法上臨時總統被選爲正式大總統，適用此法，黎馮曹選出，亦均由此法，實無約憲之分。』 他忘記了袁黎馮曹雖同是依據二年之大總統選舉法所選出，而却有賄選與非賄選之分；他又忘記了二年之總統選舉法和十三年全部憲法之制定者，亦有賄選議員與非賄選議員之分。

該電所舉第四個理由是說：『黎曹去位係政治問題，非法律問題，皆不復位，故不違法，現只宜恢復段氏所毀之法，確係爲法而非爲人。』 一般輿論固然反對段氏，并且有一部人反對段氏毀法，不過反對段氏毀法的人，除直系及其賄選議員外，大都是指約法而不是指憲法，因爲憲法乃賄憲議員所制定，段氏毀之，輿論不但不反對，并且稱快。 現在直系要恢復段氏所毀之憲法，爲人固醜，爲法又何嘗不醜！

他所舉第五個理由是說：『大總統已缺位，自應依據民國二年十月四日宣布大總統選舉法之第五條，即今憲法之第七十六條，以國務院攝行大總統職務。』 第一、我們不能承認民國十三年之賄選憲法和民國二年之大總統選舉法有何等效力；第二、我們不能因爲賄選憲法一部分含有民國二年之大總統選舉法，遂承認其全部有效；第三、我們不能承認賄選總統有效，無論他是依據賄選憲法或二年之大總統選舉法所產生的，同時也不能承認賄選總統所任命的國務總理攝政資格，無論是依據賄選憲法之第七十六，或是依據二年大總統選舉法之第五條。

總之：直系軍人及政客，若不顧忌輿論而惟武力是逞，那就罷了

；若向人民高談法律，人民便堅決的回答道：我們根本主張賄選的國會議員所制憲所舉總統及賄選總統所任命之國務總理，一切無效！

至於憲法會議及大總統選舉會之出席法定人數足不足，還是第二問。

英國總同盟罷工的第一星期

超麟

英國工人自五月四日宣布總同盟罷工，到十日，已經經過一個星期了。這一星期傳給我們消息的，仍舊祇有英國資產階級的新聞機關路透社的電報及少數日本資產階級新聞機關電通社和東方社的電報。根據這種消息的來源，自然不足推知英國階級鬥爭之真實的狀況；然而不幸，我們祇能夠有這些消息，亦祇好「從謊語中間，推究一點真實出來。」

這總同盟罷工的第一星期是以「令人追憶一九一四年歐戰將作時之情形」（路透社四日倫敦電）開始，而當局於拘捕一百餘人之格拉斯戈發生嚴重暴動」（路透社十日倫敦電）。 十日後，總罷工的發展將是怎樣的呢？ 我們從已得的消息中，可以斷定解決的日期尚離開得遠哩。 鎮靜的「立憲政府」態度異常強硬，且有很充分的準備很堅強的決心，一時自然不會讓步；工人方面呢，也不弱，國際的階級的同情電報和捐款如雪片飛來，內部團結是堅固的，六百萬鎊的基金還未動用。 這樣對抗的形勢是十分嚴重的。 第二星期的形勢及以後的出路將是怎樣，現在我們尚未敢下一肯定的斷語。 但祇在第一星期我們所已知的事變研究起來，我們也就可以看出幾點重大的意義，堪為世界無產階級鬥爭上很有價值的教訓。 這些意義就是：

第一，政府完全站在資本家一邊。 資本主義政府是資產階級的「理事委員會」，這是馬克思在共產黨宣言裏早就說過的；但一般人甚至多數的工人，至今還以為政府是超然的仲裁的機關，是調處資本家和工人中間的衝突的，——這一錯誤的觀念，現在應該可以糾正了。 此次總同盟罷工本起於礦主和礦工中間的糾紛，但結果，則整個兒的政府及其一切附屬的機關和整個兒的工人階級成對抗的形勢。政府的措施完全依照資本家所要求，而工人方面，連國會內雇員都罷了工，同情援助。 這是何等顯明哩！ 并且，據既往的消息看來，保守黨政府對付此次總同盟罷工的手段是早已準備好的：不但這星期的罷工中，秩序的維持食糧的分配消息的傳播……都常從容不迫而有條理，可以為證；不但僅僅礦工一罷工，英皇即宣布緊急令，可以為證；而且對付此次總同盟罷工之最有力的機關，「供給維持會」，早於去年九月組織成立了（見路透社三日倫敦電及其附加說明）。 可見保守黨政府進攻英國工人階級的計畫早於去年九月以前定下。去年六七月間，英國礦主和礦工就已有劇烈的爭執，其時政府和資本家方面所以敷衍了事者，就因為政府尚未組織好了這個「供給維持會」；政府一方面答應繼續津貼工人，一方面即組織「供給維持會」及準備其他手段向工人進攻，到了現在一切進攻的計畫都已準備好，於是才向工人宣戰。 因此，可以說，此次總同盟罷工是保守黨政府有計畫地激起的。 這樣的事實證明之後，誰還能相信資本主義政府是階級鬥爭中超然的仲裁的機關呢？

第二，政府離間破壞工人的團結。 保守黨政府不僅用「供給維持會」及其他手段抵制此次總同盟罷工，而且用卑鄙惡劣的手段離間破壞工人的團結。 離間的手段本來是帝國主義的拿手戲。 帝國主義去年破壞中國的五卅運動正是用這離間的手段。 即現在，帝國主義亦正玩這把戲。 去年五卅運動裏，帝國主義用反赤口號使資產階級反動，使小資產階級中立，結果祇剩工人階級孤軍奮鬥，迫得非上工不可；今年仍然繼續這離間手段，以小惠（如增加華董及開放公園等）使資產階級中立。 尤其是英國帝國主義，更加會玩這把戲。整部的英國外交史，都向我們證明，英國外交成功，大半是由於離間敵人的團結得來的。 現在，這把戲又在英國工人中間開演了。 保守黨政府在英國工人中的離間手段主要的是使無組織的工人反對工團，使工團團員反對其幹部。 一開始，鮑爾溫即宣傳說，此次總同盟罷工之決定是違反任何民治主義的原則。 這是怎樣說呢？ 因為鮑爾溫說，這是『倫敦少數幹事操此專橫之權』，他不相信這少數幹事事前曾與勞工全體有一度之透澈商榷。 這是甚麼意思呢？ 這豈不是沿襲去年上海工部局的『誠言』說五卅運動是少數過激派煽動起來的故智嗎？ 這豈不是離間工人團結，使工人群衆不信任這『倫敦少數幹事』嗎？ 保守黨政府的離間手段還不止此。 政府還要宣布所謂保護產業條例，這條例的意思，是要雇用未加入工團的工人到礦穴工作，藉以造成無組織工 羣衆與工團的對抗形勢（路透社六日倫敦電）。 政府還要通告印刷工人，『謂政府將來於解決罷工之條件中定插入不許工團排斥在工潮中未罷工之工人一條。』（路透社五日倫敦電）。 鮑爾溫還發出通告，說『凡工人之繼續或恢復工作為國盡職者，國家必予以保護，不使之喪失工團之利益以及常年酬金恩給金。 政府將採行必要的方法以保護不罷工者之利益』（路透社八日倫敦電）。 這些豈不是同樣的離間作用嗎？ 此外，我們還看見二個口號，也是離間的作用：第一是『愛國』，——保守黨政府也學我們的國家主義者，拿『國家』這頂大帽子，壓在工人頭上，指此次總同盟罷工為妨害國家利益，破壞英國憲法，藉此使政治上落後的工人起來反對罷工；第二是『反赤』，——保守黨報紙自然也要學我們的章太炎等宣傳此次總同盟罷工又是莫斯科金羅布的作怪，藉此使英國罷工工人不敢接受俄國工人的幫助，以離間國際工人的團結。 最後這一口號居然也奏效了，工團公會果然拒絕接受俄國工人的捐款。 這件事以其拿來證明此次英國總同盟罷工非赤化，毋寧拿來證明保守黨政府以『赤化』口號離間工人國際團結手段之巧妙，還要恰切些。

第三，聯合戰線策略之實際應用。 無論保守黨政府怎樣離間破壞，英國工人階級，還能夠團結一致抵制此種陰謀的。 此次英國的總同盟罷工不僅表現英國工人階級的聯合戰線，而且表現國際工人階級的聯合戰線。 英國工人向來以缺乏革命性著聞，到最近幾年發生革命少數派運動，於是英國職工運動中遂長成一有力左派，此種分化一方面促成英國職工運動之左傾，一方面又為國際職工運動統一之線索。 英國工團在亞姆斯德丹國際裏站在左派的地位，極力主張與赤色職工國際聯合戰線。 去年英國的工團和俄國的職工會合組一英俄聯合委員會，為統一國際職工運動之倡導。 英國工團既是亞姆斯德丹國際的重要分子，同時又主張與赤色職工國際聯合，於此，可見其地位之重要了。 此次震動全世界 總同盟罷工恰好發生在英國，而此次運動又是革命少數派主持的，礦工聯合會長柯克就是接近革命少數派的工人首領之一，所以此次總同盟罷工在聯合戰線策略上有很重大的意義。 在英國內部說，工人團結異常之堅固，工人應命停業者甚多，出乎意料之外，而且現在祇是第一道防線的罷工，第二道防線尚未接到動員令，但工人已躍躍欲試，工團公會言『工會之困難即在使工人暫仍工作於第二道防線之工業』（路透社五日倫敦電），八日第二道防線的工業已經開始能工。 工人行動十分整齊，政府雖然宣傳有許多鐵路工人願意上工，但旋經工團闢謠，證明其無稽了。 工團內部至今幷沒有分裂或意見歧異的現象發生，因為路透社電至今幷沒有提起，若有，路透社一定樂為宣傳的。 在國際上說，各國工人援助尤為踴躍。 德國荷蘭日本丹麥法國加拿大愛爾蘭中國朝鮮菲律賓等國工人甚至於最反動的美國工會，都表示熱烈援助英國工人，或打同情的電報，或捐款救濟。 俄國的工人更不用說。 法國聖哇安汽船廠二千工人宣布同情罷工（路透社五日巴黎電）。 丹麥工團亦準備罷工援助。 日本工人亦有罷工形勢。 德國荷蘭運輸工人不為英船裝煤。 這些都證明在此次英國總同盟罷工中，各國各派的工人都聯合戰線援助。 第三國際和赤色職工國際聯合戰線策略之正確，在此又得一有力的證明；而第二國際和亞姆斯德丹國際，此次亦為群眾所迫不得不放棄其舊時和平的妥協的政策，而積極援助英國工人了。

第四，此次總同盟罷工是國際的事變。 由上所述，可知此次總同盟罷工不僅是英國工人自己的事，而且是全世界工人共同的。因為此次英國資本的進攻是國際資本進攻的一部分，不過首當其衝的是英國工人罷了；亦猶礦主的進攻是英國資本進攻的部分，首當其衝的礦工自然引起英國全工人階級的同情，而至於此次的總同盟罷工。

在帝國主義時代，民族經濟已經演進到國際經濟，一個國家裏，一件小的事變，都能夠影響到其他各國，何況這樣大的罷工，更何況革命運動？ 我們的國家主義者以為革命是可以閉關來做的，否認一個革命用得着聯合其他各國的革命勢力。 我們的國家主義者還在半世紀前民族經濟時代做夢！ 現在應該可以覺醒了吧！ 一方面，各國工人何等熱烈援助英國工人，各國工人的助力，如捐款罷工不為英船卸煤等，關於總罷工的運命何等重大呵！ 他方面，英國工人的罷工對於各國又有很大的影響，即舉一例來說，譬如比利時的佛郎因此次罷工而跌價結果遂致財政大臣辭職，現在且繼續跌價不已，法國和羅馬尼亞的金融亦然。 若照我們的國家主義者的論斷，法比羅諸國的工人就要以『祖國』為前提，就要『保護祖國』，就要反對或破壞英國的罷工，而不應反去幫助英國工人了。 革命勢力聯合的意義那裏是我們的國家主義者所能領會得到！ 去年中國五卅運動中，各國或各被壓迫民族皆有同情的援助，也是革命勢力聯合的事實。

這種聯合是很重要的，各國工人運動互相呼應和先進國工人運動與殖民地弱小民族民族革命運動互相呼應，皆有同等的意義。 假使去年中國五卅運動時，碰着這次英國總同盟罷工，則五卅運動的出路必又是另外一種；若現在英國的殖民地或半殖民地如印度澳洲坎拿大或中國等的民族革命運動能夠起來，則英國此次總罷工的出路就可想而知了。

第五，自由黨的依違兩可。 在此次總同盟罷工中，英國三大政黨的態度是很有意義的。 保守黨不用說是攻擊罷工到底。 保守黨有計畫地激起罷工，有計畫地要制罷工的死命，有計畫地要根本肅清近年英國職工運動左傾的勢力。 故自始至終保守黨的態度是很明顯的，即一方面公然打擊罷工，他方面又盡其挑撥離間之能事以破壞工人的團結，最後日不惜準備武力的壓迫。 自由黨則不然，自由黨近年已瓦解而沒有多大勢力，因此在政治上不能有一致的堅決的主張。 有些是站在保守黨一邊的，譬如上院議員布克馬斯特爵士代表自由黨贊助白根海爵士繼續緊急職權案之提議，并『指此次罷工為英國數百年來所未有之專橫行為』（路透社五日倫敦電）；又如下院議員西門亦以自由黨員資格發言，指此次總同盟罷工為非法（路透社八日倫敦電）。 但前自由黨首相路易喬治則不是這種見解。 路易喬治始終反對保守黨的挑戰態度，始終指斥中止談判為政府的錯誤，并反對政府機關報，保守黨邱吉爾所主編之英國公報，斥其不應有『不適當的』言論攻擊工人。 喬治的態度可以代表自由黨的一派。 自由黨之不一致於此可見了。 在工黨方面，多數是站在罷工工人利益上面的。 工黨議員無論在上院（海爾丹爵士）或在下院（瓊斯、倍提、麥克唐納爾等）都與保守黨為難。 麥克唐納爾指政府中止談判乃向國民生活程度作戰，此舉并非必要，且為罪惡之爭鬥。 在每次會議中，工黨議員都揭破保守黨政府的破壞罷工陰謀，并主張繼續談判但工黨議員中，雖有一些右派，論調是與自由黨中喬治一派差不多的，譬如湯姆斯，他竭力辯明此次總同盟罷工完全是經濟爭執的性質，絕沒有政治的意義，更不是革命的行動。　湯姆斯等不惜竭力使運動避開革命的性質。　我們知道，湯姆斯向來就是反對階級鬥爭，而主張階級合作的一個右派工人首領，他這次所取的態度，用不着解釋，我們早就明白了。

第六，每個經濟的鬥爭都是政治的鬥爭。　無論自由黨喬治等和工黨湯姆斯等怎樣辯明此次總同盟罷工不是政治的不是革命的，但事實上此次總同盟罷工之有很重大的政治的意義和革命的意義，乃是很明顯的事實。　經濟的運動與政治的運動本來是分不開的。　這次總同盟罷工的第一星期裏，我們已經看見有許多次的暴動。　罷工第一日（四日）東倫敦工人即與警察衝突，傷二十八，五六人被捕。　第二日，外埠格拉斯戈愛丁堡等處也有毀車殺傷拘人的消息。　第三日，暴動且波及倫敦。　第四日格拉斯戈愛丁堡又起暴動，被捕數十人，傷數人。　同日白威克紐開塞有二百餘人襲擊火車。　第五日，格拉斯戈又發生嚴重的暴動，警察與羣衆的鬥爭一直延長到第六日午前，被捕者一百餘人，傷者無數。　同時，除各地不斷的暴動之外，尙有工黨某議員因犯煽動軍隊罪名被判二個月徒刑，共產黨白羅恩亦被判監禁三月。　這些都是政治運動革命運動的表現。　其實無論怎樣辯明，保守黨已經拿此次總同盟罷工當做「國內戰爭之開始」看待了。　貝爾福侯爵在英國公報做文，直接說：現在是革命，是與英國二百三十八年前一樣的，不過當時的革命，其目的是在穩固國會政府之尊嚴與英國人民之自由，而現在的革命則恰相反。　貝爾福侯爵的話是對的，但我們應告訴他：一六八八年的英國革命所穩固的，祇是資產階級的國會政府之尊嚴與資產階級的自由，而今一九二六年的英國革命所破壞的，也祇是資產階級的國會政府之尊嚴與資產階級的自由。

在一六八八年這種尊嚴與自由是應該穩固的，而今則應該破壞了。

英國總同盟罷工的第二星期接着格拉斯戈的嚴重暴動而開始了，這一星期的發展及往後的出路，將能夠給我們以比上述六點有更大意義的教訓。　英國總同盟罷工的偉大前途仍然在我們的面前啊！

一九二六年五月十二日晨四時

△英國大罷工與東方民族運動

獨秀

前世紀之末本世紀之初，世界資本制度已發達到最高形式——統一世界之財政資本主義，即帝國主義；因此，全世界的經濟成了整個的，全世界政治也隨之成了整個的；因此，全世界的統治者壓迫者——資本帝國主義——成了整個的，全世界被統治者被壓迫者——工農階級及弱小民族——對於統治者壓迫者之反抗，也成了整個的；因此，全世界的解放運動也應該是整個的，弱小民族的解放運動，和帝國主義國家內的工農解放運動，都是整個的世界解放運動之一部分而有相互的密切影響，決不是國家主義者所想像各國關起門來獨力革命可以得到成功的。　國家主義者關門革命的方法，犯了時代錯誤的毛病，他們忘記了現在已經是二十世紀之第念六年，已經由國際資本帝國主義造成的革命對象是整個的世界革命時代，而已經不是十八世紀各國各自對於本國統治階級革命的時代了。

這還是理論一方面，事實上的證據又是怎樣呢？　去年的五卅運動，在國家主義者看來，這中國的民族解放運動，似乎和歐美及日本的解放運動無關了；然而事實先生告訴我們：歐美日本各國的工人及其政黨，都對於中國民族解放運動的五卅運動，曾予以精神上的物質上的援助。　五卅運動所反抗的對象，爲首的是英日兩國，而英日兩國的工人竟援助中國人的五卅運動，在國家主義者的理論，未免要責備英日兩國工人太不愛國了。

現在英國的大罷工，在國家主義者看來，還是英國的階級解放運動，似乎也和中國無關，更和中國知識階級無關；然而中國的國民黨及學生會都奮起援助。　上海學聯會致英國工黨電說：「貴國此次總罷工，予資本主義以莫大打擊，本會謹以十二萬分之誠意，表示無限同情。　敝國今日正處於各資本帝國主義鐵蹄踐踏之下，而尤以貴國所加於我者爲劇，苦痛之餘，切盼貴國各工友一致奮起，到底不懈，與吾東方弱小民族共同携手，而人類眞正和平亦得早以實現。」　此電中『苦痛之餘』四字，是表示被壓迫的中國學生之淚已和被壓迫的英國工人之淚滙合在一處了！

全國學生總會通告全國學生說：「英國工潮奮發，全世界工人均起而予以同情及實力援助；吾等被壓迫國家之中國人，亦未便漠視，因爲各帝國主義國家內之工人運動，影響於東方民族運動者甚大，尤其是英國工人，例如去年五卅運動，各國對中國民族表示同情的，只有工黨；其後英國擬以武力侵犯廣東，也因爲運輸工人反對而止。今後英國運輸工人若不爲英政府任對華出兵之運輸工作，英人將永無輸送軍隊欺壓中國之可能，吾等爲自己的民族生存計，勢不得不起而努力，與此時英國罷工的礦工及一切運輸工人以聲援。」　遠離英國數萬里之中國學生，若沒有自己民族要求之衝動，若不認識東方民族解放運動和西方工人運動之共同的敵人是資本帝國主義，他們爲什麼要援助英國的罷工工人！

寸鐵

國民黨右派的理論，一向只主張聯合世界被壓迫的弱小民族，未曾主張聯合世界被壓迫的工人階級；然而現在對英國工黨領袖邁朗氏也說：「如外國之被壓迫階級如英國工黨，善意的幫助中國，自當樂受。」　這句話的意義，是事實逼迫着他們不能不認識中國的民族解放運動是世界的而不是國家的了。

國家主義者或者又要說：照國家主義的理論與策略，中國民族解放運動即中國對外國之獨立運動，應該是國家的，應該由中國人自己獨力來幹，用不着聯合什麼世界弱小民族和被壓迫階級；把全世界被壓迫的民族和被壓迫階級聯成反帝國主義之整個的世界革命，這乃是馬克思主義的共產主義的理論與策略，中國的民族解放運動，應該是國家主義的運動，用不着赤化的理論與策略。

不錯，把中國民族解放運動看做整個的世界革命之一部分，誠然是馬克思主義的共產主義的理論與策略，並且目前在中國之馬克思主義共產主義的運動，也只是這一理論與策略的運動，不但馬克思主義共產主義根本上決不是什麼刼富濟貧的均富主義，並且共產國際及中國共產黨都不曾幻想中國馬上就能夠實行共產主義的生產和分配制度。　不過我們要睜開眼睛看看全世界的實際狀況和中國的實際狀況，我們若眞心要做中國民族解放運動，是應該採用馬克思主義共產主義的理論與策略，聯合全世界被壓迫階級與被壓迫民族來共同革命呢？還是應該採用國家主義的理論與策略，關起門來獨力革命？

若採用國家主義的理論與策略，去年各國工人援助中國的五卅運動，今年中國工人學生援助英國的大罷工，都是多事了！

張作霖與吳佩孚的假慈悲

奉軍到京鬧到「婦孺逃徙十室九空」，張作霖忽然要運糧振濟京畿災民；吳佩孚調兵遣將，殺遍了南北各省，現 忽然請張天師到漢口，「設壇建醮，祈禱和平，消災解厄，上體彼蒼好生之德，下慰羣黎仰望之殷。」這才真是貓哭老鼠假慈悲！ （實）

不怪外人都是中國人自己不好

虞洽卿說：「查上海之有租界，本無不平待遇，自前清上海道屢次放棄，以致不平等之辦法，逐漸發現，……自有租界以來，前四十年中外極為融洽，後四十年則以中國官民之放棄，不平之狀漸顯。」照虞會長的意思上海租界以至於全中國所受列強不平待遇，都是中國人自己不對，不是帝國主義者有意欺壓我們。 誠然，誠然，總商會不首先向外人妥協，五卅運動何至失敗的那樣快；戒嚴司令部不殺劉華，工部局怎好直接殺他；誠然是中國官民自己不好呵！ （實）

官民合作

孫傳芳說：「外國之強盛與興發，不在乎軍備之充實，而在乎官民之富於合作精神，致克臻此。」 可是請他看看英國的官民現在是怎樣的合作。 （實）

外交界是以平等的好感對誰？

優待會長，利用會長壓服平民，這本是一切帝國主義者制馭殖民地的老法子。 孫傳芳此次到上海，租界外人稍稍優待他，他便很得意的說：「所快慰者，不在乎酬酢聯歡，乃在乎外交界方面一洗昔日輕視華人之積習，能以平等的好感對我。」 殊不知帝國主義者優待孫傳芳，以平等的(?)好感對孫傳芳，正是利用孫傳芳，助他們輕視華人，幫助他們以不平等的惡感對中國平民呵！ 華界軍警幇同租界一致嚴禁「五一」「五四」「五九」「五卅」的集會示威運動，這便是孫傳芳對於外交界以平等好感待他的報答！ （實）

南京概況（南京通信五月一日）

邊諾孚

南京為東南交通孔道，在政治上，軍事上，商務上，均佔重要位置，經江浙浙奉兩次戰爭之後，兼以去年江北一帶之旱災，農民瀕於破產者，實繁有徒，尤以近戰區之農民，備嘗焚殺姦掠之苦。 經濟雙元楊宇霆兩次的搜括，及蘇浙軍餉之籌措，捐稅雜出，百物騰貴，民不聊生，城市上乞食的鄉民，日益加多，江北一帶居民，今春耕牛種子，俱不可得。 即以城內及附近一帶之菜農而論，他們除地租而外，還要擔負警捐，平均每月每人（即入市賣菜的農民）要納二元多的稅。 城市工人如黃包車夫除每日之車租日加二枚外（經過反抗後已減少了），警捐亦是增加不已，每日的勞勵結果，僅能獲得其所入的二分之一（僅每日車租多者到九百文左右）。 手工業者小商，及小農，日在失業及破產的恐慌之中。 在帝國主義者、軍閥及資本家多重壓迫和剝削之下，這種現象，當然是不足為奇的。

南京的新式產業機關，非常之少，除英商和記工廠（有技術的工人僅機器房一百餘人，餘皆為小工，可臨時增減，三四千人到八九千人不等）、大通麵粉廠（約四百人）、兵工、電燈等廠（各數百人）及交通機關外，大都分係小規模的機器生產，手工業及家庭工業（僅機織工人約二萬人）。 因國際資本之侵入及軍閥的戰爭，手工業及家庭工業大受影響。 農村經濟，亦多破產。 以此城市的自由男女勞動者非常之多，其生活的困苦情形，較他處工人有過之無不及，除交通技術工人，略為優裕外，如和記廠的小工工資最低者每月不過三元左右（在去年罷工以前尤其少，最低者每日銅元八枚），津浦路工務處小工每日僅銅元十六枚連伙食每月工資不過五元左右，如此低下的工資，工人眞不能維持自己的生存了。

南京全城的人口約六十萬，連同浦口下關計之不下八十萬人，新式產業工人則不滿五千，農民、手工業者、家庭工業勞動者及苦力約佔全人口百分之八十，其餘官僚、商人、學生、兵士等佔百分之二十。資產階級方面有力的團體爲下列三種：總商會、綢業公 及地方公會，地方公會內包括農會律師公會及各行會等，其勢力駕出乎商會之上。但他們這些團體，除逢迎達官顯宦督軍省長之外，其關於地方公益及國家大事，他們是不聞不問的，即如去年轟轟烈烈的五卅運動，竟亦不能震撼他們的耳鼓。

南京的教育狀況，眞是暗淡無似了，大概以下三種教育爲最佔勢力。（一）學閥的復古教育，此類可以陶知行辦的安徽公學爲代表，除極端提倡讀經外，并極力限制學生的一切自由，非星期日不得外出。（二）教會的奴化教育，這類學校極多，在南京中等以上學校四十九所中，竟佔了十六所，居全數三分之一，除英美所辦之耶教學校極佔勢力外，還有法國之天主教及日本之佛教學校。（三）國家主義的謬誤教育，此類自醒獅派余家菊等用偸梁換柱的手段插入了東南大學之後，潛移默化，竟作了他們的大本營，他們看見了懷着民主主義思想的人，就認爲是赤化了，便張皇失措起來，他們認爲白話文字就是輸入赤化之媒，極力開倒車，最近他們所出的校刊，『東南論衡』，其臭八股的勁兒，充滿了篇幅，簡直使曾琦的獅屁，不能專美於前了。有了上列三種教育，所以在教職員方面，不是由美國批發回來的一些馴奴，什麼博士碩士；便是由法國零躉的一些紳士；或者就是些講國故的古董。所以他們整日除掉『念聖經』，『呪罵共產黨』及『講王化』之外，并無餘閒組織教職員聯合會，去領導靑年學生奮鬥。在學生方面，受了宗教的麻醉，復古的薫淘和全民革命（？）的欺騙，也自不知不覺的埋頭念死書，談戀愛去了。所以中山週年紀念及援助北京慘案的盛大市民遊行中，少見有學生的踪影！

前此南京的羣衆運動，完全爲國民黨革命的左派所領導的，反革命的右派及國家主義派對左派的羣衆運動，因羨而生忌，因忌而聯合的勾通軍警一致向左派進攻，所以他們反革命的事實，常常暴露於革命的民衆之前，結果致使他們日陷於窮蹙之途。

孫傳芳仇視民衆運動，與其他軍閥並無二致，自從浙軍到了上海，就宣佈戒嚴，壓迫民衆的活動，并不稍遜於奉軍，這是我們早已知道的了。尤其是秘密鎗斃工人首領劉華及農民領袖周水平，更使民衆認清了他的政策。在南京方面的壓迫更爲厲害，其對於工人則唆使部下，任意敲詐。自從孫傳芳派孫基昌爲津浦路南段局長之後，不特壓支工人的花紅，而且積壓工人工資至二三月之多；不特解散工人的工會，而且無故逮捕工人的首領韓連會等，密佈稽查，偵探，嚴禁集會結社言論等自由，凡以前優待工人的辦法，均一律取消。另一方面，在工人中組織直奉同鄉會（局長處長充正副會長），企圖根本破壞工人團體。其對於學生，則自召集各校長及教職員聯席會議，斥各校嚴厲取締學生之一切言論集會結社等自由後，并斥令各校將平日參加愛國運動之分子，播數開除，反動之各校校長，樂得狼仗虎勢，遵照執行。於是河海工大的校長便對全體學生說：『你們如果不服從孫聯帥的命令，禁止一切自由時，將來就是畢了業也不會用你們的』，所以一班大學生，要爲將來飯碗計，不能不屈伏；同時將活動分子嚴紹彰喬心全等四人無故開除。此外，各校對學生之態度如防賊，對學生之手段如待囚；國立廣州中山大學附中沒有像別校一樣壓迫學生，便犯了罪，頓遭解散。其對於市民運動也深惡痛絕，自從前月中山紀念會以來，僞國民黨份子勾結警察廳長趙永平及已被撤差之衛戍司令部總稽查長張文彬等，毆打國民黨員及無故拘禁五卅丁人學校教員和學生，至今不問又不釋。從此各種運動均遭壓迫。

并硬指販賣蘇聲報之樂天啟明兩書局爲勾結共產黨人而遭封閉；并逮捕該兩書局主人至今不釋。凡此種種，俱足證明孫傳芳的反動是日甚一日的。

總括起來，現在的南京，實在是黑暗籠罩一切的南京。但是，民衆覺悟的朝暾，將要消滅一切黑暗的。看罷，帝國主義、軍閥、官僚、紳士、學閥的氣焰，已起了崩潰；基督教已經不能麻醉覺後的青年了；主張不要行動的國家主義派已起了裂痕（純醒獅派的余家菊與學閥式的國家主義者陳逸凡衝突很甚），且失掉了青年信仰了；右派因領袖的朦蔽過甚，已經脫離了羣衆了（金陵大學爲南京右派之大本營，有黨員百餘人，現因不滿於其領袖宋蘋崙高嶽生等之蒙蔽與欺騙，已有左趨之勢）；只有革命派如雨後春筍般發展，眞能領導革命的民衆向前奮鬥，『黑暗快要過去了』，大家努力吧！

讀者之聲

勞動界的知識與武裝

記者先生：

你們爲中國民衆謀幸福，爲世界人民謀福利，倡共產之說，作人權之謀，熱心勇往，不遺餘力。帝國主義剝削勞動也，必打而倒之，勞工勞農弱小民衆也，必扶而助之，所謂『打倒帝國主義』『援助被壓迫弱小民衆』，你們未一日息於彼也。熱心愛世之心，令我欽佩！令我欽佩！

我農家子也，於帝國主義之壓迫，軍閥之專橫，資本家之操縱，無不備嘗，故於革命事業，素所欲爲，尤信欲圖革命，非聯合勞動界——以中國情形言——難以爲工。此我之主張與你們暗合也。不過才智有限，能力不足，用力多而成功少，此我之以問於先生，而作此次之通函也。先生其垂念之。

一、聯絡勞動界，以打倒帝國主義，法固善也，然而一般勞動界多係無智階級，迫於生計，又因風氣之故視軍閥資本家均爲神聖不可侵犯——專制餘習——安能起來革命呢，此所問於先生者一也；

二、帝國主義之爪牙，爲軍閥，爲錢財，欲打倒之非武裝民衆不可，然而一般民衆謀生尙難，何暇於此，此所問者二也；

三、進一步言，實現共產主義固爲打倒帝國主義，然而共產主義之設施情形，又爲何如乎，此所問者三也。

此三問，請先生答覆。敬祝

著安！

趙成章於崇慶元通場高小校

成章先生：

先生來書中之三個疑問，乃係一般農村青年初受革命風潮震動，願意從事革命而又不明瞭中國目前革命的意義者，應有的疑問；故我願意藉答覆先生之問，以祛除這一些青年的誤會。

第一，中國目前的革命是勞動界（即城市工人階級和鄉村農民階級）爲主體之國民革命，并非少數智識分子去聯絡勞動界的革命。勞動界智識甚低，且有許多視軍閥資本家爲神聖不可侵犯，——這是事實。但這事實是怎樣發生的呢？這乃因爲勞動界歷來受軍閥資本家等物質精神兩方面的壓迫，不但不能反抗，而且不敢反抗。可是，現在，勞動界受壓迫太利害已經不能忍受了，已經覺悟非起來推翻軍閥資本家不可了，即非革命不可了。『無智階級』的勞動界，因爲受壓迫最利害，所以覺悟過來，比較『有智階級』更加感覺革命的必要，而且更有力量。

事實的證明是：去年上海天津香港等處的大罷工及近年來廣東湖南河南山東直隸等省的農民抗租自衛的運動。 貴處的勞動界或許仍視軍閥資本家爲神聖不可侵犯，這乃是革命風潮尚未波及貴處勞動界之故，他們遲早是要跟着全國勞動界起來革命的。

第二，武裝民衆自然是打倒帝國主義軍閥資本家地主等的必要條件，現在，一般說，中國革命的民衆尙無武裝，這也是事實。 但到了革命風潮高漲時候民衆自然會武裝起來，到那時，民衆甚至於感覺『武裝』比『謀生』更加切要，因爲非武裝革命則任何『謀生』皆將做不到了。 廣東農民受壓迫謀生的困難比別省更甚（地主得七分，農民得三分），而廣東到處有農團軍的組織，就是這個原故。

第三，打倒帝國主義之後，當然建設新的共產主義的社會。但共產主義社會的設施將是怎樣呢？ 這是許多人要問的。這個問題非一二句話所能答覆。 新青年社出版的『共產主義的ＡＢＣ』一書（定價二角本報的代派處皆有發售）第三編『共產主義與無產階級專政』就答覆這問題。 要言之，在共產主義社會裏，社會生產是有秩序的，沒有階級，沒有強弱，沒有貧富，一切平等，因此就沒有壓迫制度，就沒有戰爭，就沒有國家，就沒有一切可咒詛的東西。

記者

發行部　編輯部　通信處

廣州國光書店黃正君

分售處

廣州 丁卜書報社
北京 各學校號房
長沙 文化書社
寧波 寧波書店
武昌 時中書報社
共進書社
福州 福州書店
香港 萃文書坊
汕頭 汕頭書店
蕪湖 科學圖書館

太原 晉華書社
潮州 青年書社
濟南 新亞書店
重慶 唯一書局
南京 樂天書館
寶慶 寶慶書局
黃梅 書報流通處
西安 西安書局
成都 華陽書報流通處
紹興 亞民文具實業社

價目

訂閱：國內一元寄足三十五期。國外一元寄足二十五期。郵票代款九五折算。但以一分半分爲限。

代派。每份大洋三分。六折計算。寄費在內。十份起碼。十期淸算一次。概不退回。

零售：每份銅圓六枚。

The Guide weekly

嚮導

週報

◁第一百五十四期▷

目次

一九二六年五月二十二日

五卅週年大示威中之上海問題

秋白

五卅週年快到了；一方面帝國主義者恐懼戰慄地等着這一個「不祥日期」；別方面全國民衆發奮磨勵地準備着革命的鬥爭。 去年五卅以來一年，帝國主義用盡種種強暴奸險無恥的手段，來摧殘已經開始的國民革命；中國民衆受着屢次的壓迫，國民運動各地分別的被打擊，——以致於形成英日吳張戰勝而宰制中國政治的局面。 五卅案的民衆要求不但一條也沒有達到，反而更受着極嚴重的壓迫，而瀕於完全亡國的危險。 中國革命勢力的受摧殘，固然因爲帝國主義直接指使幷贊助張吳軍閥的反赤戰爭，公開的供給槍械，甚至於親自出兵；但是，也因爲國民運動內部中國的高等華人百端破壞，幻想和平妥協，出賣民衆利益，而自己哀求帝國主義的讓步。 如今一年以來的痛苦經驗和現時國淪亡的危險，當然要激起民衆，在五卅紀念的大示威裏徵集一切力量，打破改良派的幻想，而繼續革命的鬥爭。 一年來高等華人所屬望的關稅會議、法權會議、華董問題、會審公堂問題等等，絲毫結果都沒有；同時，英日張吳戰勝後的所謂中央政府裏：日本人想攫取政權，並且已經奪得東三省許多權利，以爲出兵滅郭之報酬，還在討論投資漢冶萍公司，收買湖北象鼻山的礦；英國人想假借關稅會議的把戲，借給中國政府以空前的大借欵，攫取大批中國權利。 英日雙方竟敢公開的使用張吳走狗，以中國中央政府爲互爭攫取中國利權的場所；又在驅使張吳共同討赤，廣播戰禍，屠殺人民，摧殘自由；直魯豫鄂已經飽受姦淫搶掠，還有多種軍用票省票官票等強迫兌現，擾亂金融；他們還要進攻西北和湖南廣東，將這種殘暴的統治普及於全國。 這種狀狀之下，誰還能相信五卅要求可以妥協而達到？ 誰還能相信關稅可以自主，法權可以收回，華人得以參與租界市政……？ 帝國主義者有這等好的劊子手，如吳佩孚張作霖等，代理他們統治中國，他們那裏會有絲毫誠心作部分的讓步？ 絕對不會有的！ 中國民衆在五卅週年紀念裏，必須要集中全國的革命力量，繼起極廣大的運動，提出徹底的革命要求，認清革命的方法。 ——這一運動裏，尤其是上海方面的民衆，應當負起極重大的責任。 「上海不獨是五卅運動的發難地，而且上海的民衆比較起來是全國最有組織的」，便是上海的商人也是全國最有力量的。 「所以上海的民衆，應當努力做五卅全國大示威的先鋒，應當盡力的爲反帝國主義的全國要求而決死奮鬥！」

「中國民衆的要求是——反對英日吳張的反動統治，召集國民會議，建立人民的中央政府：

（一）五卅案的總解決——廢除一切不平等條約；

（二）撤退外國駐華的一切武裝勢力，海陸軍及巡捕；

（三）收回一切租界和租借地；

（四）無條件的關稅自主；

（五）取消領事裁判權，收回會審公堂。

中國民衆都應當一致的爲這些要求而奮鬥。」 因爲現在壓迫這些要求的鬥爭的，便是張吳以及其他軍閥；所以：（一）各地民衆在這大示威之後，應該緊接的實行積極的鬥爭，反抗各地的軍閥統治。 民衆對於強暴的壓迫，固然要反抗；對於虛僞的改良，亦是要暴露這種奸計，而做徹底的要求。 五卅後，民衆運動從革命高潮而逐漸低落，便是因爲民衆方面不能一致的反抗，而部分的受強暴的摧殘，甚至於受虛僞的改良表示之愚蒙。 （二）上海方面的民衆，正和這些總的要求接觸最近，如會審公堂、華董問題等，又是五卅慘案的發難地，如今軍閥帝國主義者於強暴的殘殺之後，繼之以虛僞的改良，上民衆更加應當積極奮鬥，根本推翻當地軍閥的統治，以斷絕維持帝國主義勢力的一切可能。 全國各地這種民衆一致反抗賣國軍閥的運動，當然要以廢除不平等條約爲一致的目標——五卅的慘殺，完全是帝國主義者行使這些條約的結果：外國工廠的殘虐，外國巡捕的鎗殺，外國海陸軍商團的對和平民衆作戰，外國資本家的統治租界市政，以及其他會審公堂工部局領事等的治外法權，關稅的不能自主……——無一不是五卅屠殺的根本原因，而軍閥的統治却是維持這些條約的力量。 可是，民衆的反抗軍閥統治，除這種目標以外，更緊接迫切的，便是力爭各地人民的政權——各地的民衆組織和鬥爭力量，將以力爭地方上的政權而為強固擴大，直接給當地軍閥以巨大的打擊，如抗稅抗捐等的運動，已足根本搖動軍閥的政權，更不用說武裝自衛的鬥爭。 各地的這種鬥爭，必然能切切實實的造成民衆的武力——軍隊和民軍，推翻張吳等帝國主義走狗的殘暴統治；造成眞正民衆的團體，做召集國民會議和建立人民政府的基礎；——這種強固有力的人民中央政府才能實行廢除不平等條約！

尤其是上海——這種積極的地方政治鬥爭，立刻給軍閥和帝國主義雙方以直接的打擊。 上海地方的統治，一方面，有帝國主義走狗之走狗丁文江——所謂淞滬商埠總辦公署，別方面，便有帝國主義直接的政權機關——所謂公共租界的工部局和法租界的公董局；尤其是工部局，他便是五卅時直接屠殺上海民衆的兇手。 五卅運動爆發於全國，上海香港漢口天津唐山河南等處的中國無產階級，先後繼起的罷工反抗；各地一般民衆抵制英日貨，做偉大的運動；許許多多革命的同胞因此被毆辱監禁屠殺（從去年的五卅到今年的三一八）；各地的商人，奔走呼號，參加民衆而發起的關稅自主運動，提出租界華董問題，贊助收回會審公堂的要求……；經過中國民衆這樣努力的一年鬥爭，至今所得的結果是怎麼樣呢？——（一）關稅會議上空口答應一九二九年實行關稅自主，可是，還要附帶裁釐的條件，帝國主義者明知軍閥戰亂不息——這種戰亂，他們自己隨時可以製造的——裁釐始終不會實行；所以結果是永世也沒有關稅自主。 （二）法權會議算是開始了中國司法的調查；然而最近北京公使團已經聲明，就是『上海會審公堂問題，也非候正式中央政府成立不能談判，省政府的一切接洽概作無效，當然更不必說取消領事裁判權了；其結果，司法祇管調查，而收回法權不知道要到何年何月。 難道有人相信，英吳或日張的中央政府成立，能夠收回法權和會審公堂嗎？ （三）租界華董問題，漢口算是通過了英租界工部局裏的二名華董，上海工部局也算通過了三名華董。 但是，公使團聲明『華人既不同意，可以不必再提這一問題』，這就是說，一個華董也沒有了！ 中國商人方面，已經妥協讓步到一十二萬分，祇主張按照納稅額比例選舉工部局的華董。 然而帝國主義者還是不答應。 照理說來，租界是中國領土，外國籍的居民根本沒有參政權和選舉權；如今商會領袖和帝國主義者講地方政權上的『平等』，恐怕他們還要進一步要求中央政權上的平等——中國國會和國務院裏也加幾名『西董』呢！ （四）不但如此，帝國主義實際上如此進攻，如此強項，表面上都還要裝着讓步，欺騙中國民衆，尤其想使資產階級中立。 但是，他們至多祇能許中國人穿着中國衣服進中國領土內的中國金錢所造成的公園；至多祇能准許收回租界當局越界建築的馬路；至於公廨華董等稍稍重大的問題上，他們絲毫也不讓步的。 （五）同時，帝國主義還在繼續向民衆進攻。 上海公共租界工部局，現在正在討論增加房捐的問題，法租界公董局也在想添設食物捐，趁着米價房租昂貴的時候，對一般貧民壓榨。 五卅罷工之後，英日帝國資本主義者，一直不肯履行復工條件（日本領事親手簽字在復工條約上，却公然的背約），無故開除工人，減低工資，雇用工賊搗毀工會，弄得工人生活痛苦萬分，——今年年初到現在，上海工廠工人的大小罷工，就已經有了二十多次。甚至於工部局親自放火，焚燒平涼路的貧民住宅。（六）帝國主義者這種殘虐的市政，還有軍閥幫忙。不用說五卅以來張學良邢士廉嚴春陽等，竭忠盡力地替帝國主義摧殘中國民衆，尤其是工人。單就最近的市政設施上說 華租各界當局都是一致的壓迫政策。帝國主義的侵略和軍閥的壓榨同時並行，弄得上 市政壞得不堪，生活程度日益昂貴，而一般民衆的經濟日益困苦；去年以來不但工廠工人罷工，便是手工業者的罷工和風潮，也陸續繼起，如木匠、漆匠、染業、藥業、金銀業的學徒和工人。（七）軍閥統治下的上海華界和租界當局連同壓迫民衆的事實，還可以舉出不少實例：摧殘閘北自治，以武力強迫接受市公所和工巡捐局；米荒中警廳所辦的平糴，不但難免作弊，甚至於一律抬高平糴的米價，超出於販來的洋米價格；強迫徵收捲烟稅，使華界烟商受罷市三個月的巨大損失，現在又要徵收宅地稅；幫同租界壓迫一般人民的集會結社言論出版罷工等的自由，屢次嚴禁反帝國主義的示威，甚至於國恥紀念；逮捕鎗殺總工會的職員，以及一般工人。（八）最近，租界市政裏的華董問題，激起一般民衆的反抗，華界又有市民力爭閘北自治的運動；於是帝國主義者更想出一個巧妙的方法——教孫傳芳來提出組織淞滬商埠督辦署問題。

他們在自己的機關報上，稱頌孫傳芳的市政計劃，并且舉薦丁文江博士當總辦（因為他曾經反對抵制英貨）；宣傳得孫傳芳彷彿是個開明皇帝，能為市民實行甚麼大改良的政策，而丁文江起草的孫傳芳演說詞，簡直成了字林西報的寶貝；從此，「聖君賢相相得益彰」，再給虞洽卿等九人以淞滬督辦公署的參議，「上海市民有了這樣的開明政治，還要甚麼自治呢」！ 丁博士丁總辦的政績，雖然我們還沒有看見多少，可是他一到任，他部下的警廳便發令禁止一切沒有註册的團體，這便已經可見一斑了。

總之，這許多事實可以證明：帝國主義一面用贊助張吳戰爭的手段壓迫中國革命運動，一面又用種種欺騙政策，假意讓步的手段，來造成改良的幻想而破壞國民運動；同時，實際上他們一步不放鬆的着着進攻。 這都是整個兒的帝國主義侵略計劃。 上海方面這一計劃的表現，便是華租各界當局，費信惇丁文江等，共同對於上海中國市民的誑騙壓迫。 我們民衆反抗這種統治的徹底要求，當然是：

（一）反對軍閥督辦淞滬商埠，反對摧殘閘北自治，反對帝國主義者賞賜的華董，反對帝國主義者干涉中國領土內（租界）的市政；

（二）要求上海英法華界統一，市政統歸華人管理，實行普選的市議會，管理上海地方的政權；

（三）反對華租各界的一切苛稅雜捐；

（四）要求市民監督財政，一切稅捐不得市議會同意，一概不得徵收；

（五）反對壓迫或限制市民的選舉集會結社言論出版罷工等權利；

（六）要求一切政治自由，民辦市政——維持民食抑平米價，建築貧民住宅，救濟失業，整理道路水電等；

（七）反對虐待勞工，如剋扣工資，毆打工人，無故開除，摧殘工會等；

（八）要求制定上海市的勞工保護法——規定最低工資，按期增加工資，八小時工作制，星期日一律休息，改善工人待遇，發給工人醫藥，改良工廠衛生……限制童工年齡和夜工時間，保護女工童工等的條例。

上海的民衆，沒有一個人的心裏，不是渴望這些條件的實現的。今年五卅大罷市大罷課大罷工的示威運動，應當立刻繼之以抗捐抗致的鬥爭。　於力爭實現最小限度的工商學聯合會之十三條正式要求的示威之後，於厲行抵制英日貨要求全國的總條件之時，應當同時提出這些澈底的上海要求，以實力的積極的直接的鬥爭——抗捐抗稅運動去力爭，準備長期持久的奮鬥。　中國民衆的團結，必然有這種力量，可以使各地的民衆運動和南北的革命戰爭，滙合起來，達到中國民衆的最終目的。

中國民衆，尤其是上海民衆，對於切身的要求，應當有一致勇猛堅決的力量，鞏固國民革命的聯合戰線，自然會達到勝利。　或者說，這些要求都太高了。　殊不知道：（一）——我們進行的步驟或者可以採取比較漸進的性質（參看本報一百五十期「再論中國境內之華人參政問題」），但是，我們必須有明確的目標和政綱。　高等華人的妥協賣國，並不在於他們祇提出按照〃稅額選舉華董的主張，却在於他們的觀念根本錯誤——認爲這是中外平等參政的原則。　民衆亦許不能立即剝奪外人侵占的上海市政權，而逼不得已要暫時容忍華董；但是，民衆應當知道中國市民所應得的權利是什麼。　如今高等華人的觀點，認爲上海市應當由中外納稅居民平等選舉董事來管理，這種態度便是幫助帝國主義者傳播改良主義的幻想——中外合作協商親善等等，便是承認西人干涉中國市政的權利。　（二）——我們提出的目前最低限度的要求，亦許形式上可以是妥協退讓的，但是，我們要有積極的實力的方法來力爭這些要求，逐步的前進，以革命手段求得最後的澈底的勝利。　高等華人的妥協賣國，并不在於他們所提條件太低，而在於他們提出條件之後，只有登廣告、發啓事、宴會、謀制、疏通、請求外交官等的方法。　這些方法無非是製造些「某一外國名人對我表同情，認爲某事某事是過當」，或者「某官廳的堅決拒絕，却也有他的理由」等類的空氣。　這種方法，帝國主義者和軍閥是不怕的，祇有感謝不遑。　所以民衆方面應當個個人都明瞭的知道——我們所爭的甚麼，應當有確定明瞭絲毫不模糊的政綱，寧可一時不能正式提出，而逼不得已要提較低的條件，可是必須明認這是讓步的，這是暫時逼不得已的；而且既已有了政綱和要求條件，便應當不斷的繼續努力奮鬥，得寸進尺，一直到達到推翻帝國主義的目的，不可容忍絲毫改良派和平妥協合作的幻想；總應當用積極的革命的方法去力爭，例如要求「修改」不平等條約或華董「依法」選舉，各地地方自治等，便須至少有極嚴厲的抵貨抗捐抗稅的運動，一直到武裝的鬥爭，不可停頓於談判協商交涉的方法。

或者說，中國民衆始終還是沒有力量。　是的！　如果民衆的國民運動的政綱和策略不是革命的，如果國民革命的聯合戰線破壞，民衆的力量自然現在還小。　可是，我們要知道，中國五卅時的民衆運動，勢力并不算小啊！　何況，上海方面有「中國最有力量的總商會」，以至於一切高等華人。　他們的力量眞正是很大的：當五卅初起，總商會擅自改低要求條件的時候，這是高等華人的力量是很大的——軍閥政府的代表蔡廷幹等和帝國主義者，都立刻把工商學聯合會的條件一筆抹殺，硬認總商會幾個領袖的意見是上海市民的意見了。　當高等華人——種種式式的買辦，幫着日本人鼓吹先行解決日廠罷工，單獨對英的時候，他們的力量確是很大的——不久，日廠工人因他們會同交涉員強迫簽訂復工條件而上工了，全國單獨對英的空氣彌漫了。　當關稅會議剛提議，英國人要求停止英廠罷工的時候，他們的力量亦是很大的——總商會尅扣英廠工人維持費，英廠工人差不多弄得無條件的復工。　當邢士廉要封閉上海總工會的時候，他們的力量更是很大的——三言兩語便保證上海總工會封了之後，「商界」不來反對。　當全國實行抵制仇貨，革命的學生到處會同監督這種運動的時候，他們的力量更是大得「民無能名」了——奸商任意偸漏，甚至於暗殺學生首領，在抵貨宣傳最激昂的一年內，上海海關的英日進口貨，反而比前年更多！　常反奉戰爭和奉直聯合進攻國民軍的時候，他們的力量也有消極的表顯——他們寧受帝國主義軍閥的戰禍，低首服心的用軍用票，聽憑姦淫擄掠，而不敢贊助『赤化』和『反戈』。　這些高等華人，雖然用種種賣民求利的政策，要博得帝國主義軍閥的恩典賞賜時，他們的力量是不小；然而，他們妥協讓步的改良運動，却絲毫沒有力量了：他們也要求關稅自主和關庫公管，他們也要求收回會審公堂，他們也要求華董，他們也爭閘北自治，他們也反對捲烟稅宅地稅軍用票……可是甚麼要求也達不到。他們原想幇助帝國主義軍閥，壓迫民衆，或是急急妥協退讓，鼓吹親善和平，以此邀反動勢力的寵幸，然而事實上决沒有這麼一回事。可見中國國民革命的聯合戰線，過去是受這些高等華人的破壞，國民革命的政綱和策略，過去是受這些高等華人的擾亂，所以民衆方面的力量便分散而至於失敗。　民衆聯合戰線的力量本是非常之偉大的，但是受帝國主義的離間和高等華人的分散，所以彷彿是沒有了！

「現在，五卅的週年紀念的時候，民衆方面應當徵調一切活力，集中於繼起的反帝國主義和軍閥的鬥爭。　一般商民學生農人工人，都應當知道：我們民衆的革命政綱和要求目標——全國的及上海的——都是異常明確的；我們民衆的革命策略——抵貨、抗稅、抗捐、革命戰爭——都是積極而堅決的；我們民衆的革命聯合戰線，要非常之鞏固而不散亂，我們的力量是偉大的」。　一般民衆應當知道——充冒華人領袖的士紳買辦博士教授所謂高等華人，他們的改良妥協的政綱，畏怯羣衆懦弱無能的策略，破壞聯合戰線的行動，一年以來已經很明顯的幇助了英日吳張的勝利，成就了帝國主義宰制中國和上海的局面——不但破壞革命的運動，甚至於斷送了普通商民所想望的減稅減捐，地方自治，關稅自主等等的運動。　高等華人爲甚麼有這種破壞革命的力量？——因爲民衆方面，尤其是一般商民的和平迷夢，維持了他們的信仰。　高等華人壓迫破壞民衆運動和革命勢力，是有力量的；他們反對帝國主義軍閥，便沒有力量了。　民衆革命力量，便在於掃除這妥協賣民的陰謀，一致的聯合戰線。　一年來的苦經驗，已經帶中國於亡國之境，難道我們民衆，尤其是革命的工人農民，還不快起來督促反帝國主義運動的聯合戰線，積極的實行革命鬥爭嗎？　高等華人是畏怯羣衆的，帝國主義和軍閥是要勾結他們的。　今年五一以前，帝國主義者請上海高等華人吃了一頓飯，命令他們不要參加『五一暴亂』，答應他們通過華董問題。　果不其然，三一八京案追五悼運動時，總商會會長『因公他出』，五一到五九，高等華人的團體差不多完全默無聲息。　華董却並沒有得着。　現在，在五卅之前，帝國主義者聽說又想請吃飯，孫傳芳也賞給了九個商埠督辦督的參議位置。　果不其然，上海總商會會長竟預先申明不用吃飯，他們可以到日本去『參觀』，並且自己預備筵席，和上海辭行，在五卅之時，遠離上海（此次高等外人和高等華人宴會的消息，共有三次：第一次說，工部局將宴華商，商量五卅事件；第二次說，並無工部局宴請之事，乃是虞洽卿宴別商界領袖；第三次——今天的報紙才說真話，原來仍舊是日本僑商餞送虞洽卿先生等的赴日參觀團。　虞先生道謝時說：『去年五卅發生，中日兩國之問題獨能先他國而解決……兩國感情，亦漸見良好』。　中國民衆和商人想想，是不是如此呵!?——十八日註），上海的一般民衆是否可以都離開上海，中國的一般民衆是否可以都離開中國，以避免帝國主義軍閥的壓迫和剝削呢？「民衆的道路却祇有一條：

抛棄一切改良妥協的幻想，决然以革命的手段力爭中國民衆的正當要求，鞏固國民革命的聯合戰線，推翻帝國主義對於中國的一切統治，在上海便是帝國主義及其走狗的雙重市政府。　組織團結，積極鬥爭！」

一九二六·五·十七

直奉衝突之迫近與各方應取的態度

獨秀

自吳佩孚通電護法討赤到國民軍退出北京，這四個月間是英日吳張合作支配北方向中國民衆進攻時期。自國民軍退出吳張勢力進了北京，因爲互爭政權，吳張間及其背後之英日間便發生了衝突，這種衝突日益發展，到現在已由暗鬥而進於明爭。他們的暗鬥明爭，表面上雖然是護憲與反護憲，實際上乃是內閣與總統之爭。

依據憲法恢復顏閣，已爲張作霖所不悅；此次閣員分配，除奉派一個半員外（內鄭陸張），幾乎是清一色的直系內閣，此爲奉張所不能容忍，因此有電京反對顏氏攝政之說；張學良張宗昌遂於十二日相繼出京，石老娘胡同辦公處完全結束。內閣問題卽或能以易人及重新分配而消弭爭端，恢復國會選舉總統之爭卽代之而起。賄選國會議員，直系佔大多數，事前直方對於總統選舉問題若無對奉屈服之協定，奉方豈甘心屈服於直方承認國會之恢復？張作，卽礙於前此協定而不便公然反對顏閣與國會，其消極抵制亦足使顏閣及國會均不能實際存在，如此醞釀日久，又加安福派之活動，英日張吳的聯合戰線終必破裂。

此聯合戰線破裂時，民衆對之應取何態度呢？民衆對英日吳張，始終是一致反對，同時也注意他們的聯合戰線之破裂，是有利於民衆的一個事實；民衆因不必援助何方，卽對於擁護賄選國會之直吳，比對奉張更加反對，對於盤據中國腹地爲害中國更是國家的而非地方的之英吳，比對日張更加反對。

國民政府及國民軍，對於吳張衝突，將取何種行動呢？不用說國民政府對吳張兩派軍閥是一致反對的；又是其北伐的軍事行動，一開始便與直吳觸接，不倒吳莫由討張，況且眼前進攻湖南同時又正在準備援助馬濟進攻廣西的，是直吳不是奉張：「先討吳後討張」，這是國民政府不易的軍略。國民軍若聯直攻奉，則所得的除熱河外將一無所有，所失的是爲直吳利用，助其恢復全國唾棄的賄選國會，斷送國民軍的政治生命。因此國民軍也只有和國民政府取一致的態度，採同樣的軍略，才能得民衆的同情，才能由山西一直向南發展和國民政府北伐討吳的軍事勢力相連接。

以上只是國民政府及國民軍反軍閥戰爭的目前一部分軍事工作，這一部分工作如果成功，其意義就是爲中國革命的軍事勢力立下一個比現在穩固的基礎，可是全國的民衆，尤其是受奉系軍閥蹂躪最甚的直隸山東奉天民衆，應同時奮起反抗當地的軍閥，引導所有傾向革命的軍事勢力，使此次戰爭成爲普遍全國的反軍閥戰爭，一直到摧毀一切軍閥的政權，建立革命的人民政府。

孫傳芳最近的主張

獨秀

孫傳芳平日的態度，彷彿是注重實行，不屑多說空話，卽是不肯發表主張；可是最近他却也發表主張了，且正式的發表主張了，他所發表的主張值得我們注意的有三件：（一）是江日兩通電；（二）是五日在總商會關於淞滬商埠市政之演說；（三）是六日在交涉署招待外賓之演說。

江日兩個通電，一是主張顏惠慶攝閣，一是聲明保境息民政策。孫氏向來表示護法而不護憲法，現在江電說：「依曹公通電恢復十三年十月之顏惠慶攝政內閣」，則分明是擁護憲法了。孫氏主張何既有此變化？　不用說是反對奉天和迎合吳佩孚兩個動機湊合而成。』因為反對奉天，遂不惜犧牲自己的主張而附和吳佩孚，如此，一變還是從前不發表主張的態度好。　孫氏向抱江浙皖贛閩五省門羅主義，現在保境息民的江電又說：『竊願劃境以自安；數月以來，迭電聲明：人不犯我，我絕不犯人，皆本息事寧人之指，為保境息民之計，……如食埜竊發，抉我藩籬，蹂我農桑，擾我商賈，亦惟有率我五省之師旅以遏制之而已。』這電為何方面而發，對山東奉軍，對吳佩孚，對廣州國民政府，或兼對上述各方面，我們都不必深究這些；我們所要質問孫傳芳的是：唐生智幷未嘗犯江西，而江西竟出兵攻湖南，這是否劃境自安，是否息事寧人，是否保境安民？　或者有人特別原諒孫傳芳，以為他在名義上所是五省聯軍總司令，而事實上無權過問江西之事；如果是這樣，將來國民政府北伐軍開到江西的時候，則孫氏便應該免開尊口，說什麼『率我五省之師旅以遏制之』這一派的官話了！　又孫氏在總商會演說也說：『前日廣東代表至鄙人處接洽，鄙人告以南征北伐均屬無益，鄙人敢擔保五省以內，決不願把兵南侵。』　可是事實上江西確已舉兵幫助吳佩孚南征了，孫氏的擔保怎麼樣？　幷且孫氏又能夠擔保，福建不受吳佩孚命令舉兵攻粵嗎？

在實際上孫氏既然不能支配五省，便不應輕於開口，說什麼擔保五省以內怎樣怎樣煞有介事的話。　如此，他還是從前不發表主張的態度好。

＊　＊　＊　＊

孫傳芳對於上海市政的主張，我們可以在他的演說中指出幾個要點。　他說：『想在上海設一個機關，把地方的行政集中在一處。』　又說：『為大上海做一個牢固的根基，當局的人一定要有政治上的實力，換而言之，按現在的情形，非官廳先來試辦不可。』　又說：『對於地方人士的首領，我們不能不徵求他們的意見，不能不使他們知道商埠督辦公署的內容，所以設一個參議會，代表各區的人民。』

又說：『暫時以淞滬警察廳所管轄的區域，加上浦東淞滬警察廳第三區第一分區與第四分區中間原屬上海縣管轄的地方，為淞滬商埠的區域。』　又說：『模範市的市民，是要預備將來做一等國的國民的，不是容易當的，是要出錢買來的。　單就南市閘北兩處講，一百萬塊錢一年，是萬不能夠用的。……所以商埠督辦公署成立以後，原來有市政的地方，舊稅要積極的整頓，舊稅以外，還要籌辦捐稅，原來沒有市政的地方，得照閘北南市的辦法，一律納稅。』　這就是他對於上海市政之具體的主張，其餘若築路衛生，改良市政，收回租界的預備，以至所謂『眞正的自治邦』『理想的大上海』，我們只好看做菩薩廟的簽，靈驗與否，不須留意。　在這些具體主張中，我們可以看出的幾個要點是：（一）淞滬商埠的區域，是北至吳淞，南至龍華，東包浦東，西盡滬西，除了中間的租界，都在他管轄之下；（二）交涉署道尹署警廳雖仍屬省行政而非商埠公署之直轄機關，但同時兩署廳的長官都兼任商埠公署處長，事實上已將所有地方的行政權都集中在商埠公署，已漸漸形成一個半獨立的上海市政府了；（三）在這半獨立的上海政府之下，據他說：閘北、浦東、吳淞、滬西、四區的市，暫時官辦民督，南市一區則民辦官督，總而言之，都『非官廳先來試辦不可』；（四）所謂參議會，只是地方人士首領對於商埠公署顧問的機關；（五）就是要整頓舊稅、籌辦新稅。

就這幾個要點看來，如果他眞心歡迎人民批評，我們便不妨批評一下。　我們現在的批評，幷不是故意拿高調來反對孫傳芳或丁文江，乃是批評他的主張是否如他所說：『實際上是參酌目前的政局，上海的情形，比較的最可實行的一種辦法。』　第一，他把大上海的根基，不建築在市民的權力上面，而建築在當局者政治上的實力上面，主張非、辦不可；殊不知參酌目前的政局，所謂政治上的實力，能保三五年甚至三五個月不發生變動嗎？　市民的權力，現在固然還很弱，而他的壽命却比官廳政治上的實力長得多；想拿這種短命的實力來爲大上海做一個牢固的根基，這根基實在太不牢固了！　第二，公共租界工部局之歲入，其主要稅收，在一九二三年已超過五百萬兩（內計：地稅一，五〇五．〇〇〇兩，市政捐三．一四二．〇〇〇兩，碼頭捐國二七．〇〇〇兩）；上海市閘北南市吳淞浦東滬西五區，比公共租界，地面至少要大四倍，人口至少要多一倍半，而歲入只有其十分之一；其所以如此，乃因爲上海租界是外國資本帝國主義者在中國輸出原料輸入製品之最大市場，亦卽他們掠奪四萬萬中國人之中心樞紐。　所以上海租界有如此物力，直接上雖是租界居民所負擔，其實間接上乃是帝國主義者掠去全中國四萬萬人血汗之餘瀝所造成；這種掠奪者與被掠奪者的關係若不改變，照現在上海的情形，而想在租界以外的上海市，誅求和租界同樣的稅收，辦理和租界同樣的市政，并由此法而收回租界，這豈非和封神榜西游記是同等的幻想！　第三，即讓一萬步，承認他是比較的最可實行的一種辦法；可是他一面要整頓舊稅籌備新稅，一面只主張非官辦不可，而不肯賞給納稅人一點參政權，這種最可實行的辦法，將來實行起來，不無小小困難罷！　最近紙烟捐的風潮，就是一例。　在這半獨立的上海市政府之下，不說普選的市民議會了，就是現有之少數紳士的市議會，他也似乎不屑齒及，他所要的參議會，只有地方人士首領能夠參加；閘北南市吳淞浦東滬西納稅出捐的人，小商人工人占最大多數，那地方人士首領是些什麼人，又能夠代表什麼人的意見呢？　我們並不否認市民納稅義務，可是，『不得參政權不納稅』，不能說這是赤化過激的口號罷！　并且現在租界上的外國政府連納稅華人的參政權都不肯承認；同時，本區的上海市政府也是這樣對待市民，大約中外官廳的貴人們，都一致覺得中國人是『只應納稅不能參政』的賤民！

※　※　※　※

孫氏在交涉署招待外賓所說的話，有一部分是我們所懂得的，有一部分是我們所不能夠懂得的。　他說：『我更可以老實的對諸君說，我們中國人（他忘記了劉華也是中國人！）自然不能忘記租界是中國的領土。』　他說：『推廣租界，始終不能得到中國人的同意，我并且敢說，將來永遠不會得到中國人的同意。』　他說：『外國人保護是要保護的，但是一切的市稅，到今不曾担任分文，這種情形，是公道的嗎？　是可以長久的嗎？』　這些說話，我們都懂得。　我們所不懂得的，是他說：『凡有條約上外國人的權利，我們在條約沒有廢除以前，當然要尊重的。』　這便是段祺瑞『外崇國信』的主張！　他說：『以友誼的態度來交涉，希望在最短期時間以內，想法子把多年的懸案，逐一來解決了。　諸君不要誤會了我的意思，我們設商埠督辦公署，不但不是來反對外國人的，而且是要儘量的同外國人合作。……　商埠督辦公署成立了以後，也要儘力來想法子，用坦白的手段，友誼的態度，來同諸君切實的磋商。』　孫氏大概忘了中國官廳以友誼的（或者還是奴誼的）態度對外交涉，已經八十餘年，并非梁啓超丁文江等在五卅運動中之新發明；并且外國人都早已知道以友誼的態度儘量的與外人合作來對付中國人民，本是中國官之特長，似乎不用孫氏再向外國人鄭重聲明了。　況且外人也一向是以友誼的態度與中國合作，例如他們替我們掌管海關鹽稅，替我們駐兵京津沽滬漢，替我們司法裁判，尤其是上海的會審公堂，是中外官廳模範的友誼合作！　他說：『近許多年來，租界裏面的人口，逐日的增加，於是外國人方面有擴充租界的提議，由外國人方面看起來，這種要求，原可以說有相當的理由的。……　公共租界的當局，却用越界築路的辦法，來解決人滿爲患的問題了。』　他竟這樣承認外人擴充租界和越界築路是爲了解決人滿問題，而不是帝國主義者侵略的野心，這和戴季陶承認帝國主義是『人口的增加，使各國人民感覺土地缺乏，爲安置增加的人口，便非擴張領土不可』的見地，是一樣了。 關於此問題之複雜的理論，此地不必多說，現在且舉出幾個事實問題，答援他們的見地：近代帝國主義的法蘭西，人口日漸減少，俄皇治下之西伯利亞一向地曠人稀，爲什麼他們也要擴充領土？ 上海法租界居民並不多，法新租界是因何理由擴充的？ 公共租界居民之密並無過於香港；靜安寺路戈登路愛文義路中外居民住宅尚多係平房，并不像倫敦紐約有無數層樓大厦，況且華界近年已有不少外人的住宅與工廠，當真有越界築路和擴充租界以解決人滿問題之必要嗎？ 他們在上海把持會審公堂，難道也是因爲解決人滿爲患的問題嗎？ 總之：你們若說帝國主義的勢力太強大，無論他們如何不說道理，此時我們都反抗不了，這話到算老實爽快；若強詞曲說的附和他們，從沒有道理之中說出道理來，這就大可不必！

英國總同盟罷工之終止

超麟

英國總同盟罷工已於五月十二日被工團公會改良派首領宣告終止了。

記者在本報上一期評論英國總同盟罷工至十日爲止。 當時正接着格拉斯戈的嚴重暴動，當時國際的階級同情援助紛至沓來，罷工的基金十分充足，第二道防線的工人尤躍躍欲試，且有多處不待工團公會命令自行罷工。 似這種情形實難允許我們料定總罷工於第二星期之內即能終止的。 然而到十二日——第九日——總同盟罷工竟出於我們意料之外由工團公會改良派首領宣告終止了。 這事件是比我在本報上一期所列舉六點有更大意義的教訓，不容我們輕輕放過的。

此次終止總同盟罷工，是由於皇家煤業委員會委員長薩繆爾爵士之調停。 薩繆爾發表一種意見書，據路透社電所傳其五條辦法：（一）關於煤業狀況之談判應仍進行，津貼金應仍照給，以若干時期爲限；（二）除礦主與礦工單獨會商外，尚須謀解決煤業爭端之其他方法。否則談判難望收效，故應設立全國工資會，以雙方代表及中立份子組成之，主席爲超然派；（三）加入此工資會之各黨有權提出可認爲適當之任何事項；（四）以前工資不應修改，惟有充分理由可證明改革計畫確是利益時始可行之；（五）應照首相前言組織委員會加入礦工代表，偕與政府合作以籌擬必要的立法與行政計畫，再此委員會或全國工資會應自己切實聲明，凡關於煤業之必要方法必不漠視或稍延擱。 薩繆爾以此意見書的五條辦法要求工團公會終止總同盟罷工。 薩繆爾自己又聲明：『渠純係自動，既未受政府之囑託，亦未能代政府担保。 渠以爲渠所擬意見書縷列解決方法皆適於實用，足以促煤業爭端之解決，甚願政府於復開談判時採納其議。』（路透社十二日倫敦電）。 工團公會會長接受這意見書爲復開談判之基礎，希望首相履行其業已發表之言，而於繼續談判之際仍給津貼金，并收回礦主歇業通告。 總同盟罷工即這樣宣告終止。 英國資產階級即慶賀其勝利。 晨郵報甚至於稱讚『英首相鮑爾溫以其治才導全國（一）達於勝利，其重要超過戰爭之勝利。』（路透社十三日倫敦電）。 該報且信『吾人今生不致再覩總罷工。』（同日電）。 各國資產階級報紙自然也多替英國資產階級慶賀。

保守黨當頭的難關確實渡過了。 然而英國資產階級果真勝利了嗎？ 果真能『今生不致再覩總罷工』了嗎？ 我們是不替英國資產階級抱這樣樂觀的，即日本的國民新聞也未敢像英國及各國資產階級報紙那樣樂觀，因爲國民新聞『深以和平之成未除禍根爲慮，今次之氣等於休戰，果爾則目下英人常識之勝利徒足爲將來更大試驗之先聲。」（路透社十四日東京電）。這次英國總同盟罷工畢竟是十月革命後階級鬥爭上一件最重大的事變。此總同盟罷工之終止也含有很可寶貴的革命教訓。我們必須詳細分析此總同盟罷工，尤其要寶貴此總同盟罷工之終止所與的教訓。

一直到現在，我們，除路透社東方社電通社等英日資產階級新聞機關的消息之外，仍然沒有別的確實的消息，足以推究此總同盟罷工終止的原因及其教訓。然而就這些消息，我們已可推知一二了。

英國工人總同盟罷工之不能持久，顯然有客觀的和主觀的二種原因。

客觀的原因自然是英國資產階級之有堅固的強有力的組織。英國是模範的資本主義國家。英國資產階級比任何國家的資產階級都富於階級鬥爭的經驗。英國工人運動歷史最長久，因此英國資產階級及其政府對付工人運動的手段亦最週密而嚴整。保守黨政府對付此次總同盟罷工的手段，即各國資產階級都紙佩服其「鎮靜」和「毅力」者，其實就是英國資產階級有豐富的經驗因而有堅固的強有力的組織之表現。抵制總同盟罷工的「供給維持會」早於去年九月組織起來；在此次總同盟罷工中，此「供給維持會」的活動，食糧及其他必需品的分配，新聞消息的傳播，以及警察的防備，處處都表現英國資產階級可驚的力量。此次總同盟罷工設若不發生在英國，而發生在法國或德國，則其狀態和出路必然是另一種的。這客觀的原因，使英國工人階級的鬥爭比別國工人階級有多倍的困難。然而僅僅有這客觀的原因還是不能夠說明此次英國工人的總同盟罷工爲甚麼不能夠持久。工人羣衆團結的一致，國際階級的援助，以及近年英國資產階級所處的厄運——這些都是有利於英國工人階級的條件。所以除這客觀的原因外，我們應該還要指出主觀的原因。

主觀的原因就是工團公會內部改良派首領之妥協行爲。其實，認真說，這主觀的原因也可以算在客觀的原因之內，因爲改良派首領之所以妥協，也是資產階級勢力之一種反映。有階級鬥爭經驗的資產階級，對付工人階級的手段，不僅要用「硬的」，而且要用「軟的」，就是說，不僅有堅固的強有力的組織防止或鎮壓罷工，而且要分裂工人運動，賄買貴族工人及其首領。英國資產階級尤其長於用這種「軟的」手段。在工人運動史上，英國工人階級向以缺乏革命性著聞，這是因爲大英帝國剝削殖民地所得額外利潤特多，得以賄買一部分工人貴族及其首領，使之妥協化。英國工人首領如湯姆斯、麥克唐納爾、亨德孫等，既然高倡階級和平論，宣傳「建設的社會主義」，引導工人羅拜於資產階級脚下，英國資產階級向來那能不「勝利」呢？

可是近來英國資產階級這種「軟的」手段已經不大行得通了。大英帝國在世界市場上的勢力近來已遠不如前，各殖民地經歐戰中本地資本主義的發展，逐漸露出脫離大英帝國的傾向，民族運動又到處起來，要妨害大英帝國的安全，英國資產階級剝削殖民地所得額外利潤已大大減少，已不能像從前那樣賄買工人貴族及其首領了；他方面，十月革命及各國革命潮流的影響又漸喚醒英國普通工人，使之覺察改良派首領的妥協行爲是背叛工人階級利益。結果產生近年的英國革命少數派運動。此運動，既如記者在本報前二期所說，是以推翻資本主義的目標和階級鬥爭的方法，去抵制改良派首領多年宣傳的「建設的社會主義」和階級和平，所以英國工人運動就到了一個新的時期，即改良派首領的信用日形失墜，而工人羣衆日就聯合而左傾。這種過程在最近一年中尤爲明顯。以缺乏革命性著聞的英國工人運動突然站立在改良派亞姆斯德丹國際中的左派，而主張與赤色職工國際聯合，甚至於與俄國職工會共同組織了一個英俄聯合委員會，爲國際職工運動統一的先導。　這是有很重大意義的。　此次總同盟罷工——『英國數百年來所沒有之專橫行爲』（布克馬斯特爵士）——便是英國革命少數派運動的結果。　英國數百年來爲甚麼沒有這種『專橫行爲』？　因爲英國數百年來的工人運動是完全操在改良派首領手裏，而今則是革命少數派運動暗中所主持的。　此次主要的罷工工人，煤礦工人，就是革命少數派運動的基本勢力之一。　礦工首領柯克就是接近革命少數的一個工人首領。　在運輸工人、機器製造工人、建築工人當中，革命少數派也有很大的勢力。　換過來說，假使沒有革命少數派運動，則英國必沒有此次總同盟罷工。

然而，他方面，改良派首領固然因革命少數派運動與起而日就喪失其信用，但他們一部分的勢力還是存在的，尤其在工團的上級機關，如工團公會，還有支配的勢力。

我們在路透社東方社電通社的消息中，十分明顯看出在此次總同盟罷工中，這些改良派首領的行動。　高倡階級和平論宣傳『建設的社會主義』的改良派首領，自然不願意與資產階級，他們的主人，反對，本心自然不願總同盟罷工；但爲保守墜而未盡墜的信用起見，他們不得不顧及工人羣衆的熱烈的要求，他們受工人羣衆迫逼，不得不宣布總同盟罷工。　可是他們別一方面又不忘向資產階級求妥協。

在國會中，工黨議員一開始即竭力辯明此次總同盟罷工純粹是『工業爭執』，絕不含政治的意義：湯姆斯、亨德孫等皆是這種意見；其他工黨議員如麥克唐納爾等亦皆謹守資產階級的憲法。　工團工會的首領尤竭力使總同盟罷工避開『政治性質』，怕提到『革命』二字，訓諭工人嚴守資產階級的社會秩序，他們甚至於拒絕接受蘇聯職工會捐款的援助。　改良派首領的這種妥協行爲分明是阻止總同盟罷工走上正當的軌道，他們分明是拒絕國外同階級（蘇聯的工人）有力的援助，結果安能使總同盟罷工持久？　所以，到十二日他們就受薩繆爾的意見書而宣告終止總同盟罷工，消息一經傳出之後，於是各業資本家向罷工工人進攻，保守黨政府在罷工中所允許的話都不足爲憑了。　總同盟罷工之終止自然是有利於資產階級的。　英國工人階級內部改良派首領這種妥協行爲就是此次總同盟罷工終止之主觀的原因，而這原因是比客觀的原因更重要的。——若把這原因也算作一種客觀的，算做英國資產階級一種『軟的』手段，則至少，我們可以說這種手段比較『供給維持會』監獄警察等更加厲害更有效力。

從此，我們可以明瞭：英國工人階級若祗顧抵禦資產階級『供給維持會』監獄警察『硬的』手段，而不排除內部改良派首領，則罷工是不爲利的。　無論工人羣衆本身怎樣熱烈怎樣團結怎樣堅決，但若把罷工的指揮權交給改良派首領，則工人羣衆時時都有被出賣的可能。　此次工團公會會員贊成罷工的有三百六十五萬三千五百二十七人，反對罷工的則祗有四萬九千九百十一人，不及百分之二；工人應命罷工的人數之多，出於工團的意料之外；第二道防線的工人尤躍躍欲試，不等工團公會的命令，有許多即自行罷工；這些都證明工人羣衆是很熱烈的很團結的很堅決的。　改良派首領竟這樣違反工人羣衆的意志，悍然宣告終止總同盟罷工了！　這個教訓對於英國工人階級是何等的寶貴啊！　果然，改良派首領雖宣布總罷工終止，但各業罷工仍繼續下去。　礦工工團幹事拒絕薩繆爾爵士的意見書，聲明工團公會終止總同盟罷工的決議並未與聞，礦工仍繼續罷工，一直到現在還堅持着。　三鐵路工團幹事也聯合發出訓令，囑全國路工繼續罷工至獲有滿意保障時而後止。　愛丁堡鐵路工人決計不復工，通過一議案，要求無條件釋放與總罷工有關之被拘各人。　運輸工團亦訓令港工繼續罷工，以待與雇主協定原有工人一律復業及投効工人立即辭歇之契約。　印刷業罷工也堅持着。　其他各業也多堅持罷工。　工團公會改良派首領所拒絕之蘇聯工人捐款，現在已經由礦工首領柯克宣布接受了。這些表示甚麼？這些表示英國廣大工人羣衆已不信任改良派首領，不服從他們的命令了。改良派首領，資產階級的偵探，支配英國工人運動，此將爲最後的一次。英國工人階級從改良派首領的影響底下解放出來，將益加左傾，『足爲將來更大試驗之先聲』。

任英國資產階級歡呼『今生不致再覩總罷工』吧！國際革命的職工運動偉大的前途仍然在我們的面前呵！

一九二六年五月二十日晨三時

寸鐵

過激主義也是國粹了！

國粹派往往說西洋一切思想科學制度，都是中國數千年前已有的故物；現在孫傳芳也說：『現在社會有什麼過激主義和工會，其實這名詞已發現三千年前了，秦漢時匈奴及最近七十年前之洪楊，均是過激行動』。如此說來，過激主義也是國粹了！（實）

民黨敗類中之先知先覺

有人見馬素致電吳佩孚張作霖等，竟說出：『赤禍蔓延，國脈不絕如縷，反赤軍聲罪致討，不期年而殲除國賊，清掃北都，斯固忠勇善戰所致，然亦人心歸往，正氣猶存。』這樣肉麻的話，覺得他眞是民黨之敗類。我以爲所有民黨分子，非革命即反革命，很少有中立之餘地；他們當中所有的反赤分子（內分反俄反共及反對聯俄聯共兩派），即令他現在還罵馬素是反革命，可是遲早是要和馬素走上一條道路的，馬素可算是這班敗類中之先知先覺。謂余不信，請看將來！（實）

師生合作與學生會！

海各大學同志會會長郭任遠博士說：『本埠十餘個大學的教職員和學生，有鑒於此，最近有上海各大學同志會之組織，目的純爲提倡師生合作，共謀救國，……關於國家民族的事，不但是學生要做，就是教職員也要做。』郭先生這幾句說話很對；不過我們希望他們在救國行動上實行師生合作，幷且教職員還應該領着學生向前進，切不可藉口師生合作，破壞學生自己獨立的組織，以便拉着學生向後轉！（實）

李景林張宗昌之共產

共產黨所主張的共產，乃指社會經濟組織上化私爲公的生產和分配制度而言，决不是什麼個人強奪他人財產以肥私的勾當。若說強奪他人財產以肥私就是共產，那麼李景林張宗昌已經實行共了直隸山東人的產，他們在山東天津北京的反赤運動，就是共產運動，最近山東官廳布告全省商民人等說：『案查過激黨徒，倡言共產，禍等於洪水猛獸，害中於世道人心』，也就是罵李景林張宗昌他們自己！（實）

合肥段公與總統曹公

吳佩孚因爲要拿研究系二百萬元，不得不用梁啓超所起草的討賊通電稱『合肥段公』；鹿鍾麟因爲要聯直，不得不於逐段布告中稱『總統曹公』：同是不得已而爲之。不過吳以『合肥段公』四字賣得二百萬元，鹿拿『總統曹公』四字，一文也未賣着，這幷未是段曹價値之高低，乃由於吳鹿二人交易手段之優劣。（實）

又是一個曾左！

醒獅派的曾琦左舜生，素以曾左自命；現在吳佩孚也自居曾文正

，請齊燮元經營西北，勉為左文襄，又另是一對曾左。何中國曾左之多也！（實）

吳佩孚已是事實上的大總統

顏閣已經自己宣告成立了，可是一切重要問題都要電吳佩孚請示辦法，交通總長還要親到漢口向吳佩孚請訓，如此吳佩孚已是事實上的大總統了。（實）

孫寶琦語妙天下

京師臨時治安會閉會時，孫寶琦說：『以本會之組合言，為委員制之會議機關，類似過激派委員制，現在吳張兩上將軍，方揭櫫討赤，而我輩有此不倫不類之委員機關，為政治上之活動，前途殊多未便之處，故應行解散。』 上海新聞報稱孫寶琦語妙天下，誠然誠然！

你們還要反赤嗎？

上海新聞報北京通信說，孫寶琦在臨時治安會，閉會時說：『不過四郊各團體及個人來函報告顛沛流離慘狀，不可言喻，攜老扶助，俱出躲避，尤無棲止，此實為可悲之至，應設法救濟云云。』言時聲淚俱下。王士珍趙爾巽等皆為掩泣不止。一時場內默然。孫復總言：『四郊之居民，難道說非中國之人民，而必遭此酷刧！』新聞報記者復加以批評說：『將驕兵悍，肆行無忌，吾人就各方披露之文電以觀察之，從京外人民，呼籲無門，逃死無所，蹂躪之苦，殆有不可勝言者。』 這都是反赤運動的好結果，不禁令人回想『赤』盤據北京時是何等安寧！（實）

是地痞還是警察？

趙爾巽在臨時治安會閉會席上說：『據難民口述，每有回去仍不得安居者，蓋因有軍隊搜查繳支之事。』 王懷慶答說：『我未發搜查繳支之命令，當派人嚴查，是否為地痞擾民。』 孫寶琦說：『布告有檢查繳支條文。』 王懷慶答說：『布告係令警察執行。』 哈哈！ 擾民之地痞原來就是執行王懷慶搜繳命令的警察！（實）

傷心慘目的北京城（北京通訊五月十日）

——反赤軍努力創造的成績——

岳威

自從四月初旬以來，北京人民卽飽受奉軍飛機拋擲炸彈之威嚇，延至四月十五日，國民軍退出北京後，於是北京市民所恐懼敬遠的奉軍，硬光顧他們門上來了。首先入城的便是張宗昌部下白俄騎兵，策馬沿街亂跑，令人回想庚子年八國聯軍破京時景象，不寒而慄。此後奉軍入城者日多，而北京之恐怖情形愈不堪問。爰以身所親歷，摘要述之：

（一）形同搶刧之軍用票　奉軍入京後，即有大宗不兌現的直省流通券及魯省軍用票雜在市面行使；其最令商家難堪者，為軍人購買微少價値之物品而出十元五元之軍用票付價，強令找給多數現洋，使貨價損失外尙須賠貼多數現款。有某洋貨店某日去一兵士，購値五角之紙烟，擲二十元軍用票與之，令找十九元五角之現洋，舖主持票有難色，卽挨一耳光，急改容奉承兵士，加贈烟一盒且不受其錢，始得息事。商民在這種情形之下，只好相率閉門，前門外最熱鬧之街市，已變為荒凉冷落之場。各家門口多貼紅黃紙條，或書『本號遷移已空暫停交易』，或書『修理門面暫停營業』；其未曾關門者，所陳列之貨件，大半多價値極賤者，又如衣莊只見女衣，鞋莊只見女鞋，一般家人，以周轉活動之當舖關閉尤多，當此金融緊迫之際，窮人所感痛苦，當更深切；四城菜市在平日人山人海，現亦非常冷落；各小錢店亦同樣閉門，縱身有現金亦無法兌換小角銅元，同時影響到全城十餘萬黃包車夫皆無生意，游戲場戲園酒飯館等，多設法關閉。

總之，滿城皆現蕭條荒涼氣象。 至四月二十六日，北京總商會雖在張宗昌恫嚇之下，勉強承認軍用票之流通，令市民照常開市，然人人都知所謂軍用票之担保十分靠不住，仍多遲疑觀望，雖有開門者，已非復如從前之繁盛現象矣。

（二）姦淫擄掠之慘狀　奉軍搶刼強姦之事，日有所聞，幾於書不勝書，凡道行服裝稍入時者每被剝下，稍有抗拒即遭槍杖，陳屍路側，無人敢問。 各校女生多避回家，平日街上往來如梭之姨太太小姐等，因久已不見芳踪，即普通婦女亦幾如鳳毛麟角之不可多遇，八埠尤物，更遷避不遑。 婦女被蹂躪之慘狀，有非筆墨所能形容者：有某姓婦途行爲三兵士擁入僻巷輪姦致死，死後復以刺刀戳爛其陰戶；又西直門一帶大軍營集，皆強據民房居住，留下婦女耆爲之操作，夜供其快樂，其餘人等盡皆驅逐離宅，所有財帛雜物，且不准攜帶以出，率皆痛哭上道。

（三）流離載道之四郊難民　奉軍集駐城外者十餘萬，民房均被佔用，奸淫殺掠無所不至，被逐離家之難民皆紛紛入京，其數之多實難勝記，或三五成羣，或結連數十百名，莫不徬徨四顧，不知其行止，狼狽之狀，非常可憐。 記者行經西直門時，見一餓倒之老婦及一小孩，因詢其逃難之經過，此婦年逾七十，且哭且訴，自云：「家住黃村有二子二女兒一孫，自從上月起即飽受炮火的驚險，但還算沒有受什麼騷擾，即至國民軍退後，盼到不打仗了，不料反倒鬧起來：每天接連不斷的有軍士闖入人家，要吃食，要茶水，樣樣供奉完了，他們又要搶，又要　錢，一說沒有，便沒頭沒腦的亂打，所有的東西都被搜索盡了，兩個媳婦也被他們遭蹋，一個羞憤自盡，一個還被帶去不知下落，二個兒子一個已經被殺，只剩下祖母兒孫三人哭啼相守。 當時所以不逃，因爲捨不得老屋和幾畝麥地，以爲再忍耐，避十天八天，總可清靜；不料兵們越鬧越凶，見我家已無所有，便將耕牛也牽去，埋藏在地下的一點餘糧也被搜出拿去變賣，地裏的麥也被馬吃光，我的第二個兒子爲和他們爭執又被刺刀戳死，我算是絕了生路了，只好携着小孫兒逃難來京，現已二天多沒有吃東西了。 在我們那兒所受的痛苦，幾於　家如是。」 老婦言時，聲淚俱下，我亦爲之慘然，因給婦洋數角，并告以紅十字會收容難民地，令往依歸。

現計各慈善團體先後設難民收容所，不下三十餘處，收容人數在三萬人以上，每所容留千人數百人不等，斗室之中摩肩接踵而睡，當此入夏酷熱，穿棉衣者十之八九，內熱與渴氣相感，無一處無告病之人，勢將發生傳染瘟病。 然即此疫癘之場，來此尚絡繹不絕，蓋京畿二十縣，幾無不遭同樣慘刼，各鄉村中十室九空，凡在戰爭區域以內者，房屋均被毀壞，室內蓄糧一粒無存；其不在戰爭區以內者，牲口及耕牛均被徵發，當此下種之期，或者無種可下，或者無耕地之牲口，聞北京大善士有管吃管住之救濟所，故均紛紛來京。 嗚呼！如許多的難民，正不知救災會諸大善士如何維持也。

（四）熊希齡痛哭陳詞　當國民軍退出北京後，所謂北京元老王士珍、熊希齡、趙爾巽等，組織治安會維持北京秩序；但自奉軍入城後任，意橫行，治安會已失其維持秩序之能力，反而見四郊難民之慘狀有不能不急籌維持者，於是遂發生改治安會爲救濟會之議。 當熊希齡在治安會召集各慈善團體代表報告四郊難民慘狀時，言至沉痛處，不禁淚奪雙眶，泣不成聲，全場多之黯然。 最後有海甸商會會長李某即席報告海甸遭難慘狀，據稱西苑現未住一兵，因爲兵們均樂意占住民房，一切供應，地方之力已竭，當地孕婦有被姦至墮胎傷損者，李言時亦吞聲哭泣，涕淚沾襟，合場感動，無不悽愴。 熊希齡諸元老當允即日由諸元老致書各軍司令，剴切勸其嚴申軍紀，以救民命，衆始愴然散會。

（五）邵飄萍君之死及北京的文字獄　奉軍在北京之暴行，北京各報多憚不敢言，惟京報社長邵飄萍尚以深刻諷刺之筆，據實直書，因此大遭奉軍首領之忌，欲得而甘心。邵卒被其友人所賣而被捕，判以死刑，於四月二十六槍斃。其判決令云：「京報社長邵振青，勾結赤賊，宣傳赤化，罪大惡極，實無可恕，着即執行槍決，以昭炯戒，此令。」至此以後，北京報紙愈噤若寒蟬，不敢有所陳述。較激烈的分子，多紛紛逃出北京，奉軍愈可為所欲為矣。

自奉軍入後，各學校多遭駐兵，學校經費固已不能發給，近且以撲滅赤化之名，搜檢各大學，凡較進步的左傾的教員學生，均視為犯有赤化嫌疑，聞被列名通緝者至四百人之多，王懷慶之保安辦法，且公然布告：「宣傳赤化，主張共產，不分首從，一律處死刑」，又有反動派告密引線，所以現時凡平日稍有激進色彩者，均人人自危，如魯迅等好教授，亦不得不暫時深避。

以上只舉一斑，然「反赤軍」的「造福」於吾民亦可概見了。

發行部
編輯部　通信處：

廣州國光書店黃正君

分售處

廣州　丁卜書報社
北京　[illegible]
長沙　文化書社
寧波　寧波書店
武昌　時中書報社
　　　共進書社
[illegible]州　[illegible]州書店
香港　萃文書坊
汕頭　汕頭書店
蕪湖　科學圖書館

太原　晉華書社
潮州　青年書社
雲南　新亞書店
重慶　唯一書局
南京　樂天書館
寶慶　寶慶書局
黃梅　書報流通處
西安　西安書局
成都　華陽書報流通處
紹興　亞民文具實業社

價目

訂閱：國內一元寄足三十五期。國外一元寄足二十五期。郵票代款九五折算。但以一分半分為限。

代派：每份大洋三分。六折計算。寄費在內。十份起碼。十期清算一次。概不退回。

零售：每份銅圓六枚。

The Guide weekly

嚮導

週報

第一百五十五期

五卅特刊

目次

一九二六年五月三十日

五卅週年紀念告全國民衆

全國工人農民商人學生兵士各界民衆們！

在帝國主義者所稱「赤色的五月」，尤其是赤色的五卅，無論英日等帝國主義及奉直軍閥怎樣詛咒我們，恐嚇我們，如果我們中國人，心還是赤的，血還是熱的，便不能不奮出一百廿分熱誠，來紀念去年今日打破「民族的巴士的獄」運動，即赤色的五卅運動，并繼續這一運動，一直到廢除一切不平等條約，中華民族完全解放，才算是完成了五卅運動的工作。

去年今日的五卅運動，是被壓迫的中國人民站起來對壓迫者帝國主義作大規模反抗之第一次，是全國各階級民衆反帝國主義的聯合戰線之開始，是中國歷史上空前的壯舉。

帝國主義者知道這一聯合戰線的運動，足以使他們的在華既得權利根本動搖，并且民權將因此伸張，擁護他們權利的中國軍事獨裁政府，也要根本動搖。所以五卅運動一開始，帝國主義馬上便採用分離這一聯合戰線之政策，如以關稅會議增加二五，賄買北京政府，使他離開這一戰線；以上海西商會容納總商會要求的口惠，誘騙中國大資產階級，使他離開這一戰線；以赤化過激等頭銜，恐嚇知識分子及小商人，使他離開這一聯合戰線；最後則指使其走狗奉系軍閥，老實不客氣的壓迫由奉天到上海之一切民衆運動，并破壞其組織——工會學生會工商學聯合委員會等，而五卅運動的高潮，遂至低落下去。

五卅運動中各階級民衆反帝國主義的聯合戰線，既爲帝國主義之分離政策所破壞，又加以奉系軍閥之高壓，中國的革命形式，由五卅運動一轉而爲反奉運動。反奉運動中，因爲有國民軍及直系軍閥之加入，其聲勢頗大，尤其是郭松齡反戈時，直系軍閥至於急急向國民政府及國民軍聯和；然而卒以沒有各階級的聯合戰線充實這一運動，以致郭松齡敗亡國民軍潰退，北京便發生了空前的三一八大屠殺，反奉運動失敗，反動政局遂由此開始。

同時，在我們的敵人帝國主義者方面，已經由破壞我們各階級反帝國主義的聯合戰線，更進一步建立他們所需要的反對「反帝國主義運動」的聯合戰線，即反赤聯合戰線，由英日帝國主義者，結合奉直兩系軍閥及一切反動派，向一切所謂赤的勢力進攻。由郭松齡敗亡，到北京三一八大屠殺，便是帝國主義者反赤聯合戰線運動之開始成功

并且帝國主義者反赤運動全部企圖及其成功，還不止此，現在已經可見的是：（一）以反赤口號結合了奉直兩派軍閥，又以實力援助他們將所謂赤的國民軍驅逐到長城外，他們的燒殺強姦搶掠強用軍用票增加苛稅雜捐鎗斃記者搜查學校查禁工會農會等「反赤政績」，已經在北京及直魯豫各省實行起來；（二）集中了奉直兩派軍閥勢力，統治了中國北部及中部，并想組織直奉兩派的聯立政府——比段祺瑞時代更反赤的更鞏固的軍閥獨裁政府，來大借賣國外債，來有組織的壓迫民衆；（三）嗾使直系軍閥由湖南江西福建向赤色的廣州國民政府包圍進攻；（四）更準備一點小小恩惠（如漢口上海租界工部局增加華董，上海租界公園開放增加華董，表示上海會審公堂可以交還，停止越界築路可以商量等），引誘中國的資產階級也加入他們的反赤聯合戰線；（五）收買一班失意政客高等流氓及所謂老民黨，做普遍的反赤宣傳，一直影響到赤的營壘內部，使赤之自身也有意的或無意的發生了反赤的傾向，若國民軍主張整頓學風及放任段氏之三一八大屠殺，若國民黨左派竟接受了右派西山會議的理論及主張修正孫中山先生的聯俄聯共政策，如三月二十日事變及五月十五會議的精神所表現

帝國主義者反赤運動之成功，現在已經可觀了，由去年五卅至今年五卅這一年中，已經使全中國的反帝國主義運動變成全中國的反赤運動，已經使中國革命的高潮，變成了反革命的高潮；并且將來他們必然還要繼續幹下去。總之，帝國主義者爲他們自己在華既得權利之保障及繼續發展，其勢必然要盡量利用一切反赤勢力之聯合，以剷除中國所有赤的勢力，好使中國的民族解放運動永遠消沉下去，不至死灰復燃，這才是帝國主義者在中國反赤運動之全部企圖及其成功。

可是國際帝國主義的力量雖然很強大，而他們當中利害衝突也很大，他們自己國內無產階級革命運動之發展，更是他們的致命傷；直奉兩派軍閥雖然比民衆有強大的武裝，而他們當中有舊的歷史仇怨和新的利害衝突，決無長期合作之可能；至於一班反動派的反赤宣傳，已經由反赤軍在北方之行動，漸漸使一般社會感覺得反赤比赤實際可怕，因爲赤的行動與宣傳，并未曾實行或主張沒收人民的財產，而反赤軍却以派捐派公債軍用票等名義，沒收了北京及直魯豫各省人民的無數財產，因此他們的反赤宣傳已漸漸失了效力了。以上是反赤戰線這一邊的形勢。

赤的戰線這一邊的形勢又是怎樣呢？帝國主義侵略中國之事實一天不消滅，中國革命的民衆反帝國主義運動也一天不會停止，即最和平穩健的大商資產階級，以實際利害關係，也不至無條件的變成不復燃的死灰，況且現在這灰還未死：國民政府及國民軍，雖然有了一些右傾的錯誤，在客觀上終是中國反抗帝國主義及破壞軍閥勢力的力量，他們若能得着赤俄及全世界赤黨赤色工會更有力的援助，他們是能夠爲各階級革命的民衆擴張地盤的。

由這兩條戰線的形勢看起來，帝國主義者在中國反赤運動之全部企圖，能否得到最後成功，當然是個疑問。不過依我們從去年五卅到今年五卅這一年中的經驗，赤的戰線即民族解放運動的戰線，要想不爲帝國主義的反赤戰線所破壞而獲得最後勝利，第一要緊的是充實鞏固自己的聯合戰線，大家都要認清自己的戰線和敵人的戰線，認清那些是自己戰線內的友軍，那些是敵人戰線內的敵軍；並且要認清敵人戰線內的敵人終是敵人，不可因其笑臉甘言，遂以爲可與合作；更要認清自己戰線內的朋友終是朋友，不可因細故而分裂戰線，爲敵所乘，不可寬待敵人而苛待朋友。

從去年五卅到今年五卅，赤與反赤這兩條戰線，都分明列在我們面前，赤的戰線之勝利即中國民族解放運動之勝利，失敗的是帝國主義與軍閥；反赤戰線之勝利即帝國主義與軍閥之勝利，失敗的是中國民衆；最近北方反赤戰爭之結果，已明白告訴我們是這樣，已不由我們再猶豫再思索了！

全國的工人農民商人學生兵士各界的革命民衆呵！　血肉模糊的五卅紀念，不是垂頭嘆氣的紀念，應該是挺身奮起的悲憤紀念啊！各階級的革命民衆都應該挺身奮起，以滿腔悲憤，恢復去年五卅運動中反帝國主義的聯合戰線，并擴大鞏固此戰線，以打倒反赤的直奉軍閥，實現國民會議。只有實現眞正代表民衆的國民會議，接收政權，才能夠完成五卅運動的工作：對外廢除一切不平等條約，對內解除一切人民的苦痛；這兩件事都不是結託帝國主義而存在的軍閥政府與代表軍閥的國會所能夠辦到的。我們今年五卅紀念的口號是：

赤的五卅烈士精神復活起來！

五卅運動中反帝國主義的聯合戰線復活起來！

打倒帝國主義的反赤運動！

打倒直奉聯合的反赤！

實現國民會議！

完成五卅運動的工作！

中國共產黨中央執行委員會　五月三十日

五卅週年中的中國政局

秋白

——五卅屠殺後的民衆運動和北京屠殺後的帝國主義統治——

五卅屠殺後，上海的工商學各界奮起鬥爭，開始全國國民革命的大發展；民衆的要求是廢除不平等條約、收回租界、撤退駐華海陸軍，……總之，是力爭中國民族的獨立解放。 這一運動，明顯的表示國民革命聯合戰線的力量。 但是，上海大資產階級以及各地一切種種妥協派努力從事於破壞聯合戰線的工作，減低民衆要求，以求刷清自己赤化的嫌疑，而邀帝國主義軍閥的恩寵。 於是帝國主義的代理統治人——中國的軍閥，便能向民衆積極進攻，封閉上海總工會，及其他革命團體，強迫工人上工，代替帝國主義者屠殺人民，逮捕槍殺民衆領袖。 可是，帝國主義的統治始終還在動搖之中，上海總工會封閉之後，反奉戰爭繼起，郭松齡倒戈，民衆的罷工抵貨運動陸續不絕。 所以帝國主義便更進一步的變方進攻：一方面用那關稅會議、法權會議、租界華董等類的欺人政策，穩住資產階級的積極反抗；別方面亟亟 合張吳以及一切反動軍閥，開始反赤戰爭。 帝國主義者親自出兵滿洲，大沽口事件以哀的美敦書威嚇，盡力資助張吳，如此才勉強幫助吳張軍閥征服國民軍及中國的民衆。 然後，段祺瑞張作霖吳佩孚的反赤聯合勢力，得以三月十八北京的大屠殺結束五卅以來帝國主義政權的動搖狀況，而開始鞏固反動統治的工作。 這一反動統治的職任，便是撲滅一切獨立解放的運動，摧殘一切反抗帝國主義的勢力——所謂反赤戰爭，如今張作霖閻錫山以打國民軍的熱河和大同，是以討赤為名義，吳佩孚葉開鑫攻打湖南粵桂亦公然號稱『討赤聯軍』。 無論張閻吳葉以及其他小軍閥之間有甚麼樣的衝突，可是，他們有一共同的使命，便是幫助帝國主義鞏固對於中國的統治。

五卅屠殺後，繼之以空前的全國各界聯合反對外國帝國主義的革命運動；北京屠殺以後，除各地民衆微弱的悲悼聲浪以外，卻只看見反赤的戰爭，反赤的械鬥，反赤的『輿論』，反赤的種種壓迫：如封閉工人學生的團體，殺戮新聞記者，強迫使用軍用票等類的廢紙，摧殘地方自治，屠殺農村……——同樣的屠殺，何以結果這樣不同？這不是偶然的。 這是因為五卅屠殺是激起民衆革命運動的開始，而北京屠殺卻是帝國主義撲滅這一革命運動的開始。 如今的政局，所以弄成這個樣子，便是五卅一年以來帝國主義進攻中國的計畫，軍閥的執行這一計畫，妥協派破壞聯合戰線而成就這一計畫的總結果。

中國一般民衆，無不知道五卅屠殺的可恥，無不承認五卅屠殺和中國的被壓迫剝削是不平等條約的結果，無不要求五卅案的勝利解決，要求中國的徹底解放和獨立。 但是，現在帝國主義已經戰勝，已經重新能以全力支配中國政治，還在繼續進行侵略的征服戰爭。 中國民衆要雪五卅案之恥，便須積極奮鬥，打倒妥協派的破壞聯合戰線的政策，便須反抗帝國主義和軍閥的反赤統治。

北京屠殺以後，不久帝國主義征服中國的戰爭已經有部分的成功——張吳軍閥的反赤勢力克服國民軍而佔領京津。 雖然張作霖、吳佩孚、張宗昌、李景林、寇英傑、靳雲鶚、閻錫山、劉鎮華、葉開鑫、鄧如琢等反赤大將，佔領京津、直隸、山東、河南、山西、陝西、湖北、湖南、江西之後，或在這佔領的過程中，各自時時發生衝突，仍舊繼續軍閥內部的崩敗，與革命勢力及運動的進展以許多機會；然而，反赤勢力已經佔據中央政府開始建設反動的統治權 關於反動政權的形式，在張吳之間，容或有許多爭執，而反動政權的內容，卻是不變的——英日帝國主義者操縱補助這兩系軍閥以互爭優勢，同時共同贊助一切軍閥的統治——壓迫人民和國民軍國民政府，形成帝國主義的統治。

第一，現今鞏固帝國主義統治的軍事上的進行，便是張吳分討南北赤。 張作霖的進攻國民軍，雖然不能在南口方面得手，但是他最近又調動吳俊陞的大兵向熱河多倫方面進攻。 吳佩孚遣派葉開鑫攻取長沙，預備以彭壽莘的北兵大舉南征；最近更有派馬濟攻桂，林虎攻贛，袁祖銘入黔，并勾結滇唐，四方八面圍攻廣東的消息。 京津豫魯反赤軍的荼毒，不久便將普及南部中國。 帝國主義者的這種指揮計畫，不但是使張吳分工合作，鞏固反赤的聯合戰線，免除內部衝突的爆裂，而且也是直接要掃清一切反帝國主義勢力之多少有幾分不服從帝國主義的北方國民軍和南方國民政府，以鞏固反動軍閥的統治，而便於他們肆行無忌的侵略剝削。 這種軍事上的進行，簡單些說，便是摧殘能爲五卅運動後盾的一切勢力。 「必須人民的武裝和革命軍隊戰勝，五卅運動的根本要求才有實現之一日。」

第二，鞏固帝國主義統治的政治上的綱領，便是恢復所謂國會——舊賄選的曹憲或新賄選的張憲。 固然，當今中央政府的問題，仍舊在護法護憲爭執的含混狀況中。 然而張吳反赤的密約裏，明定戰爭的目的是恢復所謂「國法」——以與民衆所要求即孫中山先生所提出的國民會議主張相抵抗。 中國的國會議員，事實上早已很明顯的盡是一班劣紳政客，無恥的官僚，賣身賣國以代表帝國主義軍閥的各派在政治上互爭名 ，這至少已是四萬萬人所公認的了。 現時表面上吳佩孚暫佔優勢的護憲說，居然根據賄選國會曹憲解決形式上的政治問題，曹錕正式通電辭職，而以顏惠慶內閣攝政。 全國民衆的大恥辱——民國元首的賄選，不但不能治罪，反而彰明較著的繼續他們的政治系統！ 攝閣之下，近來還有國會自動召集的消息。 這種賄選國會，完全代表直系軍閥和英帝國主義的利益，居然運動復活，根據於賄選的攝政顏閣，居然自稱中華民國的政府；中國民衆除非已甘心做亡國奴，決不能承認。 張作霖至今也不肯贊成顏閣。 但是他的反對，並不是因爲顏閣攝政違背民意，這是因爲他的利益是不能容許吳佩孚派的國會做政治幌子，而要政治上有能代表他的利益的國會。 固然，對於軍閥最好是甚麼國會民意機關也不要，但是因爲張吳之間的利益衝突，所以各自都想借一共和招牌來做政爭的工具。 因此，張作霖便主張公開討論國法問題，支支吾吾的主張護法，以與曹憲抗衡。 他所主張的公開討論，並不是尊重民意，而只是元老參加的軍閥會議；他最大限度的主張，也只是所謂擁護約法，依法召集新國會，以便有樹植他的政治勢力之機會，而把約法變成「張作霖的憲法。」 假使他這主張實現了，可是甚麼結果呢？ 新國會的選舉，自然而然仍舊是代表各派軍閥的劣紳政客包辦，因爲且不論張吳等軍閥將各以賣國大款四出賄選，單就國會選舉方法的本身來說，各地方選舉中，劣紳政客把持選民票册，官廳向來不准選舉宣傳，其結果，除大賄小賄作弊包攬外，別無他途。 曹憲議員是已經賄選的，「張憲」議員必然是將要賄選的。 全國一般民衆對於這點可以說毫無疑義，自然要反對這種帝國主義走狗之走狗的壟斷民意機關，反對劣紳政客的國會和卑鄙無恥的賄選議員；對於已有賄選事實的曹憲國會，尤其是唾棄不遑，「誓不與同中國」；對於根據賄選而攝政的顏內閣，公然代表英帝國主義的利益，摧殘民衆出賣國權的，人民方面自然更要起來一致反抗。 然而帝國主義和軍閥却各自要想利用甚麼憲法約法國會的名義來把持中國政權。 五卅運動的要求及中國的澈底解放，在這種政權之下永世也沒有達到的希望的。 「一定要民衆組織實力，使實際上的民衆團體，如工會商會學生會等，可以自己直接選舉代表，召集國民會議，才能眞正代表民意解決國法問題；一定要努力於革命運動，反對曹憲政府和一切賄選政府，達到勝利，而以國民會議組織眞正人民政府之後，五卅案才能有勝利的解決。」

第三，鞏固帝國主義統治的外交上的計劃，便是以承認條約爲條件而給與賣國大借欵維持軍閥政府。這一問題上 英日兩派帝國主義便不得不略生衝突。 五月十八日公使團接到顏內閣代行總統職務的通告之後，自然使團中間發生承認中國政府的問題。 日本，尤其是法國，最關心於現政府對於段執政時代的外交交涉的承認問題。吳佩孚『討赤』的當初，曾經聲明不承認段政府下之關稅會議，尤其攻擊金法郎案；顏內閣上台時，甚至於還有祇承認十三年政變前之條約法令職官等的風說。 日法方面，便隱然以顏內閣承認金法郎案等爲承認顏政府的交換條件。 於是，以前唱愛國高調主張究辦金法郎案的吳佩孚顏惠慶，只能露出老賣國的眞面目出來。——顏內閣於正式對外的通告上，便不敢提起不承認的話。 當然，這裏英國公使出了些力，使顏政府已經得到事實上的承認；英國人的通信社說：中政府既不明白提出承認以前外交案件的問題，便可以馬馬糊糊的過去了。 這裏各國帝國主義者的衝突，暫時還決不會因此而爆發，反而是他們互相聯合的交換條件。 英國人所以利用顏政府的，在什麽地方呢？ 便是以大借款維持反動政府，使各派一致討赤——壓迫中國民衆。 這是列強帝國主義的共同政綱。 這種大借欵的消息，在破碎不全的內閣現狀裏，已經有好幾起：（一）顧維鈞財長以前便聲言可以先籌五百萬過端陽節，節後發行某項公債；（二）顧維鈞預算關稅會議如能急速告一段落，先解決二五附加稅問題，則可以加稅收入三分之一的政費担保，發行五年償淸的二千五百萬公債，或十年償淸的五千萬公債；（三）正言社消息，顏惠慶擬發附加稅公債四萬萬。 而關稅會議的本題——關稅自主問題，則據外人通信社消息，已經預備在二五稅解決後完全擱起。 這種空前的大賣國借欵或公債，確實已在進行。 軍閥政府賣掉中國民族的大批權利，得到借款和公債的挹注，便可以南劃北伐大興戰禍，荼毒人民，以鞏固其姦淫擄掠之反赤統治，帝國主義便可以因此而達到他們的目的——消滅國民軍國民政府的赤化勢力，而繼續無顧忌的剝削和侵略。 不用說五卅案從此可以不必提起，而且擴大於全國的五卅屠殺——各省各城各村的反赤屠殺，正可方興未艾了！

第四，鞏固帝國主義統治的行政上的實施，便是摧殘民權，屠殺民衆，荼毒民生。 帝國主義和軍閥往往假借和平穩健的美名，以反對赤化，彷彿赤化便是暴亂戰爭，便是掠奪人民財產，便是獨裁專政。 實際上反赤的軍閥和帝國主義軍隊，步步都證明這種口頭宣傳恰與事實相反。 反赤的直魯聯軍一到京津便摧殘工會和農民協會，搜查大學，禁止思想學術的自由，鎗殺主持正論的新聞記者；京津南口一帶的民衆飽受殺掠姦淫之慘，單祇京四郊的難民便有四十萬以上；又在京津直隸強迫使用軍用票，商人拒絕卽遭慘殺，還要拚命搜括，逼各業商家攤認軍餉。 山東境內，農民因爲受兵匪的壓迫奮起反抗，組織紅槍會以自衛，甯陽方面竟遭軍閥屠殺焚燒至四十餘村之多，死者在四萬人以上（見四月廿七申報），工會學生會的受封禁通緝更不必說；濟南青島方面，也使用軍用票金庫劵等類的廢紙，至多祇能値到票面價格的四五折，最近又發行兩千萬的公債，強迫山東商民攤認，還要加徵鹽稅三分之一。 奉天東三省方面，同樣的嚴厲的制止一切民衆運動，奉天印刷工人罷工，要求加資，幾乎全體被拘，張作霖當時所要利用的省憲省會，現在也完全被摧殘，屠戮民衆的事情更是日有所聞；奉天官銀號的奉票已經發到五萬萬元，而基本金祇有六千餘萬，現在還在發行奉省公債五千萬元，攤派東三省農商各界認購。 河南自入吳佩孚之手，鐵路及其他工會一概受摧殘，其餘民衆團體領袖，不遭慘殺，便逮捕入獄；杞縣的紅槍會和農民，反對苛歛稅捐和預徵錢糧，吳佩孚寇英傑便派大兵征剿，殺戮至四五千人，大砲轟燬村莊十餘，姦掠酷刑無所不至（見五月二十一商報）；鄭州開封爭戰，也在強迫使用所謂省票，而省鈔只值現洋二折，種種苛稅更不一而足，已在準備預徵民國十七年的丁地錢，續辦不動產註册費。湖北在吳佩孚直接統轄之下，民權更可不必說起；從二七屠殺直到菲死蕭耀南，吳佩孚的殺戮政策，一日沒有停過，那地方的一切民衆團體已經早就絕無活動之餘地，湖北的所謂「官票」也已經發到九千餘萬，票價日益跌落，弄得各機關的小官吏都不能不能工索薪，要求改現發給。　就是在上海江浙一帶，槍斃五卅烈士赤化黨劉華的孫傳芳，也是盡力摧殘閘北自治，實行宅地稅捲烟特稅等的苛歛，屢次幫助帝國主義壓迫革命的示威運動，禁止上海人民的集會結社；上海米荒的時候，省政府不但不加賑濟，反而使常州無錫遏糴，上海市面的官辦平糶，更是弊竇百出，糶價比市上批發價還高。至至於帝國主義者直接對於中國人民的壓迫，更是說不勝說，如華董問題不答應平等選舉，動輒干涉中國人的言論集會自由，帝國主義資本家一年以來不肯履行五卅復工條件，時時壓迫逮捕毆殺中國的工人，尅扣工資，甚至於放火焚燒中國人民的住宅（上海平涼路）。　這些反赤政策數不勝數，如果詳細來說，譬如四川田賦已經預徵到民國四十六年等類的駭人聽聞的事，還是罄竹難書。　我們這裏所說，不及千分之一。　總之，帝國主義的目的在於侵略剝削中國而不受反抗，所以他們要首先打擊引導民衆反抗的共產黨；軍閥亦要壓榨民衆鞏固自己的權位，所以亦要屠殺摧殘一般的民衆運動——這是他們反赤的共同目標。　五卅週年紀念中，他們又在準備着新的屠殺哩！

帝國主義者欲屠殺赤化黨——一切民衆運動及革命軍隊之後，便可以鞏固他的統治，建立代表他們利益的政治制度；實行大借款，收買豬仔似的軍閥政客劣紳，又爲新屠殺新戰爭——征服中國的討赤之用；更加厲行壓迫民權剝削中國的政策。　軍閥於屠殺赤化黨之後，於壓迫一切民衆的民權解放運動之後，便可以任意搜括民財——一切農民工人摧敗之後，商人更加不成問題，可以於種種苛捐雜稅之外，實行以不兌現紙幣沒收一般人民的財產，吸收全中國的金錢，供其擁護和戰爭，擾亂金融荼毒民生。　甚至於要避免赤化嫌疑的人，也認有打擊共產黨以及國民運動的左派之必要，以爲這樣便可以在帝國主義之前略減輕自己的罪名，而求得些對敵人妥協和外國皇帝賞賜之可能，以爲這樣便可以見諒於高等華人，而實行扼制工農生存所係的階級鬥爭政策而不遇着反抗。

因五卅運動的失敗而實現現在這樣的政局，而五卅運動失敗之主因，便是國民革命聯合戰線因妥協派之畏怯賣民而分裂。　現在民衆之職任，必須要恢復幷鞏固自己的聯合戰線，決然以革命的要求和革命的手段推翻帝國主義的代理政權——張吳支配下的中國政府，才能繼續五卅運動而取得最後的勝利。　可是，最近——五卅週年時——的妥協派，還有許多不能放棄改良主義的幻想和改良手段的政策。許多高等華人還在幻想着：（一）軍閥戰爭是華洋商務所同受損失的，所以可以用和平的口號反對戰爭，博得外人之同情；殊不知道這種北京王士珍或湖南士紳在國民軍唐生智戰敗後的和平主義，適足爲帝國主義軍閥所利用，以欺蒙羣衆於一時，而做準備長期戰禍的假面具。　（二）外人承認中國政府與否，是軍閥所賴以活命的事，所以可以以賄選的緣故，遊說外人出來否認曹憲政府「主持正義」，而倖免吳佩孚的壓迫；殊不知道外人的承認與否，却祇管這一政府承認他們各自對於中國侵略所得的權利與否，而不管他賄選不賄選。　（三）高等華人努力幫助帝國主義者撲滅五卅以後的罷工運動，封閉上海總工會等民衆團體，週年紀念以前和紀念當日的運動裏極力要表示自己穩健，躲避鬥爭「因公他出」，以爲這樣便可以博得外人之原諒，而在關稅會議法權會議以及其他交涉裏，取得關稅自主，收回法權和會審公廨，華董選舉等等的讓步；殊不知道外人却祇要利用這些欺人的改良政策，穩住高等華人，使他們不積極鬥爭，而幫着摧殘民衆，這一目的達到之後，甚麼關稅自主收回法權華董位置等等，一概不能賞賜，——關稅會議反變成了賣國大借款的機關！ （四）高等華人祇是消極的等着張吳之間的衝突，他們以爲：——吳佩孚因反對金佛郎案而開戰的，顏內閣成立，金佛郎案的損失便可以免除了；殊不知道金佛郎案不過是英吳賄買法國帝國主義使承認顏閣的代價。 或者以爲前年張作霖爲反對曹錕賄選而作戰的，如今張作霖不贊成護憲，賈德耀的顏內閣便無所施其技；殊不知道張作霖即使要和吳佩孚衝突，也決不會爲着什麼國法問題，卻祇是爲着利益和地盤的問題，即使張作霖反對護憲成功，他的約法國會，仍舊是一樣的猪仔賣國機關。 （五）高等華人以爲平民參政和工農運動的發展，足以妨害他們的利益，而且給他們以贊成赤化的嫌疑，所以單祇要求納稅人的參與租界市政，單祇自己孤獨的爭求些欽賜的地方自治，公開的反對工會和工廠條例，以爲這樣便能邀外人及軍閥的青眼；殊不知道仍舊是一無所得，祇能忍痛的承認關稅協定，行使軍用票，受種種壓榨，其結果所受的損失，比承認工會和工廠條例萬倍也不止。 自致數人的改良派的高等華人，算盤眞是打得太不精明！

「中國一般民衆，經過五卅週年以來的苦經驗，都應當明白：要繼續五卅運動，現只有積極的革命鬥爭。 對外至少要努力贊助省港罷工，以及一切工人反抗帝國主義的罷工，至少要全國商民一致堅決的實行抵制仇貨運動。 對內應當用革命的手段反對軍閥之代理帝國主義的統治，反對一切賣國殃民政策；至少要全國農商各界一致的抗稅一致的抗用軍用票等類的廢紙，一致的反對軍閥種種壓迫和屠殺。大家都應當知道：要繼續五卅運動，必須恢復五卅時的聯合戰線，建立極鞏固的民衆革命戰線，不容有絲毫猶豫退讓妥協或其他種種改良幻想和分裂政策，必須要督促一切高等華人迫使停止其『對敵讓步對友進攻』的政策。」

「中國民衆在五卅週年時，應當明切的了解：要繼續五卅運動，必須要反抗英日吳張的聯合統治；祇有一致聯合的勇猛堅決的革命鬥爭，反對英日帝國主義及張吳軍閥的侵略和壓迫——祇有這種鬥爭，從抗稅抵貨的運動，一直到武裝暴動和革命戰爭，才能算是五卅運動的眞正繼續，才能保證反帝國主義運動的最後勝利。」

「中國民衆在五卅週年紀念時的對外要求，因此必須是：

（一）五卅案的總解決——廢除不平等條約；

（二）租界，法權，會審公堂，無條件收回；

（三）關稅無條件自主；

（四）撤退外國海陸軍；

（五）不承認現政府的任何借款。」

最近對內更緊接迫切的民衆口號更應當是：

（一）反對英日吳張征服中國的反赤戰爭；

（二）實行防禦民衆利益的戰爭，實行人民的武裝；

（三）反對賄選國會和曹錕政府的攝閣——反對一切劣紳政客的國會；

（四）召集眞正人民團體的國民會議解決國法問題；

（五）反對現政府追認金佛郎案等的賣國條約；

（六）反對一切賣國借款和公債；

（七）反對摧殘民權，要求一切政治自由和普選的人民地方自治權，要求勞工保護的法律；

（八）反對軍用票等類的不兌換券，反對一切苛捐雜稅和勒派公債報効軍餉，反對預徵田賦。」

中國各地的民衆呵！ 現時的局面，已經是帝國主義征服中國而統治民衆，施行極殘暴的壓迫和剝削的局面了。 我們這些要求——

赤化的要求和口號——是一刻不容緩的了。帝國主義者、軍閥、劣紳政客猪仔議員，還在合同着陰謀準備更大的五卅慘案，南北反赤的大戰爭哩！還不起來，努力一致的堅決鬥爭，罷工、抗稅、抵制仇貨！——斷絕賣國的猪仔政府和一切軍閥的財源，武裝一般的革命民衆，贊助眞正革命軍隊防衛我們利益的戰爭！至少，我們目前能力所及，立刻實行抗稅抵貨的運動罷！

我們應當這樣繼續五卅運動！

我們應當這樣赤化中國！

一九二六・五・二三

打破「民族的巴士的獄」

獨秀

法國赫里歐氏有言：『目下一般專務私利之投機者，已造成一種資本的巴士的獄，朘削法國政治界之心臟，而政府與之狼狽爲奸，報界亦復同一腐敗，一般報紙尙自稱崇信共和主義，但實則已爲資本家之奴隸。』

現在我們可以說：『國際資本帝國主義者，已在中國造成一種『民族的巴士的獄』，朘削中國人之心臟，而中國軍閥與之狼狽爲奸，教育界商界中所謂高等華人亦復同一腐敗，一般高等華人尙自以爲崇信民族主義，但實則已爲帝國主義者之奴隸。』

五卅運動，就是中國反帝國主義的民族革命運動之開幕，就是要打破八十年來這『民族的巴士的獄』。

從前代表法王威權的巴士的獄，摧折了無數革命志士無罪平民，『打破巴士的獄』爲法國革命之開幕，至今傳爲美談，垂爲紀念；現在資本帝國主義在西方造成之無形的資本巴士的獄，朘削了無數平民膏血，并牢籠了智識界學者一輩精神的奴隸，爲之歌功頌德；在東方造成之無形的民族巴士的獄，朘削了全中國人的無量膏血，并禁錮了高等華人的民族精神不能發展或不敢發展。

我們現在如果眞心紀念五卅運動，便應該繼續此一運動，而完成其工作——澈底打破這民族的巴士的獄，把中國民族從這獄中解放出來！

我們要打破此獄，不用說首先要毀滅此獄之牆壁——資本侵略制度，驅除爲資本帝國主義者看守此獄之獄卒——軍閥官僚；一般鼓吹反赤的失意政客及所謂老民黨，也在獄卒的夥伴助手之列。尤其重要的是打破獄中人之精神上的鐐鎖，使之願意犧牲一切，死裏逃生的打出此獄。

最不幸的是獄中人尤其是獄中的所謂高等華人，因精神上的長期鐐鎖，已麻木其感覺性，自以爲身在獄外；并且習於獄中生活，已與獄吏（帝國主義者）獄卒（軍閥官僚）取了友誼的合作態度，反指斥主張打破此獄之人是搗亂，是唱高調，是多事，是惹禍，是破壞和平秩序，是別有用心，是過激赤化。取這樣態度的高等華人，乃是打破此民族的巴士的獄之重要阻礙物。

在此次上海各界籌備五卅紀念的聯席會議席上，教育界代表有人主張學生不加入此次運動，更不主張各界共同發表宣言，這分明是表示民族解放運動對於他們沒有什麼需要。商界某首領忽然說到什麼『軍閥幫助帝國主義而共產黨也幫助赤色帝國主義的蘇俄』這類話，似乎這兩方面都應該反對，可惜他們一向只勇於反對共產黨與赤俄，而怯於反對軍閥與帝國主義者。他們甚至於因爲軍閥與帝國主義者的威嚇，怕犯了紀念五卅運動的嫌疑，主張把五卅烈士墓奠基禮改在二十九日舉行。更可惜他們竟忘記了扣用火車妨害商業者，是軍閥需不是共產黨；以苛稅雜捐強用軍用票等形式沒收商民財產者，也是反赤的軍閥而不是赤的共產黨；把持中國海關抑制中國工商業發展者，是帝國主義而不是赤俄；他們向之哀求交還會審公堂及租界增加華董而不得者，也是帝國主義而不是赤俄；他們更忘記了應該全中國人永世慘痛不忘的五卅事件，在日本紗廠，在南京路上，在寧波會館前，流中國人血的，也是帝國主義者而不是赤俄！「國民黨右派及國家主義者也主張中國民族獨立，可是他們都以爲中國民族獨立運動，只應以中國人自己的力量來幹，不應接受外力即赤俄的援助」，甚至於罵索拿外國帝國主義的錢辦的獨立報也這樣說；他們尤其反對赤俄以軍械接濟國民政府及國民軍。　大概他們覺得中國人所受帝國主義及軍閥的踐踏并不甚厲害，儘可從容以自力解放，不需急急求助於鄰人；他們則或以爲只有帝國主義者及軍閥應該有武裝，該死的中國人民，理應赤手空拳的讓帝國主義者及軍閥恣意屠殺，不但民衆不應該尋求武裝來反抗，即接近民衆的國民政府及國民軍，也應該由帝國主義者及軍閥來剷除、赤俄不應該接濟軍械使他們存在，以爲帝國主義者及軍閥之患。　國民黨右派口中雖說反對帝國主義與軍閥，同時却用反對赤俄與共產黨以相消；并且大登其廣告直指什麼什麼人是共產黨員，公開的向帝國主義者軍閥告密。　報界僅開罪於民衆，而不開罪於帝國主義與軍閥，封鎖民衆運動的消息，乃是常事。

這班人的思想主張，其阻礙民族的巴士的獄之打破，也不在所謂高等華人之下，也因爲帝國主義者給他們以精神上的鐐銬、禁錮了他們的自由思想，使他們不甚感覺獄中痛苦，不急於求解放，不需要鄰人之助，甚至於不認識鄰人與仇敵。

「所以我們如果要紀念五卅運動，如果要繼續五卅運動，必須打破帝國主義者所加於我們精神上的鐐銬，一致起來打破八十年來這「民族的巴士的獄」，使中國民族完全解放，才算完成了五卅運動的工作！　如此，則將來中國的「五卅運動」，方能和法國的「打破巴士的獄」成爲同樣光榮而嚴肅的紀念——被壓迫者反抗壓迫者之勝利的紀念！

五卅的赤血與中國的赤化

赤夫

光陰真是快呵！　驚心動魄的五卅慘案不覺已是一週年了！

一年的時間不可謂不久，但我一想起去年今日的那南京路的槍聲，那殷紅的血跡，那被擊殺臥倒街心的屍身，那劊子手放槍時的兇相，那槍的烟，那人衆的號喊，那一切一切的慘象……我心又不禁痛裂起來了，我的全身又不禁戰慄起來了。　當我們還未得到自由的時候，當我們還處在弱者地位的時候，我們不啻如可憐的羊羣，可以隨時令人宰割的，誰個又能斷定如五卅一樣的慘案不再發生？　誰個又能斷定五卅的慘案不是帝國主義者小試其身手，而將來還可比五卅的慘案更要慘些的慘案是沒有呢？　當帝國主義者還在中國做主人翁的時候，這類慘案的再發現也許在今天，也許在後天，也許再過兩個月，——這個意思就是說，我們說不定我們在今天，在後天，或在兩個月之後，就要被帝國主義者及其走狗打死……。

被壓迫者的生命是沒有保證的。　在此弱肉強食的世界，所謂公道、正義、平等、博愛，是沒有的。　倘若帝國主義者向弱小民族說什麼公道、正義等等，這是無異破壞自己立足的根基，當然是不可能的事情。　當我們做反抗運動的時候，與其說什麼爲公道正義而奮鬥，不如說爲着自己的生存而奮鬥，因爲倘若我們再不奮鬥，我們就要會被人秋秋地殺死。　誰個現在數得清帝國主義者直接地或間接地殺死了多少中國民衆？倘若這樣地長此下去，倘若中國被壓迫民衆還不積極起來爲自己的生存而奮鬥，我恐怕慢慢地將無噍類了！

帝國主義者殘殺無辜的中國民衆的大紀念日——五卅——又是一週年了。我們想想五卅的慘象，察察這一年中帝國主義者如何努力地向中國進攻，如何逞其野蠻的、強盜的、無人性的、陰毒險狠的侵略政策，我們又應做如何的警惕呢？我們應當努力爲保障弱小民族生存權的運動，我們應當不再服從奴隸的命運，我們應當走好自己的路，不動搖地，不懷疑地，不膽怯地，爲着我們自己的解放而奮鬥。

※　※　※　※

「赤化」！

「赤化」！

在五卅的赤血奔流的聲中，帝國主義者拼命地高喊其「赤化！赤化！」意欲藉此以消滅中華民族獨立運動的浪潮。在五卅的一日，中國的被壓迫民衆，在一切外國的強盜之前，表示出自己要求解放的意志，表示出自已還有抵抗的能力，表示出自己是終久不甘做屈服的奴隸的。帝國主義者覩此情況，表面上雖還鎭靜，其實駭得惶恐無似。五卅運動的趨向是要根本地消滅外國強盜在中國的勢力，是要根本地將帝國主義的侵略政策打倒，這當然是國主義者生死存亡的關頭，他們如何能不用狡獪的手段以保全自身的地位呢？於是除武力的壓迫外，他們就將「赤化」這個東西來做爲恫嚇中國民衆的工具。「赤化」是全世界資產階級所共怕的毒物，中國幼稚的資產階級當然更怕這種莫明其妙的東西，於是帝國主義果然達到了一部分的目的，一部分的資產階級被他們所恫嚇住了。在國民革命運動的戰線上，我們很顯然地看出一部分資產階級有退出的形勢，他們或者怠工，或者專門做反赤的工作，而把國民革命拋在腦後。有些人更將反赤看得比打倒帝國主義打倒軍閥還重要些，他們簡直如瘋狂亂似的，亂嚷什麼「反共產！」，「赤化是洪水猛獸！」，「共產不合乎中國國情！」，「大家快起來反赤呀！」……，似覺反赤就是救中國的方法的樣子。

但是「赤化」究竟是什麼東西呢？

據一般的解釋，赤化就是共產。但是照着帝國主義者及其走狗——中國的軍閥官僚等等——所定的「赤化」的目標，似覺不是專指着共產而言的。不但工人爲着要求增加工資或減少時間而罷工是赤化的運動，并且倘若學生爲愛國，爲反對外國人壓迫中國人，而遊行、示威、開會、演講，這是赤化了；倘若新聞記者說幾句對於軍閥不利的話，這是赤化了；倘若那一個軍人知道一點救國的意義，做點救國的事情，這是赤化了；甚至於總商會爲着華董問題而發表了一篇宣言，這也犯了赤化的嫌疑。

這麼以來，似覺所謂赤化的運動，就是反帝國主義、反軍閥，救國的運動，而所謂反赤化的運動，就是反反帝國主義，反反軍閥，反救國的運動。倘若說赤化運動是不應當的，就無異說帝國主義是不應當打倒的，軍閥是不應當推翻的，國是不應當救的。若然，我們大家就甘心做帝國主義的魚肉罷！就甘心受軍閥的摧殘罷！就甘心做亡國的奴隸罷！

但是有覺悟的中國民衆能夠這樣承認麼？

俄國是赤化了，然而牠以平等待我們，久已取消了所謂領事裁判權。馮玉祥是赤化了（喂！他怎麼配稱赤化！），但他的軍隊不擾亂人民。我們回過頭來看一看所謂不赤化的日英法美待中國的態度如何？張作霖吳佩孚的軍隊的行動是怎樣？倘若我們不是白痴，不是瘋子，不是帝國主義和軍閥的走狗，大約總不能說赤化的比不赤化的還壞罷？

去年五月三十日南京路的慘殺，今年三月十八日國務院前的流血，這都是反赤的好榜樣。是赤化好呢，還是反赤化好呢？

中國被壓迫的民衆們！你們要求解放麼？只有走上赤化的道路！

＊　＊　＊　＊

唉！說起來，真是羞辱！弱小民族被人剝削、壓迫、強奪，不得已起來做一做解放的運動，而敵人百般地對之造謠誣蔑，無所不至；幷說這種解放的運動是不對的，似乎我們永遠只有做奴隸的權利。我們的中間居然也有一小部分知識階級甘心爲帝國主義者吶喊，願意爲軍閥捧場，任犯反革命的嫌疑而不顧。也許他們別有用心，也許他們誤認賊作父了，但是這總是一件很令人傷心的事情。我們試讀一讀五卅後的醒獅週報、獨立青年、現代評論：：我們看出他們表面雖然也標着反帝國主義反軍閥的旗幟，但是在事實上，他們完全做了帝國主義和軍閥壓迫中國民衆的工具。倘若一般所謂文明的開化的知識階級不做帝國主義者和軍閥反赤化的應聲蟲，那末，反赤的潮流或者不致於把國民革命的潮流降落下去。也許他們是真心愛國的，但是走錯了救國的路。

但是，倘若我們看一看別一部分的知識階級的代表，如魯迅，文學週報社的社員，本來是灰色到不堪言狀的，但是被五卅的赤血演染一下，態度倒變左了，顏色便變赤了，也許他們是反對共產的，但似毫並不反對赤化。或者他們覺悟到赤化的意義？或者他們看見了救中國所應走的路？…………

我想，倘若我們要眞心地救中國，倘若我們要取消自己所處的奴隸的地位，我們只有赤化的一條路，因爲赤化是帝國主義者和軍閥所最仇恨的東西。所謂開化的知識階級先生們，除開喪心病狂的而外，都應當知道赤化運動就是救國的運動。

五卅又是一週年了。我們想想南京路上的慘象，帝國主義者待我們是如何兇狠，軍閥是如何禍國殃民，我們民衆所處的地位是如何的可憐而悲哀，我們當發如何的感想呢？

也許五卅南京路上的血跡早被風雨洗了去，但是五卅南京路上的血跡在我們的心中還是很殷紅地在明閃着。五卅的赤血是中國應當赤化的象徵，我們踏着這一條血路，勇敢地前進，爲着我們的利益、生存、解放和自由而奮鬥罷！

也許五卅的赤血能夠赤化全中國，應當赤化全中國！

寸鐵

全中國／都過激了嗎？

吳佩孚向密勒評論主筆鮑威爾說：『中國有過激主義，始於孫文，而汪精衛蔣介石等承之，北方則有蔡元培林長民等。』泰晤士報說：『鮑威爾嘗聞一九二○年一九二一年間，吳佩孚曾力助京漢路工會，今吳言如此，頗以爲異。』如此，在鮑威爾眼中，吳佩孚也不免有點過激嫌疑！

（實）

到底要怎樣才不是過激？

蔣介石在國民黨中提議限制過激派在國民黨中工作，幷禁止國民黨加入過激黨，然而吳佩孚却說蔣介石相信過激主義。吳佩孚分明對鮑威爾說：『現在主旨，在與過激主義抗爭，過激主義既完全減除，則中國可安；……當立意與之爲難，將過激黨一齊殺却，或驅之出國。』然而鮑威爾却覺得吳佩孚也有點過激嫌疑。到底我們要怎

樣才不是過激？（實）

亞細亞民族大會與謝米諾夫

一向侵略朝鮮中國等亞細亞各民族的日本帝國主義者，近年復號召什麼『大亞細亞主義』，以圖遂其吞併亞細亞各國之野心。將於本年八月在日本長崎召集的什麼『亞細亞民族大會』，正是這個野心之開始表現。現據五月二十一日上海各報載：『俄國帝制派謝米諾夫日前化名由長崎來滬，……因謀完成亞細亞民族之大同完結，來勸中國人入會云云。』所謂亞細亞民族大會，又添上一個謝米諾夫的色彩，那是更加好看了！在日本未取消廿一條件未交還旅大及南滿鐵路以前，且看十年來大叫『毋忘國恥』的中國人，有何顏面去參加仇人所召集的亞細亞民族大會！（實）

第三次全國勞動大會之經過及其結果（廣州通信五月十三日）

樂生

第三次全國勞動大會，自五一節起至十二日止，開會於廣州。這個集合全國工人階級之領袖與戰士的大會議，現在已經閉幕了。這次大會的經過和結果，如若只當作普通的例會看待，便會失去大會的重要意義，而只能從議事日程裏，找得出一些報告和決議案來。實際上，這次勞動大會不只於是個例會，而是中國工人階級經過自五卅以來一次長期大戰鬥後的會議；亦是五卅運動的長期潮流，即省港罷工尚在激盪不已為五卅運動最後砥柱時之會議；亦是帝國主義、軍閥、中國資產階級、反革命派等聯合戰線成立，向革命勢力進攻時之會議。所以這次大會的成績，實際是數十萬參加戰鬥的工人階級，根據經驗，結算成績之總合。中國自有勞動運動以來，這次勞動大會在工人階級本身的歷史裏，要算最重要最有意義了。

這大會到會代表共五百零二人，代表有組織的可統計的一百二十四萬一千餘工人，共四百餘工會，其中會員人數在二十萬以上者有兩個工會，在一百以下者兩個工會，在一千至三千者九十四工會，在五千至一萬者三十七工會，在一萬至五萬者十六工會。代表職業以運輸業為最多，次為食品、紡紗、織造、建築、煤礦、印刷、手工業等。

在組織上，這次大會與第一二兩次大會比較起來（第一次大會有組織工人二十萬，第二次大會有組織工人五十四萬），是進步而有成功的。即以罷工運動而論，一年中上海與省港兩大罷工運動，固是十分偉烈，充分表現中國工人階級政治與經濟鬥爭的力量，他如青島、天津、濟南、鄭州、焦作、漢口諸地，均有浩大的罷工運動，總次數在二百次以上，時間最短者一週，長者至數月，由南而北，參加罷工者過八十餘萬人。這都是這次大會工作的結晶，這都是這次大會旗幟下的戰鬥員啊！

什麼是大會的本身成績呢？這不能離開中國工人階級目前政治的與經濟的要求以外。所以大會的最重要決議案是下列諸件：（一）職工運動之總策略，（二）組織問題及其運用之方法，（三）經濟鬥爭之最近目標及其步驟，（四）罷工的戰術，（五）工農關係，（六）宣傳教育問題，（七）女工童工問題，（八）勞動法大綱（附工會條例），（九）失業問題，（十）合作社問題。作這些議決案的材料，指示中國工人階級之正確的政治、經濟、社會與職工運動的觀念和策略的，有下列各種報告：（一）一年來職工運動之發展及其在國民革命的地位，（二）全國政治與社會狀況，（三）國民政府現狀，（四）世界革命狀況，（五）世界職工運動，（六）蘇俄狀況，（七）全國總工會報告，（八）上海總工會報告，（九）省港罷工報告，（十）各地各代表團的報告，（十一）工農兵大聯合的報告，（十二）出席赤色職工國際經過報告。　這些報告包有中國工人應具知識之全部。　担任報告者，有國民政府委員，蘇俄同志，中國共產黨黨員，職工運動諸領袖。　大會中對於各報告俱有討論與決議。　有幾種報告是勞動大會與廣東全省第二次農民大會合同開會的，所採，是共同的決議。　總計大會通過正式決議案九件，報告後決議案十件，提案與其決議四十七件。　決議案中最重要的，要算總策略的規定，組織的方法，經濟鬥爭的目標，及罷工戰術諸項。　在總策略裏，大會指明五卅後與五卅前中國工人階級的不同的地位，提出工人階級最近之目的在求經濟改善與自由，而責任則在促成帝國主義與軍閥之死亡。　又指明工人階級之組織形式，一爲政黨，一爲工會；政黨乃階級的最高組織，工會須從原始的簡單的形式，進而作嚴密的團結。　又確定與農民的親密攜手及與城市中各階級革命民衆建立國民革命的聯合戰線。　大會一方面指出工人階級在國民革命中之地位，另一方面亦警告惟有廣大的組織與革命的聯合戰鬥才能達到目的。　在組織方法決議案裏，詳細說明各級下層組織，工廠支部，支部幹事會，工廠委員會，產業聯合會會議，秘密組織等的規律和實際。　在經濟鬥爭問題裏，提出最低限度工資與最高限度工時，勞動保護，改良待遇，優待女童工等目標與進行步驟及鬥爭的指揮和經驗的交換。　罷工戰術在本屆大會中是一個新的問題，引 到會代表的興趣和熱烈的討論；決議案中分析罷工的性質，決定的條件，準備的步驟，注意的問題，敵人的破壞之估計等等。　這些決議案性質之重要，絕不只於是白紙黑字的，乃是從經驗與實際裏產生出來。　全國勞動大會是全國各工會的最高會議組織，所以每次大會的議決案成爲最切近的政治與經濟的戰鬥綱領。

正當大會開幕之前一日，增加全國工人代表一個世界的教訓，國際資本帝國主義的厄運再度表演，大英帝國之總罷工爆發了。　大會聞此消息後，立拍電表示深厚的同情，與援助；在戰鬥國的英國無產階級，接着這個被壓迫民族的半殖民地的無產階級同情援助之聲，應當愈加倍發能。　廣東與香港的工人，又聯合大會請代表舉行援助英國罷工週，實行號召物質的援助。　尤其是粵港的工人，他們將近一年來站在英國帝國主義之對壘裏，困苦艱難，到目前當然意外的感覺欣幸，預祝英國無產階級之成功。　大會又特別致電英國工人，請援助省港工人，督促英政府承認罷工條件。　這種事實，不僅證明國際工人之聯合，而更證明中國工人確是世界無產階級革命裏一枝有力的軍隊。　在英國礦工罷工以後，各國的無產階級，都紛紛起而援助，但在此罷工前，遠東一枝有力的軍隊，已經七八月長期在戰線上衝鋒陷陣，應當爲世界無產階級所贊許且敬重的。

在那樣的意義上，此次大會固然是進步而有成功的。　同時，在政治意義上，姑無論全國此時大部份境域怎樣的陷入恐怖之窟，然而證對此黑暗的恐怖之窟下攻擊，對於全國反動政局作有力的抗議者，便是此次的大會。　所以大會全體代表，一面親身請願國民政府速行北伐，另一方面又號召全國工農與一切革命民衆，自珠江流域以至長江流域與黃河流域直至東北，應爲北伐軍佈勝利的戰線，期國民革命之早日完成。　本月十一日，黃埔政治軍事學校歡迎勞農教育三大會代表國民革命軍代表即席提出各界民衆合作鎮壓反革命爲北伐條件，而勞農代表即以此爲答詞。　擁護反革命的北伐工作，現在已不是宣傳而是實際了，因此在廣州兩會的勞動與農民兩大會代表，嚴重的提出擁護革命軍北伐與擁護國民政府兩口號，又在廣州城內連次舉行工農兵、工農學、工農學商的聯歡大會，在各聯歡大會裡，充分表現各界革命民衆在國民革命裏之合作，與擁護國民政府的精神。　尤其切實的是工農學商之聯歡大會，提出有關商人利益，擁護省港罷工，鞏固革命基礎的決議案。　由這次聯歡大會所產生各界全權代表之聯合委員會組織，將成為有力的團體，不僅使反革命派的陰謀不得逞，且可以使香港帝國主義之陰謀（離間工商感情，挑撥工學衝突，賄買反革命軍閥與土匪作亂）失敗，而令國民政府的根基更加鞏固。 這亦是本屆大會期間內的革命策略之成功。

雖然全國大部份境域在反動勢力之下，但是工農階級仍然保有其力量，各階級民衆，仍保有其革命勢力於社會各種組織裏。 在這次大會裏，從各種社會團體對於大會擁護聲，可以看得出來。 大會接到擁護的函電，多至六七百種。 尤其是國民黨與共產黨，親切的表示出對於中國工人階級的希望和責任。 大會亦議決致書國民黨與共產黨，表示明確的態度。 這種信件不應只當作普通的文件看待，因為這是工人階級的政治表示，較其他決議還覺重要。 此外自五卅運動以來，尤其是在省港罷工後，中國工人階級已開始其政治的與社會的治理實驗，所以此次大會中各種組織，亦遠較以前的組織為進步。 從各地來的代表都稱嘆省港罷工組織之發展，與武裝糾察隊之有訓練。 這都是在大會以外有益的實際教訓。

我們難以在一篇說明裏，將大會的內容包含詳盡，這以上所述，自然只不過是指出其重要者。 最後，我們總括大會的結果，應總合的有下列幾點：

（一）自五卅後長期大戰鬥自身力量的總檢核；

（二）最近政治狀況與革命聯合戰線及職工運動總策略；

（三）組織上的進步與此後更大的團結。

所以大會的結論，在政治的與組織的意義上已十分明顯。 這樣的結果成績，並不只是大會本身的成績，而是全中國工人階級之成績，因為大會的經驗就是全國工人階級的經驗。

五卅後的上海郵務工人

邦鉞（投稿）

上海現在有個郵務公所，是五卅後郵務工人罷工的成績，上海郵務工人有自己的廣大的組織，此為第一次。 這樣的團體自然是郵政當局所視為眼中釘的。 他們多方設法要破壞郵務公會，但他們的手段與其他業主的手段稍為不同些，大部分是用陰謀，而不是用強硬壓迫的。 茲特將郵務上的不平等待遇，郵務公會的狀況，以及郵務工人今後應怎樣努力，略述如下：

中華郵務局名為中外共管的機關，但實際職務全操於外人之手。北京郵務署及各省管理局的完全管理及行政權，都是外國人專任之；各省雖各置一個華副郵務長，實在等於虛位，凡事須稟命外人才得施行。 外人管理郵務局，不若管理海關那樣獨霸，祇實際遮蔽之故，體如會計長等用外國人，不過縱然如內地郵務長等就還用外國人，約八九年以前，發生過一次『郵政革命』，要求撤換外國人，但當時頗乖覺，略施小惠，將不重要省的管理局局長送幾個給中國人做，就把風潮緩和下來了。 譬如現在西安郵務長就是福州人劉某等。

中國人素稱安分，郵務人員尤其安分，因為他們薪水頗優，又隨時有什麼加薪升級養老金等，所以他們反抗外國侵略收回管理權的要求，就沒有其他工人那樣熱烈。 但去年五卅運動潮流所趨，結果上海郵務生等也參加罷工了。 這初看似出人意外的事，其實也是他們民族的階級的覺悟之表現。 當罷工時，多福森郵務長並不用壓迫手段，完全取一種巧妙懷柔政策。 復工條約，敷衍承認，一面請輿論理出來調停，使工人妥協上工，隨後條約就漸漸不履行了。 他們於工首領並不施什麼懲辦等激烈手段，只暗用毒計，借別的事記他的過，或者用勞的方法。 最近並且用萬分卑鄙手段迫成郵務公會會長林義。 郵務公會自然是他的眼中釘，便強令改組，使成一個郵務長御用的公會，一面分裂羣衆，收買公會幹事，幸該幹事黃某不被他收買去。

多福森這個人眼光很不錯，深知世界潮流，勞工人們之不可侮，自去年罷工，加以前月郵差又要鬧罷工，多福森時覺發抖，想罷工有一次，必會有二次，這樣一而再再而三，最後必至驅逐外國人。所以他到北京和郵政總辦鐵士蘭商量對付罷工辦法。現在進行第一步，就是收買高等職員。故近幾天出個特令大加特加華副郵務長郵務官郵務員的薪金，有的數百兩，有的數十兩，這樣加法竟超過郵務員要求之外（去年郵務生加鑊之後，郵務員也要求加薪，每人只求十兩津貼）。這樣政策實在和上海工部局收買高等華人罷工是一色一樣的。而郵政職員加了工錢就歌功頌德，望北向鐵士蘭謝恩，他們此後自然誠心誠意擁護外國人防止郵務生赤化。這種職員那裏懂得甚麼是赤化！我有一個朋友做郵務員，加了二十五兩工錢，歡喜得了不得。我對他說：這是外人收買高等職員的政策。他就叫起來：你近來思想也赤化了麼？他們所謂赤化，原來便是如此！多福森拿這樣的懷柔撫恤政策眞乖巧不過。外國人拿中國政府的錢去收買華人；鐵士蘭多福森『慷他人之慨』以固自已地位。這樣的政策巧則巧矣，可是很難收效，因爲上海郵務局高級職員只有三二百人，而低級職工則多至二三千人。工人若能個個團結起來，縱然一切職員都被收買去，也沒有用的。所以郵務局低級職工們——郵務生，揀信生，郵差，聽差，苦力等——應該聯合起來參加國民革命的工作，同時卽抵禦多福森等的進攻，并提出自己切身利益的要求：

（一）驅逐外國人，收回郵務　理權；

（二）發展中華郵務；

（三）改善郵務工人的生活；

（四）組織 The Red Postal Union（赤色郵務工會）。

The Guide weekly

嚮導

週報

第一百五十六期

上海市民紀念五卅運動特刊

目次

一九二六年六月三日

對於上海五卅紀念運動之感想

獨秀

「五卅週年紀念運動的意義，一面是紀念去年今日帝國主義者對於中國民衆之大屠殺，一面是紀念去年今日中國民衆對於帝國主義者大屠殺及其歷來侵略高壓政策之反抗運動」。他們的大屠殺，我們固然應該紀念以誌不忘；我們的反抗運動，我們更應該紀念！尤其應該有紀念運動，應該以五卅運動的精神，以五卅運動的方法，繼續此偉大的反抗運動，一直達到五卅運動之目的，這才算完成了五卅紀念的意義。換句話說，就是：「我們不但要紀念敵人的屠殺，并且要紀念我們的反抗；不但要紀念我們的反抗，并且要繼續我們的反抗；不但要有五卅紀念，并且要有五卅紀念運動」。若只是有紀念而無運動，即紀念十年乃至百年千年，我們的紀念儘管紀念，他們的屠殺侵略高壓仍是屠殺侵略高壓，這樣滑稽的紀念，只是增加五卅運動中已死者的悲傷與未死者的恥辱！

今年五卅紀念中，是不是有運動？畢竟有了一點運動。全國的運動是怎樣，現在還未能詳細知道，且說一說上海的五卅紀念運動。

上海是五卅運動發難地，若只有紀念而無運動，那更是可恥了，幸而還有了一點小小運動，勉強可以遮羞！五月廿九日之五卅烈士公葬奠基禮，參加的有工學商一千餘團體，代表有五千餘人，散會後整隊遊行，沿街高呼口號，分發傳單。卅日工學商一致罷工罷課罷市。上午參加市民紀念大會的，有一千餘團體，計五六萬人，為近數月來未有之盛會，散會後亦分隊遊行，沿路高呼口號，分發傳單。下午參加大馬路一帶演講隊的工人學生約三千餘人，商店夥友們多自動的出來參加，一時羣衆佔領了大馬路，阻止電車開行，毀壞了好些電車。這一點為上海市民遮羞的小小運動，總算照我們預期的做到了。

在這一小小運動中，我們的感想是：（一）一班大學教授及商會領袖們，他們向帝國主義者所哀求的，一點也沒有賞臉，因此在五卅週年紀念若一點不表示，則未免難堪，而一有表示，又恐怕上過激派的大當，一見工學界要參加五卅紀念運動，他們便異常驚慌，恍如大禍臨頭，所以硬要把烈士公葬奠基禮改在廿九日舉行。其實，我們固然不肯完全採用尾巴主義，跟着和平的民衆後面跑，同時我們也不肯一意孤行，嚇破了大教授和大老板們貴重的胆，未免罪過，我們在事前的計畫，曾如吳稚暉先生所言斟酌盡善，絲毫不肯冒昧；至於一切無意義的破壞，更理不應有，所謂到處放火，自然是偵探造謠。現在廿九卅的運動，業已如商總聯會會長鄔志豪所言「平安度過」，在一般和平的新聞記者與商界領袖們，如虞更生，大出意外，固然要大大稱贊此次運動「有精神又有秩序」，而在一班熱烈的民族主義者，或者却要罵「過激派太不過激！」。（二）大學教授和商界領袖，都主張不參加羣衆示威動運，教職員學生只在各校內開會紀念、致「靜默」、茹素、敲哀鐘這類把戲，商界則只商總聯會全體議董在寧波會館開追悼會，各店夥友在店「默思」，不准出門；他們採取了這樣分離羣衆的辦法，這樣滑稽的消極紀念——「靜默」與「默思」，因此市民大會中學生比工人少，商人比學生更少，使有超過十萬羣衆可能的市民紀念大會，變成了五六萬人的大會。（三）商界領袖們，忘記了去年今日發令屠殺我們同胞的仇人是誰，竟仰面向工部局請領執照，以便佩帶起來，向羣衆勸導！（四）學生固然不能都聽從教授的主張，即商人羣衆也很熱烈的出來參加羣衆的示威及演講，并不一概聽從他們領袖的命令，閉門默思。（五）國民黨右派竟不參加公共體育場之羣衆的市民紀念大會，而和一些招牌工會及反動派，另在斜橋徽甯會館開追悼會，孫文主義學會竟和新社會民主黨、反赤聯合會，混在一起！（六）總商會不但不參加運動，并且他們的領袖，竟在此時邦到五卅運動所反對的主要仇敵日本去參觀，大開其宴會，大講其親善！（七）一向只敢反對蘇俄的國家主義團體，今會索以「外抗強權」自命，在此次全上海市民對強權表示反抗運動中，他們到那裏去了？

我以什麼要細說這些感想，因為要指出各階級民衆的弱點，希望大家痛改以前的觀念與態度，無論過激派和平派都是自家人，不是仇敵，我們的仇敵乃是帝國主義者與軍閥，我們要認清仇敵與自家人，為反對仇敵，自家人應該合作，萬萬不可與仇敵合作來反對自家人；更希望大家今後一致起來，鞏固我們民族運動的聯合戰線，繼續五卅運動的精神和方法一致向帝國主義持久作戰，以期達到五卅運動之目的，我們中國人才有生路！

六月一日

上海五卅週年運動之經過及其意義

碩夫

（一）帝國主義事前的防範

這次上海的五卅週年紀念的運動，差不多在兩三個月以前，帝國主義者即開始防備。（一）三月十八日上海公共租界工部局總董及全體董事設宴招待上海領袖紳商虞洽卿等三四十人，算是帝國主義者公開地宣布防備，第一次。在這個「盛大的」宴會中，工部局總董費信惇有一篇很長的演說。他開始即申述關於去年五卅事件，華人歸咎於工部局之誤會。工部局尚特別謙讓，「為與中國人士和協起見，決定接受總巡與最有關係之總長辭職，并正式表示喪失人命之歉意，由領袖領事轉交中國當局七萬五千元支票，撫恤死傷者家族，作同情之表示」；繼即表示還特別開恩將要給許多好處與華人：如工部加入華董，歸還會審公廨，工廠內中國勞工問題，碼頭捐及印刷附律問題，越界築路問題都可從長商量等；最後的結論就是：「但鄙人今晚欲與諸君言者，尚非過去之事，而以後來之事為尤要。鄙人有欲為諸君一言者，本局之意：本埠前途尚非光明，政治上工業上皆有不好徵象，或且發生不良情形，若任其自趨，則必至此。以政治言，五卅事件不解決，有人則不能知其故，有人則不願知其故，此乃一件重要之事。以工業言，情形之不穩定，未有如今日者；今後二月間之日期，亦甚為有關，五月一日為全世界勞工日，五四日為民八學生罷課紀念日，五九謂之國恥日，五卅亦自具一種意義。目下已有擬議，欲使以上數日之一，作為一種時會。有數種團體自是不輕放過機會，團體之背後，必有人留意於此。今已接有消息，知近來紗廠罷工，尚為後來大規模舉動之初步，我人為應付起見，自當籌擬相對方法。鄙意諸君今晚到此者，為一班有勇氣能代表他人之有勢力人士，此一班人向公衆聲明，以正道常識公平為主張，能為公衆之所信用，能為有責任之中外輿論所擁護，最要者，當不論如何，必設法以阻事務走於極端，致與公家權力衝突不能避免。惟有如此辦法，以鄙人觀之，方能防備以後數月內潛伏之危險，此外無他方法，其防範之力能如此有效。鄙人今向諸君以此為請，此心認真，與向來談公事時之認真，一般無異。」

從這一篇重大的演說中，我們很明白地看出這個宴會完全是為防滿五卅週年紀念運動的。帝國主義者自己也知道「五卅事件不解決，此乃一件重要之事」，中國民衆到五卅週年紀念時一定有激昂的表示。他要拿「高等華人」的高帽子給虞洽卿等套上，并以口頭的恩惠引誘他們，與他們建立一聯合戰線。他教導虞洽卿等：為消滅五卅週年紀念的運動，應該及早做起，免得臨時倉卒來不及應付——五卅以前之五一、五四、五九無運動就應開始一個一個地壓服下去，「近來紗廠罷工，即是後來大規模舉動之初步」，急應籌擬相當應付方法；今晚到會的都是有聲望有勢力的人，不但不應當同情於民衆運動，并且應當「以口舌筆墨和緩民衆之憤慨」，縱到帝國主義者再以殘暴手段對付工潮及民衆反抗運動時，都應當表示輿論的贊助。

帝國主義者自做了這個防備以後，還做了不少的防備：公家（工部局）私家（如聯華總會）與孫傳芳嚴春陽及紳商學閥等做了不少筵席上的酬酢及公文上的往還——帝國主義者與中國當地官廳及紳商學（指學閥）各界人士像今年五卅前這樣表示親熱是爲從來所未有的。

自帝國主義者如此實行聯合戰線防備五卅週年紀念以後，的確中國官廳及紳商學（指學閥）各界即分途各盡其職，注意五卅週年紀念的事情：

（一）軍閥官廳方面，三令五申，嚴防赤化，加緊防務，禁止集會及散發傳單，「誠恐有宵小之徒乘機滋擾，妨害治安」。

（二）上海總商會於三月十八日宴會之次日即發出一電致北京外交部，請其關於五卅案「速與使團妥商辦結，伸抑鬱之民氣，即以弭未來之隱患。」 這個很明：，就是要北京外交部與使團在五卅週年紀念以前再弄弄外交的把戲，以緩和民氣。

及至五卅週年將屆時，總商會會長及會董虞洽卿等即「逃之夭夭」，跑到日本去了。

（三）學閥方面如郭任遠朱經農等要算是最費氣力，傳聞帝國主義者除在三月十八日宴會中普遍地向「高等華人」表示一些口頭的恩惠外，還暗地許可這號學閥先生們一點特殊利益，即將來英國庚子賠款退還時，他們有優先權——這恐怕是事實！ 他們唯一報效帝國主義者的地方，自然就是壓迫學生運動。 他們開始即聯合上海政治大學、大夏大學、中國公學、光華大學、復旦大學、持志大學、商科大學、同濟大學、暨南學校、南洋大學、大同大學等十餘校教職員組織各大學同志會及各大學學生同志會，有組織地有計畫地壓迫學生的政治活動。 他們對付學生的手段，眞是威迫蠱惑無所不用其極。 威迫的方面最露骨最駭人聽聞的要算是：商科大學教授爲學生停課援助北京三一八慘案，以罷教要挾學生填具志願書；同濟大學校長迫學生填寫誓約書，終至於借助軍警威迫學生離校；復旦大學所附設之實驗中學也爲干涉學生自由運動，竟不惜將全校完全解散……。 蠱惑的方面就是他們事前鼓吹甘地不合作主義登報做抵貨的徵文，召集學生在校與行抵貨的宣誓典禮等把戲，以麻醉青年心理；及五卅週年紀念期到，他們又提出茹素、鳴鐘、誌哀，在校開追悼會等手段，以阻止學生出外參加羣衆示威運動。

在這種緊張的情形之下，各馬路商界聯合會所代表的商民雖欲對五卅週年紀念有所表示，但極力避免與一般革命的民衆接近。 照這樣情形看起來，上海的五卅週年紀念一定由帝國主義者與中國官廳合作的壓迫，高等華人的破壞及中小商民的畏懼，弄到岑寂無聲了！ 果眞做到這步田地，那眞算是中國人民舉國上下，均足稱爲帝國主義的順民了！

不料結果竟出乎他們意料之外！ 不顧帝國主義者及軍閥的刀槍，不受「高等華人」的破壞與撓亂，革命的工人、學生、中小商人從很沉寂的空氣中，居然在二十九日就舉行了五六千人的一次壯烈的奠基禮；到了卅日這一天，更是蜂擁而出，召集六七萬的市民大會，游行示威，并聚積成千成萬的人在神聖不可侵犯的租界上直接向帝國主義者示威，嚇得帝國主義者張惶無措！ 這是什麼怪事？ 這是證明帝國主義者聯合政策之無效，革命的民衆已唾棄「高等華人」之「貪望」與「勢力」，而充分表現其根深蒂固的偉大勢力！

（二）此次運動之準備及其經過

此次五卅週年紀念，中國民衆方面，在月餘以前各馬路商界聯合會總會即開始準備，并推出十三人組織籌備委員會。 同時上海總工會、上海學生聯合會、上海各團體聯合會、國民黨上海特別市黨部：：等團體亦逐日籌商具體進行方針。 中間上述各團體曾有數次接洽與聯席會議，共同討論具體進行方法，嗣因各馬路商界聯合會總會以未得總商會之同意堅不肯與其他團體作任何公同表示，并且以退出五卅烈士喪葬籌備處要挾將五卅烈士奠基禮原定卅日改爲二十九日，以避免卅日有共同行動的嫌疑。 因此，這次五卅週年紀念大會延至二十八日，由上海各團體聯合會發起召集，上海國民黨特別市黨部、學生聯合會、上海總工會、各界婦女聯合會等相繼號召而成。 關於二十九日的奠基禮的情形可以從略，茲將卅日的情形分誌於下：

（甲）上午西門公共體育場之市民大會及游行

（一）各團體赴會情形——市民大會的時間原定在上午十時。 到會各團體非常踴躍，尤以工界爲最。 至上午七時許至九時，民國路一帶但見旗幟飄揚萬頭攢動，沿途觀者尤見擁擠，每一電車到西門站時，呼嘯之聲，不絕於耳，各項紀念文字之印刷品，散發尤多。 是日到會團體，除總工會、學總會、學聯會、國民黨特別市黨部、商界聯合會等主要團體外，尙到有國際團體如韓國青年同盟會、日本革命的工團、留滬韓人學友會、台灣青年同志會、韓 革命女子會等，學界團體如上海、復旦、國民、大夏、法政、東華、光華、文治、同濟、亞東、南洋、南方等大學及南光、上大附中、文治附中、景賢、啟賢、勤業、二師等中學及各校附設平民學校、小學校總數約 百餘校，工會 體總工會所屬之分會如商務中華兩書局工會、世界書局工人育德會、華商印刷工會、西商印刷工會、日商印刷工會、鐵廠聯合會及各屬分會如客利鐵廠工會、祥生鐵廠工會，紗廠方面除內外棉各廠及上海紗廠工會外，有喜和、大康、同興、浦東日華、老怡和等，商界如上海店員非基督同盟、典質業友誼會、金銀器皿工會、浦東煙草工會、滬商協會及各路商界聯合會、城西唐家灣聯合會、滬西工房事務所聯合會、曹家渡商界聯合會等，其他尙有潮州嶺東閩粵饒平各同鄉會、電話工會、郵務公會、電氣公會、電車工會、農田總工會、各界婦女聯合會、淞滬市政講習所、小沙渡儉德儲蓄會、楊樹浦救國十人團、海員船業工會、報館工會、西報工會、中西醫學研究會、民衆社、努力救國團、中國濟難會、愛用國貨衆心會、中華國貨推行會、中華全國絲鐘會、湖南學聯代表、河南青年協會，共計約到有一千餘團體，人數達六萬人。

（二）會場佈置——該會爲便利指揮計，體育場僅開西首一門，上懸「五卅週年紀念大會」匾額，門口設簽到處，門內由總工會糾察隊挽手成籬，以維秩序，出入絕不紊亂。◎主席臺設於會場北首，旁懸各項輓聯。 場中爲指揮台，兩台中間縱成排列者，爲糾察隊，糾察台兩旁爲各種社會團體，西首爲學界團體，東北爲工界團體，秩序井然，有條不紊。 場西設臨時辦公處及招待所，負內外接洽之責，會場內懸國旗及各團體旗幟甚多。

（三）開會情形——十時半正式開會，秩序如下：（一）開會；（二）奏哀樂；（三）主席張超報告開會宗旨，略謂今日吾人開會記念五卅慘案死難烈士，實覺無限悽痛，慨自烈士死後，至今一年，遑論七條件未得一條結果，帝國主義者之壓迫，益且加緊，吾人除追悼烈士之外，尤應繼續諸烈士未竟之功，以求中華民族自由平等云云；（四）靜默三分鐘誌哀；（五）奏哀樂；（六）由李碩塤宣讀宣言，林鈞宣讀告全世界被壓迫民衆書，李碩塤宣讀通電，由衆一致贊成通過；（七）名人演講，講演者有楊杏佛楊賢江阮仲一劉榮簡四人：楊杏佛君略謂去年五卅大英帝國主義慘殺我愛國民衆，自此以後，帝國主義更勾結軍閥對民衆加緊壓迫，惟今日到會群衆如此熱烈，可見人心猶未死滅，應有以繼烈士之志，而謀中國之自由獨立云云；楊賢江君略論人民欲謀反抗帝國主義，必須有相當準備，望各界民衆均能切實團結，以期能得生路；阮仲一君說明中國濟難會係爲救濟一切爲民族運動而死傷之烈士，望各界予以贊助；劉榮簡君並謂五卅以後，又演三一八慘案，三一八之意義較五卅尤爲嚴重，故今日對吾人進攻實有兩重，惟吾人斷不能以此自餒，應更繼續五卅精神，向前奮鬥云云；（八）高呼爲五卅烈士復仇、繼續五卅精神、民族獨立萬歲、打倒英日帝國主義、打倒媚外軍閥等口號；（九）奏哀樂；（十）散會。

（四）游行情形——十一時許出發遊行，由總工會學聯會之總指揮做前導，次爲軍樂隊，東華、亞東醫大、景賢、文治及文治附中，法政、南光、國民黨市黨部、江蘇省黨部、滬南房客總聯合會、國民大學、總工會、同濟、復旦、紗廠總工會、印刷總工會、郵務公會、華商鉛印工會、商務印書館工會……秩序甚整。 路線由體育場出發後，經林蔭路安瀾路、蓬萊路、西倉路、發嘉路、中華路，仍回老西門，始行散去。 沿途由交通隊維持往來，由總指揮高唱口號「打倒帝國主義」「收回租界」「取消不平等條約」……并唱國民革命歌。 民氣發揚蹈厲，令人奮起，而郵務公會、鐵廠工會團體等團體均乘自由車，萬輪軋軋，猶爲整齊。

（五）大會通過之宣言及通電——（1）告全國同胞書云：「全國同胞公鑒，去年今日，兇頑之帝國主義者，爲欲使我民族永遠屈服於其鐵蹄之下，不惜採用極野蠻無理之手段，在上海南京九江重慶沙基，殺死我工人學生市民百數十人，雖經我全國同胞一致反抗，以罷工罷課罷市抵貨等對待之，彼帝國主義者，仍頑強偏 對於吾工商學聯合會所提出之十七條件，至今完全置之不理，一面玩弄種種手段，欺騙吾民，一面又勾結奉直反動軍閥，造成黑暗政治，摧殘吾民，吾人於此，追懷烈士之犧牲，撫念民族之垂亡，不禁悲憤塡胸，爰於今日，再舉行罷工罷市罷課，願繼續奮鬥，抵死反抗，不達到我民族完全解放不止。吾人認定民族之力甚大，去年五卅運動時，只因吾各界人民，能敵愾同仇，一致行動，已挫帝國主義者之威燄並使之受絕大之損失，倘此精神保持至今不懈，則帝國主義者雖頑強，恐亦不能不俯就吾人所要求之條件矣，故吾人深望全 各界同胞，今後堅強其團結，並聯合一致，幸勿人懷異志，存徼倖覬覦之心，分散自己之勢力，讓帝國主義者繼續其侵略與統治，要知帝國主義者非吾民族有反抗之實力，決不會自動對吾民族有所讓步也，吾人於此應高呼民衆運動統一萬歲，民族解放萬歲，繼續五卅革命精神，求工商學聯合會的十七條之總解決，打倒英日帝國主義，打倒英日帝國主義的走狗吳張！」

（2）告全世界被壓迫民衆書云：「上海五卅週年紀念全體市民大會特議決以悲痛誠切之意，敬告於全世界被帝國主義者壓迫之民衆，一切爲自由獨立而奮鬥之戰士，贊助中國民族解放之同情者。 五卅紀念乃中國民族永矢勿忘之紀念，同時亦成爲中國民族奮鬥之標幟。 自去年五卅起，列強帝國主義者，在中國施行殘暴的屠殺，爲歷史所未有，已震動全世界。 帝國主義者此種兇野的罪惡行爲，曾引起全中國民衆之激烈反抗，亦引起全世界被壓迫者之共同聲討。 一年以來，浩大的中國民衆反帝國主義運動，已昭告於全人類以中國民族謀自由與獨立之決心；一年以來，帝國主義者狡詐與欺騙的行爲，已表示其不能掩飾的慌忙與恐怖，而證明中國民族運動與全世界被壓迫民族運動合同的世界革命之朕兆。 中國民族，願爲推翻帝國主義之前線戰鬥員，因此而帝國主義者十分忌刻憤恨中國民族革命運動，於五卅事件後，一面嗾使中國的軍閥屠殺人民，一面直接以武裝援助反動的軍閥從事內爭，又一面以種種欺騙方法，如關稅會議、法權會議等，誘餌中國之軍閥與官僚；直至最後，即今五卅週年紀念時，已於所謂「反赤」的口號之下，造成中國大部份境域的反動局面。在此反動的局面中，帝國主義者亟欲攫取更多的權利，於各種不平等條約之外，更加中國民族以束縛。但是中國民族必須擺脫這些束縛，決意擊碎帝國主義之鎖鏈。廣大中國人口中被壓迫階級之一致的反抗運動，已因五卅運動的經驗而更加堅決與猛勇。上海租界的帝國主義者當局，至今尚夢想各種侵略的計劃。那殺兇手的政策，已被我上海全體民衆所識破：即是一面引誘，一面還要屠殺。因此我上海全體民衆，特向全國與全世界民衆宣言：五卅案尚未了，且除帝國主義及其兇手死滅外，無根本了結之可能。但我上海全體民衆，已誓告於五卅死者之前，必繼續不斷的從事奮鬥，以至最後的勝利，收回租界，廢除不平等條約及推翻帝國主義。中國民族的敵人即全世界被壓迫者的敵人，中國民族的自由亦即全世界被壓迫者之自由。由五卅事件所引起且發展的中國民族奮鬥之路，是中國民族求得自由之路，亦即與全世界被壓迫者所共有的對敵人之戰線。只有全世界被壓迫者堅固的戰線之組成與勇猛的奮鬥，才能保持人類的和平與自由。打倒兇惡殘暴的帝國主義！中國民族自由獨立萬歲！全世界被壓迫民衆解放萬歲」！

（3）通電云：「各報館轉廣州國民政府及全國同胞公鑒，五卅慘案，已一周年，帝國主義者殺死我同胞數十百人，不獨對我全國人民所提出之條件，完全置之不理，並且更進一步，援助中國反動軍閥，造成黑暗局勢，以加重吾民族之剝削與壓迫，尋全國各界同胞，今後當聯合一致，繼續奮鬥，以求中華民族之解放，而五卅慘案之奇恥，同時希望國民政府，切實代吾中國危迫民族努力，先打倒反動軍閥，以便進一步掃除帝國主義者在華一切勢力，我全上海市民已一致罷工罷課罷市，並召集市民大會，遊行示威，願抵死反抗，不達目的不止，特此奉聞，上海市民五卅周年紀念大會叩。」

（乙）下午神聖的租界中之大示威

民衆方面對於五卅慘案之重大紀念，當不以僅在華界開市民大會、游行、演講、散傳單爲滿足，必須闖入久經封鎖的神聖租界中，直接向帝國主義者做一次大示威。故事前各團體即擬定一面開市民大會，一面即組織演講隊，分途潛至租界，到一定時間，做大規模之演講。因此至上午十一時許，公共租界南京路、浙江路、河南路、北京路、福建路一帶就有掩旗息鼓之演講隊陸續聚處於沿馬路兩旁。到下午一時許差不多所有演講隊都佈置齊了。計是日到租界有組織之演講隊，工人、學生、婦女約五百餘隊，人數約三四千人。在一時半以前，因罷市及戒嚴的關係，清亮的馬路中，行人甚少，只西人的若干汽車及半空的電車往來流行，而沿馬路之兩傍駐紮演講隊鴉雀無聲，如兩道大戰線，實是別有一番森嚴的氣象。英捕見人聚積衆多的地方，雖欲表示解散，但仍強顏相笑，不敢勉強。至一時四十五分時，突有郵務公會自由車十餘輛往來飛跑於清亮的馬路兩次，皆手持小旗，高呼「打倒帝國主義」，兩傍群衆陡然應聲而起，掌聲如雷，於是一般市民也蜂擁而至。約至二時，各馬路演講隊，一齊展開旗幟，放聲演講并大發傳單，觀者如堵，各馬路幾爲之塞，原來很冷靜的馬路，至是沸騰起來了！至二時十五分時，突又有小沙渡工人導衆約三千人由西門大會散會游行後，至法租界民國路東新橋街口，（因該處警力不敷，即衝鋒通過，直向北進。）到愛多亞路（即新橋路）英租界方面，雖有雙崗中印捕防守，亦不能抵抗，卒衝過英租界西行至小沙渡。當該大隊行經南京路口時，前面引導的一面五色國旗，其竹杆約三丈長，特意高高舉起，在空中飛揚，全隊小旗亦特別招展，兩旁羣衆看見，掌聲、歡呼聲，真是震動屋瓦，英捕驟然看見又到此大隊，不禁惶惶失措，不知從何而來，欲將前面大旗奪下，不遑不敢；該大隊見南京路上羣衆衆多卽想逗留不進，幸此時秩序尚未亂，當卽有演講隊勸導他們前進。當此羣情鼎沸，街上的電車還呼拉呼拉地拖着響，自然要漸漸引起羣衆的厭惡。於是從南京路起，羣衆卽開始強迫電車停駛，並在車箱兩傍糊上「取消不平等條約」的標語，甚至因憤激而將電車上玻璃窗毀壞者甚多。一時公共租界之電車及大馬托車幾完全斷絕 停留於道上。

至二時三十分左右，各演講隊恐因羣衆過於激昂，秩序難以維持，致發生不必要的犧牲，故各遵照總指揮的命令分途撤退，自此有組織的演講隊撤退得，各重要的馬路上的羣衆仍是擁擠不堪，多爲沿街的店員、茶房、理髮匠等人民。此等人民因歷來對於帝國主義者之橫暴，異常憤激，在街巷中用磚頭瓦塊木盒等與英捕及印捕搏戰，屢退屢進，直至帝國主義者放槍，放水冲射，都不肯退却。甚至有從樓上用石頭，板櫈打下來的。如此直鬧至七時許始告平靜。

在這一場大決戰中，據事後報章所載，帝國主義的巡捕被羣衆打傷有二三人，英日人被打傷者二三人，同時帝國主義的巡捕也乘機捕去學生工人六七名多日未釋。全租界電車被損壞者約七十輛。此外，電車站亭子間及電話間被損壞者，計有卡德路亭子間，火車站亭子間，東新橋亭子間，其中以東新橋亭損最重，上面大自鳴鐘已被擊毀，亭子間四週之玻璃皆作粉碎，至於各處木桿上之路牌燈亦被毀不少。

（丙）其他各方面之紀念情形

（一）總商會之「誌哀」——上海總商會此次完全不參加民衆的表示。虞洽卿老板旣然藉省親爲名到五卅慘案要兒日本帝國主義的故鄉去了，其他的會董就借口會長「公出」拒絕與各團體接洽。到了五卅這一日，轟轟烈烈的運動聲裏，我們祇看見總商會下個半旗。

（二）商聯會的「靜默」——各路商聯總會，除宣布罷市與各商店懸「臥薪嘗膽永矢勿忘」的小旗外，又於清早六時在寧波同鄉會開會追悼。各馬路商聯會也多有追悼的表示。商總聯會開會時到者有京、福建、漢口、湖北、海口、福州、愛多亞、山東、湖北、山西、廣東、江西、浙江、新聞九路、虹口六路、湖北六路、文監師、漢璧禮、西華德、南陽橋、唐家灣、中城、北城、民國路、滬 六路、滬西九路、滬西四路、海甯、西藏、九江等路代表鄔志豪、嚴諤聲、張賢芳、周鳳翔、方椒林、虞仲咸、王子　、童理璋等二百餘人。六時搖鈴開會，公推鄔志豪主席，王漢良司禮。首由主席致開會詞：路謂今日 五卅周年紀念，本會代表舉行追悼大會，諸公均能於早晨六時到會，足見愛國精神，不讓人後，惟希望我同人勿息勿忘，以達國際平等目的，並希望再一周年後，內政外交，均能進步，是則同人等之志願，藉此亦足以慰烈士在天之靈云云；次鄔培因讀祭文，後全體行三鞠躬禮，并默靜三分鐘，繼由余華龍、王延杜、成燮春、陸文中、余仰金、陸文韶等演說。散會後，各路代表并回去視察各路的誌哀是否整齊。

當商聯會開會前，他們，商人的領袖，卽在工部局處請了臨時的執照。這是爲甚麼原故呢？因爲他們恐怕工人學生開會遊行熱烈表示，「恐發事端」，要去勸導羣衆，又恐怕巡捕良莠不分以致玉石俱焚，有了這個臨時執照就可以證明他們不是暴動的羣衆。

他們從甯波同鄉會回去之後，就分頭回去勸告縣友「閉門靜思，勿行外出。」

（三）教職員學生的追悼——學生除參加體育場大會及公共租界講演之外，各學校分頭又各有追悼，中國公學、商科大學、南洋大學、中山學院、南方大學、暨南學校、羣治大學、民國公學、中華藝大、振華大學、中華職校、大夏大學、吳東公學、持志大學、上海藝大、光華附中、民國公學、東吳二中、神文女校等，皆有追悼會。這些學校的教職員及一部分學生，正當工人及學生羣衆與帝國主義搏戰時，安然在其校裏，講演、誌哀、默思、茹素、鳴鐘、祭奠…………。

（四）基督教徒的表示——基督教徒還另外加一種表示的方法——祈禱。茲錄基督教聯合會致全國基督教徒一書如下：

『敬啓者，慨自去　五卅慘變發生，迄今已一年矣！　同人等在過去之一年中，爲伸張正義與人道努力，迭蒙各地同志紛紛響應，良以吾人亦係國民，愛國之心不落人後，且信從基督愛護眞理，當較他人尤切也。　顧歲月蹉跎，條經周歲，雖其間亦有不關痛癢之舉動，而結果則仍距目的甚遠，我國內既戰事頻仍，不遑暇顧，遂令彼持強權爲後盾者，可以任意延宕，將使沉寃永　昭雪之日，而生者飲恨，死者難瞑，非惟正義人道被武力壓抑摧殘，竊正恐積怨之下，何所不至，一旦爆發，禍患誠有不堪設想。　今聞上海各教會將於此次五月三十日聯合全埠信徒，開全國祈禱大會，藉以表示不忘；惟思人之欲善，誰不如我，上海以外之各教會，亦必有同樣之表示，此可斷言。抑更有進者，吾基督徒對於此事，非但當有消極之紀念，更應有積極之進行，本會深望各地同志在基督的主義中，繼續奮鬥，促進教會自身之覺悟，於本身與自立之途程上，益加孟晉，並能於最近期間有一大規模之團結，以和平精神，與全國同胞合作，使國家在國際間得平等之地位，人民亦能脫離重重壓迫之痛苦，此吾基督徒今後之責任，而本會所欲自勉勉人者也。　尙祈吾宗之明達，有以教正而督促之，不勝懇禱之至。』

（五）工界之表示——閘北、南市、浦東、引翔港、楊樹浦、小沙渡、曹家渡各處工人除盡量參加公共體育場市民大會及公共租界中之演講外，復在當地召集紀念大會或各工會中開紀念大會亦甚多。他們的精神異常興奮，他們表示出工人階級積極鬥爭的勇氣，他們明白紀念五卅是不能用消極抵抗的方法的。

（六）國民黨右派及工賊之離開革命羣衆——國民黨右派及工賊這一日也追悼五卅烈士，但他們不參加革命羣衆的會議及行動，他們獨自召集少數人在斜橋徽甯會館開會。　據報紙載到會羣衆有五千，然卽許有五千，但與革命羣衆相比較起來，他們不但不敢侵犯神聖的租界而且人數也不及十分之一了。　茲錄到會的團體如左：

上海工團總聯合會、上海紡織總工會、上海海陸運輸工會、上海小沙渡工人自治會、上海履業工會、上海製造工會、上海皮　工會、新安旅滬工商互助會、浦東碼頭工人聯合會、浦東工學、湖北旅滬工會、上海職工協進會、上海染織工會、上海茶業職工會、上海煤業聯合會、上海館業工會、駐滬婺源華工會、上海襪廠職工總會、南洋烟廠職工同志會、華商烟廠工會、新民烟廠工會、上海五金業公會、上海洋服工會、上海郵務工人同志會、粵僑工界聯合會、中西餅業公會、廣幫木業工會、上海金銀器皿工會、上海船戶棧房工人聯合會、上海勞工青年會、美術印刷工人聯合會、上海工人教育促成會、孫文主義學會、中山學院、學生會、南方大學學生會、新社會民生黨上海各支部、無錫駐滬勞工會、淞滬工商會、山東路愛多亞路九畝地西城中城等各路商界聯合會等。

（丁）罷市罷課罷工之情形

（一）商店休業之情形——商界方面，曾由納稅華人會各路商界總聯合會表示是日須休業一天，並一律下半旗，以誌哀悼，故昨日公共租界之大商店，大部閉門休業，門首並懸有『臥薪嘗膽，永矢勿忘』之白紙條，尤以南京路及福建路一帶，尤爲整齊劃一，南京路之永安先施新新等大商店，均閉門誌哀，即三公司屋頂花園，亦且暫停營業，以示悲感。各藥房及醫生診所，亦多宣告休業，惟事關公共安寧，故有標明休業誌哀，急症照舊等字樣。　至各商店門，均下半旗，市面淒淡，而人衆嘈雜，極爲感動。　法租界全體商界，因各商界聯合會，事前與當局議妥不休業，祗有懸掛白旗，一片白色，雖未休業，而精神尙有可觀，惟法大馬路，即「公館馬路」，因法租界商業聯合會，事前並不發給旗幟，因此商界祗得自動掛半旗，懸白旗，對商聯會殊爲不滿，懸旗最齊整者，西面以南陽橋白爾路唐家灣藍維藹路天文台路，東面以民國路小東門，北面以　多亞路菜市街等處，最有秩序。　南市閘北各商界，照常營業，惟均下半旗誌哀，門首亦懸有標語旗幟。

（二）學生罷課之情形——在此次五卅週年之前，上海學生聯合會即發通告致各校學生會，令其一律自二十九日起，罷課至卅一日，然上海全埠有些落後的學校固不知停課，有些竟爲學校當局所壓迫而未停課，統計遵照學聯通告而停課者也不下三十餘校。

（三）工人之罷工情形——上海總工會在五卅紀念前即通知全上海所有外國廠工人應自卅日起罷工兩天。　卅日本是星期日，外國廠因日夜班換工白天本是照例停工的居多數。　然至卅一日，各地外國廠完全罷工的尙有十七廠之多。　人數約六萬人。　去年五卅慘案之發難地小沙渡，十四個外國廠皆完全一致停工。　此外浦東方面，有六七個碼頭的工人於卅日也一律停工，計人數有五六千人。

（三）帝國主義者反攻五卅運動并未奏效

這次運動在年來中國民族解放運動的過程中是有極重大的意義的。　去年五卅運動初起時，中國各階級的民衆一時都風起湧，本已能使帝國主義者腳忙手亂，大起恐慌。　其後經帝國主義者多方舉行反攻，這個革命的高潮的確漸漸平靜下去了。　自去年五卅以後，帝國主義者一方面積極援助反動軍閥，使奉張直與反對國民軍的聯合戰線獲得勝利，在政治上造成一反動局面；一方面用「反赤化」「反共產」等口號糾合一切反動分子（如國民制赤會、國民外交協會、反赤救國大同盟……），恫嚇一般的資產階級中人，用假情假意勾引當地軍閥（如工部局及聯華總會設宴招待孫傳芳，丁文江……），用口頭的小利小惠誘惑資產階級，用庚子賠款收買學閥等等，以破壞民衆運動之廣大的聯合戰線，使普遍的被壓迫民衆陷於孤立無援的地位，——直至現在，表面上看，似乎是反動的潮流高漲，民衆的革命勢力渙散與銷沉的時候，帝國主義者也可以安然渡過今年的五卅週年紀念的難關了！　不料結果，乃竟大謬不然！　五卅發難的上海，民衆革命的情緒並未亞於去年五卅運動初起時，而民衆反抗的能力較之去年實有過之無不及了！　這種廣大的革命民衆，做有組織的有計劃的大規模運動，實足以使帝國主義者喪魂失魄！　這很明顯地證明帝國主義者一年來雖對於中國民衆極力進行反攻，但並未能根本消滅中國民衆之反抗能力，中國民衆仍隨時有動搖帝國主義在華統治權之危險！

（四）我們對於各方面之觀察

在這次運動中，第一可使我們注意而使帝國主義者焦心的，就是雖說帝國主義者已造成一個整個的反動政局，已經離間了民族運動之廣大的聯合戰線，已經收買了學閥，已經有很好的防範，然而仍有廣大的革命民衆蜂擁而出；第二就是這樣廣大的革命羣衆能夠朝夕發，在一個指　之下做有組織的有計劃的革命鬥爭；第三就是民衆政治知識程度之增高。　在這裏，我們且舉一個小小例子就可證明　當廿九日行奠基禮時，有一位商界代表徐某（名稱或有誤）出來演說，特意表演出他的「斯文派頭」，搖頭擺腦，打古文腔調，在他，或自以爲得意，其實在這天革命的羣衆看來完全是一個沒頭腦的「阿木林」！　當這位徐先生咬文嚼字教人把五卅的「卅」字作十三條的標記時，台下驟然呼聲如雷：「十七條！」「反對十三條！」，如此高呼不絕，甚至因之有喊出「打倒總商會」者。 卒至主席出來為之緩頰還不夠，必須他老夫子親自出來申明說錯了話，方罷。

在這次運動中，我們很明顯地看出工人是最革命的最勇敢的最犧牲的，并且比較是有組織的有紀律的。 他們做夜工的剛罷卅日早晨六點多鐘從監獄的工廠中出來，不說休息或睡眠，并且連早餐也不能夠吃就跑到會場上來，一直到下午四五點鐘時才得回去；若是不能罷工的，回去到五六點鐘時，又要上工了；他們來回還須費兩毛錢車費，差不多就是一天工資——這種精神是很可欽佩的。

一部份革命的學生也是很勇敢的，很能犧牲的，頗能與工人嚴密的合作，做革命的鬥爭。 市面上一般店員也是很革命的，但他們是散漫的無組織的，很容易趨於盲目的暴動，不得工人及革命的學生之領導不會眞正能夠做革命的鬥爭。

這次偉大的革命運動可以說完全是工人學生及市面上店員們做的。 假使說這次五卅週年紀念的確為中國民族爭了不少的面子，那就是他們的功勞！ 『自去年五卅慘案以來，帝國主義者不獨對我們所要求的條件完全置之不理，并且一點自動的讓步也沒有，因此今年五卅週年沒有點表示，實是表示中國人民對帝國主義者的屈服』——我相信這是五卅週年紀念前人人都這樣想。 但現在我要問了：究竟什麼表示才算是不屈服的表示呢？ 假使學閥們之計完全得勝，或按照各馬路商界聯合總會的辦法，則與中華基督徒聯合會『開為國犧牲大會，藉以表示不忘』是一樣的！ 這樣表示倒也算是表示，不過這是向帝國主義者表示：我們是很乖順的，你們雖殺死我們許多人，但我們并不埋怨或反抗你們，我們只在家裏茹素，靜坐，默思，鳴鐘誌哀，開追悼會而已！

五月十二日上海各大學同志會會長復旦大學副校長郭任遠博士與

遠東通訊社記者談話說：「講到方法呢，我對於罷市罷課游行和市民大會等事，我却不敢贊同，因為這幾件事，我們犧牲太大，而他們損失極小，况且這不過是一種表示民氣的示威舉動，偶一行之，有時還可收多少效果，倘然屢屢行之，則全失其作用了，要知對外問題，非短時間可以解決的，非有持久的辦法不可，所以我們現在決定宣傳甘地主義，希望全國民衆，不用英貨……」，接着他又說：「現在之中國人與二十年前之中國人不同，要把二十年前的方法來對付我們，實在是不行的。」 於此，我要問問郭先生：現在之中國人所以與二十年前中國人不同，帝國主義者所以不能把二十年前的方法來對付我們，究竟是郭任遠宣傳甘地主義的功效，還是革命民衆奮鬥的結果？ 假使二十年來，中國民衆都隨郭任遠博士走了，現在之中國人還只稱得帝國主義者之孝子賢孫！ 這般學閥先生們一面向帝國主義者以包辦破壞民衆運動要求賞賜，另一方面又以民衆奮鬥的力量要挾帝國主義者，眞是兩頭佔便宜！

商總聯會及各馬路商聯會，當五卅週年紀念將到時，本是想積極籌劃有所表示的。 只因這些會中領袖們大半也以『高等華人』自命，受了帝國主義者的麻醉及大商買辦階級的影響，極力避免與普通群衆作一致行動。 他們的『臥薪嘗膽永矢勿忘』『靜坐默思』『最和平最誠意之表示』，徒見其和平妥協之態，處處表現其『又想要又不敢要』的心理！ 我讀他們追悼會祭文中有一句：『寧死而辱，毋生而奴』，我不禁嚇了一跳，這不完全是自己罵自己麼？

此處我們還須說幾句的，就是卅日這一天還有什麼上海工團總聯合會在斜橋所召集的一個慘案追悼會，可惜我沒有親自去拜訪過，不知究竟有沒有這樣一個會？ 恐怕就是新聞政策罷？ 即使從新聞上看，五卅這一天差不多所有產業工人都在上海總工會領導之下盡量參加西門公共體育場市民大會及租界中示威運動，又那裏還有什麼『上海工團總聯合會」跑到斜橋去了？ 據報載參加這個追悼會的工會竟有三十餘個之多，然使細察其名稱，可以算得是工會的只就太少，最奇特的就是許多「旅滬」工會及參戰華工會。

這個慘案追悼會中，還有一點值得我們注意的就是有孫文主義學會和新社會民主黨參加在裏面。 孫文主義學會自命是孫文主義的信徒，寧可分裂民眾運動，與公共體育場及公共租界中廣大的革命民眾隔離，去與復辟黨的新社會民主黨合作，這眞是暴露「他們的孫文主義」的原形！

（五）甘地主義、和平主義與革命行動

學閥們是反動的，是拿甘地主義來破壞民眾運動的，孫文主義學會也是反動的，分裂民眾運動的，商總聯會及各馬路商聯會是和平主義的。 然而他們外面所表現的有一個共同點，就是一片和平聲，主張甘地主義與和平主義，而反對市民大會及租界中示威，他們異口同聲的表示市民大會及示威運動是共產黨人所煽爲的，是搗亂的。 殊不知結果不是如此！ 我們不是和平主義者，但我們不是輕舉妄動的；我們要避免一切不必要的犧牲，但我們要隨時隨地斟酌時機相當地表現我們的勢力，一以向敵人示威，一以擴大民眾的宣傳與組織，一步一步地走向革命的勝利！

五卅紀念運動之教訓與上海民眾之責任

施英

一週年的五卅紀念運動，上海民眾得了許多有益的教訓。 這些教訓要從兩方面看：一方面是從敵人得來的，另一方面是我們自己的。 茲先略述如下：——

（甲）敵人方面：

（一）帝國主義者的工部局，據報載事前曾訓令租界巡捕不准開槍；這個「不准開槍」的訓令，不能不說是八十年來帝國主義者第一次對中國民眾之武裝退讓；固然，中國民眾對於這種退讓是沒有感謝的，但因此而明白了自己的力量。

（二）軍閥一方面，在事前多端恐嚇與發風，卻是結果終不能不屈服而讓步；初允開會，不准遊行，且限制人數不准太多，但民眾既開會且遊行亦未敢公然壓迫。

（三）「高等華人」也是民眾的敵人之一種，在事前，他們奉帝國主義者之命，從事防範，且用了些特別的方法（如組織各大學同志會，及多次帝國主義的宴會），而結果也未能如願。

（乙）自己方面：

（一）民眾自己的首要教訓，便是團結尚未一致，運動尚不廣大。

（二）第二個教訓則是並未能完全估 敵人的勢力，在事前稍有輕忽的狀態，尤其因爲商會領袖、學校當局有一種心理而加以阻止，所以至於一部商民群眾與學生群眾有這種表現。

（三）第三個教訓則是組織尚不廣大，宣傳工作尚不深入群眾，雖過百萬的上海民眾，而是參加大會者，不過數萬人；紀念的口號雖然正確，但未爲普遍，表示一致；尤其是一部份違反民眾傾向的反動派之另自號召（如是日斜橋的假會），在民眾自身殊有未能加以制裁之憾。

以上這兩種教訓俱是很顯然的。 但是今年上海的五卅紀念運動畢竟是一個表示上海民眾力量的運動。 這個運動，表示出經過戰鬥的上海民眾，自去年五卅以來，至於今日，痛定思痛，仍有積極的革命的要求。 五卅事件發難於上海，在目前全國大部份人在反動勢力的時局之下，上海民衆若無一番熱烈的表示，便無異於向帝國主義者宣布中國民族之屈伏。　所以此次示威大家參加的數萬人，罷工罷市罷學的數十萬民衆，各馬路對外國巡捕激戰的工人學生和商人，實在是五卅精神之承繼者，中國民族利益之擁護者。　由此可以證明：五卅運動並未失敗，五卅烈士之精神仍然存在，經過一次大戰鬥之上海民衆的力量，仍然存在。

帝國主義者常說，上海的中國人是不馴良的，所以去年五卅日，他們開始屠殺的政策；嗣後中國人起而反抗，他們便利用軍閥來壓迫，利用「高等華人」安撫，利用反動派來分裂民衆的戰線。　中國的軍閥也常說，歷來叛亂，起於上海，所以他們屢次施行高壓的政策，越是民衆意志激昂之時，軍閥越要藉口戒嚴，厲行禁阻。　但是奮鬥的上海民衆，不能因此而屈伏的。　這次五卅週年紀念時，租界的帝國主義者與中國的當局，一面是派了得力的中西幹捕，各處把守，一面是加崗鎮壓，派隊遊巡；然而南京路與各馬路的演講，民衆畢竟衝破了帝國主義的防線；西門的大集會與繼以遊行示威，民衆畢竟衝破了軍閥的防線。　這是很實際的羣衆力量之證明。　這亦是羣衆運動的一番經驗。　上海的民衆應當把這個經驗看得寶貴，因為五卅事件尚未了，五卅運動之目的尚未達到，中國民族革命之工作尚未完成，上海民衆尚有十分重大的責任。

從積極一方面看來，我們可認為今年五卅的上海，比起去年五卅更為壯烈。　因為去年的五卅日，我們的戰士，在南京路被敵人殺戮，而今年之同日，我們就在南京路與敵人開始巷戰了。　我們應當說，當日市民手中的石子，抵抗那般兇手的武器，是可寶貴的東西；從樓上擲下凳子打破西捕頭的商人的行為，是可讚揚的行為。　當日民衆命令電車停駛，立刻就貼上「收回租界」「廢除不平等條約」的標語；在講演中攻擊「高等華人」的妥協，就一致高呼「反對帝國主義賞賜的三華畫」。　這樣鮮明的示威行動，足夠使帝國主義者與其走狗膽戰心驚。　上海民衆這樣積極的勇敢的革命的精神，是應當從此永遠繼續的。　上海民衆這次的行動，應當立刻影響到全國，而一致開始準備下一次的戰鬥。

在南京路之旁，有一位青年的女工，被英國巡捕用棒打破頭部，這位英勇的青年戰士高聲抗議說：「今朝儂還打我麼？」　這是一個積極的戰鬥的抗議！　這個抗議的意思，在這位青年英勇的女工人，是以為：「今天是我們打你們的日子，因為我們已經團結起來了，你們還敢來打我們中國人麼？」　這並不是自誇的話，而是我們中國民族自五卅以來向帝國主義的壓迫者應有的表示，這位青年女工的抗議的一句話，確實代表了這種精神。　只是我們中國的民衆，還應當更加團結，更加一致的站到聯合的戰線上來。

上海民衆此後的責任於什麼呢？　「繼續五卅精神」一個標語，可以概括上海民衆責任之全部；然而繼續這次五卅紀念運動的工作，尤其是切實的口號。　無論是激烈者或和平者都應當承認，只有一致的聯合的力量，才可以戰勝敵人，因此而各界民衆反帝國主義聯合戰線的團結，更是實行繼續五卅精神口號的首要工作。　上海的工人應當更加嚴密的團結起來，以自己的工會與政黨為營壘，時時準備作戰，上海的學生應當立刻統一自己的運動，首先推翻反動教育家的陰謀，以求恢復在羣衆中的先驅地位。　上海的商人與自由職業者，此後要看清全民族的需要，亦要認清如何才能保障自己的利益；愛國正是自己的責任，帝國主義者的欺騙和引誘是亡國之源；此時全國各階級聯合反帝國主義的運動，應當一致參加，如若退縮或反對，便係甘投降於帝國主義者。　只有這樣各階級民衆一致的重新的工作，努力建造上海民衆反帝國主義的新紀元，才能繼續五卅精神，才不致於辜負了這次五卅紀念運動的教訓。

『不要忘記了我們的劉華！』

超麟

「不要忘記了我們的劉華！」這是上海總工會代表，在二十九日五卅烈士公墓奠基禮時，演說中最沉痛的一句話。

的確，三十餘萬的上海工人決不會忘記了他們的首領，為他們犧牲的首領——劉華！

五卅運動尚未起來，劉華已經是上海工人的首領了。他喚醒那做工十四小時祇得幾十個銅子一天的男女工人，起來反抗日本資本家的慘無人道的剝削。他幫助他們奮鬥。他指導他們罷工。他寢不安席食不甘味地領率罷工工人堅持到底。

就因為日廠工人罷工，所以顧正紅被殺，所以學生市民在南京路慘斃於帝國主義的砲火之下。轟轟烈烈的五卅運動從此起來了。

我們的劉華奮不顧身統領全上海工人，向屠殺中國民眾的帝國主義，向壓迫民眾反抗運動的軍閥，向媚外自私的中國資產階級，持久作戰。他為中國工人的利益，他為中國民族運動的利益，而鬥爭，而病，而幾瀕於死。他病未復原，復又上火線去積極作戰。

上海總工會被封了。帝國主義軍閥中國資產階級的聯合戰線鎮壓了民眾的反抗運動了。他們，帝國主義軍閥中國資產階級，他們是不忘記我們的劉華的！他們通緝我們的劉華。帝國主義在租界把劉華捕着了，送他到軍閥的爪裏；孫傳芳到上海來了，中國資產階級設宴歡迎，就在這席上就磋商好了，對付『反叛的』三十餘萬上海工人的首領；——於是，十二月十七日晚間，我們的劉華便沒有一點罪狀宣布就被秘密執行槍決了。

三十餘萬的上海工人決不會忘記了他們的首領，為他們犧牲的首領——劉華！

他們也決不會忘記了劉華是誰殺的！

他們在這萬分悲哀萬分慘痛的殺戮前面，是不哭的。現在不是他們哭的時候。他們要牢記這悲哀而慘痛的殺戮。他們因這殺戮而徹底認識自己的使命，因為他們認清了殺劉華的不祇是帝國主義，殺劉華的而且是自稱保境息民的軍閥，而且是主張向帝國主義和平商酌的「高等華人」的中國資產階級。這些劊子手，同工人及其首領劉華一樣地是中國人。這些劊子手講仁愛，要帝國主義對他們仁愛，然而他們對付他中國工人來，則一點也不仁愛，他們答復中國工人的要求，竟用這一個辦法——殺戮。他們以殺戮工人首領為手段去宣傳去實現「階級和平」！

劊子手啊！中國工人認識你們了！

你們殺了劉華。你們替帝國主義殺了劉華。上海工人及其首領劉華反抗帝國主義的野蠻無人道的屠殺，你們樂得乘機向帝國主義做一筆買賣。軍閥呢，可以請求開個把關稅會議，加了二五附加稅充內戰爭地盤的軍費。中國資產階級呢，可以當幾名華董，分潤些庚子賠款辦學校再騙人去。然而工人及一般勞苦民眾的反抗運動并不是為你們爭些利益的，這種運動將深入而擴大，將推翻帝國主義統治的本身；於是你們慌了，你們聯合起來殺戮工人的首領，我們的劉華了。

你們以為這樣便可以鎮壓了我們的反抗嗎？哼！痴想！殺了一個劉華，我們還有十個劉華；殺了十個劉華，我們還有一百個劉華。

我們在這悲哀而慘痛的殺戮前面，祇有更加看清敵人的面目，更加瞭解階級鬥爭的意義，更加認識祇有工人能夠引導全民族奮鬥，解放全民族，建立自由獨立的國家。總而言之，我們的經驗更加豐富了，我們的意識更加明確了。

『不要忘記了我們的劉華！』這是甚麼意思呢！這就表明中國工人，尤其在劉華直接統率下的上海工人，比別人更加一層瞭解中國民族解放鬥爭的意義，看淸這鬥爭的陣勢，認識自己在這鬥爭中的使命。

劉華是中國共產黨黨員！青島工人的李慰農，安源工人的黃靜源，正太工人的高克謙——他們同劉華一樣都是中國共產黨黨員，他們同劉華一樣都在五卅運動中為工人的利益戰鬥而死了，他們同劉華一樣都是帝國主義軍閥中國資產階級聯合殺戮的。中國工人認識了中國共產黨黨員是為他們的利益而戰鬥，中國共產黨是他們自己的政黨。

劉華是中國無產階級階級鬥爭的象徵！

『五卅烈士尚得公葬，劉華連屍首都不知去向了！』自然，上海工人在五卅烈士公墓奠基的這一日，要有這一悲壯激昂的感觸。然而不知去向的，祇是劉華的屍首！劉華則永久葬埋在個個工人的心坎裏。

墓石尚有磨滅時——

工人心坎上的劉華却是不死的！

嚮導彙刊第三集（第百零一期至百五十期）初版已售罄，再版不日出書，特此預告。

共產主義的ABC出版

布哈林著

『共產主義怪物』已經徘徊到中國來了。中國共產黨便是這『怪物』變化的肉身。我們眼見着帝國主義軍閥資產階級結成黑暗的同盟以獵獲這『怪物』；我們又眼見着幾萬萬的工人和農民站立起來在這『怪物』的旗幟底下為自己的和民族的解放而奮鬥。

『甚麼是共產主義？』——這就是一切中國人眼前最迫切待解答的一個疑問。

這本書——共產主義的ＡＢＣ——就解答這個疑問。

這本書告訴我們：資本主義是甚麼，資本主義為甚麼要崩壞而達到共產主義的革命，共產黨所要的是甚麼，共產黨將怎樣達到他的目的。——這不僅是贊成共產黨革命的理論和策略的人們所應該讀的，這而且是一切加入『反共產』的黑暗同盟的人們所應該讀的。

全書分五編三十五章共一百八十頁：

第一編　資本主義制度
第二編　資本主義制度的發展
第三編　共產主義與無產階級專政
第四編　資本主義發展怎樣達到共產主義革命
第五編　第二國際與第三國際

定價每册大洋二角

廣州國光書店代售

中國青年

——五月特刊號（第一百廿一期）——

本期定價六分。

發行及編輯通信處：

廣州財政廳前國光書店

北京大學第一院號房轉金重

The Guide weekly

嚮導

週報

第一百五十七期

目次

一九二六年六月九日

北京的巨頭會議和政治公開問題

秋白

「最近吳佩孚忽忽北上，號召四巨頭會議——吳張閻孫，解決中央政府問題。」四巨頭之中，吳佩孚是主張曹錕賄選的法統，主持顏惠慶攝閣的；孫傳芳也算已經表示贊成顏閣的了；張作霖則於沈默一時消極抵制之後，忽然堅決表示反對顏閣，所以提出政治法律須公開討論的問題；閻錫山也主張於軍事解決後，召集軍閥和名流，開國是會議。這是反赤軍戰勝國民軍後，內部開始衝突的第一幕。吳佩孚以東南軍事上的利便牽制孫傳芳，造成反奉同仇的空氣，所以孫傳芳不得不敷衍他。閻錫山也因受國民軍攻擊，不得不希望奉張在熱河方面牽制國民軍，因此表面上改變親吳的態度，而要出來轉圜。所以事實上不過是張吳雙方的爭執，護憲護法的衝突，更實際些，便是張吳軍事政治上互爭優勢的鬥爭。孫閻既是第二等的勢力而不是主要的勤力，吳佩孚因此便於行抵保定之際，索性說出祇和張作霖協商政治主張，不願多人參加。

吳佩孚似乎依據着反赤戰爭開始時的密約，想劫持張作霖而壟斷政權，更因為閻錫山已經變態，孫傳芳又非死黨，至於其他小軍閥和名流元老，更加人多口雜，所以有這種主張。照吳佩孚這種意見來看，彷彿巨頭會議的問題，祇在政治方面，祇要張作霖對護憲顏閣問題讓步，吳佩孚便可以獨掌政權了；一般人的觀察也或者以為這是反赤勝利後各大軍閥在政治上爭執的解決方法，以為吳佩孚因顏閣有人拆台，所以亟亟北上，號召巨頭會議。

其實不是如此。現時張吳兩大軍閥面前的問題，固然是怎樣合作討赤，以執行英日帝國主義的命令，鞏固反動政權，實現「統一西北，討平西南」的野心；但是，張吳部下的小軍閥，各人都需要地盤，這種衝突的劇烈，在最近已經有一觸即發的形勢。因此，吳佩孚獨攬政權的陰謀大受打擊，而不得不亟亟北上以謀解決。所謂直奉合作進攻南口的反赤戰爭裏，雖然「澈底掃蕩赤化」的宣傳布滿全國，然而張吳內部的矛盾已經繼長增高的發現出來。當進攻南口時，直系的田維勤靳雲鶚有與孫傳芳密約對付奉張，尤其是對付直魯聯軍的消息，所以奉方催促田維勤進兵時，田答謂「械餉兩缺不能作戰，奉方如能充分接濟卽聽命，否則請君等以獨力廓清西北。」等到後來，奉系的直魯聯軍決計以尚無地盤的李景林做先鋒，單獨沿京綏西側向國民軍攻擊；那時，田維勤又說「此路戰役，我直軍獨當之，請改別路進攻」，甚至於故設疑陣，冒充國民軍旗幟，掩襲李景林軍。李景林因此便不得不退；張宗昌張學良等也知道田靳方面的詭計在於挑撥戰爭，使國民軍得襲其後，因此紛紛退出北京，對顏閣表示反對。所以，張作霖在巨頭會議之前，很明顯的提出李景林、齊燮元、靳雲鶚、田維勤等的地盤問題。最近報上又有「新直系」形成的風說——既名直系，何必加一「新」字，自然是表明吳佩孚勢力的分化，同時，也仍是一種反奉勢力。這便是地盤問題糾紛的證據。

這一問題不解決，北方軍事上的變化和衝突，遲早必要爆發，反動勢力聯合統治的計畫，勢必失敗，這叫做「魔王畫策，小鬼搗亂」。國民軍又在這當口猛攻山西，更是反動統治的大危險。所以巨頭會議的最緊要的問題，實在是軍事上的問題。

可是，這些「魔王」——英日吳張之間也有嚴重的爭執，顏內閣的問題，並不在護憲反憲的法律問題上，卻在承認金佛郎案西原借款與否的外交問題上。我們看見最初顏內閣成立時，張作霖只有消極的反對，而不能公然的抗議。當會攻南口事件發生奉直兩系的衝突後，奉系將領紛紛出京，在奉天開軍事會議，當時那些奉系「小鬼」

——張褚等的代表，主張與安福交通政學等系携手，卽日通電反顏，力迫直軍出京，無論如何不撤回奉系軍隊。　小鬼固然是憤激不堪，力爭地盤，但是那時（五日十八日）魔王張作霖却還力排羣議，主張對顏閣旁觀，同時，對南口改攻爲守。　張作霖的恐懼和退縮，不是沒有原因的，是等待日本帝國主義的訓令，想先從外交上着手。　果然，五月十九日的使團會議上，美國公使主張「爲中國之和平起見」，應承認顏閣；英國公使更公開的說：「此次顏之恢復攝閣，悉係繼續民國十三年之內閣，當然予以承認……。」　日本公使便竭力反對，說：「現在之顏閣純爲不合法之內閣……且幷未聲明是否擔負十三年十一月以後外交條約之信用與責任，况……奉天方面並無具體意見表示。」　因此，決定暫緩正式表示，各自請示本國政府。　所以雖然十九日使團已經答覆顏惠慶兼任外交總長的通告，而日本公使隔一日（二十一日）便正式聲明：這並不就算承認，承認問題必須附有履行條約上之義務，而且要看新政府完全就職成立後之權力如何。　所謂履行十三年十一月後之條約（段政府時期的），便是要現政府承認金法郎案和西原借欵的抵押辦法。　所謂新政府的實力，便是要容納奉系的閣員。　日本拿這一問題去難顏閣，是和張作霖很公開的勾結；張作霖的主張政治法律問題公開討論，其實也祗是要等公使團的「公開討論」。　所以等到日本態度明顯以後，奉張也就正式電覆吳佩孚，對曹錕電辭總統認爲贊舉，對顏閣攝政認爲違法。　這種強項態度，彷彿使人相信張吳眞要爲憲法問題而開戰。　實際上呢，憲法約法完全是廢話。　張作霖的公開主張，祗是要延請「海內名流」，如閻錫山、孫傳芳、張宗昌、李景林、齊燮元、靳雲鶚、王士珍、趙爾巽、孫寶琦、顏惠慶等的軍閥官僚帝制派保皇黨的國是會議；他決不爭甚麼「南京臨時政府的法統」（約法），或是「民意」解決國法問題；他祗要勸吳佩孚勿堅持護憲（卽吳派獨占的顏閣），主張先決軍事（共同討赤），由元老中推一人，暫時維持中央政治及軍事善後（自己多占些政權）；他祗要關稅會議仍舊進行（繼續辦理日本對華的所謂「互惠稅則」）。　總之，張作霖祗求日本帝國主義利益的伸張，抵制英國趕辦關稅會議，以二五加稅發行賣國大公債而贊助顏閣的陰謀。　吳佩孚呢，也有顏惠慶可以祗算事實內閣的意思，甚至於說顏內閣可以正式辭去，另行委任接替。——他間接表示北上的目的注重於聯合反赤的軍事問題（路透社）。　而內幕之中，當然是英國政策在那裏操縱，力求抑制日本勢力。　這一問題的解決，完全看英日是否妥協，是否造成張吳日英聯立的內閣，是否是日本承認英國對於關稅會議的政策，而英國承認日本西原借款及法國金法郎案，以爲互相交換的條件。「所以北京的巨頭會議，表面上雖是政府組織問題或所謂法律問題，實質上是英日關係的外交問題。」

「總而言之，北京的巨頭會議是英日吳張的分贓會議；是征服中國的英日商議宰割中國，征服民衆的張吳商議出賣中國的會議。　英日侵略中國的利害衝突，張吳賣國的方向不同，各小軍閥宰割地盤分贓不均，因此爆露出許多矛盾。　這一會議的主要問題，祗是軍事上地盤分配以避內部崩敗，外交上英日協商交互讓步的問題。　那裏是憲法問題，那裏是『政治公開討論』，『民意解決國法』的問題呢！」

英日帝國主義在北京屠殺反赤軍勝之後，以全力維持張吳的合作，制止軍閥內部的衝突，這種『魔王計畫』是要鞏固反赤的聯合戰線。　如今這兩個問題：軍事上和外交上的權利分配問題，使他們的合作到了一個緊急關頭，或是自相衝突而崩敗，使國民軍、廣東政府以及民衆的勢力乘機發展，或是更加鍋定雙方的合作，消彌衝突於一時，而以姦淫擄掠軍票雜稅壓迫屠殺的反動政治，普及於全國『統一』中國。　第一個軍事上的問題，是各小軍閥內部很嚴重而不易解決的衝突，李景林、田維勤、張宗昌、靳雲鶚等的地盤問題，非常之容易爆發，他們之間的戰爭，在最近期間，並非不可能的。 第二個外交上的問題，却也許是英日雙方暫時的互相牽制，以相逼迫而自爭些優勢，尤其是日本，看着英吳勢力在顏閣成立時可驚的伸張，必然要有的一爭，——這種互爭不致於使他們很決絕的破裂。 但是，我們在這兩個問題上，都暫且不下斷語，且看一般「社會輿論」具什麼態度。

如果軍事地盤的問題能以妥協解決，那麼，祇有一條路——便是帝國主義「徹底肅清赤化」之魔王計畫，強使小鬼停止自、衝突，而合力進攻國民軍，奪取地盤 來安置這班小鬼。 奉天在張作霖勸身去會吳佩孚之前，開過十次軍事會議，便有分割熱河察哈爾綏遠各區的計畫。 這種結果，當然使吳佩孚也不能不經營山西陝西，以及南方的湘鄂川黔等。 那時，現今在河南山東的屠殺、奉天京津的軍用票等類的東西、苛捐雜稅、預徵田賦，以及其他一切殘虐政策，勢必至於波及各省，中國各界民衆都祇有做馴服的奴隸，否則便須武裝革命。 如果，外交上的爭執問題得以妥協解決，勢必至於改組顏閣，使成英日張吳共同的政府（東方社宣傳說：吳佩孚已預備「推戴衆望所歸而無黨派色彩者爲正式大總統，聞北洋派之巨頭王士珍最有希望」。） 不論這種政府的形式如何，必以交互承認日本之西原借款，法國之金法郎案，以及英國對於關稅會議的政策，爲必要的條件。那時，中國的權利，不知道要出賣多少，吳佩孚張作霖的武力火併政策，便得着充分的財政上的援助。 五卅交涉成了一場噩夢，關稅自主也是石沉海底……賣國的大借款，大公債，以及其他種種喪失國權的事，不知道要有多少出現！ 總之，列強帝國主義和各派軍閥的聯合"線，是中國民族和民衆最危險最可怕的敵人，是他們賣國殃民最厲害的政策。 這兩方面的局勢——英日與張軍事上外交上的妥協——未必見得能完全實現；即使一時實現，內部又有繼續不斷的衝突暴露，其勢終竟是崩敗反動統治；何況民衆力量的反抗，如各地農民的暴動和工人的鬥爭，是以打擊反動勢力而促其崩敗，國民軍及國民政府的力量，也就是以利用這些衝突而爲保衞民衆利益而戰。 但是，中國的所謂輿論，竟有幫着而贊助這種局面的實現的！

請看上海總商會機關報——「中國公論報」的話：

『……張氏之反對曹錕，未免有違法之嫌。……宜勿斤斤於議員私德之不良，而應以法律爲指歸。 換言之，當議員草定憲法，經過初讀二讀三讀合法手續之際，當研究其資格之是否存在，以資根本解決。 曹氏之賄選總統案，亦可按律處置，將得公平之裁判。』

「北京之非常狀態，詎容其存在，自應早建政府，俾四百庶政，不致失其樞紐，久陷停頓。 至顏氏之重掌內閣，亦爲政局上自然解決之途徑。……倘奉方有力份子不滿於顏，則顏氏本有任命繼任者之權，大可以泯除爭端，免釀衝突。 夫吳張之間如再啓戰禍，必致兩敗俱傷，誠宜互相尊重，以維永久之和平；非然者，徒令國民軍坐收漁人之利，以回復其實力。 吾非謂國民軍中盡屬共產分子也；徒以該軍之領袖抒親俄態度，致令宜傳共產之進行，得其羽翼，而易於發展耳。」

張作霖要想以公開討論抵制內閣和議憲，上海高等華人居然參加討論而表示贊成議憲。 這些高等華人最初還說張作霖要求撤退加拉罕是「對俄失態」，如今稍稍得到帝國主義的允諾和假意的讓步，如收回越界築路和三名華董之類，便反過來反對「共產宣傳」。——殊不知道虞洽卿在日本演說的「廢除不平等條約」口號，便是四年前中國共產黨早就提出來的。 高等華人因反對共產宣傳而反對國民軍，因反對國民軍而懇求張吳合作，「以維永久之和平。」 不但這種「和平」，可以使全國商民工農處於極殘暴的壓迫之下，京津豫粤便是實例；而且這種「和平」永不可能，因為他們合作之條件，便是南征北伐。 虞治卿等在未得華董與參議以前，還說對外必須實行兩則：民族平等和國家主權。 如今總商會機關報居然希望張吳合作，可見他們合作的條件，便是賣國大借款或大公債，斷送關稅自主，承認金佛郎案和西原借款，各自勾結英日，使反赤宣傳——反對召集國民會議廢除不平等條約的反「共產」運動，得其卵翼。 高等華人的機關報，居然公開的贊成賄選憲法，說甚麼賄選與「國會議員之立法權亦復無所妨礙。」 可憐的高等華人呵！ 你們竟想以偽和平的假面具，掩飾你們個人權利祿位的貪心！ 便是一般受着這種「偽和平」催眠的所謂「輿論」，也竟希望「王士珍」之類「高蹈遠引」的文治總統（如心史的言論）……總之，至多總祇想維持現狀，哀懇軍閥的和平仁愛；無論是賄選的恥辱，是關稅協定的束縛，是大借款西原外債金佛郎案的損失國權，是軍用票的壓榨，是一切自由的摧殘，是盤高盤千的農民屠殺，都可以忍受，都可以不顧！ 我們不用說工人農民了，這些「下等人」受些苦，死這麼幾百萬，都可以和「高等人」無干！ 我們就說普通的商民罷，就說一般稍有廉恥的中國人罷！ 西北和湘粵的居民，願意受吳張合作的進攻和蹂躪嗎？ 京津的居民，願意繼續現時所受吳張的壓迫，如軍用票和姦淫擄掠嗎？ 全國人民 願意吳張合作，反動統治的殘暴政策「維持永久之壓榨」嗎？ 一般商民，願意吳張合作而斷送關稅自主，受二五稅抵押的大借款和大公債的賣國嗎？ 願意忍受西原借款的抵押和金佛郎案 損失嗎？ 一般年性幸而還不是豬仔的中國人，忍心承受賄選民國元首的恥辱嗎？ 如果不願意，那麼，請大家看看所謂高等華人中之「優美華人」，有甚麼資格代表你們，冒充「華人意見」，主張接受這些恥辱和壓迫！

北京的巨頭會議，是軍閥之間想建立聯合戰線，以備這樣賣國殃民的會議 高等華人的輿論，是贊助這種賣國殃民政策的。 我們平民，就是商人，也應當起來反對這種會議，反對贊成張吳合作的「華人領袖」。「中國政治應由我們公開討論，不能由『少頭的或多頭的巨頭會議』來宰制。」 我們平民，不能放任「人民的或華人的領袖」欺罔我們，出賣我們，拿偽和平的口號教請張吳合作。「我們怎樣反對這種巨頭會議？——就是四萬萬人的「小頭會議 。 中國的平民、商人、工人、農民，應當不要看輕自己的「小頭」，大家切實的團結起來，推翻把持輿論操縱機關（如商會之類）的「高等華人」；實行 稅抗捐、反對：

一、賄選的國會攝閣的現政府；

二、現政府的賣國大借款；

三、現政府的追認西原借款和金佛郎案；

四、張吳合作的戰爭苛稅雜捐軍用票等類的壓榨政策，殘摧人民自由的屠殺壓迫！」

抗稅！ 抗捐！ 抗用軍用票！ 誰敢勾結軍閥，擁護公債成軍用票等的（商會領袖），我們便推翻他！ 「我們平民自己的團體——「小頭會議」應努力組織堅固，肅清內奸；——我們便能進一步，實行並贊助保衛國家人民權利的革命 爭，求得真正的永久的和平。 我們祇有這樣來過問政治 這樣的實力鬥爭勝利，然後我們「全國的小頭會議」——真正人民代表的國民會議，才能召集，才能成為中國的主人翁。」 否則，在現時張吳合作的「巨頭會議」之下，我們大家都是奴隸，都是亡國奴！

一九二六．六．一

里夫民族的失敗

超麟

為民族解放奮鬥的里夫人及其首領阿白杜爾克林，於五月中旬因強弱懸殊不能支持，已失敗而投降了。

摩洛哥戰爭，同中國五卅運動一樣，是去年世界上殖民地民族反抗帝國主義之最重大的表示。　在五卅屠殺前不久，法國帝國主義向里夫民族進攻，這一戰爭延長到現在，恰好過了一年。　但里夫民族的奮鬥，並不是從去年才開始的。　至少，我們應該從六年前算起。

摩洛哥自一九一一年被法西二國瓜分後，因為一方面這二個強盜國家分贓不均時起衝突，他方面英意德三國又爭欲染指，所以摩洛哥中三十萬的里夫農民便乘機崛起以阿白杜爾克林為其首領，反抗帝國主義的侵略，建立了一個里夫共和國。　這個共和國背面臨地中海，前面恰正對法西二國的界線。　這個共和國崛起，首先祇是向西班牙作戰；當時法國帝國主義不但沒有聯合西班牙共同進攻里夫民族，而且暗中幫助里夫民族去驅逐西班牙的勢力。　法國帝國主義自然不是誠意幫助里夫民族解放，不過藉以削弱其競爭者西班牙帝國主義的勢力能了。　可是，奮鬥到一九二四年，里夫民族的力量已一天天強大起來，西班牙的軍隊屢次失敗，最後甚至幾乎全軍覆沒。　從那時起，里夫民族的聲勢更加浩大起來了，戰勝了西班牙之後，就轉其劍鋒反抗法國帝國主義的壓迫，於是法國帝國主義改變了幫助里夫民族的策略，反與西班牙聯合，一致再向里夫民族進攻。　這便是去年的摩洛哥戰爭。

在這戰爭中，我們顯然看出兩方面的勢力是相差太甚的。　一方面是強盛的資本主義國家，有充實的軍備，有完備的技術：法國兵有二十二萬人，西班牙兵有十萬人；他方面是落後的宗法的國家，祇有二萬軍隊能夠作戰。　這樣形勢的戰爭，在里夫民族方面是何等的艱辛哩！

然而這樣艱辛的戰爭，里夫民族畢竟能夠支持了一年之久，搖動了法國帝國主義的財政基礎，使法國的軍備蒙了很大的損失，中間而且迫得法國帝國主義不得不停戰，不得不議和。

最近和議決裂，戰爭復又開始了。　這樣艱辛的戰爭，里夫民族畢竟不能再支持下去了，於是帝國主義便歡呼里夫民族及其首領阿白杜爾克林投降了。

不錯，里夫民族失敗了！

第一、我們應該對這悲壯的失敗，表示我們的同情和敬意。　小小彈丸之地的里夫能夠戰勝西班牙，最後并且能夠以二萬的軍隊向法西二國三十二萬的聯軍作戰，支持到一年之久——這種毅力是不可及的。

第二、里夫民族的奮鬥雖未能成功，但對於世界有很大的影響。　首先回教徒的民族受了影響，而從事於反抗帝國主義運動，去年敘里亞的暴動就是一個例；其次法國財政恐慌因此戰爭而至於不可收拾，而西班牙且因摩洛哥戰爭起了很大的政變，建立法西士蒂的政府；最後各國無產階級，尤其是法國無產階級，因援助里夫民族，而屢次示威反抗，法國共產黨黨員且因此運動被捕多人入獄，這是從行動上證明先進國的無產階級和殖民地的民族，利益是一致的，祇有無產階級能援助殖民地民族，里夫民族之能夠支持到現在，一部分也因為法國無產階級的示威，迫得政府不敢恣所欲為。

第三、帝國主義間的利益始終是要衝突的。　去年之前，法西二國的衝突不用說了，英國也與這二國有衝突，因為英國不願法國佔領了里夫土地，去建立一法國的底布羅它海峽，與英國競爭；意大利也與這二國有衝突，因為他也想染指。　現在里夫既然失敗，這些衝突便都要發現出來。　法西合作的必要已經不存在了，這二國中間的分贓首先就須費一番周折。　或者，他們反因里夫民族之失敗而起衝突，為第二次世界大戰的導火線。

帝國主義正慶賀阿白杜爾克林之投降，以為從此地中海南岸的紛擾可不復作了。他們且慢高興！里夫民族才告失敗，而埃及柴魯爾一派即以勝利聞。法國帝國主義的軍隊正從地中海奏凱歌回來，英國帝國主義的戰艦又迫得向地中海開發了。

中國共產黨致中國國民黨書

——為時局及與國民黨聯合戰線問題——

中國國民黨中央委員會鑒：

中國處於帝國主義軍閥的壓迫剝削之下，國民革命之需要迫切萬分；中國社會中一切革命份子正須建立強有力之聯合戰線。本黨代表中國無產階級，久已認定處此世界社會革命時期，殖民地半殖民地之無產階級及一般勞動平民之唯一職任，即為實行國民革命的聯合戰線，與國際帝國主義以鉅大之打擊，一方面解放中國民族，別方面即為完成世界革命。本黨之此種政策實適合於中國社會發展之階段及世界政治之趨勢，乃一整個的歷史時期中之根本工作，決非臨時應付或利用之手段也。

貴黨於中國歷史上有革命之偉大功績，辛亥失敗以後，仍能繼續為被壓迫人民奮鬥；本黨認為此種奮鬥之目的，在於完成辛亥革命，澈底解放中國於帝國主義及軍閥之下，此不僅為 貴黨現時之歷史使命，抑且為代表中國無產階級的本黨之職任。

故本黨與 貴黨合作之政策早經明白確定，蓋此即聯合戰線之具體的表現也。 唯是合作之方式：或為黨內合作或為黨外合作，原無固定之必要，因此政策之精神，實在團結革命勢力以抗帝國主義，凡足以達此目的者，即為適當之方法，原不拘拘於形式。 然當本黨決定合作政策之初，曾商之於 貴黨總理孫中山先生，孫先生以為黨內合作，則兩黨之關係更為密切；本黨亦認為中國社會各階級力量之相互關係，現亦可適用此種合作方式，故毅然決定，令本黨黨員得加入 貴黨，同時，本黨與 貴黨結政治上之聯盟。 自此以後，吾兩黨革命之聯盟已於三年來引導中國民衆，努力奮鬥，五卅運動之蹶起，國民政府之成立，以及軍閥之崩敗，國民軍之形成，皆使革命勢力得極廣大之發展；帝國主義軍閥及一切反動勢力，恐懼戰慄於吾人聯合戰線之下。然彼等既利於國民革命戰線之破裂，以減殺中國民衆之革命力量，乃日施其造謠離間挑撥反赤之伎倆。 五卅運動至於今日，帝國主義既已利用反動軍閥征服國民軍而攫取中國政權，對於民衆施以嚴重的壓迫及屠殺，且已從湖南着手開始四方圍攻 貴黨執政之廣州國民政府，以為澈底消滅革命勢力之計。 自然更在陰謀破壞國民革命的聯合戰線，勾結革命政府所在地之內奸，從內部摧毀 貴黨；彼等意欲以卑劣手段，利用反動份子攫取廣州政權，如此外攻內應，以摧殘中國之革命。 因此，現時中國之革命勢力，實在危殆至於極點。 故吾兩黨之共同職任，即在努力鞏固革命戰線，肅清其內部，反抗以至於推翻帝國主義軍閥之統治；當此英日吳張戰勝而形成反動統治並在日謀力討所謂北赤南赤之時，吾人尤當集中全力於反抗其壓迫革命勢力及民衆之鬥爭，且領導一般黨外的民衆，使集合於國民革命之戰線。 今 貴黨於本年五月十五日開中央委員會全體會議亦嘗報告及此，然因黨內糾紛，不無特別側重於『黨務整理』問題之處。

帝國主義者見之或且疑為 貴黨已中其奸計而自破革命戰線，表現右傾，因而私心欣幸，俟機欲動。 然 貴黨之出此，或者認為與本黨合作之方式，歷年以來，迭次引起黨內一部分人之疑慮猜忌，致使為反動派所乘，散亂革命之陣線，故必須先在合作方式上有幾種之改變，祛除一般無謂之疑忌，然後決然肅清內部，打擊反動派，方能對爭革命之戰線，以全力對待帝國主義軍閥之統治與壓迫乎？ 果若此，則與本黨合作政策并無所謂根本衝突，此原則爲何，即團結革命勢力以抗帝國主義，不問其團結及合作之方式爲何也。 果若此，則吾兩黨聯盟之根本精神，不因反動派之分裂政策而稍減，帝國主義之狡計，適足以自暴其奸而愚矣。

貴黨『黨務整理案』原本關及 貴黨內部問題，無論如何決定，他黨均無權置否。 凡爲 貴黨黨員者，當然有遵守之義務，而於貴黨黨外之團體，則殊無所關涉。 至於『黨務整理案』中，關於以後兩黨合作方式之問題，則吾兩黨本爲革命聯盟中之友軍，可各自根據其黨之議決以相協商，文函會議皆可以。總之，當此帝國主義及反動勢力征服中國壓迫民衆之際，革命勢力遇此，正在醞釀磅礴之時，吾人雙方俱負有歷史上重大艱巨之使命與責任，願 貴黨於『整理黨務』之後，更加努力奮鬥，肅清反動，鞏固內部，與吾人及一般民衆結合偉大廣泛之革命的聯合戰線，有明確之政策，積極之行動，勿爲帝國主義者所乘，則中國革命之幸也。 專此，謹致

革命的敬禮！

中國共產黨中央委員會啓 一九二六年六月四日

給蔣介石的一封信

獨秀

介石先生：

現在我看見一種印刷物，題名『校長宴會全體黨代表訓話對中山艦案有關係的經過之事實』，內中所載，倘都和先生所口說的一樣，沒有什麼印刷上的錯誤，則我們在對於中國革命的責任上，不得不向先生及一般社會有幾句聲明的說話。 并且在聲明的說話之前，還要總聲明一句：我們的聲明只關於中國共產黨方面，別方面的事一概不管。

在這個印刷物上，有兩個要義：前一段是先生發述關於三月二十日事變之苦衷，後一段是先生改正國民黨內共產分子態度之意見。

在前一段中，先生再三說：『我要講也不能講。』『因爲這種內容太離奇太複雜了，萬萬所想不到的事情，都在這革命史上表現出來。』『我因爲全部經過的事情，決不能統統講出來，且不忍講的。』『還有很多說不出的痛苦，還是不能任意的說明，要請各位原諒。』『今天還有我不忍說的話，這只有我個人知道。』 先生這些不忍說出的事，若和中國共產黨無關，我們自然沒有要求先生說出的權利；如果是關於中國共產黨的事，請儘管痛痛快快的說出，絲毫也不必掩藏。 因爲先生說出後，若證明是中國共產黨黨的錯誤，則社會自有公評，共產黨決不應該是一個文過護短的黨；若證明是黨員個人的錯誤，這個人便應該受兩黨的懲戒。 在革命的責任上是應該如此的。

先生說：『當三月二十日事情未出以前，就有一派人想誣陷我，并且想拆散本校，……但這不過是局部的一二個人的陰謀，……我自汕頭回到廣州以後，就有一種倒蔣運動。』——想誣陷你想拆散軍校的一派人是誰，有陰謀的一二人是誰，運動倒蔣者又是誰，先生都未明言，我們當然不能冒昧；不過三月二十日事變後，第一軍中實際撤退了許多共產分子及有共產分子嫌疑的黨代表及軍官，因此上海各報都一致說三月二十日事變是中國共產黨陰謀倒蔣改建工農政府之反變；現在先生對全體代表訓話中雖未明說中國共產黨有倒蔣陰謀，而全篇從頭到尾，卻充滿了指責共產黨同志的字句，使聽者讀者都很容易推論到中國共產黨實此次事變之陰謀者；這是很自然的事。 建設工農政府自然不是一件很壞的事，可是現在就主張實行起來，便是大；倒將必以將確有不可挽回的不斷的反革命行動爲前提，而事實上

從建立黃埔軍校一直到三月二十日，都找不出蔣有一件反革命的行動，如此而欲倒蔣，且正當英日與張反動勢力大聯合攻破北方國民軍之時，復在廣州陰謀倒蔣，這是何等助長反動勢力，這是何等反革命！介石先生！如果中國共產黨是這樣一個反革命的黨，你就應該起來打倒他，在世界革命去掉一個反革命的團體；如果是共產黨同志中那一個人有這樣反革命的陰謀，你就應該槍斃他，絲毫用不着客氣。不過我知道我們的黨幷且相信我們黨中個人，都沒有這樣反革命的陰謀（當李之龍因中山艦案被捕消息傳到此間時，我們因爲李最近曾受留黨察看的處分，以爲他已加入反動派了，後來見報載中山艦案乃是李之龍受命於共產黨的倒蔣陰謀，我們更覺得離奇，最後接恩來來信，才知道李之龍是上了反動派的圈套。）憑空造這反革命的栽誣，這是我們不能夠再守沉默的了！

先生所舉各種陰謀之第一個事實是：「有人對各軍官長說是共產分子在第一軍內雖然不多 但是這些分子，一個可以當十個用的，幷且有團結的，可以隨時制服其他一切的，還有人在演講之中，說是土耳其革命完成之後，才殺共產黨，難道中國革命沒有成功，就要殺共產黨麼？ 這些話統統引起一般軍官恐怖與自衛的心思，所以對於黨代表各部的不安和懷疑了，所以他們軍官有要求共產分子全部退出的事實，幷且由他自衛心而起監視的舉動。」這個事實，不能證明共 黨有倒蔣陰謀，而是證明孫文主義學會的軍官有排除共產分子之意志。 何以見得呢？ 對各軍官說共產分子如何如何，當然不像共產黨自己的口氣，說土耳其殺共產黨這段話，我未曾聽見共產黨人說過，只傳聞孫文主義學會中人向汪精衛先生攻擊共產分子時，精衛先生說過這樣話，其實否尙不可知，卽令精衛先生有這段話，只足以證明孫會中人是何等反對共產分子，而絕對不能證明共產分子擬如何對蔣，幷且精衛先生是說要殺共產黨，不是說要殺孫會中人，照情理只有共產分子聽了精衛先生這話而恐怖不安，爲什麼反是孫會的軍官聽了這些話引起恐怖與自衛的心思，幷要監視共產分子全部退出呢？幷且先生還說：「如果當時我校長不在的時候，當天的情形一定是更加劇烈，也未可知的。」這話誠然，如果先生當時不在廣州，孫會中人會當眞大殺共產黨；而且我們還聽說若不是先生切力阻止，歐陽格吳鐵城還要徹底幹下去，這些事實正足證明精衛先生卽令有那樣的話，却非神經過敏，更不是有意「激動風潮」。先生要知道當時右派正在上海召集全國大會，和廣東孫會互相策應，聲勢赫赫，三月二十日前，他們已得意揚言廣州卽有大變發生，先生試想他們要做什麼？

先生所舉各種陰謀之第二個事實是：「現在廣東統統有六軍，廣西兩軍，廣東是一二三四五六各軍，照次序排下去，廣西自然是第七八軍了，但是第七軍的名稱，偏偏擱起來，留在後面不發表，暗示我的部下，先要他叛離了我，推倒了我，然後拿第二師第二十師編成第七軍，卽以第七軍軍長來報酬我部下反叛的代價。」無論何人有這樣的主張我們都以爲要不得。 不過只有國民政府尤其是政府的軍事委員會，才有權決定這種軍隊的編制與名稱，政府委員及軍委中都沒有中國共產黨分子，無論此事內幕如何，當然和我們無關。 有一件事或者和此事有點關係，我現在索性老實告訴先生，當第二師長王懋功免職時，我們以爲右派又有什麼反動發生，所以政府有此處置，但報載內情甚複雜，我們便函詢廣州同志，他們的回信說：「王懋功被逐後，右派頗不滿，孫會則乘機大造其謠言，說王懋功是CP，此次蔣之處置王氏，就是對CP示威，其實不然，王氏幷未加入CP，而且一向是著名的反共派。 關王氏之被逐是因爲不奉命令或吞欵，或二者都有。」

先生所舉各種陰謀之第三個事實是：「至於在學校裏面，政治主任鄧演達語罕，……彰明較著說我們團體裏有一個段祺瑞，要打倒北方段祺瑞，就先要打倒這裏的段祺瑞。」 我們早已聞有此說，曾函詢廣東的同志，他們回信說：『語罕同志初回國，要好心太急切，期望國民黨尤其期望黃埔軍校也太急切，因此語罕態度都不免急切一點，至於「打倒我們的段祺瑞」之說，絕對沒有，乃繙譯之誤，語罕已在報上聲明過，當不至因此發生誤會。』 語罕來此，我亦當面詰責過，他亦力辯無此事，我曾告訴他，如果無此事，你應詳細向介石先生說明，以免誤會。 語罕是我的老朋友，我深知他，他一向很老成，當不至有這樣荒謬的見解，望先生再詳細調查一下。 如果語罕眞這樣說，不但對不起先生個人，并且是中國革命軍事工作中理論的錯誤（詳見嚮導第一百四十九期我做的『什麼是帝國主義？什麼是軍閥？』），是我們應該糾正的。

先生所舉各種陰謀之第四個事實是：「萬不料我提出北伐問題，竟至根本推翻。」 關於這一問題，我和某幾個同志有不同的意見，他們當然也不是根本反對北伐，他們是主張廣東目前要積聚北伐的實力，不可輕於冒險嘗試；我以爲要乘吳佩孚勢力尙未穩固時，加以打擊，否則他將南伐，廣東便沒有積聚實力之可能，爲此我曾有四電一函給先生及精衛先生，最近還有一函給先生詳陳此計；兩方對於北伐主張，只有緩進急進之分，對廣東及先生都無惡意，也似乎說不到根本推翻。

總之：共產分子在國民黨一切工作中都太過負責任（中山先生在世時，曾說：『謝英伯這班人太不負責任，譚平山又太負責任了。』這眞是知言！），使忌之者得乘機挑撥離間，竟至使先生不相信我們，不相信『僅僅外面造出來的空氣就能做成功這樣的圈套』，這是我們十分抱歉的事。 至於說我們有反革命的陰謀，卽倒蔣陰謀，則我們不能承認。 中國革命的力量還是很弱，我們敵人的力量卻非常之大，我們的革命工作，好像撑破船於大海巨浪之中，急求友助還來不及，豈有自毀桅舵之理！ 我們對馮玉祥尙且要愛護，何況蔣介石！ 卽右派中之比較進步分子，只要他們不贊成以區區一萬一千萬元出賣革命的根據地——廣東於英國，我們都不拒絕和他們合作，何況蔣介石！

先生在後一段中說：「大家曉得國民黨是以三民主義來做基礎的。」 又說：『國民黨的領袖，只有總理一個人，不能夠認有二個領袖。』 這句話沒有人能夠反對，凡是有一點常識的人都不能反對。 在原則上，我們不能反對黨中有個領袖，且必須有個領袖；可是在中國國民黨自孫總理去世後，不但無名義上的總理，也並未產出能夠使全黨公認之事實上的領袖，因此國民黨的唯一領袖仍舊是孫總理，卽使將來能有名義上的總理工作上的領袖，而理論上的領袖精神上的領袖，仍舊是中山先生，這是毫無疑義的事，我不懂得先生爲什麼要提出這個問題？ 我不相信國民黨中任何人（共產分子當然在內）承認國民黨有孫總理同樣的兩個領袖，非是不應該如此，而實是無人配如此。 若說國民黨中共產分子有汚蔑總理人格抹殺總理歷史的事，這問題很容易解決，便是不再委屈他做國民黨黨員，國民黨中的共產分子，并不是不受制裁的黃帶子。 國民黨往往因共產分子個人的錯誤，便發生兩黨合作的革命政策根本問題，這眞是一個極大危險的習慣。 中山先生在世時不許黨員討論這政策的根本問題，就是反對這習慣；今後糾正這個習慣，是要將分子制裁和黨的合作政策這兩個問題，嚴格的分開。 譬如國民黨中有些人發行許多印刷物，汚蔑抹殺得共產黨簡直不成話說，然而共產黨從未因此發生和國民黨合作的政策問題。

中國國民黨，和別國的政民黨不同，因爲他有具體的三民主義之歷史與特性，任何黨員（共產分子當然在內）都要信仰三民主義，都要爲三民主義工作，這也是毫無疑義的事。 不過先生說：『凡是一個團體裏面，有兩個主義，這個團體一定不會成功的。』 這完全是季陶先生的理論，我實在不敢苟同。 我反對季陶的意見，已詳見給季陶的一封信中，或者先生無暇一閱此信，現在我再略述我和季陶不同的意見。『我并不反對季陶主張一個黨要有「共信」，三民主義就是國民黨的「共信」；然國民黨究竟是各階級合作的黨，而不是單純一階級的黨，所以「共信」之外，也應該容認有各階級的「別信」，也就是各階級共同需要所構成的共同主義之外，還有各階級各別需要所構成的各別主義之存在』。 譬如工人加入國民黨，於信仰三民主義外，不必禁止他兼信共產主義；工商業家加入國民黨，於信仰三民主義外，亦不必禁止他兼信資本主義；又如吳稚暉李石曾加入國民黨，於信仰三民主義外，亦不必禁止他兼信無政府主義。 凡屬國民黨黨員，只要他信仰三民主義為三民主義工作，便夠了；若一定禁止他不兼信別種主義，若一定於共信之外不許有別信，若一定在一個團體裏面不許有兩個主義，似乎是不可能，而且也不必要。

至於先生說：『拿國民黨三民主義來做招牌，暗地裏來做共產主義的工作。』 這是右派歷來攻擊國民黨中共產分子的話，我們聽得十分耳熟了；在第二次大會時，先生曾說共產分子都為三民主義工作，為什麼現在又這樣說，我不明白這句話是指那種事實？ 我不知道現在的中國，有多少純是共產主義的工作？ 我更不知道共產分子曾拿國民黨三民主義招牌做過些什麼共產主義的工作？ 難道是指共產分子在國民黨中所做的工會農會的運動嗎？ 國民黨三民主義的政綱，也說要幫助工人農民發展組織，共產分子是在國民黨工人部農民部之下，公開的做這些工作，并非暗地裏做共產主義的工作。 難道是指共產分子於三民主義工作外，復到共產黨黨部的集會及兼做發展共產黨的工作嗎？ 國民黨既許共產分子跨黨，并未曾主張一加入國民黨應脫離共產黨，如何能一見他兼為共產黨服務，便指責他是暗地裏做共產主義的工作呢？ 除這兩樣之外，還有什麼？ 并且先生自己也說：『共產分子儘管信仰共產主義。』 又說：『我認為實行三民主義就是實行共產主義。』 又說：『所以我說反共產主義就是反三民主義的口號。』 如此說來，兩主義并不衝突，他們兼做點共產主義的工作，也算做了三民主義的工作，說不上什麼招牌的話，實際上，在廣東的共產分子，大半是拿共產主義招牌，做了些三民主義的工作！

不盡欲言，諸希賜教！

六月四日

最近國民黨中央全體會議之意義（五月二十六日廣州通信）

樂生

國民黨中央最高幹部，自本月十五日起，舉行第二次會議，至今已將結束了。 當此全國反動勢力壓迫民衆，革命問題十分緊張之時，國民黨中央黨部有此會議，在事前殊引起全國革命民衆之注意與盼望，因為在形式上國民黨已成為中國國民革命之大黨，自第一次大會改組以來，甚為民衆所屬望。 所以在此次會議中，民衆至少所盼望的是國民黨最高幹部對於目前政局，是如何的意見，有如何的分析，具如何的策略，提出如何的口號，使民衆如何的奮鬥。 這並沒有一點苛責或奢望，只是一種常識，民衆對於一個政黨，當然只有如此認識：譬如每當政變之時，連辛亥俱樂部、新社會民主黨、上海總商會還有些意見發表，何况國民黨？ 所以在開會以前，廣州的平民羣衆也如此屬望的。

但是等到開會那天，廣州城內忽然滿城風雨的：『共產』謠言，甚至於有陰謀反革命份子去運動罷市，廣州中央銀行也擠兌起來，當時各種各式奇怪的謠言發生，或者說五月十五日民黨中央將宣布共產，或者說會後將沒收商人財產；運動罷市的人便說非胡漢民當權不能保財產田宅，煽惑擠兌中央銀行的人便說非殺盡共產黨，蔣介石始終受包圍，銀行一切存款，都要沒收。這種謠言街頭巷口，時常可以聽見。三月廿日之役後，反動派的陰謀未告成功，香港帝國主義者，也高興了很少的時間。民黨右派份子仍舊有些鬱鬱不快；五月十五之前便發生了一種理論，說是民黨本無左右派，完全是共產黨挑撥，這次會議左派既佔多數，共派想必又要利用他們打擊右派，實行赤化國民黨。這種謠言和議論風傳後，廣州忽然宣布戒嚴，空氣緊張到萬分，銀行擠兌，軍警梭巡，於是社會上對於民黨中央全體會議的感想，便弄得恍惚漠糊，莫明其妙：也不知道這次會議究竟是共產黨討論實行共產呢，還是反革命預備殺共產黨？

等到該會宣布開會，政治報告之後，關於現時革命策略，北伐問題等，固然沒有討論，關於實行共產，更是一字也沒有提起，大家彷彿鬆了一口氣似的；但是般般屬望的民眾，等待正確明顯詳盡的革命方針的議決案，對於顏內閣的態度，關於護憲問題的表示……等，待到該會開完，還是沒有！一般廣州民眾，明白的革命的一般人民，都明知道中國現時沒有什麼實行共產的問題，但是他們卻同樣的明瞭：現時的緊迫問題，是怎樣抵禦英日帝國主義和吳張之反革命；他們並且要求知道廣州的革命力量究竟怎樣，革命勢力內部的糾紛，是否會被帝國主義者利用，而毀滅廣州的革命根據地。民黨中央會議對於這些問題至今還無明確的答案。如果有，亦許祇有對於最後一問題的，即廣州革命力量的情形。

是的！民黨中央這次會議，表示了些該黨內部的各派實力的關係。

民黨之中向來有許多派別，民元以來國會中許多小政團，自稱為民黨者甚多，確係民黨分化出來，墮落下去的也不少，就廣東護法以來的歷次政府之中，也有好幾派民黨。第一次改組大會之後，許多十分腐敗墮落的分子固然大半剔除了，但是餘留下來的這種成份也還有些；同時第一次大會之前，已有共產主義者加入民黨，無政府主義者也有，第一次大會之後共產派當然因民黨政綱之明確規定而日加增多。第一次大會後政綱既確定，又受民眾革命運動尤其是五卅運動的衝動，新生的和舊有的左派日益團結鞏固起來。民黨中之有派別，在中國各階級聯合革命的過程裏，當然是無足怪的很自然的現象。第一次大會明白確定贊助工農並且更加明確的恢復了民元以來為妥協派（黃宋）所抹殺為一般黨員所遺忘的平均地權主張，再加之以新定了打倒帝國主義的口號。因此代表買辦土豪階級之馮自由派，便首先發難，反對國民黨的赤化，以一切『罪名』，如反帝國主義等，加之於共產派，要求開除。嗣後謝持等又從而附和之。第一屆中央的第二次全體會議便討論這一反共的糾紛問題。當時正是商團（買辦階級）反革命暴動之時，買辦階級失敗，英帝國主義的氣燄受一次挫折，馮自由也就被開除，而謝持等反共運動，便亦暫告停頓。

民黨內這種反動派從北京政變之後，歷次受大大打擊而消沉，尤其是廖案之後。五卅以還，中國無產階級勢力大增，國民黨左派得其政治上的贊助，而得形成國民政府。中國資產階級便因恐懼而退縮，國民黨中也有所謂戴季陶主義發現。隨後帝國主義由守而攻，聯合主張實行反革命戰爭，自然而然，民黨中買辦土豪階級的反動派及機會主義的右派應命而聯合於假借戴季陶主義名義下，召集西山會議，開除汪精衛及共產派。（隨後民黨第二次代表大會表現充分的左傾，第二屆中央委員會，共產派雖減少，而左派勢力大增。）西山會議派亦召集自己的大會於上海。不過，在這時候北京三月十八日屠殺，國民軍敗，民眾革命運動亦受摧殘；廣州又有三月廿日反動派之陰謀搗亂，誣陷共產派之罪；並且汪精衛也因『病』離粵。——因此，機會主義派中便有些不公開的參加上海大會，這是五月十五國民黨第二屆中央委員會第一次全體會議前之內部糾紛的情形，亦就是民黨革命力量之消長分合的情形。

這次民黨中央會議之前既有黨內各派鬥爭這種歷史關係，又有開會前反動派的搗亂造謠威脅，於是這次會議不期然而然的以全力注重於所謂『黨務整理案』。開會之前，西山會議派之預留回旋地步者，紛紛都到了廣州，甚至於曾經出席於西山會議又出席上屆大會被選爲右派中央委員之鄒元冲等亦去活動。……會外空氣之緊張和會外運動帷幄之努力，都使主持民黨中央者專注意於『黨務』。這次會議便全被『整理黨務案』所佔據。左派無形之中受四圍空氣之壓迫，能佔多數而不能進展。其中頗有憤憤不平的，有說：『向來反對共派黨團作用的人，如今卻自己在背後執行黨團作用了！向來以搗亂秩序誣陷共派的人，如今更自己指揮造謠搗亂。難道因有共產謠言，我們中央便應當專事抑制共派以自洗刷嗎？帝國主義者見着我們這種情形，眞正高興，我們算中了他們的奸計了。』

整理黨務案究竟是甚麼呢？蔣介石對於三月廿日事件自請處分（中央議決免議），同時，提出其整理黨務案。其中重要之點即限制共派在民黨各高級黨部不得佔委員三分之一以上；共派不得當中央各部部長；國民黨黨員不得加入共產黨；他黨加入民黨者須將其原存黨籍報告；推舉代表邀請共黨設聯席會議，請共產黨將加入國民黨之黨員名單交民黨主席保存。并議決選舉中央主席。這些議決在前兩天的原提案還要複雜些，字句還要嚴重些，提案後經屢次修改才改到現在公布的條文。可是此地報紙不得中央委員會許可，早已將草案原文公布，此等底稿，究係何人取出公布，現尚未查明白。

這一議案的意義，其實是非常明顯的，用不着多所解釋；這是左右反動各派的一個很複雜的鬥爭。西山會議議案的精神亦可以說有部分的實現了；可是，反動派還並不因此而驟然得勢。

此次會議中，亦有一件有趣的事實，可以一述。右派在國民黨中仍然存在，是一件事實，本不是可以否認的。第二次代表大會是左派之勝利，担任中國國民革命勇於團結的好現象，此時右派無地自容，所以又有右派的第二次代表大會，另一個中央執行委員會之組織。全中國的國民，都知道這個右派，右派的行動和消息，京滬各地的報紙，都大書右派，加以分別，這並不是別人可以揑造的。但在這次會議中，獨有一位孫科要提出一個議決案，要禁止以後國民黨有左右之分，結果遭了否決。孫科在會議中，且用口頭說明，提出本報獨秀的論文，指爲有意挑撥，而實際獨秀那一篇『國民黨右派之過去現在及將來』的分析，是根據於事實，是十分正確的。所以左派與共產派俱在會議中，反駁孫科提議之無理。共產派除從理論上解釋左右派的原因外，並從歷史上與事實上加以說明；左派則痛責俱樂部的組織與另立一黨的右派行爲之荒謬。此案之結果雖被否決，但在事實上又一次證明反動派之行爲的表現。

至於左派，當然受四圍種種束縛，如共產謠言，軍事暴動的謠言等，可是，左派與共產派的聯盟很鞏固，一般民衆，如最近農工學商聯合會議，都贊助左派政策。可見單是這一中央會議的黨務一案，還不足決定民黨中央的右傾。最近（廿八日）民黨中央已有對時局宣言發表，大半只是偏重於該黨內部解釋糾紛意義的說明，中有『本屆中央委員，深信此議決案，非對任何方面表示無意識之妥協，而實排除障礙，團結革命分子，與反動派等戰鬥』之語。所以雖然整理黨務案本文之中，很明顯的有機會主義之滲入，而民黨革命力量之前途，還要看以後『與反動派戰鬥』一語之實行如何而定。中國革命的聯合戰線與不革命反革命的聯合戰線之勝負，至少在南方很和民黨中央裏左派及機會主義派勢力之消長，有密切的關係。機會主義派是否能對於打擊反動派的事不多所牽掣呢？

共產派認清革命的現時形勢，要求極鞏固的極澈底的革命聯合戰線，他們在此地對於民黨中央的新議決案的態度，便以此為標準。民黨中央會議中的共產系（Fraction），在開會時對於民黨內部組織問題，如委員人數分配及担任部務之義務等，毫沒有甚麼爭執；並且共產黨廣東區委員會亦有宣言發表、說明鞏固革命的聯合戰線及與民黨合作之意義。 至於民黨內部問題，共產黨不加可否，正如民黨對於共產黨黨務不應干涉相同。

總之，這次會議的結果，既有團結革命分子與反動派戰鬥的宣言，又非根本推翻與革命的無產階級政黨合作的政策，當然他們留給會後最重要的問題，並非民黨與共產黨關係變更的問題，乃是民黨中央是否決然打擊反動派，鞏固革命戰線，以實行不幸現在竟不能實行的國民黨的天職——做中國民衆的先鋒，反抗英日與張征服中國的戰爭和統治，集中全國一切革命力量以達到召集國民會議，打倒賄選國會系統的北京現政府，廢除不平等條約，解放中國民族的經濟政治於帝國主義之下。

北方政局新變化之徵光（五月二十八日北京通信）

羅敬

國民軍退出聯軍佔北京的一天，是反赤軍勢力達於極點的一天，亦就是革命勢力和與民衆接近的武力重復抬頭的一天。 從那一天起反動勢力的聯合戰線，逐漸的瓦解：漢吳逐段，奉張反顏，不但把一個北京的政治舞台弄成了兩大相持誰亦不許誰下口的肉骨頭，并且影響於軍事方面。 漢吳只天天在黃鶴樓頭，彎弓盤馬，說些討伐南赤北赤的大話，而一夫當關的南口要塞之前，從不見田靳的一卒一騎有與關東紅鬍山東白孽連鑣并轡北逼長城者；而且居庸以南天險人防，萬難飛度，直魯聯軍曾經嘗試，已三次受了莫大的損失。 南口不啻虎口，以奉方之聰明狡猾，豈能徒為漢吳誇大狂的迷夢犧牲？ 又以漢吳在政治上與奉鬥爭，絲毫不肯讓步，如果奉方以全力消耗於險地勁敵，則異日之乘其敝者，大有人在。 故奉方於此，在軍事上對於南口的進攻，不能不毅然臨崖勒馬，將直魯聯軍陸續撤退返魯，一面則以奉軍屯集於唐山豐台間，嚴重的監視漢吳一系的行動，而南口方面，遂成休戰之局。

奉張的主力軍，近集於津楡道上，似頗不願輕於一擲的犧牲於對國戰爭。 窺其用意，殆欲留此勢力，進可與漢吳蘇孫相對峙，退可以自保其關東王的基本地盤，而以直魯的聯軍應付南口，以吳大舌頭的鐵騎，遠征多倫，勝則孤家將士之功，敗則只是嫁出的或待嫁的女兒蒙其損失，此真計之巧者。 直李之捲土重來，實係張宗昌之力居多。 其本人之勢力已一落千丈。 入津京以來，既不見信於奉，而且常受張褚之脅迫，漢吳雖曾敷衍過他，此次燕京衛戍，又會向隅，故怨吳甚深。 現在蟄居天津日界，態度極其消極。 最奇者，他日前忽然向國民黨表示好意；彼并表示對聯俄不反對，惟對日彼個人以歷史的關係尚不能遽斷。 於此可見其最近態度之一斑。

魯軍回魯的原因，據日人方面秘訊，純系預防蘇孫之侵入。 日訊且謂靳田亦與是謀，屆時靳田亦將出兵津魯，助蘇孫攻魯張。 社會日報林白水則警告張吳小心火燭，小心靳田在蘇孫與國一之間，接起一個橋樑。 順天時報公然說漢吳北來，係因屢電靳田援晉，而靳田肯梗命不動。 以吾人所知，靳田確與國一有密切的交往。 另一說，魯軍『歸魯』，於防蘇孫外，尚有二個目的：一監視畢庶澄，因畢對張不滿，張甚疑之；一鎮壓紅槍會黑槍會等農民武裝暴動。 惟直系方面消息，則謂田的態度，確如上述，但靳殊未與田一致，此或為直系一方樂觀的觀察。因靳與田均爲未曾獲尺土以爲之地盤，其情形相等。他們曾對人言，我等對於護憲，擁顏，乃至反赤等問題，毫無半點的興味；我等只欲求得一托足之所，足恃爲餉源，以爲兵士覓食而已。吳之再起，靳田實勞苦功高，而河南地盤已爲寇得，京師衞戍亦且吝不之與，故惟有自締新緣，以與反奉的勢力相結，向直魯發展，這是必然的情勢。

國一退到南口後，吳張聲言尙欲窮追，其時國一所處的境勢，岌岌乎四面楚歌。誰知不多幾時，共同討伐的敵人，忽變爲競與求婚的處女！但實際言之，國一軍對吳，無和議之可言：鬥致中到漢晤吳時，吳一見面，便說你是前來繳械的總代表吧？吳之驕妄，一至於此，國一安肯與彼言和？對奉雖有張樹聲金鼎勛之互換使節，而奉之對國亦無言和誠意，不過藉此以牽制漢吳而已。對國言和最乾脆的，莫如張宗昌。張臨出京時，曾派代表往六國飯店晤國一軍駐京要人，表示卽將撤隊回魯，以後的戰爭，是奉軍或是李景林的對國戰爭，與我老張無干了。爾後老張的兵果然以次撤退，但這是因防孫而撤退，老張樂得對國表示一個空慷慨。此外實有默契者，厥爲田靳，尤以田爲最堅確。田現在長辛店趕造槍彈，備戰甚急。傳聞吳此來，卽要逼田靳進攻南口，否則調之他往，以期鞏固直系與奉系的反赤聯線。又聞田軍將入鴈門關，名爲援閻，實則助國。但閻聞此不速之客將來，急電漢吳，求其令田靳等在南口方面相助，不勞枉駕鴈門，是蓋婉拒之辭令也。

國軍乘南口方面入於休戰狀態之機會，忽然大舉攻晉，廿日下總攻擊令，廿二日卽攻下大同，現在激戰於鴈門附近，太原大震。南口奉聯軍爲敷衍晉閻，進攻南口，頃聞已敗退沙河。預料時局之新變動，專待山西戰爭之結果。如果十數日內外，霹靂一聲，國軍長驅以下太原，則娘子關外，必然要閃出一新局面。爾時南方之革命軍，如已攻入長岳，則大局當有新發展也。

山西既下，西北根本已鞏固無虞，然後徐徐肅淸陝豫期與革命軍會師武漢。卽不然，守南口娘子關與潼關以觀變中原，亦能形成一個由察哈爾經綏甘陝川黔桂以迄廣東包括全國革命勢力的弧線陣八。

漢吳對於蘇孫，亦在暗中拆台：在北方揚言以魏益三軍隊俾齊燮元，南下討赤，實則助齊恢勢力，以爲在蘇皖浙捲土重來之計；齊復暗中勾結蘇皖舊部，自不消說。在南方，則以江西之鄧如琢與福建之周蔭人結成攻守同盟，以破蘇孫之五省聯盟。最近鄧周之間，吳周之間，秘使往還不絕於途，其銜有重要使命，不問可知。前傳周之代表到漢，茲悉此人爲何元芳，係周之參謀長，與吳之秘使沈某同行赴漢，吳接濟周械彈很多。浙之夏超，亦與吳暗通消息。似此情形，蘇孫的高枕石頭，尙不能安眠自在，臥榻之旁，尙有漢吳擾其淸夢，其勢不能不別圖結合，以防不側也。

現在陝有『硬肚』白槍會等，豫有紅槍會綠槍會等，魯有紅槍會黑槍會等，是皆農民自衞的團結。黑槍會有快槍機關槍大砲等新式武器，爲最進步的武裝農民自衞團。是等團體幾普遍於北方兵禍最厲之各省，這是農民階級奮起消散軍閥軍隊的徵兆。河南紅槍會之擊敗國二軍；河南本省兵士之不爲岳維峻作戰；山東張宗昌部下之下級軍官有許多人回袞州去，回泰安去，回他們的家鄉去，回到家鄉加入紅槍會黑槍會去。這些事實，足以徵驗農民階級的力量可以打破軍隊；在軍隊中的農民，尙未與其階級斷絕關係，尙知擁護其階級的利益。農民的鄉土，卽是他們階級的營盤；紅槍會黑槍會等，卽是他們武裝自衛的隊伍。

五月二十八日

嚮導彙刊第三集（第百零一期至百五十期）在再版中，特此預告。

中國青年

——五月特刊號（一百廿一期）——

本期實價大洋六分

發行及編輯通信處：

廣州財政廳前國光書店

北京大學第一院號房轉金重

發行部 編輯部 通信處：

廣州國光書店黃正君

分售處

廣州	丁卜書報社
北京	各學校號房
長沙	文化書社
寧波	寧波書店
武昌	時中書報社
	共進書社
潮州	潮州書店
香港	萃文書坊
汕頭	汕頭書店
嘉興	科學圖書館
太原	晉華書社
潮州	青年書社
濟南	新亞書店
重慶	唯一書局
南京	錦天書館
寶慶	寶慶書局
黃梅	書報流通處
西安	西安書局
成都	華陽書報流通處
紹興	亞民文具實業社

價目

訂閱：國內一元寄足三十五期。國外一元寄足二十五期。郵票代款九五折算。但以一分半分爲限。

代派：每份大洋三分。六折計算。寄費在內。十份起碼。十期清算一次。概不退回。

零售：每份銅圓六枚。

The Guide weekly

嚮導

週報

第一百五十八期

目次

一九二六年六月十六日

顏內閣之大賣國計畫

「——關稅自主犧牲，附稅抵押大借款
——秘密解决五卅案，以博列強承認」

秋白

北京巨頭會議本來是賣國會議！我們上次已經預料到（參看上期嚮導。）巨頭會議的第一緊迫問題，是軍事上的所謂『新直系』問題；靳雲鵬田維勤和孫傳芳國民軍彷彿有秘密協定，聯合反抗張吳；這些小軍閥的地盤問題，確是所謂反赤同盟裏極危險的暗礁。吳佩孚的北上，首先是爲着這一問題。果不其然，六月二日上海各報便登載吳佩孚免靳雲鵬的消息。靳田等在四方敵人包圍之中，暫時不能有所動作。於是這一問題雖未解决，却可暫擱起來；將來是否因此而始終崩壞英日張吳的聯合統治，暫時還不知道。但是，帝國主義者已經表示高興到萬分，電通社的消息道：『自吳佩孚免靳雲鵬職後……組織新直系打倒吳佩孚張作霖之陰謀，頓成泡影，反使張吳結合，益歸確實。』（六日電）

『張吳結合益歸確實』之後，所謂巨頭會議和北京政府，便可安心討論賣國方案了。於是第二個根本的重要問題，便是現政府的外交方針。張作霖的急急入關正是爲着爭一筆賣國大款的分配。我們似乎應當記得：當吳佩孚興師討賊（張作霖）的時候，力竭聲嘶的反對段政府的關稅會議；這就是因爲關稅會議裏總可在外交上設法取着一筆大款，這款子其勢必定是張作霖段祺瑞分肥，所以他要討賊，要奪這筆款子。我們用不着多所證明，祇須看他現在堅持顏閣和派顧維鈞做財政總長便可以知道：段張得勢時他反對關稅會議，如今他却把持政權，急急乎要辦關稅會議了。關稅會議本是說討論關稅自主問題的，高等華人因此而出賣上海總工會，勒迫英廠工人上工，想至少取得華人參加管理關稅公庫的權利。誰知道弄到臨了，這些賣民賊大上其當，關稅會議落在張吳手中，變成空前大賣國的機關。買辦的賣民始終是要成就軍閥的賣國！張吳怎樣利用關稅會議賣國呢？請先看帝國主義者的計畫：日本大阪之東洋貿易時報公布列強對關稅會議之協定大綱說——『關稅會議鑒於中國時局，决定照華會規定二五附加稅案大綱後，即此休會，預擬大綱如下：

（一）參加本會議各國，基於一九二二年華盛頓締結之中國關稅條約第一條，對現在從價五分之輸入稅率，再暫行附加稅承認一律增徵，從價普通只二分五厘，奢侈品五分，奢品目表另行規定。

（二）依本條約實施所生關稅增收金三千三百萬元，依華盛頓條約第三條，爲左之目的之使用，（甲）中央政府一千萬元，（乙）厘稅撤廢基金一千萬元，（丙）內外不確之債務償還基金一千萬元。

（三）本條約爲中國與列國間所締結，關於中國關稅之新條，自各國批准後，發生實施效力。

一般適用之（三）本條約之效力發生期自條約調印之日起經過三月後；但效力發生期三月以內，能指出對中國輸出貨物有發航地之證明，雖本條約效力發生期日後，仍依舊條約之規定。又附帶决議依本條約所生關稅增徵金並依使用本條約規定之目的由各國政府指定銀行保管，但各國政府，可委託關稅增徵保管額者，各按自國對中國輸出額比例分配。』

照這大綱的决定，關稅自主永不能實現，因爲裁厘是自主的條件，而裁厘抵補費至少年需七千萬元；如果二五附加稅祇有每年一千萬元作裁厘基金，那麼，到一九二九年（關稅自主期）厘金必定不能裁廢，於是關稅協定仍得藉口繼續。再則，附稅雖增而厘金不裁，外貨價格仍舊可以壓迫國貨，而同時增高物價，這二五附稅完全轉嫁於中國的購買者：既不能保護國貨，又將附稅負担加之於國民。 此外，附稅收入照協定仍歸外國政府保管，同時並立遍償還所謂無擔保的外債。 這樣一來，中國所得實際上僅僅中央政府的一千萬元，而將關稅自主完全犧牲。

顏內閣適應這種帝國主義的計畫，更進一步而利用附加稅收入作抵押，要舉行大借款；顧維鈞在預備就財長以前，奔走天津進行借款，即以關稅二五附加稅增收之三千萬元（一說三千三百萬，一說三千五百萬）作抵，借款總額一萬萬或五千萬元。 大借款的用途，不用說是用以南征北伐，實行吳佩孚的『先平西北再平西南』的計畫。 張作霖入關時便聲言要求中央償還奉系所用軍費，並且說政治公開討論，『關稅會議的中國委員人選，須謹慎挑揀』。 這便是巨頭會議上議案的焦點。 這筆大借款之外，聽說還有德發債票磅餘借款和美孚行煤油在中國專賣的押款，總共起來是一筆大錢。 張作霖要爭這些錢，所以要爭關稅委員中及內閣裏外交部財政部的奉系位置。 巨頭會議的內幕，實在是張吳爭相賣國的會議。

顏內閣的這種賣國大借款計畫，是否完全能邀帝國主義的青眼，而與以承認呢？ 帝國主義的野心還不止此。 他們還以秘密解決五卅案做條件，五卅案秘密解決之後，帝國主義者方肯借給鉅款，方肯承認北京政府。 於是顏內閣便再進一步準備實行這一條件而取得借款及承認。 顏內閣的這種賣國大計畫，其結果是個甚麼樣子！ 關稅自主根本要斷送掉，五卅案的解決根本要承認帝國主義的屠殺權——人民的結社集會言論罷工自由完全犧牲，便是華審公廨案也不能達到要求。 五卅慘案各地的屠殺，只算得殺豬殺狗一樣。 同時，吳佩孚張作霖得了這大批借款，還要準備南北戰爭，將京津戰禍和殘酷的壓迫政策——所謂反赤政策，擴大到西北湘粵，——總之，解決五卅屠殺案，而準備再實行全國大規模的屠殺。 帝國主義者巡捕陸戰隊的刀口上的血還未乾，鎗口上的煙還未消，帝國主義走狗之吳佩孚張作霖顏惠慶顧維鈞等的殺心又大起了；全中國人都被他們出賣做永不能翻身的亡國奴，中國的國權民權關稅……一切都賣絕了！

現在各地的民衆已經起來反對，尤其是上海的學生會工會商聯會都起來反對賣國大借款和私決五卅案。 中國國民黨於五月十五日中央會議後總算也已經發出告國民書（見上海民國日報），號召全國民以抗稅和武裝鬥爭反抗賣國的顏政府。 但是高等華人又是甚麼態度呢？ 上海的總商會固然已經表示反對關稅會議僅僅增加二五附稅。 然而他間接表示希望張吳合作的顏內閣，至今不表示力爭五卅案，五卅週年紀念時，上海總商會也沒有參加。 不但如此，上海總商會會長虞洽卿在這期間跑到日本去『參觀』。 他在參觀團裏的演說，三番五次以解決對日五卅案居功，說：『我等對於日本並無惡感，確有例證，如：去年五卅案起，迅速解決中日兩國間之關係問題是也。』 『國聞社日本通信也說，日本人之歡迎參觀團，確出於至誠，因為：（一）去年五卅抵制罷工雙管齊下，日本幾受極大之打擊，虞洽卿氏設法先予日廠上工，得無損失；（二）日本地震時，中國商人毅然暫時停止抵制日貨；（三）日本商人益覺能從中日親善上着手，則其生產過剩之貨品有發展銷路之希望。』 我們在這三種原因上，可以看出高等華人不反對解決五卅案而祇反對關稅附加二五的緣故。 中國參觀團到東京的時候，日本幣原外相和若槻首相都替他們說明『兩國經濟提攜和『中日共存共榮之大義』。 原來當今英國帝國主義佔優勢的顏內閣局面之下，日本『特殊大使』張作霖不得發展其計畫，況且日本最近（五月二十邊）還表示不贊成關稅會議速了；東京日日新聞說：『關稅會議……不但依據華盛頓會議之範圍而已，更須進一層，而將在實施自主權以前之差等稅率及自主權實施以後之特別協定，一氣呵成定全敗拾。』 如果關稅會議照英國政策（英代表已回國）從速了結，則仍如電通社所言「日本對於互惠條約之交涉，因之亦感困難。」東京外務省的消息，亦說日政府有訓令，要提出中日互惠協定之訂立等件，「俟他日中國方面得有交涉對手之政府（卽非英國派包辦之顏內閣）出現後，立卽提出交涉。」日本帝國主義主張不承認顏閣，便是因爲內中沒有親日派，因爲西原借款抵押問題、中日互惠稅則及暫行等差稅率聯絡問題，不容易佔大便宜。　中國高等華人卻奉承日本帝國主義的意旨，祇反對關稅會議速了，而不反對五卅案私決。　日本帝國主義的努力勾結高等華人，顯然在於停止抵制日貨並商量中日互惠稅則的特別協定問題。　中日互惠稅則，大約早已擬安，全國總商會也會反對過；照那個稅則，「雙方允許減稅者，日本方面以棉織品、藥品、文具品、裝飾品、海味品爲主，中國方面僅以棉鐵兩項爲主。」　這樣的稅則，其結果，日本輸入中國的製成品，因稅率減低銷行益廣，歐美貨物固然受限制，中國國貨亦不免受極大的打擊；同時，日本稅率對於中國的絲織品地毯景泰藍等，都不在互惠之列，反課以百分之百的稅。　這實在是惠而不互的稅率。　日本帝國主義利用高等華人，說甚麼中日經濟提攜等，暫時反對英國對於關會的政策；隨後，如果他和英國妥協交換條件，而確定以後這種特定稅率的原則時，高等華人才知道是上了大當哩！

可見，我們應當不但要反對關會速了，反對英國帝國主義走狗的大賣國借款，並且要反對私決五卅案；不但要反對英國私決五卅案，並且要反對日本私決五卅案；不但要反對英國派賣國，並且要反對英日張吳雙方聯合的賣國計畫。　現在巨頭會議快要實際進行了，顏內閣究竟是英國派單獨的賣國政府，還是英日兩派聯合的賣國政府，還是在未定之中。　但是看日本通信社的「張吳結合益歸確定」的樂觀語，我們可以斷定張作霖必定要預聞賣國大計畫，日本帝國主義必然要插進一隻脚。　所謂高等華人的鉅商領袖，如果僅在進行「中日親善和經濟提攜，如果不再繼續力爭五卅案，那麼，他們覺要完成他們的「偉大的」賣民而賣國的事業了。——五卅案祕密解決之後，關會二五附稅大借款以及其他賣國借款和公債成立，還要加上西原借款、金法郎案、中日「互惠」稅則協定原則之束縛；然後軍閥用這些國家權利人民膏血換來的大款項，從事於南征北討的大反赤戰爭——實行全國大規模的「新式五卅屠殺！」

幸而好，一般人民，甚至於總商會內，也已經有人反對中日親善的陰謀，反對五卅案私決和賣國大借款。　高等華人的赴日參觀，似乎有極曖昧的內容。　近日上海寄來的各報上，有「上海對日外交市民大會」的通告，說該會由總商會、寧波同鄉會、廣肇公所、各幫商業公所、各馬路商界聯合會等所組成，最初該會中之總商會代表虞少山，居然有日本人運動他，給他賄賂；這次赴日參觀團發起時，又有日本人來賄買該會總務主任陳翊庭，勸他一同赴日，許以津貼；該會聲明拒絕賄賂並決不解散。　照此看來，日人的所謂「經濟提攜」，也許專指和赴日鉅商領袖的「金錢提攜」。　一般中國人民，從工人農民直到有廉恥的中國商人實業家，我們能忍受日本帝國主義的這種侮辱壓迫嗎？　我們現時看清英日吳張雖然互爭而同時協同對於中國國權和人民進攻，我們反抗日本張作霖的職任，並不輕於反抗英國與佩孚一分。　一般人民對於高等華人的妥協賣身，也可以看清楚了；應當一致積極的起來，推翻高等華人的領袖，努力反對賣國的顏政府，反對一切親英親日的賣國賣民賊。

中國現在眞在亡國的大危險中：

五卅案要祕密解決了；關稅自主要根本斷送了；賣國大借款也要成立了；西原借款、中日「互惠」稅則等要確定了；全國行施軍用票，壓迫一切自由的大屠殺大姦淫的反赤戰爭要發生了；一切國權都要斷送，人人都要變成亡國奴了！

「中國人如果不甘心做亡國奴，不論實業家、商人、學生、工人、農民，都應當起來積極奮鬥，至少：對外監督商會等機關負責抵制英日貨——一切對英對日的貿易應當完全停止；對內，大家聯合武裝自衛，對於賣國的顏內閣及一切賣國軍閥，實行持久的抗稅。」誰敢於私受帝國主義軍閥的賄賂或指使，作弊破壞，以阻撓抵制仇貨和抗稅運動的，誰便是民賊，人人得而誅之！ 一九二六・六・八 於寧波

動搖中之資本主義穩定

——最近國際事變之研究——

超麟

近來國際上各種事變，明顯告訴我們，資本主義世界已經進了一個新的時期。以前是所謂資本主義穩定的局面。這局面從德國一九二三年革命失敗後開始一直繼續到現在。這局面的經濟基礎是歐洲資本主義得着美國財政資本幫助渡過了戰後幾年嚴重的恐慌，相當恢復其破壞的經濟組織。這局面表現在政治上來，便是有許多國家自由派資產階級政黨聯合小資產階級的工人貴族的社會民主黨跳上了政治舞台。在這局面底下，世界雖然仍是革命的狀況，但直接的革命形勢是沒有的，所以此時無產階級革命的勢力潛伏着，一方面統一國際職工運動，他方面整頓各國無產階級政黨，共產黨，的內部——波爾札維克化。

但所謂資本主義穩定局面，乃是暫時的，相對的。世界資本主義并不能恢復戰前的繁盛時代。資本主義內部的矛盾不僅沒有消滅或減少，反暗中急劇地加增，造成更大的恐慌，將結果了資本主義本身的壽命。資本主義的命運本來如此，我們觀察分析造成這穩定局面及這局面底下的各種事變，所得結論亦是如此。換一句話說：我們承認資本主義，自從德國一九二三年革命失敗之後，確是穩定下來了；但同時我們又指出這穩定局面不久即要像曇花一樣過去，更大的恐慌即將到來。直接的革命鬥爭快要開始了！

近來國際上各種事變就證實了我們的預話

近來國際上各種事變正是直接的革命鬥爭之先聲。實質上、所謂資本主義穩定局面究竟是甚麼呢？一方面，在革命勢力和最反動勢力中間造成了較和緩的勢力，和平民主勢力，爲其緩衝，——這種緩衝勢力自然是屬於資產階級的，但牠對付革命的無產階級之手段，究竟與最反動勢力執政時不同，即牠答應部分的改良，以收買一部分工人貴族，以較和緩的方法壓抑無產階級的革命怒潮：以前英國的工黨政府，法國的左派聯合政府等，就是最好的例；他方面，不管資本主義國家間衝突加緊地潛滋暗長，但有美國資本爲之拉攏，各國帝國主義者究竟能夠成就相當的協調，這協調的表現就是倫敦會議和洛迦諾會議」。現在這種形勢已經過去了。現在這種緩衝的勢力已逐漸解體，而二極端的勢力，即革命勢力和最反動勢力已逐漸强大起來，成了直接對抗的形勢；同時帝國主義者中間的協調已經破裂不能再繼續下去了。

這二種趨勢——緩衝勢力之解體和帝國主義者協調之破裂——已由近來的事變顯示出來。

前一種趨勢，最明顯的是英國的總同盟罷工。這次罷工雖然未曾使英國資產階級屈服，而即停止，但是有很大的意義，則是任何人所不能否認的。這次罷工誠然是「英國數百年來所沒有之專橫行爲」。這次罷工之重大意義即是整個工人階級和整個資產階級之對抗。一方面是革命少數派爲中心的總同盟罷工，他方面是反動的保守黨政府壓迫罷工。這形勢是個個英國人都能明白的，此時顯然祇剩下二大勢力：最反動勢力和革命勢力的直接鬥爭。緩衝的勢力已經

不存在了，恰切點說，也是沒有力量了。　無論湯姆斯麥克唐納爾等工黨右派首領，舊時的首相和大臣，怎樣壓抑革命少數派運動，怎樣阻止總罷工實現，但英國工人已經不信任他們，總罷工終歸實現。現在反動勢力已非親身出馬與罷工者相周旋不可，再不能借助於工人貴族的首領，更不能借助於較和緩的自由黨了。　多年執政的自由黨反因這次罷工而起分裂，這更是一件重要的事實。　我們在罷工中看見自由黨的態度至不一致：愛士葵西門一派完全站在保守黨政府方面，主張壓迫罷工到底；而路易喬治一派則發爲較和緩的言論，反對保守黨的政策，主張繼續與工人代表談判。　就因這二派主張不同，所以罷工結束之後，牛津派攻擊喬治一派在罷工中的態度，遂引起了很大的風潮，以至引起自由黨分裂。　這個證明甚麽呢？　這就證明中間的緩衝的勢力已沒有作用而走向消滅的路上去，革命勢力一天天長大起來，同時最反動勢力也大張旗鼓與革命勢力相對抗。　從今以後，保守黨自由黨一向輪流執政的英國，已成陳跡，繼之而起者乃是旗幟鮮明的短兵相接的階級鬥爭的英國了。

不僅英國如此。　這新的趨勢乃是國際的趨勢。　中間的緩衝的勢力到處解體，革命勢力到處長大起來，同時最反動勢力也到處大張旗鼓與革命勢力相對抗。　在德國，反動的大地主大資產階級甚至於陰謀復辟。　據路透社五月十二日柏林電，柏林警察發現了復辟陰謀，法西斯蒂復辟黨準備推翻現政府而代之以黑暗反動的政府；而且另一消息，德國現任總統興登堡自己就參加這個陰謀；柏林二十萬選權人開會要求無償沒收前皇族財產，興登堡極力反對，甚至以於辭職相要挾；德國總理路德且因民國國旗和帝國旗之爭執而辭職。　這些都表明德國資產階級還嫌現政府壓迫政策太過和緩，還要一更反動的政府根本撲滅德國工人的反抗。　同時德國無產階級勢力也日加長大起來。　路透社五月二十四日柏林電說德國共產黨在公園行檢閱禮，到了三萬餘人，皆着半軍式的制服。　這樣的示威是可以塞反動派之膽的。　在這狀況底下，中間的緩衝的各黨內部正發生危機，國民黨中央黨等皆生意見的衝突，日就衰弱下去。　在法國亦是如此。　佛郎的跌價是無法可以補救的，白里安希望摩洛哥奏凱歸來，可以穩定佛郎的市價，可是據最近消息，白里安的希望終成泡影，摩洛哥戰後，佛郎市價反形跌落，以至於政府迫得採用戰時分配食糧的辦法，麵包店每星期停閉一天，肉店每星期停閉二天。　這樣的財政破產自然要喪失左派聯台的政治信用，法國的中間的緩衝的勢力因而破產。　於是乘這時機，最反動勢力便組織起來，五月九日貞德紀念的一天，法國法西斯蒂黨在巴黎作大規模的示威，與工人羣衆衝突；同時法國工人也乘機左傾，法國共產黨在選舉上屢次取得勝利。　德法二國之外，其他各國也是同樣的狀況。　歐洲各國連日本同時起了社會政治的恐慌，這種狀況是戰後的第一次。　各國政府各起動搖，這就是說資本主義穩定期中執政的緩衝勢力現在已逐漸解體了，最反動勢力已取而代之了。　波蘭和葡萄牙的政變及以後建立的軍事迪克推多，便是二個最明顯的例。　從今以後，不僅罷工後的英國，而且全歐洲，都將祇剩對敵的二個極端勢力，旗幟鮮明地在那裏鬥爭。　中間的緩衝的勢力解體了，因爲資產階級需要更反動的政府，來救治社會政治的恐慌，幷加緊剝削壓迫工人階級。

後一種趨勢，最明顯的是國際聯盟內部的衝突。　國際聯盟本是資本主義國家的強盜同盟，其內部衝突正表現各國強盜間利益不一致，不能像前之倫敦會議和後之洛迦諾會議，可以成立暫時的協調了。　此次衝突導源於洛迦諾會議，協約國爲反赤利益而思解決法比與德國間的糾紛，因此與德國締結保安條約，而以允許德國加入國際聯盟爲交換條件。　洛迦諾條約簽字後，這些強盜自以爲協調成功了，從今可以放胆合力打劫了，然而他們中間的利益衝突始終未曾因之減少，洛迦諾閉會之後，他們的衝突立卽就暴露出來。　洛迦諾閉會後不久，國際聯盟卽討論德國加入的問題。　英國幫助德國，主張添加德國一國爲國際聯盟的永久會員國，但因此問題便引起劇烈的爭論，因爲除德國之外其他各國亦要求爲永久會員國。　這顯然是反對德國獲得此種地位，亦卽反對英國的主張。　反對派中最激烈的是波蘭和巴西二國。　但這祇是表面的。　實實上假使祇有一些小國，像波蘭和巴西，起來與德國爭爲永久會員國，反對英國的主張，那必然不會引起這樣大的衝突。　可見這些小國背後，一定有强有力者爲之發蹤指使。　這些强有力者究竟是誰呢？　不用說，波蘭後面是法國。　波蘭成了法國帝國主義的附庸，這是誰都知道的。　祇有蠢才，才會相信法德間的衝突已經由洛迦諾會議解决了。　法國不願德國爲國際聯盟的永久會員國，所以在暗中搗鬼唆使波蘭，要求一個永久會員國的位置。　巴西背後又是誰呢？　那是美國。　蕞爾小國的巴西，居然敢與央央大國的英國抗衡，幷且引起這樣大的風波，這足使許多人驚訝的。　殊不知巴西後面乃是美國帝國主義作祟。　南美各國事實上本是美國帝國主義的殖民地，向來惟美國之馬首是瞻，本就沒有獨立的外交可言。　我們看最近的消息說，巴西退出國際聯盟後將加入美國所主持之汎亞美利加國際聯盟，於此更加可以證實美國的陰謀了。

除德國加入國際聯盟問題的爭論之外，裁減軍備問題也表現帝國主義者中間的衝突。　大家都知道，帝國主義者侈談裁減軍備絕不是爲世界和平的，乃是爲限制敵人的武力。　帝國主義者裁減軍備的呼聲愈高，其作戰的準備就愈厲害，這是有歷史事實可以證明的。　帝國主義者一方面太喊其裁減軍備，他方面正在努力擴充軍備。　據日本陸軍部最近調查，英國軍隊共四十五萬五千人，美國三十一萬四千人，法國六十六萬人，意國三十萬人，德國二十七萬人，日本二十萬人；軍艦，英國現有共三百二十八隻五年後可增加八十六隻，美國四百五十隻將增加三十一隻，日本一百五十隻將增加六十六隻，法國一百二十四隻將增加一百六十三隻，意國一百二十一隻將增加七十四隻；軍用飛機，英國現有一千一百台將增加一千二百台，美國一千五百台，法國三千二百台，意國一千五百五十一台，日本五百台。　有這樣可驚的軍備又加以未來擴充的計劃，誰還能相信帝國主義者是愛和平的呢？　他們爲甚麼保存這樣可驚的軍備幷要擴充新的軍備呢？　因爲他們要準備新的帝國主義的世界大戰，因爲他們中間利益衝突一天天加厲起來。　洛迦諾的協調分明是騙人的把戲，他們中間的利益衝突已在德國加入國際聯盟問題中暴露出來了，他們中間的武裝衝突也在裁減軍備問題中證明其不能避免了。　他們現在正在遮飾他們的中間衝突，尤其用和平的口號裁減軍備的呼聲來遮飾，但這種手段畢竟是不能掩盡天下人耳目的，他們的把戲終於從反動魔王墨索里尼口中洩露出來。　五月二十八日墨索里尼在意大利參議院中演說有言：『意大利帝國主義爲意大利人民道德上繁榮之表示，意國有經濟上與知識上擴張之必要。　人嘗倡國際團結人民親善邦交和睦等之甘言；要知空言與事實不盡符合，在眞正生活中，各國無不植立可怖之隄防。　厥物惟何？　則經濟與政治是已。　泛繁黨政府所採行者爲和平政策，惟和平主張幷不含括裁軍。　裁軍必須遍及全部，否則徒爲結果不佳之喜劇；裁軍必須舉海陸天空之軍備盡數裁去，若維海面而僅裁陸軍或裁減海陸軍而許有天空軍備，則烏乎可。　若他國不自己切實裁軍，則意國不能解除武裝，致蹈喪失獨立與自由之險或遭自殺之譏。……』　讀者切勿以爲這僅僅是墨索里尼個人或意大利一國的見解，其實，其他帝國主義者都是這樣的。

這裏，還有一件事實，足以證明所謂『洛迦諾精神』已經飛往九霄雲外去了。　這就是四月二十四日簽字之俄德條約。　這條約正面的意義是俄德二國互相保證於俄或德與第三種勢力衝突時，德或俄應守中立；而其反面的意義乃是德國看出了國際聯盟的欺騙，不得不轉而東向與蘇俄攜手。　洛迦諾會議本是英國要拉攏德國加入未來的反蘇俄聯合，德國之加入國際聯盟亦是協約國要德國遵守國際聯盟第十六條會章假道於西方軍隊以進攻蘇俄。　現在，德國既與蘇俄締結互守中立的條約以後，洛迦諾會議這一方面的意義已經喪失了，即德國再不能充反蘇俄的工具了。　這不啻表示洛迦諾條約的破產，亦即帝國主義者中間的普遍協調已經破裂之證據。

由上面的分析看來，可見資本主義世界確已進了一個新的時期，即資本主義穩定局面底下之二種現象——緩衝勢力之得勢和帝國主義者間之協調——已逐漸消滅，而代以新的相反的現象了。

在這狀況底下，殖民地民族運動仍舊繼續發展下去。　本來，在資本主義穩定局面底下，宗主國方面雖然沒有直接的革命狀況，但殖民地的民族運動則無時或息而且更加發展的。　埃及的暗殺風潮、中國的五卅運動、摩洛哥的戰爭、叙利亞的暴動、印度的罷工、土耳其的抗爭等，都是資本主義穩定局面底下發生的事變。　最近雖然法國帝國主義用盡九牛二虎之力剝削本國勞動民衆的脂膏不顧國內財政的破產致力經年終於征服了摩洛哥鎮壓了叙利亞，但近東地中海一帶仍然陰霾滿佈着。　埃及仇英的柴魯爾一派選舉得了勝利，五月二十四日路透社開羅電：『埃及國會選舉已選出柴魯爾黨一百四十二人，自由黨二十一人，國民黨四人，超然派二人，伊特哈斯特黨一人，尚有四十三席結果未詳。』　這麼一來英國帝國主義馬上起了恐慌，趕快派軍艦到埃及去，威嚇柴魯爾不願他就相職，因柴魯爾不肯接受英國向埃及提出的四個保留條件：(一)蘇丹的管轄權，(二)蘇彝士運河的保障權，(三)埃及境內外人利益的保護權，(四)埃及的國防權。　意大利在的黎波里活動，與英法西諸國間發生暗潮。　非洲蘇立地與塞維那加部落反抗意兵起衝突。　土耳其受了意希聯盟的威嚇，召集軍隊為作戰之準備。　這些事變都是未來戰爭的導火線。

在東方，上海的五卅紀念運動自然有國際的意義。　自從三一八屠殺以後，帝國主義者，以為從此中國革命風潮衰落下去了，他們想用收買高等華人為手段去消弭民衆紀念五卅週年的怒潮，但結果幷未曾收效，中國的工人學生小商民及一般市民仍舊能夠聯合起來，不顧高等華人的破壞或怠工，竟召集六萬人的羣衆大會幷佔領了公共租界中心市街數小時之久，講演，毆打巡捕，擊碎電車……。　這是證明中國勞動羣衆以無產階級為其領導者有獨立的革命勢力，縱然一切高等華人都被帝國主義者收買去，亦能推翻帝國主義在華的統治。

尤可注意的即最近的朝鮮革命風潮。　四月二十五日朝鮮廢皇死後，朝鮮即起紛擾。　日警禁止朝鮮人夜間為前皇舉哀；羣衆仍終夜聚集近城山中哭泣不已，且多有因此被捕；有人圖刺日總督誤傷二日人。　六月八日電通社東京電：『企謀大韓國獨立之京城天道教本部，其陰謀忽然暴露，九十九人被捕，不穩文書押收五萬部，獨立黨擬乘故朝鮮王國葬日起事，與海外各團體互相策應，除上海之庚寅義勇隊急進派以外，海參崴亦有聯絡。　上海近已逮捕四人，內有一人在領事館內縊死。』　又九日漢城電：『天道教陰謀之內容係出於直接行動計畫，手鎗炸彈等物，押收甚多，堆積如山，其後事件益形擴大，京城府內本部其他寺院均大加搜索，結果又發見新事實，警務局部內亦有相當內應者，朝鮮人官吏之中，恐不免有多少牽連，因之京城各警察均總動員，徹宵警戒總督府以下及公官各署。』(電通社)　路透社十日東京電：『今日據漢城電稱，已故前韓皇殯儀將近陵地時，有學生四十人大呼散發煽亂之傳單，殯儀為之淩亂，諸學生均被捕，但沿途韓人亦大呼不置，以是益形擾攘。』　又十日東京電：『今日為已故前韓皇舉殯期，東京各公署及大商店均停止辦公，各處懸半旗誌哀，據漢城消息，昨日正午有二十五萬人入城，半皆徹夜坐於宮之四周，陰謀案復拘獲多人。」 朝鮮此次風潮結果如何尚未可逆料，但這對於日本帝國主義是個打擊，則是一定的。 沈寂許久的朝鮮人的反抗運動，現又復活了，從今注意殖民地民族運動的人，一定不會忽視了朝鮮。

東方其他各國，如印度時刻有罷工事件發生；如日本政治恐慌一直延長到今未曾解決，工人罷工日漸惡化等，皆不利於帝國主義統治的事實。

綜括上述一切事實，我們雖然未敢斷言所謂資本主義穩定局面已完全過去，但至少，我們可以說這穩定局面已經在動搖中，直接的革命鬭爭爲期必不在遠了！

紅鎗會與中國的農民暴動

獨秀

中國是一個大的農業國，我們或者可以說農民暴動是中國歷史之骨幹。 遠者如陳涉輟耕而嘆，如赤眉黃巾黃巢等役，如闖獻之亂，都是官逼農變；近者如洪楊義和團及紅鎗會這三件事，更是很明顯的農民暴動。

無論士大夫怎樣詛咒農民暴動，而由陳涉一直到紅鎗會這二千年一貫的農民暴動歷史，是無人能夠否認的。

任何民族中封建社會時代的農民，他們的思想都不免有頑舊迷信的色彩；他們的行動往往偏於破壞而不免於野蠻，這本是落後的農民原始暴動之本色。 士大夫固然有理由詛咒他們的思想與行動，然而沒有理由詛咒他們對於統治階級之反抗暴動。「因爲中國最大部分生產者是農民，同時却是被統治被壓迫的階級；壓迫農民的不但是統治階級（從前的朝廷現在的軍閥）及其官吏，士大夫表面上好像是站在統治階級與農民之間，而實際上是接近城市政權，附屬於統治階級，也要壓迫農民的；所以分利的統治階級之暴政一到了某種程度，生產的被統治階級即起而反抗暴動，即農民對於政府官吏及士大夫之反抗暴動」。 這本是中國歷史的慣例。

現在的紅鎗會運動，就是這歷史的慣例之一。「有廣大農民羣衆的紅鎗會，已普遍了河南山東全省和直隸之南部安徽江蘇江西之北部，黑鎗會黃鎗會白鎗會，都是他的姊妹團體」。 河南山東的軍閥，把他們當做土匪，盤千整萬一連幾數十個村莊的屠殺，然而他們實是武裝自衛的農民，而不是土匪。 他們的大多數不但不是土匪，而且仇視土匪，因此土匪時常勾引官兵來屠殺他們。

「紅鎗會的政綱是：反抗軍閥，反抗貪官汚吏，反抗苛稅雜捐，反抗土匪」。 他們的思想頑舊迷信，和前代農民一樣，他們的反抗暴動之性質，也和前代農民一樣。 他們當中也許雜有少數土匪，而大部分是農民，且許多是小有土地的農民。 他們的首領也有腐化爲軍閥利用之可能，而羣衆是要反抗軍閥苛稅到底的。

新聞報五月二十五日開封通信說：「豫東杞縣通許一帶之紅鎗會，自經李鴻翥用大砲轟擊後，村莊被焚者已百里內無人煙，人民死者數以萬計。……通許知事至鄉間，合集紳民勸導，紳民質問知事曰，「不教我們信紅鎗會極易，只要先教地方不見土匪，不再派苛稅，不再派惡軍隊騷擾，完糧納稅一律收用紙洋。」 知事語塞，狼狽而逃；會衆中之婦孺爭以瓦礫追擊知事之轎；知事回報後，寇（英傑）知不可以理喻，遂電李速剿，而大禍作矣。」

人民要求地方不見土匪不派苛稅軍隊不騷擾官廳收用自己所發行的紙幣，便是不可以理喻，便應該用大砲轟擊，便應該焚殺得百里內無人烟，我們要問詛咒農民暴動的士大夫，這是什麼理由？

士大夫或者以爲農民暴動擴大起來，會造成洪楊時代恐怖的局面。他們這個遠慮是有理由的。 洪楊時代農民革命的一段歷史，被士大夫宣傳得十分恐怖；可是實際上究竟怎樣呢？ 此事且不暇博徵，姑舉最近一點材料，作為參攷。

本月六日上海美國僑民團到松江瞻拜華爾將軍之墓（美人華爾於一八六二年九月二十一日率長勝軍助清軍與洪楊軍戰死於松江），福開森演說中有言：『是時居華之美名士前同文館總教授丁韙良博士，曾再上書於美檢事長庫興，力言承認南京革軍政府之必要。英牧師楊格非、莫維廉、艾約瑟等，皆以革軍功成，將為中國莫大之利；楊格非於一八六〇年十二月十八日書中有云：「彼較之皇黨，實有數百年之近步。」……駐滬英麥領事，於一八六一年二月十九日上英首相報告書中，亦謂革軍領區內，「人民皆安居樂業」，而皇黨轄境，則「賊盜橫行。」……當時革軍所宣傳之宗旨，一八六〇年九月十一日大陸記錄中記其簡要如左：

（一）治理中國者應為中國人，非滿人；

（二）專制政府之閉關政策，應即廢除，俾中國亦為國際中之一份子；

（三）應採用外國之美術品及製造品；

（四）應與外國定友善之國交，中國物產亦應與外國交易，以闢富源；

（五）採用外國工商業上之新發明。』

依據這些材料，洪楊之太平軍，未必像當時傾向皇黨的士大夫所宣傳的那樣令人恐怖。 況且現在離洪楊時代又有六十餘年，中國農民已不無多少之進步，現在比那時又有了革命的政黨與軍隊，倘與農民力量結合起來，當然可以減少前代農民暴動中頑舊迷信野蠻破壞的成分。

總之，在北洋軍閥統治蹂躪下之北方十餘省農民，想他們不反抗和暴動，這是客觀上不可能的事；任其自然暴動好呢，還是引導他們在反帝國主義反軍閥的革命旗幟之下好，這是中國目前一個緊要問題。 士大夫盲目詛咒農民暴動，是一件無效的事。

寸鐵

威林頓眼中的華人價值

英國因五卅運動的影響，特派威林頓爵士拿庚子賠款來收買高等華人，以和緩反英空氣；此事外報已公開的說過，許多高等華人，還裝着未聽見，高唱與外人合作。 現在威林頓氏在北京英美協會演說，公然說：『此次來華，備受各界優待，余囊中攜有一萬萬元巨資，故華人皆願與英人合作。』 稍有廉恥的中國人聞此言作何感想？

（實）

反赤軍惠及警察

反赤軍一到天津，便逼的警察罷崗；反赤軍一到長沙，又圍攻警署擄去書記官；在奉天的反赤軍，對警察更大規模的毆殺；他們對警察尚且如此，其蹂躪平民更是如何？

（實）

平民之不平

上海閘北商學界曾經反對保衛團，現據大華通信社消息：『上海南市市民，僉以保衛團為保護富紳鉅商而設，而充當團長團總者，又多係有財產之人，何不輸助私產，而欲徵諸平民，故於昨日（六月六日）起，各家門首均貼有「反對帶徵房捐充作保衛團經費」等白紙字條，其表示頗爲激昂。』 平民出錢養軍閥不算，還要出錢保衛財閥，難怪他們不平呵！ （實）

人類之恥辱

新聞報北京通信說：『日前吳佩孚抵保時，曾有大批議員赴保歡迎。……議員表示亦將赴津迎張，吳連聲答曰：很好很好，最好多去幾位，并希望越快越好。』 這種奔走伺候軍閥的可恥行爲，出之光圓拜壽的豬仔，本不足怪，惟這班下賤東西至今還留在人間，眞是人類之恥辱！ （實）

請看反赤軍閥之衞國救民！

直隷省商會聯合會最近通電說：『各路車輛盡爲軍隊所扣留，棄置無用，不令開行；由是所有商貨，或堆積站旁，或遺棄中路，總其損失，難以數計。 商民坐視虧折，已屬不貲，加以軍隊所在，紀律毫無。……又復軍隊複雜，號令難一，甲站賄通，乙站橫阻，層層敲剝，種種留難，擾害情形，實難言喻，路局莫敢誰何。……養兵本所以衞國，興師率皆曰救民：綜觀以上種種擾害實情，以此衞國，國何不亡，以此救民，民無噍類！』 這些現象，本是軍閥統治之下，尤其是反赤軍閥統治之下，所必不能免的。 一般商人仍希望軍閥維持和平，并且希望軍閥反赤好維持和平，現在這種希望怎樣？ （實）

好個『爲國家立了大功』！

反赤旗幟下的趙傑軍隊，在天津附近，逢人便搶，遇女必姦，鄉紳們向趙傑哭訴，趙大駡道：『誰叫你們家女人身上生了口，咱們討赤爲國家立了大功，是應該受用的！』 像這樣爲國家立大功的人們，應該請到反赤大聯合的先生們府上受用一番！ （實）

河南紅槍會被吳佩孚軍隊屠殺之慘狀（五月二十五日河南通信）

瀟湘

紅槍會之在河南，無論在軍事上政治上均爲不可忽視之勢力。最近鄂軍之所以戰勝國民軍，可說大部分係藉紅槍會勢力幫助，故當此豫局靡定時，諸軍政當局亟謀紅槍會之相當措置。 適距開封百里之杞縣，有一紅槍會首領名婁百循，能號召附近三四縣三十餘萬紅槍會。 初鄂軍謀驅國民軍時，吳佩孚曾遣人結婁以擾國軍內部，並委婁及其部下以師旅長之職，且許驅走國軍後豁免杞縣各農村繁捐雜稅。 婁幇助鄂軍驅走國軍後，既不得官做，且亦未見免捐稅（因杞縣係豫省最富之地，有金杞縣銀太康之諺，豫省當此財政破產之時鄂軍如何能將此肥肉放棄），乃令其號召下各村抗納一切捐稅。

按河南各地紅槍會之組織微有不同，其組織之動機皆出於農民對土匪潰兵之自衞心理，且同有槍彈不入之迷信，惟在豫西一帶之紅槍會則大多爲潰兵土匪與當地劣紳勾結魚肉鄉農之結合，戰時則與軍隊勾結獵官；河北一帶之紅槍會則純係貧農之結合，其組織制度甚平等，其團長學長（紅槍會首領名）與普通弟兄間並無階級界限，舍聯合以抗土匪外亦無其他目的，若在豫東杞縣一帶之紅槍會，雖仍係純粹農民的結合，但其首領的威權絕大，其生活亦頗奢侈。 婁某爲豫東紅槍會最大首領之一，故能與官廳對抗，亦可與軍隊勾結，在國民軍時從未能在其境內徵收過捐稅，今又以此手段抗鄂軍，於是鄂軍屠殺杞縣紅槍會之心乃決。

事前杞縣駐軍長官及杞縣知事曾應召到開封督署有一度秘密會議，可見豫當局對此事之重視。 並於五月六日將駐陳留之毅軍一營，及駐開封太康之李鴻翥旅數營入秘密調杞會攻。 五月七日午間乘不備將婁百循所據之白塔寨攻破。全鎮人口五千餘人除婁及其家口因事先他去外未走脫一人。殺後復縱火燒之，百里外可望見火光，鄰村逃避者哭聲震天。記者當時在杞，聞過後有到其地的人，見鎮內一深而大的井內竟塡滿了一井的死人，至灰燼內及頹垣破礫下隨地皆是斷脛殘骸，聞之亦令人心悸。婁當時聞息卽鳴槍召集數百紅槍會與軍隊轉戰數小時，無奈槍械人數均不敵，乃西退，鄂軍乃進佔高陽寨及圉寨，此地最險要，及婁糾合萬餘人反攻時鄂軍已據險而守，莫奈之何，因此相持幾日不下。紅槍會雖愈聚愈多（鄰近數縣紅槍會均已到）且亦勇敢善戰，但所用大半土槍且太無組織，連食糧亦未帶，餓了時就在附近各村取食，如沒有了就各人自便回去吃飯；而在軍隊方面據地既險，當紅槍會蠭擁衝寨時則用機關槍射擊。紅槍會退時則用馬隊從後衝擊，紅槍會再退，則搜掠紅槍會曾經出入之村莊，然後縱火燒之，故連日杞縣境內槍聲不絕，火光亦不熄也。聞已燒掠村莊二十餘個，此種莊內人雖先逃，但有走不及之婦孺亦死者不少。總合紅槍會之被擊者當不下二千人，再加以白塔寨全村人數已有七千餘人。連日道上見軍隊紛紛搬運戰利品，其中且有少年婦女，則紅槍會方面之損失固不僅死人矣。惟戰事雙方均無退理，紅槍會之習性素頑强，死不求和，且近日來援者更多且遠，安徽蚌埠的紅槍會亦到了，而軍隊方面則地險械精，固尚可相持許久。

當局方面對此事初極守秘密，故事已發生五六日，開封報紙尚未有登載。記者由杞縣到開封時方見有紅十字會之救護隊赴杞。現在杞縣旅汴各界同鄉已召集緊急會議，謂軍隊方面太不仁道，殺人太多，且其中大部份非紅槍會，議決發表宣言，並派出代表向各方呼籲制止雙方行動，但不知效果如何也。

一封公開的信致蔣介石先生

高語罕

介石先生：

三月二十日的事變，我竟以毫無關係的人，不得不離開那可愛的廣州，可愛的黃埔；四月七日夜輪泊黃埔詩云：

離騷讀罷聽悲笳，
入夜江聲走萬蛇，
曾住此間三月暮，
而今一水是天涯。

看了我這首詩，便可以曉得我對於黃埔軍校的態度。到上海後，卽想寫一長信給先生，藉明心跡。後來一想，事實必定會替我們解釋的，多言何益？所以一直到今，都沉默着！五月二十五日上海申報載先生關於中山艦事件的演說，中有一段牽涉到我，不能不有所解答。別的皆可不辯，單就先生所謂『彰明較著』的說一說罷。

先生說：『并且還有彰明較著說我們團體裏有一個段祺瑞，要打倒北方段祺瑞，就要先打倒這裏的段祺瑞』，這句話實在有因，但是事實全然不對。三月底廣州各界開『反段示威運動大會』，中央執行委員會叫我去演說，我演說的大意是：

『我說先打倒段祺瑞是不夠的；因爲段祺瑞不過是中國的舊社會舊思想的產物。所以我們應當把中國數千年來的宗法社會封建制度英雄思想打破才行：就是說要打破我們思想上的段祺瑞』。

這個主張，我到現在還沒有更變，就是將來也不會更變的。不料我用普通話講演之後，由一位廣東同志，用粵語把他譯給羣衆聽了，却恰恰把『我們思想上的段祺瑞』一句話中『思想上』三個字落掉了。當時我因爲不懂他的話，所以不曉得他錯了；後來看見報紙上如是登載，我便寫了一封信給國民新聞請他更正，有國民新聞可以覆按。 若是有心要說是『打倒這裏的段祺瑞』，我又何必更正？ 若是有心指先生爲段祺瑞，我也不必更正。 先生沒有看見我那封更正的信，因而有此誤會，實在可惜！ 若果如先生所說的『彰明較著』的言論，就是這樣，那末，那些不彰明較著的言論，更是出於誤會，不問可知！ 蕭先生是否是『軍閥』，是否是。 這裏的段祺瑞，是一個事實問題；我曾否詆毀先生爲『軍閥』爲『段祺瑞』，也是一個事實問題。 現在事實如此，先生，可以不必再『悲憤』了！

而且我不但沒有詆毀先生的言論，自信因國民革命而愛護先生的言論，實在是到處公開的。 不說別的，單說三月二十日事變的前兩日，我在軍校軍官團講演時，曾反覆說明汪黨代表與先生的人格，俾官生有所模範；三月二十日早，我還同入伍生部部長，方鼎英同志，親赴燕塘，對入伍生部第一團訓話，又反覆把先生和汪黨代表爲黨奮鬥的歷史詳細的說了一遍。 好在第一團的郭團長和方部長以及其他官生都在廣州，先生可就近問他們一下，我并不是要對先生唱『丑表功』，不過藉此反證我沒有詆毀先生的言論罷了。

先生！ 言論最公開，最事實的，該要算文字了罷！ 我且把我在黃埔潮總理紀念刊上做的那篇『總理逝世後的一週年』的末了一段寫出來給先生看看：

『我們的敵人！
你錯了！
你錯了！
我們偉大的領袖，——
東方弱小民族的導師，
世界無產階級的好友，——
孫文并沒有死！
他在每一個未死的中國勞動者的心中活着！
他在每一個中國的貧農的心中活着！
他在那千千萬萬的殖民地的奴隸的心中活着！
他在那居在敵人地位的帝國主義者軍閥及一切反革命的讐恨恐懼中活着』！

先生！ 就是你闡揚我們的總理，服膺我們的總理，追悼我們的總理，形諸文字，到了這樣，該要算『至矣盡矣蔑以加矣』了罷！ 我既信仰總理，追念總理，焉有不愛護他的遺產和繼續他的未竟工作的你呢！ 這還不算，再看我在紀念刊上署名赤羽的那首追念總理的『黃埔哀音』的末一章：

『我們偉大的領袖！
黃埔還是你去時的黃埔！
我們不朽的導師！
黃埔還是你去時的黃埔！
只是白骨纍纍，
碧血斑斑，
擁抱着『白日』，
仰護着『青天』，
這便是先生偉大的聖跡，
這便是先生不朽的薪傳！』

若果這些事實，能以使先生相信我沒有詆毀中傷的公開或不公開的言論，那末，先生所謂『旁的用意』的話，也就不辯自明了！ 先生責我『應該先拿同志資格來規戒責罰』的話，更是無敵放矢了！ 然而我倒要責備先生：

『就軍隊的系統說，先生是我的長官；就黨的關係說，先生又是前輩，若果先生老早見到我有不軌的行動或言論，就應該拿着長官的分際來訓誡我申斥我，或則客氣一點，也該如先生所說的『拿同志資格來規戒我責罰我，等到我不聽的時候，以黨的紀律處治可也，以軍隊的紀律處治亦可也。 曾記三月二十日事變以後，我在汪精衛先生家會見先王．當時很誠懇的對先生表示我們始終信服先生的態度，先生若果真以同志相待，應該開導我或是見我有什麼不對，更應當聲色俱厲的責罰我，使我好曉得改過，先生却很平和的輕輕的答道：『沒有什麼！ 沒有什麼！』 爲什麼現在竟加我以『詆毀中傷』『有旁的用意』的罪名？ 我說到這裏，不禁身上打了幾個寒戰，連聲說道：『好險哪！ 好險！』 假使有人要問先生：『你這豈不是不教而誅麼？』『豈不是像鄭莊公一樣，所謂「多行不義必自斃，子姑待之」』的態度麼？ 先生其何以自解？

先生！ 我老子娘生下我來，就是這付骨頭！ 性子戇直，心直口快，但是我却有一個好處：曉得一個人，尤其是一個革命黨人，若是自己不能受人批評，不能公開的承認自己的過失，甚至還去文過飾非，那便是自絕他的政治生命；所以無論何人，凡於人家批評我，指摘我的，我都很樂於接受，今天看見先生責備我的話，雖然不合事實，但就先生『應該先拿同志資格來規戒責罰我』的那句話，我已經感激得了不得了！』

總而言之我不但沒有詆毀中傷先生，此後凡遇其他同志有欲詆毀先生，中傷先生的，語罕忝屬中央監察委員，定當嚴加彈劾，以肅本黨紀律而森嚴革命的壁壘。 海天在望，諸維珍重！

五月二十五日於上海

讀者之聲

法國帝國主義對安南華僑之高壓

嚮導週報編輯先生：

在這裏，我報告你一件大事，並請求你給在難的韋炳琪彭勁峯兩君鳴不平！

本年四月廿六日，安南法國帝國主義者，通電各省縣嚴拿共產黨員。 安南總監於是日親自到諒山省之七溪州，派兵圍捕該處之華僑學校教員，並聲言要交出共產黨領袖高孤雁，否則懲辦一般華僑等語。 同時又將高孤雁像片拿出，促其走狗四行搜查。 叫殺叫打之聲不絕於耳。 結果在該校搜獲嚮導週報合訂本三冊、新青年十六册（列寧號、國民革命號俱在內）、前鋒三冊、新建設十二冊、中國青年五十餘本、共產黨宣言二十三本……。 搜獲各種刊物之後，三劃官（等中國軍隊裏之營長）即下令將該校之教員韋炳琪彭勁峯綑綁，拳脚交加，慘不忍逃；當時居留七溪之華僑亦如大禍將至，各自逃匿。 惟高孤雁則逮捕不獲，聞己逃往廣州或暹羅矣。 次日九時，不由分說，便把彭勁峯加上鎖鐐，監禁於七溪之土牢，每天逼做十二點鐘的苦工。 韋炳琪則如重犯死囚一樣，由公事堂（卽省長）提解諒山審判。 他見得韋君家裏富裕，而且他的父親又是一個有體面的華僑，於是越發加以殘酷的待遇，每天做苦工時，力不勝則鞭撻隨之，且禁止家人探視，一個月來，完全沒有訊問過一次。 至於七溪之華僑，凡與孤雁君有關係者，一律驅逐出境（共有二十餘家之多），孤雁的像片現已分送各處州衙，照形嚴捕，不稍鬆懈。

先生，我知道貴報是革命的前鋒，是共產黨的喉舌。所以我特地把此事的經過情形，大略的報告給你，請你爲革彭諸君呼籲！ 並將此事宣布於被壓迫階級及弱小民族，求他們的同情和助力。

安南華僑一份子　譚明如上

我們讀過了譚明如君這一封信，我們敬向被通緝的高孤雁君，被逮捕的革炳琪彭勁叁二君以及被驅逐的二十餘家華僑，表示我們的同情和敬意。 他們都是中國革命的戰士，像國內各處戰死或下獄的同志一樣，他們爲革命被通緝被逮捕被驅逐，他們爲大多數人爭自由而犧牲了自己的自由。 全國革命的民衆應該知道并注意這件事，應該援救他們，尤其是安南的華僑應該就近做大規模的反抗運動，盡力援助這些爲革命爲中國的解放和自由而喪失自由的同胞，同志。

掛自由平等博愛招牌的法國帝國主義，壓迫殖民地的手段比誰都兇辣。 他一味以飛機大礮屠殺摩洛哥人和敘利亞人；他在沙面幫助英國帝國主義以機關槍掃射和平示威的廣州民衆，死至一百餘人；他驅逐巴黎華僑百餘人出國，逮捕并禁錮任卓宣等四人；他歷來虐待安南人民求自由的運動更不知若何殘酷！ 他剛從摩洛哥得着血腥腥的野蠻的勝利之後，現在又在安南以此手段對待我們的沒有有力國家保護的華僑了。藏有嚮導新青年中國青年建設共產黨宣言等書報，便興大獄，自由平等博愛原來如此！

從今我們尤其是華僑應該明白祇有積極參加民族解放革命運動，才能造成中國强有力的獨立的自由的政府，才能保障華僑生命財產之安全，才能免除帝國主義的剝削和壓迫。

記者

非反赤

漢幟

自李景林樹起反赤的旗幟，於是張宗昌呀，吳佩孚呀，張作霖呀一齊向國民軍來下總攻擊！ 甚而至於向來自稱民黨的章太炎、徐紹楨………等，也跟着在那邊搖旗吶喊！ 反赤的空氣何等的濃厚呵！

他們眞正是反赤嗎？ 我說不會的！ 赤化所以被他們反對，在於共產主義，共產主義的內容如何，實在他們完全不懂，爲了自己已有數千百萬的財產，只怕共產兩個字，將來實行起來，自己的財產被人家共了去，所以拚命的反對；其實他們自己的財產，也是從別人手裏强迫共了來的！ 像張宗昌的財產，是新從山東人民手裏共了來的；孫殿英的財產，是新從亳州人民手裏共了來的；李景林的財產，是從李善人（天津鹽商）和直隸人民手裏共了來的（其他如張作霖……等，說不許多！） 他們將共字和他們的奪字一樣解釋，只怕被別人共了去，所以拚命的起來反對！ 他們分明是『只顧自己放火，不許別人點燈』，那裏懂得共產主義！ 那裏會配反赤呵！

那麼，章太炎和徐紹楨………一班人爲什麼也跟着反赤呢？ 我有一個朋友，在章太炎的老兄（椿伯）家裏教過書的，知道太炎在上海每月要用四五百塊錢，全靠黎元洪按月接濟他的，所以他自己賺的不夠用，全靠到軍閥那邊去措一點油！ 他只怕共產主義實行，他措的機會消滅了，所以也拚命起來反赤！ 徐紹楨呢？ 他跟中山革命十數年，背地裏撈的錢不少了！ 只怕共產主義實行，他底財產不稱穩，而且以後再沒有撈錢機會了，所以也拚命跟着反赤！ 其餘反赤分子，大概只爲自己的財產不穩，或是怕失了現在優越的地位！ 他們多不明了共產主義的內容！ 那裏會配反赤呢？

他們果眞要反赤，他們首先就應該明了甚麼是赤——共產主義。人類判斷是非的良心，是天然的，共產主義既是用學理來宣傳，如果有弊無利，儘可用學理來詳細批評，使一般民衆都就學理上去比較利弊而決定從違；假使學理上無弊可說，而事實上弊害很多，亦儘可將蘇俄實驗所發生事實上的眞憑實據，用種種方法來證實，使人人可以明白不能實現的緣故而决定從違。何必用秦始皇焚書坑儒的卑劣手段來益發啓人疑竇呢？我所以說，他們不會反赤，不過借反赤的名義來復仇並作自衛的工具罷了！

漢幟先生指出自李景林張宗昌吳佩孚張作霖以至章太炎徐紹楨以及馮素漢自由等的反赤，是爲各個人自已的利益——這是對的。但漢幟先生不知道，時行的反赤運動還是帝國主義主持的，乃是帝國主義反攻中國民族運動的策略。『反赤運動即反民族運動』。李景林章太炎輩以及其他軍閥買辦劣紳土豪反動的智識分子等，不過是帝國主義旗幟下的走卒，執行帝國主義的這種策略而已。他們只要帝國主義永世能統治中國自己亦能分潤一點餘瀝就好了，還管什麼學理不學理，事實不事實…… 記者

政治生活 紅色五月特刊（第七十六期）

發行部 編輯部 通信處：
廣州國光書店黃正君

分售處

廣州	丁卜督報社
北京	各學校號房
長沙	文化書社
寧波	寧波書店
武昌	時中書報社
	共進書社
福州	福州書店
香港	萃文書坊
汕頭	汕頭書店
蕪湖	科學圖書館
太原	晉華書社
潮州	青年書社
雲南	新亞書店
重慶	唯一書局
南京	樂天書館
寶慶	寶慶書局
黃梅	書報流通處
西安	西安書局
成都	華陽書報流通處
紹興	亞民文具實業社

價目

訂閱：國內一元寄足三十五期。國外一元寄足二十五期。郵票代欵九五折算。但以一分半分爲限。
代派：每份大洋三分。六折計算。寄費在內。十份起碼，十期清算一次。概不退回。
零售：每份銅圓六枚。

The Guide weekly

嚮導

週報

第一百五十九期

目次

一九二六年六月二十三日

奉直對峙的混沌政局

獨秀

民國十五年之政治史，只是皖奉直三個軍閥黨循環勝敗起伏之歷史。

現在皖黨倒了，或者是永遠倒了，卽令再起，也不過是奉黨的附庸，決不能夠恢復從前一個獨立的軍閥黨之勢力了。　此時乃是奉直兩軍閥黨對峙的局面，前者的靠山是日本，後者的奧援是英國。

奉黨首領張作霖，雖然承日本意旨想控制北京政局；然而內因舊派吳俊陞之迫令聯吳，外因國民軍尙存在，遂不得不與吳佩孚表示合作。　直黨首領吳佩孚，雖然想依據奉直宿約，獨攬關內政權，恢復十三年奉直戰前局面，再進而以武力統一中國；然而內因新雲鵬田維勤孫傳芳之新結合，外因國民軍尙存在，又加以英國之勸告，也不得不暫時求助於奉張。　在這種利害衝突，實際不能合作而又不能不表示合作的狀態中，亦卽不能合作又不能決裂的狀態中，遂形成了奉直對峙的混沌政局。

護憲問題，顏閣問題，總統問題，閣員分配問題，直隸地盤問題，將來二五關稅及大借款分配問題，不但現在的天津代表會議沒有解決，卽將來任何會議，都不能解決，只有奉直再戰才能夠解決。　然而奉直兩方都有內外種種牽制，一時却沒有因無法解決而再戰之可能！　因此，奉直對峙的混沌政局，或有相當時期的繼續，以至於相持日久，一方面因內部的或外部的變化而自潰，他方面得着進一步發展的機會，形成一個較明瞭的新局面。

在現時對峙的混沌政局中，兩方雖有種種利害不同的衝突，而都有兩個共得目的：一是消滅國民軍，一是獲得二五關稅及大借款以救濟財政的恐慌。　後者較前者尤爲急迫，然二五關稅及大借欵，都必須內閣成立才有辦法，而內閣問題，又必須護憲問題與閣員分配問題有了解決，才能成立，因此這一目的，一時還不易達到。　消滅國民軍更非易事，國民一軍，至少還有八萬乃至十萬戰鬥力極強的軍隊，有持久堅守之可能，奉軍利在國直互鬥，而自己不願多犧牲實力，吳俊陞雖願犧牲而無多實力，吳佩孚更願犧牲而實力也有限，靳田軍和孫傳芳之新結合雖失敗，一變而積極的爲吳犧牲，當然是個問題，李景林王懷慶收編之二三萬國民二軍，時時都有反戈之可能，張宗昌雖然要自保山東，不暇他求，魏益三至今還徘徊觀望於國民一軍與吳佩孚之間，閻錫山兵雖多而無戰鬥力，在這樣狀態之下，吳佩孚將用何種力量可以消滅國民軍？

再由相反的方面觀察，在北直隸一隅之地，聚集這多餉源無着的飢軍，人人都須自尋出路，時時都可發生異動；在河南全部，充滿了紅鎗會及豫軍獨立的運動；在湖南，粵桂軍北伐日有發展；這三方面有一顯著的成功，卽令國民軍不衝出，都足陷吳佩孚於更困難的境遇，倘四方面同時發展，吳佩孚只有退走天津。

吳佩孚失敗了，現時奉直對峙的混沌政局，才能解決，否則他自身決不能解決，日本帝國主義者所期望的由奉張控制北京政局是不可能的，因爲奉張一時不便和直吳開戰；至於英國帝國主義者所期望的由奉直兩黨組織聯立政府，使軍閥政權得到一個穩定而鞏固時期，以便做他們宰制中國更有力的工具，這也是不可能的，因爲吳張實際不能合作。

吳佩孚如果失敗了，恐怕也和段祺瑞一樣是最後的失敗；此時日本帝國主義者必然力助奉張，或更用段，以與國民軍及國民政府對抗，英國或與日本合作，或另尋出路。　此時國民軍及國民政府對奉黨軍閥及帝國主義之爭鬥，必更加複雜而劇烈，或至另外形成一種爭鬥形式，都不可知。　所可知者、一方面，此時民衆運動必然得着較大發展的機會，另一方面，中國軍閥黨又淘汰了一個，只賸下一個奉張，這是一定的變化。這種變化，是於中國人民有利的，所以人民應該努力促成此種變化。

可是現時一般商人及新聞記者，還未着見這種變化之可能性及其有利於人民，反而希望吳張誠意合作，好形成一個苟安的局面。可惜他們至今還不懂得軍閥間永遠沒有誠意合作之可能，希望軍閥間的和平，完全是夢想，即現時奉直對峙的混沌政局，已經是非常之苟安的苟安局面，而且不能持久，再進一步的苟安更是不可能的。可惜他們更不懂得軍閥間果然誠意合作，則軍閥政權較今日更為集中鞏固，他們壓迫剝削人民也較今日更加規模擴大，他們借款賣國助帝國主義者宰制中國人民也必然較今日更加肆無忌憚。只有軍閥間因自相衝突而崩潰，或由人民及接近人民的軍隊之努力使軍閥崩潰，人民才有生路；只有軍閥崩潰，在接近人民的軍事勢力統治之下，強用軍票，官拥票，毀壞交通，妨害商業，勒派公債，賣國借款，苛稅，擾民等等，像此時反赤軍所加於商民的苦痛，才能夠免除，號為南北二赤的國民政府國民軍統治下的現狀就是一個榜樣。無論在反赤軍閥對峙的混沌政局之下或反赤軍閥誠意合作的政局之下，商民這些苦痛，都是必然不可免的事；所以商民希望軍閥誠意合作鞏固他們的政權；便等於希望埋葬自己的墳墓更加挖深，希望殺自己的刀更加磨快！

日本對華屠殺後的中日親善論

秋白

自從張吳戰勝國民軍而英日帝國主義互相爭奪對華統治權以來，他們各自都想籠絡中國買辦式的資產階級，當做自己的走狗，拿來做抵制中國民衆革命化（赤化）的工具。中國的買辦，尤其是上海的大資產階級，從五卅以來屢次賣國賣民，媚侍英國帝國主義，可是，英國帝國主義於假手於他們而鎮壓民衆之後，絲毫眞正的讓步也不肯給與，於是這些『高等華人』又繼續他們屢試而無效的策略——勾結日本帝國主義以恐嚇英國的政策。這種政策，從去年五卅戴季陶先生鼓吹勸告『日本回東方來』起，（勸告帝國主義者替中國革命和勸告地主資本家替農民工人革命是一樣的戴季陶主義），強迫日廠華工先行停止罷工，高唱單獨對英……一直到上海總商會等拒絕參加反日示威為止，——行了差不多有一年。然而日本的對華侵略仍舊日益厲害；高等華人希望他不和列強一致進攻的思想，早已完全破產。

可是，高等華人在張吳戰勝之後，因為不能達到華蓋要求等的目的却還是想進行這一政策，——更進一步的高唱中日親善。上海的所謂商界領袖虞洽卿等居然在五卅週年紀念時，彷彿是為『避免糾紛起見』，組織了大規模的赴日參觀團到日本去『觀光』。高等華人要求日本的親善，自然終要送一份禮給日本帝國主義。這份禮物是甚麽呢？就是他們帮着壓迫日廠罷工的功績。請看高等華人親口的供狀：

『去年五卅慘案，余（虞洽卿）與矢田領事調解日廠工潮；頗受雙方（？）之非議，但余毫不注意，蓋志在留中日親善之餘地，不為絕端派所左右……本總商會復不惜犧牲巨資，以補助日廠工人及與紗工有連係之電汽工人三十餘萬元之代價，專為貴國（日本）僑商解決困難，先予上工……』（虞氏在大阪的演說）

『……去年五卅慘案時，本會長勸日商紗廠工人上工，貴國（日本）紗商得免損失，有海關冊可證。凡此種種，均為我人增進親善之誠意，良以中日兩國在歷史地理文化種族上種種關係，有親善之必要也。』（虞氏在神戶演說。）

『我等對於日本並無惡感，確有例證，……如去年五卅案爲，迅速解決中日兩國間之關係問題是也。』（虞氏在東京答日本首相外相商相等歡迎辭的演說。）

高等華人從大阪神戶到東京，沿途唱着這樣的『丑表功』，自然比梅蘭芳東渡，還要叫座些。這眞是背着顧正紅的尸首，日廠中國工人的皮肉和中國民族的權利，沿路叫賣！去年五卅案的近因明明是日廠虐待華工，打死顧正紅；去年全國國民對英對日的反帝國主義運動，本是力爭中國國家的主權，人民的自由和工人待遇的改良，但是，虞先生却說他是『專爲日本僑商解決困難』，『以留中日親善之餘地。』他以『不爲絕端派所左右』誇口於日本帝國主義之前。然而他『爲帝國主義所左右』如今却是人所共見的事實了。高等華人的對外妥協，使五卅運動備受摧殘——日廠上工，上海總工會被封，上海對外罷工完全停止，以至於日本出兵滿洲，一直到北京屠殺，張吳聯軍戰勝。這樣革命運動失敗的第一着，便是上海大資產階級的對日『親善』。顧正紅的死，日廠工人和日船海員復工條件的屈辱，姑且不必詳論，就是日廠上工之後，交涉署、總商會和日本領事會同簽字的復工條件也不履行；中國民衆的背上，還是天天受着日本的鞭笞，而高等華人，居然『觀光上國』，奴膝婢顏的將以前種種賣國賣民的功績做敬禮，去求日本人賞賜『親善』！

高等華人現在也不能不口口聲聲『取銷不平等條約』。可是，他們這種廢約運動的方法，却眞正奇妙不可思議。他們摧殘中國無產階級的鬥爭，破壞一切革命的國民運動，抑制反抗不平等條約的力量；然後捧着這些賣國賣民的功績，去邀日本帝國主義的恩寵，去請求日本人自動的廢除不平等條約！這便是他們的廢約運動的方法，

虞先生在日本時，表示他反對不平等條約的意見，他所反對的是：一、外國海陸軍駐華；二、領事裁判權；三、租界制度；四、外國船隻航行內河；五、關稅由列强協定。然而他太忘懷了——去年五卅以來，中國工人學生及一般革命民衆先後提出來的對外要求（商學會聯合的十七條及其他），正是反對這些不平等的待遇，而且自己犧牲生命，忍苦罷工，積極爲這些要求而奮鬥；那時，是誰破壞這種革命運動，修改這些革命要求的呢？正是他虞老先生代表的上海總商會；鼎鼎有名的『總商會十三條』，便是五卅運動第一步的妥協，取消撤退駐華海陸軍等的要求。

高等華人這等的卑躬屈節去哀求日本帝國主義親善目的究竟何在？我們實在不大懂得。亦許如虞先生所說：『最近中日兩國國民因有鑒於世界之大勢及兩國之關係，已有相當之覺悟，明知鷸蚌相爭，得其利者反爲漁翁，其愚實不可及，想日本國民，諒亦同具此感。』誠然不錯！日本帝國主義所需要的，正是中國不要反對日本，讓日本可以放心大膽的侵略，去和英美等帝國主義競爭，取得統治中國的『優先權』。再不然，便是『實現中日親善，則兩國經濟不難發展。……敝國（中國）進口貨總額，貴國（日本）佔十分之六……如能實行中日親善，則敝國（中國）地大物博，貴國（日本）在商業上獲益更多。』觀光上國的參觀團自己所帶的新聞記者，屢次通信也都說『日人對華親善之誠意』，完全因爲要謀日本剩餘生產品在華之銷場擴大，並且採取中國大批的廉價原料。日本的資產階級及其政府中人，更公開的說不談政治，祇要『經濟提攜』。可見這種『日本回東方來的運動』，或所謂『同文同種的親善運動』，照我們所看出的，祇有兩種目的：一是中日親善而使日本放心侵略，並使英美等在華勢力爲日人所佔；二是中日親善使『貴國（日本）不喪失原料之最大來源及商品之最大商場』（亦係虞洽卿語）。然而這種目的，當然祇是日本帝國主義的目的，決不是中國人的目的。日本帝國主義報紙說：『眞正之對華親善，不可以生滅無常殆如浮游之軍閥一

派爲對手，而須以永久性之中國實業階級爲對手；日本之對華政策，捨經濟的互相提攜外，更無他途。」日本資產階級要想勾結中國買辦式的高等華人之陰謀，觀此更是昭然若揭。

高等華人中日親善手段，既是壓迫中國民衆，他們中日親善的目的，又是處處爲日本打算。 這種中日親善，當然廢除不了甚麼不平等條約，收回不了甚麼旅大……高等華人明知道中日兩國的利益絕對的衝突，一爲掠奪者 一爲被掠奪者；單就旅順大連而論，虞洽卿也知道：『旅大爲我北五省之門戶，而日人則以爲朝鮮之屏藩』；但是，高等華人却祇想卑顏屈膝，替日本人想法，用妥協的手段，『友誼的協商』，請日本讓步，譬如旅大『歸還之後，兩國政府，不妨於相當範圍內，訂一妥善協約，庶幾彼此均有保障。』 他們的親善運動，就算是廢約運動，也已經很顯然是沒有成效的幻想，而且決不是爲中國民衆工人農民以至全民族利益的運動；他們儘可將日人一年來的對華屠殺於不顧，他們儘着幫助日人壓迫工人罷工，他們儘着爲日人謀利便，——所想望的，却祇是『中日商業上的提攜』，換句話說，便是買辦交易中多賺些利錢，日本帝國主義剝削中國民衆的汗血多分潤些。 所以他們能夠祇用哀求妥協的方法，爲着少數買辦的利益而出賣國家民衆的權利和自由。 他們用着這樣手段和方法，抱着這種目的和企圖——出賣平民利益而圖謀私利，——却居然敢於妄想廢約。 參觀團中的余日章先生，有一段和日本新聞記者頗有趣的對話：

『問——貴國有赤化危險否？、

答——鄙人未之前聞，我深信中國決無赤化之傳染，且俄國亦無造成中國赤化之必要，刻下正助中國人民取銷不平等條約之運動，則有之。』

這是甚麼一回事？ 難道以中國接近俄國，去恐嚇日本，使他讓步嗎？ 其實有了虞洽卿等努力摧殘工人運動，而且鞠躬盡瘁的爲日本帝國主義謀利益，日本很放心的了；無論你們怎樣空言恐嚇，他是不怕的。 除非中國真正能和世界無產階級攜手，尤其是和日本無產階級及農民建立聯合戰線！ 中國資產階級確乎明瞭蘇聯的利益不但和中國利益不相衝突，而且能夠互助；但是他們懼怕中國無產階級勢力的伸張。 所以資產階級，甚至於上海商報的社論，寧可犧牲民衆利益，而希望日本『實業界覺悟』，說『日本之實業界已有多年培養之勢力，足以操縱自國之議會政治；吾人不信日本實業界欲改善外交，而日本之政府議會敢於反其道而行之。』「中國資產階級不知道現時世界上祇有無產階級國家的社會主義經濟才能與正和弱小民族的經濟相提攜；而日本帝國主義的資產階級利益，却根本與中國民族利益相反，他們政府議會的政策，正就是他們實業界的政策，那些高等華人，說爲代表中國商民，實際上行的是買辦階級的政策。 他們的中日親善論，不但出賣平民羣衆的利益，並且斷送中國實業(資產階級)的利益。

請看，這次參觀團赴日，沿途高唱『解決五卅日廠罷工』的丑表功時候，日本帝國主義者非常之歡迎他們；但是，到了談及廿一條的時候，日本報紙便教訓他們了：『正式簽訂之國際條約，不能因所謂自始即未經國民承認之不成理由的理由，而即廢棄之也。』……此『問題中之滿蒙尤以旅大問題，日本在國家民族生存上，有絕對的必要，與華盛頓會議當時自動拋棄之他種對華優先權，實不可同日而語。』 總之，日本實業界及報界，幾乎一致斥責『自始即未承認二十一條』是中國人的夢話。 這便是赴日參觀團的結果和成績。 至於虞先生等回國之後，報告甚麼小林博士組織了中日取消不平等條約的委員會，那不過是這種一種點綴。 不但如此，大阪朝日新聞解釋這一『中日關係委員會』的意義道；『今日中日國交上之隱憂，每多由於中國民間團體之誤解；於是有如民間主要勢力之商業團體爲之斡旋，則政府與政府之交涉，實爲無足重輕。——去年六月間日本紡織工廠罷工之解決，並非由交涉使之力，並非由軍警之力，實由上海總商會從中斡旋之功。』 原來日本人還希望這一委員會，變成永久的日本御用高等華人壓迫民衆的機關！

日本壓迫中國已經幾十年了，旅大的割據，青島的强佔，二十一條的亡國條約，長沙擊殺行人，宜昌慘殺學生，千早丸水手打死華販，漢口日商洋行刀傷華人……無數次的屠殺；五卅一年，上海內外棉廠擊殺顧正紅，上海青島各日廠虐使華工，施行毆打，尅扣工資，罷工後又不履行復工條約；安東漢口九江等處施行大規模的慘殺；出兵滿洲，武力攻襲大沽口。 這些事，難道高等華人都忘記了嗎？不的，他們並沒有忘記。 他們希望赴日參觀，殷勤聯絡感情，便可以『誘發日本人的東方仁愛性能』。 然而事實上所得的結果是如此：不平等條約是不能廢的，反而要責備中國人遵守條約的義務心。 而且，正在高等華人遊日的時候，日本却在奉天强迫勒收警捐，在廈門和英國帝國主義者共同逮捕中國學生；在江西勒索南潯鐵路的管理權，在滿洲商議增加日本駐兵……全國國民都在日本帝國主義的鐵路之下，日廠工人更是天天受日資本家的鞭撻，而高等華人，却在那裏高唱中日親善！

高等華人阿！ 你們自己得着了些甚麼呢？ 據六月六日上海各報所載對日外交市民大會的通告，日人方面竟有許該會總務主任陳翊庭以津貼，而邀他加入赴日參觀團的事實。 難道赴日參觀團諸君所得着的僅僅是幾千百元的津貼？ 我們以爲赴日的高等華人，大半都是殷實商家，決不致於少那幾千百塊錢用，亦許和陳翊庭君一樣，早就『毅然拒絕』的了。 這樣一來，豈不是眞正『一無所得』，純盡義務』！

嗚呼，『廉價之親善』！

一九二六，六，一八。

朝鮮之大示威運動

一個朝鮮人

六月十日從今將是朝鮮的一個紀念的日子。 朝鮮的民衆，趁着廢皇出殯這一天，舉行了一次很大的示威運動。 關於這次運動的消息，一般人很難知道得詳細，因爲朝鮮的報紙，稿件被日本檢查員拿去，每日出版儘着是許多空白；日本自己的報紙及通信社又都不肯將運動的眞相披露出來。 這自然是日本帝國主義的新聞封鎖政策。帝國主義者對付中國去年的五卅運動也是如此，朝鮮人簡直聽不見中國獨立運動的消息，間或能夠得着一點也靠由祕密方法輸送中國報紙進來。 此地連中國資產階級的報紙都得不着，日本帝國主義的封鎖政策眞厲害！ 現在我願意向中國的民衆報告這次運動的一些狀況及其意義。

朝鮮自被日本帝國主義衆併之後，整個的朝鮮民族都受很殘酷的壓迫，一切自由都被剝削淨盡，民衆對於日本帝國主義之仇恨是可想而知的。 衆併以後朝鮮曾起數次反抗運動，暗殺和革命，結果都未曾成功。 到了一九一九年正當中國五四運動的一年，朝鮮遂爆發有名的『三一運動』。 這運動的範圍非常廣大，連窮鄉僻壤都普及到。 這運動充滿了美國帮助的希望，凡爾塞和會和國際聯盟的幻想，其思想的表現是半貴族的半智識分子的資產階級思想，工人和農民雖然很廣大地參加，但是還沒有形成獨立的政治力量，因爲那時工人和農民還沒有組織起來，結果這和平的『跪求』運動被日本警察憲兵的機關槍大砲一場大屠殺鎮壓下去了。 這運動雖然失敗，但却使主持運動的一般青年打破了威爾遜式的希望和幻想，而明白要解放朝鮮必須靠朝鮮工農自已的組織和努力。 於是朝鮮獨立運動史上就開了一個新的時期：一方面，日本帝國主義改變了政策，去收買大地主和城市資本階級以分裂總的民族運動，他方面；朝鮮的工人和農民因再不能容忍日本帝國主義的剝削而開始爲自己利益的運動——工農運動。

一九二〇——二一年新興的朝鮮工農運動，主持者乃是共產黨人——但不是整個共產黨，因爲那時朝鮮還沒有整個的共產黨。　這種運動受俄國革命成功和中國革命發展之影響自然很大，當時甚至有很高的，以工農爲根本勢力的社會主義革命呼聲和共產主義思想的宣傳。

工農運動主持的分子結果就組織成了朝鮮共產黨。　從一九二三年起，朝鮮的工農運動遂趨向於集中的組織，要求各種革命勢力之互助和團結。　到一九二四年四月遂召集了全朝鮮工農團體大會，代表十一萬有組織的工農，從這次大會中便產生了『全朝鮮勞農總同盟』和『全朝鮮青年總同盟』。　這次大會以後工農力量突然增長起來，在幾次反對大企業家和大地主的罷業中，工農爭得着勝利，因此更鞏固和發展他們的組織。　在一九二四年，我們在朝鮮第一次看見各企業各城市之同情的罷工；在一九二五年四月又召集了全朝鮮工農團體大會，到開會那一天警察把會場封閉了，於是朝鮮歷史破天荒第一次發生數千羣衆在共產黨指導之下拿着紅旗舉行示威。　示威結果，羣衆成羣地被捕了，但朝鮮共產黨的影響突然增長起來。　同年十二月朝鮮共產黨朝鮮共產主義青年團負責同志被捕至二十二人，但黨的影響仍然保存着，而且有更大的發展；消滅了以前種種惡傾向，而積極從事於民族解放運動，建立民族革命的聯合戰線，反對日本帝國主義。

以上便是今年六月十日大示威運動以前，朝鮮民族解放革命運動的概況。

六月十日大示威運動，從各種報紙登載的消息看來，也顯然可見是朝鮮共產黨主持的。　權五卨同志是朝鮮共產黨中央執行委員，是全朝鮮勞農總同盟的首領，這次大示威運動就是他受朝鮮共產黨的委任去準備的。　事前已經準備好了十二萬份以上的傳單，同各地革命團體也有聯絡。　六月十日本來是準備做一番政治的大運動和大示威，但不是準備於這一日便要解放全朝鮮。　日本報紙宣傳說，這一日朝鮮革命黨要起事，這完全是造謠。　但假使事前未被發覺，準備的行動未被破壞，誰又知道這一日的大示威運動不急轉直下引起武裝的革命衝突呢？　日本警察於六——七日即搜出了預備於十日散佈的五萬傳單，拘捕了九十餘人；七——八日又發現了祕密印刷局，權五卨及其他幾個同志亦被捕了；但不管事前已被破壞，十日的運動仍然舉行，傳單仍然散發，各地如大邱、平壤、新義州、公州、馬山、高山、春州、忠州等也都召集大會幷舉行示威。　十日一日各地被捕的總共有四百餘人。

這次大示威運動的眞實情形，因爲警察檢查極嚴，朝鮮報紙既多留空白出版，日本報紙又肆意造謠，故我們無從詳細知道，但把我們所知，這次大示威運動的意義亦可得言者。

這次大示威運動比『三一運動』確實有很大的進步。　『三一運動』是原始性的，幻想資本主義國家帮助的，其所表現是本國落伍的資產階級之思想。　這是『蹈求運動』。　這次大示威運動雖然範圍沒有『三一運動』鬥爭那樣廣大，但是有組織有準備的，又是受全朝鮮總共產黨首領的指導，聯合民族革命團體共同奮鬥，而且沒有以前的幻想，反有確定的政綱和通俗的適合羣衆要求的政治口號。　這樣，經過三四年工農非政治的經濟鬥爭及民族革命團體活動完全沈寂之後，朝鮮民衆現已進了一個新的時期——政治鬥爭的新時期；有確定的政綱和部分要求的口號，這的確是向前進了一步。　從今朝鮮民衆在新興的然而革命的民族解放前鋒無產階級領導之下，將有計畫有方法地去攻打敵人之全副武裝的砲壘。　可是朝鮮無產階級明白知道，朝鮮民族解放運動之命運是與日本革命無產階級運動和中國及一切殖民地民族解放運動息息相關的。既然同受日本帝國主義的壓迫，中國的革命者和朝鮮的革命者自然容易接近；這二國革命運動的聯絡愈密切，則其反對共同敵人的鬥爭必愈有成效。我們的勝利是有保障的了。

反赤軍統治下的外交

超麟

以『反赤救國』爲號召的直奉二系軍閥，現在已經達到他們的目的，取得北京政權了。我們試看他們怎樣『救國』，試看在他們統治底下中國的國際地位提高幾寸幾分了，他們辦理的外交得着甚麼成績了。

目前的外交問題，主要的是關稅會議、法權會議和五卅交涉。這些問題是怎樣來的呢？顯然都是導源於五卅運動的。五卅交涉不用說是解決五卅屠殺的事件；關稅和法權會議又何嘗不是九卅運動迫出來的？不管這二個會議是幾年前華盛頓會議所決議的，但其所以於去年下半年才召集開會，則顯然是因爲五卅運動中中國民衆的反抗熱潮迫得帝國主義再提及已忘記的決議，來敷衍高等華人的面子。弱國外交上一切問題到了帝國主義手裏，便是一筆買賣，看對手方的境況而高低其市價：中國民衆反抗熱度高些，這些貴重的『商品』價格便可以放低，不然便要刁難你，定下很高的價格弄得你不買又捨不得，買又買不起。去年五卅運動還在高潮時候，帝國主義也通過一九二九年關稅自主的議案了，法權也有交還的意思了，五卅交涉中華童問題遞解問題——這些高等華人的要求——也可以讓步了，——縱然對於民衆廢除不平等條約收回租界撤退海陸軍等要求理也不理。可是，隨後這些高等華人——軍閥、商會領袖、紳士、教育家等——看見他們的要求幾幾乎要到手了，便幫着帝國主義壓迫民衆的反抗。他們希望這樣帝國主義便可以立卽答復他們的要求，所以發生反赤運動：軍閥從軍事上驅除了一切近赤的武力，其他的高等華人便造反赤的空氣，分裂民衆的聯合戰線。結果，果然把一切赤的勢力壓抑下去，民衆反抗熱潮低落了，反動的局面造成了。然而目前反赤的局面造成之後，不但民衆的要求因此不能得到，高等華人看着快要到手的要求一樣也未曾得到。

關稅會議怎樣了？一九二九年的關稅自主，誰再不提起一個字。無論其他高等華人怎樣抗議怎樣反對，但軍閥祇想能得二五附加稅就好了。從這附加稅，軍閥可以分得一千萬元，又可以拿這附加稅去抵借五千萬元乃至一萬萬元的大借款。用這附加稅，帝國主義根本可以打消中國關稅自主的要求，又可以裁廢釐金和擔保無抵押的各種借款。帝國主義的確做了一筆好生意。但我恐怕帝國主義貪心還未滿足，二五附加稅實行還沒有一般人所想像的那樣順利，日本帝國主義方面還有點小問題，還不肯簽字，英美二國的簽字訓令至今還未見發來。芳澤而且明白說：『五厘及二五附加稅案亦難判悉其完成之期。』這固然是這些心計甚工的市儈強盜——列強帝國主義中間的利益衝突，但同時也是他們要再做筆買賣，要再看看市價，要等反赤運動再高漲些，以便再提高些這『商品』的價格。

法權會議怎樣了？自然是走同樣的命運。法權會議本來是純粹滑稽的騙局。列强帝國主義政府祇給其代表以『調查』的權限，關稅會議代表還有權限決定二五附加稅，法權會議代表則連此類的權限都沒有。他們祇管『調查』中國的司法，『建議』於各本國政府，至這種建議之實行與否，還要看各國政府的臉面，還要看各國是否共同同意，然後才談得上取消領事裁判權問題。照法權會議這種辦法，卽許他們調查得中國司法十分滿意，也不知要等幾世紀之後，中國境內的領事裁判權才能取消。這種本就不能得着結果的會議，爲甚麼召集，又爲甚麼像煞有介事的『調查』呢？因爲要和緩民衆的反抗，而且即在這『調查之中他們又有一筆實買可做：民衆反抗熱潮高漲了，他們可以讓些步，報告得滿意些，給點列强政府可以答應取消領事裁判權之希望於高等華人；到現在民衆反抗熱潮低落了，不但恩賜的取消領事裁判權的希望沒有，而且向你說，中國的司法還不夠資格，根本就非保持領事裁判權不可．一切法權的要求都是胡鬧。在他們在各處的『調查』大概已經完竣了，六月中旬即在北京集議報現告了，據日本報紙所載，他們共同的意見是：『惟據目下中國情勢觀之，中國司法制度之完備尙未達滿意程度；且過去一月有半，竟致失却中國主權之存在，關於地方治安之維持尙不及數年以前，不安之象較前爲甚。因是最初本擬爲先爲中國治外法權之撤廢盡最善之力之日本，亦覺過於令人失望；殊於最近中國政局之混亂愈使日本感覺希望之已絕，遂與各國委員持共同態度，對於中國治外法權之撤消，認爲現在中國之政治狀態既如此之不堪，則於現在司法制度下到底無實現之可能。此種形勢，幷聞業已決定。中國治外法權暫時殆已無撤消之望矣。』帝國主義自已造成中國政局之混亂不堪的局面，使中國失却主權之存在，即以此爲藉口拒絕撤消中國境內的治外法權。他們眞聰明，然而希望撤消治外法權的高等華人未免太蠢了！

五卅交涉怎樣了？民衆的流血不想却變成了軍閥政府的『奇貨』！現在不但談不上甚麼廢除不平等條約的問題，撤退海陸軍問題，收回租界問題，而且上海欽瑒的三華董也擱起了，滬案問題（本是不平等條約外的不平等問題）也單獨在上海開議了，——現在祇是軍閥政府怎樣向帝國主義要點借款以承認上海巡捕是正當防衛中國民衆是該殺之問題。帝國主義本來要用七萬五千元買得這種『解決』，結果雖然經民衆反抗，上海交涉署也不敢接受這筆款，但現在此種企圖已將從另一方式，即由顏惠慶正式承認而實現了。

這便是『反赤救國』的成績！

惟其高等華人反赤，所以民衆反抗熱潮低落下去，所以帝國主義進攻格外利害。試拿日本帝國主義來看：一方面熱烈歡迎高等華人赴日參觀，說些『經濟提攜』『共存共榮』的甜話，他方面計畫在滿州增兵，敷設鐵道，侵佔江浙沿海的漁權，限制華工入境，幫助張作霖……，向中國民衆積極進攻。反赤軍的統治底下，正是帝國主義侵略的一個好機會。反赤軍若未取得統治地位，帝國主義是沒有這種便利的。帝國主義很明白這個，而且也公開說出來。本月七日英國自由黨甘維錫在下院詢英國政府以香港和廣州中間的糾紛，殖民地大臣愛梅立公然答覆說：『香港政府未漠視可恢復尋常關係之機會，但因廣州政治上之繼續變遷，故不能進行，香港現採行種種可能方法，以期鏟除此不幸事態云。』所謂廣州政治繼續變遷，故不能進行，是甚麼意思呢？這就是說：廣州右派可以起來奪取政權，遂成像北方的反赤軍統治局面，待到那時香港罷工自然可以便宜條件解決了。所謂香港現採行種種可能方法，是甚麼意思呢？這就是說：英國帝國主義正在用種種方法幫助右派去奪取廣州政權。帝國主義對反赤軍之希望於此可見，反赤軍統治下之外交亦於此可見了。

上海最近的罷工潮

施英

五卅週年紀念後，在最近二十天之內，上海發生了四十次的罷工，參加罷工者三萬人以上，其詳情如下表：

企業	罷工次數或廠數	參加罷工人數	原因	結果
紗廠	七加二加五	一五•〇〇〇	資本家的反攻	勝利

絲廠	七加三	八•〇〇〇	經濟要求	七廠勝利三廠失敗
煙草	四	一•五〇〇	經濟要求	失敗
成衣	一	一•〇〇〇	經濟要求	勝利
毛巾	一	二五〇	經濟要求	未決
電車	一	二五〇	與水兵衝突	勝利
麻袋	一	二•二〇〇	經濟要求	失敗
印刷	三	一二〇	資本家反攻	勝利
金銀業	一	三五	資本家反攻	未決
藥業	一	未詳	資本家反攻	未決
外作漆工	一	未詳	經濟要求	勝利
板箱	一	未詳	經濟要求	未決
洋服	一	未詳	經濟要求	未決
合計	四〇	二八•三三五		

在以上四十次罷工之中，有六種屬於大企業，即：紗廠、絲廠、煙草、電車、麻袋、印刷；七種屬于手工業，即：成衣、毛巾、金銀業、藥業、外作漆工、板箱、洋服。　罷工的原因，屬於經濟的要求者，佔十分之六七；屬於資本家反攻者，佔十分之三四；此外如電車的罷工，係與水兵衝突，則屬於特別的原因。　罷工的結果，除未決者外，大半是勝利的；尤其是絲廠的女工，其中七廠得到幾年來未有的勝利。

為什麼上海最近有這樣高漲的罷工潮呢？　什麼是這些罷工的主要的總原因呢？　上海的無產階級與手工業者在近來罷工潮裏表現一些什麼特點呢？　在所有的罷工以後，上海的工人應當得着一些什麼教訓呢？　這都是我們應當研究與說明的問題。　上海的淞滬督辦、警察廳長，租界帝國主義者的巡捕房、包打聽，都不配解決這些問題。　上海絲廠資本家所收買的女工賊穆志英，組織了一個什麼『女工研究處』，更不配研究或解決這些問題。　唯一配解決這些問題的，只有上海工人自己的組織，自己的總司令部——上海總工會。　最近二十日內四十次三萬人以上的罷工，無一不得到上海總工會的援助。　所以在最近上海工人罷工之總現象裏，表示上海工人之能繼續五卅精神而團結奮鬥；同時，證明上海總工會確實是工人自己的組織，能夠擁護工人的利益。

為什麼上海最近有這些高漲的罷工潮呢？　因為一方面是工人受不住生活上的痛苦，而另一方面，上海的帝國主義者和資本家，已經渡過恐怖的五月，又向工人進攻，所以迫得工人不得不出此一途。　上海的工人正當五卅週年紀念之後，又值軍閥反革命勢力囂張之時，革命的空氣十分緊張，所以急謀團結，向資本家宣戰，並謀生活的改良。　上海所以有這樣的工潮，是目前混亂的中國時局，使工人感受生活的困苦，而一般資本家又向工人反攻所造成的。

最近工潮發生的主要原因，詳細說來就是由於：（一）上海的米價高漲（現每石已漲至十七元五角，不久將漲至二十元以上），別種日用品亦日見騰貴，直接使工人的生活入於更困難之境；所以各企業各手工業工人之罷工要求，以經濟的要求（即增加工資）為最多。（二）資本家向工人的反攻，更是使工潮直接爆發的原因；近來日人內外棉紗廠甚至組織『法西斯』謀打工人領袖，各手工業主趁端節時開除工人；又如印刷業主竟因工人紀念五卅停工而罰工人的工資至二元之多；煙草公司藉口出貨不銷而減少工作時間，希圖少給工錢。（三）五卅紀念運動的影響，亦是主要的原因之一；在資本家方面固忌恨工人的勢力，忌恨工人在五卅週年紀念中所表現的偉大力量，而在工人方面却正由於五卅紀念運動的影響，深信自己的團結力量，又適逢帝國主義者與一般資本家之反攻，所以發生最近多種的鬥爭。（四）組織上的力量與團結運動，在目前工潮中亦是一個重要的原因；上海有組織的工人方謀更堅固的團結，無組織的手工業工人亦紛紛起而作團結運動；但在同時，帝國主義者、資本家、租界的巡捕房、中國的警察廳，都深深忌恨工人的團結而加壓迫，所以工人之鬥爭愈加猛烈了。以上這四種都算是主要的原因。這些原因，在女工賊穆志英的『研究處』裏是研究不出來的。然而上海的工人，已在這些實際條件之下，開始爲自己利益而鬥爭了，並且照目前的形勢看來，這種鬥爭將繼續延長下去。江蘇省長公署所謂『取締罷工』的訓令，說什麼『效尤成風，實堪痛恨』，『任意要挾，不服調解，亟應嚴加取締』，都是『放屁』之談，絲毫不足以解決現在上海的工潮，他們不過是爲保護資本家壓迫工人罷了。

上海的無產階級和手工業者，在近來罷工潮裏表現一些什麼特點呢？第一、閘北各絲廠女工之興起，算是在上海的無產階級運動裏，增加了一枝生力軍。自來各絲廠女工，受資本家和官廳雙方的壓迫、又受工賊穆志英等的欺騙，生活在十八層地獄裏，困苦萬狀，在去年五卅運動時亦未能積極參加，而這一次總勇敢奮起，開始提出自己的要求了。她們戰鬥的英勇，秩序的良好，尤可稱贊。第二、各業工人對於上海總工會的擁護和信賴，表示上海工人團結的一致和革命的精神，於此次各種罷工裏都表現出來。同時，官廳亦不得不服從工人的意見，又明知自己不足以解決工潮，所以只有邀請總工會的代表去解決。絲廠罷工的女工說：『我們沒有代表，只有總工會才能代表我們。』絲廠工潮解決後，官廳用巡警和馬隊來強迫工人上工而工人不理，只等到總工會的代表來演說宣佈之後，工人才欣然紛紛回到工廠去。後來資本家與官廳兩方面都改變策略，拒見總工會的代表，然而事實上不經總工會之參加者，凡罷工都難以解決。上海的工人確實認識了自己的團結力量，看清了自己的階級地位，在五卅大運動中是一次證明，這又是一次證明。第三、對於經濟要求的條件，關於增加工資一項，各業工人都有各自的要求（此次四十次罷工中，惟電車、金銀業、藥業未提經濟條件），同時，關於工作時間一項，我們可以看得出來，此次有一種共同的要求。然而這些要求都只限於要求每日早六時上工，晚六時下工，合計還是每日十二小時的工作時間。有一部份才要求午膳休息一小時。凡是明瞭上海勞動狀況的，都知道上海工人不僅是工資少與待遇不良，就是工作時間之長，已經可怕煞人。但現在上海的絲業女工與毛巾工人等還只能作每日工作十二小時的要求。關於這一點，在這次罷工運動，固然是一個小進步，也算是一個特點，然而上海工人還需要奮鬥，以求實現『八小時的工作制』。又如這一次絲廠女工勝利條件之一，有『產前產後須休息一月，工資照發』的規定，也算是歷來所未有的，但資本家是否眞正履行，還要看工人努力團結來監督。

上海工人的經濟和政治爭鬥，既然是繼續不斷的；在近來的罷工運動各自結束以後，上海的工人應取得些什麼教訓呢？這更是我們要注意的重要問題。前面所述上海工人在近來運動中的特點表現，同時也就是我們所應得的教訓。但是在這些教訓以外，還有更重要的幾點。（一）上海工人此時應當明瞭『罷工的戰術』，要知道若不『知己知彼』，便不能『百戰百勝』。工人階級爲擁護自己的利益起見，應當了解自己階級的戰術，譬如此次紗廠的罷工，沒有總同盟的罷工的需要，而一般工友們，徒激一時的勇氣，反有這種傾向，便算是不懂得罷工的戰術。又如麻袋廠的罷工，暴動太多，且無組織；我們應當知道無組織的暴動是最危險的，毀壞生產機器，更是不必要而且有害的行動。又如日本資本家之應付工人，他們開除了工人不敢自認，在租界內推託於巡捕房，在華界又推諉於警察署，——這算是資本家懂得戰術，巧於用策略應付工人，我們工人安可不講求戰術、服從工會的指導，以求勝利早得麼？（二）對於資本家走狗及工賊的應付策略，也是要講求的。現在絲廠有個工賊穆志英；以前上海大騙子組織『男女勞工反共產同盟會』的孫宗昉，現由北京來上海，又要組織什麼『工商協會』的分會；在各紗廠裏，資本家更直接收買走狗毆打工人；在各手工業裏，工賊機關的工團聯合假總會，又常常欺騙工人，詐騙銀錢。這些工賊都是上海工人之敵，必需將他們掃除以後，上海的工人才能使自己的階級壁壘更加森嚴堅固。

（三）上海的工人已經有組織者雖佔多數，但是組織還不嚴密，換言之就是還不適合於戰鬥。上海總工會固然已經是全上海工人唯一信賴的總部；但是各產業總工會（如紗廠總工會、碼頭總工會、鐵廠總工會、印刷總工會……等），各業工會（如郵務公會等）各廠工會，以及工廠委員會、糾察隊、工人自衛團等，還應該更嚴密的組織起來。上海的工友們應當認識，現在是上海工人運動的一個新時期；在這個新時期裏，我們要使工人儘量加入工會，每一個會員，能成為工會的有力擁護者。

在上述的許多罷工運動及其教訓之外，我們還應當指出的，就是怠工的運動。最近各業怠工運動的次數，略少於罷工，但都得了勝利的結果。這事是工人羣衆要求利益，表示力量的有效方法之一種。有些工廠的怠工，是因同情於別廠之罷工而起的。怠工，亦是『罷工戰術』之一種，此後各業工友應聰明的運用。最近浦東烟草公司的工友們，因為同情於罷工運動，在老廠的工友，用香煙擺成一個『義』字，新廠的工友們聽說了，立刻就用香煙擺成一個『氣』字。這個表示是好的！『義氣』就是我們的階級覺悟和團結的表示。但工人階級只有『義氣』是不夠的，還須懂得階級鬥爭的戰術呀！

工人的痛苦只有工人自己才知道。工人的利益，只有工人自己的工會和工人自己的政黨來擁護。工人的政黨就是帝國主義者、軍閥、資本家等所反對厭惡的『赤化』黨——即共產黨。惟有共產黨員才是工人羣衆的先鋒隊，始終擁護工人的利益。帝國主義者、軍閥、資本家、及其走狗工賊等，始終是工人的敵人。還有一般投機改良派，他們的言論和行動則是十分可笑的。譬如在最近上海之工潮裏，大多數的報紙，沒有同情於工人的言論；更有一般人，如近來上海民國日報的時評和『覺悟』欄的言論，有什麼『要曉得商人的將本求利，其立足點在仁義上』，又有什麼『祇有希望廠主看看四圍的形勢，自己先來改良』……等等的話，那雖是他們一點什麼『戴季陶主義』的觀念，但叫在痛苦裏的上海無產階級聽來，不免要哈哈大笑了！

為帝國主義與軍閥所恐怖的『紅色的五月』已經過去。但中國的工人，就因為從『紅色的五月』裏所得的經歷，而走入一個新的時期了。最近罷工的潮流，不僅在上海，即上海附近的無錫，最近有十九家絲廠，二十三家堆棧的大罷工運動。同時，就在這最近時期內，還有漢口英美烟草公司的大罷工，大連絲廠的大罷工、以及天津郵差罷工。這都是中國工人受苦不過的爭鬥之表示。上海工人是全國工人的運動領導者，上海工人的團結和組織力量可以作全國工人之模範。上海的工友應當莫妄却自己的責任！

六月十九日

武昌中華大學武劇中國家主義者的搆陷

超麟

在反赤軍統治底下，國家主義者特別賣力，這是事所應有的。革命民衆不願意這反赤軍的別動隊幫着反赤軍分裂民族革命的聯合戰線，這也是理所必然的。國家主義者遏着民衆的反抗，不惜雇用流氓打手，實行其法西斯特手段，以毆打民衆，甚至於勾結軍警拘捕受傷學生，事後又反噬過來說是共產黨人搗亂——這本係國家主義者的慣技，并不是出於我們意料之外的事。

這次武昌中華大學的武劇就是他們這種把戲。國家主義者事後發通電『聲討共產黨』，說是共產黨徒百餘人在會場搗亂。事實究竟是怎樣呢？國家主義者的宣傳自然說自己是馴若綿羊，祇有共產黨人是殺人不眨眼的兇手，打傷了他們的人，毀壞了他們的學校。共產黨人呢（我們不知道內中是否有一二個共產黨人或者竟沒有共產黨人），他們幷未曾發表宣言聲討國家主義者，他們幷未替自己辯護，說兇手是國家主義者雇的；我們祇要看當地的輿論，武昌學生團體的宣言，就可明白此中的眞相了。

湖北省立第一師範學生宣言略云：

「昨天中華大學發生殺人的慘劇，敝校同學楊君維祚也在被殺之列，傷重命危，已抬入醫科大學醫院內診治，醫生謂「手腕脈絡已斫斷，恐難醫愈。」這件事完全是中華大學校長陳時一手做成的。因為這次的流血慘劇，確是陳時首先已有準備，有意殺人的。陳時在講演之先曾當衆宣言：「本校今天已雇有神聖工人百餘名以備萬一，如有與本校規則不合者，即有相當對待。」當時在場聽講的人，幷沒有人看見場中有人擾亂秩序，只看見不知是那校幾位同學聚看傳單，而陳時竟無故的忽然在會場中高呼「抓打驅逐出場」，豈不是陳時有意殺人嗎？現在陳君維祚已提起公訴，請法庭依法拘案追究，務須達到陳時抵罪之目的而後已。」

武昌各學校通電云：

「國家教育協進會會員陳啓天於本月十日上午在中華大學演講，事先由中華大學佈告歡迎各校學生參與，屆時聽講學生七百餘人。該校校長陳時宣佈開會，謂「本校歡迎名人講演，不問派別，惟會場秩序緊要，今日未請軍警到場，已雇神聖勞工百餘人維持秩序，如有不守秩序者則對付之。」開會畢，陳啓天登台講演，即有少數國家主義分子散發傳單歡迎其來鄂，會務秩序依然安靜；隨後復有少數人散發反對國家主義傳單，陳時即謂擾亂秩序，呼其所雇工人持械向羣衆毆打，該校教員嚴士佳幷持刀殺傷第一師範學生楊某；羣衆逃走則校門緊閉已被把守。軍警旋至，陳時復指揮軍警按簽到簿捕拿聽講學生以圖抵賴。計被捕學生十餘人，重傷者三人，輕傷者無數。此當時經過之大概情形也。查此次各校學生聽講乃陳時佈告召集而來，陳時對於國家主義有何關係，對於聽講中有何仇敵，概不得知亦不必過問，惟陳時雇請流氓預準備毆殺已爲公認之事實。陳時以議員而兼校長，爲宣傳主義毆殺仇敵，乃不顧聽講羣衆，指揮毆殺至十餘人，更指揮軍警大肆搜捕任意誣害以圖抵賴，無論法律人情，陳時對此次流血應負完全責任。各學校學生等，爲擁護學生利益保障學生生命計，誓以全力與陳時周旋。尙希各界主持公道一致援救。省立法大高商一師高級中學私立法政國立商大等學生會暨國立武昌大學救濟被捕同學委員會公叩。」

此外武昌大學學生會之震陸通信社的消息亦與上面這二種文件差不多，原文見十九日上海商報之『當時目擊者言』一段，茲不備錄。

我們從上面二種文件看來，很明顯的：（一）國家主義者事前就準備好了殺人的計畫，所謂『已雇神聖勞工百餘人維持秩序』，便是中國法西斯特僱用流氓打手毆殺革命民衆之證據；（二）中大校長陳時親身指揮殺人，教員嚴士佳親身持刀殺人；（三）受害人不是『馴若綿羊』的國家主義者，乃是他們所誣爲共產黨人的各校學生；（四）受害者幷未曾擾亂會場秩序，最多亦不過學着國家主義者散發傳單，所謂搗亂完全是國家主義者的誣陷；（五）國家主義者勾結反赤軍警拘捕受傷學生幷嚴刑拷問數次加上鐐銬待如江湖大盜；（六）這中間幷無提起共產黨人，商報畏壘亦認定是極左派的青年，即國家主義者的宣傳亦祇說是社會主義者。

這裏我們應該注意，這幷不是共產黨人的宣言通電，這乃是省立第一師範學生會的宣言，省立法大高商一師高級中學私立法政國立商大等學生會和武昌大學救濟會的通電以及武昌大學學生會所辦通信社的消息。——他們難道都是共產黨人嗎？

國家主義者分明與全國革命民衆爲敵，反說祗有共產黨人與他們作對。『共產主義怪物』簡直是他們噩夢中的惡魔，他們夢見這種『怪物』追逐他們，『形影不離』。學藝大學學生驅逐曾琦，曾琦悄憤然長歎曰：『又是共產黨在中搗亂』！某校學生不贊成曾琦拿曾國藩家書當做國文教科書讀，曾琦便說：『你是共產黨』！難怪這次中大的武劇『又是共產黨在中搗亂』！國家主義者在法國告密拘捕共產黨人，在北京僱打手毆打共產黨人，這些事我們現在都用不着提起來說！

最後，我們應該說一說商報畏壘這回的反共產態度。畏壘知道素來青年中有毫無赤化關係而『不慊』於國家主義者，畏壘看出國家主義者通電所指的百餘共產黨人應該是『極左派青年』，眞正共產黨人沒有那樣多，——畏壘的見解究竟高於他的朋友，國家主義者。但我們畢竟不解畏壘既然檢閱過漢口報紙所記載，何以抹煞武昌各學校宣言通電中列舉的種種事實而『一言以蔽之曰：此決爲極左派青年之所爲也』？在態度上，畏壘指鬥毆爲最無聊最卑怯的舉動，但畏壘應該明白這是要你的朋友負責的。在思想上，畏壘也知道反動勢力常利用國家主義言論去栽陷革新分子，而國家主義者之反赤乃秉於『先共所急』之義，但畏壘又說『國家主義團體實爲中國解放運動中之一枝勁旅』。這在畏壘方面，自然要替他們的朋友如此辯護，但革命民衆却十分明瞭所謂國家主義團體是個甚麼東西！他們在中國民族運動中做了一些甚麼事？反對共產黨，反對蘇俄，讚美廣州商團，詆毀孫中山先生，在法國帝國主義面前告密，替段祺瑞辯護，分裂學生會，禁止學生參加五卅週年紀念運動，——就是他們的能事！畏壘先生讚美他們，那才眞是『其成見決非吾人之理論所能動搖』耳。

寸鐵

中日親善聲中之日本侵略

一方面赴日華商參觀團大唱其中日親善，一方面日本陸軍派大唱其經營滿洲，限制中國工人商人上陸，重稅華貨，同時日船強在江浙海岸捕魚，上海日廠虐待華工。原來親善就是這樣麼？

好個經濟上的提攜？

日本帝國主義者，對於中國政治上無忌憚的壓迫，這是任何中國人都知道的；同時日本人所恐慌的，乃是中國人經濟抵制之一法，所以他們對赴日華商參觀團提議經濟上的提攜，而主張撇開政治問題，這就是說：以後你們中國人對於日本政治上的壓迫勿用經濟抵制來報復！好個經濟上的提攜！老實說就是『不排日貨』。

平民的中日親善

虞治卿說：『鄙人此行，深覺日本人民及中等資本家均已有澈底覺悟，知中日親善之必要，至尙未能完全明瞭者，則日本政府與大資本家。』我們不是國家主義的排外者，中日平民的親善，本應十二分歡迎；可是帝國主義的日本政府與大資產階級不倒，中日親善終是一個欺騙政策不會實現的。我們所反對的正是帝國主義的日本政府與大資產階級，而不是日本平民；我們只應對日本平民講中日親善，不應對帝國主義的日本政府與大資產階級講中日親善。　因爲對帝國主義者講親善，直是『與虎謀皮』！　（實）

『友誼的態度來交涉』之結果！

北四川路的電車路，是上海租界工部局越界築路之最著者，他們越界築路築到何處，警察權便隨着越界行使到何處，這是何等不法的橫暴行爲，即依據不平等條約試問何約何條有此等橫暴不法的特權之規定！　最近上海警察廳派巡警到北四川路站崗，工部局赫然震怒，十六日領袖領事克銀漢，淞滬商埠總辦丁文江，交涉員許沅會商之結果，十七日遂將北四川路崗警撤退了，這就是孫傳芳丁文江所稱『友誼的態度來交涉』之結果！　（實）

工人活命問題

近來上海米價貴至每担十七元五角有奇，還有將漲到二十元以上的消息，其他日用必需品勢不得不隨之日見昂貴，工人每月工資平均不過十二三元，教他們如何養家活命？　爲活命而要求加資而罷工，總算不得什麼過激能！　有一班人以爲工人因生活艱難要求加資，固屬情理之常，而疲敝的工商業實受不起罷工加資的損失；殊不知窮苦工人除向廠主要求加資外，別無生路可尋，而廠主則可向外國帝國主義及本國軍閥爭鬥，以救中國工商業之疲敝，不當專向窮苦的工人身上括取。　括盡工人膏血，也抵不了所受帝國主義侵略及軍閥之援害之損失萬分之一呵！　（實）

官挷票

上海新聞報十七日濟南電：『節關銀行借款，獨中國銀行之十五萬元不交，警察廳將該行長汪楞伯拘留。』　反赤軍這種『官挷票』法，似乎南北反赤軍所佔領的地方都不曾行過。　（實）

共產主義適合於國情

有一個什麼北京工商協會代表電孫傳芳說：『查共產主義不適於我國之國情，稍有常識者類能道之，不過一般少年好事之徒，受其利誘，樂爲宣傳，於是各處工潮，遂時時起伏，去歲滬上慘案發生，工商兩界損失之鉅，駭人聽聞，錫麟等心焉憂之，……始有全國工商協會之組織，伏查滬上爲工商林立之地，決議先從上海成立協會，幷公推上海男女勞工反共產同盟會代表本會理事孫中防君前往云云。』　因工潮而推原於共產主義之宣傳，復因五卅運動而推原於共產主義的宣傳，這正是證明共產主義適合於中國國情呵！　（實）

徐錫麟孫宗昉你又來了！

去年八月，自稱什麼上海男女勞工反共產同盟會代表的孫宗昉，因騙取絲廠女工入會費被人告發而逃走；其後什麼工團聯合會的職員徐錫麟，也因打毀總工會的刑事嫌疑而逃走；現在他們又來了，又拿一個什麼工商協會的名義來向官廳獻技，這班人花頭眞多！　（實）

有利於中國卽爲侵略

十七日申報通信有題作『蘇聯對中國之經濟侵略計畫』的，他的下文是：『現俄國已恢復購辦華茶之舉，此舉實於中國國民經濟有莫大之裨益。』　通篇也是找不到怎樣侵略。　我們於是乎學到了中國『獨立』運動裏的新發明：『凡有裨益於中國者卽爲侵略中國。』　這種論理法，眞是刮刮叫的中華國貨，不雜絲毫歐化臭味。　誠哉，東方文化之可貴也！　（仁）

政治生活
紅色五月特刊（第七十六期）

發行部
編輯部
通信處：廣州國光書店黃正君

分售處

廣州	丁卜特報社
北京	各學校號房
長沙	文化書社
寧波	寧波書店
武昌	時中書報社
	共進書社
福州	福州書店
香港	萃文書坊
汕頭	汕頭書店
蕪湖	科學圖書館
太原	晉華書社
潮州	青年書社
雲南	新亞書店
重慶	唯一書局
南京	樂天書館
寶慶	寶慶書局
黃梅	書報流通處
西安	西安書局
成都	華陽書報流通處
紹興	亞民文具實業社

價目

訂閱：國內一元寄足三十五期。國外一元寄足二十五期。郵票代欵九五折算。但以一分半分爲限。

代派：每份大洋三分。六折計算。寄費在內。十份起碼，十期清算一次。概不退回。

零售：每份銅圓六枚。

The Guide weekly

嚮導週報

第一百六十期

目次

一九二六年六月三十日

革命的上海

獨秀

人口超過二百萬的上海，爲全國工商業之中心，革命運動之客觀的條件，他在全中國各大都市中是第一具足的了。所缺乏的是主觀上的革命思想與意志。 上海市民缺乏革命思想與意志之故，第一原因是由於帝國主義之資本勢力，已經使上海市民『洋奴化』了數十年，尤其是上層階級，如買辦、洋貨商、工部局海關職員、基督教青年會，以至於英美留學生出身之大學教授及教會大學之學生等；他們的民族觀念，差不多被外國金錢勢力毀滅完了；即至下層平民，都免不了崇拜洋人勢力和買辦地位的心理，不過他們比上層階級的人們和外人較少直接利害關係，因此他們的原始排外觀念，有時還能夠在外人過分的欺壓中表現出來。 上海純粹是個商場，從前除教會的奴隸教育外，很少本國的學校自己的文化（所謂自己的文化，是指中國人自己建立的自然科學社會科學及美術文學的教育而言，不是指什麼東方文化與國粹。） 這乃是上海市民缺乏革命思想之第二原因。

歐戰中，中國工商業得了一點發展的機會，於是上海在買辦和洋貨商以外，新生了一些紗業家絲業家航業家及國貨商，和外國資本有了一些小小衝突；同時，德國俄國的革命，使全中國人的心理起了一個大變化，上海市民自然也非例外，一時革新的潮流瀰漫了全中國，革新的青年集中了上海，更集中到文化運動與平民運動；因此，上海市民，在客觀上在主觀上，都生了劇烈的變化，因此，自『五四』運動到『五卅』運動，上海市民遂由洋奴化，漸漸行向革命化了。

現時上海市民之革命化的現象是怎樣呢？ 二十多萬產業工人，不但站起來要求生活改善和階級的組織（工會），並且大規模的參加政治爭鬥。 有很大數量的手工業工人和商業職工，也漸漸起來做經濟的罷工，組織職工會，加入國民黨，且不滿意於國民黨中的右派，他們參加五卅週年紀念運動，其熱烈並不在產業工人和學生之下。 學生大部分是革命的，雖然有少數國民黨右派和國家主義派從中消極的怠工或積極的搗亂，終以學生羣衆傾向革命，他們尚無法破壞學生的戰鬥總機關 上海學生聯合會。 中小商人因外國帝國主義，本國的苛稅雜捐及大商企業這三種壓迫，也漸漸傾向革命；如不滿意於總商會的妥協態度，反對北京軍閥政府犧牲關會與五卅案交涉借款賣國，反對北京軍閥政府以煙捐向英美烟公司抵借巨款，反對捲烟稅反對軍閥破壞閘北自治，反對宅地稅，反對省政府停止土布免稅，反對閘庫增設烟酒令卡，反對省政府增加米捐，反對房捐帶徵保衛團經費等，都充滿了怨憤不平的呼聲。 至於反對中外官廳護庇烟土，反對增加房租、要求抑平米價，更成了一般平民普遍的運動。 最近浦東塘橋鄉，竟因巡警徵收門牌費，惹起了數千人的暴動。

以上各階級的民衆，即是上海市最大多數的民衆，都已經脫離洋奴化，而有了政治的覺悟了。

大商階級是怎樣呢？ 他們的大部分還留在買辦階級的領域，代表他們的是上海總商會。 上海總商會和代表上海教育界貴族的江蘇省教育會，是上海市兩個反動勢力的總機關。 大商階級中，近來雖然有了少數反對派傾向，如虞和德霍守華等；然而他們當中的不同，只是多數派乃純粹買辦階級性，無條件的和帝國主義及軍閥合作，少數派稍帶一點民族資產階級色彩，須有條件的和帝國主義及軍閥合作。 他們對於工人運動也有不同的態度，多數派絕對仇視工人運動，少數派想拿一點改良政策利用工人，以愛國名義爲他們對帝國主義要求利益而犧牲，並且主張工人不必有自己的組織。 此次總商會選舉，多數派得了完全勝利，他們今後和帝國主義者比虞和德時代更要親害的合作。

大商階級，在上海民衆中雖是少數，而實力却頗雄厚，可以做帝國主義及軍閥有力的工具，因為他們掌握着財政金融機關和輿論機關，并且有武裝隊（保衛團）。因此，在上海市民的民族運動中有一個嚴重的問題，即是：或者由革命的工人階級領導此運動，一直行向革命，以至完成全中國的民族解放；或者由妥協的大商階級勢力影響一切民衆，漸漸回復到從前『洋奴化』的上海。

凡是一個革命家，固然不應因抱悲觀而至於看不清革命的環境，然亦不應過於樂觀而至忽視革命環境中每種危險，更不應由樂觀而至於誇大自欺，陷於超過實際可能之推倒。大商階級之妥協，有意的或無意的背叛民衆出賣民族利益，這是革命的上海之最大暗礁，在民族運動之長期爭鬥中，此暗礁時時都會發生危險。

上海是全中國工商業之中心，亦即一切帝國主義者侵略中國之中心；同時更是中國中部長江流域精華所萃聚，亦即英國帝國主義者勢力範圍之根據地；從前太平革命勢力一達上海，英國即舉全力與之決死鬥，今後中國對於帝國主義的爭鬥，在上海也須比任何地方有更長期的爭鬥。『帝國主義在上海的失敗，乃是他們在中國之最後失敗；中國民族在上海的勝利，也是我們對帝國主義之最後勝利。』在這困難的長期爭鬥中，妥協的大商階級勢力有更多更大發展之機會，可是我們也并非幻想能夠馬上一舉而獲得最後勝利，不妨得寸思尺的逐漸獲得勝利，逐漸革命化，逐漸搖動帝國主義者在華勢力之基礎；惟必力避大商階級之危險的暗礁，即『中外合作』之幻想，方不至由現在革命的上海，行向從前洋奴化的上海！

孫傳芳丁文江要的是『大上海』，我們要的是『革命的上海』因為洋奴化的上海越大越糟。

上海總工會二次被封

碩夫

上海總工會突於二十七日又被封了！

這次封閉上海總工會的是誰？

有人說：自五卅週年紀念以來，各方面工潮層出不窮，工人的氣燄太囂張，中國官廳為抑制工人氣燄的囂張，不得不封閉上海總工會。照這樣說起來，封閉上海總工會的，直接是殷芸陽而發命令的是孫傳芳。

即依照這個理由，孫傳芳是否應該封閉上海總工會呢？ 工潮之所以層出不窮，由工人生活之萬分困苦及資本家之種種虐待。 觀於最近各廠工潮之起因多由於資本家之開除工人及虐待工人，而工人所要求的條件也無非增些微工資及減輕虐待，即可證明。 關於此點，上海總工會被封後的告各界同胞書，說的最明白：

『年來生活程度之高漲，較之二三年前已增百分之四十、而工人工資仍二三年前之舊規，或雖曾增加而遠不能與物價所增者相比例。 全上海工人每月所得工資，多者二三十元，佔最少數，至少者六七元，佔多數，平均為十二元；每人每月飯食至少六元（最便宜之包飯）；房租二元，剃頭、洗浴、洗衣等一元，添鞋襪衣服洋二元，車錢、點心、香烟等雜用洋一元半。 此為最簡單最起碼之生活，每月已超過十二元，然猶為一人之費用，工人亦有父母妻室兒女，以此區區之十二元，自顧一身且不足，將何以奉父母撫妻子育兒女乎？ 工資不敷生活，必希望加資而提出要求，要求不遂，乃罷工以待解決，此必然之趨勢，非任何人用任何力量所得遏抑也。 我等工人雖貧賤，亦屬人類，螻蟻猶惜生命，我等工人既受生活之迫脅，有朝不保夕之勢，因有維持生命之要求，凡有人心，當與同情。抑工潮發生之原因，尙不止此，上海工廠，其黑暗悲慘不啻地獄：生命受任意之摧殘，死傷毫無撫卹，無理開除，失業者無可告語，打罵工人，一如鞭策牛馬，拖欠工資，不顧工人之窘急，種種慘酷之情狀，筆不殫述，工人亦人也，乃能担負此非人之待遇耶？以不堪壓迫而有所表示，若有人並此可憫之表示而亦不與同情，甚者加以非議，則其忍心，亦太過矣！」

即從這點簡單的敘述上，已可知上海工人生活困苦之梗概。無論何人讀過這筆很簡明的賬，都應該相信是絕對眞確的，只有未詳的地方，斷沒有虛報的地方！難道工人爲保持生命，爲反抗對待如牛馬的鞭笞，作『困獸猶鬥』之舉，就是氣燄囂張嗎？工人爲其同奮鬥圖謀得到人的生活幷反抗帝國主義壓迫而組成的總工會，就應該波封閉嗎？

一定又有人說：工人的生活困苦是不錯的，但近來工潮未免來得太兇猛，顯見有人故意從中挑撥，所以官廳要封閉上海總工會。這種觀察也是錯誤的。工潮所以在這一月以來如此澎湃，有其客觀的重大原因。簡單的說起來，就是因爲在去年五卅反帝國主義的運動中，上海工人經過兩個月的爭鬥，已具有相當的覺悟，知道要求他們的利益，不復似從前茫無所知的屈服於十八層地獄裏。五卅革命運動因大商買辦階級之背叛，中等階級之妥協及軍閥之壓迫，漸漸銷沉下去；而上海之二十餘萬工人亦只得遷就上工。然自上工以後，工人羣衆一點好處也未得到，幷且帝國主義者還大批開除工人，橫加壓迫，使用工賊流氓等在工人羣衆中搗亂。必欲再將工人之反抗能力根本消滅下去。對着這種情形，工人羣衆自然心懷不安，急思乘機報復。及今年五卅週年紀念到時，差不多全上海的工人都蜂擁而起。這是上海工人在去年五卅運動後帝國主義者高壓之下，經過相當的休養與反省而舉行大規模的反攻之第一聲。工人羣衆經過長期的忍耐，貯蓄相當的勢力，在政治上舉行一次反攻，接着就要作生活的要求，這是顯而易見的道理。同時又加以近來米價奇漲，一般食物也均昂貴，逼得工人的生活愈加不堪。即以閘北一帶中國絲廠工潮而論，也無非因工人生活太困苦不堪，同時又受了民衆運動潮流的波及。這就是說明爲什麼在這一月以來工潮如此澎漲。爲全體工人利益而團結的上海總工會，自然要迎合工人羣衆這種迫切的要求而領導他們獲得相當的生活改善。我們若要問爲什麼這一月以來忽然工潮如此澎漲，我們只須問一問帝國主義者及資本家爲什麼齊心齊意至今對工人一毛不拔！這是一件很奇怪的事：沒有見過一個戴季陶主義者跑到帝國主義者面前去勸勸他們發點仁愛性，給點好處與工人，專要對工人拳打脚踢，只聽見人說工人的『氣燄囂張』！

老實說起來，封閉上海總工會的幷不是孫傳芳，乃是帝國主義者，孫傳芳不過馴良地執行帝國主義者的命令罷了！

但這幷不是說孫傳芳的本意不願封閉上海總工會，也不是說中國的資本家如閘北各絲廠的廠主不會運動孫傳芳封閉上海總工會。只因上海總工會是上海數十萬工人羣衆所擁護的團體，封閉是封閉不了的，同時他又是反帝國主義的產物有光榮的歷史，很爲一般革命的民衆所同情，無端逕行封閉，也未免『過拂輿情』。所以封閉上海總工會，孫傳芳終於有點恇怯。閘北中國各絲廠的若干資本家也不能使孫傳芳下此毒手。只有帝國主義者的命令是孫傳芳所不能夠違抗的——無論有理由沒有！

一月以來，各方面工人羣起作罷工的要求，絡繹不絕，同時上海總工會的威望也因之日見增高；這當然是帝國主義者軍閥及資產階級所惶恐不安的。但起了決心，迫令切莫遲延，立刻封閉上海總工會的，是帝國主義者。　這是我們很明顯地可以看得出來的。　本月十四日小沙渡內外棉第四廠發生罷工風潮，同時并失火焚燒了機器上的棉花。　據工人方面的申述，失火是因爲走電。　但日本帝國主義者自然要說：這是工人縱火暴動，於是邀集各國領事臨廠察看并拍出照片。　我們於此即己看出日本帝國主義者想藉此「給工潮做一個結束」，對上海工人下一個總攻擊。　同時公共租界工部局電氣處英人惠特惠於本月二十三日將工人陳寶章慘加毒打，打後從樓上用脚踢下樓梯，復用自來水澆潑，引起全廠工人的憤激，幾至罷工，幸上海總工會力加解說，主張工人暫不罷工，從別方面做對付的方法。　工部局知道這種慘無人道的行爲定引起『不幸事件發生』（即罷工或反帝國主義運動），深加恐懼，而上海總工會又決定於本月二十七日下午三時在會所召集滬上各團體代表大會討論對付此事。　因此不先不後，恰在本月二十七日下午三時上海總工會被封的命令就到了！

上海總工會被封已不止一次了。　但軍閥之封閉總工會無一次不是執行帝國主義者的意志。　當去年五卅事變發生後，奉系軍閥爲逢迎日本及英國的帝國主義進行他的統治，不得不首先打倒這五卅運動中反帝國主義的健將：上海總工會；及孫傳芳崛起，仍不能不繼續封閉總工會以見好於帝國主義者；現在又是迫於帝國主義者命令不得不無理的封閉總工會了。　由此我們可見上海總工會是帝國主義的眼中釘，而所謂中國官廳處處秉承帝國主義者的意旨，中國軍閥的官廳不抑制帝國主義及資本家對工人之無限制的剝削而消弭工潮，反而欺凌工人封閉工人的工會。　帝國主義者任意虐待中國工人，中國官廳不敢說一句話；而帝國主義者命令中國官廳封閉總工會時，無論怎樣無理都奉之唯謹。

上海總工會是一個眞正民衆的團體。　他不是掛空招牌的，不是像一般的社會團體爲官僚政客劣紳等所把持利用的機關。　他是爲全上海工人奮鬥所組成并一致愛戴的。　他是眞正能爲他所統率的羣衆謀利益的。　他的屢屢被封并不算是他的恥辱，倒算是他的光榮。帝國主義者屢屢要封閉他，足見他是一個値得人注意的「東西」；而這個『東西』也並不是什麼洪水猛獸。　他的成績彰彰在人耳目：他不過是爲工人羣衆解除殘暴的壓迫與無情的剝削，同時又是領導工人羣衆與帝國主義奮鬥。　所以他之歷遭摧殘，不獨全上海工人全中國工人表示反抗，凡是反對帝國主義的侵掠，要求政治清明的人，都應當對之表示同情而急起援助。

實際上，上海總工會決不會因一紙空文的封閉所能消滅或削弱其勢力的。　他存在於各個工人的心裏。　帝國主義的侵掠及資本家的剝削一天不止，上海總工會總是一天一天地蓬勃的生長着。　過去的事實已是證明了。　已經具有覺悟并有相當的爭鬥經驗的上海工人及一般革命的民衆，必有再自動的啓封上海總工會之一日！

再論上海的罷工潮

施　英

我們已經詳論自五卅週年紀念後的二十天內，上海有四十次罷工發生之原因及其意義。　我們所指出這些罷工發生的原因有四個：（一）工人生活的困苦；（二）資本家的反攻；（三）五卅週年紀念運動的影響；（四）工人因團結組織而受壓迫。　同時，我們先明顯說：在最近時間內，上海的罷工潮將是繼續不斷的。　果然，在近一星期內，罷工運動越更加猛了。　前二十天內不過是四十個罷工，而近一星期內，除未解決者外，還增加了六十個罷工，人數略約計之，當在六萬以上。　其統計如下：

罷工廠名	罷工次數或廠數	人數約計
內外棉第五、七、八、九、十二、十五——共六廠	六	一五•〇〇〇
內外棉第四廠	一	八〇〇
內外棉第三廠	一	一•〇〇〇
虹口絲廠（十五家）	十五	七•五〇〇
申新紗廠	一	一•四〇〇
南北市皮件	一	未詳
閘北絲廠（三十五廠）	三十五	三二•〇〇〇
合計	六十	五七•七〇〇

此外尚有：金銀業工人、日商洋服工人、三星毛巾廠工人等的罷工，都是在這一星期內才解決的。　還有一個未爆發的工部局電氣廠的工潮，包含有十分嚴重的意義，雖未罷工，但亦是這一星期中的重大事件。

上海工人罷工運動之所以如此蓬勃，其原因正如前面所述，此外並無其他特別的原故。　但是在這樣的原因之下，上海工人的罷工，一天比一天的猛烈起來。　這種現象不特不是偶然的，簡直是必然的。　正因爲有這樣現象，所以造成了目前的『動的上海』——革命的上海。　但是造成這樣現象的，也不只是工人。　近來浦東貧民的暴動、小西門貧婦的請願、各種的抗稅與抗捐，如宅地稅問題、房租捐問題、冰鮮稅問題、捲烟稅問題、畝捐問題、小菜場捐問題、保衛團捐問題，以至帝國主義者的越界收捐問題，已經把這個亡國的上海閙『動』了，變成『動的上海』了。　這個『動的上海』，就是『革命的上海』之開始現象。　造成『動的上海』，自然是大多數的上海市民，而不只於是工人；因爲超過二百萬的上海人口，產業工人不過佔三四十萬。　上海工業的無產階級，固然是市民運動之先鋒，在『動的上海』裏，是最活動的一員。　然而目前上海工人罷工的現象，却不是因自己是最活動的一員，而致於『故意囂張』『肆行滋擾』；乃是確確實實的因爲租界帝國主義者的剝削與壓迫，軍閥官廳與劣紳的勒索所造成之上海現狀，迫得所有的平民都起來反抗；上海的工人亦是要穿衣、吃飯、住房、納捐、納稅的，不能夠不起來爲自己的生活奮鬥。　同時，又因爲工人是較有組織的，所以表現的力量較大。　又在同時，確確實實的，沒有一個甚至半個外國或中國的資本家，肯實行『戴季陶主義』，講一點『仁愛』，肯自動的給工人加一點工資，減少一些工作時間，改良少許待遇，所以罷工越來越多，越來越猛烈了。

上海的市民都知道麼？　據本月十八日上海各報登載工部局公報：『五月份稅收總數，據代理捐務處長報告，共爲八十六萬九千零四兩三錢七分，而自一月份起之總收入，爲二百三十九萬九千零二十二兩六錢一分，預計本年能收九百九十萬零八十五兩。』　我們看一看租界裏的帝國主義者的收入，是何等肥壯！　這些稅捐是何處來的？不是中國商人與平民的麼？　中國商人與平民在自己的土地裏，向帝國主義者繳了許多稅和捐，而工部局華董之額，只肯賞賜三名；在納稅華人會中，還有許多的限制。　像這樣的問題，本不是工人的問題，更不是直接關係於罷工潮的問題；然而這問題證明『亡國的上海』的實際狀況，證明現在要擺脫『亡國的上海』的奴隸狀況是必要的。　因此，同時就證明了：在租界內的華人要求參政，與在租界內的工人要求增加一點工資以維持生活，是同樣有理由的事。　其次，我們與帝國主義者算了賬，同時也要和中國的軍閥和官廳算算賬。　只可恨大半是祕密的，我們不得全知道：第一、孫傳芳已經報効與佩孚去了多少錢？　（這些錢都是江浙人民的血汗啊！）　第二、請問一問淞滬督辦丁文江，警察廳長嚴春陽，及上海縣危知事，到底上海市民的稅和捐共繳了多少，其用途是如何？ 爲什麼孫傳芳應當將江浙人的錢報効於吳佩孚，而丁博士嚴廳長危知事等只求報効於孫傳芳，弄得捐稅繁興，苛政弊民，而市民起來要求免稅捐，工人起來要求加工資以求吃一碗飯，反不許可呢？

上海的工人已堅決的答覆了這些問題，因此在全上海市民各樣反抗的行動之下，上海工人也自己行動起來。 這些行動的目的，也不過爲要得到一點衣食住的滿足。 這些行動對於外國的資本家固是無所姑息的；便是對於中國的資本家，所謂『提倡實業者』也不能有所客氣。 工人增加工資與改良待遇的要求，是一樣的。 沒有說中國資本家應當多剝削一點，而外國資本家只能少剝削一點，世界上沒有這個道理。 更沒有說中國資本家可以多向官廳報効，甚而至於賄賂公行，而對於工人則應拒納條件，並藉官廳威力壓迫，這個道理更是說不通！ 因此，最近工潮蓬勃的原因，除資本家之反攻與工人自己爲組織團結的奮鬥之原因而外，最重要最明顯的就是如上所述的這些理由。 但是中外的資本家偏偏都不肯承認這些理由，尤其是警察廳長嚴春陽不肯也不敢承認這些理由。 上海總工會曾寫公函與嚴春陽，詳詳細細說明工潮發生的原因，指出三點：（一）米價飛騰，工人生活困苦；（二）資本家濫罰工資，開除工人，引起反抗；（三）保護工人之眞正團體。 但這些辦法那裏是嚴春陽所能同意呢？ 因爲孫傳芳所給與嚴春陽的職責，只在保護資本家，並沒有什麼消弭工潮的責任。 所以上海總工會與警察廳公函去後之第二日，嚴春陽奉帝國主義者與中國『提倡實業者』之命，就以煽動罷工四字的罪名，把上海總工會封閉了。

上海總工會已經在形式上封閉了，但上海的罷工潮並不因此而停止。 正當上海總工會被封之日，上海的工人在罷工中者還有數萬。 帝國主義者，中國提倡實業者，警廳壓迫者，並不能因封閉上海總工會而消弭得了任何的罷工潮。 嚴春陽自己亦頗懂得在形式上封閉了上海總工會，而在實質上，上海總工會仍是存在。 但是嚴春陽雖懂得這一點，却還沒有上海幾十萬工人自己懂得清楚。 上海總工會旗幟之下的幾十萬工人，都十分明白：他們自己的總工會，不僅目前實質上是存在的，而且是永遠存在的。 上海總工會光榮的歷史，堅固的基礎，不僅不是嚴春陽所可動搖，便是任何強暴的帝國主義者與兇惡的軍閥亦不能動搖。 因爲這裏已有了幾十萬的衛士，並且有過百萬有組織的全國同階級的戰士，都是保衛和擁護上海總工會的。在任何的時期裏，上海的工人都可以爲保衛他們的總機關而行動。因此上海總工會被封之後，全上海的工人都起來作熱烈的表示，他們直接向嚴春陽告以總工會不可且不能封閉的種種理由，這些理由各工會各工廠各產業的工人自己說出來，是最切實最明瞭的表示，嚴春陽，『提倡實業者』，以及帝國主義者等，聽聞以後，至少也應當得了一個好的教訓！

我們由此得知，在形式上上海總工會之被封，不僅沒有組織上的打擊與團結上的損失，亦沒有在最近上海工人經濟鬥爭中的重大損失；因爲上海總工會在事實上繼續存在，實際上仍指導並援助上海工人的政治與經濟爭鬥。 關於這種事實，在最近幾日的罷工事件裏，便可證明。 譬如向來無組織的絲廠女工，一星期前因生活所迫而罷工，得了上海總工會之援助，既得勝利，又完成組織；最近一次的絲廠女工三十五廠總罷工，在各種要求的口號之外，特別提出『啓封上海總工會』與『擁護上海總工會』的口號。 閘北絲廠的女工，以三十五廠二萬餘人的羣衆力量，直接表示出打倒資本家和工賊合辦的工會（即穆志英工會，專以騙錢爲事，每日由資本家扣除工人工資二分，供少數工賊工會人員之享用！），爲罷工發動的最要目的。 這數萬女工在當初是毫無組織的，亦缺少上海總工會之影響。 然而她們一開始行動，便站到總工會旗幟之下來。由這樣的事實又向敵人證明了一件事，即是：上海總工會不僅有其堅固的基礎，而且時時有新的力量。

新的力量所給與上海總工會的便是越更證明其存在。同時，新的運動或新的罷工事件之發生，又證明上海工人階級政治與經濟鬥爭的多次的經驗，可以立於不敗的地位，在戰鬥的聯合戰線上與上海各界民衆合作，製造革命的上海！

民衆心目中的廣東

國燾

我會到許多廣東以外的革命民衆，他們第一句話就問我：『國民政府什麼時候能夠北伐，北伐能否成功？』為什麼他們這樣問呢？因為他們聽說國民政府統治下的廣東，人民似乎已經獲得自由與幸福，而且相信國民政府是為全民族而反抗帝國主義的。他們自己卻無日不受帝國主義者、軍閥和反動勢力的摧殘和剝削，痛苦萬狀，因此希望國民政府做他們的救星。許多並不同情革命的民衆，祇微明白一點的，現在也不被反革命謠言所惑去相信廣東會實行共產；他們所要問的，就是廣東是否平靜，政局是否穩定。因為廣東以外的各省都擾亂不堪，簡直民不聊生；到是廣東統一以後，平安無事，因此他們對於廣東也就漸漸同情起來。倘若廣東的狀況還良好一些，那麼，對於全國民衆的影響還更大得多。全國工商界的資本都可輸入廣東去開發實業；來往廣東的商船，必能滿載貨物到上海等處，決不至空船漂海而回。廣東良好的消息傳到全國，全國民衆的革命勇氣，至少增高十倍。全國民衆希望北伐，必然若大旱之望雲霓。真到北伐的時候，我們即不說全國民衆會『簞食壺漿，以迎王師』，然此種民衆的同情，其影響北伐的效能，至少亦當過幾師勁旅。但是怎樣才能使廣東的現狀更為良好，這是一個很複雜而很重要的問題。

廣東是革命勢力的發源地，同時也是受帝國主義者及反動軍閥蹂躪最甚的地方，社會現狀極為紛亂。自國民黨的政府成立以迄今日，廣東無日不在敵人四面圍攻之中，香港窺伺於南，賣國軍閥環繞於北，反動分子蠢動於內；革命勢力除了艱苦奮鬥之外，並無和平建設的充分機會。現在吳佩孚勢力伸張的結果，不但湖南的唐生智已經被他的武力所攻打，即廣東亦已從各方面感到吳佩孚勢力的壓迫；廣東若不準備應戰，簡直是坐待而亡。目前高唱入雲的北伐問題，目的固然在於完成國民革命和建立統一全國的國民政府，同時卻也是抵禦反動勢力的南侵。無論是完成北伐事業，或是抵禦反動勢力的南侵，都必須先鞏固廣東內部。但是如何鞏固廣東內部，又是一個很複雜而又很重要的問題。

我們若說到鞏固廣東內部，大家的目光似乎注重在北伐時廣東要留多少兵力，才能鎮壓一切的問題。國民政府既然要一支大軍實行北伐，同時又要有雄厚的兵力鞏固廣東，人民的負擔未免就要加重起來。而且在準備北伐的緊急關頭，解除人民疾苦的工作，政府似乎亦不能十分注意。因此大家有意無意之間，以為要廣東現狀日漸良好，必然要減輕人民負擔，注重解除人民疾苦的工作，要實行北伐，必然要加重人民負担，而且不能以全力注重解除人民疾苦的工作，認為是二者不可得兼的問題。其實不然。這是什麼緣故呢？因為廣東人民所受的痛苦，並不是負擔加重；即使為完成國民革命，保衛廣東的安全起見，人民負擔如須加重一點，受多年革命潮流薰陶的廣東人民，亦不至發生不安的現狀。同時政府若不能整理廣東政治，加重人民負担的結果，政府所得亦屬無幾，很難得達到鞏固廣東內部的目的。

要曉得如何鞏固廣東內部及如何改良廣東現狀，就要首先知道廣東人民的痛苦是什麼。廣東人民現在最感受痛苦的，第一就是土匪的騷擾，因爲廣東土匪是最多不過的。爲什麼廣東的土匪這樣多呢？廣東的南邊有三個海口——香港、澳門、廣州灣，這三處本來是中國的地方，現在都歸了外國帝國主義者。帝國主義者盤據這些海口，當然是以掠奪中國人民——首先是廣東人民——爲目的。他們祇有掠奪中國人民，才能培植他們的海口。而培植他們的海口的方法有三樣，槍械、鴉片和賭博。那麼，土匪就變成他們的重要主顧了。土匪在這些海口買得槍械，回到廣東，大搶一番，又回到這些海口去將搶掠所得的金錢用之於嫖賭，並帶些槍械回來從新搶劫。如此循環不已，土匪的本錢固然用在這些海口，搶掠所得也就消費於這些海口了。加之香港歷年利用陳炯明魏邦平林虎等反革命派擾亂廣東，又留下不少的殘兵散卒，流爲土匪。廣東既有三個製造土匪的外國海口，又加上殘兵散卒之流爲土匪者，那麼，廣東就變成土匪最多的地方了。土匪之在廣東，簡直是壟斷河道，公然抽捐派稅，弄得農民不能耕種，商賈無法貿易，交通阻塞，民不聊生。而且這些土匪許多與反革命派勾結的，隨時都想乘機傾覆國民政府。第二就是貪官污吏。這些貪官污吏，多半是躲在革命旗幟之下的腐敗士大夫。他們對於除盜安良和整理鄉村政治的事業，當然不熱心執行，反而勾結土豪劣紳，魚肉鄉民，巧立名目，多方抽稅。人民血汗多半流入他們的私囊。政府所得之捐稅還不如貪官污吏之所得。這班貪官污吏簡直是政府與人民中間的最大障礙物，有了這班東西，不但要加重人民的痛苦，即盜匪亦無法肅清。不多說別的，國民政府祇要能夠做到肅淸土匪和貪官污吏這兩件事，人民的痛苦至少能減輕十倍，政府的收入至少也要比現時增加一倍。不但人民的痛苦減輕了，廣東內部也就鞏固了。廣東無土匪並無貪官污吏的消息傳到全國，全國民衆眞會『單食壺漿，以迎王師』的歡迎北伐軍；國民政府又事實上增加了一倍的收入，那麼北伐也就易於成功了。

如何才能肅淸土匪和貪官污吏呢？首先要有一批忠實而廉潔的革命分子，能有切實負起肅淸土匪與剷除積弊的決心才行。廣東有九十四縣，三千萬人民；統治這麼一個地方，至少要有一萬個眞正革命分子，分佈各縣各機關，辦理各項事業。但是這一萬個忠實而且廉潔的革命分子如何養成呢？就要有一個革命的民黨。國民黨並不是沒有，國民黨也並不是不革命，而是一班黨員還沒有充分的政治訓練和徹底的革命化。要使多數黨員獲得充分的政治訓練和徹底的革命化，當然不是一件容易的事情，也不是能夠在最短期內所能辦到的。但是我們僅僅指明這是最重要的事實問題。不然，革命黨拿到了廣東，並不能把廣東弄好，這又有什麼益處？如果北伐軍打到湖南，仍是不能肅淸湖南的土匪和貪官污吏，打到湖北，也是一樣，那更爲危險；而且廣東有這班土匪和貪官污吏，廣東內部又何能穩固呢？

我說這麼一大篇話，不是不贊成北伐，而且我主張急於要北伐。但是這些問題，證明黨是如何的重要。要是有一個有充分政治訓練和徹底革命化的羣衆黨，北伐成功，其意義便是解放全國民衆，革命政權必然異常穩固。否則，至少亦有些美中不足。但是如何才能養成一個有充分政治訓練和徹底革命化的羣衆黨？第一、革命黨人必須認定黨是比什麼還重要的，沒有黨什麼事情都辦不到；第二、革命黨人要認定什麼都可犧牲，但是民衆利益決不可犧牲；第三、一個黨要負擔眞正解放全國民衆的責任，必須日趨革命化，一切不革命的分子決不能混跡黨中；第四、一切革命分子必須有合作到底的決心；第五、革命勢力的眞實聯合比什麼還重要。假使一個革命黨沒有上列的五項決心，必不能造成一個眞正負担革命的羣衆黨。 沒有這樣一個黨，革命不是不能成功，卽是革命失其意義。 二者都是革命黨人所不願意有的現狀。

一般民衆是從上面所說的這些地方看廣東，他們是否同情革命和北伐，也是從這樣地方着眼，而我們要滿足人民的要求，又須從長期的造黨下手。 望革命的同志們加以注意！

寸鐵

國民黨右派與趙恆惕

上海新聞報二十二日長沙電：『國民黨部已啓封，二十一日又升旗，覃振隨趙回湘，右派國民黨部亦重整旗鼓。』 這一短電使我們有兩個感想：一是國民黨中眞有右派這一個事實，已是社會所公認的了；二是右派國民黨竟和吳佩孚的爪牙趙恆惕合作了！ （實）

劉蘆隱與張君勱

據大華通訊社消息：『上海工業委員會，鑒於邇來上海工潮，起伏無常，特函邀熱心工業人士張君勱……劉蘆隱……等，訂於本月二十五日假座福州路中央西菜社討論消弭工潮方法。』 這或者是右派國民黨和其多年敵黨研究系，共同進攻工人的聯合戰線之初幕。 這些民黨和研究系的老爺們，他們討論消弭工潮時大吃其西菜，他們忘記了工人連飯也沒得吃啊！ （實）

國民黨右派與陳烱明

國民政府討伐陳烱明，得了東江農民不少的幫助，農民在戰爭中犧牲了五百多人；現在國民黨右派却在中央委員會議席上攻擊農會是土匪，陳烱明聞之當大稱快！ （實）

雷殷犯了什麽罪？

雷殷實說不上什麽赤，只有他曾出席過北京的反帝國主義大同盟，或者算是大逆不道。 反赤軍進北京後，雷殷在他的學校中曾做許多反赤的表示，然而終以赤的嫌疑被反赤軍逮捕了！ 雷殷究竟是赤或反赤呢？ 此時中國的社會運動已分成赤和反赤兩大營壘，很少有雷殷這徘徊兩全之餘地了！ （實）

美術家再往何處遁？

中國自古就有一班人，一方面不肯同流合汚，一方面又不肯奮鬥，於是逃禪或隱遁是他們的出路。 現在生活艱難，連逃禪隱遁都非易事，於是這班人便想逃遁於科學美術，以爲如此一遁，强權當無如我何了。 不料强權仍找着了他們！ 上海縣知事禁止美術專門學校不良科學（人體模特兒），孫傳芳斥劉海粟校長：『不顧淸議罔識禮教』。 且看大美術家劉海粟再往何處遁？ （實）

左排赤黨右討軍閥

醒獅週報中一面說：『旣在奉直兩系軍閥共同解決馮玉祥軍隊，造成北方黑暗的政局。』 一面又說：『只有希望全中國愛國民衆，創造實力，武裝起來，左排赤黨右討軍閥。』 他們所指的赤黨，國民政府及馮玉祥軍隊，當然都包含在內，大約他們還嫌奉直兩系軍閥解決馮玉祥軍隊不徹底，他們更要徹底解決國民政府及張家口的馮軍，肅淸南北二赤，造成全國黑暗的政局，才算痛快！

崇拜曾左羅江的國家主義者

從前聽說曾琦左舜生自比曾左，我以爲是別人輕薄他們的話，他們何至如此下流！ 不料曾琦現在竟用曾國藩家書給學生做國文教科書，他又說：『予則深信羅澤南江忠源之遺風，必猶有存而未泯者，湘士多才，幸共勉之！」（見醒獅第八七號），他們眞是這樣崇拜背叛民族的滿淸奴才，他們便有勾給現在的戈登華爾破滅中國民族革命之可能，他們還談什麼民族主義國家主義！　（實）

國家主義的政綱

反赤派首領章炳麟嘗電請吳張討平南北二赤，北赤是馮玉祥，南赤就是蔣介石。　現在反赤派的小卒李琯卿（李是醒獅派，該派曾加入反赤大聯合，曾琦在反赤大聯合開會時，發言之多，不亞於章炳麟。），却來勸南赤蔣介石『一刀兩斷用武力鏟除共產黨人』（見醒獅八七號），可見他們的計劃是：用南赤鏟除共產黨人，再用軍閥鏟除南北二赤，把中國所有革命勢力鏟除凈盡，好讓英日吳張長治久安的宰割中國。　這就是他們國家主義的政綱！　（實）

可以靠外力替我們革命嗎？

我們以爲中國民族運動絕對拒絕外力援助，是個錯誤；然而想靠外力直接出頭替我們打戰，那更是個錯誤。　因爲中國民族解放運動，究竟要我們自己負起責任來幹，外人援助我們則可，外人代替我們來幹則不可。　可是醒獅派一面反對蘇俄援助中國革命，一面又說：蘇俄『海軍無實力，航空不見佳，陸軍不可靠，我們要想靠蘇俄去打英美法意日五大强國，眞是夢想！』　如果蘇俄有實力，我們便可以靠他替我們去打戰麼？　他們眞是兩個錯誤同時幷犯了！　張溥泉責備蘇俄不肯出兵由蒙古攻打北京是無誠意援助中國革命，這和醒獅派是同樣的錯誤。　（實）

靳雲鶚免職前後北方軍事概況（六月十一日北京通信）

列武

南口戰事，在最近兩星期以來，非常沈寂，其原因由於孫傳芳李景林靳雲鶚田維勤與國民軍之新結合大有成功之趨勢。　彼等結合之內容：（一）孫傳芳進兵山東驅逐張宗昌；（二）李景林佔據天津阻止奉軍南下並援助孫傳芳打山東；（三）靳雲鶚由娘子關進兵山東幷與大同方面之國民軍夾擊晉閻；（四）田維勤進兵南苑通州一帶，與南口方面之國民軍合力驅奉軍出關。　此種醞釀，各報上鮮有登載，僅有順天時報略爲披露。　但在張作霖張宗昌處，固早已有人告發。　因此張宗昌張學良於五月十三日便匆匆返津幷到奉天謁張作霖，一方面固爲報告在京與吳氏代表齊燮元會議之內容，一方面還是爲軍事問題。

張宗昌離北京時，便令進攻南口之魯軍繼續開回濟南德州滄州一帶駐防，名曰兵士過勞調回休養幷剿山東之匪，其實是爲防禦孫傳芳之進攻；聞是時孫傳芳之軍隊已集中徐州一帶。　張學良去後，便令駐京之奉軍全數開往唐山開平一帶駐紮，並宣傳奉軍對於南口僅取援助地位。　及魯軍開回濟南後，南口方面之防務大部分爲關外奉軍，其次爲褚玉璞之軍隊，最次爲李景林所部，合共約三萬餘人，此時之總指揮爲褚玉璞，對國民軍僅取守勢。　國民軍聞魯軍撤退，曾作數次佯攻以誘奉聯軍進攻，而加以重大之打擊，因此常發生小戰。　此時李景林駐防京畿一帶之軍隊，並未向南口增防，而天津一帶之李軍又在北京附近集中，因此褚氏對李疑慮交加，乃離北京返津謀牽制李之旁面。　此時李景林寄居租界，行動極秘密，褚氏到津曾逮捕李景林之暗探及便衣偵探，對於李氏部下軍官供職褚氏部下者，一概降級。　李氏因自己光桿軍官太多無法位置，幷覺自己實力太小碍難應付環境，故在天津一帶招兵想擴充勢力。　因此褚氏便出警告，給李景林一個暗示。　其佈告有云：『近聞各處仍有私自招兵，實屬胆大妄爲，殊堪痛恨　』　李氏爲反對褚氏，便令其部下操縱金融，使直隸省銀行鈔票及銅票子不能通行，而破壞地方秩序。　並聞李氏部下有想在天津暴動者，褚氏爲防禦李部下作戰，曾撤回南口方面之部隊集中廊房北倉一帶，南口防務乃由奉軍調于珍所部奉軍由唐山開到南口接防，同時奉聯軍在楊村通州一帶掘戰壕以防田維勤進攻及李景林倒戈，並在奉天方面進行國奉合作以抵制孫李靳田之新結合。

此時國民軍見南口之敵入和緩，乃用全力進攻山西，於廿七日佔據大同，致晉閻驚恐，連電促吳張一致進攻以解大同之危。靳氏藉此機會想以援晉之名進攻山西，閻氏拒絕，因此靳田乃按兵不動（此時靳部下駐保定一帶田部下駐長辛店一帶），雖吳氏數電令進兵南口，靳田終未如命，均以餉械未完備爲辭以敷衍吳氏。在奉天方面則言吳氏若不進，我軍絕不願單獨前進以援閻氏。國民軍得大同後，更進攻雁門關，大有直入太原之勢，吳佩孚見勢不佳乃急於由漢口北上。當時各報盛傳吳氏北上爲吳張見面問題，其實最大的問題還是爲解決田靳問題。閻氏見吳後，便大說靳之罪過，吳氏始決定免靳之職，又恐靳氏部下生變，乃在石家莊召集軍官會議，先商諸其部下，并令其前衛隊旅迅速北上。及吳氏抵保定開軍事會議，首先以免靳職令示靳，靳氏大驚，只得暫爲屈服。當時與靳同情之田氏，亦不得不附順吳氏以冀保全地位。聞此次吳氏之不敢免田維勤職者，因田與吳關係甚淺，恐其遽然倒戈，吳與靳氏則交情頗篤雖免職亦不易生大變，且靳免職即可以警田。

吳自免靳後，便自任討賊聯軍第一路總司令，並收靳部下改編，在保定曾召集各軍大會商議積極籌備進攻西北軍以解山西之危，其計畫以第一路各部隊援應南口，歸田維勤指揮；以二三路各隊部援助晉北歸王維城指揮。現在晉北事急，已令王維城王文蔚各抽所部精銳經山西太原改乘汽車赴晉北前線作戰，田維勤率部進至門頭溝沙河附近。

至於奉方因吳免靳職事，對吳頗表滿意甚願與吳軍合作到底討平西北軍，因此對於南口戰事也積極籌備，每日由京輸送糧草赴南口方面，預備作戰之用。多倫方面，聞吳俊陞之騎兵約二萬餘人已開到，與國民軍小有接觸，似是則張吳閻聯合進攻國民軍之計畫已熟，聞本月十四後又下總攻擊令。李景林全部均入京，現歸胡毓坤指揮；在前方（南口方面）者有榮臻之第一軍，胡之第二軍，蘇錫麟之第九軍及李際春之騎兵師，其實人數不及二萬。

前日在廊房趙傑師被褚玉璞繳械。聞被繳械之原因爲紀律太壞，其實是與孫李靳田結合有關，此師人大多雖被繳械少數仍流爲匪類。李景林現尙在天津租界內養病，聞將來北京。

西北軍自吳免靳後，曾開軍事會議，決計以七萬人攻山西，三萬人守南口．一師二旅騎兵守多倫；多倫之總指揮爲宋哲元，南口方面之總指揮爲鹿鍾麟，西北方面爲李鳴鍾。現聞晉北戰事仍急，雁門關有被國軍佔領之說，但吳張閻合作進攻成熟，國民軍恐難應付；不過吳張閻是否能始終合作，而靳田李是否不生變化，均令人懷疑。據傳聞靳部雖被改編，而靳部下有許多官長仍向靳氏接頭，吳氏現在保定久留，不敢早日來京，亦因此問題未妥當之故。至田維勤雖進攻南口，是否願意參加戰事也是問題，因爲田部下多不願向國民軍進攻，且知國民軍利害，南口又不易攻下，將來是否會倒戈與國民軍合作，皆不可知也。

劉鎮華治下之陝西現狀及農民的反抗運動（六月四日三原通信）

安人

自政局變動後，劉鎮華即率領號稱八師之衆，直入潼關，進取西安；同時吳新田亦率領大兵，自漢中出發逾寶雞而直取西安；又有孔繁錦出師與甘省交界的隴縣直攻陝西西路重鎮鳳翔；——以那時大勢看去，誰也想陝西一定要被英國帝國主義的勢力直系軍閥佔領，尤其是劉鎮華。 可是在事實上，西安仍在國民軍手裏。 目下劉鎮華幾乎有全軍瓦解之勢！

反動勢力既然這樣從各方面很兇猛地進窺陝西，尤其是劉鎮華，爲什麼現在西安還在國民軍手裏？爲什麼劉鎮華的勢力幾乎還有瓦解之勢？ 這些問題是容易答覆的。 劉鎮華此次入陝，誰都能看出來是他報復去年之仇；其次是他這次所帶的小嘍囉，全是土匪出身，光臨之處，以殘殺、奸淫、擄掠、擄票爲能事，並且這些兵士，又全是豫西之紅槍會(農民)出身，他們也都含着報復陝軍在豫蹂躪他們之怨。

據自劉軍所在地之農民逃出來說，嵩軍和人民談話，都說是劉帥帶我們是爲報仇來的，不是爲別的，就可知劉軍對陝人之心理矣。因此，在陝之國民軍(陝軍)，鑒於劉之如此存心，遂不得不暫時團結起來，出死力以抵抗；人民呢，也鑒於劉賊過去的禍陝惡跡及此次入關之舉動，都恨入骨髓，極力反對。 故這些反動勢力（吳、孔、劉），未能一鼓而逞其雄志！

現在各方的勢力是這樣：孔繁錦自將隴汧兩縣佔領後，一來恐其後路被國民一軍進攻，二來已有地盤兩縣，遂退而保守，按兵不前；目下又有孔已被劉郁芬繳械逃走漢中之說。 吳新田出寶雞後，曾積極近攻西安，但後來自劉過渭南後，吳即撤兵退至郿縣寶雞一帶，宣言中立；考吳所以忽然如此，有人說是去年吳自漢口購大批槍械子彈運至興安被劉截用，故吳遂出此以作報復，此話我們也不能說不是劉吳衝突之證據。 劉鎮華雖自己已佔領省東各縣，但其全軍全在前線上（包圍西安），後防極爲空虛，小城鎮沒駐人，大縣不過留守一兩連，卽以他全力而言，據人言實數不過有兩師（麻振武在外）而已，而且毫無戰鬥力。 麻振武雖投降劉鎮華，但其部下軍官及兵士多係陝人，除少部分外，多不願助劉殘殺故鄉父老，且近日來被民衆勢力之督迫及因戰事解決無日，已有倒戈之傳說，我們就過去的情形看，至少他們也可以中立。 其實麻之一團早已中立，其餘早已歸劉的（緱保傑約有三四團之衆），現時也都中立或投降國民軍（陝軍），甚至於將首領殺死（緱已被部下暗殺），這是反動勢力方面目下的情形。

在陝軍方面呢，雖然過去他們彼此都不能合作，然現時他們因劉軍之壓迫，尚能團結一塊，一致出死力反抗敵人，其實力有楊虎丞一師約五旅之衆，駐西安城內及三原；李虎臣三旅駐鄠縣、盩厔及西安專防禦吳新田並幫助楊軍；衞定一一師駐省西一帶；田玉潔二旅駐三原涇陽商陵各縣；甄壽珊一旅駐兩金，至於陝北鎮守使井岳秀，原爲陝軍各將領推爲督辦，但井氏鑒於反動勢力之浩大，恐其將來失敗，主張陝軍守河北，將西安讓給劉鎮華，楊虎丞未聽令，進兵西安，井遂與楊不合，投歸吳佩孚，但井亦不幫助劉鎮華。 目下的戰線是：劉初以全力攻西安不克，遂分兩路，一路是自己親攻西安，一方是令麻振武攻三原；西安正在包圍中，三原已由田玉潔、甄壽珊打退，且前面已言麻部下多不出力，故渭北已不成問題，所注意者，惟在西安耳；連日來據軍界人說，西面衞定一援兵已攻至城十餘里，不日即可將劉之包圍戰線攻破。 這是最近軍事方面的情形。

我們看了上邊分析各方勢力之後，就說將來劉鎮華一定要失敗嗎？ 這還靠不住。 但我們現在很能夠毫不遲疑的敢斷定說：將來能瓦解劉鎮華勢力的就是劉賊勢力所及的各地的農民暴動！ 我在前面已經說過，劉賊及其部下入陝的目的既是如此，當然入陝後，竭其所能，以摧殘人民。 據自東路來人說：潼關每日至少有幾車婦女向河南載運，軍隊到處駐紮民房，將人民全行逐出家外，只留一婦人作飯；走時，將一切東西毀壞，稍能看過眼的，即拿車載運河南，一方面劉又公然增加稅款，派捐，渭南一縣，劉每月要收五十萬現款，他方而廠振武又同樣派款，這種暗無天日的雙層剝削，人民如何能堪受，同時自今年來，又加以旱魃為虐，夏禾枯死，秋禾不能入地，農民遂於忍無可忍之中，都搶着學習紅槍會而自然的暴動起來了！ 每一個農民都想着要奪劉鎮華的一枝槍！ 現在藍田已為農民所佔；臨潼、渭南、二華各縣農民，早已就交過戰，此次也就自行聯合起來，尤其是華縣高塘附近農民，去年即有組織，目下已有好槍千餘枝，躍躍欲動；劉賊軍隊在小城鎮住的現在都移在大城內，因此劉鎮華極為害怕，不但將苛捐一齊豁免，以緩和空氣，並且已密令部下在相當期間華縣以東的由潼關退出，以西的由藍田退出。 這是渭河以南的情形。

渭河以北呢，同州、郃陽、固市、韓城、澄城…各地也同樣的起來了，尤其是韓城的農民已將縣城包圍住；固市一帶的農民，已交戰數次，均得勝利。 其他各地的硬肚，紅槍會之反抗捐稅，亦時有所聞。 這是農民的偉大的潛勢力。

反劉的勢力既然如此偉大，劉在最短的時期間內就能解決麼？ 這不敢斷定，還要看反劉的武力與民衆的勢力，是否能貫通一氣，就將西安城內的以及援助楊軍的各武力與省東一帶農民的總攻擊是否能聯在一塊而定。 若西安城內外的陝軍，能將劉賊之包圍戰線攻開並且能攻退數十里，則各處的農民，即能紛紛起來，截劉歸路。 目下農民尚不敢公然武裝進攻劉者，因恐西安戰事不解決或是至於失敗，劉鎮華便向自己進攻，撲滅反抗之勢力而致於一敗塗地。 但是我們就大勢而論，最近戰事比以前緩和了很多，而反劉的空氣却比以前緊張，不過戰事尚不能於最短期間解決，是因為目下正值農民收穫，一俟農忙後，或可將劉鎮華結束。

以上是陝西最近的戰事及民衆反劉的情形，至於其他受戰事之影響，更不堪縷述，如教育在戰爭下除二原外，各地無論中小學校，自今年來即未開學；商業，省東各縣完全無街市，即買一條線，也無處可買，西安被劉包圍，當然無商業；其他各縣亦因戰爭不能在省外購貨，同時因捐餉之逼迫，率多停市，所開者僅紙煙店或雜米雜貨舖而已。 總之，陝西的糟糕，記者不能文，未能竟其意，人民革命之要求，已至於沸點，昔日農民以為反上就是造反，現在却視造反為自己求生之路了，他們並且還認得很清楚！ 請讀者等一等再看陝西農民以後的出路吧。

讀者之聲

革命的目的

獨秀先生：

校中組織了一個『學術研究會』，第二次例會討論的題目是『革命的目的』，不意引起爭議（這固然是好現象），愈爭愈烈，結果沒有明瞭的判斷，雙方都作罷論。 現在且將我與大多數會員的辯論點寫在下面：

我說：各位已經爭論很久，我現在要來參加一句，革命的目的是實現一個『無階級的社會』——共產社會。

他們說：革命的目的有時代之不同。 比方『在清末，革命之目的是排除滿清；在民國四年，革命之目的是打倒袁世凱；在民國六年，革命之目的是打倒復辟黨；……在現在，革命之目的是打倒軍閥與帝國主義。』

我說：這只算『革命的過程』，不能算作革命的目的。縱然在某一時代有人誤會革命的過程是目的（如反正時認排除滿清是革命之目的，現在認打倒軍閥是革命之目的），這是關於人的『眼光的遠近』問題——眼光遠近者，以為革命的目的在於最後一個無階級的共產社會；眼光近者，就誤會中間的過程是目的。

有人說：革命之目的，有這個人與那個人之不同，譬如這個人的革命是為要有飯吃，那個人的革命是為要討個好堂客。這個題目太籠統，革命的目的是不一定的。

我說：這是『個人的私慾』不同，不是革命的目的不同。比方這個人要有飯吃才來革命，那個人要得個好老婆才來革命，純是一種升官發財的心理，借革命以求私利，完全是假革命；稱革命且不配，何能算作革命的目的？因革命黨人，只知有積極的犧牲，不知有可享的權利。且權利是公共的不是個人的，把革命來滿足私人的慾望，未免汚蔑革命。從好一邊說：比方我想要得一個志同道合與我共作革命家的好堂客，便要反對父母及媒人包辦我的婚姻，這可算是婚姻革命之目的，是個人的；就是作到全社會的結婚自由離婚自由，也只可說是『婚姻革命之目的』。照革命點說起來，是局部的不是全部的，是片面的不是整個的。要知道『革命的目的』的革命，是指全世界的革命，不是一個人一椿事或一省一國的革命。

有人說：革命兩字是包括很廣的，貧民革資本家的命，當然叫做革命；資本革貧民的命，也可以叫作革命，故革命的目的不同。

我說：革命是為多數人的利益去打倒少數人的特權，也就是被壓迫階級去打倒壓迫階級以脫離其羈軛的一種手段。所以四萬萬同胞推倒滿清叫作革命，未聞秦始皇吞併六國，亦可稱為革命。推倒滿清是革命的步驟，馬廠誓師也是革命的步驟；一個步驟又一個步驟，自自然然的要流向『目的地』去。故革命的目的，在宇宙的生命中是相同的。

有人說：革命的目的，是滿足人生的慾望。

我說：滿足全人類人生的慾望，自然是革命的責任。但『慾望』是渡到『目的』的引線，『目的』是接受『慾望』的結果，不可混作一談，且不可把慾望作革命的目的，蓋人生的慾望，在事實上是不同的，而革命的目的，在天演上是相同的。

有人說：革命是沒有『目的』的，因為看不見目的。你說革命的目的在於實現『無階級的共產社會』，難道那個社會以後就再沒有革命嗎？所以談不到『目的』。

我說：不錯，革命是動的不是靜的。但是據古人及我們所知道的，只有一個世界大同以後的『無階級的共產社會』。除了這個社會以外，此時尚未發明甚麼再好的方法，亦不便再講別的目的。假定將來科學日益昌明，社會日益進步，能夠與月球上的人民來往，只要我們不去壓迫他們，我相信他們也未必要來革我們『無階級的共產社會』的命。所以革命的目的就是一個科學的真理的無階級的共產社會。

有人說：俄國已經共產，目的已達，為甚麼還有階級呢？有階級自然還有革命的目的。

我說：現在的俄國還只作到無產階級專政，並未實現無階級的共產社會，只算達到革命的過程的某一階段，不能算達到革命之目的。

為了這個『革命的目的』的題目，討論至四點鐘之久。我們這邊，起初只有校長先生把『革命的目的在「生存」——就是民生主義』向他們力戰，後來才加入了一個不愛說話的我來說出我的意思。但是我們是少數，難於三次四次的說蠻話，又沒有真理家來判斷，不知我們說的對與不對，成了一個疑問，所以寫出來請先生給一個圓滿的定律並答復我們——究竟革命的目的是什麼？

偉雲　一九二六、五、二〇　於湖南革命大學倬縶先生：

『抽象的眞理是沒有的，一切眞理都是具體的•』『甚麼是革命的目的？』——這一問題是抽象的問題。我們應該具體地問：法蘭西大革命，或十月革命，或辛亥革命，或中國目前所要的革命……其目的是甚麼？

革命——這是從這一形式的社會過渡到那一形式的社會，中間必經的一個階段。普通的政變如馬廠誓師等固然不能算革命，但較大的政變或暴動，若不能更變社會根本組織，也算不起革命招牌。算得上革命的，祇有封建社會到資本主義社會時的資產階級革命和資本主義社會到共產主義社會時的無產階級革命，或此二種革命形式錯綜混合的革命。這些革命是影響很大的。這些革命的內容各不相同，其目的自然跟着各不相同。資產階級革命的目的是在推翻封建社會建立資本主義社會。無產階級革命的目的是在推翻資本主義社會建立共產主義社會——無階級的社會。

你們所辯論的，雖然祇是抽象的革命，而未明白指出是那種革命，但你們隱約間自然是指中國目前的革命運動而言。

中國目前還是資產階級革命時期，因爲經過一次辛亥革命後，中國資產階級革命尙未成功；但同時：第一因爲世界已到了無產階級革命時期，第二因爲中國無產階級已表現有獨立的政治勢力且爲中國目前革命運動之指導者，所以中國的資產階級革命和法蘭西大革命是兩樣的，因此目前中國革命的目的也跟着與法蘭西大革命的目的不同•目前中國革命的目的是，要求民族獨立，推翻封建社會，同時順應世界潮流，促成世界無產階級革命之發展，與世界革命勢力聯合，剷除一切封建社會資本主義社會遺留，以建立無階級的共產主義社會。

記者代答

發行部 編輯部 通信處：

廣州國光書店黃正君

分售處

廣州	丁卜督報社	太原	晉華書社
北京	各學校號房	潮州	青年書社
長沙	文化書社	雲南	新亞書店
寧波	寧波書店	重慶	唯一書局
武昌	時中書報社	南京	樂天書館
	共進書社	寶慶	寶慶書局
潮州	潮州書店	黃梅	書報流通處
香港	萃文書坊	西安	西安書局
汕頭	汕頭書店	成都	華陽書報流通處
蕪湖	科學圖書館	紹興	亞民文具實業社

價目

訂閱：國內一元寄足三十五期。國外一元寄足二十五期。郵票代欵九五折算。但以一分半分爲限。

代派：每份大洋三分。六折計算。寄費在內。十份起碼，十期清算一次。概不退回。

零售：每份銅圓六枚。

The Guide weekly

嚮導週報

第一百六十一期

目次

一九二六年七月七日

論國民政府之北伐

獨秀

北伐的意義，是南方的革命勢力向北發展，討伐北洋軍閥的一種軍事行動，而不能代表中國民族革命之全部意義。在此時北伐聲中，我們若不懂得這個意義，便會發生許多錯誤的觀念及行動。

中國民族革命之全部意義，是各階級革命的民衆起來推翻帝國主義與軍閥以自求解放：全民族經濟解放，尤其是解除一般農工平民迫切的困苦。北伐只是討伐北洋軍閥的一種軍事行動，還說不上是和帝國主義者直接的武裝衝突。這種軍事行動，對於推翻軍閥確是一種重要方法，然亦僅僅是一種重要方法，而不是唯一無二的方法；在軍閥統治之下的民衆，若誤認北伐是推翻軍閥解放人民之唯一無二的希望，遂至坐待北伐軍之到來，自己不努力進行革命工作，這便是大錯。這便和前代人民仰望弔民伐罪的王師是一樣，完全失了近代革命的意義。再論到北伐軍之本身，必須他眞是革命的勢力向外發展，然後北伐才算是革命的軍事行動；若其中夾雜有投機的軍人政客個人權位慾的活動，即有相當的成功，也只是軍事投機之勝利，而不是革命的勝利。至於因北伐增籌戰費，而搜刮及於平民，因北伐而剝奪人民之自由，那更是犧牲了革命之目的，連弔民伐罪的意義都沒有了。

現在廣州國民政府之北伐是怎樣呢？在第一點，他自然還不是直接的和帝國主義者武裝衝突。在第二點，廣東以外的各省人民，確有坐待北伐軍到來之幻想。在第三點，我們敢肯定的說，現在國民政府之北伐還不是由於革命力量澎漲而向外發展，乃是因為吳佩孚進攻湖南，國民政府不得不出兵援湖南以自衛。在第四點，國民政府之北伐戰費，應該發行軍事公債，向紳富籌募，如果因北伐而預征錢糧和抽收賭捐，向農工平民搜刮，不但當年中山先生不曾因北伐搜刮平民，即現時唐生智在湘南，軍費幷不比廣東寬裕，他只發行殷實公債，而未向農民誅求，國民政府對農民政策總不應該比唐生智不如。國民二軍之潰敗，對農民政策之失策乃是最重要的原因；近來國民政府對農民的態度，已經使農民懷疑，若再因北伐戰費而預征錢糧和抽收賭捐，若更進而剝奪廣東革命的民衆從護法政府以來所獲得的些少自由，反而給予反革命的買辦土豪貪官奸商以充分的自由，則我們在野黨應該向政府嚴重勸告，必須北伐與民衆利益雙方兼顧，如此才能鞏固國民政府。

在上述情形之下，所謂革命軍事行動的北伐，現在尚未成問題；因為在國民政府內部的政治狀況上，在整個的國民政府之實力上，在國民政府所屬軍隊之戰鬥力及革命的意識上，都可以看出革命的北伐時期尚未成熟。現在的實際問題，不是怎樣北伐，乃是怎樣防禦，怎樣的防禦吳佩孚之南伐，防禦反赤軍勢力之擾害廣東，防禦廣東內部買辦土豪官僚右派響應反赤。

帝國主義者早已定下了吳張分途討滅南北二赤的計劃，如此英吳日張分據南北，才能和緩他們當中的衝突；現在英吳對日張在北方既不能不大大讓步，則吳佩孚南下進攻廣東，無論對國民軍作戰勝敗，都必得張作霖之援助而實行。吳佩孚一回漢口，必以全力取湖南，再由湖南進攻廣西，屆時動搖不定的小軍閥如贛鄧閩周，都必然決定態度，奉吳令一致向廣東進攻；不但如此，還有香港帝國主義者封鎖於外，陳林魏邦平舊部，勾結土匪土豪官僚買辦，擾亂於內；如果竟至如此，國民政府能否支持下去，當然是一個嚴重的問題。幷不是我們神經過敏，這樣危險的局勢，實已迫在目前，絲毫不容我們忽視。

所以現時國民政府的職任，已經不是北伐而是『防禦戰爭』，廣東民衆的口號，也已經不是北伐而是『防禦戰爭』，全國民衆的口號也，已經不是響應北伐而是『擁護革命根據地廣東』!

將陷於四面圍攻的國民政府，他的領袖們，應該和衷共濟，尤其要尊重人民的自由與權利（革命軍正為此和軍閥戰爭，也就是革命軍和軍閥不同之一點）。使人民心悅誠服的和國民政府合作，以戰勝此困難，使此困難不但不能覆滅國民政府，轉而能夠鍛鍊國民政府領袖及其軍隊和一切民衆的革命意志與戰鬥力，然後再匯合全國民衆革命的勢力，進而北伐，才能夠以革命的北伐力量完成國民革命。

三論上海的罷工潮

施英

上海總工會被封了，但上海的罷工潮並未止息。帝國主義者、中外的資本家、孫傳芳、丁文江、嚴春陽等都很失望的。這一種失望證明他們是太蠢了。他們蠢到什麼程度呢？蠢得還及不上現在各工廠裏資本家的走狗和爪牙。近來各工廠的走狗和爪牙們也知道說：『上海總工會是封閉不了的；封閉上海總工會有什麼用處呢？他在事實上還不是存在麼？』這樣的話，點醒不少了他們。所以近來『丁總辦』又有啓封上海總工會的消息。但這個消息是不值重視的，上海總工會惟有上海的工人自己才有資格去啓封。即使『丁總辦』有啓封的意思，也不過是受了封閉後的諸般教訓。這些教訓之重要者有三：（一）全上海工人擁護上海總工會之存在，每日幾次向督辦署與警察廳請願，據理抗爭，並下警告；（二）上海的罷工潮繼續發展，並未止息；（三）上海米價與物價騰貴問題並未解決，貧民暴動的風潮事實上難以防禦。

假使孫傳芳、丁文江、嚴春陽等並不太蠢，而且還更聰明些呢，那便應當要覺悟：第一，為聽外人的命令而封閉上海總工會，是一個失策；第二，為要想試一試看封閉了上海總工會以後，上海工人的表現如何，更是一件苦惱。

為什麼以上兩點需要特別覺悟呢？

三四日前，某工廠代表團至淞滬督辦公署請願。

『為什麼要封閉上海總工會呢？』工人代表發問。

『這件事，……』某科長代丁文江接見代表團答覆，『……實在不知道究竟是什麼原因，還要查一查。』

『但是……』科長繼續說，『你們要曉得外國人告了你們啊！』

『什麼罪狀呢？』工人代表問，『為什麼不出佈告宣布呢？』

『……罪狀不明，』科長答，『法律上還缺少根據，所以佈告也還要商量商量。』

『但是……，』科長繼續說，『我總替你們查一查，再定辦法。你們且回去，回去，好好的替外國人作工啊！』

以上在督辦署，以下在警察廳。

『你們來為何事？』警察廳科長問女工代表。

『我們來請願，請願啓封上海總工會。上海總工會是我們全上海工人的總會，人人愛戴，個個擁護。牠沒有一點罪，就被你們先生們封禁了。我們工人為什麼不能有工會呢？商人有商會，學生有學生會，各洋行各公司各店舖先生們都有公會……』

『弗要說那樣多罷！』青年勇敢女工代表的話，被這位科長先生打斷了，『你們的總工會，近來調停工潮不得力，所以要封閉呀！』

『只有總工會負調停工潮之責麼？你們警察廳不是也任調人麼？工潮時時發生，你們的調停，還不是不得力？為什麼不可以封閉你們警察廳呢?!』

這樣的辯論使警察廳科長先生面紅耳熱，並無答覆。但是有點激怒，反過來問工人了：

『你們爲什麽要總工會？總工會並不給你們飯喫。給你們飯喫的是資本家。你們只要好好作工，便是你們的本分！』

女工代表立刻抗爭說：『這話是不對的！總工會好比我們家裏一樣。你們由誰給飯喫？不是警察廳麽？但若警察廳長封閉了你們家，你願意麽！』

這樣無結果的辯論，最近每日在十次以上。各工會各工廠的代表們，只算是走到督辦署與警察廳下一番警告回去了。依大概的統計，近一星期來，各工廠代表團到督辦署與警察廳者在五千人以上。碼頭工人與絲廠女工對於上海總工會之擁護，更表示其忠誠；他們各自買了香，燒着香，『跪香請願』。

像這些事實，我們是以爲應當引起丁博士和嚴廳長之覺悟而得到教訓的。這種教訓之更嚴重的意義，是證明全上海工人因總工會之受摧殘，而立刻可以一致行動。

但是目前最緊要的問題是：上海的罷工潮並未止息，而且亦不會從此便止息。這裏的原因甚多，我們已一再說過。只是到了現在，因爲上海總工會的被封，反添了一個新的原因。

六月份已經過去了。我們應將六月一月內的罷工潮，有一個總的論斷。

六月中上海罷工統計（註：這是最可靠的統計）

（一）總統計表

同盟與單獨之罷工次數	三五
罷工中參加之企業總數	一〇七
參加人數	六九•五五六
罷工時間總計（以鐘點計算）	三•三四•六三
罷工所提條件	一一七
勝利條件次數	四九

（二）罷工企業與廠數

紗業	一九
絲業	六二
手工業	九
印刷	二
郵電	一
金銀業	一
烟業	二
其他	一一
總計	一〇七

（三）罷工時間

不到半天的	二五次
一天以上的	一八,,
三天以上的	五六,,
一週以上的	八,,
總計	一〇七次

（四）罷工條件分析

政治的	一
經濟的	五六
待遇的	五八
工會的	二
總計	一一七

（五）罷工勝利條件

政治的	一
經濟的	二三
待遇的	二四
工會的	一
總計	四九

（六）罷工失敗條件

政治的	無
經濟的	三三
待遇的	三四
工會的	一
總計	六八

從上面的統計和分析，我們對於最近一月內上海罷上的運動，有下列幾個結論：（一）由罷工的條件，可知原因百分之九十九是屬於經濟與待遇的；這足以證明罷工並不是上海總工會的煽動，而是資本家自己逼迫。（二）罷工百〇七廠，綜合條件內容不過百一十七個，而結果工人得勝利者僅四十九，資本家還保留下了六十八；這六十八個未允工人之條件，便是繼續煽動上海工人罷工原因之一，資本家和官廳都應當不要否認。明白了以上兩點，便還有第三個結論：（三）上海的罷工運動必然的還要繼續下去，以爭取工人的經濟利益和政治自由；封閉上海總工會是沒有用處的，佈告嚴禁是沒有用處的，甚至武裝壓迫是沒有用處的。

但是上海工人的罷工運動，除客觀的經濟與政治壓迫條件而外，亦必須有其主觀的條件。這個主觀的條件便是上海工人的力量——組織的力量。什麼是上海工人的力量呢？經過五卅的大運動以後，又經過一年來的組織和訓練，下列的統計是可以指出的：

廠名或工會名	人數
內外棉三廠	一四〇〇
四,,	二一〇〇
東五,,	一八二九
西五,,	一九五〇
七,,	一一〇〇
八,,	八〇〇
九,,	三〇〇〇
十二,,	六〇〇
十三,,	一三〇〇
十四,,	一三〇〇
十五,,	一五〇〇
日華三、四,,	三九〇〇
同興,,	二二〇〇
溥益一、二,,	二〇〇〇
大豐,,	一〇〇〇
統益,,	三〇〇〇
鴻裕,,	二五〇〇
鴻章,,	一〇〇〇
申新一,,	三〇〇〇
申新二,,	二〇〇〇
嘉和一,,	二〇〇〇
嘉和二,,	一〇〇〇
公益,,	二〇〇〇
崇德,,	三四五〇
振泰,,	一九九一
豐田一,,	三〇〇〇
豐田二,,	三五〇〇
絹絲二,,	二三〇〇
老怡和,,	五〇〇〇
新怡和,,	三〇〇〇
東方,,	二五〇〇
公大,,	一〇〇〇
恆豐,,	三五〇〇
厚生,,	二二〇〇
上海一,,	一八〇〇
上海二,,	二〇〇〇
上海三,,	四〇〇〇
同興二,,	三〇〇〇

裕豐	二 ,,	二八〇〇
申新	五 ,,	一一〇〇
永安	,,	三〇〇〇
日華	二 ,,	四三二五
碼頭工人		五〇〇〇〇
商務印刷工會		三二〇〇
彩印工會		二〇〇〇
墨色石印工會		一〇〇〇
上海印刷工會聯合會		三〇〇
華商鉛印工會		二〇〇〇
中華書局工會		七〇〇
商務職工會		四五〇
工部局電汽工會		一〇〇〇
虹口電汽工會		一〇〇〇
英界公共汽車工會		五〇〇
華商電車工會		一〇〇〇
茶箱工會		一四五
信封工人聯合會		一三〇〇
固本肥皂工會		二〇〇
洋服業工會		四五〇〇
黃包車修理工會		一〇〇
烏木業工會		五〇〇
茶業友誼會		三七〇〇
洋布職員工會		一一四
海員工會		五〇〇〇
金銀業工會		一五〇〇
郵務公會		一五五〇
絲廠工會		[illegible]〇〇〇
香煙廠工會		一一〇〇〇
鐵廠工會		二〇〇〇
木行工會		一〇〇〇
總計		二一〇七〇四

狠毒的統治階級見着這個統計或者不免驚駭，但是在上海各界民衆裏只有工人階級才保有這樣的力量。上海工人的力量若不充足，便沒有那樣大的五卅運動，亦沒有現在的上海。上海的繁華和興盛既是勞動之血汗所造成，在二百萬人口中築成二十餘萬人的堅壘，是資本主義本身一件很自然的事。

然而現在上海工人所要求的，僅僅是：

一、集會結社的自由；

二、最低限度生活費的工資（每日多不過五六角啊！）；

三、十二小時或十小時的工作時間；

四、洋人、洋奴、資本家、工頭的莫殺，莫打，莫罵！

這樣最低限度的要求還不能取得；一面帝國主義者、另一面軍閥，又另一面資本家及其走狗，一齊向工人壓迫；帝國主義者還要殺人；軍閥還要製造戰爭；生活程度高，寒不得衣，饑不得食，『為什麼不能工呢？』

七月五日

中國大資產階級、自由保障會與……共產主義

超麟

中國大資產階級對於流行的反赤運動終於表示意見了。

最近第十七期『中國公論報』——上海總商會的半機關報——一篇特約社論『共產主義與憲法保障會』（華文欄的題目則譯為『為自由保障會進一解』），就明白表示中國大資產階級對於赤化運動和反

赤運動兩方面的意見。

中國大資產階級胸中本十分瞭解，赤化運動和反赤運動究竟是怎麼一回事。流行的反赤運動，乃起於匯豐銀行收到英國國家銀行六十萬鎊的宣傳費——這本是公認的事實。這筆反赤的宣傳費，英國帝國主義怎樣在中國使用呢？大家也都知道，在中國人自己方面已經組織了許多反赤的機關，譬如反赤救國大聯合、國民制赤會、國民外交協會、反赤同盟會等；而在旅華外國人士方面，也有了反赤機關的組織，譬如憲法保障會（The Constitutional Defence League 即自由保障會或譯護憲社）。反赤運動的作用，尤其所謂自由保障會的作用，顯然是中國大資產階級所瞭解的。在中國公論報這篇社論裏，我們就明顯看出來。中國公論報為自由保障會最近的活動，做了這篇社論。這篇社論，與其他一切紳士中間的交際談話一樣，是十分有禮貌的。著者的筆意是委婉而溫和。他先指出『國民之反赤團體尚無顯然之進步，而旅滬外人則已有自由保障會之組織』，繼即暗示外人在中國的數量是很少的，他日共產主義若不幸實行於中國，則『國人所受切膚之痛必什百倍於外人』，為甚麼外人的反赤運動反比中國人自己來得努力呢？這位著者於是不能無所懷疑。他記起了從前的『誠報』（歐戰時協約國在上海以中文出版反對德國的宣傳品）和『誠言』（五卅中上海工部局的宣傳品）。他明白說出：『惟前次誠報誠言往事具在，少數讀者對於該會之宗旨，或不無觀望懷疑，須待事實之證明始能渙然冰釋耳。』他要問：『該會是否於反赤之外尚含有其他意味？』他以為該會若是為我們炎黃裔冑和他們旅華外人雙方的共同利益來反赤，那是光明正大為我們所景仰的；但如果該會反赤僅僅是為『過激主義足以影響其國家在華之地位，或動搖其私人之利益』，而絕不是為我們炎黃裔冑的利益，那亦可以，祇要『無損於我人，亦不妨拭目以觀其成功』；不過他以為無論如何，該會總不應該『隱慝其宗旨之所在，而以甘言餂人。』高等華人果然不弱，這段話可以算說得很委婉了。這派紳士的話，如果放在我們粗人口中來說，便是：自由保障會的反赤運動，并不是為中國人的利益，而是為外國人自己的利益。

可見中國大資產階級顯然認識了反赤運動的作用，我們現在且看他們對於赤化——共產主義，是怎樣？這位著者宣言說：『我人非贊成共產主義也，我人於未經深切研究之先，於共產主義自身，非特不敢言贊成，并不敢言反對。』他承認共產主義是可以研究的一種學問。他也裝起『西學古微』的面孔，學吳佩孚孫傳芳一樣，考證出共產主義吾國古已有之。他說：『論語曰：不患寡而患不均，不患貧而患不安；又曰：均無貧和無寡安無傾；禮運曰：大道之行也天下為公選賢與能講信修睦；又曰：貨惡其棄於地也不必藏於己，力惡其不出於身也不必為己；——與均產之說頗相髣髴。』所以他歸結一句話：『故我人以為共產主義之本身，其流弊或未必如吾人所言之甚。』有了這樣的赤化觀，可見中國大資產階級胸中十分明瞭赤化絕不是甚麼洪水猛獸（反赤軍在北方的行動，才真是洪水猛獸！）；赤化既然不是洪水猛獸，更可見英國帝國主義鄭重其事拿六十萬鎊來中國做反赤大宣傳，分明是別有用意的。

在這裏，中國大資產階級便拿赤化來向帝國主義做一筆買賣。這位著者指出中國的赤化有社會的原因，——并非祇是蘇俄金羅布的作怪。這些社會原因是甚麼？他很真確地指出這是中國內憂外患所造成的。因為不斷的內憂外患，所以生活日高經濟枯竭，共產之說遂得乘隙而入，無恆產則無恆心，彼激起風潮者非真不知其有危險也，蓋有知其不可，迫於生計而為之者矣。他也很真確地舉最近浦東貧婦暴動的風潮為例，證明浦東貧婦不知過激主義為何物，但自然而然做出了過激主義的行為，可見赤化的根本是中國的內憂外患。由此可以證明，無論是中國人自己，無論是外國僑華人士，他們反赤的辦法是不能生效的，因爲祗是『舍本逐末之謀』，而不是『釜底抽薪之策』。我們現在且看中國大資產階級『釜底抽薪之策』是怎樣呢？原來是：

『余敢斷言：共產主義之盛行固非國家之福，然軍閥之黷武政策與外人之帝國主義實造成之，蘇俄之鼓吹煽動尚其次焉者也。不爲拔本塞源之謀，而欲收摧陷廓清之功，寧有濟乎？非特無濟，我恐以激成共產者撲滅共產，治絲而棼益見其紛亂而不可收拾耳。』（中國公論報第十六期第四頁）

『我敢正告中外賢達之士曰：風潮之起實由於生活艱難，共產之宣傳不過其導火線耳，而生活之艱難經濟之侵略及黷武之遺毒，實爲之厲階。如國民能勵精圖治發憤爲雄監督軍閥消弭內亂振興教育提倡工商，則原氣既固外邪自無由而入；外僑如能真以友誼待我，則宜要求各該國政府嚴禁軍火鴉片之輸入，取消領事裁判權，贊成關稅獨立，俾國人經濟方面之桎梏得以稍舒。貧民有啖飯之地則感情既孚，外商私人之利益未必即受影響，而蘇俄失其宣傳之口實，同胞漸有生人之樂趣，共產主義將安有存在之餘地哉？』（中國公論報第十七期第一頁）

勇哉，中國公論報記者！勇哉，中國大資產階級！你們指出共產主義之盛行是軍閥和帝國主義造成——這是很對的。你們指出要消弭赤化運動，必須對內監督軍閥消弭內亂振興教育提倡工商，對外取得關稅獨立撤廢領事裁判權禁止帝國主義輸入軍火鴉片於中國——這也是很對的。關稅協定制領事裁判權及帝國主義的經濟侵略和軍火鴉片輸入之便利等不平等條約取消了，即帝國主義在華勢力打倒了，同時，內亂也消弭了軍閥也可以受國民監督了教育也振興了工商也提倡了——那時那裏還有國民政府北伐，國民軍負隅，反對奉直軍閥運動，五卅運動，省港罷工，反基督教運動，打倒帝國主義，打倒軍閥，取消不平等條約……等類的赤化運動呢？可是你們忘記了底下二件事：

第一，中國的赤化運動固然是內憂外患迫起來的，但『內憂』根本是『外患』的結果。因爲帝國主義有了不平等條約爲護符侵略中國經濟握得關稅權施行領事裁判制各自利用一派軍閥輸入軍火挑撥軍閥的戰爭，所以才有一向的軍閥專政內亂頻仍教育不振工商窳敗之局面；可見中國的赤化運動歸根結蒂乃是帝國主義造成的，而所謂僑華外國人士本身就是執行各國帝國主義命令的帝國主義者。今日組織自由保障會的人，就是從前造成中國赤化運動之社會條件的人。

第二，你們以赤化的題目向帝國主義要求關稅獨立取消領事裁判權不輸入軍火鴉片於中國——這本是一筆好買賣，總商會機關報記者的算盤畢竟比別人會打些；但你們提出的這些要求，在帝國主義眼中看來，你們也就犯了赤化的嫌疑；而且這些要求恰好正是赤化運動提出的要求；而且赤化黨——中國共產黨，當日提出這些要求時，你們正在做夢，希望帝國主義進一步共管中國哩！你們今日有這樣程度的覺悟，正是赤化運動教訓你們的啊！

一九二六年七月六日晨六時

寸鐵

赤化過激都是國粹

孫傳芳前曾說：『現在社會有什麼過激主義和工會，其實這名詞已發現三千年前了。」現在吳佩孚在懷仁堂宴會又說：『赤化之源，爲黃帝時之蚩尤，以蚩赤同音，蚩尤即赤化之祖。』好一個國學大家吳佩孚以高郵派攷古方法，發明了赤化即蚩尤的後裔，如此赤化也算是國粹，而與新名詞所謂紅黨無涉了。直系軍閥不但有兩次戰功，八省地盤，新近又加了一次戰功，發明了兩個國粹，他們眞是文武全才！

（實）

吳佩孚與國會

吳佩孚及其左右高唱護憲時，是如何尊崇法統如何尊崇國會，把法統國會說的如何神聖不可侵犯；現在忽一變而說：『不要你們集會』，何前恭而後踞也！

（實）

顧維鈞的巨欵從何而來？

吳佩孚三十日電顧維鈞：承撥巨欵，援濟軍用，至感。現在北京財部眞是羅掘俱窮，什麼費都付不出，何獨有巨欵撥給吳佩孚？倘非私借外債，此巨款又從何而來？

（實）

丁文江第二次『友誼的磋商』之結果

熊希齡於赴拒毒會歡迎途中，被會審公廨美國會審官派西探拘去，當時丁文江鍾可託向西探說：『今日拒毒會開會歡迎，有事可待會後商量。』西探回答說：『我必須現在逮捕他。』這是丁文江在上海第二次『友誼的磋商』之結果！

（實）

天津會議與時局的將來（六月十九日北京通信）

列武

（一）天津會議

天津會議之所以必須舉行，實以和緩圖窮匕見的張吳關係。這次會議對於現時政局有重大的意義。現在會議已經終止，在會議中兩方代表對於內閣問題、軍事問題與法律問題，均有相當成議；兩方對於天津會議本都抱有決心，兩方選派代表都有相當負責地位，其會商結果自然應有相當效力。

當直方代表張其鍠等謁張陳述吳對憲法、內閣、軍事等意見之後，張謂：『子玉一切均有辦法，甚好甚好，請他全權主持，我回奉過節好了。』即到天津會議舉行之初，雙方代表也不過酒肉酬應，並無會議形式。直方雖提有關於軍事與政治的書面意見，但奉方對之似甚淡然，而斤斤於『憲不可護，顏不可復』。等到楊宇霆受命來津，方有一度會議。後來奉方由楊宇霆提出最後意見：

一、奉方始終反對護憲，迭經表示，顏惠慶自稱依法復職，奉方絕對不能承認，應請直方促其即日自動取消，即由直方另行推人組閣；

二、對付西北軍，奉方一聽吳氏主持，合作到底；

三、國會及其他政治問題，在軍事未能解決前，奉方認爲尚未到討論時期，不參加任何意見。

聞其結果，直奉雙方代表最後意見歸於一致：（一）顏閣辭職；（二）軍事聽吳主持；（三）政治法律問題保留。此項議決已由雙方簽字。（但據另一消息：直方代表張其鍠等既於初來之時即碰了張作霖一個釘子，現在奉方又提相差尚遠的最後意見，覺得前途困難，於是向楊表示此等重大問題，須先向吳報告方能繼續討論。並聞張其鍠由電話向吳詳告以後，吳表示異常不滿。如是張即向楊走辭，謂『雙方討論現在已到相當程度，吾人可以就此結束，本人現在須赴保報告，一切問題只有由二位大帥親自談談，方可澈底解決』，並於十一夜汽車赴保，楊亦於次晨返奉。楊於起身返奉時首告張作霖謂：『本人未發表意見以前，不可進京。』）如是萬目睽睽的天津會議成了過去的事實。

當天津會議的結果由張其鍠報告到保之時，吳佩孚及其護憲策士大示不滿，始命勞之常到津與張作霖商量變更津議，被張嚴辭拒絕，於是乃令張其鍠來京進行津議第一項。此項實現之結果爲何，即可定張作霖之是否來京。換句話說，就是張吳是否可以兩不衝突。

由此我們可以知道，張其鍠所簽字之天津協定爲吳及其護憲策士所不贊成。但在事實上又不能反悔，以促起衝突之急於實現。所以直系策略以顏閣一次閣議後即行解職，在其辭職宣言中含混說辭，使護法者讀之，認爲顏閣已完成憲法已有根據，反對者讀之，認依法攝閣之顏既已下野，逆賊罪名根本不存在，在面子上也可不再反對，要能只賺得張作霖入京，就好辦了。但是奉系的策略又是怎樣呢？

於天津會議之中奉系已開下價錢，現在不過是在津坐等還價。如果顏惠慶果然宣言並非依法攝閣，從此下台，在張當然可以一變入京，在無可回旋的地位，促直奉關係之早日決定。但是此與直系政策已針鋒相對矣。

（二） 張吳妥協中的裂痕

軍閥的結合是不會鞏固的，現在張吳面前有一國民軍爲其共同敵人，所以他們的關係還得暫時處於要決裂不決裂的形勢，而其結果恐怕是凶多吉少。現在我們不能否認他們兩位大軍閥正在進行妥協，但是我們又何能否認他們正在預備衝突呢？

此次討赤的結果，吳佩孚以取巧起家，於軍事上既未受損失，於政治上又大得便宜，使奉張處於莫可如何的地位。可是到了新直系進行甚猛之時，吳又不得不微向討赤戰爭中的盟友表示讓步。天津會議之後，吳之地位甚覺困難，他一面表示由張其鍠來京進行津議第一步的實現，一面密电孫傳芳告津議中奉方之無誠意并問將來如果發生戰爭，孫持如何態度；他又令顧維鈞以討粵爲條件與英國成立二千萬借款以厚財力，同時張志潭等又往訪國軍代表以謀妥協并接濟李景林軍械與軍餉廿萬元。

至於奉方呢？除了催促吳方趕快實行天津協定外，要求吳佩孚退還魏益三部軍械及解散唐之道部隊。雖然口口聲聲向國民軍作戰，但在實際上奉方連褚玉璞軍隊都已從前線撤回，而戰事工程又皆作可以戰國可以戰直的形勢。

由此我們可以看見正在妥協的吳張，雙方也正在預備衝突。在護憲等問題未能妥協解決之前，張作霖決不能助吳佩孚作戰，使其抬高政治地位。

（三） 最高問題

張吳關係不僅在顏閣憲法上衝突，即在所謂最高問題也衝突得非常利害。據說吳佩孚以現時爲千載一時之機，稍縱即逝，頗欲此時榮任大總統，豈知關東鬍子雄心並不弱於秀才，故表面以法律政治問題公諸國人，裏面進行另闢門徑逕登大寶之目的，所以護法呼聲雖高唱一時，現在本身問題僵而又僵，雖經百計疏通與協商，終無公認平允之辦法，如是最高問題有另現顏色之謠傳：奉張首向秀才提議溥儀復辟，並聞吳已同意。

此說雖然兀突，但日本帝國主義天皇萬世的思想並不見得不如此應用出來，英國帝國主義也不見得不利用此種機會完成吳佩孚政府，我們也不能不注意將來時局之出人意表的發現。

但若果如此，張勳的還轅與段祺瑞的故智，又要重新排演一回，揭開新的政治局面亦未可知。

（四） 山西之戰

吳張間關係，如果軍事上沒有大的變化，一時是不會破裂的。現在吳系軍隊果然開抵前線，勢將與國民軍戰，雖然不必計較前線將兵之戰與不戰。但是如果天津協定執行不安，張吳不能晤面·國民軍克服山西全省，則一旅之兵力可以直搗保陽，新直系勢力可以乘時活動，而其結果吳佩孚欲不倒不能，張作霖欲不退不能，北方形勢焉上成了一個新的戰局，全國形勢亦必大受影響。

此種危險實爲奉系所深知，故奉派不時向吳表示請其注意三角同盟（新直系）的活動幷不可到前線督戰，而己系軍隊軍事工作又作向直作戰之準備。

近日日本帝國主義雖在奉省增兵，以助奉張鎮壓統治，同時又令其機關報一方面暗示此種危險之不能幸免，一方面又鼓吹不可作無名之戰（討赤之戰爲無名！），同時暗示奉張採取東三省門羅主義。卽張之部將楊宇霆韓麟春等雖然扶助奉派與吳一度協商並從事與國軍一度戒然作戰的準備，要皆以出關休養生聚爲言。 由此看來，日本帝國主義與奉系軍閥既鑑於上次戰爭之損失，內部實力之不足與經濟恐慌（其影響不獨與日本以不利，且將引起日法投資的衝突），又鑑於戰國既難徹底，卽徹底亦不過助吳聲勢赫赫於己並無所利，何況國軍得勝於晉，孫傳芳虎視於魯，靳田等陰伺於側而活動未嘗稍息，一有機會吳固當爲或然之犧牲，張又何能幸免於攻擊？ 如此一來，不如事前早作預備，縮短戰線保守津榆形成進可以戰退可以守的局面。

所以純粹奉軍集中津榆路線而對於直督亦有以小張代褚之準備。總之不死不生變化萬端之局面，在最近將來必有一大發展可以斷言。

頃據各方面消息，國民軍對於多倫南口均取守勢，對於山西猛力進攻。 現在雁門已下，太原無險可守（並有國軍已進至太原近郊之說）更有商震反戈（已證實）與閻錫山出逃之謠言。 若果如此，大局之突變卽在目前矣。

（五） 時局變化的將來

根據上述的事實，我們可以得到下列的結論：

第一，日本帝國主義爲了救奉系於危亡，製造討赤聯盟。 討赤聯盟的結果，使奉系居於失敗的地位。 日本實業派與軍閥派對於討赤後應取的策略時常發現衝突之處，故經過如此時間並無確定的態度而張吳衝突的局面，尙無顯著的發展。 前者主張奉系退守關外，生聚休養，訓練軍隊，以救戰爭中所產生的財政恐慌與實力空虛；後者主張向外發展，以取償戰爭損失於中央政權與地盤的佔有。 但以奉張政治的失敗地位，國民軍軍事的發展，新直系的醞釀遂使後者計畫不能實現。 到了現在兩者主張似已接近。 所以現在日本帝國主義，一方面在滿洲增兵爲奉張維持鎮壓，一方面在機關報上反對戰爭幷勸奉張閉關自守。 所以現在奉系保守的策略是積極的，在政治上是消極的。 所以奉軍集中津榆線一帶，形成退可以守進可以戰的形勢，而在政治上只消極的反對吳佩孚的主張。 我們可以說，奉系現時在政治上的野心，或止於發言有效也未可知。

第二，吳佩孚的實力根本就不成一個東西，此次之勝利實爲僥倖。 但是因爲張吳密約的關係與運用適宜，他可佔在政治上有力地位。 雖然，因爲實力不能適應他的政治超越的地位，所以他也不能大刀闊斧幹出一番事業。 現在不獨奉張時有與吳破裂之虞，卽其此次戰爭中之一大助手閻錫山也就到了難以終日之勢。 除此以外，他的部下靳田魏等皆不可靠。 所以吳佩孚雖然態度積極，而其結果恐一無成就。 但有一事殊足有注意之價值者，吳果失敗，代吳而起形成一種勢力的，恐怕就是孫傳芳、靳雲鶚、田維勤的結合。 他們的政策大概不外乎聯合國民軍排除關內奉系勢力。 無論他們反吳不反對吳佩孚，他們將成爲未來時局之重要份子。

第三，國民軍以能戰之師整個退却，雖然一時處境異常困難，因而態度亦頗消極。 現在既然大同雁門皆已攻下，商震反戈，太原指日可下，其政治上的地位，當然超越於退出北京之時，但一時决不至於在政治上有所發言，而祗從事於軍事工作。 現在魏益三可以相助於晉縣，唐之道部隊或可友助於石家莊一帶，孫傳芳田維勤待到相當時期，亦可突起異動。由此國民軍在軍事上之勝利與進展不可謂其絕無操勝算之可能。

第四，民衆方面由此次討赤戰爭受盡了人間之極苦，尤其是京津商人，直魯豫陝農人。所以商人出於消極的罷市，農民出於積極的反抗。陝西白槍會、硬肚竟幫同殘敗的二軍擊退了劉鎮華，河南紅槍會，山東紅槍會黑槍會皆躍然欲動爲自身利益而戰。

凡此種種時局將來變化之密雲將皆能使我們推測不久將發生何種局面，而南方革命勢力的進展將與此未來變化以莫大的影響與推進。

讀者之聲

介紹馬克思主義著作之重要

記者：

自五卅而後，上海商務印書館罷工數次，以致經理者發生恐懼，馬克思主義之書籍，因此，亦電令各分館停售。這種秦始皇焚書坑儒的方法，竟出於文化中樞之商務印書館，良可慨也！

我常閱貴社所出版之嚮導週報，對於實行共產主義的途徑與手段，階級爭鬥的原因與實質，略知其概念而已，若再進一步的追求，即就無書可看了。馬克思主義的書呢？停版了！雖然人民出版社儘量印了一些馬克思列寧幾位先生的著作，然而，在幾塊峽石鎖着的四川裏，找得到幾種？據我這常蒐縱穴的，也找不上十本。可憐中國的學術到了這般境地！若說到曾琦先生身上，他倒十二萬分喜歡這類書絕跡啊！他好把他陳古的『國家主義』的書，在商務印書館賣，賣版權，以補共產主義版權的實缺！

自然，商務印書館是一種商業而帶資本主義的性質，停版不賣，倒是他們一種打算，我們對於他們也無足責。不過貴刊立於共產主義上而宣傳，單靠貴刊一種就能成功，這是未必的事。我想貴刊應繼續做翻譯的工作，對馬克思列寧等學說的書，重行翻譯，以應宣傳，使一般從古墓內鑽出的古董先生，略知一二，免在旁而肆口謾罵。

最後我祝貴刊遍於全國以至於世界！祝你們最後的勝利，也許是我們共同目的的勝利！

海帆五月七日於成都

此篇不是斥貴刊在宣傳上不能生效，乃是要求重印共產學說書籍以應宣傳耳。若云貴刊不能生效，那末，我則不能因該貴刊有所進求了。請勿誤會！再者，我有幾個問題不能〻請教的，即是：

一、在內地手工業發達，而機械工業方才萌芽的時候，如何能產生階級鬥爭呢？

二、在中國現狀，許多人以爲無資本主義可言，因而共產亦無從說起，此理合否？

三、國民黨與共產黨是否根本相容，且至於永遠？

四、一部份國民黨甘是否因恐共產黨奪國民黨而代之而開除共產黨？假定屬實，共產黨有奪民生主義而代之的必要沒有？

海帆附識

嚮導記者：

嚮導是謀被壓迫階級被壓迫民族解放的各刊物中最得民衆同情及信仰的一種刊物。現在我因熱烈希望於被壓迫者普遍覺悟起來，做革命工作，以我主觀的見解來說，這個指導被壓迫者的責任，若不托在你們身上，是不可能的，況且你們自已亦自認爲民衆革命的指導者，所以我就敢將希望於你們的一些意思，說一說：

一、同情及信仰嚮導的主張及言論者，在事實上常有不知從何處做起，在學理上常有不能作有系統研究等情形。

這個情形，不但我個人如是，即請過嚮導的友人們及在嚮導通信欄內，亦常有這種問題發生。然嚮導本係一種對民衆作普遍宣傳的刊物，這個責任，固然不能卸在嚮導本身上的，但你們既然自認是革命者之指導者，即應注重上層的工作，組織一個介紹學術的團體，（聞你們已經有了這種團體的組織，果然則甚佳！）充分介紹書報（現在你們所介紹的書報果屬不少，但是覺得還不夠供社會的需要。）如馬克思、列寧及其他革命者，蘇俄的新經濟的組織及帝國主義的侵略壓迫等書籍，使同情及信仰嚮導者，可作進一步研究工夫。

還有點附屬意思要說明的：一、已經出版的應作有系統的整理，二、未出版的應力避直譯法。

二、對於知識幼稚被壓迫最深而不能看讀嚮導及其他革命的刊物的工農階級，應另出專刊宣傳。

工農階級是民衆內佔最多數的被壓迫階級，希望革命的成功，必須使他們自己覺悟起來，担任革命工作，才可以的。現在的工農階級，不但沒有主義的觀念，即常智常識亦是不夠的，所望革命的成功，離事實果然還遠，但是欲使工農階級的普遍的同情及信仰，亦是不很容易做到的事；所以希望你們，即應注重下層工作，組織工農階級的專刊，作普遍的宣傳、組織、訓練，幷提高他們的智識、及改良他們的生活、工業、農業幷器具。

六。十一　　德連於黃埔軍校

海帆先生由成都給我們一封信，德連先生由廣州給我們一封信；他們二人雖然相隔千萬里，但這二封信含蓄的要求是差不多一樣的，即他們要求我們多介紹馬克思主義的著作。我們敢說：這是中國革命民衆目前最迫切的呼聲之一。

中國革命民衆目前已很普遍地感覺着馬克思主義研究之必要了。馬克思主義是一種學說，這學說與其他學說差異諸點之一，便是指出理論與實際之一致，理論是從實際產生出來的，而實際是不能離開理論的。我們看見中國革命民衆目前要求馬克思主義理論之迫切，我們，馬克思主義者，我們就知道此要求是中國目前之實際所反映出來。

馬克思主義是整個的宇宙觀及人生觀，是研究總的人類社會形成和發展的理論，特別是研究近代資本主義社會形成和發展的理論。這理論是從資本主義社會中無產階級階級鬥爭的實際產生出來的。這理論說：無論在那個地域，祇要社會發展到了資本主義，便必然產生無產階級，便必然發生資產階級和無產階級的階級鬥爭，便必然無產階級日益强大起來，執行解放一切被壓迫人類之使命，以專政的方法推翻資產階級的統治，而建立無階級的共產大同社會。中國已經有資本主義社會——這是事實。

中國馬克思主義者很久以前就已預言中國無產階級將强大起來，成獨立的政治勢力領導全國一切被壓迫民衆爲求自由而奮鬥。那時一般人正高呼共產主義不適合於中國的所謂國情，馬克思主義不能應用於東方精神文明的中國！曾幾何時，中國的事變，自二七以後尤其自五卅以後，無產階級的奮鬥及其勢力，完全證實了馬克思主義者的預言畢竟不錯。從此馬克思主義理論遂爲革命民衆目已爲全國革命民衆所共喩，於是馬克思主義理論遂爲革命民衆目前迫切的要求，而此要求顯然是反映近年來中國無產階級鬥爭及中國民族解放運動發展之實際。現在除了公開的帝國主義走狗或閉眼睛說的所謂國家主義者之外，誰還能說共產主義不合於中國國情，馬克思主義不能應用於中國呢？

目前中國革命問題中重要的問題之一，便是怎樣去滿足革命民衆對於馬克思主義之迫切的需要。自然，如海帆先生和德逋先生所說，薄薄十六頁的本報是不能滿足此種需要的，因爲有系統地介紹馬克思主義，有系統地應用馬克思主義研究中國社會生活之各方面，這種任務當然非每週印行十六頁如本報者，所能負擔得起。所以馬克思主義研究的雜誌之整頓，馬克思主義名著之譯述和介紹，中國各方面問題之馬克思主義的研究和著作，皆是急不容緩的事；這種工程自然異常浩大，非一朝一夕所能成就，而且也須要求研究馬克思主義的人參加和合作。現在，新青年社同志正積極担負起這煩重的任務。中國思想界最有歷史威權之新青年雜誌正在積極整頓中，務能按期出版；新青年社已出『共產主義的ＡＢＣ』一書，其他名著，如斯大林的『列寧主義概論』，布哈林的『歷史的唯物論』和『馬克思主義者的列甯』，列寧的『國家與革命』，『共產主義左派幼稚病』等，正在準備中；最近將有『中國革命問題論文集』一書出版。我們自然還不敢說這些就能滿足革命民衆之革命理論的要求，但我們已經敢說這些可以滿足此要求之一部分了。此外我們對於前時出版的名著亦將加以整理或重譯，而於新譯之書當然力求通俗淺近爲多數人所能瞭解。最近上海出版之『馬克思通俗資本論』譯本亦是研究馬克思主義的良善之書。

現在可以答覆這二封信中另外的一些問題了。德逋先生主張應出淺近刊物在大多數識字無多的勞動羣衆中宣傳——這自然是我們應該努力的。海帆先生的四個問題可以簡單答覆如下：

（一）內地機器不發達，但社會的不平等仍然明顯地排在我們面前：仍然是壓迫者站在一邊，被壓迫者站在另一邊，即仍然有階級鬥爭。我們切勿誤會以爲階級鬥爭祇是資本主義社會的特殊產物，其實『一切過去社會的歷史都是階級鬥爭的歷史。』

（二）中國有鐵路，有雇用幾萬工人開掘的礦山，有飛機，有無線電台，有漢冶萍，有招商局，有大銀行，有銀行公會，有托辣斯，有紗廠聯合會，有上海總商會，有上海二十五萬工人的大罷工，有代表百餘萬工人的全國總工會，有共產黨，——誰還敢說沒有資本主義？

（三）中國共產黨是中國無產階級的政黨，中國無產階級必須與全國一切被壓迫的革命民衆攜手才能解放中國，亦才能解放自己；所以中國共產黨允許其黨員以私人資格加入有革命歷史而又正在做革命工作的國民黨；但在國民黨中的共產黨員是不忘記自己的使命的，是不忘記自己是代表中國無產階級利益的。但因無產階級解放要民族獨立之後才有可能，所以共產黨員在國民黨內誠意合作努力奮鬥以至於中國解放革命完全成功。這二黨在民族革命未成功之前應該能相容合作，但在這中間，共產黨是特別爲工農的利益而奮鬥的。

（四）共產黨的使命既然是要聯合一切黨派共同革命，而不是自己孤獨革命，便沒有奪國民黨而代之的必要。誣共產黨奪取國民黨因而做所謂護黨運動，力排共產黨員於國民黨之外的人，乃是破壞革命的聯合戰線，妨礙革命的進行，實際上即延長帝國主義統治之壽命，亦即是反革命者。

記　者

告青年學生！

主筆的同志：

不會作文章的我，因看廣東學生界的風潮和國內學生的反動，多久就想寫封信在貴刊上寄給我親愛的同學們。今天要算忍無可忍，非寫出來不可了。你如果覺得有登載的可能時，請勉強的錄了上去，庶不負我今日的勞筆罷！

彝初　一九二六年五月廿五日於孫大

最親愛的青年學生們：

我始終承認中國的青年學生是革命的。我的理由是：每個學生都是受着資本主義最高期的帝國主義侵略中的優秀知識分子，本身因着每次所受帝國主義侵略的結果，激起了愛國心和良心的驅使而趨於革命。（二）我們後面的家庭都是直接被『閥』字的『偉人』（?）們和間接的帝國主義侵略的結果，而淪為被壓迫者被剝削者而破產的——不過較之其他不能升學的，好一點罷！

中國的革命史，每次無不有小資產階級的知識份子學生們參加着。國民黨的成分，雖然沒有一個很完整的成分表公佈出來，我敢說學生們要佔大多數。以歷來的革命工作論，國內各處的國民黨沒不是幾個覺悟的智識分子為之主持。革命的廣東學生軍可說都是被帝國主義侵略而失業的學生們集成的。以我湘的學生論，數年來在革命旗幟下工作者『源源不絕』一批一批的來着。所以我們在事實上的證明：青年學生不獨是可革命者，而且是革命中的主要分子。

最傷心和最痛心的，就是革命的我們，在覺悟之途，沒有找着正確的道路，盲目的愛國心被反動者所利用，而成為今日學生中的反革命！在中國歷史中有大不可言的意義的『五四』何嘗不是全學生覺悟的表現？當時的奮鬥精神和不怕犧牲的熱誠那裏去了？

中國革命勢力的高漲，帝國主義者和一切反革命者沒有一個不看得很清楚於他們是大不利的。他們之不惜犧牲以大批款械幫助反動軍閥的張吳擊敗國民軍延長內亂，執政門前的大屠殺，想以威嚇解散革命政府的香港封鎖廣東…………就是他們很明顯的看着革命勢力高漲的忙迫表現。

近來他們的勾當愈弄愈奇了。他們看見以武力壓迫革命運動不獨無效，復激起全民衆的覺悟。他們於是把很美觀的精巧的吸魂的假面具戴上了，去欺騙全民衆，使你們受騙者還不自覺。

革命的青年學生們！我們是負着中國歷史使命的次殖民地改造者！我們是負着世界歷史使命的創造眞和平者，我們是眞正的革命者。為保全着我們的本來面目的革命青年，我們應當很慎重的找尋革命大道。敵人們正等着機會利用我們來分散解體自己的勢力了！

不要把自己當作敵人的工具啊！不要把世界革命的黨和我們的好友——共產黨，當作仇敵而被敵人利用着。誰是我們的朋友？我們決不能以感情的說法，我們祇認得革命的是我們眞誠朋友，其他我們是不問的。尚意氣的同志不是革命者。努力醒覺起來參加革命戰線，剷除我們的敵人！

本校以往的事實，雖免不了黨的暗潮，我敢說將來都要作革命工作中領導者的我們都能徹底了解『革命者是我們的朋友』的一句話，總可以算暗潮結束了。革命的青年們，我是以十二分的誠心向着你們說的。我滿腹欲言的話，因我不善於做文章，祇能就此算了罷！

民衆勢力整個的聯合是反帝國主義鬥爭中最銳利的武器；帝國主義者鎮壓民衆反抗的手段，最厲害的，就算分裂民衆勢力的整個聯合。學生在中國，大體說，是革命的，但因學生祇是一般的社會集團，而不能算做一個階級，所以學生羣衆中間比較無產階級易於受帝國主義的離間而起分裂。五卅運動以來，應負分裂學生羣衆之責任者，是國家主義者和國民黨右派的孫文主義學會分子。他們口頭喊各階級聯合一致，而實際上正致力於分裂學生羣衆的工作！全國青年學生同志們，聽了彝初君沉痛的號呼之後，應當愈加團結，切勿再受敵人的離間，而使革命勢力分裂。

記者

請讀最近出版之

中國青年

第一二四期目錄

第一二五期目錄

發行部 編輯部 通信處：廣州國光書店黃正君

分售處

廣州 丁卜督報社
北京 各學校號房
長沙 文化書社
寧波 寧波書店
武昌 時中書報社
共進書社
福州 福州書店
香港 萃文書坊
汕頭 汕頭書店
蕪湖 科學圖書館

太原 晉華書社
潮州 青年書社
雲南 新亞書店
重慶 唯一書局
南京 樂天書館
寶慶 寶慶書局
黃梅 書報流通處
西安 西安書局
成都 華陽書報流通處
紹興 亞民文具實業社

價目

訂閱：國內一元寄足三十五期。國外一元寄足二十五期。郵票代欵九五折算。但以一分半分爲限。

代派：每份大洋三分。六折計算。寄費在內。十份起碼。十期清算一次。概不退回。

零售：每份銅圓六枚。

The Guide weekly

嚮導週報

第一百六十二期

目次

一九二六年七十四日

法蘭西大革命紀念日感言

述之

本日，七月十四日，是法蘭西大革命紀念日，是法國資產階級在大革命中取得勝利的第一日。　一七八九年七月十四日法國第三階級進攻巴士的獄（Bastille），取得巴士的，并終於逼迫路易十六承認國民會議……等，這是法國大革命眞正開始的第一天。　所以勝利的法國資產階級定這日爲他們革命勝利的紀念日，年年在這個日子舉紀念他們的勝利。　一直到現在，差不多經過了一個半世紀，法國最反動的帝國主義的資產階級仍然很驕傲地舉行他們的『國慶紀念』；上海法租界的法國帝國主義者，也準備在這天張燈結彩，大開慶祝，藉此向半殖民地的中國奴隸們示示威風，可惜上海的奴隸們至今還沒有懂得法國帝國主義者舉行這個『國慶紀念』的意義！

法蘭西大革命本是人類歷史上一個偉大進步的表現。　全人類的歷史有兩個最偉大的階段，這兩個階段由兩個最偉大的革命具體表現出來：法蘭西大革命和俄羅斯十月革命。　俄羅斯的十月革命固然是無產階級消滅資產階級開始新時代——共產主義社會時代的革命，是人類歷史上最後的革命之開始；然而法蘭西大革命雖然是資產階級對封建階級的革命，但在人類歷史進化階段上却與十月革命有同樣的意義。　法蘭西大革命實與人類社會以偉大的貢獻。　雖然在革命自由中，當時資產階級時常壓抑工農階級的利益，對工農階級違背他們『平等博愛』的口號。　但在整個的人類歷史發展上，在消滅中世的意紀封建階級的一切流毒上，在發展新式的產業上，無論如何是有偉大義的。　所以我們馬克思主義者，對於法蘭西大革命，革命中之革命的領袖，是表示十分尊敬的。　我們馬克思主義者，并且研究這個革命，要從革命中得許多寶貴的經驗。　因此我們也不反對人家紀念這個革命。　但是我們覺得現時法國的資產階級——最反動的帝國主義者，來紀念這個革命，已經失了他們祖宗的原意，并且我們看出他們是另外一種陰謀。　在當時法國勝利的資產階級紀念他們這個紀念日，確有其革命的意義，他們經過很艱難的奮鬥，經過無數犧牲，建階級消滅，才能得到最後的勝利，建設他們德謨克拉西的政權，他才能將其時的紀念至少帶有些思『締造艱難』的意義。　但是現時法國的帝國主義者，他們雖繼承他們祖宗自大革命勝利中得來的遺產，但是他們同他們的祖宗完全兩樣了。　他們的祖宗在當時是革命的，是人類社會發展之推動者，但是他們現在早已是反革命者，是人類社會發展之障礙者了。　他們那裏有紀念大革命的資格，他們不過藉此在本國向無產階級示威，誇示他本階級的榮耀；在殖民則向殖民地的奴隸們誇示他們帝國主義的威權罷了。

我們知道法蘭西大革命的口號是『自由、平等、博愛』，但是現在法國帝國主義者對於里孚、叙里亞、安南及其他殖民地的奴隸們是怎樣，幾十年來對待我們中國人民又是怎樣？　他們的『自由』『平等』『博愛』在那裏？　法蘭西大革命的根本意義本是在消滅封建階級，建立資本主義的經濟和資產階級的政權，可是現時法國帝國主義的資產階級在殖民地如安南等專門障礙資本主義的發展，扶殖或利用封建階級壓抑當地的資產階級。　便是在本國他們從前是反對封建階級到底的，如反對封建階級的宗敎哲學等，但是現在他們已經因利用宗教利用僧侶，而保存宗教，而保護僧侶了（此種現像在殖民地尤甚）。　總之，現在紀念法國大革命的帝國主義的資產階級，其實已經是革命的罪人，是歷史發展之障礙者，是世界上最反動的反動派。

我們看上海法租界工部局關於法蘭西大革命紀念日的通告就可以知道法國帝國主義的反革命性：

『本月十四號爲敝國國慶紀念日，承界內華人團體表示親善好意，紛紛來函加入慶祝，本工部局不勝歡迎。　惟是日純係國慶性質，無論何人士所用旗幟燈籠呼喚口號，概不得牽涉政治問題或毀謗他國，致生事端，是為至要！　如有以上事情，本工部局一律禁止。　總之，法國民主紀念日為本地之大慶祝日，絕無國事性質。』

在這個通告上可以看出三點：（一）定名為『國慶紀念日』，故意將革命字眼抹去；（二）紀念這個革命的紀念日，自然有政治的意義，并且有革命的意義，尤其在中國上海紀念法蘭西大革命，其政治意義更明顯，因為目前中國還需要這樣的革命，即是對法國等一類帝國主義和軍閥的革命，可是法國帝國主義正公然禁止紀念的旗幟燈籠口號牽涉政治問題，或『毀謗他國』，換言之即只許歌頌法蘭西大帝國主義的『文明』『功德』，不許人絲毫談及紀念日的本來意義；（三）力辯『法國民主紀念為本地之大慶祝日，絕無「國事性質」』，其實這便很明顯地表現有『國事性質』，即向半殖民地的上海奴隸們誇示法蘭西大帝國主義的『文明』與『威權』罷了。

半殖民地的中國人們，尤其崇拜法蘭西帝國主義文明的上海一班奴隸們——表示『親善好意』的『「界」內「華人」團體』，你們『加入慶祝』法國帝國主義的『國慶紀念』，你們應該了解這個紀念是法蘭西大革命的『革命紀念日』，是法蘭西十八世紀革命的第三階級對封建階級革命的革命紀念日，七月十四日是第三階級以革命的手段攻取封建階級監禁平民的巴士的獄的一日；現時的中國尤其是上海正需要這樣的一日，因為上海租界的西牢裏不知道監禁了多少無辜的中國平民。　你們尤應該了解法國現時的資產階級在革命的意義上，已經是法蘭西大革命的罪人，是人類社會發展之障礙物，是世界上最反動的反動派，已經沒有紀念法蘭西大革命的資格了，他們現時所以紀念這紀念日，完全有別一種用意——向本國無產階級及殖民地人民示威，便是反革命的用意。　我們應該反對這班强盜帝國主義的資產階級藉紀念他們的『國慶』向我們示威；但我們同時要喊出以法蘭西大革命的革命手段來對付這班强盜的帝國主義和一切反動階級，成功一個中國的『法蘭西大革命』。

帝國主義者最近在上海之暴行

獨秀

帝國主義者對於中國民族，除了經濟的政治的侵略之外，還有一種侮辱的强暴行為，也使中國人十分不能忍受。　別地方的事，從前的事，且都不論，那最大暴行五卅慘案如『五卅兇手供狀』中美國人所自述者也都不論，現在只就最近在上海所發生的幾件事看來，件件都足使每個中國人髮指眥裂，只要他不是毫無心肝的洋奴！

第一件事，是六月廿三日上午四時，公共租界工部局電氣處爐子間夜班工人閻寶章，因工作疲乏出而飲茶，事為西監工斯考華Scabio撞見，當即在背後怒掌其頰，並痛擊其背，該工人驚惶之餘，且避且退，比及梯畔，適被追及，復又拳足交加，卒至重跌於高及四丈餘之梯下棚格中（即儲煤之坑）；斯氏見其已不能伸動，乃令俄工拽之以出，用自來水激射歷四小時之久，始稍甦醒。　當時有日班工人徐梅元沈蘭東王阿陽三名目擊出而作證，以鳴不平。　詎知廠長非特不歸咎於斯考華氏，反謂該工人等之言俱屬誣枉，且指責該班頭目孫海足謂其不能管領工人，當場一併開除。　按斯考華平日對待工人稍有不合即施毒毆，被毆者莫不負傷垂斃，如閻寶章前已被毆過一次臥床十三日，即可證明。　藉以勞力薄弱之工人從不與較，爭奈讓者愈讓，而彼之殘酷手段，愈施無忌。　近更益逞其凶暴野蠻之行為，竟陷工人之性命於不顧，以致演成此次之慘劇。　全廠工人因此大憤，羣起向廠方提出左列之要求：

（一）開除兇手斯考畢；

（二）撫卹被傷者醫藥費；

（三）恢復四證人工作；

（四）以後不准英人毒打工人；

（五）以後不准藉故開除工人。

全上海各報無一家敢登載此事，連關於此事的廣告都一律拒絕登載。　上海總工會擬於二十七日，在該會會所召集各團體代表大會，討論此事，帝國主義者便命令中國官廳將總工會封閉了！　此事不但表示帝國主義者之暴行，而中國官廳仰承外人意旨漠視民命，及中國新聞界之怯懦畏事，均足令外國人笑，令中國人憤！

第二件事，是荷屬南洋巴達維亞華僑溫慶賢，於去年回國，近由上海會審公廨於六月二十一日，從南京將其提到上海，并且荷蘭總領事還要引渡歸彼審理。　查溫慶賢生長中國，父母均是中國人，雖在巴達維亞經商多年，而并未入荷籍，去年回國係用中國護照，回國後也未曾在荷蘭領署註冊，即現在上海荷領因受巴達維亞荷官之託，使會審公廨出票移提，票內亦註明係拘捕中國人民溫慶賢，因被告若非中國人，便不屬公廨管轄。　因此，此案當然歸公廨審問，斷無引渡於荷官之理。　荷屬華僑受荷官虐待，眞是苦不盡言，現在更進一步，來到中國領土之內拘捕中國人了！　橫暴的荷領事，竟要在中國境內拘捕中國人！　糊塗的公廨中國會審官，竟不向荷領抗議引渡審理中國人民！

第三件事，是熊希齡之被捕。　湖南華昌鑛務公司董事熊希齡，曾經辭去一切董事名義，并登報聲明過；公司閉歇後，尚欠美國工程師懷德薪金若干，現在熊氏來到上海，公廨中美國會審官派克思，竟據懷德之請求發出拘票，於六月二十八日下午四時，將熊氏在赴拒毒會歡迎會途中拘至公廨，要求熊氏交出保證金三十萬兩。　熊氏被迫登車時，當由丁文江告西探：今日拒毒會開會歡迎，有事可待會後頭退；該西探堅稱立須逮捕，丁文江等遂陪熊氏同往公廨，直至晚九時，始由江海關監督以一萬兩保證金保出。　公廨受理此案及出票拘捕手續，不用說理由都不充足，分明是美國會審官濫用職權，有意爲他們的工程師來侮辱中國紳士一下。　紳士尚如此被侮辱，中國平民又當如何？　丁文江是華界最高行政長官，對此案不立刻依據職權向美國領事提出嚴重抗議，竟取『友誼的磋商』之故智，忘了自己的身分，陪熊氏同到公廨，形同被捕，以取侮辱。　被此侮辱的不是丁文江個人，而是淞滬商埠總辦呵！

第四件事，是滬商協會於本月一日，在嶺南樓菜館開籌備會議，正將開會時，西捕蜂擁而入，一面喊問你們在此做什麽？有多少廣東人？　一面大揮拳棍打人，將會打散了。　各報紀載此事，只說『派捕禁止』，而不敢說被捕打散。　租界禁止華人集會已經是橫暴了，正經商人集會竟被西捕打散，這乃是第一次！　并聞捕房此次加於滬商協會之暴行，乃由於新改選的總商會中人所嗾使，因爲他們疑心協會是粵商霍守華主動，所以西捕問有多少廣東人。

在此小小四件事中，帝國主義者對中國人是如何橫暴侮辱，中國代表買辦階級的總商會是如何賣國自殘同類，官僚是如何昏聵誤國，新聞界是如何畏怯不能代表輿論，都一一充分的表現出來了！

上海買辦階級的威權與商民

——談談上海的商會和上海的『華人』——

秋　白

偌大的上海，究竟有幾個中國人呢？　獨秀先生說『革命的上海」有二百多萬居民，最近罷工抵稅抗捐搶米等的風潮裏，確實看見不少『下等華人』萬頭攢動的『吵鬧』。　要說上海沒有這許多人，誰也不能相信。　哈哈！　可是這二百餘萬的居民裏，眞正有『人』的資格的，實在是不多。　——一來是，工人雖有五六十萬，我們再加上做手藝的、拉洋車的、當店小官的、做娘姨大姐的、做小攤子小舖子生意的、縫窮的、討飯的、江北老、小癟三……一搭刮子算起來，至少要有一百三四十萬。　然而這些人一天到晚挨打挨罵牛馬似的做工，吃不飽穿不着，這還不算，譬如平涼路工人住的草篷子，一間烏黑大暗的住房，至少要擠七八個人，外國老爺還要跑來一把火燒得乾乾淨淨。　這種人那裏有『人』的資格！　所以號稱代表華人的總商會向來是不管他們，並且要拿他們的利益，去向外國帝國主義和國內軍閥做買賣，譬如修改五卅要求，幫助封閉上海總工會等等。　如果總商會是代表華人，那麼，這一百多萬的居民，當然不是華人了！

上海總商會不久以前還爭工部局裏的『華董』。　如果照上述的計算來說，就算工人等不是華人至少還剩得五六十萬。　可是，明天便要開納稅華人會了；據一月前的調查，上海總共祇有二千九百四十七人享有納稅會的選舉權，依『法』甄別後又祇剩了一千五百七十人享有被選舉權的祇有八百五十一人。　這樣一來，上海的華人又減少了五十萬七千多人。　其實照我們下等人的心理來說，高等華人雖然因爲納稅，便有參與市政的權利；下等華人未始不走馬路吃自來水，未始不納路燈捐門牌捐車照捐等等，也應當管理市政。　再不然，上海幾十萬的商人，有這麼一萬八千塊錢財產的，總可以身膺『高等華人』之尊稱了罷！　何以連他們也剔除了呢？　其中有個道理。原來納稅華人會和總商會是一鼻孔出氣的。　祇看上海總商會居然組織了自己的軍隊（保衛團），曾經以總商會『會令』特任江政卿當保衛團『總司令』；這一軍隊的給養卻取之於南市閘北的居民，就是所謂保衛捐，彷彿是因爲保衛團駐紮在閘北南市之故。　可是閘北自治問題，華界捲煙稅門牌捐宅地稅等的爭執裏，卻不曾看見總商會出來代表華界居民說話。　閘北南市的商人和一般市民現在起來反抗，拒絕保衛捐，說：我們窮人拿出錢，保衛你們富人，這事太沒道理。誠然不錯，照下等華人的道理，這事本是講不過。　但是，高等華人自有高等道理。　他們本來是把普通商人祇算奴隸牛馬看待。　所以窮人祇管窮，米糧祇管貴，有納稅資格的房主，還是儘看在那裏加增房租。　所以他們向外國人要求參與市政，祇說按照納稅額比例，由納稅華人會選舉三名華董。　這樣一來，上海華租各界的普通商人也不是華人了。

除去這些飯沒得吃，房子沒有住，拿出錢來保衛富人，挨打挨罵做苦工受剝削的上海居民，當然算不得華人，甚至於算不得人的牛馬奴隸之外，上海的華人自然祇剩得納稅華人和總商會會員了。　讀者諸君，你們不要又拿下等人的道理來推論，說：『阿彌陀佛！　總算上海還有一千五百多位的納稅老爺和五百四十多個會員大人——可以算得華人。』　事實上是大謬不然。

第一，納稅華人的選舉資格和被選舉資格還沒確定。　各馬路商界總聯合會屢次要求公布納稅人資格，選舉名冊和手續，想必也是要拿個『高等』頭銜。　但是，納稅會中斥他道：『無論何種機關，不得妄指爲有疑義……，請貴會謹守權限。』　總而言之，是罵得個狗血噴頭。　商聯會裏也有兼着總商會會員的，也有兼着納稅選舉人資格的，爲什麼碰着這個大釘子呢？　原來納稅會裏和總商會裏，還要分出一小部分的『中堅人物』，才是眞正老牌毫無假冒的華人；平常代表『華人言論行動』的，祇是這一班『優秀分子』，如今普通會員和依『法』有選舉資格的人，敢起來表示懷疑他們作弊等等，自然要受着當頭棒喝。　這次總商會選舉風潮也是同樣的事實。　總商會會員雖然有五百四十多人，可是會董却祇有三十五人。 這一班『優秀分子』和納稅會的主持人物，是一而二二而一的。 總商會會董是些甚麼『東西』？ 一大半是洋行買辦，直接的或間接的。 各行各業的大商人並不能當選做會董，却有些大公司大銀行，和帝國主義軍閥最密切的，每每一家佔了十幾個。 這三十五位天神天將名紳鉅賈整天到晚假借代表華人或人民的名義招搖撞騙，和帝國主義軍閥做買賣。 有位總商會會員朱樸臣君說得好：『卑鄙齷齪，以千方百計，運動當選（會董），利用商會名義，藉以接近官僚，招搖過市，自以為無上尊榮。』 這次總商會選舉風潮內幕，就這幾句話已經形容得淋漓盡致。 趙南公馮少山等，還在竭力爭會員資格和選舉法律的遵守；殊不知道這些天神天將似的商會領袖原用不着甚麼法律。 譬如中華民國的約法說『人民有結社集會……之自由』；可是總商會現時的中堅人物，竟向工部局告密，說商會中不安分子私自集會參與滬商協會的組織。 於是這一普通商民的組織便在開籌備會的時候即被封閉，而且巡捕包探潑頭潑腦將預會的商人痛打了一頓。 我們下等華人見着報紙上這種事，自然是說『豈有此理』！ 可是，這被打的，還並不是下等華人呵，恐怕還有總商會會員在內哩！ 這樣情形，自然證明總商會不但不能代表華人，不能代表商人，並且也不能代表商會會員。 再不然，便是做到了商會會員，也還不能算是華人了。

第二，商會會董三十五人，也許還不能完全算得高等華人的優秀分子。 原來優秀分子之中還有優秀分子。 打個比喻。 一樣的姨太太也有村的俏的，拍馬屁的本領也有高明蹩脚之分，牀第之間的功夫也有活潑笨拙之別。 一樣的買辦，有英國的有日本的，又有手段高明不高明，性情馴服不馴服的區別。 帝國主義者和軍閥，就和老爺對姨太太一樣，總有個挑選。 高等華人之中，誰能得寵誰不能得寵，完全看他們誰會服侍誰不會服侍。 如果我們是帝國主義者，憑良心說話，像上屆總商會會長虞洽卿先生等，實在已經是高等華人中之優秀分子了。 然而帝國主義者和軍閥，都是天之驕子，即使不是三頭六臂，至少他們的『精神』和『良心』，是超越塵凡，與我們下等人的良心是不同的。 所以他們在華人之中挑出高等華人，從高等華人之中又挑出優秀分子，從高等華人之中的優秀分子之中又挑出優秀分子之優秀分子。 五卅以來，虞洽卿一班人不能算不盡力為帝國主義者『解除困難』了。 他們先刪改工商學聯合會的五卅條件，壓迫日廠工人以屈辱的條件上工，又幫着封閉總工會，停止英廠罷工維持費……觀光日本，提倡中外諒解，中日親善。 然而他們對於帝國主義者和軍閥，還是太不馴服。 他們爭關稅自主和關稅庫保管，爭華董人數須依納稅額為比例，說『國家主權和民族平等』——尤其『混賬』的是，居然敢維持五卅能工到兩三個月，居然敢領導罷市一個月；他們爭兵工廠，爭保衞團的管理權，反對販買鴉片的勾當。 不論他們做這些事是否徹底，是否誠意；總之，他們竟有些赤化嫌疑。 他們雖屢次稟告帝國主義和軍閥說『不受極端派之扶持』，却始終對於洋大人土大帥等，弄出些麻煩的事。 這種『優秀分子』的優秀程度還太低。 如今有學問淵博的丁文江，他是最早主張不要抵制外貨的；有鼎鼎大名的傅筱庵，他是和方椒伯等一樣的『純正』，五卅罷工時一個錢也不肯『浪費』的……還有些這類的分子，大半都是能使帝國主義軍閥的老爺，更加暢心適意的享受艷福。 要這些分子主持商會等『華人民意團體』，才能使會審公堂案件秘密解決，不再力爭徹底；三名華董，可以叩首謝恩的接受，不再爭執；販買鴉片，搜括大批民脂民膏，不再遇見麻煩。 這兩種人：傅筱庵一類的馴良分子，和虞洽卿一類的赤化嫌疑犯——兩相比較起來，自然是傅筱庵輩更加優秀些。 所以商會會董之中還要選出一部分更優秀的出來，才能真正『代表華人意見』。 三十五名之中連虞洽卿霍守華馮少山等還要減去，才是此後上海『華人』的代表，於是虞洽卿等也幾乎不能算做華人了。

這次總商會選舉得勝的大多數，便是這班人；孫傳芳更等不到會長選舉，便欽賜傅筱庵爲上海總商會會長的頭銜（見其致農商部電）。果不其然！前天總商會選舉會長，傅筱庵當選了，虞洽卿落選了。這次總商會選舉的意義，便是帝國主義者和軍閥挑選『民意機關』代表的結果。——固然有人說虞洽卿等是親日派，傅符庵是親英派，也許這次選舉是英日之爭，和北京巨頭會議一樣；然而現時的英日爭執還不成甚麼問題，北京巨頭碰頭之後，華政府代表顏惠慶換成了杜錫珪；總商會選舉之後，華人代表虞洽卿換成了傅筱庵。英日雖然有爭執，暫時在這些問題上，他們要能妥協，以便進行反赤——穩固他們的共同統治。上海在五卅之後，民衆赤化的力量太大了，把高等華人中之『惡劣分子』都誘惑了。這種引誘大家姬妾的行爲，使帝國主義者和軍閥担了一年多的心。如今『略有赤化嫌疑』——暧昧情事的分子，雖然自己力辯與馬夫戲子無關，也不得不爲下堂之妾了！帝國主義的報紙，最近對於總商會會長選舉，大發其樂觀之論調，也就爲此呵！

照在下這筆賬算來：一則是上海的華人，一減至於祇剩商人，再減至於祇剩納稅人，三減至於祇剩總商會會董，四減至於祇剩高等華人中之優秀分子的優秀分子。二百多萬人結果，祇剩得二三十人。二則是上海華人的『民意機關』，不但爲商會等所霸佔，排斥工會學生會各馬路商聯會，並且這些機關裏稍微帶着些中國人色彩而買辦性質較少的份子，也都排擠下來。結果是買辦階級大佔勝利。從此可以二三十人買辦階級之把持，包攬一切賣國賣民的勾當，肆行無忌了。

『嗚呼，何洋行買辦權威之盛，而上海之人之少也！』

一九二六・七・十

上海總工會被封以後的話

碩夫

在本報第一百六十期上海總工會二次被封的文中，我曾這樣的說：『封閉上海總工會的並不是孫傳芳，乃是帝國主義者；孫傳芳不過馴良地執行帝國主義者的命令罷了！』

我當時所以敢這樣的推斷，全不是有意牽連，乃是根據當時的各方面的事實的觀察及過去的教訓：——中國的大小軍閥，無論是盤據在北京的，或割據在一方的，挾着帝國主義者所諭令他們辦的事就沒有迴避的餘地。帝國主義者叫他鎗斃劉華，他就偷着把劉華鎗斃掉；叫他封閉上海總工會，他也就不得不支吾其辭的果然把總工會封下了。孫傳芳的走狗的走狗——淞滬商埠總辦丁文江博士的某科員證實了我的推斷。這位科員告訴前去質問的工人代表說：『你們要曉得外國人告了你們呵！』這個『告』字自然是點綴門面語。可惜我當時不在場，我不知道位科員說這句話時的聲調如何：究竟是亡國的痛苦、抑是爲外國人張威呢？

上海總工會是一個眞正有羣衆的團體，這是誰也不能夠否認的。乃爲數十萬工人所始終擁護的上海總工會，產生於五卅運動，并在年來中國解放運動中爲有力的健將，竟因『罪狀不明』的『外國人告了』被封閉了。假使就依照所謂『全民』的主張，這數十萬工人也可以忝列在這『全民』之內，那麼，這數十萬人民的團體竟因『罪狀不明』的『外國人告了』被封，無論封的有效無效，不算是『全民』的一個很大的恥辱嗎？果眞算是如此，那末我就要進一步問一問了

：為什麼主張全民革命內除國賊外抗強權的國家主義者及國民黨右派對上海總工會被封，都不肯說一句話呢？　為什麼全上海的報紙除略登載一點消息外，竟無聲無息的呢？——所謂『全民』，所謂輿論，於此又可見一斑了！

上海總工會的被封，在帝國主義者算是對上海工人一個大進攻。因此工部局英人斯考畢無故毒打中國工人閱貸章的案件連同總工會的被封而完全杳無聲息了。　日本帝國主義者更乘機將內外棉三四廠停閉至今兩禮拜之久以危困數千工人——如此外國人隨意蹂躪中國人命的問題，如此數千人坐困待斃的問題，也不值一個人道主義者或一個全民主義者的顧盼。

在這種普遍的無聲無息之下，雖是『全民』的恥辱，但上海的工人，因上海總工會之被封，就不得不在這『全民』中獨享光榮了！

不錯，還有民國日報總算是與衆不同，在上海總工會被封之後，偷着在報尾上發出兩句感言：大意是說把總工會封閉了，於解決工潮很不利，因為許多工人羣衆沒有一個接洽的機關（原文現不在手）。

但是孫傳芳、丁文江、嚴春陽可以教導民國日報的記者：『你這個計算是外行的。　你不知「外國人告了（命令）」是要根本不許有工潮發生，那還能容許有接洽調解工潮的總工會呢？　這不是迂腐之談嗎？』

『上海總工會被封了，但『上海總工會繼續存在』這句話至今掛在全上海各個工人的口中，存在各個工人的心中，并張貼於到處的牆壁上電線柱上。　同時上海總工會與全上海工人仍首尾相顧地在各方面一致動作。『上海總工會決不會由一紙空文的封閉所能消滅或削弱其勢力的』，這句話於今益信。

一定有人要問我：既然如此，為什麼上海總工會及全上海工人都把總工會被封當個事做，紛紛到淞滬督辦公署及警察廳要求啓封呢？

哼！　各地的工人紛紛來淞滬督辦公署及警察廳要求啓封總工會，這個意思不是說上海總工會因一紙空文的封閉，實際上就不能存在了，必須得待丁文江或嚴春陽的啓封才有上海總工會；——這個意思乃是暴露這些帝國主義走狗的罪惡，質問他們為什麼封閉總工會，并且順帶地就是警告他們：『我們的總工會不是可輕易惹的，你們封閉得了嗎？』

『上海總工會繼續存在』這句話在全上海工人并不是消極的表示：『封閉就算封閉了，我們還偷偷摸摸地做我們的好了。』　全上海的工人認定上海總工會的被封是中國軍閥秉承帝國主義者的意旨向他們進攻的一個重大的表示，決不能輕易忍受的，他們必須一方面作嚴重的抗議，另一面準備實力舉行反攻，必得還要把他們的堂皇的總工會的牌子公開的豎起來才止，這就叫做『上海總工會繼續存在』。

所以上海總工會的封閉不但未曾挫折上海工人階級的勢力，反使上海工人階級對他們的勢力，他們的責任及上海總工會的重要有更深一層的認識，反使他們的爭鬥在數量上在質量上都有更大的增加。　最近各廠各地的工人都紛紛派代表赴淞滬督辦公署及警察廳質問，各工人區域召集工人代表大會，全上海工人召集代表大會……都是很明顯的證明。

同時一般革命的民衆也因上海總工會又被封一次反得更深一層的認識。　他們因此認識了上海總工會確是一個有力量的機關，所以才勞着帝國主義者及軍閥如此處心積慮地要去之而後快。　他們看到帝國主義者及軍閥要維持被壓迫的民衆安靜地受剝削，必須絕對解除他們的武裝，破壞他們的團結。　因此一般革命民衆又了解到團結的重要。　所以上海總工會的被封，不獨不能挫折民衆革命的勢力，反引起一般革命的民衆的憤怒與覺悟，并堅決地擁護上海總工會，與上海總工會共同奮鬥！

上海總工會被封了，帝國主義者及其走狗丁文江嚴春陽都以爲可乘機結束工潮了。不過帝國主義者與丁文江等所採用的手段不同：帝國主義者所採用的手段，是停止工廠工作以困厄工人，開除活動的工人，拘捕工人，收買工人流氓……；丁文江等的手段，是與什麽工業委員會，地方士紳及各廠代表會商。

前一個手段無論有效與否，但帝國主義者是可做到的；并已開始實行了；後一個方法是不會見諸實行的。因爲垂死的帝國主義完全靠在殖民地來作最後的掙扎，是一絲一毫也不能對中國工人有讓步的，英日帝國主義者更不能相約讓步的。帝國主義者既如此，中國的『小機器』的資本家只有格外的向工人多剝削一點。

不過我又迂腐了：丁文江何嘗是一定要消弭工潮；『會商』『會商』不過是上海總工會被封後點綴風景而已！

北伐聲中之湖南(七月六日湖南通信)

葛特

這次唐葉戰爭在湖南政局轉變中乃不可免的事實。且這一戰爭開始即是南北戰爭的引子，尤爲顯明的事實。故這一戰爭的發展必然牽動南北，其結果無論誰勝誰負，在全國政治上必然起一重大的變化。

現在這戰爭的發展已顯明了——一方是國民政府積極動員北伐，他方是吳佩孚竭力援葉，眼見洞庭衡嶽之間快要成爲南北肉搏之場了。茲將這一時期各方面的情形敘述於後，使讀者對湖南戰爭有一個明確的認識。

軍事方面，一直到現在沒有經過激烈的戰鬥。總共只有四次戰鬥：一次是四月下旬平江湘陰間之戰，彼此互有勝負，唐軍因爲葉軍之留洪江者攻入寶慶，後路有截斷的危險，於四月三十日晚起全線退往衡陽衡山，這一次唐方整軍而退，沒有損失；二次是唐軍退往衡陽後，奪回寶慶，乘勝攻下湘鄉迫近湘潭，葉軍劉雪軒鄒鵬振兩旅及劉重威餘部損失甚大；三次是五月廿二日葉軍全線反攻，此時護湘軍二師謝煜燾之一部加入攻唐戰線，唐軍全線退入衡陽境內，微有損失；四次是六月二日唐軍全線反攻，葉軍潰退，蔣鋤歐鄒鵬振劉雪軒謝煜燾等大受損失，尤以劉謝兩部損失最大，幾不能成軍，葉方共損失槍二千六七百支，被俘八百餘人。前後結算，葉方本身軍力損失殆半，唐方可稱損失極微。[illegible]方軍力集中，指揮統一，軍紀之良，戰鬥力之强，極與國民一軍相類，湘中軍隊無有能及之者，所以屢進屢退，運用自如；六月二日一戰，加上國民革命軍第四軍葉挺一團及七軍鍾祖培旅，所以更能全線大勝。葉方號稱十二路司令，然賀龍、姚繼虞二路已暗與唐生智往來，反爲唐牽制賀耀祖；葉軍原屬第三師部隊之能戰者只有蔣鄒劉三旅及龔仁傑團，劉雪軒旅不夠一戰，蔣鄒劉三旅素號能戰之軍，使能齊心合力當不致屢敗；然葉開鑫初入湘時，濫委司令，陳續豕龔仁傑林拔萃等以團長而亦稱司令與蔣鄒等并駕齊驅，致前敵將領各以司令頭銜，各自爲戰，不能相下，且意見紛歧，故作戰時甚至互相傾陷，葉開鑫無力統一之。謝煜燾以一師出缺旅長而指揮二師前線部隊，亦不能統一，更不受葉節制。惟有謝文炳獨任湘東一路，格外能戰，且指揮統一，雖敗而未受大損失；前此之戰，葉方使無謝文炳部出力，則必致更不可收拾。北軍入湘者前有余蔭森陸澐孫建業三旅，孫旅現已調去，余在前線未加入作戰；鱗軍唐福山曾二度入醴陵，亦未正式作戰，均隨前線之進退而進退；夏斗寅部五月一日後二團歸葉，一團在前敵倒戈歸唐，夏現已在衍就北伐軍鄂軍第一師師長職。兩方軍力比較，在數量上講，唐不及葉；在軍實上講，葉軍有吳佩孚接濟唐亦不及葉；在地位上講，葉亦佔優勢(政治經濟交通三方面看)；然兩方勝敗適得其反者，則唐軍指揮統一，作戰能力高强，實爲重大原因。——六月初旬以後至今一個月間，前線完全停頓，正在醞釀一個正式的南北戰爭。國民革命軍李宗仁陳銘樞張發奎等部，已陸續集中湘南；鄂軍之漸入湘境者，已有宋大霈王都慶陸澐余蔭森等部，據報載，則李倬章董政國等更將陸續入湘；贛軍唐福山粵軍謝文炳在湘東，桂軍沈鴻英殘部在湘西皆爲葉用（？）；川黔軍彭漢章賀龍等部比較趨向國民政府，或者終爲唐用；聞趙恒惕將以湘鄂贛粵桂川黔七省聯軍總司令回湘指揮，確否，尙未證實；——總之兩方勝負之決定不在以前各戰而在今後之大決鬥，則甚顯明。

然過去各戰所以葉敗而唐勝，則更有一重要原因在：即直接間接助唐反葉的民衆勢力。此種勢力在此後之大決鬥中必然更顯明出重大的作用。民衆助唐反葉的事實是很多的，如：（一）長沙平江醴陵湘潭衡山衡陽寶慶及湖南各屬都有人民反吳戰爭委員會的組織，他們的工作是發宣言，出畫報，組織講演隊到鄉村講演，組織慰勞隊慰勞前敵將士，募捐犒勞將士等，使一般的民衆都希望反吳戰爭勝利而願給以援助，而反吳兵士因有民衆帮助也都異常快慰而勇敢殺敵；（二）衡陽衡山間之農民實際參加戰爭及各縣農民之組織運輸隊；（三）醴陵攸縣一帶平民原始的擾亂敵軍，謝文炳因此不敢深入，岳陽臨湘一帶竟有農民破壞鐵路，寶慶則公開替反吳軍組織偵探隊：凡此都是長沙報紙或各縣報紙上載出來了的，可見湖南民衆是如何熱烈的反吳反葉呀！ 人民這種助唐反吳葉的運動，不是偶然的，分析起來，其原因有四：第一，湖南民衆從城市學生手工業者小商人以至鄉村農民都富於國民革命的思想，只看三月九日長沙市民大會議決廿二條組織人民臨時委員會以後，各縣民衆紛紛響應，其傳單代電無不是警告唐生智勿聯吳，而要聯國民政府實行國民革命及後來歡迎陳白的情形，就可以知道湖南民衆革命的怒潮及其要求是如何的迫切，於今唐生智既能反吳，幷且走向國民政府一邊，民衆還有不幇助的麽？ 第二，湖南民衆對於吳佩孚決隄淹民及北軍歷次蹂躪湖南的歷史的仇怨非常之深，葉開鑫勾結吳佩孚招引北軍入湘，故湖南民衆無不切齒痛恨認爲第一罪人欲羣起而攻之。 第三，唐葉對民衆的態度不同，唐生智在長沙掌政雖不及四十天，尙能容許民衆相當的自由，對工農組織工會農會及經濟鬥爭，尙能不加壓迫，民衆已覺其比趙恒惕高明多了而對之有好感；葉開鑫一入岳陽則揭討赤旗說唐生智與赤黨勾結，實際反赤的事實只是這些：縱令軍隊佔據學校，及唐軍退衡陽，則長沙平江湘潭等處男女學生之被侮辱，學校之被蹂躪被搗毁，商人之被勒索，工農會之被摧殘，都不勝詳紀，至後則封閉國民黨逮捕黨員，封閉書社及印刷公司，無不是一往直前，自絕於民衆，這樣的壓迫政策，民衆如何忍受得住而不起來反抗？ 第四，兩軍軍紀的懸殊，葉方無論是湘軍北軍都在民間騷擾不堪奸淫搶刼幾成習慣（長沙城白晝時常發生攔路搶刼，都是穿灰色衣者所爲，兵士擅入商店及民家取東西說：「這是我去年寄在你家裏的，今要取去」；謝文炳軍在醴陵時與余蔭森軍衝突，爲的是對余軍之奸淫擄掠太看不過意的原故），不可勝述，而唐軍則無論進退都秋毫不犯（唐軍退時兵士買包子錢不夠仍退回包子之事已爲人民所熟知），因此民衆，特別是小商人及農民對唐軍有異常的好感，而對葉軍之殘暴時時想報復（葉軍徒手兵一二人不敢到鄉村去）。 據上面的分析，人民助唐反葉，確不是偶然的。有人說葉開鑫爲人渾厚，而唐生智陰險叵測，但無論葉開鑫如何好，唐生智如何壞，在民衆方面是只管事實和行動的，民衆所以助唐反葉爲的是有上面這些事實做他們的教訓。 往後民衆是否永遠助唐反葉呢？ 這仍然要看，往後唐葉所表現的事實和行動如何而定。

以上是此次戰事中軍事方面的大概情形及人民在軍事中的力量的分析。 表面上湖南戰事好像只是兩派相鬥，爭取政權，實際上則幷不如此簡單，站在反唐一方面的有吳佩孚、趙恆惕、葉開鑫、賀耀祖乃至國民黨的右派，其目的各不相同，而表面上則在一個帳子裏同床異夢的勾心鬥角。現在可把他們一一分析在下面。

吳佩孚——如果說吳佩孚竭力援葉是『對湘』，簡直是笑話了。我們只看他如何命令贛鄧閩周對粵布置軍事，如何拉黔袁滇唐，就可以知道他的目的何在。他的援湘不過是進攻廣東所取的一條路，最重要的一路。本來當唐生智驅趙後，吳曾以討粵討赤迫唐爲承認他取得湖南政權的條件，唐不就範，才退而把葉開鑫武裝起來，先倒唐後攻粵。當葉開鑫逗留岳陽不敢近長沙時，吳曾威脅賀耀祖反唐。總之吳佩孚的目的在解決國民政府，在此目的之下，竭力援葉以湘粵桂等省反動軍隊爲前驅而以北軍從後監督。假使唐生智倒了，湖南未見得便爲葉賀所有，而不驅他們向嶺南前進。

葉開鑫——葉開鑫此次回湘的把戲，完全是幾個在吳佩孚面前當走狗的湖南人替他做成的。一個是符定一，一個是唐岳伍，一個是首斌，一個是李廣生，號稱開『討賊聯軍湘軍總司令葉』的四個股東，盡係吳佩孚死黨。葉本人是個無什麼用的武人，他也知道投降北軍是不好，他也知道與民衆爲敵是自殺，他更知道他的地位非常危險，所以他有意聯國民政府（曾派代表赴粵，曾要國民黨助他聯粵），但他一點對唐生智的忿氣被吳佩孚利用了，自己毫沒有能力改變他的環境：他的左右是吳之死黨使他一切沒有自由，他的部下蔣鋤等可戰部隊是趙之死黨不能聽他的指揮。倒唐是他的本心，對粵作戰而替吳作獵犬非他所心甘，而在他的能力與環境上則他徒然替人成就一個傀儡。葉在政治上的生命可斷言是沒有發展的希望了。他本來不願意趙恆惕回湘，然而在這沒有辦法快要走到絕地的時候，他却不得不促趙回湘。

賀耀祖——賀耀祖在這一次政變中自始至今卽是投機，只是觀望；形成他這一個態度的原因，大約有四：（一）他的力量極弱，比從前二三四師任何一師都要弱；（二）他的地盤甚好；（三）他的地位危險——凡此都使他不放輕動；（四）他自己野心甚大，欲利用唐葉之爭，乘機觀變以擴充自己的勢力提高自己的政治地位，所以他起初不表示態度，後來被吳所逼則揭護湘軍旗幟而高唱和平，意在於『護憲』『討賊』之間得一可南可北的餘地。一方面則又標明反唐以取得二師實力（二師反唐最烈）。對吳固已暗地往來，對粵亦表示聯絡。加以客觀上葉唐兩軍既均不能近展，賀之舉足輕重之地位遂乃維持至今，彷彿成了湖南政局中之驕子。究竟是南是北，抑不南不北而擁趙以自固？那要看客觀的發展，那一個方向最與他有利而可以增高并且穩固他在湖南的政治地位。最後之決定，仍待最近的將來。事實上符合他的如意算盤與否，又是一個問題。

趙恆惕——趙恆惕把持湖南政局六年，誰謂他三月十二日一走就是放下屠刀修佛去？現在他不光只要恢復湖南地盤，他而且聯絡孫吳要討赤——攻粵。他不僅要逼唐生智下野以統一湖南軍力，他而且與國民黨右派覃理鳴等勾結欲一舉驅逐左派國民黨向民衆進攻。趙恆惕在反唐軍隊的方面，倒可以成爲一個中心人物：趙恆惕之攻粵討赤，實際是要聯治的把戲，在這一點當然是吳佩孚所忌克的，然趙恆惕回湘可以指揮反唐各軍（北軍也在內），以其省憲的資格更可以迎合一般士紳階級的心理，無論在軍事上政治上，趙如回湘都可以得一個新的發展。趙回湘事實上必然是湘鄂……等省聯軍總司令，但『討賊』呢？還是『討赤』呢？吳將軍當然想他戴『討賊』頭銜，有人說趙之逗留漢口是爲得軍隊指揮問題及名義問題，待與吳商決；在這軍事緊急的時際，吳將軍，自然會遷就一些。葉開鑫此時，不僅政治無辦法，卽軍事上也到了非常的險境（他迎趙的電報說前方將領不和情形如何危急），當然只有迎趙是一條出路。故趙之回湘，是湘政治之一大打擊，使不幸而北伐軍不能制勝，則趙恆惕大有成爲未來的西南新局面中心人物之可能。

國民黨右派——湖南的國民黨一向是在左傾之發展中，不僅在民衆中有了廣大的基礎，即在政治上亦漸漸造成一個左傾的局面。　右派覃振等從去年以來即派人回湘向左派近攻。因爲民衆方面打不進去，乃勾結趙恆惕，居正謝持今春曾來長沙，事不湊巧，趙恆惕倒了，他們也跟着跑了。　現在戰爭的形勢給趙恆惕以回湘的機會，同時也就是右派回湘發展的機會。　聞趙恆惕在滬與覃謝居及許崇智等勾結，右派回湘的計劃是以覃振取得國民黨，以趙恆惕取得各部軍隊。現在的形勢是吳趙互相利用勾結各省反動軍閥與反革命的右派，謀整個的奪取湖南進攻廣東的局勢。　此局勢之形成實是北伐前途的一大暗礁。

唐生智——唐生智已就國民革命軍第八軍軍長職并被任爲北伐軍前敵總指揮兼理湖南民政事宜。　所謂省憲當然已拋棄了。　唐之爲人極似馮蔣，聽說他平日言談間亦必稱馮蔣；他確是很好的軍事領袖，但在政治上，則不免有不少的弱點：如驅趙之後，沒有公開的代表民意的政治主張而仍要假捧省憲，對於民衆的廿二條斥爲暴徒政策置之不理，此時民衆對唐幾乎要走到由要求而反攻的方面去。　後來葉開鑫仗吳援反攻，民衆熱烈反吳表示願意充分援助政府，而唐出師文電，全不及反吳，此時并出佈告制止雪恥會查貨目爲過激，拒絕俄顧來長沙，意圖避免赤化。　一直到退往湘南，『赤化』的罪名依然不能避免，吳佩孚之追逼毫不放鬆，乃通電反吳，然至今猶不敢言反對帝國主義，對於省憲一直到無可敷掩時始宣佈廢除。　凡此遊豫畏縮不積極的政治態度，一方面給敵人以宣傳口實說他是『反覆無常』，『陰險叵測』以此大得士紳階級的歡迎，一方面則仍然不能不使民衆對他感覺得猶疑不定。　在這一次反吳工作中一切政治口號都是民衆在前，唐生智在後。　國民軍之失敗其軍事上的缺點不償其政治上的弱點：妥協與畏縮的態度。　唐生智過去在軍事上不算失敗，然政治上的失敗至少是有幾分了。　近來反唐軍中有一部分希望譚延闓回湘（如賀耀祖唐規嚴等），而唐生智始終拒絕，說者謂是由於唐譚感情惡劣及軍官系之關係。果如此同樣是政治上的錯誤。　說到民衆方面，湖南是不能僅由好的軍事勢力即可以取得的，廿萬農民，已有了組織，城市的學生工人向來即熱烈的參與各種政治爭鬥，小商人已漸起來過問政治了。　加以湖南民衆對於國民政府信仰之高對北伐軍希望之大，如果不有好的地方政綱公開於民衆之前而根據實行，則不能永遠取得民衆的同情和援助。　如果因爲北伐而使民衆在生活上自由上感受着痛苦（如加征田賦）和束傳，都會使民衆失望而離開。　據報載水口山已因軍事影響而停工，工人則欠餉數月未發。　如不是因爲別方面的障礙，乃因爲北伐而使數千工人失業，則斷乎不是北伐中應有的事實。

趙恆惕陰謀下的反動局勢形成了，換言之即趙恆惕與吳佩孚合作一方利用各省反動的小軍閥，一方勾結國民黨右派陰謀奪取整個的湖南進而圍攻廣東的局勢形成了。　應當如何打破這一個局勢呢？第一國民政府要迅速的集中北伐軍力乘北方張吳圍攻國民軍未得手一鼓下長岳攻武漢與國民軍形成南北相應之勢，第二國民黨中央應根本肅清國民政府範圍內的右派分子，免得他們與外面反動勢力勾結造成更危險的局面；第三北伐軍至少應不因軍事而侵害民衆的利益與自由或加重人民的負担以取得更廣大的民衆的同情和援助。　只有如此，才可以戰勝此一反動的局勢啊！

悼我們的戰士——王中秀同志

章龍

在反奉戰爭中，我們犧牲了無數忠勇的戰士，在洛陽方面，損失尤大——王中秀同志便是其中的一個。 他是年紀最少，作事最勇敢負責，而又死事極烈的同志。 因軍事混沌，交通阻塞，我們證實他的噩耗，距中秀死時已經一個多月了。 諸位無產階級少年革命先鋒的不幸的消息傳播後，不僅是我們的同志們聞訊痛悼，尤其是悲咽充滿了千萬工農階級的心靈，我們情不自禁的要來介紹這一位革命少年於嚮導週報的讀者。

王中秀同志原名其鵬，直隸固城縣人，他的家境很好，因此他的父親思想十分頑固，不令他出外求學。 中秀幼年却很有志氣，立意改造社會，違背他父親的意旨入保定育德中學文科肄業，那時育德中學承五四運動之後，功課頗能迎合時代潮流儼然為保定文化運動的中心，為北方軍閥所側目！ 中秀在校成績很優，於一九二二年加入該校共產主義青年團，後為該校青年團支部書記，同年復取得中國共產黨黨籍。

中秀在校活動甚力，組織各種文化團體，一九二三年畢業赴京考入北京大學，在校修業二年，在理論上及工作上均有極大的進步，遂於一九二五年二月退學到京漢路鄭州工會做工作，同年五月被隴海鐵路總工會聘請担任秘書職務。

中秀在洛時正是隴海路十四條經濟要求勝利之後，全路會務十分發達，他一天到晚工作達十四五小時，精神還是十分充裕；此時隴海路有一部分貴族工人，很想與上級員司勾結，中秀竭力反對，卒破壞他們的計劃，因此為多數羣衆所擁護而為少數工賊所疾視，至於軍閥方面切齒痛恨，思圖報復，自不待說。 當吳佩孚派軍侵豫的時候，事先密派許多偵探勾結當地土匪紅槍會謀傾覆國民軍在河南的政權，洛陽少數工賊亦推波助瀾，為吳張目，中秀獨力闢其妄，團結隴海工人以工會力量積極贊助國民軍討吳的戰爭；在這個時候中秀灑勞萬分，心力交瘁，有時很想休息片刻，但為責任所驅使又不能辭去，所以仍然力疾的向前的奮鬥。

本年三月一日國民軍退往豫西，豫西紅槍會受吳佩孚之命沿途截擊國民第二軍，岳維峻率軍到洛陽時，洛陽四面的紅槍會漫山越野而至，第二軍與紅槍會激戰三晝夜，才脫險西去。 國民軍去後，中秀為鎮定人心計，并未他避，四日清晨，吳佩孚部隊手持大令，蜂擁至中秀寓，破門直入，口呼殺王中秀，逢人便砍，同寓三人，俱遭慘殺，中秀身被數創，并斷脛骨，流血倒地，足兵以為己死，遂委之呼嘯而去。

與中秀同被害者，一為洛陽國民黨市黨部委員黃大白同志，一為洛陽農民協會重要領袖戴培元同志，俱各被刀傷無數，於當場身死，中秀死而復甦，有隴海鐵路工人行過其側，冒死擁入其家，輾轉送往某醫院就診，因流血過多，傷勢沉重，終以醫術無靈，我們那奮發有為的中秀同志遂於四日後逝世於洛陽醫院。

中秀死狀，據目擊同志報告，十分慘苦，他在診治期內忍受劇烈的痛楚，絕沒有半點消極的表示，他在舊家庭中是一個獨生的兒子，家境素豐，并且已結婚生子了，臨逝時，未嘗說一句話安置他自己的家事，還屢屢督促同志們保存組織！ 他死的時候，年正是廿四歲。

中秀死的消息傳出後，一般革命的工人自然莫名哀慟，一致痛恨那「二七」兇手的老仇家——吳佩孚，便是小數工賊亦深恨吳佩孚之獸行，認為慘無人道，以前雖有些糊塗人（紅槍會即其一）希望吳佩孚到河南，可以解救他們於倒懸，做一個太平百姓，可是這希望終成虛空了，吳佩孚并沒有給他們一點子甚麽，只給他們一幅屠殺中秀同志等的慘影，最近河南工人農人（包括以前紅槍會）認明了吳佩孚的真正面孔，開始積極反抗吳佩孚的運動，便是這一幅慘影光芒放射大的效果！

我們相信革命的能力是永不磨滅的！何況中秀同志的艱苦卓絕的精神已輸入無數的勞動者腦中而釀成革命的酵母！不信我們試張目以看繼中秀精神不斷奮鬥而起的千萬勞動戰士們，他們正以大無畏的精神猛向敵人最堅强的陣門闖進呵！

一九二六年六月三十日於上海

讀者之聲

讀了國民黨右派告同志書之後

記者先生：

我是一個從新加入中國國民黨的學生，又是一個很信仰共產主義的青年，所以對於嚮導週報上所發表的文章，崇論宏議，痛快淋漓，眞使我表十二分的同情，欽佩無窮！

年來中國受着國際帝國主義的進攻及其工具軍閥的蹂躪，以致全國的商業實業航業礦業金融海關等，均被壟斷，國境以內的鐵路電燈電報電車及我們所看見的一切新經濟現象，亦莫不爲外人所操縱……。因此之故，遂致中國經濟不自由，政治不自由，甚至言論、出版、集會、結社、信仰，均不得自由，簡直全中國都被不自由不平等的空氣所充滿，全國的人民，都被踐踏於帝國主義鐵蹄之下，軍閥爪牙蹂躪之中，痛苦呻吟，毫無底止。先生險阻艱難，備嘗辛苦，振作精神，努力奮鬥，宣傳革命運動，以昭示國人，聯合世界上以平等待我之民族——蘇俄，并領導農工階級，加入主張國民革命的中國國民黨，共同奮鬥，以期打倒國際帝國主義的侵掠，求全人類解放的成功爲目的。被壓迫的被統治的被奴隸的中國弱小民族解放的前途，實利賴之！

學淺的我，異常愚昧，但是國民黨之分裂，左右兩派的互相攻擊，反赤化反共產反蘇俄的空氣幾乎遍滿了全中國，影響於一般青年的腦海中，離亂他們的思想和信仰；最近我讀閱『中國國民黨告同志書』，終有不明瞭而懷疑者，請先生有以教我！

第一，我想共產黨的加入國民黨，其目的是在參加國民革命的事業，決不是想把國民黨化爲共產黨，乃是以第三國際共產黨員個人的資格加入國民黨，爲服從國民黨的黨綱和主義，實行國民革命的工作；爲何國民黨告同志說：『所謂共產黨之加入國民黨，是利用國民黨的招牌；宣傳他們的共產主義和運動階級鬥爭，是誣蠛挑撥的政策，陰謀毒辣的手段，來推翻國民黨……』？並且還找得有事實可以證明：『共產黨第二次大會關於國民運動及國民黨問題的議決案第七條上還說着：「我們（共產黨）在國民黨中，須注意……阻止國民黨……在勞動運動上改良的傾向……。」』照這樣看來，共產黨是何居心？難道是侵掠破壞中國國民黨的野心家嗎？這個疑慮，望先生詳細的解釋。

第二，概自南京臨時政府移到北京以來，可是中華民國的招牌，無論在事實上和形式上，俱已不存在了，一切文武官員制度習慣，都是前清時代的故物和貴族階級的餘孼，利用這塊光華燦爛的中華民國的招牌，來遮掩其掠奪壓迫之面目，他們只是賣身投降於外國帝國主義者面前，做孝子順孫，成爲其壓迫的工具，這是在過去的歷史上和現在的情形上都可以證明，是誰都不能否認的。所以我相信只有現在的廣東政府，才是繼續辛亥年來的革命政府，是國民黨的最高機關，秉承中山先生不妥協的革命精神，實行三民主義，這才稱得是一個完完全全的革命的代表國民利益的國民政府。　但是現在的國民黨何以說：『廣州的國民政府名義上是歸本黨（國民黨）統治的機關，實際上是被共產黨利用的現象……』？　這樣一來，我眞不能瞭解，難道是共產黨利用國民政府，想謀推翻國民政府，破壞中國眼前極需要的國民革命運動，而建設宣傳共產主義的機關——工農政府嗎？如果如是，那共產黨這種毒辣的手段，險惡的心思，當然也是我們反對帝國主義的人所應反對的。　然而不知是否國民黨的謠言？　抑還有幾分的根據呢？

第三，我相信世界上不論任何一個黨派，內部有左右派的分裂，往往是不能免的一件事實。　所以中國國民黨，不僅是在西山會議，才有左右兩派之分，其實早已有過左右派分化及分裂的歷史，——我們老早已經說過，不必再來饒舌；但是國民黨何以近來對同志宣傳說：『……發現「國民黨左派」五個字，這是共產黨謊騙挑撥我們同志的唯一妙品……』？　由是可以看出國民黨並沒有左右兩派的分裂，難道所謂國民黨左派祇是被開除在國民黨籍的共產黨員嗎？　這很可以深入社會羣衆，引起一般人的疑慮。

第四，今日帝國主義者的對付中國，早已有國際聯合一致的進攻，所以現在中國國民革命的策略，不會聯俄，不以佔大多數之農工階級為基礎，不容納保護農工利益的共產分子，我想革命的勢力，必陷於孤立之地位，則中國的民族解放運動，將竟不能成功。　然而國民黨告同志說：『……但是所謂之攜手並不是賣身投靠式的，是以對等的地位相互協助；如果蘇俄以平等待我，那麼本黨當然遵照總理的遺囑「聯合世界上以平等待我之民族共同奮鬥」，積極的與蘇俄聯合，若是蘇俄採用帝國主義的手段，那當然也是本黨的敵人。』……『無論與舊式帝國主義聯合或與[illegible]帝國主義聯合，都是賣身投靠式的聯合，都是軍閥反革命的舉動。』……　最後還說：『打倒任何屬性的帝國主義！』　我想所謂任何屬性，不知所謂『蘇俄赤色帝國主義』，也包含在內嗎？　並且凡是主張聯合蘇俄的人，都是軍閥反革命的舉動嗎？　總之：蘇俄到底是不是一個以主義侵掠人國之國的新式帝國主義呢？

我讀『中國國民黨告同志書』這本小冊子，不覺引起上面四點不能瞭解的疑惑，自愧良深！　請先生犧牲幾分鐘的光陰在嚮導週報通信欄內光明正大的發表，給我一個眞確的答覆，不獨可以解我的疑惑，尤可以免人的誤會，祝先生振制精神，鼓舞作氣，求全人類解放的成功，為農工階級的利益而奮鬥！

一九二六・六・八　張永年寄自長沙城南

永年先生：

『中國國民黨告同志書』這本小冊子，記者可惜尚未曾寓目；但記者早知道有這一本小冊子存在，而且知道是上海的國民黨偽中央發的。　現在據先生來信中所徵引的話看來，其為上海國民黨偽中央所發，尤毫無疑義。　先生讀過這本小冊子後所發生的四點不能瞭解的疑惑，其實亦即是中國一般革命民衆讀過之後所應有的疑惑。　關於這四點疑惑，記者本來是應該一一向先生詳細解答的，但仔細想起來，似乎可以不必；因為從先生來信中看出：問題根本不在這四點疑惑上面，乃在先生誤以為這本小冊子真是中國國民黨所發。

自從有名的所謂西山會議之後，對於國民黨的文件，我們須很小心辨認，因為自從那時以後，中國就有了一個影射的所謂國民黨和一些冒牌的所謂國民黨員。　這般人冒充國民黨中央委員在北京西山開會議決開除汪精衛，『解雇』鮑羅廷，排斥共產黨，上海[illegible]立所謂國民黨中央，在各地設立所謂國民黨黨部，企圖實現西山會議的議決案」；這般人於今年三月二十九日又在上海召集所謂國民黨第二次全國大會，選舉中央委員；這般人最近甚至於『訓令』其所攻擊的國民政府北伐了。　他們這種無聊可鄙的行徑，早已為國民黨員及全國革命民衆所共棄；今年一月國民黨第二次全國大會已經明白宣布了他們的罪狀幷底罰了他們；當他們召集其所謂大會時，國民政府亦已明令通緝赴該會的所謂代表。　他們的原形早已現出，原來幷不是甚麼國民黨員，簡直是『反赤大聯合』的一些會員（他們的首領居正就是『反赤大聯合』的發起人之一，有沈玄廬致居正書可證）。　在這本小册子中，尤為明顯。　僅僅據先生所徵引的幾段話看來，我們就可知道他們：（一）反對國民政府；（二）攻擊蘇俄，說蘇俄是『赤色帝國主義』；（三）排斥共產黨。　除了明顯的反赤團體之外，試問那個黨派能說出這樣的話？　更用不着說明國民黨不會說這種話了！　這本小册子完全證明他們乃跟着章太炎馬素湍自由等後面跑。　他們已經不是站在民衆方面。

我們既然知道這本小册子不是國民黨發的，而是影射的國民黨即反赤軍隊裏的國民黨發的，則其反國民政府反蘇俄反共產等論據，先生及一般讀者，當然不待記者之曉舌，而即能瞭解其為造謠和誣衊也。

記者

新青年第四號出版

本號有關於北京屠殺的論文，關國家主義的論文，革命策略問題，國際問題，列寧主義及馬克思主義研究等。　幷有「馬克思逃出文廟」的一則幷非閒話。

定價大洋三角

廣州國光書店代售

發行部編輯部通信處：

廣州國光書店黃正君

分售處

廣州	丁卜督報社	太原	晉華書社
北京	各學校號房	潮州	青年書社
長沙	文化書社	雲南	新亞書店
寧波	寧波書店	重慶	噓一書局
武昌	時中書報社	南京	樂天書館
	共進書社	寶慶	寶慶書局
福州	福州書店	黃梅	書報流通處
香港	萃文書坊	西安	西安書局
汕頭	汕頭書店	成都	華陽書報流通處
蕪湖	科學圖書館	紹興	亞民文具實業社

價目

訂閱：國內一元寄足三十五期。國外一元寄足二十五期。郵票代欵九五折算。但以一分半分為限。

代派：每份大洋三分。六折計算。寄費在內。十份起碼。十期清算一次。概不退回。

零售：每份銅圓六枚。

The Guide Weekly

週報

第一百六十三期

目次

一九二六年七月十四日

中國共產黨對於時局的主張

現在的時候，正是中國人民起來反對外國帝國主義和國內軍閥壓迫之民族解放運動的新時期，精神上物質上都日就衰弱的中國民族，正因這一個運動才有了新的轉機。我們中國共產黨，是無產階級及其他被壓迫的勞苦民衆之代表，既覺到現時的中國，確是到了民族解放運動之重大時機，故必須將我們對於時局的根本觀察及職任佈告於全國民衆之前。

自從北方的國民軍敗退之後，奉直兩派軍閥壓迫人民比以前更加一天天的厲害起來。英日及其他帝國主義者，勾結這兩派軍閥，正在計劃怎樣在中央在各地方建立軍閥專政，以帝國主義者爲後盾，并且利用買辦官僚及老民黨中之賣國份子，以撲滅全中國的民族解放運動。

中國各界人民，深受帝國主義者的經濟侵略及本國軍閥的虐政和連年戰禍，尤其是最近兩年，不但農民破產，就是中等商人，甚至於大商人，小官吏，自由職業者，也都不免破產困窮，流離失所，更用不着說最窘迫的工人了。

一般農民都備受貪官污吏劣紳土豪的魚肉和兵匪擾害的苦，無地的農民更苦於租重無以糊口，有地的農民又苦於預征錢糧，勒派公債以及各種名目按畝附加的捐稅，以至一方面農民被迫失業，流爲兵匪，一方面農業衰敗，生產減少，不但農民無以自存，且影響到城鄉一般平民米荒問題日益劇烈。在工業方面，因爲外人把持海關，對進口貨出口貨都不能採用保護稅制，國內製品不能與外貨競爭，又加以國內戰爭，運輸阻滯，新興的工業資本家不但未能自由發展，且日在破產愁煩的生活中；工人所得工資不夠維持生活，還要受中外廠主及職員之任意凌辱打罵，童工尤甚，雖女工亦不免。手工業工人及廠主，均因外貨輸入，日益失業破產。一般商人因爲連年戰爭不能營業，軍人扣火車不能運貨，各種苛稅雜捐不算事，還要強用軍用票及濫發紙幣，等於沒收商人的財產；軍閥直接或勾結商會領袖向商人攤派公債，強索報效等餉，強索不遂，甚至於拘捕恐嚇，等於土匪綁票。學生則因爲學校經費不足，或家庭無法供給費用，而時有中途輟業的恐慌。新聞界日在中外官廳控告、逮捕、罰金、監禁、槍斃、封禁報館、干涉言論及記載的狀況中生活。一切在國家行政機關，教育機關靠月薪生活的下級職員教員，受欠薪及搭發公債國庫券軍用票及紙幣跌價的苦，至於不能養家活口。兵士不但得不着正餉，連給養衣服都不足，還要爲官長去殺人搶劫，搶得太不好累了，犧牲抵罪的仍是兵士；巡警的困苦，和兵士差不多，還要加上軍隊的壓迫。

解除這些痛苦乃是中國人民目前最急迫最低限度的要求，決不是什麼赤化，或者可以說是國民自救的赤化，而不是共產主義的赤化。可是真正赤化的中國共產黨之目前的職任，正是要團結全國受苦受難的民衆，爲免除這些痛苦向帝國主義及軍閥爭鬥。照馬克思主義——共產主義的理論與策略，凡是被壓迫國家和殖民地的共產黨，都應該代表一切被壓迫民衆之利益，向外國帝國主義及國內軍閥爭鬥，不單是代表工農利益向資產階級及地主爭鬥。因爲殖民地的工農群衆，爲自求解放計，必須力爭整個的民族解放，推翻本國軍閥及世界帝國主義，才有出路。

中國的工農及一切受苦受難的民衆所以這樣窮，這樣苦，這樣受壓迫，不用說乃是軍閥尤其是帝國主義之賜。帝國主義的列強，在中國駐紮海陸軍，把持中國的海關，強迫中國的關稅要遵從他們的協定，阻礙中國工商業之發展，使他們的貨物盡量輸入，使中國的原料賤價輸出，於是中國每年進口貨價超過於出口貨價總在三萬萬兩銀子左右；賠款和外債本息之償還，單是在關鹽兩稅項下撥付的，每年就有九千八百萬元；至於他們在中國經營的鑛山輪船各種工廠及銀行紙幣所吸收去大批款項，更不計其數；如此中國安得不窮！

帝國主義用經濟侵略的手段，把整個的中國都弄窮了，復用政治的侵略手段，各自勾結中國一派軍閥，使之對他派軍閥戰爭，或對接近人民的軍隊戰爭，以鞏固其在中國既得之權利，并繼續增高其經濟侵略，如是贛甯戰爭，洪憲戰爭，直皖戰爭，三次奉直戰爭，以至最近反國民軍戰爭，遂充滿了民國十五年之歷史。被外國帝國主義經濟侵略而原有之工業農業經濟日漸破壞之整個的窮中國，又加以十餘年繼續不斷的戰爭，所有農民、工人、商人、學生、機關職員、新聞記者、兵士等一切民衆的苦痛，都由此而來。

所以中國人民要解除切身的苦痛，追求苦痛的來源，則推翻外國資本帝國主義及國內軍閥的壓迫，實是刻不容緩的事。農民、工人、手工業者、大資本家、小中商人、學生、自由職業者、機關職員等，無一不受外國資本和軍閥的雙重壓迫，大家起來建立『國民的聯合戰線』，推翻共同的敵人——帝國主義與軍閥，這應該是人人所贊成的。解放中國也只有這條道路。

現時國民運動中的右傾分子（資產階級分子及附屬於此階級的知識分子），他們雖然與帝國主義爪牙純粹的買辦階級稍有不同，他們雖然也贊成『國民的聯合戰線』，可是他們以為大家既然要共同對於帝國主義與軍閥，工人農民便應當犧牲自己的利益，即放棄階級爭鬥，以免破壞『國民的聯合戰線』。其實這種見解非常之錯。

第一、他們不明白工人羣衆組織工會以罷工爭求自己生活改　。目前這種最低限度的階級爭鬥，不但毫沒有減少反帝國主義反軍閥的戰鬥力，并且中國反帝國主義反軍閥的戰鬥力，當隨工人的階級爭鬥的戰鬥力而增加；因為工人階級是最不妥協的革命階級，在五卅運動中已實際表現出來，他們主張工人放棄階級爭鬥，便不曾主張削弱反帝國主義反軍閥戰鬥中的主要軍力。第二、他們又不明白中國資產階級只有參加國民的聯合戰線，推翻帝國主義及軍閥，才有出路，抑制工人的階級爭鬥，不是他們的出路。第三、他們更不明白革命的工人階級，是不肯妥協的，是要為全民族利益奮鬥，參加『國民的聯合戰線』到底的；香港工人犧牲職業，艱難困苦的支持一年餘的罷工，便是一例；不像資產階級只顧狹隘的自己階級利益，他們只要於自己利益有損，便馬上主張停止民族運動，如五卅運動中工部局一停止電力供給，中國廠家即時主張停止罷工，便是一例；他們只要敵人對他們自己階級的利益有點讓步，便馬上拋棄全民族利益的爭鬥而與敵人妥協，如帝國主義者對中國民族運動給資產階級一點小小讓步（國稅會議、漢口上海租界增加華董，部分的交還上海會審公堂），一部分資產階級便急急和帝國主義者妥協：修改工商學聯合會的要求條件，解決日廠英廠罷工，嗾使軍閥封閉上海總工會，破壞五卅運動的聯合戰線，高唱『中外合作』『中日親善』，這也是一例；主張抑制工人階級爭鬥的他們，這樣只顧狹隘的自己階級利益，這樣不顧民族的利益，這樣為自己階級利益而出賣民族利益，試問他們能比賣國賣民的買辦階級高明多少？中國民族解放運動的罪人，軍閥及買辦階級之次，就要算到這班一面反對階級爭鬥一面向帝國主義妥協的資產階級右派了。誰要『國民的聯合戰線』，誰便應當脫離這班破壞聯合戰線而妥協賣國的右派。現在的根本問題，正是資產階級的右派去否因妥協賣國脫離『國民的聯合戰線』，——而不是工人農民的階級爭鬥破壞聯合戰線。

農民反對軍閥土豪大地主的爭鬥，也同樣能夠增加民族解放運動的力量。因爲這樣，中國大多數人民才能脫離少數特權階級的壓制束縛，自由團結起來，去和帝國主義者奮鬥」。廣東農民以反抗地主土豪的力量，助國民政府討平英國走狗陳炯明，便是一例。

誰說工人農民的團結和爭自身的利益便會破壞反帝國主義的聯合戰線，便是他們自己不要「國民的聯合戰線」，不要最不妥協的工人農民參加「國民的聯合戰線」。

我們的黨認「國民的聯合戰線」是中國民族解放運動中最緊要的職任，并不因階級爭鬥而有所搖動。我們要揭開妥協賣國的右派藉口「反階級爭鬥」「反赤」等口號，幫助帝國主義者離散中國民衆之黑幕，我們更加要堅決的主張建立「國民的聯合戰線」。

在過去的經驗，五卅運動的聯合戰線，即以上海總商會只顧自己階級利益之故首先退却　加以英日帝國主義者及其走狗拿「過激」「赤化」這類口號離散民衆而失敗了。　這一聯合戰線失敗，英日帝國主義者乃指揮奉系軍閥　封禁上海的工商學聯合會及總工會，壓迫總罷工，摧殘由奉天到上海的一切民衆運動；五卅運動的高潮，遂至低落下去。

英日帝國主義者，不但離散了中國民衆的聯合戰線，還進而團結了奉直兩系軍閥成一反赤的聯合戰線，向接近民衆的國民軍進攻，號爲反赤戰爭。　此次反赤戰爭的意義：是英日等帝國主義者以聯合的力量，一面根本斷絕中國民衆運動得到武力援助的機會；一面強迫奉直兩系軍閥結合起來，以鞏固帝國主義者統治中國之地位。　因爲自從五卅運動爆發於上海、香港以及全中國，又加以北方國民軍之發展，郭松齡之倒戈反奉，那時帝國主義者在中國之地位，實有些根本動搖。

反赤軍在奉天在天津在大沽在北京在河南都由英日有力的援助，在北方得了勝利，殺人、縱火、奸淫、搶劫、勒捐、強用軍票、搜查學校、封閉報館、槍殺記者、嚴禁工會農會等反赤政綱，已遍行於北京及直魯豫諸省，將來或更推行於南方。　反赤軍入北京後，其內部英日間吳張間都發生了利害衝突，衝突的焦點乃是內閣問題：一方面是英吳，一方面是日張，都想組織己派勢力佔優勢的內閣，并想有一個在己派勢力支配之下的　會以控制北方政局；因此相持不下，而一時又不易決裂，因爲他們尙有一利害共同目的未曾達到。英日之共同目的是討滅南北二赤（國民政府與國民軍），吳張之共同目的是攫得關稅二五增收及大借款，在這等共同目的之下，他們不得不暫時免強合作。　在他們合作之下的北京政府，無論是那一派稍佔優勢，無論是顏內閣、杜內閣、孫內閣，或陸內閣，他的大政方針，終不能抹殺現行的反赤政綱，并且還要加一條更重要的反赤政綱——賣國借款。帝國主義者始終需要這樣的一個中國「中央政府」來替他們宰制中國人民，擁護他們在中國之特權與權利。

人民若不承認軍閥的反赤政綱和這樣的政府，便應該自己馬上團結起來，恢復五卅運動的聯合戰線，并擴大這一聯合線戰到全國各城市各鄉村，充實這一戰線到一切民衆中，自動的召集全國農民、工人、商人（實業家包含在內）、機關職員、教員、學生、新聞記者、兵士等民衆的國民會議，發表人民自己的政綱，更進而推翻軍閥政權，建立人民自己的政府。

民國十一年奉直第一次戰爭後，本黨第一次發表對於時局的主張，即已指出軍閥與國際帝國主義互相勾結是中國內憂外患的源泉，又指出「恢復國會以維法統」「聯省自治」「依賴吳佩孚」這些辦法都不能解決時局，尤其特別指出吳佩孚得勢，「更要因此釀成和袁世凱成功後段祺瑞成功後同樣更難解決的時局。」；同時我們的提議是：邀請國民黨等革命的民主派及革命的社會主義各團體，開一個聯席會議，在上列原則（即改正協定關稅制等十一條）的基礎上，共同建立：

民主主義的聯合戰線，向封建式的軍閥繼續戰爭。幷說明『這種聯合戰爭是解放我們人民受列强和軍閥兩重壓迫的戰爭。』

民國十二年黎元洪出走的北京政變時，本黨第二次發表對於時局的主張，又指出『逐黎不過是歷來外力和軍閥勾結爲患，造成中國危局之一個必然的結果，而非時局危機之因，北洋軍閥覇勢力統治中國，抑制民權，勾結列强，斷送利權，此乃是中國危機四伏之根本惡因，此惡因一日不除，其危機連續起伏之惡果將一日不止。』又指出『擁護黎元洪』『擁護段祺瑞』『國會南遷及制憲』『團結西南聯省自治』『藉助列强』這些辦法都不能解決時局；同時我們的提議是：由負有國民革命使命的國民黨，出來號召全國的商會工會農會學生會及其他職業團體推舉多數代表在適當地點，開一國民會議，來建設新政府統一中國。

民國十三年九月第二次奉直戰爭開始時，本黨第三次發表對於時局的主張，指明『此次戰爭直接是直系與反直系的戰爭，間接是英美與日法帝國主義的戰爭。』主張：『目前解救中國的唯一道路只有人民組織起來在國民革命的旗幟之下，推翻直系解除一切軍閥的武裝，尤其要在根本上推翻外國帝國主義在中國一切權利與勢力；只有這樣才能免除定期的慘殺與戰爭，只有這樣才能得到永久眞正的和平。』

民國十三年十一月馮玉祥倒戈直系潰敗後，本黨第四次發表對於時局的主張，仍舊主張只有國民會議才可望解决中國政治問題；並希望國民黨努力使他們所主張的國民會議預備會急於在北京召集；我們更主張各階級的民衆及與各派帝國主義者尚無確定關係之武力，擁護此預備會，在正式政府未成立以前即爲臨時國民政府。

現在本黨對於時局的主張，仍舊主張國民會議是解决中國政治問題的道路。因爲國民會議及國民會議的運動無論在全國或在一地方都是民衆聯合戰線之具體的表現。因爲不但現在的國會由賄選而死

即另行選舉一新國會，也只能代表軍閥官僚而不能代表民衆。吳張對於國會之爭執，幷不眞是因爲護憲問題，乃是各自爭得北京政權，以便進行賣國大借欵；吳佩孚要叫直系的賄選議員佔住國會，張作霖則想叫自己的政客另組國會，以便借『人民代表機關』的名義，實行自己和帝國主義的大買賣。在理在勢，今後都必須以人民團體親自直接選派代表的國民會議，來代替軍閥官僚包辦選舉的國會制度。

有許多人對於國民會議，還有三種懷疑：一是以爲各地方各職業的人民團體尚未普遍的成立；二是以爲各人民團體選派代表仍然與國會選舉一樣免不了軍閥及政黨之支配；三是以爲國民會議之議决，無力令軍閥政府執行。

其實這三種懷疑都似是而非，我們所主張的國民會議及國民會議的運動，幷不似一般人所想像的那樣簡單，也不限於一般人所希望的那樣速成；我們固然要努力使國民會議這一制度迅速實現，我們更要努力使國民會議這一運動儘量擴大，國民會議的運動就是國民革命時代『國民的聯合戰線』之具體的表現，也就是國民革命時代自始至終一切運動的骨幹。這一運動必須在空間上有普遍的發展，由通都大市努力擴大到窮鄉僻壤，由商人工人學生努力擴大到農民兵士機關職員等一切民衆；必須在時間上有長期的爭鬥，由各地方公團聯合的國民會議促成會努力進行到全國發表政綱的國民會議，更努力進行到接收政權的國民會議，如此才算完成國民會議這一運動的意義。

不但國民會議運動可以促進各地人民團體之組織，即現時已有的團體至少已經可以實現發表政綱的第一次國民會議；於此可見對國民會議第一種懷疑之錯誤。由人民團體直接選派代表到國民會議，選舉者和被選者的關係始終不斷，不像國會議員由官紳包造選民册，包辦初選複選，選舉者和被選者始終沒有關係，因此至少可以減少官紳[illegible]大部份的可能，至於受政黨之支配，如果能如此，那便更好。現

在國會議員選舉的大病，正因爲沒有有力的民衆政黨支配，才受軍閥支配；於此可見第二種懷疑之錯誤。

由人民團體自己召集發表政綱的國民會議，或者還可以在軍閥政權時代實現，接受政權的國民會議決無在軍閥政府之下實現的道理；於此又可見第三種懷疑之錯誤。

由現在的國民會議促成會，到將來接受政權的國民會議，必須經過相當時期的困苦爭鬥。在這種困苦爭鬥時間，廣州國民政府固然是這一爭鬥之擁護者，即對於一切比較接近民衆的武力如國民軍等，也應當要求其擁護這一爭鬥。但人民僅僅希圖由這些擁護而達到成功，便是一個很大的錯誤；至於希望軍閥政府採納民意召集真正民衆的國民會議，幷執行國民會議之議決，那更是做夢。只有參加國民會議運動之各階級的民衆，首先在各地方集中工人農民學生商人手工業者等各團體的力量於各地方的國民會議促成會，一面進行自動的發表政綱的國民會議之實現，一面各自在當地立刻起來做地方政治的直接奮鬥，由反抗苛稅苛捐力爭民權自由，一直到推翻當地的軍閥政權，建立地方的人民政府；如此方能匯合全國民衆的力量，由發表政綱的國民會議，進行到接受全國政權的國民會議，由此會議建立全國的人民政府，解除人民自己的痛苦。

在這些困苦爭鬥期間，各階級的民衆，必須有一共同政綱，爲這一聯合戰線之共同爭鬥的目標；這共同政綱最低限度者亦須如左：

一、廢除辛丑條約及其他不平等條約；
二、收回海關，改協定稅制爲國定稅制，收回會審公堂，廢除領事裁判權；
三、各國撤退駐華海陸軍；
四、收回租界及租借地（如旅順、大連灣、威海衛等）；
五、解除直奉兩系軍閥的武裝，幷沒收其財產分給老弱不能繼續服務的兵士及失業游民；
六、改善軍士生活及提高兵士教育；
七、禁止軍隊拉夫封船扣車及強住民房學校；
八、禁止非軍人犯罪交軍法裁判；
九、禁止軍用票、濫發紙幣及勒派公債軍餉；
十、停止預征錢糧徵收陋規及一切苛稅雜捐；
十一、由國庫省庫撥款救濟水旱災及抑平米價；
十二、廢止治安警察條例及關於罷工刑律第二百二十四條，保護人民的集會結社言論出版罷工自由；
十三、廢止督理督辦制，實行省長民選縣長民選，實行由省到鄉村的地方自治平民政權，肅清貪官汚吏；
十四、頒布工會法，修改現時便於買辦劣紳操縱的會法、商會法；
十五、制定工人最低工資及農民最高稅租額之法律；
十六、承認農民有自衞之武裝；
十七、禁止勒種鴉片；
十八、限制重利盤剝及免除欠租；
十九、頒布工廠條例，禁止中外廠主及職員虐待工人，幷改良工廠有害衞生的設備，特別保護童工及女工；
二十、承認商業職工（店員）得有在商會之外的獨立組織，幷確定其最低工資；
廿一、確定中央以地方政府所屬各學校經費，幷免除學費；
廿二、確定幷增加國家行政教育各機關下級職員的薪水，幷承認其組織；
廿三、承認婦女的選舉權被選舉權，及一切法律上和男子同等的權利。

這一個政綱恰恰和張作霖張宗昌李景林吳佩孚王懷慶等此時在北京及直魯豫各省所行的反赤政綱相反，他們或者要說這一個政綱是赤色的，可是這一個二十三條赤色政綱，確是各階級民衆目前最急迫需要的東西。此時勾結爲患的帝國主義者及軍閥勢力，還是很強大，除了全國各階級民衆聯合戰線的力量，不斷的給他們以痛擊巨創，使他們潰敗，他們決不會因人民的要求而讓步，給人民所需要的這些東西。

各階級的民衆聯合戰線，必須有一共同政綱才能成立；尤其要參加這一聯合戰線之各階級的民衆，都忠實於這共同政綱，爲共同政綱而共同爭鬥，不只顧自己階級的利益而犧牲共同政綱，而消極退却，如上海總商會在五卅運動中的態度，然後這一聯合戰線才能鞏固持久，才能奮鬥到底，才不至中敵人始而離間終而各個擊破之計而獲得最後勝利。

各階級革命的民衆呵！外國帝國主義及本國軍閥所加於我們的痛苦，已經使我們不能再忍受下去了！我們有沒有推翻他們的力量呢？確是有了，所差的只是『國民的自信力』。此外渙散與孤立，也是我們的力量表現之障礙。現在據第三次全國勞動大會報告，全國已有一百二十二萬有組織的工人，有組織的農民也有八十多萬；這二百萬有組織的工農群衆，乃是國民的聯合戰線中最耐苦戰的基本軍隊。至於商人學生早已有了全國的及各地方的組織，他們大部分迫切的需要革命，而且已經有組織的參加革命運動。兵士是有組織的，只要我們能努力將他們從帝國主義及軍閥手中搶奪過來，也是一種革命的力量。我們現在仍舊是渙散的嗎？不是的。所需要的只是這些有組織的民衆總團結起來的『國民的聯合戰線』。我們是不是孤立的呢？也不是的。去年五卅運動，因爲有了英、俄、法、德、美、捷克斯拉夫及日本無產階級及其政黨（共產黨）之同情與援助，帝國主義者遂不敢把我們當做義和團看待，并不得不給點小小讓步，如關稅會議、司法調查、租界增加華董等。五卅以來各國殖民地的民族解放運動風起雲湧，如里夫及叙利亞之對法戰爭，如埃及之排英運動、如阿拉伯以政治的罷工表同情於叙利亞，如土耳其聯結蘇俄反抗英國侵奪其莫塞爾，以及最近朝鮮對日之大示威，這些運動都足以使帝國主義者手忙脚亂，阻礙其對於中國的進攻。至如蘇俄援助一切弱小民族反抗帝國主義和英國工人之革命化及最近大罷工，更是促成世界革命之顯著的進步，而爲國際帝國主義者無法救治的隱患。中國民族解放運動，已成爲世界革命的聯合戰線之一員，我們已經不是孤立的了！

各階級革命的民衆呵！我們已經不是渙散的了，也不是孤立的了，其速奮起毋餒！其速發揮『國民的自信力』，鞏固『國民的聯合戰線』，以此推翻國內軍閥，推翻世界帝國主義，如此中國民族才有出路呵！

中國共產黨擴大中央執行委員會

一九二六・七月十二日

中國青年第六卷二號（一二七期目錄）

通信處：廣州國光書店李義君代售處：各省各大書坊另售每份三分定閱：國內一元寄三十五期，國外一元寄二十五期。

中國青年第六卷一號（一二六期目錄）

發行部編輯部通信處：廣州國光書店黃正君

分售處

廣州　丁卜書報社
北京　各學校號房
長沙　文化書社
甯波　甯波書店
武昌　時中書報社
　　　共進書社
福州　福州書店
香港　萃文書坊
汕頭　汕頭書店
蕪湖　科學圖書館

太原　晉華書社
湖州　青年書社
雲南　新亞書店
重慶　唯一書局
南京　樂天書館
寶慶　寶慶書局
黃梅　書報流通處
西安　西安書局
成都　華陽書報流通處
紹興　亞氏文具實業社

價目

訂閱：國內一元寄足三十五期。國外一元寄足二十五期。郵票代款九五折算。但以一分半分為限。

代派：每份大洋三分。六折計算。寄費在內。十份起碼。十期清算一次。概不退回。

零售：每份銅圓六枚。

The Guide weekly

嚮導週報

第一百六十四期

目次

一九二六年七月二十一日

敬告上海市民！

在上海的所有中國人民，只有少數大商買辦階級及一般所謂高等華人，外而依附帝國主義者，內而逢迎軍閥官僚，可以居間剝削，照樣的發財。 至於最大多數的上海市民，如工人苦力小商人及一般貧民，都一天一天陷於困苦無以爲生的地位。 這種情形我們試略睜眼一看就可看得出。

大多數工人每月所得工資多者不過十一二元，少者只有七八元，僅僅可以維持自己的生命不致於餓死，至於奉養父母及養活家小是沒有希望的！ 不獨如此，並且天天有失業的危險，一失業更算是走入死路，社會上卽無生存的餘地！

幾千成萬的貧民及苦力不但衣不足食不飽，並且連棲身之所也沒有。 能夠在城市偏僻之地用磚頭瓦塊堆成房子住的已算甚難得，還有許多的人無論冬夏簡直在巷中簷下露宿！

中小商人及手工業者，在社會上拚命掙扎，竭蹶圖存，但他們離着破產之期已不在遠。 只有一天一天朝着窮困的地方走，斷不能還有上進的希望！

究竟是什麼原因使市民中最大多數的人如此困苦呢？ 長此以往又將如何呢？ 這是每個工人、苦力、窮人及困苦的商民等，都應該徹底了解的！

我們這些大多數的市民所以弄到如此窮困無以爲生，根本的總的原因固由於帝國主義者挾不平等條約的威權，實行經濟的侵略，及軍閥種種禍國殃民，但明白的擺在我們面前直接的加在我們身上的，就是苛稅雜捐。

先從帝國主義者所盤據的租界中來說：有巡捕捐，有救火捐，有逐年增加的房捐——直接加之於房主，間接仍取之於房客。 除此數種普遍的稅捐外，尙有許許多多的苛稅雜捐。 公共租界工部局本年照會議的預算，預計所收可得一百二十四萬零五百五十兩。 其中除從大旅館酒排間、外國酒店、彈子房、中國俱樂部、總會、影戲院、大戲院、銀樓、自備馬與馬車、馬房、汽車行及汽車等處所徵收的稅捐四十萬零五千六百兩，算是與我們困苦的平民沒關係外，其他如糧食店、菜館、茶館、酒店、水菓店攤、小客棧、兌換錢店、渡船、民船、吃食小販、說書、押當鋪、烟紙店、黃包車、小車、彩票……等處捐款八十三萬四千九百五十兩，大部分都直接間接取自我們困苦的平民身上。 工部局這樣大的收入做些什麼用呢？ 只是爲供養他的帝國主義者的榮華尊貴，并準備武裝來壓迫反抗的中國人民。

說到軍閥所盤據的中國地界，也是有過之無不及。 自孫傳芳派遣丁文江博士坐鎭淞滬高唱『大上海計劃』以來，舊的苛稅雜捐徵收額繼續增加，新的名目又接踵而起。 他們的『大上海計劃』，就是苛稅雜捐的代名詞！ 孫傳芳設立淞滬督辦，就是壟斷上海市政權的手段。 他把上海的所有市政權都集中在一個人手裏，然後可以獨斷獨行，任意敲剝了！

南北兩市稅捐，普遍的說起來，有工巡捐（南市爲公益捐）、米捐、房捐、救火捐、廣告捐、屠宰稅、酒捐、印花稅、牛稅、食物稅，餘如小菜場及碼頭方面尙有許許多多的稅捐名目，不一而足。 每個名目之下，又有多種的稅捐。 最近爲了捲煙特稅犧牲商民數月的生計亦在所不惜。 現在又要舉行什麼宅地稅、戶口捐、印花稅實貼……等等，雖經一般人民極力反對，但軍閥官廳全置之不理，一意孤行！

就在這些苛稅雜捐層層剝削之下，弄得普遍的民不堪命，怨聲載

道。工人不得已起而作罷工之舉，散漫的智識落後的貧民瀕於餓死，不得已起而暴動，搶米，——其餘中小商人也日日在惶恐不安之中

最近米價的飛漲，更是火上加油！軍閥的官廳所謂抑平米價，完全是敷衍手段。軍閥的官廳不特不乘這米價昂貴時廢除種種苛稅雜捐——特別是關於米的各種稅捐，而且假維持民食禁米出口之美名，實行『官家』偷運：只須商家無名義的每擔米繳納一元，就可大批的運米出境！

中外官廳既如此剝削我們，爲抵制我們的反抗起見，自然要嚴重的壓迫我們，解除我們反抗的武器：剝奪人民之參加市政權，不許人民有集會結社言論出版之自由，新聞界時受無理的干涉，不能言所欲言，集會者可以任意被驅逐甚至被毆辱：：總之我們上海的人民現在完全處在華洋雙方的軍事專政之下！

對着這種情形，只有兩條路擺在我們面前：一個是破產與餓死，一個是奮鬥；但我們認定只有奮鬥才是唯一的生路！

本黨爲工人階級的政黨，目的是要領導工人階級來提攜一切被壓迫的人民做解放的爭鬥，要根本解除人類中一切剝削與壓迫！因爲本黨目的是反抗壓迫者一切特權的，所以本黨竟被帝國主義者、軍閥及一切特權階級張大其辭指爲洪水猛獸。其實帝國主義者、軍閥階層剝削種種壓迫，倒真是洪水猛獸，共產黨不但不是洪水猛獸，乃是一切被壓迫人民之唯一的好友。

上海的工人，一年以來，已在艱難奮鬥之中表現其偉大的勢力。他的爭鬥，一方面雖說是爲自己的生存，同時也就是爲反抗帝國主義及軍閥之壓迫。今後全上海一切被壓迫的民衆，應該各自團結起來，并結成廣大的聯合戰線，抵抗一切苛稅雜捐，并取得應有的自由。

上海市民在目前應有下列的要求：

一、租界內的居民應一律有平等的參加市政權；
二、無條件的完全收回會審公廨；
三、收回越界築路；
四、南北市的市政應由民選的自治機關管理；
五、建築貧民住宅；
六、製定上海市的勞動保護法；
七、救濟失業；
八、保障一切人民集會結社言論出版之自由——啟封上海總工會，反對中外官廳干涉新聞記載；
九、切實抑平米價；
十、反對房租加價；
十一、反對宅地稅；
十二、反對戶口捐；
十三、反對捲煙特稅；
十四、反對印花稅貴貼；
十五、反對一切苛稅雜捐；
十六、反對保衛團捐。

最大多數的上海市民，困苦的市民，其速團結與起，爲上列十六條要求而奮鬥，而自救！

中國共產黨上海區執行委員會
一九二六年七月十四日

軍閥統治下之災荒與米荒

述之

在現在軍閥統治下的北方和長江一帶，除了吳張軍閥所謂「討赤」之外，擺在我們面前，有兩個很嚴重的現象，并且已經成了社會上很嚴重的問題，便是水旱災荒和米荒。災荒現已從東三省而河南陝西山東浙江安徽江蘇湖南湖北以至四川，次第發現。我們摘錄最近的報紙所載，就已足使我們驚心動魄了。

六月廿四日申報：『東三省大災屢誌本報，茲得調查，災區極廣，除三省外，東蒙古地亦如此。據吳俊陞赴熱河之軍需處員云：所過洮南通遼卓里克圖王府等處，亢旱較東三省尤甚。野生之甘草鋼草以及飼畜之青草，多數曬枯；河流井水幾完全乾涸；蒙人所飼牛羊，因災旱及缺水之故，死者尤多。其偏鄙地方之居民，以野草樹皮爲食。四平街半拉山地方，發現大批災民，強向富戶索食，謂：「種子不出，奉票不值錢，只有挺而走險。」又南滿鐵路各要埠就近調查旱災情形，關東州內報告；除落花生棉花外，其毫無希望。吉林報告：田禾受害，爲數年所未見，如再不雨，小麥將如民國十二年時，顆粒無收。開原報告：大豆未下種，高糧雖發芽，又枯死，平民有妄動之勢。洮南報告：久旱未雨，誤播種時，四民憔悴，極爲不安。遼原報告：大旱不雨，水田亦受旱等語，長春旱風甚烈，禾苗已萎，毫不值錢之菲菜，每斤大洋一角五分，其他不問可知矣。據芳農云，夏至內若不降雨，收成完全無望，實二十年來未有之旱災也。」

七月九日申報：『河南自春季以來，即缺乏雨澤，尤以豫東豫北豫西等處爲最甚，二麥收成平均不足四五，然尤盼於麥收後早得甘露，可取償於秋禾也。詎陰歷四五兩月，久未下雨，……今則小暑已到眼前，仍屬赤地千重，野無寸草，即穀雨前後播種之早禾，如高糧、玉蜀黍、秫、花生之類（省河南出產大宗），已葉黃萎枯，無收成之望。於是麥價陡漲，人心不安。』

七月九日申報：『陝中……：本年旱，麥收只有四成，少者二成。麥登於場，悉爲軍人所取，西安十里鋪以西數十里內，當麥熟時，爲軍隊縱火焚燒。自麥收後迄今，絕未得雨，秋間不能下種。東路人民糧食，計算只能吃到八月間，不死於兵，亦當死於飢矣。』

此外如浙江之杭縣、蕭山、富陽、諸暨……，安徽之安慶、蕪湖，宣城、南陵、繁昌……；江西之南昌、九江、武寧、永修、進賢、高安……，以及湖南湖北四川等省之水災，報紙日有所載。據以上看來，旱災與水災，在北方長江是一種普遍現象，現在正是數千萬災民嗷嗷待哺之時。

至於米荒自然隨着災荒而來。如南昌九江一日之間米價增至二三角。其餘東三省河南亦然。尤其在上海。上海自今年一月以來，米價已由十四元左右漲至十八元以上，我們可以將上海今年米價表列如下：

一九二六年	厰機白粳 最高價	厰機白粳 最低價	廠機糙元 最高價	廠機糙元 最低價
一月	一四‧三〇	一三‧九〇	一四‧二〇	一三‧五〇
二月	一四‧八五	一四‧五〇	一四‧九五	一四‧六〇
三月	一六‧三〇	一五‧〇〇	一六‧三〇	一五‧〇〇
四月	一六‧〇〇	一五‧九〇	一六‧六五	一五‧九〇
五月	一七‧四二	一六‧五〇	一七‧七〇	一六‧五五
六月	一八‧二〇			

（以元爲單位）

由此可以看出上海米價之逐次增高，去年米價向在十元左右，一年半之內幾漲了一半，此爲歷年所未有。

這樣的災荒與米荒之結果將是怎樣呢？　災荒的結果是很明顯的

，在東三省如四平街半拉山地方，已發現大批災民，挺而走險；其他如河南陝西浙江安徽江西湖南等處自然也是同樣現象，換言之，由這些水旱災已生出數十百萬流離失所嗷嗷待哺的災民，這些災民或因此挺而走險，釀成地方暴動。　至於米荒，在上海浦東已有幾次平民搶米的暴動風潮，每次人數多到四五千，少亦數百。　尤其上海數十萬工人因此生計日益困難，已不能過活，致釀成近來接二連三之罷工風潮（六月份罷工者有百〇七次，每次罷工多係要求增加米貼或工資，如這兩天內的郵務工人罷工，同興工廠罷工，碼頭工人罷工，東興日興順利三印局工人罷工以及裝訂工人之將大罷工……等）。　然而由災荒米荒所發生出來的結果——『挺而走險』，暴動和罷工，現在還在開始；我們可以預言，日子一天天地下去，這種挺而走險，暴動和罷工的現象必是一天天地發展。　可是我們能怪那些災區的災民和上海的平民工人不應挺而走險暴動和罷工麼！　現在居然有一班人看見那些災民挺而走險，看見平民搶米風潮，尤其是看見上海工人因要求米貼而罷工，彷彿便是大逆不道；軍閥，軍閥的走卒，如丁文江等，竟居然藉此壓迫平民，壓迫上海工人，封閉上海工人的總工會。　尤其荒謬絕倫的，在那些災區裏，軍閥不想法賑濟災民，反而增加苛稅，如江西的鄧如琢之重新增加十七種商捐（見七月十二日申報）及孫傳芳之增加貨物稅、土布稅、宅地稅、門牌捐等。　至於張作霖之在東三省直隸，吳佩孚之在湖北河南為籌『討赤』戰費，而加緊苛捐新稅，濫發軍用票，都是無須乎說的了。　總之，不管災荒也好，米荒也好，軍閥只顧搶地盤，刮地皮，橫豎人民是他們的敵人，那裏顧到人民的甚麼災難死活，倒不如『趁火打刧』的好。

這些災荒米荒的原因，看來似乎是『昊天不弔降此鞠凶』，其實與軍閥的戰爭和軍閥的苛取壓迫有很密切的關係，也可以說這些水旱災和米荒多半是由軍閥直接或間接所召來的。　我們且不說『大兵之後必有凶年』，我們只舉出幾件事實，譬如，直隸永定河蕪湖等處之潰堤，湖南湖北等地之潰圍，多半是軍閥造成的；因為軍閥只顧搶地盤，刮地皮，絕沒顧到這類防堤防圍的事；不惟如此，甚至將修堤修圍之經常費亦據為己有，用作軍費，同時復用種種苛捐苛稅的名目，搶掠人民之財產，使人民亦無法預先顧到防修堤圍之事。　因此洪水一來，便潰決而不能抵禦了。　旱災大半也是由於軍閥不惟沒替人民顧及水利溝洫及種種防旱之工程，反而防害人民從事於此項工作。　至於米荒，更很明顯是軍閥所惠賜的。　米荒的主要原因是：（一）災荒，（二）囤積與私運，（三）產米區改種鴉片（江蘇、湖北、湖南……）。　以上三種原因，除災荒是自然外（災荒也不純是自然），二三兩種均是軍閥所惠賜的：奸商囤積私運都因為軍閥不能禁止，并且想從中取得暗利（奸商往往暗地賄賂軍閥）；種煙是軍閥所強迫的，軍閥因無軍費，因要飽私囊，如孫傳芳要想得到一千萬元的收入，便允許南通張狀元包種鴉片，其餘如劉鎮華周蔭人及從前趙恒惕等，也因要想得到軍費，便不得不勒令農民種煙。

由上說來，軍閥造成了災荒和米荒，軍閥不惟沒有稍事救濟，反而大加其苛捐苛稅，趁火打刧，軍閥之對於人民真是落井下石了！

唉！　偌大一個中國，簡直成了十八重地獄：幾萬萬人不死於軍閥混戰的槍林彈雨之下，便死於由災荒米荒所演出來的饑餓之中。　吳佩孚張作霖之南征北討，四川福建等省小軍閥的內鬨，人民因此而流離失所，家破人亡，或直接飲彈而死者，不知有多少！　至今北京城外還有十萬以上因戰爭而流困的人民，正在那兒坐以待斃！　至於那些因反抗軍閥而被誣為『赤化』或被監禁，或被槍殺者，那是更無容說了。　中國的人民真是『一生萬死』呀！

被水旱災區的民眾們，被米荒所迫的平民尤其是上海的工人們，你們不曉得軍閥們的罪惡，望你們更從你們切身痛苦的災荒米荒中更認識軍閥的罪惡，認識軍閥與你們是絕對不能兩立的。你們的出路，只有打倒軍閥，推翻軍閥的統治。但是你們目前的口號是：

在水旱災荒區域裏：（一）免除錢糧，廢除一切苛捐苛稅；（二）將地方一切公款及非災區所征收的錢糧并沒收軍閥的財產，賑濟災民；（三）確定修堤修閘水利溝洫等經常費；（四）反對軍閥戰爭。

在上海等處的米荒區域裏：（一）要求平糶；（二）增加工資（米貼）；（三）禁止囤積私運；（四）禁止勒種鴉片煙，并將孫傳芳所得燼捐充公作為平糶基金。

友誼磋商出來的滬廨交還協定

超麟

隨着五卅運動而起的上海會審公廨問題，自從丁博士坐鎮淞滬後，一進而為友誼的磋商，再進而為秘密的交涉，到如今將告一段落了。中外官憲秘密交涉中友誼磋商出來的八條協定，不管雙方怎樣約定共守秘密，但外國官憲方面終於有作用地偷着洩露出來。西報既登載此協定之西文原稿，華報亦各譯登出來。丁博士雖然為外國官憲之不守秘密而提出抗議，但并未否認這八條協定；昨日據時事新報所譯大陸報的消息，說許交涉員已經承認西報所載之協定係屬正確，祇脫去第一條第三項『須』字上面的一個『毋』字；且說這八條協定於星期五日（十六日）雙方最後一次會議時雖字句間略有修改，『但其大體則與七月二日之修正案（即西報所載之八條）相同』。現在丁博士正上南京報告，最後修正協定原文正各寄往北京使團或北京外交部及南京省政府核准；一俟核准後，這協定即將在上海由領事團及丁許等正式簽字。如此，可見糾紛甚久的上海會審公廨問題，已有解決辦法了。

我們現在且把中國與帝國主義國家間的交涉應否這樣秘密，是否由『友誼磋商』可以得到解決：：：等問題撇開不論，單就西報所載的八條協定來看（最後修正的協定還在『秘密』，我們無從得知，好在許交涉員聲明過，是與西報所載相同的），試看帝國主義者怎樣交還上海會審公廨給中國人，丁博士究竟友誼磋商出甚麼結果來。我們承認這次交涉影響甚大，不僅是滬廨問題，也不僅是上海地方問題，故將這八條協定，即七月二日所修正而為西報所登載者，完全轉錄如下：

（一）（甲）江蘇省政府將設一上海臨時法庭，以代替公共租界之會審公廨，除按照條約，與領事裁判權有關各案外，凡租界內一切民刑訴訟，概歸臨時法庭受理；（乙）凡現時中國法庭所適用之各項法律及訴訟法規等，與將來隨時制定公布之各種法令，均適用於臨時法庭，惟於協定中之各項規定，及公廨訴訟成例，經雙方議定者，加以相當之注意；（丙）凡刑事案件，直接與公共租界之治安及秩序有關係者，包括違犯地產章程及工部局附律等，與刑事案中之被告為享有治外法權之外人所雇用者，領袖領事可派員陪審，其判辭須得陪審員之同意，方始有效，惟陪審員但有聲明反對之權，非得承審法官之同意，不能向証人或被告詰問；（丁）各項傳票拘票及命令，經法官簽字之後，即生效力，此種傳票拘票及命令一律編號，以便檢察處登記，凡傳票拘票及命令之執行，係在享有治外法權之外人住宅者，其該管領事見票後，須即行簽字；（戊）如民事訴訟之原告為享有治外法權之外人或上海工部局，與刑事訴訟之告訴人為享有治外法權之外人者，可由該管領事或領袖領事依照條約，派員會審；（巳）臨時法庭應設上訴法庭，以受理直接影響租界治安之刑事案件，臨時法庭之庭長，兼任上訴法庭之庭長，凡判處四等有期徒形以下之案件與觸犯地產章程及工部局附律之案，概不准上訴，凡原審時由領袖領事派員陪審之案，上訴時應另派委員或領事人員陪審，其簡派之方法與權限，均與原先相同；(庚)臨時法庭之庭長與法官及上訴法庭之法官，均由江蘇省政府任命，其姓名當通知領袖領事。

（二）凡監禁十年以上或判處死刑之案件，臨時法庭應呈報江蘇省政府批准，若政府不准所請，應舉出理由，命臨時法庭審後，再行呈報省政府；凡判處死刑之刑事案件，已經批准者，當移交中國官廳執行；租界內檢驗之事，由臨時法庭之法官與領袖領事派員會同執行之。

（三）附屬於臨時法庭之監獄，除民事案之拘留室及分設之女監外，由工部局捕房管理之，但須遵照中國監獄條例並受法庭監督；臨時法庭之庭長，應派調查委員會隨時調查，委員中有領袖領事所派之代表一人，如認為管理上有不滿意之處，應即報告法庭，由法庭責令捕房從速改良。

（四）凡由臨時法庭發出之傳票拘票及命令，由工部局捕房所派之司法警察執行，對於法庭直接負責；工部局捕房對於法庭所聲請或委託之事，應為積極的迅速的援助，凡捕房所拘之人，除休假日外，應於二十四句鐘內解送法庭審理，否則釋放。

（五）凡華洋民刑訴訟，由領事人員會審者，應向交涉使及該管領事上訴，但可移交臨時法庭、再由另一法官會審，其陪審領事，亦當改派；如交涉使與該管領事，對於曾經重審之上訴案，意見不協時，當維持重審時之判決。

（六）臨時法庭之財政及管理，由聯合委員會決定，歸主簿人管理，其人須經領袖領事推舉，由法庭呈請省政府任命，受庭長之監督與命令，管理全部屬員，對於法庭財政為適當之監督，若不稱職，可由庭長與以申斥，必要時可取得領袖領事之同意，將其免職。

（七）以上六條，為江蘇省政府收回會審公廨之臨時協定，自交還公廨之日起，其有效期間為三年，在此期內，中國中央政府、可隨時與各國駐京公使磋商最後解決辦法，一經議定，即可代替此項臨時協定，若至三年期滿時，尚無最後解決之辦法，此項協定，可以繼續三年，惟江蘇省政府於三年之終，可提議修改，但必在期滿前六個月通知。

（八）中國政府，將來與各國政府討論取消治外法權時，並不受此項臨時協定之約束。

從這八條協定看來，很明顯的：那裏是甚麼交還會審公廨！ 第一，上海臨時法庭既然是上海市的法庭，便應該受理上海市內一切市民的民刑案件。 但照這協定，這法庭祇受理一部分市民的案件，其餘一部分市民——享有治外法權的外國人——雖然一樣的享受上海市民應享的權利或更多享些，他們却不受這法庭的管轄，他們有自己的法庭；不僅他們自己不受這法庭管轄，而且他們所控告的華人或無治外法權的外人的民刑案件或他們所雇用的華人或無治外法權的外人被其他華人或無治外法權的外人所控告為犯刑事案件者，到這法庭審判時，也必須外國領事派員陪審。 這是治外法權的權威。 這是中國法權的恥辱。 這協定絲毫不敢侵犯及這神聖的治外法權。 第二，這法庭名為江蘇省政府收回的法庭，但關於刑事案件，不僅被告為有治外法權之外人所雇用者，外國領事可以派人陪審，即其他凡與公共租界之所謂治安所謂秩序有關等案件，外國領事也可以派人陪審。 這與未「交還」以前是差不多的。 所謂治安所謂秩序，其意義包括甚廣，譬如中國人在中國自己領土——租界——以國民的資格做政治活動，工部局亦可隨便指為妨害租界之『治安』及『秩序』，去受外國領事的審判；美國領事審判五卅被捕學生之恥辱行將再見於將來。 第三，工部局的控案，不僅關於刑事的可由外國領事陪審，即關於民事的也可由外國領事陪審；這種陪審制并且存在於上訴法庭；而且觸犯地皮章程及工部局附律之案，還沒有上訴的權利哩！　第四，租界監獄之黑暗，我們早領教過了，現在這法庭判罪之犯人仍須歸工部局捕房收管，雖然有個委員會監督，但委員會中有一人乃爲外國領事所派來的。　第五，關於財政及管理一條尤爲荒謬。　既然是江蘇省政府設立的法庭，其管理財政的主簿竟必須由外國領事推舉才能充當，免職又必須得外國領事同意：這明明白白是帝國主義掌握着這法庭的命脈，司法史上之奇聞；這法庭命脈既然在帝國主義掌握中，其審判時的判斷，不用說自然是要受帝國主義操縱的。　除這明顯的五點之外，其他如任命法官當通知外國領事等喪權辱國之規定，尤指不勝屈。　但就這明顯的五點看來，已經能夠斷定：上海會審公廨還者其名而不還者其實了。

丁文江許沅等自然可以這樣說：收回法權和收回會審公廨是截然不同的二件事，在法權未會收回以前，能夠先收回會審公廨，也是合算的；即許這次的收回是有名無實，然而較之未收回前之名實皆空者，自然好些，而且這次的交涉畢竟也收回一些東西，譬如民刑案件中畢竟有一部分可以免除外國領事的陪審，試看外籍律師熱烈的反對，便可以窺見一斑。

第一，不錯，收回法權和收回會審公廨是截然不同的二件事：一個是不平等條約，一個是『超不平等條約』。　大家不要以爲帝國主義者祇是用不平等條約束縛我們，須知不平等條約之外，還有『超不平等條約』。　所謂『超不平等條約』，就是說帝國主義者壓迫我們剝削我們侮辱我們，其權限超出不平等條約所賦與的之外。　上海會審公廨便是一例。　現行的會審公廨制度，我們翻遍帝國主義者强迫中國所訂之一切不平等條約，皆找不着根據。　在不平等條約的洋涇濱章程中，所定上海會審公廨制度，不僅與現行制不同，而且比丁博士現在所收回的條件，還要『平等』得多了。　對於治外法權，帝國主義還有『條約神聖』的帝國主義理論爲其護符；對於會審公廨，則除一味憑賴外，還有甚麽理由呢？　丁博士費盡苦心友誼磋商的結果，祇得着這樣的條件之收回，也未免太可憐了。

第二，不錯，『收回』後的會審公廨，畢竟與現行制有些不同，或許帝國主義者，往後使用這架壓迫機器，在小節目處總沒有以前那樣靈活；但我們上面已經說過，往後法庭之命脈，如財政監獄等，仍然在帝國主義者掌握之中，工部局及有治外法權外人控告的民刑案件，仍然由外國領事審判。　拿小節目上的『讓步』去比較帝國主義者仍然保持之這些權限，其所得未免覺得太無意義了。　而且現行的會審公廨制度本是沒有條約根據的，現在有了這八條協定，於是帝國主義者在財政監獄陪審上各種特權，一一皆有了保證，不當是這協定承認了帝國主義者幾年來陰謀獲得之特權。　如此，我們得着了小節目上有限的『讓步』，却蒙受無形的鉅大犧牲，友誼的磋商反得着反面的結果！而且這種『讓步』秘密中不知又損失了若干其他的權利哩！

第三，正當友誼磋商之秘密交涉中，突然有外籍律師的反對交還會審公廨之運動——這一件事在高等華人或者會拿來證明此次交還條件確實有利於我們，所以外籍律師宣言反對。　其實恰得其反。　帝國主義者利於就此條件解決糾紛甚久之會審公廨問題，交涉進行既是秘密的，則外籍律師所以得悉協定全文，其爲領事團所故意洩露無疑；美國律師得借美國公堂開會，尤爲律師與領事串通一氣之明證。　帝國主義者故意使外籍律師反對這八條協定，即藉此以減輕中國人民之反對運動。　果然，自從他們的反對宣言發出之後，高等華人，從丁文江許沅虞洽卿中國律師公會各大學同志會商總聯會以至於工賊的工會，都丢棄了協定的本身不問，而集視線於外籍律師的宣言。　帝國主義者之計得售，而協定之不利於我們更加明顯了。

帝國主義者胸中十分雪亮，知道上海會審公廨這樣的『交還』，對於租界的治安及秩序不至有所損失，而且由這樣的小小讓步又可博得「超不平等條約」之得有條約的保證。這種一本萬利的生意本已可驚人了，何況帝國主義者拿這個『一本』出來又有別一個原因呢？

這原因就是一九二五年轟轟烈烈的五卅運動。現在外籍律師雖然還在反對這個『一本』，但外國領事及工部局的半機關報——字林西報——記者，是曉得非拿出這個『一本』是不能取得萬利的。字林西報有一篇社論教訓外籍律師說：

『夫有一點，我人必須完全明白者，即公廨之必須交還固已不成問題。當辛亥光復時，以大局之杌隉不定，由領事團接管公廨自屬正當辦法，然其保留管轄之權直至今日則又爲一事，祇以接管後有種種改良始爲正當；今雙方之意固皆不欲使此次改良於交還之時消滅也。交還公廨之談判在北京開始，蓋遠在五卅以前；其最初提出此語之時，距今已逾十載，雖談判不免時中阻，但常得繼續進行。此次談判之結果，即復回到一九二四年所決定之基礎條件，而取消五卅以後所發生之極端要求。』

爲『取消五卅以後所發生之極端要求』，而給高等華人以小小的『讓步』——這是字林西報記者識見超過外籍律師之處。在五卅以前即一九二四年的基礎條件，是一張廢紙，而五卅以後即一九二六年的協定就照一九二四年的條件而解決了。我們於此又得一教訓：即帝國主義方面即許有小小的『讓步』也須是民衆革命運動迫出來的。

至於我們對上海會審公廨問題的主張，那是始終一貫的：我們認定丁博士友誼磋商出來的八條協定是交還其名不交還其實的，是替帝國主義者刼掠來的贓物加上了條約的保證，是『取消五卅以後所發生之極端要求』；我們知道祇有革命的鬥爭能使帝國主義者屈服，友誼磋商是沒有效力的；我們的要求，亦即中國共產黨上海區執行委員會『敬告上海市民』中所提出的要求，乃是：

『無條件的完全收回會審公廨！』　一九二六年七月二十日晨四時

四論上海的罷工潮

施英

上海最近的罷工運動，自五卅週年紀念時開始。『六月一月中，據我們的統計，罷工次數一百零七，人數近七萬』（見本報百六十一期）。帝國主義者的工部局，近日也發表了一個統計；據他們說是罷工總數四十次，人數總計也有五萬。淞滬商埠總辦丁文江和淞滬警察廳長嚴春陽，大概並沒有自己的統計，即以工部局之統計爲統計，因爲工部局就是他們公共的上司機關，就是他們公共的賬房。而且工部局的統計包括『華洋兩界』，這又是一件證明，證明租界裏的工部局統治租界且統治『華界』。總而言之，上海最近的罷工風潮很大，次數很多，人數很衆，這是不可否認的事實。因爲這原故，外國帝國主義者很焦心發愁，中國的軍閥官僚孫傳芳嚴春陽丁文江等遂封閉上海總工會以洩憤，這是已經成爲事實的。

什麼是近來罷工的原因呢？我們已經一再說過了（見本報百五九、百六〇諸期）。我們的意見是：米價高漲僅是原因之一，而不是唯一的原因。罷工的重要原因有三：（一）工人工資太少，近來米價高漲，物價亦貴，工人生活太苦，不能支持；（二）工廠的待遇太不好，中外各廠時有打罵工人，濫罰工人，甚至打死工人之事；（三）工人的政治自由絲毫沒有，工人的集會結社和言論，時時受資本家及官廳與捕房的干涉，甚至逮捕監禁。上海的工人是有組織的，有力量的，經過一番長期的政治和社會訓練的，所以在以上三種情形之下，不能不起來罷工；關於這一點，我們也曾經說明了（見本報百六一期）。

但帝國主義者自己如何說明罷工的原因呢？　工部局公報說：『……考其原因，大概係託詞薪工太薄，或同業中人有罷工者，因欲與其表示同情，故一致罷工；又或係衝突所致。』　以上這幾句話，由帝國主義者自己的報紙說出，雖然上海各中國報紙毫不知恥的毫未加以批判的登載出來，但是已證明了三件事情。　第一，所謂『託詞薪薄』，不過是他們故意加上『託詞』兩字，而薪工太薄是罷工的第一原因已經證明。　第二，『同業中人有罷工者，因欲與其表示同情，故一致罷工。』——這幾句話證明上海工人之『同情』和『一致』，即上海工人之團結力量，能夠『一致罷工』，這件事也是他們所不敢否認的。　第三，『又或衝突所致』一句話，更加證明許多的事實，而最重要證明的是工廠待遇之不良，所以有資本家與工人的衝突，工頭與工人的衝突等等。　以上都是帝國主義者自己的招供。

中國的官廳又怎樣呢？　六月末，警察廳長嚴春陽，曾邀各業各廠主開會，討論抑平工潮方法。　他們怎樣討論法？　討論結果是什麼東西？　我們無從知道，亦未見他們公布；但至少必有各業各廠主諸位大腹賈先生，在茶點會宴席上，再三叮嚀嚴春陽以後多派武裝警察壓迫工人——這一層是必有的。　嚴春陽所能做的，也只有這一件事；別的事，他配作什麼呢？　他又能懂得什麼呢？　他不過是孫傳芳派來的一條狗，替上海的外國人和中國資本家守衛的一條哈叭狗。　所以工人代表去請啓封上海總工會時，他的科長清清白白的，在光天化日之下，告訴工人代表：『外國人告發了你們啊！』　我們想想這是怎樣一回事？　上海的警察廳，除開勒收苛捐雜稅，重剝市民，直接為孫傳芳，間接為吳佩孚，籌取軍餉禍國殃民外，還有什麼用處？　淞滬的盜匪充斥，不見緝獲，人民並未受其保護；而每一次罷工發生，警察廳便首先捕去大批工人的領袖，囚之牢獄，待若盜匪！　這位嚴春陽，不是外國人和中國資本家守衛的哈叭狗，還算是什麼？

至於新科學家新官僚丁文江博士，對於工潮也沒有什麼高見。本月十七日上海各報載：『淞滬商埠總辦丁文江以連日來署請願之工人代表絡繹不絕，對於工潮思欲得一持平辦法，昨日丁氏語人云：一方面將米價切實限制高漲，以維工人生計，一方面召集廠主會議，改良工人待遇方法；至啓封總工會，則已電請孫總司令，俟得覆電後，再行斟酌辦理云。』　這段談話證明丁文江並沒有什麼特別高見。限制米價高漲和改良工人待遇兩件事，老早就是上海工人自己提出來的辦法，只是官廳和資本家都拒絕不理。　上海總工會當初很看得起嚴春陽，曾寫信與嚴春陽，痛論米價之不可不限制，工人待遇之不可不改良；但是信發出在各報披露後之第二日，上海總工會就被封。　現在丁文江還不過是這一老調，說一說有什麼用處？　而且說出來反是激勵奸商與資本家之怒，因為限制米價防害了奸商的操縱專利，改良待遇有損於資本家的利潤和尊嚴。　可以啓封上海總工會的話，對於帝國主義者和中國資產階級尤其算是大逆不道！　所以上面一段談話，到第二天就用新聞更正了。　十八日時事新報載：『……昨日本記者晤及丁總辦，叩以對於各工會要求啓封總工會之態度，並詢其有無電寧請示？　據稱，總工會之成立，未經立案，在法律上，尚未認為正式團體。　孫督辦前既下令發封，一時暫無啓封希望。　外傳余電寧請示一節，全屬子虛，不足憑信云云。』　這段談話證明丁文江害怕說啓封上海總工會，害怕得罪了外國人和中國資本家。　這段談話證明丁文江總辦是上海的外國人和中國資本家的姨太太。　什麼立案不立案，法律不法律，我們工人和市民實在管不着。　上海的工人擁戴上海總工會，如愛護慈母一樣；我們的保護者被你們摧殘了，還要聽你們講法律！　你們的法律不過是保護資本家的法律，有牢條保護工人的法律麼？你們淞滬商埠督辦自設立於龍華以來，曾經替上海市民作些什麼事呢？除開抽捐徵稅，加捐加稅以外，一無所有。丁文江僕僕於滬寧鐵道上，只是往來替孫傳芳刮地皮，報告收入情形。上海的市民早已認識透了。

總而言之，嚴春陽是哈叭狗，丁文江是姨太太！姨太太和哈叭狗當然不能解決上海的工潮，所以上海的罷工運動，至今猶如風起雲湧，繼續未已。六月份的罷工運動，我們已經詳細論述了。現在七月又將過去。試將七月前半月之罷工事件，與六月份比較起來，我們便可以看得出，工人的罷工運動更猛烈，範圍更擴大。這種更猛烈與更擴大的原因，我們亦曾說過：上海總工會之被封因而激怒工人羣衆乃最要的原因之一。我們現在再就七月初起迄七月十八日爲止，統計上海新的罷工事件，列如下表：

廠名(或業名)	地址	罷工廠數(或數)	罷工人數	罷工原因	罷工結果	日期(七月)
久成絲廠	日暉橋	二	二三〇〇	求加工資	勝	二日至四日
精益皮廠	顧家灣	二	一五〇	同前	勝	三—六
碼頭工人	虹口	一	二六〇	同前	允未實行	三—四
皮件工人	南市	一	二〇〇〇	同前	未決	六月三十—
英美烟公司	浦東	一	二〇〇〇(童工)	同前	勝	六—七
固本皂廠	徐家匯	一	未詳	同前	失敗	七—九
茶箱工人	本埠	一	未詳	同前	勝	一—七
南洋烟公司	浦東	一	一五〇〇	同前	勝	五—八
日華紗廠	浦東	一	三〇〇〇(粗紗間)	開除工人	勝	九—十
造木公司	閘北	一	二五〇	求星期日休息	失敗	八—十
瑞倫鉄廠	虹口	一	一三〇〇	剋扣工資	失敗	十—十二
華順碼頭	虹口	一	一〇〇〇	求加工資	失敗	九
瑞綸絲廠	虹口	一	六〇〇	同前	失敗	十—十五
統益紗廠	滬西	一	三〇〇	開除工人	失敗	十一—十五
內外棉三四廠	滬西	二	三二〇〇	打工人	未決	自六月二十八起
東興印務局	北京路	一	五〇〇	求減時間求加工資	未決	十一—
榮華鉄廠	曹家渡	一	一〇〇	求減時間	失敗	十一—十六
益興印務局	四川路	一	六〇	延發工資	未決	十二—
順利印務局	四馬路	一	六〇	求加工資	未決	十二—
祥生鉄廠	浦東	一	一〇〇〇	求履行五卅條件	勝	十四—十六
同興紗廠	引翔港	一	三〇〇〇	求加工資	失敗	十六—十八
同興紗廠	小沙渡	一	未詳	同前	未決	十七—
英美第二廠	浦東	一	未詳	同前	勝	十七
中燮火柴廠	浦東	一	三〇〇	同前	勝	十七
大中國印局	本埠	一	未詳	同前	勝	十六—十七
裝訂業	本埠	一	三〇〇〇	同前	未決	十八—
碼頭工人	大坂碼頭	一	一〇〇〇	同前	未決	十六—
碼頭工人	黃浦碼頭	一	一〇〇〇	同前	未決	十六—

內外棉廠	小沙渡	十	八〇〇〇	同情怠工		十七
郵務工人	本埠	一	三〇〇〇	求加米貼	失敗	十七
統計		四一	三六七八〇（就可統計的算）			

依上表所列，又有四十一個廠與企業，三萬七千餘人將近四萬人的罷工，僅僅在最近十八天之內。其區域是遍於全上海，包括浦西和浦東，全都在孫督辦與丁總辦的『大上海』範圍之內。其企業性質，有重工業，有輕工業，有手工業，有市政工人，有碼頭苦力。其罷工性質，因生活困難而要求增加工資者佔三十分之二十四；因開除同廠工人與打工人者佔三十分之三；因要求減少工作時間者佔三十分之二；因同情而怠工者佔三十分之一；但在要求增加工資的大多數中，仍包含有改良待遇，減少工作時間諸種條件。其罷工結果，工人得勝利者只不過佔三分之一，失敗者佔三分之一，未決而預測多屬失敗者佔三分之一。其罷工時間最長者不過一週且只一二廠，大多數不過一日，一部份只經過幾小時的時間。

像這種現象，到底是『誰爲爲之？孰令致之？』是上海工人故意的『囂張』麼？還是爲生活所壓迫，受資本家殘酷之待遇，迫而使上海工人不得不如此呢？又何況帝國主義者的巡捕房和中國的官廳，還要火上加油，一味橫蠻的做出下列許多許多的事實：——

（一）內外棉三四廠工潮，工人被捕者前後多至十四人；工人李小山子王秀頭被判罰拘西牢三年；又另幾人判徒刑至七年。

（二）精益牛皮廠的資本家，十年來盈餘有七八十萬之多，還不肯爲工人加一點工資；工人罷工後叫大隊警察來壓迫。

（三）總工會派代表陸慶高雷雨人，至精益調停工潮，爲警察捕去，至今未釋。

（四）南北市皮件工人因罷工而被捕者六人，後來工人怕被捕，不敢入廠。

（五）滬西日暉橋久成絲廠工潮，女工李兆熊徐佩雄被捕。

（六）閘北絲廠大罷工後，警察廳絲毫沒有顧及米價和工人困苦的原因，但貼佈告聲明『保護』絲廠，『嚴密防範』非正式（？）工團之行止。

（七）徐家匯五洲固本藥皂廠工人董永夫王錦生王之榮出任調解工潮，至警察廳即被扣留拘押；又同廠工人張金根曹法記因有在租界聚衆開會嫌疑，被捕房捕去，各罰銀五元。

（八）內外棉四廠罷工工人唐某，因講演被捕。

（九）內外棉三四廠工人開會，大隊巡捕趕來驅散，捕去五人，復開槍，向工人林小三轟擊，彈子穿過林之褲襠，擊中年十三歲之一童工，足部受傷甚重。

（十）滬西工人因開會，華捕開槍，一彈擊中工人沈富仁腿部，受傷倒地；又捕去工人李錦國，戴學奎二人。

（十一）浦東日華紗廠廠主，因禁止工人水浴，在水江邊竹笆上私裝強有力的電流鉛絲，既無文字佈告，又無口頭通知，以致工人郝慶福觸電身死！

（十二）久成絲廠女童工戴小老海，被管車毒打毀斃，但工廠不敢承認，百口抵賴，誣爲急痧而死！

有了這許多許多的事實，爲了這許多許多的原因，工人爲什麼不罷工呢？爲什麼不應當起而謀反抗呢？孫傳芳現自稱五省聯軍總司令，假使吳佩孚一旦不高興你，叫齊燮元來搶你的地盤，叫白寶山對你倒戈，到底你反抗不反抗呢？丁文江博士是科學家，照熊希齡案看起來，也算向帝國主義者碰了一個釘子，假使帝國主義者偏不高興你，要孫傳芳撤換你，你還是當『大傻子』呢？還是也需要稍稍反抗呢？嚴春陽善於做官，善於保護外國人，保護資本家，逢迎上司，但若有一個軍人要奪你的飯碗，你是不是也需要反抗一反抗呢？

總而言之，上海罷工風潮繼續不已，上海的工人運動自強不已！

七月十九日晨四時

寸鐵

陳啓天目中的共產黨

國家主義者為武昌中華大學武劇通電『聲討共產黨』，醒獅週報特為此事差不多出一個專號大駡共產黨；我們早指出這是國家主義者動以赤化誣人的慣技。現在據陳啓天投登上海各報的自述，更加明瞭了。陳啓天拿出二種傳單，指為『共產黨搗亂』的證據，可是，滑稽得很：原來這二種傳單的署名，一種是國民黨的某區分部，一種是反國家主義大同盟。

（連）

國家主義者為甚麼反對蘇俄？

國家主義者為甚麼反對蘇俄？他們表面上說是中國獨立運動是中國人自己的事，用不着蘇俄幫助，而蘇俄帮助是有野心的。骨子裏，他們並不是這種意見。他們的真實意見，已在反赤小卒的李璜卿口中（醒獅週報第八十八期）流露出來。他們反對蘇俄，原來是恐怕因為有了蘇俄，則英美法日等帝國主義國家便不肯幫助中國。換一句話說：他們是為與帝國主義國家聯合，所以來反對我們與蘇俄聯合。

（連）

『凡對於強力之壓迫，率多目為赤黨。』

十九日新聞報說：『本月十五日天津日租界某中國報館，突有回教徒多人蜂擁而入，持械毀物，主筆等多人受傷。據回教徒聲稱：該報曾刊載譏嘲文字，指回教之起源以豕為開山老祖，故後世子孫皆不敢啖食豕肉等語，侮辱宗教莫此為甚，故同人出激烈手段以報復之云云。』同日時事新報所載天津報報社通電，却說是『敝社於本月十五日下午四時，突來赤化暴徒千餘人……敝社同人莫測其禍之所自至。』分明是回教徒報復，却說是赤化搗亂——這樣指鹿為馬，連孚威討赤將軍的機關報——上海報——也替『赤化暴徒』代抱不平！——因為上海報懷疑天津報報社通電說：『論理，津沽為奉系所轄又屬租界，且在吳張合作討赤之時，决不致有此暴行。在該報通電則謂為赤化暴徒所為，吾人試思今日之天津，豈有如此膽大之赤黨？復觀近日輿論，凡對於強力之壓迫，率多目為赤黨……。』嗚呼赤化！天下幾多之罪惡皆假你之名以行！『凡對於強力之壓迫，率多目為赤黨』，可是反赤軍在直魯豫諸省的暴行自然是屬於例外的！

（連）

讀者之聲

武昌中華大學武劇之眞相

記者先生：

六月十三日武昌中華大學事件，究竟是什麽一回事？ 閱第八十九期的醒獅週報，知道這事件已經作了曾琦陳啓天等宣傳國家主義攻擊革命青年的好材料，我們在中華大學會場聽講的人是應該將這一件事的眞象說明出來，不能再事沉默了。 醒獅週報第八十九期中曾琦諸人一味揑造事實，本不値一駁，而且讀過嚮導週報第一百五十九期的人已可明了其眞象，不致爲其所惑。 我現在單就中華大學事件的當事者陳啓天所說的，來辯明一下。

陳啓天投登上海各報一篇自述說：

『六月十三日啓天應國家教育協會武昌分會之請，假武昌中華大學講中國教育政策，尚有夏維海講李士特經濟學說要領，張子柱講中國社會政策等，蓋一純粹學術演講會耳。 不意是日由主席宣告開會，在啓天登臺演講不久，突有自校外來之共產黨、在場散發傳單，擾亂次序。 中大附中主任嚴士佳，請其勿發，免亂秩序，彼等不由分說，即飭嚴君以坐凳，致使嚴君頭破血流，白衫幾盡化赤。 因此秩序大亂，非共產派聽衆均敢怒而不敢言，多欲退避。 而啓天以中大爲余母校，不忍眼見毀於暴力，亦主暫不計較，乃隨聽衆由樓上會場避入樓下校長室，私心以爲可以無事矣。 而共產黨徒猶在樓上呼打不已，殺傷中大學生宋訓信，將容兩千聽衆之大會堂搗毀一空，呼嘯而下，又將校長室會客室教室等搗毀盡淨。 此時余猶在校長室，親見其兇橫之狀如此。 既而以非共產派聽衆之掩護，避入該校小學部，乃得未及於難，而於日前安抵上海矣。 中大學生親見共產黨如此兇橫，既毀學校又傷師生，乃憤而幫同徒手警察捕押兇手數人，押在警署依法懲辦。 余離鄂前之眞象如此，是非俟諸公論。』

他這番話全非事實。 我們在場知道事前事後的情形，其經過絕與陳君所自述不同。 當中華大學校長陳時宣布開會時，我們聽講的人就知道，陳時受了他的學生陳啓天等之騙了。 陳時向聽講的人宣布已僱着百餘神聖勞工維持會場秩序的話，這無異乎是替陳啓天宣布他們已準備實力向聽講羣衆示威。 陳啓天講演時，一般聽講的人起初都是很鎭靜的，誰知國家主義派竟敢首先擾亂會場秩序，乘機散發國鐸和捧陳啓天的傳單，因此引起一般反國家主義的人也散發傳單。

當主席的陳時和維持會場秩序的嚴士佳諸人，爲什麼不於國家主義派散發國鐸和傳單時而出來制止，却於散發反對國家主義傳單時才大叫擾亂會場秩序，硬拉散傳單者出會場呢？ 似這樣偏袒的事，怎能使一般聽衆不齊起來說公道話？ 此時國家主義派的健將，那肯容那些說公道話的人多嘴，那大叫『打』『殺』的呼聲遂從國家主義派口中喊出來了。 於是會場的秩序，就爲國家主義派鬧亂了。 他們僱來的所謂神聖勞工流氓百餘人遂在國家主義派嚴士佳等指揮之下大打殺聽講的羣衆了。 他們一方面指揮關閉校門，一方面到警察署請那事前運動好了的警察到場幫同他們打殺聽講的人，逮捕聽講的人，隨後幷請來一大隊荷鎗實彈的警備隊到場助張聲勢。 結果，嚴士佳手持利刃將第一師範學生楊維祚君的左手靜脈管切斷。 斯時一般聽講的人更激動了公憤，而國家主義派行兇的嚴士佳宋訓信諸人也被打傷了；國家主義派知事不好，乃一面協同他們僱着的所謂神聖勞工搗毀會場器具，希圖抵賴，一面指名告密，逮捕了七個無辜的學生，以作他們誣陷的對象。 這是當時會場的眞象。 主使這次事件的陳啓天乃那樣的不顧事實，到處亂造謠言，由此足見國家主義派首領卑鄙陰險的一斑。 不祇如此，事後他們的陰謀伎倆還很多，如他們馬上用反赤大同盟的名義打電給吳佩孚，說是亂黨在中華大學暴動，吳佩孚馬上就回電陳家謨，囑着即嚴辦，因此武昌大學王君就在警備司令部受酷刑了。若不是那些圍視的兵士大鳴不平，大鬧反對，不但王君要死於非命，其他的六人也會要一個一個的上酷刑台。此外他們還假造許多共產黨的傳單送到警備司令部作證據，并捏造了一張共產黨的名單要政府緝辦，他們用武昌教育協會名義通電全國陷害共產黨人搗亂，馬上到武漢各處散發傳單數萬張，在漢口青年會招待新聞記者，希圖掩遮他們的罪惡。

以上都是國家主義派陳啓天等在此次中華大學事件中企圖陷害革命青年的勾當。狡猾陰險的國家主義派的首領曾琦陳啓天等，你們還能蒙蔽了這些活的事實麼!? 你們陷害革命青年動輒說是受了共產黨的指使，受了蘇俄盧布的收買，這是在事實上證明是你們捏造的謠言；而你們這次獎賞逮捕聽講學生的警察每人十元和你們首領余家菊最近回到黃陂大賣田產的款子不是從英倫帝國主義匯到中國六十萬磅反赤費中分到的麼？甘作帝國主義和軍閥走狗的曾琦先生們，你們能不自認麼？聽說陳啓天這次到武昌的目的是要抬李廉芳為武昌大學校長，好藉此介紹一大批的國家主義派的人進去當教授，想要使武昌大學變成東南大學，使武昌變成南京第二；可是他們這種野心，早就為武昌大學學生知道了，一般反國家主義的學生早就激烈的表示反對他們插足武大，似這一般反對他們的學生當然成了他們的仇敵，這次在中華大學聽講的學生被捕的七人中有五人是反對他們最烈的分子，故國家主義派此次向警察指名說他們五人是共產黨，藉此以圖報復。卑鄙狠毒的國家主義者，你們這樣隨便陷害覺悟青年的罪惡，還能够遮掩得了麼？似這樣我們這旁觀的人怎能忍得住不說話？卑鄙狠毒的陳啓天先生們這次本想置七人於死地，可惜事與願違，陳時知道是錯了，不能不四處託人保釋被捕的七人。在武漢一般教育界的人都轟轟烈烈的為被捕被傷的人鳴不平，所以結果在官廳就不敢不釋放了，國家主義者的報復終究沒有得到好的結果，弄巧反拙，這就是反動的國家主義者所得的代價。

現在，他們既然在全國大做宣傳去欺瞞不明眞相的國人，請先生將我這封信在嚮導週報上宣布出來，一來可以使國人明白這次事件中絕不是甚麼共產黨搗亂，二來可以使國人明白國家主義者的陰賊險狠如蛇蝎，見異己者不惜勾結其所欲『除』之『國賊』以刑殺之也。

武源寄自武昌　七月三日

本報接到讀者關於中華大學武劇之函件多封，因內容所述當時經過皆大致相同，故祇發表武源君這封來信。造謠和陷害本是國家主義者的慣技，我們早就領教過了。他們的首領崇拜墨索里尼，學得一些法西斯特的方法，在巴黎試驗了一次之後，又拿到國內來施行。這次在武昌，不過是這班『愛國健兒』小試身手而已。下去，尤其在反赤軍統治方興未艾的時代，他們的把戲還多着哩！

記者

請讀最近出版之

新青年 第四號

定價大洋三角
廣州國光書店代售

發行部 編輯部 通信處：廣州國光書店黃正君

分售處

廣州	丁卜督報社
北京	各學校號房
長沙	文化書社
寧波	寧波書店
武昌	時中書報社
	共進書社
福州	福州書店
香港	萃文書坊
汕頭	汕頭書店
蕪湖	科學圖書館
太原	晉華書社
潮州	青年書社
雲南	新亞書店
重慶	隆一書局
南京	榮天書館
寶慶	寶慶書局
黃梅	書報流通處
西安	西安書局
成都	華陽書報流通處
紹興	亞民文具實業社

價目

訂閱：國內一元寄足三十五期。國外一元寄足二十五期。郵票代欵九五折算。但以一分半分為限。

代派：每份大洋三分。六折計算。寄費在內。十份起碼。十期清算一次。概不退回。

零售：每份銅圓六枚。

The Guide weekly

嚮導

週報

◁第一百六十五期▷

目次

一九二六年七月二十八日

北伐軍攻克長沙與政局前途之推測

述之

現在討吳的北伐軍已經攻克長沙了，這一個事實的表現在目前政局上有甚麼意義呢？　從表面看來，似乎不過是唐生智恢復了一個已失的地盤，無甚特別意義；因為今天北伐軍取得長沙，也許過幾天吳佩孚來一個反攻，又把牠奪回去了。　然而我們如果深一點來觀察，這一次北伐軍攻克長沙，影響全中國的政局前途實有重大的意義：（一）壯大了北伐軍的聲勢；（二）給了吳佩孚一個嚴重的打擊，壓低了吳佩孚的氣燄，搖動了吳佩孚的軍心；（三）尤其要緊的暴露了吳佩孚內部的弱點，便是表現了吳軍內部指揮不能統一的弱點（這次吳軍失敗的根本原因即在前敵不能統一指揮所致。）

現在北伐軍乘此次勝利有直搗岳州而陵武漢之勢，但是在吳佩孚方面是怎樣呢？　吳佩孚在湖南既已受如此打擊，而在北方的地位也是一天一天地危險。　現在西北的戰爭是很顯然的：所謂『討赤』軍只是發了一些今天佔據某地某城，明天擊斃敵多少，所獲子彈槍械無算等宣傳和騙人的電報，實際上證明他們還沒有越過南池一步。　并且田維勤魏益三部之不穩，陳鼎甲賈[illegible]之反戈消息，日有所聞。　現在且錄商報所載國民通信社二十日天津快信關於北方戰事如下：

『西北戰爭自吳張會晤後，已入於實際行動之時期，一時所謂六路進兵也，總攻擊令也，恢復大同也，佔領懷來車站也，最近復又有佔領南口車站之消息—此種屬於片面宣傳之捷報，實無可以憑信之價值。……　蓋捷電雖如雪片飛來，然電中所述之消息，與事實往往相反：如言右翼已佔懷來車站，則田軍已截斷國軍京綏線之連絡，而實際田軍尚未越長城一步；如言晉軍已復得大同陽高天鎮，而一面又宣傳晉閻嚴令軍隊從雁門反攻；如言奉聯軍已佔南口車站，而京城復不時聽到火炮，担任前線主力之王棟部隊，又復退駐清華園。　凡此矛盾之點，舉不勝舉。　且一人所發之電又常自相矛盾：如田軍佔領水峪口之捷電已見於一星期前，乃近日又有捷電報告佔領，究為前次捷電虛造耶，抑水峪口有數處耶？　此不能不滋吾人之疑問者也。……近據自南口前線逃回之直魯聯軍二十五師某旅之排長所述戰事狀況，均為各報所未載，綜述之：直吳對於進攻西北之聲勢，雖似浩大，然此僅為吳氏誇大之宣傳作用，實際堪為吳之主力軍者，僅田維勤部之四萬餘人。　田氏係新直系運動之中堅其不能為吳氏忠實效死一戰，至為明瞭，據知田軍實情言者，田軍三分之二為國民二三軍所改編，此種軍隊與戰鬥力殊不完善，而『不與國民軍戰』之口號，深入於一般下級軍官與兵士之腦中，所以田之不戰，迫於軍心之不一也。　田以迫於吳氏之督促不得不開赴三家店一帶，前鋒直至紫荊關；吳亦深知田不力戰，故駐長辛店以督促之，田氏不得已，乃命部下前進，但以限於地勢與部下不戰之軍心，不敢作直線之進行，而為橫線之進兵，一面連電報捷。　實際田氏捷電中之地名大半均為長城附近不重要之村莊，實則其前線始終未與國軍接觸也。　吳似知田之敷衍策略，乃派楊清臣張敬堯二氏親赴前線視察，於是田之伎倆盡露，大受吳氏責備之後，不得不令前隊經過長城而北進。　詎其前衛隊鼎甲部一與國軍相遇，即突然倒戈，反陣以攻，致使田軍全線後退三十里。　蓋此次倒戈之主持者為陳部張[illegible]二團長，據聞參與此次機密者言，尚有某旦四團，亦為國軍所改編者，惟以現在後防尚未舉起叛旗，其不穩之勢，已為事實。　遠征蔚縣之魏益三氏，在報章上久未見其消息，乃近日謂其受陳部倒戈之影響，亦於前線吳，此訊已實之鑒整，即待官電之證實。 查以魏之過去與國軍之關係言，大有倒戈之可能，田氏近又引咎辭職，姑無論其是否別有作用，而吳之衆叛親離，實予吳氏武力統一好夢以一大打擊，陷吳氏於進退維谷之地。 吳之現有實力經過一部之叛變，一部復岌岌可危，實談不到進攻國軍。 現吳氏命令已之衛隊二團及數軍米國賢高桂滋開赴田軍後頭，以防止叛兵反攻，亦可見其手慌腳亂之情形矣。」

由此我們很可以看出吳佩孚在北方之狼狽情形。 現在田維勤魏益三部下甚至其本人，都時時有叛變反攻之可能。 其所以還能暫時敷衍殘局者，完全是吳佩孚親身在那裏鎮壓所致，如果吳佩孚一旦離開，西北戰事將上必發生絕大變化，也許吳佩孚便就此根本塌台了。 所以此時吳佩孚絕不能離開長辛店一步。 但是同時在湘鄂方面，前敵指揮已失統一，無論葉開鑫董政國李倬章甚至陳嘉謨，均不能統一前敵的指揮，非吳親身出馬不可。 吳佩孚在此種情形之下，真是進退維谷。

當奉吳聯合進攻國民軍和國民政府之初，中國的政局似乎有三種趨勢：（一）張吳勝利消滅國民軍和國民政府，造成極端反動的勢力，統治中國；（二）國民軍和國民政府勝利，根本掃除吳張的勢力建立較開明的政局，反抗帝國主義之壓迫，（三）吳張與國民軍和國民政府相持不下，以待別方面之變化。 現在我們看來，第一種趨勢已很少可能，因為吳張本身的衝突根本便不能調和，即暫時的軍事合作都是表面的（見本期北京通信），何況另一方面國民政府的勢力正在發展（如長江一般小軍閥楊森袁祖銘王天培彭漢章投誠廣東政府），國民軍仍然能夠在南口保守防線。 第三種趨勢是可能的，但目前獻吳之形勢和自身已早生變化，似不能長久等待。 至於第二種，根本消滅張吳，也是很困難的。 尤其是張之勢力，其根據在東三省，有日本帝國主義爲之直接保護，要根本剷除實非易事。 但這種趨勢一部分之成功是可能的。 便是打倒吳佩孚，剷除吳佩孚的勢力於湖北河南，趕出張作霖的勢力於關外，那時國民政府與國民軍及其他勢力建立聯合的較開明的政府，以對抗帝國主義。 現在按吳佩孚目前所處之客觀環境，實已趨於此種傾向，換言之，即吳佩孚將不能久於存在，在最近的將來，必然有新的局面的發現。

全國的民衆此時應該起來參加反吳運動或北伐運動，在這個運動中去發展自己的組織在將來的新局面中取得監督的地位。 同時反吳的軍事領袖們站在民衆的要求上，在北伐的進程中去培植民衆的勢力，至少也不要防礙民衆勢力的發展。 如果北伐並不顧民衆的要求，不注意民衆勢力的發展或甚至防礙民衆勢力的發展，那便完全失了此次反吳北伐的根本意義，那便與其他軍閥的互鬥無多差別。（完）

法國政潮之一瞥

卓宣

繼白里安內閣而組織的赫里歐內閣 甫一日即以辭職聞。 溯自一九二四年五月十一之選舉，代表法國小資產階級的左派聯合大獲勝利以來，迄今——一九二六年七月廿三日——竟八組內閣，四易總理。 這是何等重覆疊出人意料之外的政潮！

致其緣故，雖是各次倒閣的原因不一——有的是爲資本抽稅，有的是爲發行法蘭西銀行紙幣超出法定額數——然其根本的所在，則全屬財政危機，導源於帝國主義大戰的財政危機。 原來法國在大戰前即一九一三年十二月卅一日所有國債不過三二•五九四•〇〇〇•〇〇〇佛郎，而在大戰中，借貸甚多；據其財政總長克列曼泰爾(Clementel)所計算，合長期債短期債流動債等言之，國內借款共達二七七

•八五○•○○○•○○○佛郎（紙幣，後仿此）；合商業債政治債等言之，國外借款共達一二九•四五○•○○○•○○○佛郎（內中政治債數目，克氏未舉出，是採用批評克氏計算者的。 又此等數目係隨匯兌情形而變動的。）。 借貸一多，則國家負擔便重，不得不多發紙幣，以致影響到物價高漲，佛郎低落。 並且外債多了，則證券之類，多入人手，匯兌使容易爲人所操縱，何況在借貸時還曾以多量現金作抵押而使現金外溢呢？ 至於每年滿期應還的浮動債短期債，則更可常常使政府陷於困難地位。 此外還有屠殺敘利亞進攻摩洛哥等征服殖民地的戰爭，窮兵黷武，需款浩大。 因此種種，佛郎在今日遂大行跌落，使物價高漲，生活昂貴。 在這種情形之中，救濟之法，只有借外內公債，多發紙幣和加重稅額。 但舊來的外債尚未整理或開始償還，如何能借得到手？ 內債則因積欠已多，信用喪失，所以應者寥寥，成績甚少。 多發紙幣，則佛郎現已大跌，若再增加，即不管使佛郎爲馬克第二，徒使一九二三年的德國景象再現於法國而已，這是他們所不敢爲的。 結果除從速整理外債以為將來之地步外，祇有加重稅額。 對於無產階級，則工資已抽稅了，此外就祇有再行加重間接稅之一途。 可是這種羅掘，一方面早已惹起一般羣衆之痛恨和反抗，他方面亦不能解決問題，於是迫得這般小資產階級的激進派先生們不得不主張資本抽稅，加大資產階級一點負担，以鞏固佛郎價格。 在法國目前財政資本壟斷政權的情形之下，這個辦法可能實現麼？ 小資產階級內閣能離開大資本的關係而單獨存在麼？ 這樣看來，政潮屢起內閣數易，全部是必然的現象，而無可逃避！

法國的內閣，自一九二四年六月以後爲赫里歐內閣，至一九二五年四月爲班樂衛內閣，十一月班閣倒而復立，未及一月，白里安便繼班氏而作總理：以後白閣在今年三月六月均曾倒兩次重組兩次。 可是到七月十七日，再也不能撐持了，故自是日衆議院以二九○票對一四三票之否決信任案後，白閣便一蹶而不復振。 十八日赫里歐效馮婦之下車，再出組閣，廿日成立，至廿一日新閣大政方針宣布方畢，而議院竟以二九○票對二三七票否決赫里歐政府的信任案。 廿二日帝國主義者的代表國家主義者的老師（曾琦自負語中有云：『普恩加賚是吾師』）——普恩加賚便出而接受組閣之命。 至廿三日，普氏的左右派混合內閣便組織成功，普氏除任總理外，兼長財政，白里安長外交，赫里歐長教育，班樂衛長陸軍，巴黎電謂除極左（指共產黨與社會黨）極右（指法西斯蒂）兩派外，幾皆加入內閣。 於是左派聯合執政的局面爲之一變。

法國的左派聯合是幾個激進黨社會黨等所組成，代表小資產階級利益，以改良現狀圓滿共和爲號召。 在一九二四年五月十一的選舉，乘着右派聯合窮兵黷武，加重負擔和不能維持佛郎價格之種種破綻，獲得衆議院大多數的議席，遂踢倒右派而登龍即位。 在這兩年中，應該如英國的保守黨一樣，統治穩定。 乃財政危機，竟迫得牠動搖不已。 這種現象，雖然已經證明了左派之無能，可是總理東變西換，到底也還在左派手裏。 不意這次政潮，總理竟爲普恩加賚，五月十一日的勝利從此喪失。 我們進一步可以看得出來，左派屢次之不能鞏固統治和這次之不能單獨組閣，純是大資產階級不肯維持小資產階級內閣和小資產階級與大資產階級爭鬥而失敗的緣故。 現在法國的經濟命脈是操在大資產階級手裏的，所以小資產階級的統治，斷斷沒有安定和繼續的可能。 這種情形，左派首領也非常明白，所以白里安在今年六月十六日三次組閣時，即「已着手從廣大之基礎組織新內閣，……請各政黨捐除意見，……合謀國家福利」（路透電）雖然普恩加賚等尚欲坐觀時變，不願入閣，而凱勞却得副總理并引用其黨友，雜以中央黨分子。 及到赫里歐二次組閣造成之時，七月廿一日巴黎電云：『今日衆院興奮之象，甚於昨日，各政黨似有分裂愈擊言叛甚之趨勢，今日急進社會黨集議決定設立一各黨聯合團體，以提倡國家統一的內閣之觀念。』　至廿二日右派首領普恩加賚竟出而組閣，廿三日而組閣竟成，這裏可以看得出來左派之自動地大大讓步，——如果不然，左派佔大多數議席，普恩加賚內閣如何能夠成立呢？　從此可知這次內閣改組，實在是左派聯合倒台的表示。　雖然牠還有多數閣員，但總理之讓出，即政策犧牲的表示。　牠在從前幾次組閣中，對於五月十一日所宣布於民衆之政治主張，早已拋棄，現在沒有更大的讓步，如何能與右派領袖合作？　所以此後的左派，名存實亡，不過一歷史上的名詞而已！

左派聯合之失敗，即是右派聯合之成功。　右派聯合亦稱國民聯台，係代表法國大工業家大銀行家利益的。　此派之代表人爲普恩加賚。　普氏原係一帝國主義者，遠之在大戰中曾有很大的作用，近之在佔據魯爾之役更出力獨多。　他的政治主張，不僅是戰爭的，而且是反動的，在一九二四年下台之前，還曾有命令法律——即以命令代法律——的要求，借遭議院反對，爲5月十一日的左傾民衆所打倒。

然而他這次組閣，在法國政治上有極嚴重的意義者，我覺得他之組閣，酷似去年德國興登堡之當選。　其表示不獨是左派失敗，右派勝利，而且是改良政治的結束，反動政治的開始。　所以這次閣潮，是很值得我們注意的。

經濟的變動決定政治的變動，這種馬克思主義的理論，資產階級非常了解。　他們知道在現在這種貨幣低落，生活昂貴，人心惶恐，秩序慌亂等情形之下，德謨克拉西是沒有用的。　這個東西，在從前原爲一個幌子，而今的局勢，實在連這個幌子都用不着了。　所以在白里安三次組閣時，辭職的財政總長貝萊曾言，須改組國會政治結構。　七月四日巴黎電謂專家委員會——係由八個銀行家三個大工業家和二個大學教授組成的——的報告書，主張國會宜暫時放棄其關於政費之特權，宜予財長凱勞以更大之職權，俾可管理財政事件。　當時凱勞在議院發表意見，對此報告，完全贊同，並擬實行其全部條陳，內閣則一致贊成凱勞。　不久，凱勞的理財計劃要款第一即是准許政府以命令採行各計劃（不經過議院）。　這個意見爲財政委員會所否決，在七月十七日議院討論財案時，曾大行討論，赫里歐尤主張保存議院特權。　可是在七月廿日他出來組閣成立時，巴黎報紙即戲有內閣將請國會予以財政問題上若干自由行動權。　至於普恩加賚內閣，則不獨是財政方面要如是，恐怕他舊來的命令法律之要求，又將舊話重提，而大運其鐵腕，施行反動政治了。　因此普恩加賚之入閣，是德謨克拉西破產的表示！

法國人民在一九二四年五月十一日以前，在反動的右派統治之下，因爲不滿其政治行動，乃轉而向着左派。　現在左派無能，除背叛其所允許之政綱外，還竭力右傾，拉攏右派，與之合作。　論理說來，民衆經此政治實驗，是應當向着革命方面走的。　再加之法國共產黨平日之努力，我相信在事實上也必然要會如此。　不過當經濟政治社會各方面發生極大變動之時，革命派要大發展，反革命派也要大發展，而且爭鬥得很激烈。　德國在一九二三年共產黨大發展而法西斯蒂也大發展，便是一個先例。　現在我們從本月廿一廿二廿三這幾天的巴黎來電看來，知道法國社會也大形動搖，而議院前之民衆盼望赫里歐倒閣歡迎普恩加賚上台和辱罵共產黨議員等消息，不是法西斯蒂乘機發展之表徵麼？　因此法國無產階級爭鬥又到一個新的時代了。

以素稱強壯而努力工作之黨—法國共產黨，在此時必然以去年反對摩洛哥戰爭精神來大行活動。　所以目前普通的和籠統的左右黨混合內閣是不會有的，有了亦不能存在。　目前的局勢，乃是紅的專政與黑的專政之爭鬥，——不過資本主義的通信社不肯以此眞象見告罷了！—自普恩加賚組閣後，黃的專政與白的專政之爭鬥已經過去了。

亞細亞民族大會

超麟

這幾日有甚滑稽的一件事：所謂「亞細亞民族大會」將於八月一日在日本長崎開會。據字林西報十五日東京通信，從國外赴會代表將有一百餘人，其中中國將佔三十八人，印度將佔五人，土耳其代表即爲其國駐日公使，其他暹邏菲律濱等亦將有代表派來。印度暹邏菲律濱土耳其等的代表是否能代表各該民族，我們不知道。但我們的確知道，自稱我們中國民族的代表，無論他們是從北京去的或是從上海去的，無論他們是否道地的中國人，都沒有方法能夠證明他們有資格代表我們中國民族。（中國人誰承認他們？）在百餘代表中，中國代表佔三十八人，數目不可謂少，可見在這次大會裏，中國民族是重要的民族之一，然而中國民族代表既然那樣滑稽，則其他各民族代表的資格就不問可知了，則所謂「亞細亞民族大會」的價值也就不問可知了。

那麼，所謂「亞細亞民族大會」究竟是甚麼作用呢？我們應該略述這次大會之由來。這次大會的發起，誠然如中國代表蔡曉白所說，是在去年五卅屠殺以後。我們而且知道，當未發起「亞細亞民族大會」以前，還有所謂「全亞細亞勞動會議」的呼聲。這種會議到現在已經沈寂無聞了，因爲革命的中國，產階級既也不睬日本帝國主義的這種欺騙。但後起的「亞細亞民族大會」則呼聲日高，以至於今日的狀況。當這次大會發起之初，日本「報知新聞」即有一篇論文，說出這次大會的作用：

「在進行中的全亞細亞聯合會的第一次籌備會議將在下月下旬在上海舉行。列席者爲籌備會中的五個籌備員，代表各亞洲國家。這次籌備會的任務是決定關於召集大會的各種計劃，該大會亦將在上海舉行。時期大約在來年四月或五月。岩崎勳（政友會的幹部之一員，今爲該會籌備委員會主席。）大約將出席於籌備會議，爲日本方面的主要代表。又岩崎勳在一個談話會中宣言說：全亞細亞會議的目的沒有別的，就是想影響出席各國的政策。至於造成輿論，還不過是一種副目的而已。所以出席於這個會議的籌備代表，都必須在他本國是一個有力量能左右該國內政方針的人物。」（一九二五年九月二十三日報知新聞——參看本報第一百八期。）

拿報知新聞這一段論文所說來看，并拿來與「亞細亞民族大會」目前的情形比較來看，不少，我們可以發現底下幾點：

第一，所謂「亞細亞民族大會」，并不是爲甚麼亞細亞民族「共存共榮」等之目的而發起的；乃是爲日本帝國主義的政策能影響出席各國的政策之目的而發起的。

第二，大會地點原定在中國的上海，大會日期原定在本年四月或五月；現在則改至八月於日本的長崎開會。

第三，大會當初的希望，比較的奢，限定赴會代表必須在他本國是一個有力量能左右該國大政方針的人物；現在則降格相求，祗找着這麼小而又小的幾隻小走狗林可彝黃攻素等赴會。

綜括起來，所謂「亞細亞民族大會」分明是日本帝國主義欺騙亞細亞洲弱小民族的作用；日本帝國主義本來想在亞細亞洲革命重心的上海，舉行一個作用較大的大會，可見這種欺騙作用被識破了，於是不得不降格相求在長崎開現在的大會。

掛親善面具行侵略政策，本來是日本帝國主義的慣技，這次的技倆其實是很明顯的，任何中國人，祗要不是日本帝國主義走狗，誰都能夠明白，決不是如蔡曉白所說甚麼「共產分子造作斯說以淆亂聽聞害也』。自然，中國之日本帝國主義走狗，可以辯白，這次大會是日本及各民族人民自己召集的，幷非由政府出頭發起；可是這種論據是不值一笑——我們用不着列舉日本帝國主義輿論及長崎地方長官，對這次大會之歡迎，我們祇就日本方面發起及赴會代表的大名看來，已經足以攻破中國之日本走狗的論據了。田中義一是政友會總裁，宋次足二郎是政友本黨總裁，今里本太郎、田中善立等皆是日本的統治者，即皆是侵略全亞細亞民族的帝國主義者。此外還有一個謝米諾夫。他們發起幷參加這次大會，除了替日本帝國主義侵略政策盡力之外，還有何種作用呢？

這次大會雖然是亞細亞洲各國多有所謂代表參加，日本帝國主義政策所影響的雖然及於出席各國，然而『亞細亞民族大會』的作用，主要只對付中國——這是我們應進一步認識的。中國是亞細亞洲版圖最廣天產最富的國家，日本帝國主義侵略的對象首先當然是中國，日本帝國主義的侵略面具——大亞細亞主義，首先就是為中國而唱的。這些都有幣部的中日外交史可以證明。十年前，日本憲政會代議士會長小寺謙吉所著『大亞細亞主義』一書的結論，就完全對中國立論，其結論明白的說：

『假使中國滅亡，日本則有脣亡齒寒之感，換言之，中日兩國其國土為二，其利害則一，恰如形影之相附，未有形亡而影存者也。夫中國國大而武力弱，日本則强於武力而國小。故日本宜於政治上扶助中國之弱，中國則以經濟補日本之小。……現在中國之社會政治經濟之各方面，腐敗紊亂已極，內容已亡，不過苟支其形骸，賴列强之牽制得保其殘喘，若非以日本為中心之領土保全之國際條約，恐中國主權已不存在。……吾人所以詳說中國者，其眞意則欲指導中國使之富强，蓋非為中國計，實吾自為計也。』

這種非為中國計而為日本計之大亞細亞主義，自然也就是行將開會的『亞細亞民族大會』之精神。在小寺謙吉這段偉論中，我們認識了大亞細亞主義，又認識這次『亞細亞民族大會』。同樣，將來由這次大會產生的亞細亞民族國際聯盟的作用，也可以推知而知了。

這種欺騙亞細亞弱小民族的宣傳，首當其衝的中國人也有一部分為之努力者。固然，我們上面已經說過，日本帝國主義此次舉究找不着有力量能左右中國大政方針的人物到長崎去赴會，但在中國自覺或不覺替『大亞細亞主義』『同文同種共存共榮』『中日親善』等日本帝國主義政策做宣傳者也不乏人。在顧正紅及上海南京路烈士鮮血未乾的時候，已經有戴季陶的『日本回東方來！』和虞洽卿鄔志豪的『對英不對日』，——有了這樣靦顏事仇的中國資產階級及其思想的代表者，安得不激起日本帝國主義出大亞細亞主義之宣傳，進而為『亞細亞民族大會』之召集，更進而為『亞細亞民族國際聯盟』之組織呢？

最近海關稅務司發表之中國一九二五年對外貿易狀況，告訴我們，英國對華貿易，因五卅運動影響而低落，但日本輸入中國的貨物，則不但不因五卅運動而減少，而反比一九二四年增加六六·四五五·〇〇〇海關兩。這是甚麼原故呢？這一方面固然是日本帝國主義外交政策（政府的和『國民的』）之巧妙，他方面也是由於我們的資產階級之背叛民族利益。從此，我們更認識我們的責任，不但在於抵制日本帝國主義侵略政策的宣傳和實施，而且在於揭破幷防止中國資產階級等背叛民族利益的行為。

北方鐵路工人生活之困狀及自救

章龍

北方鐵路素爲各軍閥分割霸佔，視爲私產；代軍閥管理鐵路計劃壓迫工人的，就是交通系。所以北方鐵路工人因直接屬於軍閥及其走狗統御之下，所受政治上的壓迫比其他工人更爲厲害。他們反抗這種壓迫的爭鬥，也就同政治相終始，北方鐵路工會運動的應仆屢起大部分過程，都是在爭政治的自由，他們在政治爭鬥中有時得到若干的勝利，他們的生活便比較進步一點，有時全個反動的政局來到，他們便更陷於極恐怖極黑暗的境地。我們只看過去一年來北方鐵路工人（尤其是京漢路與京綏路工人）積極參加反奉戰爭，及反奉戰爭失敗後他們的遭遇，便可以了然這個道理。

自直奉軍閥聯合反赤後，整個北方俱陷於極黑暗極反動的狀態，一般民衆的備受摧殘自不用說了，就中尤以鐵路工人的生活惡化到了萬分！在戰前一般的鐵路工人生活：大抵工作時間爲九時半至十二小時，星期日休息或間星期一休息，此外年假節假俱有一定標準，平均每年約三星期；工資按大洋發給，屆月支取，極少拖欠之事。此外工人日常生活俱在工會保護之下不容受無理的外力蹂躪。

可是數月以來這些情形都完全改樣了。各鐵路因戰事關係四分五裂，如京漢鉄路曾分爲四部管理，津浦鐵路分爲三部管理，京奉鐵路某一個時期曾有三個局長，京綏鐵路亦割爲二段，這些重要的鐵路俱歸各該處軍事運輸司令管理，一切管理規則完全軍事化了；此時工人不但沒有集會結社的自由，工會自然解散，工人也變了軍閥的工兵隊，他們一切的生活俱受軍事嚴重的壓迫，絕對服從軍律，不容稍有異議，否則便以軍法從事。至於工作以外的一般所受兵士的辱罵、毆打、刼掠、誣害等也和普通人民一樣，益陷於水深火熱之境。此時工人的工作時間打破從前一切的規定，工作自十二小時至十四小時，并要爲軍閥加造砲彈及鐵甲車，當軍事緊迫時多數司機升火及車務各種工人俱延長工作至廿四小時，晝夜不息地在槍林彈雨中工作。（津浦路有一司機隨同奉軍轉戰各地，四十餘日沒有休息，後來乘間逃去，被奉軍斷去半臂。）他們有的被敵人殺傷，有的因疲倦而被軍士毒打，槍斃，犧牲不可計數。直到戰事已平工作時間仍繼續增加，從事修理戰爭之損失。同時在工資方面，戰事期內不消說是絕對沒有工資的，工人須借貸度日，有時稍發一點工資，也不足以謀一飽（濟南大槐樹津浦鐵路工人有一次曾以罷工要求發給工資，結果每人僅發洋麵八斤），戰事結束後，京奉、津浦、京漢、膠濟等鐵路工人工資直到現在都是積欠如山、不能清算，最富裕的如京奉路已積欠一月以上，津浦路北段已經有五個月沒有發薪，京漢路也是如此，京綏路在國民軍軍事期內工人亦忍受了極大的痛苦正太膠濟各路稱是。最近奉直軍閥張宗昌等又提議將京漢、京奉、津浦、正太等路工人六月份所欠工薪全數提充南口方面聯軍軍費，永不發給。至於工人每年照章應給的花紅和獎金，更不必說，是一文沒有了。

工人在工作時間及工資方面所受的損失既如此之大，此外他們偶然領得的工資，又有些是所謂軍用票，凡軍用票行使的地方——山東、天津、北京一帶——物價頓時高漲，有時漲到三倍以上，試問工人在此狀況下面，有甚麼方法可以保障他們生存的權利？

軍閥既從經濟上剝削工人的生機，知道同時也會引起工人的反抗，於是除戰時取嚴厲鎮壓工人政策外，於最近數月內，復封閉各路大小站工會，大批逮捕舊日工會領袖，緝拿爲工會服務的人，開除各工會熱心分子，嚴禁工人刊物的編印與發行，有時并令工人上工須取得殷實舖保，而加重其桎梏，工人在這個暴風雨下，更是呼吸都不能自由了。據我們所知道的如京漢路鄭州被開除而失業的工人有卅餘人，信陽十餘人，其餘北段一帶如保定、長辛店各合計亦有十餘人，據最近交通系宣傳凡是『二七』那一次失業於去年復工的工人，均在一律開除之列。又如隴海路鄭州站已開除工人五十餘名，京奉路的唐山津浦路的浦鎮，京綏路的西直門，以及正太（石家庄）道淸各路，全部合計亦有失業工人約九十餘人。 最近膠濟路亦有裁減工人七百人的大計劃。 各路工會被封後，會址則被軍隊佔用，基金則被軍閥掠取，失業工人對於積欠數月的薪金也沒有追問的權利，結果是爲軍閥白做了幾個月的苦力。

現在軍閥更於各大站收買少數工賊，給以偵探名義監視工人的行動；交通系却暗中佈置如何增加工時，剋扣工薪，以及剝削工人血汁的種種方法。 這樣看來北方鐵路工人的生活，目前已重新回復到比『二七』以前更悲慘的地位了！

這一段艱難的時期，在革命的觀點看來，不僅不是悲觀的現象，正是我們團結全部工人力量實行向軍閥反攻的時候，因爲上面所述的材料，是我們全體鐵路工人的痛苦，是許多軍閥連合向我們所施的壓迫。 從前頗有少數工人因爲意見不同的緣故，不能有整齊一致向敵人進攻的步驟，有的蠢想吳佩孚重來後可以做巴結升官發財的夢，有的糊裏糊塗不願參加政治而消極幫助了我們的敵人，有的因爲經濟地位自以爲比一般工友稍覺優裕便埋沒了他們的革命進取之心，但是今天大家受的痛苦却沒有兩樣，那極柔順的開封隴海工會平日專尙和平妥協的不是一樣受吳佩孚的封禁嗎？ 隴海工人不是依樣有大批失業嗎？ 素以勾結軍閥官僚營生如長辛店張德惠等人所辦的工會不是也遭解散嗎？ 京漢路鄭州少數反對共產黨極烈的工賊，屢向吳佩孚告密，希望將工會推倒，殺盡共產黨工人的，現在不是連他們自己一樣都被吳佩孚開除了嗎？ 這些都是眼前的事實，并且是軍閥對於工會及工友們一律看待的事實，從這一個事實，更使全體工友得到深刻的覺悟：一方面應該捐除成見嚴格的集中自己的力量，對抗我們共同的敵人；一方面是檢查我們一般所受的痛苦（如工資積欠，工時增加，生活程度緊張，工資不能維持生活以及軍事的騷擾等。）聯合各路工人不分彼此作一個共同的要求，發爲一種普遍廣大的運動，只有這樣，目前全國鐵路工人的奴隸境遇，才可以減輕一點，軍閥進攻的氣燄才可以緩和一點。

全國鐵路工友們！ 你們不要懾於反動政局的橫暴而放棄了你們目前所應取的自救方法，現在軍閥的聯合壓迫我們固然是很利害，可是也是外强中乾，軍閥間的聯合，因他們內部利害衝突正在膠粘不住，快要破裂了。 你們爲最低度的生活要求，爲自由集會、結社及復業的要求，是極應該而且平常的事，如果不自己行動，軍閥是決不會賞賜給你們的。

大家齊站起來吧！ 速參加自救的爭鬥！

一九二六年七月十一日於上海

張吳會面後北方的政局（七月十六日北京通信）

列武

（一）北京會面後的張吳關係

北京會面後張吳關係最好的說明，是日本帝國主義機關報順天時報所說的『日之方中』。 日到方中之後，就轉而西昃了！

自天津會議以後，吳佩孚地位本已較前困難，如果不犧牲代表護憲的精神之顏閣，吳氏又無力以抗國民軍或張作霖；如果犧牲顏閣，又不免爲奉張武力屈服之憾，於心難安。 然而吳佩孚終於屈服以和緩奉張。

吳於顏閣下台以後，遲遲其行，不欲急進北京與奉張一面，解決他們所公認的困難問題：魏益三部軍械問題，唐之道部軍隊問題，保大地盤問題，李景林部軍隊問題。 在吳之意，本欲以顏閣下台一事敷衍奉張而進行他們所謂之軍事合作，向西北用兵，於討伐西北中求得他的自救出路。然而此非奉張所能滿足的。所以，顏閣下台通電發出之後，張作霖即時入京并帶奉軍至三萬以上，來京坐等吳秀才之到臨。這一新鴻門宴使得誇大狂的吳秀才欲退不能，進也無法。所以吳佩孚到長辛店而不敢進，進京不借宿而竟去，實甚狼狽不堪！

在京之時，他們不過二三度會面。其中詳細情形，外間實無記載，但以其來去忽忽，可知毫無成就。張作霖藉口腹痛使吳佩孚獨角排演於傳心殿，更見露骨！

我們從報紙消息與雜告，知道張吳間四個實際問題，一個也未解決；吳佩孚以很和緩的態度，借用魏部軍械，另委唐部長官，暫時借用保大。此固奉張所不滿，但又礙難翻臉，所以吳佩孚馬上利用張作霖的緩衝語「軍事合作」，忽然出京，張作霖亦莫可如何隨而返津！但是在事實上，張宗昌張學良即時解散吳佩孚所勾引的李景林部隊與吳佩孚以事實上的打擊。其餘張宗昌派人坐索軍餉由五千萬至一千五百萬之多；張學良扶助京綏局與吳之所派抗爭；吳反對關會停會，張默不一言，均不能不謂為他們中間衝突之表示。

（二）南口、山西、河南的戰事情形

張吳兩方既然一時聲勢赫赫，共同入京，進行他們所謂之軍事合作，討伐西北；在國民軍一方面當然要作萬一之預備。所以張吳入京之時，國民軍停止進攻太原的軍事，增加南口一帶兵力，以準備聯軍之來攻。

現在吳佩孚主力田維勤部已經五兩反戈，投向西北，其餘之衆又不肯力戰。據吳派楊清臣所報告，田軍列陣離國民軍四五里之遙，并無戰事，不過放射槍炮一二以敷衍了事。所謂連克險要完全為向吳佩孚騙餉騙彈之口實而已！

至於南口正面，以奉直聯軍為主力進攻，以褚玉璞為指揮。據最近消息奉直聯軍損失甚巨：連戰沖北，損失一萬人左右。現并有國民軍已佔領昌平進逼沙河之說。吳佩孚鑒於戰事不利異常恐慌，曾派張其鍠往謁張作霖，陳述戰事不利之情況，并決定互換督戰員。而其結果更不見佳，北京近日聞炮聲，即猛戰之所致。於是張作霖驟然歸去，張宗昌也要不日回魯，留西北軍事於吳秀才及可以犧牲的褚玉璞的身上。

山西方面，現在戰爭仍進行甚力，方振武為前敵總指揮，太原有不日可下的消息。

河南軍事，樊鍾秀現已佔領南陽、南召、方城、內鄉、淅川、鄧縣、魯山、寶豐等。能戰之兵共合四旅一團，加上紅槍會可以號召之衆三萬，其勢頗為不弱，現雖三面被圍，而來攻之兵多二軍或樊本人舊部，不獨不出力攻擊，且時有反戈之危險，所以此時的寇英傑真是對付不易，一方面向吳告急，一方面向鄂求援。吳佩孚失敗於北或國民革命軍進取於南，能使寇在豫根本坍台。

（三）長江突變的影響與反赤戰爭的結果

我們以前已經說過長江形勢的變動將使吳佩孚腹背受敵，以致於根本破產。現在吳佩孚既不能得志於進攻南口，樊鍾秀又大肆擾亂於河南，已使吳秀才毫無實力無法撐持。現長沙既已攻下，勢將直搗武漢，絕吳佩孚歸路，江西方本仁舊部突起，使吉安以南歸於廣州勢力影響之下，更使吳之地位危如累卵。如此不獨吳秀才的討伐南赤成了鬼話，而於一籌莫展的討伐北赤而將失敗之後，甚至於連歸路也沒有了！

吳佩孚的地位既然如此窮蹙，他的部下靳田魏等當然更是他臥榻側的炸彈，有機即可爆發，同時八面玲瓏的孫傳芳，當然以新直系聯盟的關係與本身利益問題，不能不有事於蘇魯之交，而謂此大好機會已經過去！

所以長沙的攻下與太原攻下有同樣的重要，促進新時局的開展。

在時局之下，吳佩孚不獨對南口戰爭無勝利之或然的可能，而且毫無辦法！ 可以說以巧宦家的吳佩孚或遭無巧可取之厄運。 至於張作霖，則又不同。 我們要知道將來政局變化之影響於張作霖與吳佩孚之不同，我們應先研究在反赤戰爭中張作霖的策略是怎樣？

在反赤戰爭中，張作霖的態度雖然不免曾經數次變更，但其策略始終是保守的進攻，而且盡量的犧牲非嫡系的軍隊，數月以來與國民軍死戰，直至佔領北京，何嘗是奉軍？ 還不是直魯聯軍嗎？ 最近還二張改編之李景林部隊何嘗不是數月前拼命與國民軍死戰進入北京之軍隊？ 由此我們決不可以褚玉璞督戰南口，吳俊陞遠征多倫爲奉系必戰決心之表示。 近日日文報紙宣傳及順天時報議論，一方面若隱若顯指出吳佩孚之行將破產，一方面暗示武力統一的迷夢只有吳佩孚做，現在雖然共同向西北用兵，但奉之與國方暗中進行妥協爲必然而必要的行動。 如此，我們可以窺知張作霖對於此次西北用兵的態度及將來時局對於他的影響是怎樣。

因爲奉系策略根本就是保守的進攻，所以嫡派奉軍集中津榆一帶，形成進可以戰，退可以守的形勢。 雖然日本帝國主義深知中國革命運動發展是他們的厄運，如果不能將北方的國民軍與南方的國民黨及其政權打倒，他們的根本就要動搖，故此撮合張吳聯合共同向國民軍作戰，并以種種方法，消除他們間必然的衝突而來延其關係以至今日，但是如果全國形勢是這般發展，吳佩孚之失敗難以倖免，則奉系的保守的進攻策略實爲有安全保障而無破產破壞的策略。 所以，將來時局對奉系的影響充其量不過掃除其關內勢力。 而此又必須孫傳芳進攻山東與張宗昌失敗以後，否則尚可駐守津京，以政治的責任地位與國民軍講和。

根據以上的分析，我們可以知道，張吳關係現已成無可無不可的形勢；河南、江西、湖南的變遷及田維勤部之變動，使吳佩孚根本有難以支持之勢；在將到之新的政變中，吳佩孚將根本破產，張作霖不獨可以退守滿洲，且可利用時機與國民軍講和。 這就是反赤戰爭的結果。

河南焦作的民衆（七月三日河南通信）

龔逸情

焦作爲河南北部修武縣所屬之一大市鎮，本爲農業區域，因其地產煤甚富，故現已一變農業區域之舊觀而進爲較繁盛的工業市鎮了。

因爲焦作產煤甚富的緣故，故離今二十年前，英國帝國主義者司計（譯音）即藉着該國之靈敏的外交手腕，與清政府締結條約，特許該英國帝國主義者以六十年的開採權，劃定縱十里橫十五里爲界。 於是英人司計遂聯絡該國資本家多人組織福公司（純粹英國資本）專司開採及運銷。 其後十餘年，中國官僚紳商復組織中原公司（聞係直派的走狗）亦用新式機器，在其附近開掘。 交涉很久，始由雙方組織福中公司（英資佔十分之六七，中資僅佔十分之三四）專司運銷該兩公司（福公司與中原公司）之出產。 就經濟情形而言，該兩公司之營業，絕不致有虧損之虞，惟歷年國軍閥戰爭之影響，頗有不能振興之感。 計該公司出產品之銷場，自京漢路全線以至各支線省區（如湖北、河南、陝西、山西、甘肅、直隸等）隴海路全線，津浦路南段以及長江下游等省區（如江蘇浙江安徽等），其銷路亦不可謂不大了。

交通機關，則有道清鐵路，英帝國主義者投資以築此路之目的，完全在於運煤之便利，現此路雖名義上爲國有鐵路，然管理權則仍操於英人之掌握！

民衆方面，計先後成立團體者，有焦作煤鑛總工會（二千五百工人），道清鐵路總工會（一千人），廚司工會（一百多人），農民協會（共二十五村，二萬五千人），河南青年協社焦作分社（三十多人）。　而未有組織者，尚有中原公司鑛工四千人（現因公司運輸不便、營業不好，一般小工雜工被斥退者，不下半數），黃包車工人百餘人，四十多處小窰（小資產階級以私資在福公司附近採煤屑者，人都稱爲小窰，約有四十多處，寇英傑曾遵英帝國主義者的意旨封閉一次（鑛工數萬人。　其他手工業者，如油漆、泥、木、理髮、縫級等工人，總數不下二千人，月前他們曾因生活困難，聯絡起來共同成立一個行會，以增加工資。　此外則有趕馬車工人二百餘人，亦有一個行會爲少數剝削者所辦。　工人中之最苦者，莫如鑛工，而鑛工之最苦者，則爲挖煤、裝煤、篩煤、抬煤四種工作，其餘一般工人，當然亦極痛苦。　少數鐵路司機工人及電汽工人每月可得二十元至五十元之薪金，其餘有一部分工人，則月得十餘元，而大部分雜工小工學徒童工則均在六元以下，以此維持一家生活，實非易事，故叫苦連天之聲，到處可以聽見！　至於焦作四週之農民，在國民軍時代，農民協會與紅槍會，亦有組織，其中組成分子，則均爲良善農民，目的在於自衛，非若豫西豫東之間有不純良分子參雜其間。　惟自民元以來，每年直接間接受戰爭之影響，拉車啦，派夫啦，供粮草啦，預徵田賦啦，供給保護地主利益之保衛團的餉捐啦，土匪啦，逃兵啦，種種痛苦，不可勝算！　故一般農民生活極苦，吃高粱小米者，在鄉間還算是十等人家，而一般極貧苦之農人，竟有吃糟糠者！　以此怨聲載道，覷軍閥如仇讐者，亦頗有其人！　惟胆量不大，很有些懼怕軍閥之權威。

焦作的教育，因經濟的關係，形成一致的黑暗反動的教育！　直接的或間接的受英帝國主義者或中國資本家的指使！鑛務大學，福中中原，老亞小學，都是由中原福中兩公司供給經費；普濟小學校的經費雖是募集來的，然經濟命脈則操之於一個商業小資本家之手！　扶輪小學校，不用說是交通系走狗的機關，淑義女學，育坤女校，是基督教的宣傳機關！　這些學校在過去的公開的積極反帝國主義運動中，他們都禁止學生參加，更不用說現在了！　他們看五卅慘案後此間學生運動亦次第發達，於是更聯絡各學校的校長教職員，組織一個學校聯合會，以包攬并阻止一切學生愛國運動！　在今年五卅慘案紀念籌備會中，學校聯合會代表顧某，反對舉行五卅紀念，竟然說說『誰人不贊成愛國運動，不過我們怕有赤化的嫌疑！』　好一個不要臉的糊塗的贊成愛國運動者！

此間駐在的小軍閥，營長，對於人民之集會出版，罷工等自由權，當然盡量的剝奪。　在五卅紀念日，有人散傳單痛罵吳大軍閥，他更是不遺餘力的調查，後竟到工會要工會首領，到普濟小學要那貼標語散傳單的幾個小學生，可憐把一般教職員，嚇得把思想稍新一點的書報，統統燒去，并且威嚇學生趕快自動的取消青年協社！　好一些鼠大胆的教職員們！

革命的勢力，絕不是以積極壓迫可以消滅得了的！　依我的觀察，此間革命勢力，不但不因壓迫而消滅，却反而潛孳暗長，時時都有爆發的可能呢！　敢請全中國的革命志士，拭目以觀其後吧！

中國國民黨中央執行委員會來信

讀者之聲

敬啓者：查本黨整理黨務第一決議案，爲求中國共產黨員與中國國民黨員以道德的基念公忠的精神爲合作信約共同遵守以𣂺革命勢力之集中與革命工作之進展起見，議訂中國共產黨與中國國民黨代表聯席會議組織大綱，第一條規定本會議以國民黨代表五名共產黨代表三名組織之。基此規定，本黨業於十五年五月二十日在中央執行委員會全體會議決議選舉張靜江譚延闓蔣中正吳稚暉顧孟餘五同志爲本黨出席聯席會議代表在案。特此奉告，幷請貴執行委員會推定代表三名，幷於推定後通知敝處，俾得早日成立。無任企禱！此致

中國共產黨中央執行委員會

中國國民黨中央執行委員會秘書處　六月十九日

中國共產黨與……陳公博

中國共產黨：

我是中國國民黨政治講習班的學生，有一天我們的教授陳公博先生說出下面兩段話：

（一）「中國共產黨五年來之政治主張」小册子上，沒有貴黨第一次代表大會宣言，說是因爲貴黨在當時政治活動上的政策，主張與陳炯明聯絡，而不願與孫中山先生聯絡，現在不將該項宣言發表，恐怕影響國民黨與貴黨合作，故不發表，免引起糾紛。

（二）陳公博先生最初是C.P.同志，C.P.第一次大會，陳先生說曾參加了。故上項宣言不能發表，他知得翔實。並且說他與貴黨脫離關係，係與貴黨當時政見不合，他主張聯孫中山先生，貴黨要聯陳炯明而與之合作。因此意見衝突而退出了。

對於上述兩件事的有無，是否確實，我是黨外人不得而知。但是心中很疑惑，務望貴黨給我一個明白解釋和答復，載在貴黨機關報嚮導上，以釋我的疑惑。耑此謹致

革命的敬禮

嚴壽山於廣州　七月二日

嚴壽山先生：

本黨第一次大會，陳公博確曾參加，但此次大會幷未有宣言。至於本黨開除陳公博實因他反對本黨與國民黨合作政策；此事經過，汪精衛先生完全知道，因爲在開除陳公博之前，精衛先生曾告知本黨說，陳公博仍在羣報上爲陳炯明宣傳，本黨因此才決定開除他，在此以前還只是留黨察看。事實如此，陳君當不會任意顚倒過來，或者是先生把陳君的說話聽錯了。

中國共產黨中央秘書處　七月廿二日

國民政府治下之廣西

記者：

我相信你們是能指示人們走上革命道路的，所以我將廣西情形拉雜寫出寄上，希望你們給他一個對症下藥的醫方。

廣西的情形，簡直糟到十三分，因爲明明白白的反動勢力之下，可以絕對的秘密去組織，廣西呢，老實說，假革命佔了百分之九十九，農會現由省黨部下令包辦從上方組織了，其他一切莫不如此。我自信我是去幹農民運動的，服從省農會的指導呢，不變成官僚式的走狗嗎？不服從，單人獨馬，又恐蹈東蘭之覆

織。現在中國國民黨的農民部，也不聽見如何進行，只由政學系的餘孽在廣西亂擾而已。我很願有人指導我們，如廣東省農會一樣，但是，那裏可能呢？

附上一稿，務請你們酌定登載。

N. Fierce　一九二六年七月五日下午四時

廣西與革命根據地的廣東，有唇齒的關係，廣西民衆覺悟後能否組織，影響於國民革命之前途很大。現在廣西雖然在國民政府管轄之下，可是廣西的被壓迫階級——農工學生，是否已眞正得到自由？這是有革命性者，亟欲知道的。現在我很忠實的將最近廣西農工學生被摧殘壓迫的情形，報告如次：

東蘭縣農民之浩劫

東蘭縣近黔滇，交通不便，但農民被地主壓迫，較桂省各縣爲甚。去年有某某兩君由廣州農民運動講習所領受革命洗禮歸來，即發動向農民宣傳受人壓迫之痛苦，於是農民協會就開始組織和發展了，訓練農民的農民講習所也成立了。一般土豪劣紳地主，知道這是他們的死敵，乃勾結縣知事黃守先，駐防軍隊劉日福部（陸榮廷殘部改編的）團長龔壽儀，向農民大殺特殺。因交通不便，貪官等又以「赤化」「過激」「土匪」等罪名蒙蔽政府，所以外面到現在因農民的快郵代電才知道詳情。茲節錄農民代表五月冬日快電如下：「……武篆一區，已焚去農村五十餘村，農民被殺者二百餘人，凡加入農民協會者均處死刑，雖七旬老翁三歲孩童，莫能倖免。農民逃亡出外達六千餘，該知事更向都彝長江等區慘殺，一面發出一種良民牌，價目自廿元起至千元止，農民購得此牌，方可回家耕作……」

梧州學潮

（一）中國國民黨廣西省立宣傳員養成所驅楊風潮　該所校長楊文炤，黃紹雄之外甥，自上海某大學畢業（？）歸來即攫獲此位，一味侵吞公欵，剝奪學生集會自由。復趾高氣揚，不與官僚式的省黨部之元老相往來。四月尾爲該所學生驅逐，楊反施高壓，勾結駐梧軍隊到校，欲以武力解決，省黨部乃乘此在貴前進機，於是此席歸省黨部掌握中央。

（二）省立二中驅崔風潮　崔贊謨與省政府主席兼財政廳長黃紹雄及駐防梧州的第六旅旅長韋雲松同鄉，今年由代理的一躍到正式校長，即侵吞公款，不顧學生學業，安插私人。學生即群起反對，崔以此電黃求援，黃不察事實眞相，當即轉電韋雲松云：「……二中學生毆傷校長，仰該旅長派隊查拿送交法庭訊辦，不上課即勒令退學，追繳學費，以肅學風……」現該校學生已被拘留十四人，女生二名，崔曾語人云：北伐時期，胆敢鼓動風潮，擾亂後方，黃主席殺你幾個，看你奈何。該校學生，刻已東下到各方面求主持公道，但一時總難望勝利也。

此外還有平南懷集兩縣之農民協會，被黃紹雄省黨部禁止設立，一則曰「俟省黨部頒布章程，以昭劃一而免紛歧」；再則曰「查該發起人爲久留粵省之工人，依據粵省章程，回縣組織農會，殊難認爲適當，不便照准。」（見中國農民第五期）第七軍北伐，南寧警察廳長開炳南因農夫而拉夫而毆打工友（見梧州各報）。梧州市黨部爲中央特派，比較上能領導民衆，反動派藉口市黨部執行委員在北山公園與某女士二人會晤而加以「有傷風化」之罪，令警逮捕，復指爲反動之區黨部要求改組。復次，現在由李黃經手的兌換劵（去年發行，維持劣幣風潮者），因新廣西銀行成立，低至四成了，而此次新銀行之紙票發行額，爲千萬元，基本金僅爲抽收雅片煙稅約四百萬元，截滇唐煙土約二百萬元而已。以上種種，俱爲軍閥與革命軍之大分別，望我革命青年注意及之。我們於此種事實之外，更要知道：李宗仁黃紹雄均是很有地有錢的人，他們年收租谷達十萬担，殘殺東蘭農民之縣知事黃守先、爲黃紹雄之叔，團長龔壽儀與李黃同爲保定軍官系，應與劉日福以分劉兵權者；與崔楊同等學識，在桂大不乏人，而崔楊可任意胡爲。至於省黨部中人，無一不是政學系劉震寰餘孽，他們僅是民二之國民黨員，民十三改組後之黨證，拿得出嗎？現在有革命思想之桂人，有兩派：一派己認定李黃爲維持地盤而容許官僚政客在省黨部鬼混。他們推擁李黃前進，將來不前進時，郎起而打倒之；另一派認定廣西也是在反動勢力之下，現時只有埋頭的到鄉間活動去。我以爲前者有被收買而變節之可能，所以我極贊成第二派的意見。

N. Fierce先生：

先生來論，能根據事實，將廣西情形無所隱諱的寫出來，這是本報讀者亟應向先生道謝的。根據來論，我們知道，今日的廣西雖然是國民政府治下的廣西，但在那裏，農民的組織一樣受摧殘，農民協會的分子一樣被誣爲『赤化』『過激』等而被屠殺，學生一樣受學校反動當局的壓迫，商民一樣飽嘗濫發紙幣的痛苦，……。這是國民政府所應特別注意的。國民政府的政權應該建立在民衆勢力本身上面，尤其應該建立在勞動者勢力本身上面，在北伐期間，尤應給人民以充分的組織和活動的自由。國民政府如欲永久得兩廣人民的贊助，就必須改正既往對廣西負責長官之放任政策，即必須查辦既往壓迫人民的種種案件，按律懲治以儆未來。

同時，在民衆方面亦不應即視廣西爲在完全反動勢力統治之下，須知國民政府畢竟是國民政府，國民政府治下的廣西畢竟是國民政府治下的廣西。固然，在國民政府政權內，混進了一部分代表買辦地主的反動勢力，譬如國民政府不久之前才解決了的吳鐵城，廣東多處發現地主團體掛孫文主義學會招牌爲壓迫農民協會工具（見中國農民）等；但國民政府之有革命的勢力，也是明眼人所能見到的。在國民政府治下的革命黨人，應該根據人民應享的權利，積極的多方面的戰勝這一部分的反動勢力——而不應祇埋頭做一種秘密的工作。

記者

新青年 第四號目次

編輯及發行者新青年社
總代派處廣州國光書店　分售處全國各大書局

中國青年週刊第六卷三號（一二八期）

——一九二六年七月廿四日出版——

通信處廣州國光書店李義
代售處各埠大書坊
定價每冊三分　代派照價六折
訂閱　國內一元寄卅五期
　　　國外一元寄廿五期

發行部 編輯部 通信處：廣州國光書店黃正君

分售處

廣州　丁卜督報社
北京　各學校號房
長沙　文化書社
寧波　寧波書店
武昌　時中書報社
　　　共進書社
福州　福州書店
香港　萃文書坊
汕頭　汕頭書店
蕪湖　科學圖書館
太原　晉華書社
潮州　青年書社
雲南　新亞書店
重慶　曜一書局
南京　樂天書館
寶慶　寶慶書局
黃梅　書報流通處
西安　西安書局
成都　華陽書報流通處
紹興　亞民文具實業社

價目

訂閱：國內一元寄足三十五期。國外一元寄足二十五期。郵票代欵九五折算。但以一分半分為限。
代派：每份大洋三分。六折計算。寄費在內。十份起碼，十期清算一次。概不退回。
零售：每份銅圓六枚。

The Guide weekly

嚮導週報

第一百六十六期

目次

一九二六年八月六日

政局將變化中之孫傳芳的態度

述之

自北伐軍佔領長沙，田維勤部下叛變之後，在中國政局上已表現出來，快要開始一個新的變化。這變化便是吳佩孚將塌台，由張吳聯盟進攻討赤的局面，張吳英日帝國主義聯盟支配北方的局面，而將轉爲「赤化」支配的局面，即南方國民政府北方國民軍支配的局面之勢。但是在這個轉變的關頭當中，號稱五省聯盟的孫傳芳忽然態度改變了，便是孫傳芳已明顯地由中立的態度而開始對北伐軍取攻擊的態度了——這一個事實的表現，不管孫傳芳本身的勢力如何，在這樣緊急的關頭當中，對於中國政局前途確有很嚴重的意義。

孫傳芳與北京國聞社記者對於南北戰事之談話中，有謂：「余對討伐赤化，完全贊同，無論與何方合作，此旨決不變更。目下情形，南方實嚴重於北方。果能迅速解決北方，則事尙大佳；否則當求南北兼顧之辦法，庶免顧此失彼。最好將北方之事完全請奉方主持，孚威則尅日南來，對付湘粵，余當努力爲孚威之助。」他在另一方面致吳佩孚之電則有：「赤燄熾張，戰禍瀰漫，……頃聞粵軍猖獗，岳防吃緊，非有素著聲威如我帥者鎮攝其間，則岳局實有岌岌可危之象，應請我帥督飭各軍迅掃西北之敵，先以寒兩粵之膽，然後迴師南下，坐鎮長江。」同時在事實上孫傳芳已開始作軍事上之行動。據遠東通信社云：「近來湘戰吃緊，贛西形勢又形嚴重，駐紮萍西大營盤之某旅，近日奉孫密令，陸續調贛西協防。聞此軍隊多使才開動，均係整隊而行，因是外間鮮有知之者。現該旅兵士多數移動，留滬人數無多。」又時事新報載：「昨據本埠軍界方面消息，謂向駐蘇州之第七混成旅，已奉孫聯帥命調往贛省防粵，該旅兵士現已準備開拔。」此外如擬以盧香亭入贛爲前敵總司令，派楊樹莊助周蔭人等。這都是孫傳芳軍事行動上之表現。在另一方面則又加緊壓迫民衆，尤其是對於國民黨。國民黨浙江省黨部已被封閉，黨部辦事人已被逮捕，其餘浙江各縣黨部均在封閉之列。對於江蘇省黨部早已準備封閉，現在揚州縣黨部已有被封消息。並且甚至要查封學生會以及其他社會團體。凡此種種，不啻孫傳芳已完全站在「討赤」的張吳方面而與民衆和北伐軍宣戰。總之，數日來曖昧不明的孫傳芳，現在他的態度已經很明顯了，已很明白地站在討赤聯盟的張吳方面而對付北伐軍了，已開始壓迫贊助北伐軍的國民黨和民衆團體了，並且開始準備軍事行動了。這對於目前的政局是何等嚴重呵！

本來孫傳芳對於所謂討赤聯盟是守中立的，並且甚至暗地裏與「赤化」的國民軍有很密切的關係。他對於奉系軍閥向來勢不兩立，尤其對於魯張，他曾幾次要與張宗昌決裂，攻取山東。至對於吳佩孚，則向來貌合神離，明和暗鬥，他曾經幾度與蕭耀南密約倒吳，不久以前又謀與靳雲鶚田維勤等結成新直系，幾乎斷絕了吳佩孚的生命。但是現在爲什麼孫傳芳忽然如此改變態度，彷彿很堅決地，倒在所謂討赤方面呢？這是很值得我們特別研究的。

觀望很久的孫傳芳這次態度的決定，其原因，是很複雜的，但我們大概可以說明主要的兩點：（一）想代吳而領袖直系。我們上面說過自北伐軍進佔長沙，陳賈馬等倒戈，吳佩孚事實上已不免於要塌台，但在吳佩孚塌台當中，自然北伐軍的勢力要跟着發展，將防害五省地盤，這是孫傳芳很難容忍的，尤其吳倒之後，繼承直系爲領袖的，孫傳芳確是唯一的候補者；因此，孫傳芳爲防止自身危害計，爲將來取得直系領袖計，都不能不表示明顯的態度去參加討赤戰爭，去取得一班直系游離分子，如靳雲鶚田維勤甚至陳嘉謨等之同情。（二）

帝國主義（尤其是英國帝國主義）的促使。　孫傳芳與英國帝國主義的關係，我們是很知道的，英國帝國主義見到北伐軍已經佔領長沙，馬上要直趨武漢，同時其工具吳佩孚已經表示無力，這時對於英國帝國主義是何等危險。　因此英國帝國主義為防制北伐軍發展起見，為製造代吳的新工具起見，都非壓迫孫傳芳起來參加討赤戰爭，對付北伐軍不可。　日本帝國主義則在張作霖到大連時與公然向張提出：謂現時吳佩孚已是無力，奉天此時要想維持其地位，便須與孫傳芳合作，以海軍保護沿海之地盤。　自然孫傳芳根本是軍閥，根本與所謂赤軍不能相容，加入張吳的討赤聯盟本來沒有什麼奇怪。　但是根本的原因還在帝國主義之促使和孫本人想代吳而領袖直系之野心。

現在吳佩孚可算是到了烏江，連他的主人英國帝國主義者也不能不灰心短氣地說：『……吳在今日，可謂山窮水盡！』（八月四日字林西報北京通信）。　但是吳佩孚一旦崩壞，則中國全部政局自必發生絕大變化，現在正在這個新變化之前日。　忽然孫傳芳有這樣態度的表示，這不能不說是一個嚴重的事實。　自然吳佩孚的命運未必能因孫傳芳之態度決定而有所挽回，但是孫之態度對政局前途確要發生很大的影響。　便是將來的政局，是國民軍國民政府和參加北伐之其他軍事勢力的聯合戰線，除掃張吳殘餘勢力，對抗帝國主義呢；還是孫傳芳代替吳佩孚的地位，收集吳派勢力，與奉張聯合對抗所謂南北兩赤，執行英日帝國主義的使命呢？　就現在的趨勢看，這兩個局面都很有可能。　如果造成孫代吳的局面，那時張作霖專任對付西北，孫則專對北伐軍，在中國戰事上必又要延長相當的時期，這便是延長民衆的痛苦。　并且也許造成更壞的局面。　自然孫傳芳本身的基礎還很薄弱，恰如英國帝國主義者所憂慮：『今以孫論，如為五省首領，試問均能唯命是從否？　閩之周蔭人，今從孫者，欲藉孫之名自號耳；皖之王普，羽毛未豐，不得不爾；江北之白，皖北之陳，浙江之夏，均非孫之舊人，皆存暫為苟合之心，及各自可為，必有倒戈之一日』（八月四日字林西報）。　然而在目前這個吳佩孚將倒直系搖動的時期裏，孫傳芳如果真正挺身出來堅決地以代吳造成新直系領袖自命，加入討赤，無論孫之本身勢力如何，對北伐軍，對民衆，總言之，即對目前政局的發展是很不利的，是一個不能否認的障礙。

現在罪大惡極的吳佩孚快到末日，政局的新變化快要來臨，可是障礙這個新變化的，恐怕就是孫傳芳。　全國的民衆們，我們應該起來注意孫傳芳的態度，應該嚴重地監視孫傳芳的一切行動，并開始向孫攻擊。　尤其江浙人民，如果孫傳芳真以軍事加入討赤或防礙北伐軍的軍事引動，不惜使江浙牽入戰事漩渦，犧牲江浙人民的生命財產以供一己之貪慾，那便應嚴厲起來反對，起來實行驅逐。　同時在軍事上北伐軍此時應無疑地急取江西，直趨武漢，以斷孫傳芳與吳派小軍閥如陳嘉謨等之聯絡。　但是孫傳芳現在表面上還在說：『保境安民，……我不犯人，我不犯人。』等的鬼話，好！　我們很希望他這樣作，但我們望他於二十四小時內以事實答復以下兩個條件：

（一）立即啓封浙江國民黨省黨部，并釋放其所逮捕之辦事人員，取消查封浙江縣黨部和江蘇省縣黨部等的命令。

（二）立即停止對閩贛之一切公開和秘密的軍事引動，停止以餉彈助吳，并公開表示態度。

不然，民衆們便應開始向孫下總攻擊，以反吳者反孫。

反英運動與結束省港罷工

平山

省港罷工是反抗帝國主義國家在中國屠殺革命民衆的罷工，是為全民族謀解放和全民族謀利益的罷工，是中國革命運動進程中有名的政治罷工，是五卅以後民族解放運動普遍全中國之堅持最久使帝國主義受絕大的打擊的罷工。

人人都知道自去年五卅的事件暴發以後，熱烈的反帝國主義運動，普遍於全國通都大邑，甚而至於窮鄉僻壤，都有同一樣的運動。省港能工就是響應各地革命運動而產生的。英國是五卅屠殺中國革命民衆的禍首，是國際帝國主義國家的盟主，因此各地的反帝國主義運動，尤不能不特別注意於反英運動。而省港能工尤爲反英運動中之主力軍，而給大英帝國主義在遠東以一個絕大的打擊。

省港能工堅持有了一年之久，在積極方面統一了廣東，建設了廣州國民政府，鞏固了南方革命的根據地，掃除了廣東內部的最反動的軍閥力量；在消極方面，減輕了大英帝國主義在東方的威信，至使香港政府受了很大很大的實際經濟的損失。

省港罷工盡了許多任務，建立了好些偉大的功績，早已到了結束的時期了。勇敢而進步的省港罷工工友們，也很明瞭到省港罷工是政治的能工，政治的能工與經濟的罷工性質不同，故在去年十一月間已願意犧牲政治的條件和經濟的一部分而取得勝利的解決能工。但是，香港政府寧可忍受經濟上絕大的損失——每天一百八十萬，這是香港政府自己說的，其實還不止此數——而千方百計想恢復大英帝國主義在中國已墜之威信；甯可幫助陳烱明和培植國民黨右派的政治勢力推翻左派的國民政府，造成大英帝國主義所支配的反動政府，拿政治的武力的方式以破壞罷工，而不願意和國民政府交涉，尤不屑與省港罷工代表直接談判解決罷工。

國民黨第二次代表大會以後，三月廿日事變以前，當時的政府，尚知道省港罷工是爲全民族利益而奮鬥的。故一面極力幫助省港能工，一面想與香港政府磋商有利的解決能工。農工商學各界尤一致擁護罷工勝利．二月初間曾熱烈的舉行過一次援助罷工週，即香港的中小商人，也知道香港政府的無理，願意私人湊足二百萬補助罷工工人，解決罷工。香港政府因偪於民衆擁護罷工之熱烈，不得不派人到廣州與國民政府談判解決罷工，也不禁止香港商人之湊資補助罷工工人。這是過去一年中解決罷工最有利的時期。

香港政府始終無誠意解決能工，始終想維持大英帝國主義在東方的威信，始終想扶起陳烱明鄧本殷林虎等小軍閥和國民黨內的反動分子，取得廣東政權以破壞能工。在省港能工剛開始發動時期，香港政府即嗾使楊希閔劉震寰等與陳烱明結台，謀叛國民政府；繼而收買國民黨右派收買兇手刺死帮助能工最力的廖仲凱；繼而運動許崇智部下梁鴻楷莫雄張國楨等想根本推翻國民政府；繼而又以金錢槍械資助陳烱明林虎等第二次佔據東江，鄧本殷魏邦平等在南路起事，熊克武在北江響應，從東江北江南路合兵包圍廣州。幸而這種計劃都失敗了，廣州政府的危機，都安然過去了，而省港罷工得以勉強維持。可是，以前各段的危機雖然過去，而三月二十的事變又突然暴發。

三月二十事變以後，自然，廣東全個政治局面都起了鉅大的變化。右派乘機向革命勢力進攻，香港政府又得了一個破壞能工的最好機會。香港政府此時撤退派遣往廣州談判解決罷工的代表，禁止香港中小商人籌資補助罷工工人的行動，同時決以一千萬元賄賂及一萬萬元借款收買國民黨右派凡帮助他們攫奪廣東政權，依然復用從前破壞罷工的手段而更加厲害更加猛進。這是從三月二十至五月十五中間的過程，這是省港罷工最危險的時期。

五月十五國民黨全體委員會議，共產派採用了必要的退讓政策；固然，在採用這個退讓政策中間，有許多的理由和原因，然維持省港罷工，使之得到有利的解決，是許多理由和原因中之最重大的理由和原因。共產派退讓的結果，右派攫奪政權的空想打破了，香港政府的陰謀又不能實現了，這又到解決能工有利的時期了，所以我們爲罷工人的利益設想爲使歷史有名的省港罷工不致被香港政府破壞，就是使省港罷工不致失敗，香港政府得不到勝利，我們在這個時期，極力主張勝利的解決罷工，就是在不犧牲工人的經濟利益之下，滿足工人最低限度的要求的解決罷工。

罷工工人也明瞭有利的解決罷工的時期又到了。國民政府也另委陳友仁代理外交部長，派出政府代表三人直接向香港政府要求派出同樣的政府全權代表談判解決罷工。這已是一個讓步。香港政府始終雖沒有解決罷工的誠意，而表面亦上派出代表三人：一是香港政務司，一是華民政務司，一是駐廣州沙面的英國領事。

雙方正式代表於七月十五日在廣州開會了。香港政府代表想離開罷工問題而提出交涉排斥英貨問題之解決。他們說：罷工已成爲過去的事件，目前只是解決排貨問題，這足以證明香港政府確無解決罷工誠意的表現。他們何以離開罷工問題而專說排貨問題？他們以爲國民政府對於排貨問題一定不敢接受的，他們又想利用國民政府現在出師北伐，需款甚急，可以金錢收買或商量借款；幸而當時右派已受了打擊，否則就會成爲事實了。在國民政府方面，一面堅持罷工並未成爲過去事件，一面表示願意授受談判排貨問題。香港政府狡賴不過，故得繼續談判，而雙方意見相差太遠，談判破裂自是不可避免之事。

總結起來，香港政府一直到現在，始終無誠意解決罷工，他始終想利用反動勢力以破壞罷工，這是很明顯的事實，這是省港罷工延遲至一年之久而尚不得有相當的解決之一個總原因。但是香港政府除了施用上面所用的手段和陰謀去破壞罷工之外，爲什麼尚沒有更進一步採用更劇烈的武裝力量直接破壞罷工？這是我們要說明的，香港政府不採用這種手段不是因香港的力量敵不過廣東，尤不是國際間的道德和什麼人道主義，乃是因爲省港罷工是爲全民族利益而奮鬥的，假使採用更劇烈的手段，雖然或者可以一時破壞省港罷工，和壓服廣東的革命運動，而反會促起全國民衆的公憤，將會引起全國排英的大運動。在狡滑陰詐的英國外交家，不會採用這種愚笨的政策。

省港罷工至今尚不得到有利的解決，由於香港政府無誠意，固是一個重要的原由，但是國民政府始終不肯自動的積極的負責解決罷工，也是一個原因。省港罷工在廣東建立許多偉大的功績，就是國民政府差不多也是省港罷工運動所產生出來的。在理，國民政府如果具有誠意擁護省港罷工，和有決心爲罷工工人設想作有利的解決罷工，那不問香港政府有無誠意和能否接受要求條件，都應該以政府的力量，籌備欵項補助罷工工人和與辦各種企業以安插工人，這樣辦法不獨使香港政府受了絕大的打擊，而且在國民政府也可以日趨於穩固，這是國民政府應有的責任，可是國民政府始終沒有這樣的決心，而且簡直沒有這樣的計劃。

在現在南方的政局來觀察，國民黨內右派一時的屈服，廣東內部尚不致有十分動搖，而且北伐軍的進行有相當的進展，長沙攻下，這都是解決罷工比較我方有利的條件，這個時機，再不可錯過了。而且廣東政局底下，尚有許多危機潛伏，反動派時常與香港政府勾結，借解決罷工以取得政權，當然更不用說的。就是中小商人自不十分明瞭省港罷工的意義，尤不知省港罷工於他們大有利益，反因罷工期間太久，有多少不便利的地方因而有怨望罷工的了，這都是香港政府破壞罷工的後備機會時時可以利用的。因此國民政府方面從速結束罷工安頓罷工工人，民衆方面應加緊封鎖香港，排斥英貨迫使即日解決沙基慘殺案問題。我們的目的，要工人得到有相當的經濟利益，同時也不使香港得到政治的勝利。欲達到以上的目的，全國同胞們應該進行下項工作。

（一）聯合全國各地工農商學各界一致舉行排英大運動，幷宣佈香港政府破壞省港罷工及延宕解決罷工的陰謀。

（二）鼓勵省港罷工工友，作最後的奮鬥；尤要各界民衆一致擁護罷工，而且要犧牲各自的利益，合全民衆的力量，以謀省港罷工有利的結束。

以上兩項，都是反帝國主義的同志們，應該努力去做的，我們尤當要明白省港罷工是為全民族利益而奮鬥的，使此次省港罷工而失敗，大英帝國主義的氣燄，更加囂張，對於各地的革命運動和革命民衆，將更加摧殘，而益肆無忌憚的屠殺了。

在廣東政府和人民方面，則所負的責任，尤為重大，尤應該不問香港政府願意不願意解決罷工，也不管香港政府肯接受條件與否，自己應該有決心和勇氣為罷工工人的利益而決定結束罷工的政策。我們認定：

（一）國民政府應該自行籌足鉅款興辦各種企業，如開闢黃埔商埠，建設惠潮鐵路及完成粵漢鐵路等安插工人，并可組織工人志願軍以鞏固國民政府的基礎。

（二）民衆方面應該加緊封鎖香港，嚴格的排斥英貨根本推翻香港政府的經濟基礎，使香港變為八十年前的孤島，那大英帝國主義在南中國的勢力，無復存在的餘地。

總之在現在時期，自力的結束省港罷工，就是加緊和擴大反英運動的一個革命的策略。

亞細亞民族大會之結果

超麟

所謂『亞細亞民族大會』已於八月一日在長崎開會，而於三日閉幕了。這次大會究竟得着了甚麼結果呢？換一句話說，日本帝國主義者召集這次大會之目的已經達到了沒有呢？

要答復這問題，須先看甚麼是他們的目的。當日本帝國主義者立意召集這次大會之初，其所希望是很奢的。大會籌備委員會主席岩崎勳說：『全亞細亞會議的目的沒有別的，就是想影響出席各國的政策。至於造成輿論，還不過是一種副目的而已。』（參看前一期本報）可是，事與願違，日本帝國主義者打的算盤究竟不能十分順心如意，被壓迫的亞細亞民衆很容易看透他們這種欺騙的計劃，於是，或遭反對或被漠視，這筆亞細亞民族大會生意便不得不廉價求售。

記者在前一期本報便已指出他們廉價求售的條件，即他們原定之開會地點由上海改至長崎，他們原定之開會時期亦由四五月改至八月，他們原定之代表資格須能影響各該國大政方針的人物，如今則降格相求，譬如在中國祇找像林可彝黃攻素這麼幾隻小走狗就夠了。這而且還是七月十五開籌備會時的條件，到了大會開幕之日，則價格更加低廉了。以前代表除日本的之外，外國代表尚擬有百餘人（見字林西報七月十五日東京通信），現在則祇到四十四人；以前朝鮮是不參加的，現在也容納朝鮮代表到會了。大會的條件既然降低了，大會的目的自然也便降低了，就是說，日本帝國主義者對於這次大會之希望已經沒有立意發起時那樣的『奢』了。我們且看大會開幕前電通社和路透社之觀察：

『……長崎會場中國代表之發起人尚未蒞會，一般均冷淡視之，外務省雖言不重視該會，似頗內疚於心。』（電通社七月三十日東京電）

「……衆意大會固惹人注意，但無關重要，不能有所成就，因與會之代表不能真正代表本國也，且彼此之利益相差太遠。」（路透社七月二十九日東京電）

由此我們知道，在日本一般人對於這次大會皆視為「無關重要」

，而外務省且明言『不重視該會』；換一句話說，即日本帝國主義者到此已經明白，這次大會『正目的』之影響出席各國的政策，固早已談不到，即便『副目的』之造成輿論，恐怕也已經夠不上了。

雖則如此，但日本帝國主義者還是不願意，像對以前全亞細亞勞動會議的辦法，將這次大會也束之高閣；——因為至少，他們在幾個重要民族中已經弄了若干所謂『代表』赴會；對於他們，這次大會已有一開的價值。　這裏我們重覆一句：此時，日本帝國主義者的希望已經不是立意發起時的希望了。

現在再看大會閉幕之後，得着了甚麼結果？

第一，組織所謂『亞細亞國際聯盟』議案已通過。　這個組織是大亞細亞主義精神所寄託的形式。　所謂大亞細亞主義，記者在前一期本報已經指出，是日本帝國主義者企圖獨力佔據中國市場之一種口號。『亞細亞國際聯盟』如果組織成功，那不啻是實現這一口號，加緊中國勞動民衆的剝削，促進第二次帝國主義的世界戰爭。　因為在中國市場競爭者之中，日本帝國主義者比較是弱些的，如今既能支配亞細亞各國，則一方面中國民衆首先加受剝削，他方面英美等必更與日本競爭而引起世界大戰。

第二，日本代表在大會上的提議表示了日本帝國主義者的願望。

『……日代表提議組織亞洲銀行，敷設跨越亞洲之鐵路，并提議設一商業大公司以增進亞洲各國間之實業關係。』（路透社六月一日東京電）　同時上海商報所載大阪通信更詳：亞洲銀行資本擬集六萬萬元，實業公司資本亦稱是，跨越亞洲之鐵路擬設二條，一由奉天至土耳其，一由海洲至土耳其。　我們在這提案中，很明顯看出日本帝國主義者操縱全亞細亞經濟命脈之野心。

第三，中國『代表』和日本代表中間的『衝突』。　路透社三日東京電告訴我們說：『連日會議多屬中日代表彼此辯論，其他代表實際未參與。』　這是容易解釋的。　這次大會發起者實為日本，而其目標主要是中國，其他各國不過是中國的陪客而已。　亞細亞民族大會席上的問題，可以說就是中日間的問題。　在這三日大會裏，不斷地有中國『代表』和日本代表衝突的消息，說是因為中國『代表』要求取消不平等條約，而日本代表不許。　可是，這裏，我們應該知道：（一）日本帝國主義者對這次大會之希望不同了，因此應付這次大會之策略也改變了。　假如能照日本帝國主義者的如意算盤，即各民族赴會代表都是『在他本國是一個有力量能左右該國大政方針的人物』，那麼日本帝國主義者必定不會『不重視該會』，就是說必不許中國『代表』提起『二十一條』的話，而且無須乎提起『二十一條』的話；現在這次大會既然『無關重要』，提起『二十一條』的話是不妨事的，處治即在日本還能演說廢除不平等條約，這幾隻小走狗談談『二十一條』又何妨呢？　不過，太過激了還是不行，『萬一有違法行為或不穩言論，將即使解散。』　假若談到印度菲律濱獨立問題，那就會損礙『英日邦交』或『美日邦交』，祇好從緩『秘密』討論；假若談到朝鮮獨立問題，那就是大逆不道了。（二）中國『代表』并非代表中國民族（中國人誰承認他們？），他們是代表著名的親日賣國機關如亞細亞民族大同盟，亞細亞民族協會等，他們那裏是誠心要廢除『二十一條』？（三）他們居然提起了『二十一條』，這乃是投機的，因為中國民衆反對這次所謂『亞細亞民族大會』的呼聲太高了，迫得他們在日本外務省『不重視』之『無關重要』的大會席上說出這麼幾句話，以遮掩他們的罪惡。

亞細亞民族大會已經閉幕了，組織『亞細亞國際聯盟』提案已經通過了，而且聯盟的理事也選舉出來了。　可是誰又能承認這個聯盟和這些理事呢？　這種結果，日本帝國主義者自然不能妄想拿來去影響出席各國政策，即便拿來造成輿論也難收多大效果。　所謂『亞細亞國際聯盟』之滑稽，日本帝國主義者比我們更加瞭解：

『夫亞細亞洲有各種民族之生息，此諸民族相互之間，其人種風俗言語經濟生活乃至社會組織，無一同者，質言之，此諸民族間恐甚乏一致之點，故欲僅以偶然相以棲息於所謂亞細亞之一地理的區域之關係，即時造成一立脚於共同利害關係之亞細亞民族同盟（即亞細亞國際聯盟），決非易事也。 現時中日之關係即為適例。 以日本對中國與歐美諸國同為不平等條約對手國故，由中國觀之，歐美諸國與日本之間其為資本主義的與為帝國主義的，雙方固無所擇，而未嘗特覺與日本有共同之利害者，此也。』（七月三十一日順天時報）

順天時報已經懷疑『亞細亞國際聯盟』，同時八月三日東京某報覺至於說：『日本宜與英美合作，不宜鼓勵反對泰西之大亞細亞政策。』 這些表示甚麼呢？ 這些表示日本帝國主義者經過這次試驗之後，已深覺得大亞細亞主義的欺騙政策難於求售。 然而這絕不是中國這次所謂『代表』之功勞，這乃是中國民衆熱烈的反抗，既迫得日本帝國主義者召集這次大會的計劃不得不廉價求售，又迫得赴會之所謂中國『代表』不得不在大會席上提起『二十一條』問題以遮掩自己的罪惡。 反對『亞細亞國際聯盟』反對大亞細亞主義，亦惟有繼續我們熱烈的反抗，以底於成功！ 亞細亞被壓迫民族聯合起來，打倒大亞細亞主義！

一九二六年八月五日晨四時三十分

吉了

亞細亞國際聯盟

所謂『全亞細亞民族大會』已於八月一日在日本長崎開幕了。中國民衆，尤其是中國工人，雖然不把這次會議看做一件嚴重的事，但也應有相當的注意。

我們先略述這次會議的歷史。 這次會議發起之前尙有一個『勞動』大會之呼聲，主其事者為著名之日本改良派勞動聯合會主席鈴木；他代表日本工人赴日內瓦國際聯盟附屬之勞動局會議已有三次了，他的目的是：（一）『訓育』中國和日本的革命工人，使之同化於印度日本及其他各國的改良派分子并使之磨滅其階級的自覺；（二）為日本帝國主義的利益去制服這二國工人。 可是這位發起人，不久即自知，這種欺騙的奸計是終不得售了。 中日二國工人開始的回答，已經明白表示，這二國革命的工人十分明瞭這『勞動』大會是為誰的利益而發起的。 全亞細亞勞動大會，現在已經被鈴木領導之改良派擱置於故紙堆中了。

可是日本政府的全亞細亞會議詭計則不能像這樣容易放棄。 日本的地位是困難的。 大家知道，日本工業在帝國主義戰爭中是如何迅速的發展。 大家知道，日本挨飢忍餓的農民和工價低廉的工人是不能成為好的購買者，因此國內市場便不能銷售日本工廠製成的商品。 日本工業需要國外市場。 大家也知道，日本沒有土產的原料，必須從國外輸入，首先就必須從中國輸入。

為爭國外市場，於是發生日本英國和美國中間劇烈的鬥爭。 在這些强大的强盜中間，日本乃是一個弱者。 日本絕沒有力量單獨與美國作對頭。 這二十年來，本有一英日聯盟，允許這二國帝國主義國家在遠東為所欲為。 可是到了華盛頓會議時（一九二二年初），美國拆散了這聯盟，於是日本變成孤立了。 一方面中國之强大的民族革命運動，他方面美國對日本之日漸加增的攻勢，尤使日本地位趨於惡劣。 於是，日本的統治階級，在朝鮮在臺灣在中國充分顯露其眞面目之後，爲鞏固其地位起見，遂彷彿轉過身子，『回東方來！』，表示他們也是亞細亞人種，他們便高唱大亞細亞主義。設立於東京之全亞細亞協會，分設分會於各大都市，在中國及太平洋中諸島鼓動各團體加入其組織。一遇機會，日本報紙及其他各國親日派機關報，都宣傳說亞細亞民族佔人類之多數，其所以被白種人所統治，僅僅因爲亞細亞民族不自覺自己的力量，不僅不互相聯合起來，而反因內部之不和消失了自己的力量。這種宣傳之含義，就是——亞細亞民族在日本領導之下聯合起來。

正在長崎開幕之亞細亞民族大會，當然就爲這個目的。這次會議日本方面發起者所高唱之『共存共榮』『東方民族親善』……，自然誰也不能說是錯誤。

祇要記起發起這次會議的全亞細亞協會指導者之一正是強迫中國訂立二十一條之 Okumi 伯爵，祇要記起現在從事於全亞細亞運動的正是日本帝國主義者，如前陸軍總長 Fuzoki 男爵，前臺灣總督 Den 男爵，後籐子爵等——我們便毫無疑惑地知道誰需要大亞細亞主義，全亞細亞協會是爲誰的利益設立的，亞細亞民族大會是爲誰的利益召集的了。

其實，日本帝國主義者也沒有大的幻想，他們對於這次會議也不存太奢的希望。過去的經驗，他們是得着了的。二年前泰戈爾的講演，提倡東方精神文明以壓倒西方惡濁的物質文明——這種論調等於間接宣傳大亞細亞主義并擁護日本的利益——在進步的中國學生當中是生不了影響的。

去年『國際學院』在火奴魯魯召集之太平洋會議，不管工人沒有參加，不管參加的盡是一般『守秩序』分子，都向我們明白証明，無論如何，東方所積聚的引火藥是很多的，被壓迫者和壓迫者——不管是同種或是非同種——的利益是極端衝突的，這個和平會議正是朝鮮代表和日本代表中間，菲律濱代表和美國代表中間劇烈的衝突之明證。中國代表團方面和美日代表團方面，中間沒有而且不能夠有共同的語言。這個自命爲和平的會議祇開一次就閉幕了，這會議明白證明有一鴻溝橫梗於被壓迫者和壓迫者中間——不管他們是同種或異種：朝鮮人絕不因日本也是亞細亞人之故，而不反抗。

全亞細亞勞動大會之流產，我們開端已經說過了。這種計畫絕不能得着這樣的成績，卽鈴木寧願放棄其計畫。有此前事可鑒，所以發起人自身對於正在開幕之會議，漸抱悲觀。他們已經恐怕『莫斯科奸細』，據報紙所載，警察已經施行最精密的檢查。

日本帝國主義者的危險并未渡過。日本在朝鮮臺灣的行徑及其對於中國之政策，尤其最近一年來在上海青島大連之殘暴已爲中國人所熟知，凡此皆深刻於中國民衆尤其中國工人之腦海中，在此情形之下，一切甜蜜名詞如『中日親善』『同文同種』『共存共榮』等便誰也騙不了了。眞正的『共存共榮』『親善』等，應該是日本工人、暴動的日本農民及其他亞細亞被壓迫階級和民族并全世界無產階級聯合戰線的事，而不是這次會議之發起者召集者日本統治階級的事。

日本所願意組成和召集之亞細亞國際聯盟，與歐洲的國際聯盟一樣是帝國主義刧掠和殘暴的工具。

覺悟的亞細亞民衆，特別是中國民衆，是極力反對日本帝國主義此種陰謀的，中國先進工人之反對更不用說了。

一九二六年八月一日

印度印回教徒之衝突

馬恩

在印度，印回教徒中間時常有衝突發生，不久之前才有一次大衝突，雙方犧牲皆甚重大。當地英國報紙想以二派教徒宗教信仰之差異來解釋這種衝突。他們說：印度教徒是拜牛的，回教徒則不客氣的宰牛食之；回教徒在寺內祈禱，印度教度則把偶像抬出寺外。這樣，這二派教徒怎樣不互相仇視呢？英印政府是靠警察力量維持其治下民族間的友愛的，如果沒有英印政府之善意的干涉，那麼印度之印回教徒早已互相吞噬了。

英國報紙的這種論調完全是瞎說：回教徒欺壓了印度教徒，因為前者是回教徒，而後者是印度教徒。英國帝國主義者祇好這樣解釋，其他的解釋都是對於他們不利的，因為他們總要把英國在印度之「善意的作用」問題提出來。可是，在事實上，印回教徒之衝突是有更深原因的：這種衝突首先就帶經濟的性質。

在印度三萬一千九百萬人口之中，回教徒約佔七千萬。回教徒聚居在印度北方數省及東部孟加拉。這些省份，在歷史發展上看，是最落後的，在經濟關係上看，是最少工業化的。這種事實便反映到回教居民之社會組織。在他們中間差不多沒有產業無產階級，近代資產階級之成分也沒有。這又反映到回教居民的思想上面，他們在全部看，比較印度教徒更迷信些，受反動的教士分子影響，也較容易些。因此，一般說來，在二派教徒衝突之中，挑釁的往往是回教徒，在加爾各答最近幾次衝突之中，我們也就可以看出，在那裏的回教徒多數是從東部孟加拉來的。可注意的，就在孟買省，雖有約四百萬回教徒，但他們都在印度先進區域裏發展的產業中過活，因而差不多沒有為宗教信仰而起衝突之事體發生。

還有一件事實，也是我們要正確瞭解印回教徒衝突的人，所應該注意的。印度的根本羣衆是農民，他們日在地主和英國政府農業政策之酷虐的羈軛底下受苦。但印度農民之最兇惡的鞭撻，還是普遍於印度各處的比世界任何國家更甚的重利盤剝。在有回教徒大羣衆聚居的省份，回教徒差不多也都是務農的。在這些鄉村中，重利盤剝和商業資本，有時甚至地主階級，其代表人乃是印度教徒。在印回教徒衝突最多的旁遮普，便是這樣；在孟加拉也是這樣。譬如在孟加拉，二派教徒的地主和二派教徒的農民，中間人數比例可以以下統計表示之：

有地貸收入者（連家屬在內）：

回教徒——四五二•〇〇〇人

印度教徒——八五六•〇〇〇

農民（連家屬在內）：

印度教徒——一〇•〇〇〇•〇〇〇人

回教徒——二〇•〇〇〇•〇〇〇

如果在這些數目上面，再加上五萬人的重利盤剝者（其中多數是印度教徒），他們逐漸沒收了農民的土地，那麼我們便可瞭解印度教徒互相仇視中乃包含有實在的階級性，階級間的不平在落後迷信的農民中自然要以宗教仇視的形式爆發出來。

再舉一個明顯的例來證明我們上面的解釋。在瑪德拉斯省之馬拉巴城，大部分農民乃屬於麻波拉之回教民族，而這裏的土地却集中在少數舊時印度王公後裔手裏。這區域裏，農奴制度尚未完全消滅，因此地主的壓迫愈益加甚。一九二一年，麻波拉曾起暴動反對這些地主，結果竟被印度教徒各方面的進攻鎮壓下去了。這次暴動延長至八個月，最後在血泊中葬送了，麻波拉人被流放至三萬人。英國政府以軍隊鎮壓了暴動，而表同情於印度地主和重利盤剝者。這次暴動之階級性，英國人便這樣以宗教的動機來解釋了。

英印政府在這些『宗教的』衝突當中所採取的政策，簡直是從俄皇以前在俄國施行的民族政策抄來的。

誰未曾聽見過高加索亞美尼亞人和韃靼人之衝突及南俄之虐待猶太人呢？ 本是俄國民衆反對俄皇壓迫之革命精神，却被俄皇拿來做宗教的和民族的仇視看待。 英國政府在印度所做也是這樣。 自從有名的一八五七年以回教王公爲首之塞卜夫暴動後，英國人特別表同情於印度商業資產階級。 當一九〇五年俄國革命影響到印度，加上印度本國內部的原因，印度民族運動逐漸興盛起來，在這運動之中印度資產階級是積極參加的，於是英國政府便開始利用迷信的回教徒，煽動他們起來反對印度教徒。 在英國帝國主義善意的保護之下，於一九〇七年成立了一個『回教同盟』；這個同盟，照保護者的意思應該變成回教反動反對進步的印度資產階級之組織的中心。 可是，利用宗教感情，是不必定能永遠得利的，或者反能轉過來傷害利用者自己。 帝國主義戰爭促進了印度的工業化，使回教資產階級也牽入於民族鬥爭的漩渦之內。 戰爭停止之後幾年，印度人民不分宗教親密地合作以反對英國人。 自從一九一九——二一年革命潮流高漲以來，甚至最落後的印度民衆也明白宗教的差異是不能夠阻礙印度一切被壓迫民衆聯合反對國內外壓迫者之鬥爭的。 從那時起，印度的農民和工人逐漸丟棄了他們的宗教感情，而表現出他們的階級意識。

民族運動暫時消沈之後，反動便到來，宗教的衝突自然也便隨之增加，何況又加以英國報紙的吹噓？ 英國報紙，以其自命爲不偏不倚的巧妙態度，描寫宗教的仇視，實際上永遠是幫助英國政府推行其督教的侵略事業。 可是，英國帝國主義者此次算盤打錯了。 印度農民被牽引入於國內外資本殘酷剝削底下，印度農村的破產和城市無產階級的長大——這些過程，尤其在最近幾年，更加迅速發展 最近的將來將更加甚。 在這發展當中，比較在甘地的「仁愛」演說裏，更有保證，可以使遺剩的宗教仇視和民族或等級界限根本消滅。 這些剩餘物消滅之後，英國在這三萬萬人口國家之統治的日子，就可以屈指計算了。

武漢最近的幾次工潮（七月十六日漢口通信）

白天

（一）礄口英國香煙廠女工的大罷工

此次罷工，起於五月十六日止於六月三日，動因爲反對添設裝煙機器，以裁除工人。 經過多次的全體大會和羣衆示威運動的奮鬥，搖動漢口的英國新舊兩烟廠男女工人三千餘人，和社會上一般有民族覺悟的民衆，且運用了他們正在作經濟爭鬥的整齊隊伍，參加五卅週年紀念中華民族反帝國主義的政治鬥爭運動。

這一次罷工爭鬥的結果，爭得廠內無論添設裝煙機器與否，不得因此開除工人，賠償工人在罷工期間的損失每人一串錢，以前被開除的工人恢復工作。

在這次罷工經過中，曾引起各界有民族覺悟的同情，予以文字的行動的經濟的援助，如學生會，婦女協會，武漢商民協會，湖北漢口兩國民黨部，外縣的農民協會，民衆團體，及湘滬粵各業工會的呼籲。 可是在這次罷工中，我們又看見帝國主義的走狗，中國的反動派出來向中國工人進攻破壞。 漢口華中日報（日本帝國主義的造謠機關報）連日各方造謠，說此次罷工確有共產黨人利用時機……。 反動派雖是如此喪心病狂，終有同等的實據，不待共產黨出來申辯；所以漢口警察廳於五月廿二日致武漢各報函云『頃閱華中日報五月廿一日特訊欄內載：「此次罷工確有共產黨人利用時機自便私圖……」等語，殊多不實不盡之處。 查該廠罷工實因添設裝烟機器裁減女工所致；但該工人遊行演講，不過要求公衆援助，尚無軌外行動……至云難有共產黨人利用時機一語，尤係揣想之詞，該廳並未查有實據。』

此次罷工雖經工人最後掙扎而得相當條件解決了，事後廠家仍是不守條約而趁機開除工人，而漢口英領事更於事後致陳嘉謨照會云『日前漢口英國煙廠罷工風潮有關係的人不僅只警告，應該要拿辦。』（六月二十二日漢口通報）　照該照會對中國軍閥政府的命令，凡是援助這次罷工，與聞這次罷工的各界同胞以及中國官廳，都是與這次罷工有關係的人，都應該拿辦了。

（二）漢口特別區巡捕打死車夫的工潮　漢口約一萬五千餘人力車夫，可算是漢口各階級人們中被視為最卑汚最下賤的人們，全漢口的交通十分之八賴人力車，十分之一是行租馬車，餘十分之一是少數大資產階級和軍閥們自備或雇用的汽車。　這被人視為最卑汚下賤而是盡了全市交通十分之八的力量之人力車夫的生活苦況，固非言語所能形容，一般車夫們受盡生活痛苦與環境的逼迫，要求解放的鬥爭決心亦自堅於其他勞苦羣衆。　故去年三月英租界巡捕打死車夫徐典，全體車夫不假其他力量，憑羣衆的直接鬥爭，爭得行兇巡捕治罪及賠償撫恤費三百元。

今年五月十七日漢口特別區巡捕又打死彭漢卿。　事經各軍政法警機關當場相驗，答應工人聽官廳按律定罪撫恤死者。　不料特別區以為工人無知可欺想蒙蔽敷衍了事，同時工賊從中暗作威福，遂慫打死車夫不問，巡捕照舊做事。　此事動了全體車夫公憤，於六月十四日宣佈同盟罷工示威。　這樣一來，官廳恐怕極了；工人說，英國巡捕打死了車夫，也賠償了三百元撫恤，兇手治罰，中國巡捕打死車夫，就是應該的，將來何以對付外國人的壓迫；官廳說，外國人打死車夫，你們該反抗，中國的巡捕打死車夫，你們却不要破了中國官廳的面子；如是當即勸人調解，容納工人條件：（一）行兇巡捕撤職懲辦，（二）撫恤死者家屬百六十元，（三）保障以後不得再有此類事件發生。　此一次白晝行兇的人命大案就此輕輕了結。

（三）礄口日商太安紗廠的罷工　太安紗廠在礄口待遇中國工人，亦如其他日紗廠待遇中國工人一樣盡其殘酷暴虐之能事；該廠男女工人二千四百餘人感受生活壓迫與苛虐待遇，久欲反抗。　六月二日新來日工頭以請酒為名，招致該廠女工頭吃酒，恣情戲謔待若娼妓，致動全廠工人公憤，六月三日全廠工人相約出廠，舉行同盟罷工反抗。　所要求條件是一律增加工資二成，星期日作工加雙工，不得打罵童工及戲辱女工，因工受傷或疾病照發工資並給醫藥費，及罷工期間工資照給等七條件。　罷工相持一星期，廠方起初以停工威嚇工人，經工人提出外交抗議打消，繼則廠方拉攏中國官廳，利用工頭妥協性當工人代表，由中國官廳負責調解，承認每星期不停工者加半工，罷工期間官給工人伙食費錢一串文及其他不落實之改良條件，此風潮即如此瞭草了結。

（四）武昌第一紗廠逮捕工人的工潮　武昌第一紗廠有工人八千餘人，在武漢的中國紗廠中算是最大的了。　廠內從管工員司一直到廠長平日對工人之待遇，極為不好。　廠主員司管工等對待工人，開口是罵，動手是打，弄巧剋扣工資，剝削工人，算得無上妙手。　廠內滿佈的是武裝廠巡，廠門外守候的是官設警署，工人微露不平，無論是在工作的時候或是放工回家，可以隨時將工人逮捕去坐牢。　一般沒眼見事的人，開口是『同胞』，閉口是『同胞』，說中國社會無階級分化，像這八千多男女呻吟在同是中國人的少數資本家的鐵蹄下，不是階級分化的資產階級宰制無產階級是什麼？

七月八日該廠細紗間女工（孕婦）因為撤去了他的一個童工助手，不能耐過重勞苦工作，要求算結存賬，辭工不作。　該廠管工藉詞將女工開除，以圖存賬工資充公。　同廠數男工代鳴不平，當即將男工七人抓進牢去，放工後，又派警察在家內捕去男工數名拘押，六月十四日又在廠捕去男工三人，計前後說不出罪名的捕去工人共十四人，同時對全廠工人戒備森嚴，大有『偶語者棄市』之概。官廳嚴禁工人集會結社，社會對工人毫無一點同情，一若工人只是該死的奴隸。似這樣的資本家對於工人厲行階級爭鬥，叫工人從何處求得階級和調呢？

水深火熱之鄭州工人（七月十五日鄭州通信）

席士金

反赤軍所到之地，丘八爺往往爲發洋財計，借口搜索老陝或土匪及什麼化爲名，來強奪民財，鬧得老百姓雞犬不寧。鄭州本爲河南、商業交通繁盛之地，自然不免四方雜處，工人亦較多，在政治防患上的嚴緊是不免的事，所以反赤軍到來之日，亦即是老百姓痛苦增高之時。

一般人民被誣告爲土匪者有之；紙票跌價小商人不堪其苦有之；先前工會中一切什物被工賊勾結軍人搜去者亦有之。最近聞樊鍾秀軍要到開封，又更加進一層的戒嚴，一般便衣偵探隨身帶槍到處搜察，並包攬民間詞訟，夜則有便衣小的土匪帶手槍入民宅和商店偷盜，似此種種情境時有所聞。

現我單就此地大生產之下的工人，如京漢，隴海兩條鐵路工人及紗廠工人，在著名之常敗將軍寇英傑高壓下所受痛苦略述如下：

（一）京漢路鄭州鐵廠路局對於工人爲復仇計取高壓恐嚇手段，工賊又聯合下級軍人四處檢查，在廠內尋故示威，工友們只得忍氣吞聲，不敢與之理論。先前在工會有力分子不敢上工，多半逃往他處。

廠中三個多月未發工資，亦無人敢問，及五月廿九日開除名單列出（牌示簡單理由是奉上司命令）被開除工人只得紛紛出廠。開除名單宣佈後，未幾路警進廠捕人，繼而按名單到工人家中捕人，並稱殷拿主使者赤黨黨人、鬧得天翻地覆，數日始平定。在此次計開除者三十一人，其中被捕者二人，現在他們正是盼望着各方面的助力和同情！

（二）隴海路工會本來爲賣階級分子所把持，聞已早脫離全國鐵路總工會之指導，完全成爲資本家指導之工會，亦可稱之與工人利益相背的工會，素爲一般下層工人所痛恨。該工會自脫離總工會以來，所謂反奉反吳不僅不參加，並且反暗中與軍閥勾結；今春反赤軍北來豫境比較革命的工會在形式上都被消滅，惟隴海路工會仍是太平無事，繼續還能存在。記者聽隴海路一位工友說，此次吳佩孚北上到汴時會長馮某拿工會五六百元的款子來歡迎一般民衆所痛恨的吳大軍閥，這更明顯的與工人階級相背的表示，使一般下層工人更加痛恨，但只是敢怒而不敢言。待至六月廿四日路局爲減少用費起見，遂把隴海路鄭州隴海花園工人開除五十餘名。此花園工人約計一百五十餘人爲救濟失業者，請求總會長馮某向當局要求恢復工作，如不成卽罷工抵抗。馮某以這種抵抗純係赤化之所爲，既不贊成，而又無法以解決之，工人就大憤向馮索回已繳去一百餘元之會費。但馮竟以恐嚇手段，來對付羣衆首領，使可憐無組織的羣衆也就從此四散而各自行覓生路！無生路可覓的，只得坐以待斃了！

（三）豫豐紗廠工人本有工會，先前資本家爲顧及本身利害起見，遂設立與工會相對立的俱樂部，其中辦事人員，多係收買與工會作對的工友。可是當反赤軍來到，資本家任其所爲向工人進攻，先與資本家不兩立的工會也就在形式上消滅了，當然與工會作對頭的俱樂部亦就失了作用，一般辦事員，資本家此刻也就用不着，故此所謂辦事員也就從此引起了痛恨。在工人羣衆方面爲失了工人所寄託的第二生命——工會，平素所積的恨，也就無法洩露，故此次也就與一般辦事員合作起來與資本家相抗，提出改良待遇、給以相當自由和增加工資等要求。 辦事員聲言『你們資本家用着我們的時候就賣弄我們，用不着我們時，就把我們放在九霄雲外，今後我們工人認識你們資本家的毒計，決不再受你們的買弄！』 可是停車不到三點鐘。工人要求還未答覆，立時警察大兵都來到廠內，如臨大敵，強迫工人開車，並捉拿二位最力的分子（辦事員），在全般的工人從此也就不敢動了。 至七月初旬，廠內一般技師、領班、工頭共分紅利，工人自然沒有， 工人以紅利即係工人所做出來的，何以工人不能分紅利？遂積憤不平，預備很有組織的提出條件向資本家要求，醞釀許久，但始終為環境所征服。

讀者之聲

豆腐漲價與嚮導週報

記者先生：

我們大家都需要革命。 我在小學將畢業的時候，對於革命二字不解，對於需要革命的事實，也不知道觀察，更無從知道『帝國主義』，無從知道所謂『軍閥』；只常常聽人說：『看呵，今夜那邊的星，是皇帝將要出現了，快有清靜的希望了！』 并且時時記在我心裏的，就是我個相還好，可不必慮他什麼！

我家很苦，就是整個的村莊也是很苦的，但我們村莊裏的人却不知道，所以如此。 我只聽着說：『從前我們家裏現銀多呢，都是埋在井裏，用不完。 就是我們那村莊大半都也是如此的。』 但現在怎麼又沒有了，所以我又聽着說：『自從「長毛」反後，不知道漸漸的就沒有了。』

現在，大家實在苦，所以五文一塊豆腐漲到十文時，大家就驚駭，大家就嘆氣。 同時他們又有傳子傳孫，九代齊眉的思想；所以儘管劃算苟且把兒子們完婚好，兒子們又生子，如是他們以為這樣就有福氣了。 但是受帝國主義者壓迫的中國，樣樣事情不好做，他們却要把兒子們完婚，弄到子子孫孫生了許多，生活頓呈更加艱苦，而却又要男人負責，女人消耗。 這固然是社會的惡制度未根本推翻以前，很難使女人也做做事的可能。 但因此却使男人非常之苦。 憂愁漸積，莫能開懷，但他們却又不知道所以然，因此日久便一病嗚呼，因此家庭更呈恐慌，至於流離；但女人們却又守着什麼貞操，死也不肯再嫁。 到了這個地步，他們才說這是運氣上的問題，是前世不曾修，所以沒有九世齊眉九世同居的福運！ 所以我主張（或者也有人已主張，但我因為淺學的關係，所以尚未看見他人所說）：我們將來所要的社會之中要無所謂家庭才行，我們不能稱為社會一分子之外又再稱為家庭一分子，我們如果要建築新社會，第一步下手的就是將母一生下之子，就把他送到別一處去，使他二人不能相會，不准有所謂父母之稱，再將這個小人教育得好，由社會管理分配工作。 這樣一來其中不知要減少多少苦痛。 即現在所謂『自由戀愛』『戀愛自由』，都是騙人的，我不能相信。 在現在這種制度下，還有所謂『幽會』這都是個人的不是社會的，而是他們家庭裏的私貨，因此不得不有此現狀了。 話說遠了。

他們這樣情形而不知道所以然，論女人還可原諒，我們家鄉還有許多小學教員，他們對於嚮導視如廢紙，說無一看的價值，不知說些什麼鬼話（不過有人又想看，但總覺貴。） 依此推及別處，想必也是如此了。

這是我們家鄉的情形。

因此我對於你們有要求了：古文當然不好，但白話文也有淺近；如貴刊者，實在是給資產階級看的東西，我們苦人不但看不懂，買也買不起了。 所以我要問你們：你們是希望資產階級覺悟，讓步，而盡量的給他們嚮導看呢？ 還是主張無產階級起來革命而盡量的給他們嚮導看呢？ 人民在這反動政治之下，交通等等不便，談不到所謂教育普遍，不管他是資產階級的愚弄教育。 那麼我們又有什麼法子可以使大多數民衆在水深火熱裏能認幾個字呢？ 所以我常常想：——『要宣傳，要宣傳』。 但又想『宣傳麽？ 宣傳可以叫他們就識字了麽？ 這固然是不通的想，宣傳是直接使他們知道一切的反動。 但，宣傳的，又有幾人呢？ 又有幾人能肯去宣傳呢？ 在這反動政治之下，恐怕沒有等到你宣傳，已經被他們提去割頭了。』 因此想不通。

現在看見你們有嚮導這東西，因此非常歡喜，我想識字的總有，以爲可以買兩份給他們看看，但看到裏面的文字的時候，却又使我失望！ 裏面雖寫着：『工人，農民，兵士們！ 起來！ 起！』等話，但我老實告訴你們，他們還是我上面所說我們村莊裏的那種思想，他們買一塊豆腐要吃驚，更說不到買嚮導了，因爲嚮導究竟是廢紙，包油條的廢紙，他們并沒有聽着你們叫，他們也未曾看着嚮導這樣東西的。 你們的文字太深了，如果大家都看得懂，中國已不會有紅槍會綠槍會孤寮瞎來了。 你們那些『列寧』『馬克思』『實際』『封建』『軍閥』，他們確實看不懂，比較看得懂的，是『共產』兩字。 你們想：還是多麼恐怖的『共產』！

所以你們現在既不瞎想帝國主義讓步，却偏偏又要做要受過很好的教育的朋友才能看得懂的東西，需要革命而不知革命爲何物者却偏偏不能給他看懂，這是一個什麼的嚮導？ 再還希望你們不要買錢，這是最要緊的問題，因爲他們看見豆腐漲價已要吃驚了呵！

請答我！

冬原

冬原先生：

你寄給我們這沒有寄信地址的一封信，我們早已收到了。就因爲沒有寄信地址的關係，我們所以遲遲至今不能覆你。 現在我們祇好借嚮導篇幅公開的答覆幾句。 我們希望你能夠看得着我們的覆信，就是說這一期的嚮導能夠到你的眼底，——可是這又要害你少喫幾塊豆腐了！ 一笑。

你的信，總括起來，祇有二個問題：（一）嚮導週報文字太深了；（二）嚮導週報價錢太貴了（或者簡直不要賣錢。） 我們應該就這二個問題答覆你，但因你的主張是根據鄉村情形的，所以我們也應該先談談鄉村的情形。

冬原先生，五文豆腐漲到十文，不僅貴鄉如此：因豆腐漲價而驚駭而嘆氣的，也不祇是貴鄉親。 不但豆腐，其實你的信中所說的，從家常日用的豆腐價錢起一直到鄉村的『中心思想』——九世齊眉，這些一切可以說都是鄉村裏共同的現象：是中國總的現象，不是貴鄉單獨的現象。 中國的鄉村生活，像你的信中所說的豆腐價錢，男人負責女人消耗，女人們守節，迷信運氣，九世齊眉的『中心思想』，文化程度低或簡直不識字，連小學教員都看不懂嚮導，還有其他種種——這些，究竟是怎樣造成的呢？ 我們研究的結果，一定可以發現，這些完全是地主階級剝削之下必然的現象。 鄉村的無知，迷信，家族制度思想，片面貞操道德，女人依賴男人……無非是保護地主階級利益，維持宗法社會制度之必要條件。 要打破家族思想，要提高農村文化程度，要毀棄一切舊的不合理的道德等，就必須根本改革這種便於地主剝削農民的家法社會制度。　中國革命的基礎本來是三萬萬以上的農民。　但若把上述的道理用嚮導式的文字寫出來，向農民賣錢，農民自然不肯買，買亦看不懂；不用說賣錢，不用說嚮導式的文字，即使用極通俗的言辭，無代價的向農民去說，他們也不願來聽，即來聽亦難使他們瞭解。　然而明白上述的道理，即分析農村的社會組織，乃是革命運動中十分必要的條件。　可知，革命的理論是一回事，革命思想的通俗化文是一回事。

嚮導是正確指導中國革命的理論和策略之唯一的刊物，嚮導所分析的不僅是農村的社會組織，而且是總的中國各方面的現象，有時且須研究國際問題。　嚮導之不能通俗化，我們是承認的，然而中國革命中萬分需要嚮導一類的刊物，這應該也是公認的事實。　顧此則失彼，嚮導既然担起指導中國革命理論和策略的責任，自不能兼顧通俗化（文字方面自然應該少用專門術語）。　馬克思的資本論是共產主義的經典，然而一般工人又何嘗能看得懂呢？　難道馬克思也是希望資產階級覺悟讓步，而著作資本論給他們看嗎？　不過他方面革命思想之通俗化，亦是刻不容緩的事，本報讀者來信亦常有提及之者，所以我們現在準備一通俗的刊物，不久即可出版。

說到嚮導價錢問題，那是讀者和我們應該共同負責解決的。　中國共產黨——窮黨，又處在秘密的狀況，像現在每份六個銅子的嚮導定價，已經很難支持，無代價的贈送自然更加做不到。　但祗要有可能，減低定價當然是我們日夕所禱祝的。

記者

新青年第五號爲世界革命特號不日出版特此預告

發行部
編輯部　通信處：廣州國光書店黃正君

分售處

廣州	丁卜書報社
北京	各學校號房
長沙	文化書社
寧波	寧波書店
武昌	時中書報社
福州	共進書社
	福州書店
香港	萃文書坊
汕頭	汕頭書店
蕪湖	科學圖書館
太原	晉華書社
潮州	青年書社
雲南	新亞書店
重慶	隆一書局
南京	樂天書館
寶慶	寶慶書局
黃梅	書報流通處
西安	西安書局
成都	華陽書報流通處
紹興	亞民文具實業社

價目

訂閱：國內一元寄足三十五期。國外一元寄足二十五期。郵票代欵九五折算。但以一分半分爲限。

代派：每份大洋三分。六折計算。寄費在內。十份起碼，十期清算一次。概不退刊。

零售：每份銅圓六枚。

The Guide weekly

嚮導週報

第一百六十七期

目次

一九二六年八月十五日

中國政局大變動之前日與民衆之責任

述之

自五卅運動以來英日帝國主義處心積慮在中國所造成的『反赤』空氣，『反赤』的反動局面，英日吳張聯合戰線進攻北方國民政府及一切民衆的恐怖局面，現在快到了完結時期，快到了轉變時期，便是反赤的反動潮流到了日中而昃，往下降落，革命潮流，即赤化潮流又到了旭日東升的時候了。

現在我們先看看全國一般的反赤空氣。『反赤』這個口號在二三月前在全中國各方面都叫得震天價響，從帝國主義奉吳軍閥買辦階級官僚政客土豪劣紳反動的新聞記者大學教授一直到研究系國民黨右派國家主義派等，差不多他們口所說筆所書腦所想，無不在他們這個得意的反赤口號之下過他們得意的反赤生活。可是現在呢，情形却變了，自從天津北京長沙的民衆受了一番張吳反赤軍的恩惠——奸淫擄掠，殺人放火，苛捐雜税，强使軍用票……等之後，『反赤』這宗貨色的價値彷彿在中國市場上一落千丈，已不能博得一班買主之歡迎，而恰相反，京津長沙的民衆，現在看見反赤軍便視爲洪水猛獸，而對於『赤軍』却非常思念，表示歡迎，就連本來守舊反赤的報紙如國聞週報等也不能不攻擊現在反赤軍之兇暴，甚至替帝國主義奉吳軍閥用死力宣傳反赤的國家主義派的醒獅週報，現在看見勢頭不對，也只好改變腔調，來說幾句什麼反赤軍沒有資格反赤的話了。總之，反赤的口號，反赤的空氣，現在已經被反赤派自己用許多反赤的事實把牠毀壞了壓低了。這一點在中國全部政治上，整個的革命運動上，都有很重大的意義，這是反動潮流往下降，革命高潮重來之具體表現。

我們再看看反赤空氣所製造出來的政治和軍事各方面是怎麼樣。

現在北京的反赤內閣，早已成了棺材裏的死屍，雖然昨天還在下『討赤命令』，但這一套滑稽的命令至多不過比得上我口袋裏一張準備上毛廁的草紙。但是我們須知道，杜內閣在北京是吳佩孚的政治生命之所寄，而杜內閣這種死屍狀態便是吳佩孚勢力之反映，也是反赤勢力之反映，是吳佩孚的政治生命之具體表現。在南口的軍事方面，奉直聯軍因爲電報局在他們手裏，弄得捷報如飛，今天奪取得勝關，明天攻克虎峪口，便是南口也曾經在電報上攻下過幾次，但是過後證明，攻來攻去只是紙上的電報，而事實上自奉聯軍變更戰略下總攻擊後到八月五日止，在南口方面已經損傷了一萬五千兵，八月四日那一天便丟了一旅（申報北京五日通信），北京城外李景林的軍隊最近也變了兩旅，張宗昌變了一師（路透社北京十三日電）至於多倫方面至今還在國民軍手中。據中外的軍事專家說，奉軍想要從正面攻下南口是絕對不可能的，幾個月來的事實證明確是如此。至於吳佩孚在南口前敵上的軍事力量，我們早已知道的了：吳軍本分三部分：（一）田部，（二）豫軍，（三）魏益三部。魏益三自到蔚縣一向與國民軍信使往還，至今沒有放過一槍一彈，其態度總算是很明顯的了。田維勤一起約六旅人，現在已經變了兩旅，損傷約一旅以上，餘下的可算是很有限的了。豫軍一部分已調往河南尋地，在前線上僅三旅餘，但袁家聲米國賢兩旅早已與國民軍通款曲，只待時而動。并且最近靳雲鶚又活動起來，第二次新直系的異動又快達到成熟的程度，大概幾天或許一星期之後，我們會要看見吳佩孚的部下起來請他下野，與奉軍以嚴重打擊，或者國民軍因此衝出南口佔領北京亦未可知。總之，吳佩孚在北方的命運可算是完了。

我們再乘京漢路火車往河南看看。河南算是吳佩孚的老家鄉。但是河南的寇英傑是怎樣呢？其實寇吳之間久已水火，觀吳佩孚最近要以靳雲鶚代寇便可知。這還不打緊，寇英傑即許始終算是吳佩孚的人。 但寇英傑是否能保住河南呢？ 我們都知道在河南早已有豫人治豫的一派，在豫人治豫的口號之下，確已將反寇的勢力即反吳的勢力團結起來了，從樊鐘秀張治功以至民團紅槍會，現在大致都已聯在一起，從國民第二軍出來的任應祺李振亞兩師不用說是反吳的。 大概河南反寇的變動當爲期不遠，或者與新直系的異動同時。

現在要來看湖北和湖南的戰線上了。 在湖北向分吳陳蕭二派勢力。 蕭派的劉佐龍約一萬人，陳嘉謨派約一萬七千（自己一師與陳德麟一師），吳派約三萬餘。 盧金山對於吳佩孚是貌合神離，有機會便會反戈；劉佐龍現在已開始反吳的活動；陳嘉謨志在保持地盤，不管吳不吳，幷且已開始與吳衝突（八月十三日報載吳因陳不努力籌餉有撤換之意），而吳佩孚的軍隊現在已完全開到湖南前敵去了。在湖南前敵方面，連吳佩孚從湖北北方開往的軍隊加上葉開鑫謝文炳賀耀祖等的殘餘部隊，一搭括子不過五萬人，其實葉謝賀等的軍隊打了幾次敗仗本已不成軍了，已經沒有戰鬥力了。 可是在北伐軍方面是怎樣呢？ 單從軍事上說，北伐軍在湖南方面的已有六萬人（唐生智四師約一萬五千，七軍四旅共九千，四軍兩師一團九千五百，一軍兩師七千五百，二軍兩師六千五百，三軍兩師一團六千五百，六軍六千五百，五軍交通隊……）再加上彭漢章王天培（彭王約各一萬餘）之部隊當在九萬至十萬。 在數量上北伐軍已超出吳軍一倍。 至於在軍事的戰鬥力方面和指揮統一方面，那吳軍更非北伐軍之敵。 自然現在號稱五省聯軍總司令的孫傳芳已站在反北伐軍方面，在福建和江西已有不利於北伐軍的軍事行動，可是孫傳芳的部下不能替他爭氣，不能聽他調度，使得他不能積極地參加戰爭，馬上起來代吳取新直系的領袖地位。 至於四川方面，現在可以說是反吳的。 劉湘劉文輝田頌堯早已與廣州政府接洽一致反吳，素稱擁吳的楊森見勢頭不對也曾幾次派人到廣州政府投誠。 總之，從軍事上，政治上，北伐軍都站在優勢，北伐軍下岳陽取武漢大概都無多大問題。

此外閻錫山與國民軍久已訂下停戰的和議（由李協和到太原與閻直接訂立互不侵犯條約，自雁門關以北十三縣歸國民軍，以南歸晉閻），劉鎮華至今未能攻下西安，東三省的奉票跌落不堪，要靠槍斃和監禁商人的高壓手段來維持。 其實這樣的高壓手段，將會逼迫商民農民暴動，恐怕就是奉張斷送自己生命的根苗。

我們從上面這些軍事上的政治上的拉雜情形看來，可以看得出幾個要點：（一）吳佩孚根本要塌台，（二）奉軍不能攻進南口，（三）孫傳芳無力代吳領袖直系，（四）國民軍有衝出南口重回北京之勢，（五）北伐軍有直搗武漢之勢。 由這幾點，我們便可以得一個結論：現的反赤軍的勢力正在往前崩壞，五卅以來的全國的革命潮流正在開始恢復，具體言之，便是英日吳張聯合支配北方，進攻國民軍國民政府及民衆的局面行將崩壞，起而代之的，是國民軍國民政府及其他反吳軍事勢力與民衆的聯合戰線。 這個局面的到來，將使全中國政治上起一個巨大的變化，將要衝破民國十五年來北洋軍閥混戰斷打和支配北方的黑暗局面，或者竟如美國帝國主義者所料：「若北伐軍得利，則北京政府將完全改觀，孫文之政治原理與學說，均可得一試驗之機會。」（八月十二日大陸報）。 總之，這一個大變動的到來，我們相信對於中國前途是有絕大影響的，是五卅運動後的一個新局面，或者是「赤化」勢力（所謂赤化勢力即反帝國主義的國民革命勢力）支配中國的局面。 現在正到了這個巨大變化之前日，全國的民衆們應該起來，站在這個將變化的局面之前面，從事促成反動勢力崩壞的工作，從事一切預備工作，預備自己將來建立較好政局的工作。

我們不要忘記，政局的趨勢在客觀上雖然如此，但是如果民衆不起來發展自己的組織，參加一切破壞反動軍閥勢力的工作，督促國民軍和北伐軍，前途的危險還是很多的。 孫傳芳還是擁有五省地盤和數萬軍力；奉軍的力量雖然消失了不少，但始終還不可侮視；吳佩孚雖死到臨頭，但究竟是百足之蟲；何況在奉吳孫背後尚有強有力的英日帝國主義？究竟前途：還是國民軍國民政府和參加北伐之其他軍事勢力的聯合戰線，掃除吳張勢力，對抗帝國主義呢；還是孫傳芳代替吳佩孚的地位，收集吳派勢力，與奉張聯合或張吳孫聯合對抗所謂南北二赤，執行英日帝國主義的使命？現在還不能絕對斷定。照我們的觀察與分析，前者比較更有可能性，但要看國民軍北伐軍的主觀勢力如何，尤其要看民衆的勢力如何。因此我們以為全國的民衆此時應趕快起來，進行以下的工作：

（一）儘力參加北伐或反吳的工作，在最短時期內結果吳佩孚，助北伐軍達到武漢，國民軍衝出南口，回到北京。在這種工作之下，廣東的民衆，尤其是農民，應儘力協助廣州政府防止後方反動派之乘機擾亂，土匪之騷動，在可能範圍內協助北伐軍軍餉（但同時廣州政府亦當特別注意工農的利益，保護工農的組織，尤其在抽軍餉時須注意貪官污吏土豪劣紳藉此敲剝農民及中小商人的行為）；湖南的人民則須直接與北伐軍在戰線上以種種便利，如鼓舞兵士，協助偵探等；在湖北江西與福建的民衆則應多作破壞工作，儘可能的從軍事上及各方面破壞吳軍，障礙吳軍的行動；在江浙的人民應極力起來反對孫傳芳加入戰爭，反對以江浙的財力軍力幫助吳佩孚，監督孫傳芳的一切行動；河南的人民應協同反寇軍驅逐寇英傑，建立豫人治豫的局面；直隸山東的民衆對於奉吳亦須多作破壞工作。

（二）發展自己的組織。民衆目前最要緊的責任是在參加討吳的各種行動當中去發展自己的組織。在廣東工人農民商民都須發展各種各式的民衆代表聯合會，如工農商學聯合會，或其他代表會，以處理自己切身利害的問題，如禦匪攤派軍餉等，并且參加地方的政治；在湖南亦須組織各種行動委員會，或工農商學聯合代表會議，以執行一切協助北伐軍的工作，并建立民衆的政治地位；其他如湖北江西河南等地的民衆都亟須發起人民行動委員會和人民代表會議等組織。總之，各階級的民衆此時都應起來發展自己的組織，擴大自己的組織，以組織的力量參與一切討吳北伐的工作。

（三）準備國民會議的工作。如果吳佩孚一旦塌台，政局一有變化，馬上便發生一個問題，即是怎樣收拾時局的問題。我們以為吳倒之後，即北伐軍相當成功之後，將來的政局一定是非常複雜的，很不容易收拾的；因為現時參加北伐的軍隊異常之複雜，他們的主張都是同床異夢的。我們以為解決中國政治問題的正當辦法，唯一辦法，只有召集國民會議，由國民會議建立真正的民權政府來，才有可能。現在全國的民衆都須注意此點，都須準備此點，便是各地的民衆都須準備召集國民會議的工作。如果北伐軍一到武漢，民衆就須在武漢召集民衆團體代表會議開始籌備國民會議的工作，發表民衆自己的主張和要求。同時在北伐軍已到的地方，須極力要求民衆的自由，擴大民衆的政治權力，以民衆的聯合組織——工農商學聯合會等，由參加地方的政治工作而支配地方政治。由地方的工農商學聯合鬥爭到全國的國民會議的鬥爭。

此外我們對於北伐軍廣州政府國民軍不能不有很誠懇的忠告。（一）北伐軍應發表他對於北伐的政綱（前北伐軍曾發表一宣言，在那篇宣言上，除了訴幾句民衆的痛苦外，對於發表政治的主張是很抽象的，很不着邊際的），在這個政綱上應表明北伐討吳是為民衆的利益，應具體規定民衆集會結社言論出版……種種應有的自由權，應宣言確定召集國民會議以收拾將來的時局。（二）北伐軍所到之地應禁止騷擾民衆，應積極地保護民衆的利益，協助民衆發展組織，至少也不要妨礙民衆組織的發展，總之，在事實上應與民衆以種種發揮自己能力擴大自己組織的機會。（三）在廣東，國民政府應與民衆合作防禦土匪，防止逆黨，除暴安民，禁止一切貪官汚吏土豪劣紳逆黨陳林魏鄧的餘孽和國民黨右派之壓迫農民，進攻農會，破壞工會，應尊重民衆的自由和利益，不能因北伐而損害民衆的自由和利益。（四）在軍事上南方的北伐軍與北方的國民軍應一致行動，北伐軍的軍事領袖應和衷共濟，一致進行。

全國的民衆們！ 你們是站在全國政治大變動將要來臨之前面，這是反動潮流與革命潮流或者『反赤』與『赤化』潮流消漲轉變的緊急關頭，這是千載一時的機會！ 起來！ 努力進行你們的工作，向勝利的途程速進！

八月十四日

龍池

此之謂中日親善！

去年五卅運動暴發的導火線，由於日本內外棉紡織工廠，打死工人顧正紅，這是全國民衆，所能永久牢記的。 但是狡猾的日本帝國主義者運用他的外交政策，利用賣國求榮的安福系和奉系軍閥，始則用移轉民衆反抗對象的策略，想脫身事外。 當時段祺瑞第一個電報便是主張縮小範圍；虞洽卿下車後的第一句話便是『單獨對英』。『縮小範圍』，『單獨對英』，便是日本帝國主義，『嫁禍於人，脫身事外』的策略之運用。 當時一部分民衆為這種謬說所蒙蔽，反日的空氣遂因此和緩。 日本帝國主義又運用其第二步策略：一方面用恐嚇利誘的手段分離中國民衆的聯合戰線，使急進的工人學生陷於孤立；一方面與英國帝國主義聯合唆使奉系軍閥摧殘民衆的愛國運動。 而全國民衆竟一一墮其計中，遂使五卅烈士沉寃莫白，而日本帝國主義反而因禍得福。 試一閱去年的海關貿易册，英國進口貨減少了百分之五。二，日本進口貨竟增加百分之八。五。 不能不驚日本帝國主義的宣傳政策的聰明；而嘆我國民衆之易受欺騙！

今年來日本帝國主義仍復用其故智，高喊『中日親善』的論調。 他始則歡迎上海商人組織赴日參觀團；繼又召集所謂『全亞細亞會議』，高揭『亞細亞民族共存共榮』的口號；但同時對中國侵略的野心和暴行更有加無已。 試舉近兩月來報紙所已揭載者如次：

（一）誘脅北京賣國政府，訂立所謂『中日互惠條約』企圖加緊經濟的侵略。

（二）反對我國的關稅自主，並與英國帝國主義聯合，中止關稅會議。

（三）所謂關東經濟會議，已視滿州為彼殖民地，報紙所揭載會議結果的八條，無一條非壟斷滿州經濟的計劃。 據報載『此外尚有特別條款關係重要，非局外所得聞』。

（四）外務部與陸軍部已決定增加在中國北部的駐兵額，無異欲化中國北部為滿州第二。

（五）利用東方文化委員會實行文化侵略。

（六）日代表在所謂全亞細亞會議上提議『組織亞細亞國際聯盟，組織亞洲銀行，敷設跨越亞洲之鐵路，設立一商業大公司以增進亞洲各國間的實業關係』等。 這就是從經濟政治武力三管齊下吞併亞洲民族的策略，首當其衝者自然就是中國。

（七）大連紡紗廠工人，因日人將工人火食錢改作日幣，發給工資仍用中幣，遂使工人火食不敷而罷工。 日本帝國主義竟大施恐怖政策，將工人領袖十九人一律拘捕下獄，加以非刑拷打，現在死亡莫卜，將大連所有團體一律封閉。 現在大連全埠中國市民如坐牢獄，完全沒有自由。

（八）上海內外紡織廠，無故壓迫工人，開除工人領袖，屢起風潮。第九廠開除者二十六人之多，工人不得已罷工反抗，遷延至今三星期之久。日人用關門政策，以饑餓窘迫工人。

（九）日華紗廠無故裝設電流，致使小工郝慶觸電猝斃，毫不加以撫卹，致激起全體工人罷工，迄今三星期，尚未解決。

（十）小販陳阿堂，因索欠賬，被萬里丸上日水手拉至空房內毒打。他們先將陳阿堂之口鼻塞住，使其不能叫喊，隨用毒辣手段，兇毆毒打，後將其裝入麻袋，由船頂向下擲入貨艙，頓時氣絕身死。日水手見釀禍後，即將屍首移藏於煤堆內，擬俟開船後，拋入海中，希圖滅跡。該船上另有司燒火的華人某，勸阻不服，反遭辱罵。後為搜查軍火探捕，在煤堆內發現屍足，案遂發覺。

（十一）據九日上海日日新聞上載『日本將採取芳澤日置兩全權之建議更改對華政策：（一）此後之交涉將與當地握有實力之督軍交涉之；（二）為戒備近來之形勢，將與張作霖結更密一度之握攜。』『這個政策，就是要利用我國情之危急，以遂其趁火打劫之謀。』（商報評論中語）

上面舉出的事實，都是日本帝國主義對我的侵掠之野心和暴行。所謂『中日親善』原來便是如此！全國民衆，當能從這些日本帝國主義陰謀詭計中和被日本帝國主義踩躪下的民衆的慘痛號呼聲中，瞭解到『中日親善』這個帶血腥的名詞，究竟含有何等的意義！

現在多數民衆似乎已經覺醒過來了，已經不斷的聽到民衆反抗的聲音。尤其是對最近全亞細亞會議和陳阿堂案。但是從這些反抗的運動中，卻發現民衆不少的弱點。第一、只有空口的呼聲，不能有積極的行動。譬如對於陳案或主張『請官廳嚴重交涉』或『請日人自動將兇手移交中國法庭』。中國飯桶官廳的無能，在去年五卅運動中，民衆已經領教過。至請日人自動交兇，更是與虎謀皮。要知道只有積極的行動，才能使日本帝國主義震於民衆之威力而屈服。第二、只有散漫的單獨的抗議，不能有聯合的組織。民衆的威力必須在有組織的行動下，才能表現出來。組織愈散漫，力量愈小。現在學生聯合會對全亞細亞會議問題，總工會對陳阿堂案，都主張聯合各團體成立一聯合的組織以便一致行動。這種主張，是現在最必要的方法，凡是真正憤恨日本帝國主義者，都應當表示贊同，實際的聯合起來。第三、一部份民衆為恐怕赤化加身，對日本帝國壓迫工人的事實，良心上雖對工人表同情，但不敢說出一句公道話。譬如內外棉和日華紗廠的工人，屢次向各團體呼籲，但各團體都緘默不敢言。帝國主義，拿了『赤化』做武器，更可以分離民衆的聯合戰線，打倒一切的民衆反抗運動。『赤化』的威力真大！去年五卅運動以後，全國民衆應該已經知道工人羣衆是反帝國主義最有力量的軍隊，現在坐視工人受帝國主義的摧殘，毫不赴援。我相信帝國主義必在舉酒慶祝，自喜其計之得售。這幾個弱點，民衆不急速起來補救，我敢預料日本帝國主義運用其狡猾外交，拖延敷衍便可以使反抗的呼聲自然消沉下去。中日親善的論調又會在宴會場中高唱起來，籠絡一般高等華人了。過去漢口之田案，賈案，長沙之六一案等，當時民衆何嘗沒有熱烈的反抗，但至今猶為懸案，死者沉寃莫白。其故就是當時民衆不能有聯合的積極的行動，使日本帝國主義，於短時期內，屈服於民衆威力之下。

現在民衆既然抗議日本帝國主義的侵掠和暴行了，更應該進一步，聯合起來，積極的行動起來！只有聯合的積極的行動，才能使日本帝國主義屈服，為死者伸寃，為國雪恥！

五論上海的罷工潮

施英

五卅週年紀念後興起的上海工人的經濟奮鬥，足足已兩月有餘了。七月份的罷工運動比起六月份來，範圍更廣，人數更多，情形也更複雜。同時在另一方面，也引起了對於罷工所發生的所謂輿論。那些輿論到了現在，又似乎漸漸對於工人的罷工運動，表示厭惡了。到底上海工人的經濟要求是否合理呢？在兩月來的罷工中，上海工人到底何所得呢？此後上海工人經濟奮鬥的趨勢又是如何呢？在兩月長期的工潮中，統治階級到底起了一些什麼作用呢？——這都是我們免不掉要一而再，再而三……來說明的。因爲，如不說明，大多數的人便不會懂得；稍微懂得一些便要發怪論，以至於本是由經濟壓迫發生的罷工潮，又被上海社會的『輿論』視爲洪水猛獸一般。並且，像警察廳長嚴春陽先生，若把罷工的因果向他說明以後，假使他肯相信，也就不必費事派什麼工廠調查員去調查了！

上海工人之總要求

七月十一日上海總工會第三次代表大會，提出上海工人之總要求十一條，並發布宣言（詳見七月二十二日上海各報）。宣言的內容，既已說明上海最近罷工的現象和原因，又縷列上海工人經濟生活的實際狀況及其預算；最後復指出：（一）打罵工人，（二）開除工人，（三）濫罰工資，（四）侮辱女工，（五）虐待童工，（六）大小便不自由，（七）工廠設備疏忽，——乃一般的工人所受痛苦；還有集會結社言論之不自由，工會之受摧殘，工人領袖之遭開除，逮捕，甚至鎗殺，更是使罷工爆發的諸般直接原因。最後，上海總工會代表全上海有組織的工人，提出十一條最低的總要求：

（一）工資至少每月不得低於十五元；
（二）工資當按照物價至少每年必須增加一次；
（三）每日工作時間不得超過十小時；
（四）星期日休息，工資照給；
（五）不准打罵工人濫罰工資；
（六）不准任意開除工人；
（七）規定因工作而死傷之工人的撫卹金；
（八）工人在疾病時廠主須負責醫治并須給發半數以上之工資；
（九）改良女工和童工之待遇，女工在生產前後應有一月之休息，工資照發；
（十）工人有集會結社言論出版之自由；
（十一）工廠設備之改良，如增設門窗天窗廁所等。

以上這十一條眞可謂最低限度的要求了。依我們想來，中外的資本家與中外的官廳（淞滬督辦公署、警察廳與工部局）對於上列十一條，半條也不能反對。然而事實上在他們連半條也不肯實行。一直到現在，中外資本家及其官廳的意見，都還以爲設立工廠使工人作工得活便算恩惠，那裏容許有所要求？凡要求者便是『不馴良的工人』。這是資本家與官僚們死也不改的成見。

但是工人們不能永遠在這個成見之下屈伏。上海有組織的工人尤其不能屈伏。兩月來上海工人的罷工運動，便是爲這十一條的要求而要求，而行動，此外並不會有例外的要求。上海總工會所代表的工人意志，是眞確的上海工人的意志，這十一條眞是『不二價』的最低條件。假使中外的資本家們肯激發戴季陶所提倡的『仁慈』將這十一條實行，那便上海最近的罷工風潮，至少也可以減去一些了。

工人的生計與資本家的剩餘

自上海總工會發表『上海工人的總要求』以後，在數十萬的工人羣衆裏起了劇烈的作用，人人願爲此十一條要求而奮鬥；一般的貧苦市民與中小商人及自由職業者，對此要求也表示充分的同情。惟有洋奴買辦資產階級的報紙機關，則充耳不聞，甚至拒絕將工人的要求在報上登載。稍爲例外的，只有上海的商報。上海商報是較進步的知識分子所組織，代表中小商人與自由職業者的言論，在上海亦被稱爲接近工人的報紙。該報於總工會發表總要求後，屢次表示同情的言論，並且肯虛心談論一些實際的問題。姑無論其立足點是不同而結論亦是謬誤的，但其討論的精神我們則贊許而且感謝。該報的柳塘君，在七月末的經濟欄裏，曾三次論列『上海工人之生活費』，『誰負工人生計調查之責？』與『米貼之先決問題』，其中有許多要點是值得我們答覆的。我們因爲每日忙於工作致不能早早對於柳塘君那種論點作答，但是事實的進展比文字的發表還快些，近來有好多問題，已經不需要向柳塘君解釋了。

總括柳塘君論文的意見需討論者是：（一）『廠家能否担任每人一元兩角餘之米貼，從何方面取償之，猶是問題。……以米貴爲要求增加工資之理由，在工人或以爲是，而不知米貼係臨時支出，廠商猶有顧慮，若增加工資爲永久負擔，宜其更形嚴重也！』（見『上海工人之生活費』原文末段）。（二）『……工人提出增加工資之數目，太偏於理論的而無較有根據以折服資本家之心。………工人所受米價貴之影響究竟如何，不能以確切的數字昭示之也。假使工人團體早有規畫，則立可提出相當之證據，……則廠商之應爲工人設法無疑矣。』（見『誰負工人生計調查之責』一文）。（三）米貼有許多先決的問題，如（1）工人常食何種粳米？（2）所食若干？（3）米貼以何時期米價爲基本價格？（4）如米價漲風不久則米貼如何計算？（5）米貼之增減是否隨米價上下爲轉移？（6）假使基本價格率相差甚少時是否亦要求米貼？（共六個問題，見『米貼之先決問題』一文）。以上三點是較爲重要的，其餘還有些問題可以不詳討論，並且還有些小的誤解與誤會之處，也可以不必深論。

第一，我們須要首先指明的乃是：柳塘君評論的口吻，雖似第三者的態度，而實際他的立足點，完全是資產階級的立足點，他的經濟觀念與論據，完全是資產階級經濟學的觀念與論據，他的評論詞句驟有意界乎勞資之間，而結果竟是完全爲資本家說話，爲資本主義的現社會作辯護。因此，我們對於他的主要意見，要先聲明是不能同意的。其次，米貼問題並不是一切罷工的中心問題。目前上海工人所要求的，乃在最低度能生活的工資，即使米價不漲亦需有此要求，因爲現工資太少不足生活之故。米貼只不過要求形式或方法之一種，而並不是罷工的唯一原固。但在柳塘君談米貼問題時只顧討論米貼和工人的生計，而忘却了在資本家一方面尚有利潤和剩餘價值——這種利潤在資本家是已得到手的，這種剩餘價值在資本家是經常佔有的。柳塘君忽視了這個事實而空談米貼，雖然替工人設想增加米貼，而實際則只爲資本家計劃如何拿得出米貼來。第三，我們亦應指出的是：在柳塘君屢次的論文中，並不提到工潮發生的其他重要原因，他不能不算是忽略了許多事實；因爲在事實上罷工運動之發生起於他種原因（如各種虐待，打罵與開除工人，及禁止集會自由等）者甚多，是不能否認的。

說明了以上三點以後，我們才來具體答覆柳塘君所提出的問題。

（一）廠家應擔負工人在物價高漲時的生活，應增加工人工資，其增加額便從廠主自己的利潤與平時剝削的剩餘價值中取償；這並不是沒有取償之處，只是要廠主少得點利潤或減少極小一部分的剩餘價值。米貼雖是臨時『支出』，但無容其『顧慮』，因爲廠主的經常『收入』既多，且有多種的臨時的『收入』（例如米價高時，物價亦漲，各種生產品之價亦漲）。　所以增加工資並不是廠主的『永久負擔』，更不至於『更形嚴重』；只是少得利潤與減少剩餘價值，而工人便可活命，生產可以繼續，未來的『永久』的潤利與剩餘價值可以多得，而能以取償！　（二）工人提出增加工資之數目並不只於是『理論』的，因為世界上沒有不根據事實的理論，假使憑空說理有什麽用處？　上海總工會所提出每月至低工資十五元的要求，正是根據於上海至低生活的要求，列出人生必需的衣食住，計算出油鹽柴米乃至燃料及雜類的詳細預算，這種預算在柳塘君亦是承認的，且更列精確之表以說明，何以算是『無根據』呢？　至於『折資本家之心』一層，柳塘君或有所感，但我們的意見則以為永遠怕沒有那回事，我們以為工人並不能『折資本家之心』，但以要求的方法『取得』而已！　所以如柳塘君說『……則廠商之應為工人設法無疑矣』，亦是希見的事，因為據經驗，廠商肯『為工人設法』者實百不一見！　（三）米貼的各種先決問題亦是容易解決的。　在柳塘君所設的六個問題中，（1）（2）兩個問題單就上海總工會所列的生活預算中可看出；工人應食粳米而不食秈米既是柳塘君所承認的，而粳米在工人所採用者實市價中之最低等；至於食量，則當然只能作平均的計算，故如生活預算中所列，一夫一妻兩人的每月米費七元，一夫妻及一子或女三人的每月米費八元，在柳塘君所處的上海實際生活或不以為多罷？　關於第（3）問題，米貼之標準，應當是比較的，在工人當然以定工資額時之米價與現時之米價比較，而決定要求米貼的數目。　關於第（4）問題，如米漲風不久，其原因必多屬於奸商之操縱，有時甚至工人隱忍吃苦，而因時期太短終於沒有米貼的要求；如要求時其標準應與上同。　關于第（5）問題，米貼之增減，若工人不承認隨米價上下為轉移，資本家亦必如此規定，當米價復原後，米貼就要取消，在最近有些罷工解決條件中，已有此種事實；因此，在工人方面，假使米價再度高漲，又何必客氣不再度要求？　關於第（6）問題，即使基本價格率相差甚少，如柳塘君所舉百分之三十與百分之二七之例，在此時，並不能說工人無要求的理由，因為百分之三十的基本率終不過是一種假定，並不就成為死板的法律，而真實的基本率，乃是生活的必需額，所以百分之二七乃至百分之二十，亦成為要求的理由而不可否認。

柳塘君或者不以為我這以上的答案是『強詞奪理』罷？　如果根據事實而意見仍有不同，我們還可以繼續討論；但討論的立足點不同，則結論各別，我們亦不見怪。　不過柳塘君亦頗注意工人的生計而有滿腔之同情，期期以工人團體之調查與發表意見相促責；在現在，米貼問題雖未解決，我們卻盼望柳塘君換過目光，去注意到下面的另一嚴重問題。

最近資本家的反攻與歇業恐嚇

自七月以來，上海的資本家，尤其是外國廠主，對工人的壓迫變更其戰略了。　他們不特根本拒絕米貼的要求，不理會改良待遇的呼額，而且向工人作種種的反攻；直至現在，已有將近一萬的工人失業，數百人特列被工廠開除。　這一反攻政策的主要手段，便是歇業的恐嚇；當工人罷工時，廠主即將工廠停閉，給工人以失業的威脅。尤其是紗廠，在現時非紗業上市之重要時期，上海的日本與英國廠主，慣用這一手段，以抵制工人之一切要求，而在自己則無所損失。假使停業的日期稍長，工人的生活自然趨於恐慌，到那時便會向資本家屈服，無條件的恢復工作——這是各廠主所預想的。　他們這種抵制手段，在現時乃施行最有利的時間，等到紗業上市生產品價漲時，工人已經帖服了。　這是資本家的辣毒而甚自鳴得意的政策，在最近時期內，他們不僅要想藉此政策消滅罷工，亦且欲求根本制服工人。討論上海近時工潮問題的，往往只見工人的罷工運動，而對於資本家這一反攻行為却忽略了。

從最近兩週的事實裏看來，資本家對未有罷工的工人，亦厲行各種的反攻。第一便是無故開除或責罰工人；第二是故意剋扣或緩發工資；第三是收買流氓專向工人故意挑釁，毆打工人的領袖；第四是在酷熱的天氣下，特別苛待工人。日本內外棉第九廠，楊樹浦老怡和紗廠與浦東日華紗廠等現猶相持未決的工潮，便有這許多的事實。尤其是各日本廠主的行為，最近更肆意橫暴，工人不堪其苦，各廠工人會派代表至各團體呼號求救，而各界的人往往熟視無睹。最近萬里丸日本水手毆殺小販陳阿堂事件發生後，各方面都在紙上抗爭，惟有各日廠的工人，因身受日本人的蹂躪，才更感覺得反抗日本帝國主義的迫切。所以在最近的將來，全上海日廠的工人，將逼得不能不有最後的行動，而上海的罷工運動，亦將由經濟性的變為政治性的了。

但歇業的恐嚇到底是否就算資本家的高妙政策呢？以停閉工廠抵抗罷工是否便有效呢？——這畢竟是我們要討論的問題。我們對於這以上兩問題的答案都是『否』字。在一般的評論家，見此現象，或者以所謂實業的衰歇為念，甚至歸罪於工人的罷工，以為資本家乃被迫而致此。這樣袒護資本家的論調，實際是受了資本家之騙。

近來資本家的歇業恐嚇僅是一部分的，而且僅不過是向工人反攻的一個手段，這個手段在此時實行又是無大損失的，更何況即損失亦有利於將來；所以少數的資本家．尤其是在中國得利潤已很多的外國資本家，斷然採此手段而不惜。這還應受『關心實業者』之實業衰歇的憂慮麼？但在同時，在工人一方面亦難承認這是怎樣高妙有效的政策。這個政策當然不足消滅罷工的運動。反之，罷工運動只怕從此更要擴大起來。目前的事實便是例證：日英各廠的罷工，有已超過三星期以上者，廠主雖閉廠而工人仍堅持；兩週來罷工之增多，遠過於兩週前所表現的；日本各廠的工人六七萬，現已準備聯合一致的行動。更從七月份的罷工統計看來，上海的罷工運動趨更繼長增高；假使資本家一致運用這一策略，只怕反是促成本月（八月）份更多更大罷工的條件了。

七月份罷工的統計

我們願意再昭示社會以上海七月份罷工之統計。上海的官廳與報紙，往往只靠工部局的統計。現在該局的統計尚未出來，但我們對於該局之罷工統計是不信賴的，那個帝國主義的機關所分析的罷工原因，詆謗工人的話，尤其荒謬絕倫。近來上海『高等華人』的機關——中國公論報，亦根據本報的統計而作『工潮問題之研究』，其結論亦會注意到『萬不宜彼此狠狽，採用閉歇政策，以引起工人之報復』；他們主張的是『以溫和方法，竭全力以從事，俾中國實業日進無疆，此誠撲滅共產主義之善策也！』這却並不是什麼高見！果使『實業日進無疆』，則共產主義亦愈發達；但那是另一問題。雖有『溫和方法』却不足以滿工人之要求，因為現在工人生活的條件，與實際所需實相差太遠了。

下列六表表明七月份罷工之情況。這六個表裏我們看出重要的現象是：

（一）七月份罷工總人數又超過七萬；

（二）七月份罷工企業仍為百餘廠，但手工業的罷工，較六月份加多；

（三）罷工的原因，屬於廣義的經濟意義的（即包括工資、時間、待遇諸條件）佔百分之八十；

（四）罷工時間較長了，在一月以上者已有三個罷工，在一週以上者有十三個罷工，而三日以上，一日上下的罷工，亦有多數；

（五）一百八十個罷工條件中，工人結果佔勝利者僅六十，六十二個工資要求條件中，工人結果僅得三十四。其詳可觀下表。從下表應得何種的結論，簡直無需乎我們預言了！

（一）總統計表

同盟與單獨罷工之次數	五四
參加罷工之企業總數	三業又一〇五廠
參加之人數	七〇•四九四
罷工之時間（以鐘點計）	六•六一二•一九七
罷工所提之條件	一八〇
勝利的條件	六〇

（二）罷工企業別與總數

手工業	三業
手工業	三五廠
印刷	三七廠
紗廠	一八廠
絲廠	三廠
碼頭	四
煙廠	三廠
染織	一廠
郵務	一
船業	一廠
鐵廠	二廠
總計	三業又一〇五廠

（三）罷工原因分析

工資的	一九
待遇的	四
工會的	五
時間的	五
援助的	七
經濟與時間的	二
經濟與待遇的	九
經濟與援助的	二
反對資方用人	一
總計	五四

（四）罷工時間分析

一月以上	三
七天以上	一三
三天以上	九
一天以上	一四
一天以下	一一
一小時息工	四
總計	五四

（五）罷工條件分析

工資的	六二
時間的	一八
待遇的	四五
工會的	四五
反對用人	七
援助的	二
求開廠的	一
總計	一八〇

（六）罷工勝利條件

工資的	三四
待遇的	一七
時間的	八
反對用人	一
總計	六〇

北方最近政情及安福派之時局推測（八月一日北京通信）

列武

北方政局自張吳會見的前後一直到現在，全在英吳日張兩派勢力（亦聯合亦衝突而相持對峙之下。在英國帝國主義者方面，是要日本令奉張與吳結成反赤聯盟，南抗粵蔣，北滅國馮，而自已則以大借款助吳掌握中央政權以抗拒日本；在日本帝國主義者方面，是要奉張與吳表面上不破裂在軍事上能合作，而於中央政治則處處掣吳之肘，實際在軍事上亦時時向吳表示吳部不可靠，有反戈的危險，現又值北伐軍入湘，攻下長岳，奉方已對吳表示最好將那些不可靠的軍隊調進入湘，而以攻擊南口的重責歸奉方獨立担任。 張吳會面之後，二人感情益惡。 據安福方面消息，張在津時常罵吳，京會之後罵又甚。張返奉後馳往大連，實係應日本天皇特任的滿洲天皇——白川司令——之召開御前會議，奉張假提出對吳作戰對國言和之議；而至今日形勢似又一變，日本帝國主義者及奉張鑑於北伐軍之進度及風傳孫傳芳通電主和的事實日益迫緊，乃又決定對國採取猛攻的戰略，以圖一擊之下，可以澈底解決；但數日以來所得確實戰訊，張宗昌軍又受重大的打擊，而自昨宵以迄今午砲聲隆隆不絕於耳，似國軍陣線又向南展，否則又係吳田部下出現大規模的反戈運動。 日本駐屯軍司令部派二參謀一翻譯南下，專調查北伐軍的實況，已訓令該參謀等一行時時由日本遣外第一艦隊南方別動隊用無綫電傳達報告，近三數日以來日本在京津一帶的報紙都吐露奉天方面已向吳提商吳嚮南赤奉任攻伐北赤之消息，這確是日本解決目前北方局面惟一的政策。 張吳之間目下似無破裂之可能，在日奉一面形勢一轉，似亦無與吳破裂之必要，只須馨香禱告盼望吳大將軍的旌旗南下，則奉天之在北方和戰均可自由，而且無論與國和抑與國戰，北京政權之一時的握於奉閥手中恐怕是一個必不可免的事實。

日奉對國的策略是一面攻戰，一面議和，在砲轟南口佔領多倫（此係奉方的宣傳恐不的確）的聲中，張學良的代表正與京津一帶的國軍要人有所接洽，他們提出的條件總是帶着些招降國軍的性質，奉方此次所提條件亦復如此：第一須國軍退出直隸境界（注意，張家口亦直境）；第二，須國軍贊成北京政府完全由清一色的奉系政客組織之；第三，兩方均任命一主持停戰的司令。 國方答言第三項完全贊成，第一項則因防地關係不能退出，第二項國方主張由各派勢力組織聯合政府，故和議尚無結果。

安福黨徒近仍大活動，姚震對人言：『吾黨在北方除吳佩孚外更無仇敵，但吳佩孚在最近的將來必歸沒落，屆時殘餘的勢力，屈指以數：一、奉系勢力，二、國民軍，三、孫傳芳所領袖的長江系，四、閻錫山，五、蔣介石所領袖的西南。 吳佩孚沒落後這些勢力誰也不能獨撐中央政局，綜觀全國大勢，形成四個或五個的迪克推多，四五個迪克推多之上，最宜由一個老迪克推多以統攝之，合於這資格的捨合肥莫屬。 老實說，關稅會議亦非我們出來誰亦不能進行，我們很有把握在六個月以內必要恢復政權。』 安福黨徒目下唯一的策略是消滅吳佩孚的勢力，介紹奉國議和，保存閻錫山的勢力，因為他們認只有閻錫山的勢力是安福的嫡系勢力，對於孫傳芳及蔣介石亦想急於拉攏；他們的大政方針是：(一)和平統一；(二)政治公開；(三)用人主張使各派機會均等；(四)採用愛爾蘭自治的形式以容納獨立省分。

尤其有趣味的是姚震對於國民黨的觀察，他說：『中山在世時把門關的緊緊的，以致孫段合作成了夢想，後來我們設法招致幾個老民黨來做官，誰知這些早已不是國民黨，嗣後國民黨又在廣東、上海、北京等處鬧左右派，又令人目眩神馳，不知誰是真正的國民黨。 現在我們看清楚了，國民黨就是蔣介石，蔣介石就是國民黨，因為蔣介石是國民黨的迪克推多；既亦是一個迪克推多，何妨與張馮孫閻等結成一個迪克推多的迪克推多呢？』 這真是一段奇妙的笑話！ 根據安福黨人的表示，我們可以知道安福黨人正在為恢復政權的活動，我們亦可以知道日本帝國主義者正在那里預備帮助安福派的魁領老賣國賊段祺瑞恢復政權。 因為段祺瑞不但是各不相下的軍閥間的緩衝物，亦還是英日和其他的帝國主義者間的緩衝物，真是一個百用不厭的利用品；而安福部又是日本帝國主義者操縱中國的中央政局唯一的工具。

據此間所聞，田維勤自其部下有五團已經投入國軍以後，異常懊喪，而繼此五團而起者尙大有人在，但其對高桂滋之表示則謂彼始終未打國軍一槍，將來也還是如此，目下他所打的不是國軍，乃是他自己的變兵。 高桂滋說以他的推測，吳部在近畿的殘局，仍須由靳老二出來收束。 靳老二曾派人見孫傳芳，孫傳芳表示對吳宜任其自生自滅。

樊老二在河南自佔南陽等地後，聲勢愈大，其所部一部分向京漢路上之駐馬店等處前進，寇派薛旅進勦，反被樊軍擊敗，有全軍覆滅說。 十數日前開封傳吳有任靳二爲直豫陝勦匪總司令說，寇電吳告奮勇親自出馬攻樊，但暗中又在督署大宴開封士紳其用意在使該士紳等電吳說明開封治安要緊，寇不宜親自出馬。 又聞吳將去冠以靳代之，開封反熊聲甚高，大概係寇暗中指使。 聞樊新收桿匪約二千餘人，在尉氏，洧川等處嘯聚，新鄭滑濬等縣亦有同樣的動作。 樊自與寇軍抗戰，未嘗一敗。 吳有派陳文釗王爲蔚的部隊入豫，而令豫軍移鄂的消息。

齊燮元托谷鍾秀向國方表示吳欲言和意，國方答以在吳未聲明不戰國以前，實無商量和平的餘地。 日文新支那報稱魏益三在蔚縣對吳反戈。 確聞魏去保定時將所有什物，盡擄以行，人多疑其將有他項舉動。 吳將南行，似已成爲事實，惟以其在北方之殘餘勢力託之齊抑之靳，尙不可知。 京津兩個黃報仍攻擊孫傳芳不止，謂係有漢高祖歸故鄉之意，黃報係張宗昌出錢資助辭大可所辦之報，觀此則蘇魯間確不能說已無問題。

中國共產黨致粵港罷工工人書

罷工工友諸君：

你們的奮鬥，已經支持一年零兩個月了。 你們是爲全民族的生存奮鬥，爲全民族的利益而犧牲。 五卅以來，普遍全國的反帝國主義運動，都因武力摧殘而暫時歸於消沉，惟有粵港罷工一直支持到現在，而獲得很大的成績。

粵港罷工係繼上海罷工之後而發生，最能表示全中國工人階級的一致行動，並指示工人階級是反帝國主義最有力量和最有組織的羣衆。 粵港工人罷工的結果，曾經贊助國民黨肅清了廣東內部的反動勢力，鞏固了廣東的革命根據地，並統一了廣東全省。 香港對廣東的政治和經濟侵略勢力及其本身的經濟地位，都被削弱。 罷工工友自身亦已獲得最可寶貴的奮鬥經驗，組織的力量因而日見加厚。 這些成績雖然是罷工工人受了很大的犧牲換來的，可是很值得的。

香港帝國主義不但是工人階級的對頭，而且是廣東全省人民以至全中華民族的仇敵。 香港本來是中國的土地，因爲鴉片戰爭而割讓於英，是歷史上有名的販賣鴉片的口岸。 一直到現在，香港還是販賣鴉片軍火和人口的港口，土匪海盜的巢穴，反革命派的營寨。 總之，危害中國南部人民的生命財產的發源地，就是香港。 香港人口共計六十萬人，外人僅佔二萬，其餘都是中國同胞，其中除少數走狗買辦土匪海盜反革命派以外，都是操工商業的善良人民。 可是這五十幾萬同胞，在政治上受少數外人的統治，經濟上供養這少數外人，簡直受盡亡國奴的痛苦。 罷工工人之抵制香港，卽是爲全國人民報仇雪恥。

香港既然是中國南部的經濟樞紐和交通咽喉，帝國主義者又根據這優越地位，製造種種謠言，以圖淆亂聽聞。 他們最厲害的謠言之一種，就是說工商業的種種損失，都是罷工的結果。 這樣挑撥中國人反對中國人。 其實中國南部人民歷年來生命財產的損失，都應由香港負責。 這次因罷工而發生之工商業損失，亦由於香港之無誠意解決罷工。 罷工工人祇是忍受極大痛苦為全民族爭得政治上和經濟上許多權利。 罷工反抗帝國主義奴隸中國人民，養我國民的獨立精神，同時培植本國工業和國貨在廣東市場的發展。 香港不肯從早解決罷工，足見香港政府絲毫不顧香港商人的損失，反而想因破壞罷工的結果，維持他魚肉中國人民的地位。 稍微有點良心的愛國人民，都應十二分的贊助罷工工人，反對香港帝國主義。 罷工工人在此長期奮鬥中，都是受了不少的犧牲。 多天沒有衣服被褥禦寒，夏天居住又不足免病，每日罷工工人祇能自已有飯吃，妻子兒女都飽受飢餓之苦。 一般反革命派民賊奸細之流，不是包人落港，就是包運米糧和仇貨，以圖破壞罷工，甚至少數國民黨右派領袖，還想摧殘罷工拍賣廣東，以圖換得香港的賄賂。 這種人不但是罷工工人的仇敵，且是全民族的敗類。

本黨是為工人階級及全體貧苦民衆利益奮鬥的黨，在粵港罷工中間，始終與罷工工人手握着手的一致奮鬥，並始終以罷工工人的利益為前提。

親愛的罷工工友！ 罷工已早到了解決的時期了。 罷工工人屢次表示願意犧牲政治條件和一部分經濟條件要求解決罷工，而香港置之不理，最近國民政府與英國帝國主義者之談判中英代表又謂罷工已成過去，對於沙基案和粵港罷工都不肯讓步，因使會議停頓。 罷工工人和全國民衆處此情勢之下，一面應由國民政府和全國民衆募集鉅款救濟罷工工人，本黨亦自當本此目的為罷工工人奮鬥到底。 總之全國民衆和罷工工人應注意的有二：一，須使罷工工人不至為全國民衆而感受經濟上極大痛苦；二、中英談判須得相當的勝利。 親愛的罷工工友！ 為達到上項的目的，我們更應堅固我們的團結，振發我們的精神才行！ 謹祝

粵港全體罷工工人萬歲！

罷工工人的最後勝利萬歲！

中國共產黨中央執行委員會

一九二六年八月八日

讀者之聲

關於『北伐』之兩種不同的觀念

記者先生：

在這北伐聲浪震動全國之時，就是我們偏僻的小小睢縣也得着許多傳說（報紙是很難看見的）。 知道這些消息的人們大概有以下兩種不同的感想：

一種是他們的子弟在開封讀書加入國民黨的人，平日受他們子弟的宣傳，說國民政府如何好，所以他們盼望北伐軍來能夠解除他們所有一切痛苦，但他們却不想自己有什麽動作；

一種是不了解國民黨，不了解國民政府的，他們以為吳佩孚從前打段祺瑞也是北伐，打國民二軍也是北伐，南口戰爭也是北伐，他們只感覺戰爭之苦，而厭惡北伐，尤其是鄉土地域成見甚深的人，更以為北伐是南方人打北方人。

我覺得第一種人對於北伐軍的感情雖好，但自己不動作，專望人來解救是不對的，且減少了北伐的行動力量。 我們宣傳北伐，最好

是能宣傳民衆起來做直接反對軍閥政治的地方政治鬬爭，更能增進北伐行動的勢力。

第二種人的思想固然錯誤，然而『北伐』這兩字確實不能完全表示出革命的意義，是應當承認的。所以我主張國民政府出兵的總名，不宜用北伐二字，而當換為反吳，反反赤，意義比較更為有光明，且適合全國普遍需要。不知先生以為何如？

于楓冷八月一日於睢縣

楓冷先生：

來書對於『北伐』所指兩點，均很對。我們宣傳北伐，不應該僅僅引導民衆指望北伐軍來解放，自己毫不努力。這是對於北伐工作沒有多大帮助的。如我們能引導羣衆作反對苛捐重稅等地方政治鬬爭，動搖軍閥政權的統治，則更能推進革命勢力向前發展。

說到北伐二字的不妥，不能完全表示出革命的意義，我們也同先生一樣的感覺；不過過去既已習用此名，只要一切北伐軍事的行動確是能破壞軍閥政治，能代表民衆的利益，滿足民衆的要求，則名字上雖可混淆，而事實上決非吳佩孚之北伐所能冒充之，不必一定要求更改。

記者

新青年第四號目次

The Guide weekly

嚮導

週報

第一百六十八期

目次

一九二六年八月二十二日

且問問孫傳芳的保境安民

述之

兇殘險狠的孫傳芳，野心勃勃的孫傳芳，老奸巨猾的孫傳芳，幾星期來不是調兵遣將於贛閩，便是輸餉運械於湘鄂，這種敵視北伐軍和國民政府，參加所謂『討赤』戰爭的事實，可算已非常之顯著；然而孫傳芳口頭上還是高喊着什麼：『人不犯我，我不犯人』和『保境安民』一類的鬼話，裝着守中立的樣子，其實只是沒有公開地下動員令罷了。

孫傳芳現在其所以還未公開下動員令還維持表面中立者，絕不是孫傳芳主觀的願意如此。 我們知道孫傳芳的勢力是建築在兩種基礎上，或者是形成於兩種原素：（一）北洋軍閥，（二）英國帝國主義。這兩種原素綜合起來的結晶體——『孫傳芳』，我們想想在目前的政局上，在目前『赤』與『反赤』的鬥爭上，他應該站在何方面，——我想不用說是很明顯的。 何況當此吳佩孚將倒之時，正是孫傳芳攫取直系領袖的大好機會。 因此孫傳芳主觀上早便想加入討赤戰線，藉此建立一些威信，取得直系中一班小軍閥之信仰，以爲將來代吳之地步。 不過孫氏本身的力量太薄弱，他雖號稱五省聯軍總司令，實際上要想眞正指揮一省也不可能：江西的鄧如琢，安徽的陳調元，福建的周蔭人，浙江的夏超，不用說是不能奉命惟謹，便是他本人坐鎮的江蘇，如白寶山周鳳岐之流，也是不能完全聽他的命令的。當他前兩星期想調大軍入贛堅決表示態度之時，周鳳岐白寶山等便暗地反對，鄧如琢表面上雖歡迎調軍援贛，但是實際上則是拒絕的（尤其對於王普），因此孫傳芳只好暫時沉默。 現在更加江浙人民之反對，老奸巨猾的孫傳芳便不能不說些『人不犯我，我不犯人』的鬼話，一以遮蓋自己面子，一以敷衍民衆。 其實孫傳芳不過是在等待時機，隨時都可以公開動員加入『討赤』的。

孫傳芳的『保境安民』『人不犯我，我不犯人』的根本意義，我們已很知道的了，但是現在我們姑且假定孫傳芳這些話是言出由衷，我們就提出幾個問題來問問：（一）唐福山久已援助葉開鑫，參加湖南戰爭，這要我們要問問孫傳芳：唐福山是否貴『境』五省中之江西的軍隊？ 爲什麼唐福山便老早就犯起人來？ （二）周蔭人現在大開其隊伍由延平入江西，并令張毅準備攻潮汕。 試問福建又是否貴五省中之一？ 像周蔭人這樣是不是去犯人？ （三）爲什麼調王普孟昭月入江西，調松江之兵駐衢，近日又將調淮揚鄭俊彥之師，像這樣的調兵遣將，爲的什麼？ 是不是在準備犯人？ （四）浙江江蘇國民黨省縣黨部，分明是與廣州政府有關係的，爲什麼要封閉其黨部機關，監禁其辦事人員，這又算不算得犯人？ 此外還有幾次供給吳軍餉械，最近吳佩孚要求月助五百萬，孫傳芳也并未公開拒絕。 凡此一切都足以表示孫老先生，五省聯軍總司令之『人不犯我，我不犯人』和『保境安民』的政策之實際運用!!

有人說：『孫傳芳不過號稱五省聯軍總司令，江西福建安徽本來不過是名義上的，其實那裏能聽孫傳芳的指揮，因此鄧周等之行動，孫氏自然不能負責。』 不錯，孫傳芳不能指揮五省，不過是名義上的五省總司令，但是孫傳芳爲什麼又要開口五省，閉口五省呢？ 他應該老老實實地表示不能負江西福建的責任，只保江浙兩省之境，安江浙兩省之民就是了。

至於孫傳芳之『保境安民』的『安民』兩字更是作得恰到好處，可謂卓著成效！ 如五卅愛國運動領袖的劉華之被槍斃，擁護江蘇農民利益的周水平之被砍頭，上海數十萬工人之時被壓迫，被拘捕，被監禁以至於被槍殺，代表上海數十萬工人的總工會之被封閉以及其他人民團體之受壓迫，所有這些都是孫傳芳安民的成績，或者以爲這些都是赤化黨，赤化機關，但是上海及江蘇各地一班商人農民及平民也能算是赤化黨嗎？ 可是孫傳芳怎樣『安』他們呢？ 宅地稅、貨物稅、紙煙稅、戶口捐、房租加捐、印花實貼、勒種鴉片、勒收米捐，凡此一切苛捐雜稅，都是孫傳芳老先生『安民』之實際的具體的表現。 江浙之民，眞是『安居樂業』！ 紙煙業者爲紙烟捐罷業已過半年，浦東平民爲戶口捐起來暴動，江蘇省的商人因爲貨物稅以及許多苛捐雜稅而大部分趨於停業破產（見江蘇各縣商會在江蘇商會聯合會議上的報告），至於因水旱天災而流離失所以致於死亡者，那更無須乎說了。 至於周蔭人鄧如琢陳調元鐵蹄下之福建江西安徽等省的民衆被『安』得怎麼樣，那是我們只看報紙上差不多天天所載的苛捐雜稅和壓迫民衆等事件便可知道。 總之，五省聯軍總司令的孫傳芳對於五省的『民』可謂是『安』到好處，不過他『安』的方法不同，是『苛捐雜稅』，『擄人勒贖』，無理的『逮捕』『監禁』以至於『槍殺』罷了。

現在江浙的人民已經起來開始反對孫傳芳了，起來干涉孫傳芳的行動了，不過我們在這些反對孫傳芳參加戰爭的團體中，看見有幾個團體如上海總商會等竟囫圇吞棗地袒孫蔣陳（嘉謨）等『息爭講和』，像這樣，完全是站在吳佩孚孫傳芳方面反對北伐軍，無異於助孫宣戰；因爲此次北伐軍出師原來是因爲吳佩孚南伐，侵入湖南，企圖犯粵，故北伐軍不得已起而防禦，由防禦進而消滅此賣國殃民之老賊，北伐軍此種行動，是每一個眞正的中國人都應該贊成的，并且應該督促幹到底的，與孫傳芳此次之準備參加反北伐戰完全相反；上海總商會這種第三者的紳士態度，與去年五卅慘案時站在中國民衆與帝國主義間來調和的態度如出一轍。 唉！ 高等華人的上海總商會可謂不失其爲高等華人的紳士風度！

八月十八晚

最近之白色恐怖

超麟

近來各地接二連三發生好些白色恐怖的事件。 槍斃新聞記者和革命黨人，封閉報館和國民黨黨部，逮捕監禁做社會運動的青年，藉口取締赤化禁止一切民衆求自由的運動，擬定新聞條例，開除活動的學生，……這一類事件，充滿了近來各報的篇幅；我們隨便翻開報紙看看，即可感覺着近來的白色恐怖越來越兇。 底下列舉之幾條事實是近來讀報回憶中認爲較重要的，但祇可算是白色恐怖之一斑；還有許多事實，各報或者不敢登載，或者不屑登載。

（一）北京社會日報經理林白水因近日著論痛斥潘復，詞連張宗昌，於八月六日晨一時由張令憲兵司令王琦捕去，認爲『通敵有據』，四時即被槍斃於天橋。 林死之後一日，世界日報社成舍我復被捕。 同日憲兵往捕民立晚報經理成濟安未獲。

（二）北京大學學生明仲祺，前因散發不滿於現政府之傳單被捕，經王懷慶判四年徒刑，王并通知北京各校，令勿加入北京學生會之學生一律開除。

（三）安徽第一師範學生楊兆成於八月三日被安慶警務處派保安隊捕去。 楊之被捕，係出於上月三十日孫傳芳之密電，但所犯何罪則尚未見正式宣布，一般人疑爲有赤化嫌疑，據高世讀的談話則指爲勾通土匪煽惑軍隊。 現在已解往蚌埠審訊。

（四）福州陸軍審判處於八月六日發出佈告槍決趙昉許偉森王泉官三名；他們的罪名，據說是：假託學生名義，或宣傳赤化勾結亂黨，或騷擾商民動行敲詐，或私播槍械意圖暗殺。另外還有一個『從犯』陳伯游處二等有期徒刑。我們知道這三位又是白色恐怖下的犧牲者，他們一定是抵制日貨懲罰奸商之進步的福州學生中的幾個。

（五）濟南中和通信社社長劉寰洲，於七月二十七日被警察廳奉張宗昌命令捕去。他的罪名尚未宣佈。

（六）天津警察廳擬了一種新聞營業規則，於新聞事業限制甚嚴，意在鉗制輿論。

（七）吳淞平民學校教員佘立亞，被日商華豐紗廠誣爲煽動該廠工人罷工，於七月三十一日爲吳淞警局捕去，即日解往淞滬警察廳。警廳即以在佘之住所搜得之新青年嚮導週報等通行刊物，爲佘犯罪之佐證。

（八）滇豫哈爾濱等處官廳嚴令取締『赤化』，雲南各書局關於新潮之書籍俱不得售賣，學生會皆在禁止之例，河南學生亦無結社自由，哈爾濱俄國俱樂部中藏儲訂閱之書報皆被中國官廳搜去。

（九）上海中外官廳限制出版事業，工部局連續三次檢查光華書局，創造社出版部於八月三日被中國官廳所封，其原因乃係有人於孫傳芳前誣該出版部販賣『赤化』書報。同時租界小販販賣五卅書扇被捕，南京前被封閉之啓明樂天兩書局亦於近日由官廳拍賣充公。

（十）國民黨浙江省黨部於七月二十九日被封，職員朱楚珩宗夢岐等被捕，監於陸軍監獄候判。同時寧波亦起黨獄，啓明女校及甬江潮被封，甬江潮主編蔣本青及承印者張介人被捕。

（十一）在江蘇省，國民黨亦遭同樣之壓迫，國民黨人所辦之松江評論之發行主任陸伯周值外出，其弟被捕。揚州黨部亦被封。江蘇省黨部亦有查封消息。

（十二）南昌國民黨市黨部於七月十三日被鄧如琢查抄封閉，并被捕去黨員陳崇謙，工人幹事胡朝樞，弋陽縣代表祝炎，國民政府特派員王某等四人。

（十三）上海反動的教職員於今年暑假大舉向學生進攻，南洋復旦諸大學皆開除學生多名。

以上所列諸白色恐怖的事實，雖然遺漏甚多，然已經足以使我們不寒而慄。中國一向便是白色恐怖世界，尤其在『討赤軍』佔領北京以後，然而近來白色恐怖事實之增加亦是事實。在這些事件裏，大部分是發生於所謂東南的五省。江浙贛皆壓迫國民黨，皖閩同時拘捕或槍斃學生。此外，北京摧殘輿論槍斃記者一事尤爲民衆所同憤。取締『赤化』之令竟推行至偏僻之雲南。其他如戰爭中戰區人民之遭劫以及各地尤其上海罷工風潮中工人的犧牲，還不算在內。祇要看吳淞日本廠主命令中國警察逮捕平民學校教員一事，便可推知工人之遭受政治壓迫至若何程度了。

我們現在再問：白色恐怖的事實，近來爲甚麼特別加增呢？從東南五省之加緊壓迫看來，可以知道，這是和北伐軍佔領長沙有關係的。以前孫傳芳利用其地理的形勢，貌爲中立站在可南可北的陣勢；到了長沙攻下之後，才決定態度，防禦北伐軍侵入其五省地盤，所以加緊壓迫民衆的革命運動。從北方軍閥摧殘輿論，也可以明白，所謂討赤軍的殘暴是十分不堪的，所以才怕新聞記者將其眞實狀況傳達出來。總而言之，近來軍閥的白色恐怖之加緊適以反映軍閥本身之脆弱。我們切勿懼怕此白色恐怖，我們應當以革命的鬥爭戰勝此白色恐怖。

一九二六年八月十二日

日本帝國主義經濟侵略下的中國工人

仁至

中日戰爭結果，我國被日本帝國主義强迫訂立馬關條約，裏面規定：『凡日本臣民得在中國通商口岸城邑，任便從事各項工業製造』；從此時起日本帝國主義遂得利用我國賤價勞動，在中國內地漸次開設工廠，肆行經濟侵略。到一八九六年，又在所謂中日協訂條約中，規定『日本政府承認中國對於日本臣民在中國製造之貨物得便宜酌量課税，但其税不得與中國人民納税相異，或超過中國人民所納之數目。如若中國政府，給與其本國人民以減輕稅率的利益，日本也得援例要求享受。』因此中國抵制外國工業、保護本國工業的工具，完全喪失；日本帝國主義在我國的工業，則日益發展。到一九二五年，日本投資於中國的資本在四萬萬元以上，公司數凡一百三十，工廠數凡一百一十一。如下表：

工業種類	資本金	公司數	工廠數
紡織業	一七二•七〇五•〇〇〇元	一七	四五
輪船運輸業	二一•二五〇•〇〇〇	六	—
鑛業	一•五〇〇•〇〇〇	七	—
電業工業	一五•六三五•〇〇〇	十六	—
其他製造業	五七•〇八〇•〇〇〇	五三	五六
銀行信託業	一二一•二〇〇•〇〇〇	三一	—
總計	三九七•四六五•〇〇〇	一三〇	一〇一

上表中都是日人在我國設立的工業，此外對我國自辦工業中的投資亦在四萬萬元以上，許多工業的實權和利益，都操在日人的手中，因此中國工業受了莫大的打擊。譬如紡織業爲中國最發達的工業，亦受日本激烈競爭的壓迫，幾經危險，試取三年來中外紗廠發展的比較一看，便可知道。

年別	國別	所有廠數	錠子數	布機數
十三年	中	七三	二•一一二•二五四	
	日	四二	一•二一八•五四四	
	英	五	二五〇•五一六	
	總計	一二〇	三•五八一•三一四	
	日佔	百分之三五	百分之三四•九	
十四年	中	六九	一•八八一•八二二	
	日	四五	一•三二六•九二〇	
	英	四	二〇五•三二〇	
	總計	一一八	三•四一四•〇六二	
	日佔	百分之三八	百分之三八•九	
十五年	中	六九	一•八八一•八二二	一六•三八一
	日	四五	一•三二六•九二〇	七•二〇五
	英	四	二〇五•三二〇	二•三四八
	統計	一一八	三•四一四•〇六二	二六•九三四
	日佔	百分之三八	百分之三八•九	百分之二六•八

從上表我們可以看出日本紗錠在十三年僅佔百分之三四•九，到現在已增加到百分之三八•九，中國紗錠反減少了百分之八。由此我們可以知道日本在中國工廠日益發展，而中國工業反有日益衰退的趨勢。但是他的主要原因究竟在那裏呢？

日本帝國主義到中國來開設工廠的原因，就是因中國工價低廉，可以榨取更多的利潤，日本工廠所以日益發展的原因，固然他利用種種不平等條約及資本的充足可以操縱市場，然而最主要的原因還是他對工人階級榨取的方法更加利害更加巧妙。　試就紗廠來講，現在各廠壓迫工人，剝削工人種種的巧妙方法，沒有一樣，不是由日本工廠開始。　譬如加重工人工作，起先在紗間裏，三人管兩部車，後改爲二人管三部車，現在加到一人管兩部車，是日清（即大康）紗廠開始。

如養成工，這是紗廠裏壓榨工人最殘酷的方法，就是派管工到鄉村去中招收男女童工，年齡自七八歲至十五六歲，在這兩年工資極少，至多不過六元一月，還要經過管工的剝削，工人所得幾等於零。　一則養成工工資低廉，可以榨取更多的剩餘價值；二則養成工初從鄉間來年齡又小，服從廠中的壓迫，打罵侮辱，不致反抗；三則可以養成大批工人，使勞動市場發生勞動過剩因此工價更低廉，並可以鉗制工人不敢罷工。　這種殘酷的方法簡直是毫無人道！　首先採用這種制度者就是日本內外棉紗廠，到現在中外各廠一律仿行了。　如撤消紗間中的櫈子，起先紗間中都有櫈子，工人工作疲勞，可以稍坐休息，日本紗廠首先取消紗間櫈子，使工人在工作十二小時中完全站立，不能稍坐一下；現在廠中馬桶間竟把馬桶蓋子都取消了，因恐工人躲在馬桶間去休息。　現在取消櫈子取消馬桶蓋的巧妙方法已風行於中外各廠了。　還有許多由日廠開始的惡例說不勝說。　日廠還有許多獨有的惡例如撤屎尿牌，並且在紗間七八百人僅兩個牌子輪流，沒有牌子去撤屎尿每次要罰洋五角至一元。　如剋扣工人工資十分之一，滿了十年一總發還，不滿十年，一律充公，名叫做紅薄子貲，實在就是鉗制工人的方法。　對於工人的打罵侮辱更是特別利害，去年二月因「反對東洋人打人」激成四萬餘人的大罷工，五卅慘案的暴發，由於內外棉紗廠打死工人顧正紅，便是很顯著的證明。　資本家壓迫工人，自然要激起工人的反抗，壓迫愈利害，反抗也自然愈利害。　所以近八年以來日本紗廠工人罷工的次數爲最多，最近兩年尤其有加無已。

試列出日本紗廠工人八年來罷工次數如下表：

年別	日	中	英	統計	日廠占分比
民國七年	三	一	一	五	六〇
八年	七	四		一一	六三・六
九年	二	三	一	六	三三
十年	一	一		二	五〇
十一年	四	五		九	四四・四
十二年	一	一		二	五〇
十三年	二			二	一〇〇
十四年	三八	一八	五	六一	六二・一
統計	五八	三三	七	九八	五九・一
百分比	五九・二	三三・六	七・一	一〇〇	

從上表看出日廠罷工次數特別的多，佔總數百分之五九・一，可以推想到日本資本家對工人的壓榨是特別利害。　最近二年來日廠罷工日益加多，也就由於完全以橫暴手段對付工人，自然激起工人的反抗更加利害。　如去年二月間日紗廠第一次大罷工，由於反對東洋人打人，但是罷工解決後在條約上規定了「以後不得毆打工人」，而兇厲的日本資本家，似乎覺得拳打腳踢還不夠，竟帶鐵棍手鎗等武器入廠，致打死工人顧正紅，暴發了空前的五卅運動。　再取日廠歷年罷工事件的原因一看，更可證明。

日紗廠八年來之罷工總表

廠名	地點	人數	日期	原因
日華紡織女工	上海浦東	一千餘	七年四月某日至四月廿二日	拔升工頭，女工不服，全體罷工，要求撤換。
日華女工	上海浦東			女工與工頭爲難，買辦通知警署拘捕女工，工人即罷工。
日華紗廠	上海浦東	四千餘人之一部	十月十六日至十月二十五日	廠中工資，向由華經理包發，現經理辭職，工人罷工挽留。
上海第二紗廠女工	上海	三百餘	十月廿八日至十月三十日	日廠主議定，女工停工不到，替工作常工。
日華紗廠	上海浦東	六百餘	八年二月八日至二月十五日	粗紗間工人因改亭期（紗十磅）恐遭損失（一向章按時現則按件）
上海紗廠第二	上海楊樹浦	搖紗間女工	五月六日至五月七日	要求增加工資
內外棉第三四五廠	上海	男女工五六千	六月五日至六月十一日	請罷免曹、陸、章，釋放學生。
日華紗廠	上海		六月五日至六月十一日	請罷免曹、陸、章，釋放學生。
上海紗廠	上海		六月五日至六月十一日	請罷免曹、陸、章，釋放學生。
日商紗廠數家	上海叉袋角	萬餘	六月九日至六月十一日	與學潮同情，請罷曹、陸、章。
上海紗廠男女工	上海	八千人	十月十一日至十月十五日	要求增加工資
日華紗廠男女工全體	上海浦東	九千餘	九年一月卅一至二月八日	英商給工人花紅，日商工人欲援例，日廠主不允，反毆工人。
第一紗廠（日）	上海		六月二十日至七月三日	因米貴，要求加資。
日華紗廠	上海	粗紗間女工	十月廿四日至十月廿八日	因與廠中翻譯衝突，又因要求優待，及革斥不良監工。
第一紗廠	上海	一千四百餘	二月二日至二月五日	因工人家屬送飯時，廠家恐偷棉紗，不許入廠。
日華紗廠	上海	三千八百餘	十一年四月十六日至四月二十五日	要求增加工資
日華紗廠	上海		五月二十日至六月四日	粗紗間要求按件付工資不遂。
同興紗廠	上海	五百餘	三月二日至三月五日	要求給與花紅
日華紗廠	上海	三千餘	十一月一日至十一月廿六日	要求啓封浦東工會
日華紗廠	上海	六百餘	十三年五月十二日至五月十一日	廠家教女工用新法接頭，女工惡其不便。
大康紗廠	上海		五月二十九日至某日	因日廠主常吊打工人，并毆工人行罷。工友被革，要求設、并要求發還儲蓄金，改良待遇。
日商紗廠	上海	三萬八千餘	十四年二月九日至二月二十五日	上次罷工條件，無一定目的
日商內外紗廠	上海		三月三日	
內外紗廠	上海	第三廠一部工人四百餘	三月	女工頭虐待責工
日紗廠	青島	一萬餘	十四年四月十六日至五月十九日	反對廠家虐待要求改良待遇
日紗廠（內外棉十一個分廠）	上海	一萬八千四百人	五月四日至八月中	要求增加工資，五卅案導火線。
興隆紡紗廠	青島		五月十二日	要求與太康工人受同等待遇（同上日紗廠）。
日紗廠	青島	七千餘	五月二十五日至六月一日	因違背條約開除工人
公茂紗廠	上海	三千餘	六月一日至	五卅案
上海第一布廠	上海	七百餘	六月二日至	五卅案

上海第一紗廠	上海	千二百餘	六月二日至	五卅案
同興紗廠	上海	二千六百餘	六月二日至	五卅案
東華紗廠	上海	二千餘	六月二日至	五卅案
日華紗廠（四個分廠）	上海	一萬餘	六月二日至	五卅案
上海紗廠第二	上海	二千餘	六月三日至	五卅案
上海布廠第二	上海	一千餘	六月三日至	五卅案
上海紗廠第三	上海	二千六百餘	六月三日至	五卅案
上海布廠第三	上海	一千八百餘	六月三日至	五卅案
裕豐第二廠	上海	二千餘	六月三日至	五卅案
公大紗廠	上海		六月五日至	五卅案
裕豐第一廠	上海	二千餘	六月五日至	五卅案
太康紗廠	上海	四千餘	六月一日至	五卅案
豐田紗廠	上海	六千八		五卅案
喜和紗廠	上海	一千餘	六月十一日至九月十四日	五卅案
四方紗廠	青島		七月二十三日	上次罷工因被武力解決而失敗，日本雇主愈益虐待。
喜和紗廠	上海		九月十日至	捕房拘工會委員長，工人求廠主交涉，延不進行。
同興紗廠	上海	五百	九月十三日至	要求廠方供給椅子不遂，
日華紗廠	上海浦東	四千餘	九月二十八日至十月廿七日	無故開除工人，減扣工資。

上海第一紗廠	上海	五百	十一月三日至十一月五日	因廠方不履行五卅案內罷工復工二條件、幷因要求增加工資。
同興紗廠	上海		十一月七日	要求增加工資。
日華紗廠	上海	一千九百五十	十一月十六日	工人與敬方齟齬、捕房捕去工人數名，工人罷工、要求釋放。
日華紗廠（第三四工場）	上海	一千八百餘	十一月十七日至	要求將開除工人復職。
同興紗廠	上海		十一月二十日至十一月二十三日	兩派工人因待遇不平而互毆，激成罷工。
上海紗廠	上海	布廠間工人約五百餘	十二月七日	因廠方壓迫。
內外棉第十四廠	上海		十二月十一日	敵方不履行允加工資之前令。工人散工會傳單，
同興紗廠	上海		十二月十二日至	廠方拘人，勞資大起衝突，傷工人若干名。
太康紗廠	上海		十二月二十二日	因廠方開除幷毆打工人。

我們把上表罷工的原因統計一下，可得如下的結果：

廠中壓迫	要求加工資	政治罷工及同情罷工	其他	總計
二十三次	八次	二十次	七次	五十八次

五十八次罷工中竟有二十三次是由於資本家的壓迫並且政治罷工

中五卅案有十六次，也可以說是因資本家壓迫而激起的。合計起來，共三十九次。我們可以知道日廠罷工大多數是由於資本家壓迫所激起，由於工人要求加工資或減時間者還佔少數；換句話說，日本資本家的野蠻，是日廠工人罷工獨多的總原因。最近幾月來日本工廠的工潮更加發展，只要看一下近日上海總工會發表宣言中的統計表，便可知道。

廠名	罷工人數	原因	時日	工人方面之損失
內外棉四廠	二五〇〇	因機器走電，廠主謂工人放火，遂停工閉廠。	六月二十四日至七月二十六日共三十三日	被捕十五人，開除十一人，停工期內工資不發。
內外棉三廠	一四〇〇	因援助第四廠工人，廠主謂工人無心工作，宣告停廠。	六月二十六日至七月二十四日共二十九天	被開除七人，被捕一人，停工期內工資不發。
同興紗廠	三一〇〇	因廠方開除工人九人，增加工作時間。	六月十六日至十九日共三天	被開除九人，不能復工，罷工期內工資不發。
日華一二紗廠	四五〇〇	因廠方不肯優恤觸電身死之工人，并要求增加米貼廠主自行宣布停廠	七月念四日起，至今尚未解決。	被開除念二人，被捕二人。
內外棉九廠	三〇〇〇	因天氣過熱要求照舊例休息二十分鐘，廠方即宣告關廠。	七月二十七日起至今尚未解決。	被開除念六人，被捕九人。
喜和紗廠	七五〇	要求恢復被開除工友工作。	共三時	被開除二工人不得復工，被捕者二人。
內外棉東西五七八九十十二十三十四十五廠	一三三七九	因不滿意於三四棉廠對於工人之壓迫	一小時	停工時間工資被扣。
內外棉二廠及東西五廠	三七七九	因不滿意於廠方尅扣工資。	六小時	停工時間之工資不發，西五廠被開除二人。

不過兩個月，而日本紗廠的罷工竟達八次之多，人數總計達三萬三千一百五十八人，竟無一次不是由於資本家的壓迫。工人階級，處於帝國主義嚴厲剝削之下，所得工資不足以維持生活，而日遭殘酷的壓迫，視工人生命雖牛馬之不如。最近陳阿堂案更是殘暴橫行最顯著的例證，只要略悉此種情形的，當無一人不為之髮指。

日本帝國主義利用不平等條約，在中國內地開設工廠，一面使中國工業的發展受了莫大的壓迫，一面肆其橫暴的行為壓迫剝削中國工人激起罷工風潮的震蕩不已。所以為中國工業發展計，為維持人道計，為社會治安計，為中國工人生命安全的保障計，都應當主張，取消中日間一切不平等的條約，收回日本工廠，反對日本帝國主義的橫暴。這種要求，不單是工人階級的要求，而且應該是全國國民共同的要求。

法蘭西之危機

馬樂

步了其他幾個『勝利的』民族的後塵，『勝利的』法蘭西現在也一天一天的沉沒到社會的危機裏去。

我們如果不回頭看一看過去幾年裏的事端，我們便不能夠明白法蘭西的危機的眞面目。

（一）世界大戰後的兩個結果

世界大戰對於法蘭西的經濟組織造成了兩大變遷！

第一，在歐戰以前，法蘭西是一個借錢給別人的國家，但大戰的巨額軍費支出已經把法蘭西變成了向別人借錢的國家；從債權者變成債務者，內債和外債都是可驚地增加起來。

第二，在歐戰以前，法蘭西是小工業而大體還是農業的國家，但大戰時因要適應軍事的目的而儘量發展工業，已使法蘭西變成了歐洲的主要工業國。戰後獲得了薩爾區的煤礦和勞倫區的鐵礦，已經給了法蘭西極大工業發展的基礎。法蘭西現在是歐洲第一位產鐵的國家了。

這兩項事實，就說明法蘭西爲什麼一面既得到了某種程度的工業興盛，而另一面却又陷於難解脫的財政上的困難。

（二）現在的社會的危機

現在的社會的危機，必須從三方面加以考察：

第一，財政方面，目前正是最顯著最嚴重的。財政的危機（國庫空虛和預算的永遠不足）即在佛郎的跌價上表現出來。從一九一七年起，佛郎是逐漸的跌價，並且是每況愈下。現在一英鎊可換二百多佛郎（戰前只換二十五個）佛郎跌價是濫發紙幣的結果，而濫發紙幣却爲的要付內債的利息。

外債就是欠英國美國的，如果沒有一個根本解決的辦法，這些外債當然是將來許多年預算上的重担。

第二，經濟方面，是同樣的有味的。這幾年來因爲佛郎跌價，工業品的賣價低廉，故法蘭西的對外貿易頗爲有利；因此法蘭西在世界市場上的競爭也成功了，經濟也興盛了。可是這種好的現象都是人工的，不是自然的，即是佛郎跌價這個病的原因的結果。這種經濟發達是空的，實在法蘭西是在蝕本賣她的貨物。一九二一——二三年德國的經濟發達，正與法國現在同出一例，而法國也難免要蹈德國的覆轍。

一旦佛郎的價值固定起來，則法蘭西就要因了輸出減少而感受着嚴重的危機，跟着就要有大多數人失業（現在是沒有失業），而生活程度也要增高了。

第三，政治方面自然也反映上述的兩項結果。上述的兩項變遷——由歐戰造成的（即法蘭西現已變成向人借錢的國家並且是一個工業國），對於法蘭西的政局已生了下面的效果：

（甲），法蘭西的中等階級（工業的和商業的小資產階級，中農等），在歐戰以前原是法國政治的中心勢力，但現在則因法國之工業化及佛郎跌價使他們破產，而已失却了從前的重要地位。

（乙），一個強大的新的大資產階級已經形成，並且一天一天趨向於壟斷一切工商業。

（丙），同時，集中的無產階級也形成了，並且一天一天見得她的有力。佛郎的跌價自然漸漸減低了工人薪資的購買力，因而在羣衆中造成了不滿意。這個社會的危機最顯著的面目，一定是勞動羣衆和中等階級之因紙幣濫發及大資產階級壟斷一切工商業利益，而日趨於破產。

（三）危機的現狀

從歐戰停止後至一九二四年，法國政府是在煤鐵工業的貴人手裏（即所謂『民族聯合』）。他們的政策是想使法國在中歐建立霸權，因以解決內部的困難，魯爾佔領便是這政策之具體表現，但不幸爲英美所扼而失敗。魯爾佔領政策既失敗，『民族聯合』隨之下臺，而法國政權乃轉移入『左派聯合』之手。『左派聯合』是中等階級對於大資產階級政策之反抗，並且也影響到無產階級的重要部分。這是小資產階級企圖恢復他們已失的政治勢力，並且企圖依照他們自己的見解和自己的利益去解決法蘭西的危機。

但這個企圖現已證明是完全失敗了。『左派聯合』許人者太多，而與人者無一。牠是不斷的自相矛盾。法國內閣之屢次更迭，就反映出小資產階級與大資產階級間的鬥爭。例如凱勞要求特權以鞏固大資產階級的財政計劃，乃爲左派聯盟所攻擊而下台，然赫理歐——小資產階級的著名代表——只在職二十四小時就倒了。現在的普恩賚內閣（煤礦托辣斯的代理人），可說是大資產階級恢復政治勢力的企圖，但同時也想取得中等階級的同情，故內閣閣員羅致了『左派聯合』的許多要人（赫理歐、班樂衛等）。普恩賚內閣是要在『民族的一致以救法蘭西』一個口號下去進行大資產階級的政策（例如增加間接稅），可是離法蘭西危機之解決却還遠得很呢。

法蘭西的危機如何解決，解決時誰受犧牲？問題就在這裏。究竟是大資產階級得外國銀行家之助而犧牲了小資產階級與無產階級之利益去解決呢，還是無產階級犧牲了資產階級的利益以工農政府去解決呢？

但有兩事則已斷定：

一、小資產階級沒有能力去解決。二年來的經驗已經清楚證明。『左派聯合』已經可羞地投降了。

二、在共產黨指導下的無產階級是唯一能自救的，被加重的剝削所破壞的農民與中等階級將牽連資產階級同歸於盡。

法國共產黨目前的工作是非常重要的；牠不但必須揭破那些妥協的社會黨領袖們的欺騙羣衆的手段，而取得完全的領導無產階級的地位，牠並且必須取得廣大的農民羣衆與小資產階級，並使其中的一部分守中立。因此，應該在『爲實現工農政府而奮鬥』的口號下建立被壓迫民衆的聯合戰線，防止大資產階級的事實上更進一步的動作，例如武力的獨裁政治或法團的法西斯主義。

法國的社會的危機是極關重要的。這是五十年以來，第一次法國的大多數民衆有點不信任議會制度和資產階級的德謨克拉西；並且這是巴黎公社以後的第一次。法國的無產階級也許立刻要碰着那最重的工作：奪取政權。

寸鐵

林白水之死與治外法權

『反赤』的張宗昌，日本帝國主義的走狗，以『通敵有據』四個字殺了北京社會日報記者林萬里之後，在北京的日本新聞記者居然『特表滿腔同情』（順天時報語），鄭重的發表其宣言：

『自京報社長邵振青慘遭奇禍以來，近復有社會日報社長林白水君亦同罹此厄，殊令吾儕不勝扼腕歎息，并對此同業兩君表深厚之同情，且認此類不祥事件之層出不已，實爲至憾也。夫邵林兩君均於被捕後，不出數小時間，并未履行任何法律的手續，即予槍決，是縱令其死果屬不赦，此種暴戾之行，在人道上既難默許，且亦信爲法治國之一大汚點也。吾儕固極盼從速撤消各國在華之治外法權，并冀望中國及早整頓其內政法律。乃近來竟迭見此種不祥事件發生，誠以爲不特足爲救國治外法權之阻礙、且中國軍閥此種武斷的舉措，亦深使在華外僑對於撤消治外法權感不安焉。』

照這篇宣言的前段看，彷彿日本的新聞記者眞是抱着滿腔熱血，『特表滿腔同情』；可是看到後段，原來是：『此種不祥的事件發生，誠以爲不特足爲收回治外法權之阻礙，且中國軍閥此種舉措，亦深使在華外僑對於撤消治外法權感不安焉。』 呵！ 日本新聞記者的宣言眞巧妙！ 日本帝國主義者眞聰明，眞會借題作文！ 但是我們要告訴你們：張宗昌是你們豢養的走狗，張宗昌的一切行動都應歸日本帝國主義負責。 其實張宗昌等殺邵飄萍殺林白水都是你們日本帝國主義者尤其是你們這班顛倒黑白捏造是非的日本新聞記者明中或暗中所指使的，現在你們又借這個題目來作文章了，來反對撤消治外法權了。日本帝國主義者眞聰明，可是聰明得太過火了。 （尤）

章太炎以曾國藩望『馨帥』

章太炎，無論現在如何反動過去如何叛黨，但他提倡種族革命的功績，我們是不會忘記的。 不意他最近『討蔣介石』的通電裏，竟嘉獎曾國藩之滅洪楊。 他把北伐軍比之洪楊，這在排拒外族的意義上和在民衆反抗的意義上，北伐軍是可以接受的；他把張吳『馨帥』比之滿奴曾國藩，我們倒以爲很對，可是太炎先生要當心你們反赤大同盟裏曾琦先生的抗議！ 曾琦先生的論調最近已改變好些了，已不承認『馨帥』有資格做他的反赤同志了，——何況他又以曾國藩的唯一繼承者自命呢？ 不過太炎先生從排滿做到嘉獎曾國藩，畢竟很難適合於『行嚴吾弟』的『邏輯』，——這個轉變的解釋除非從滙豐銀行的六十萬鎊反赤宣傳費裏去尋。 （連）

耶穌降生前之中國

近人譏誚中國，喜歡用『十八世紀』的形容詞來形容；我以爲不對。 西洋人論史，每每將中古時代與東方（中國在內）並稱；也我以爲不對。 中國之古實在不止於十八世紀，也不止於中古。『西學古微』一部書的勢力日增月盛，現在『馨帥』不僅考據出赤化過激都是國粹，說『過激主義和工會已發現三千年前』（孫傳芳），『蚩尤爲赤化之祖』（吳佩孚）；而且以古帝王自命，要征蚩尤，要制禮作樂。 孫傳芳一面調兵遣將南征廣東，一面在南京舉行投壺典禮，又設立『修訂禮制會』，以章太炎爲會長，其修訂禮制之範圍：（一）吉禮，家祭，祠堂祭，墓祭，薦寢，公私學校祭孔子，（二）凶禮，喪禮，喪服，（三）賓禮，相見禮，集會禮，（四）嘉禮，冠禮，婚禮，[illegible]禮，祝嘏。 猗歟休哉！ 再過幾時，恐怕一部周禮都要一一實行起來，得使還要恢復井田制（那才是共產！）。 我們是在古色斑斕的耶穌降生前之中國！ 十八世紀云乎哉？ 中古時代云乎哉？——但曾琦先生又說：共產黨是復古，是想恢復原始共產主義社會。 這樣，未來的中國又將不止是耶穌降生前的了!? （連）

劉華不幸不躬逢取締赤化法之盛！

報載北京司法部張瑚將頒布一法律，取締宣傳赤化。 彷彿是宣傳赤化的，則處以若干年徒刑，却沒有砍頭或槍斃。 可惜近之林白水，遠之劉華李慰農，他們竟然沒有福氣享受這法律的『保護』，不然他們現在祇不過關在監獄而已。 （連）

一九二五年之香港

據海關最近公布之貿易册，香港對華貿易是：

（以一千關平兩爲單位）

	一九二三年	一九二四年	一九二五年
輸入	二四三•一〇〇	二三八•三五五	一七二•七八九
輸出	一七五•七九六	一七三•一六三	一一四•七一五
入超	六七•三〇四	六五•一九二	五八•〇七四

從這表看出：香港去年對華輸入比前年減少了六千五百餘萬兩）前年比一九二三年祗減少了四百餘萬兩）；去年由華輸出減少了五千八百餘萬兩（前年祗減少了二百餘萬兩）；去年入超減少了七百餘萬兩（前年祗減少了二百餘萬兩）。從這些數字中間，讀者自己是能夠求得結論的。

（連）

吳系軍閥統治下之彰德（七月十九日彰德通信）

天然

彰德的民政長官，自然和河南其他各處一樣，是駐紮當地小軍閥的工具，秉承小軍閥的意旨，盡情的吸吮老百姓的血肉。所不同的，他們更是彰德大紳和土豪……的傀儡，帮大紳和土豪去壓迫老百姓，漁肉鄉里。這也並非無因。彰德的大紳，全是軍閥爺或大官僚的退伍者，如袁世凱張鳳台（曾任河南省長）等是其代表；土豪全是上結軍閥，下勾土匪，而且擁有極雄厚的財産，與大紳相差無多，而奔走躦營使錢運動軍閥，則過之。此輩較夥，馬三是其尤者。舉例說吧，馬三看上眼老百姓的某些地，便找他手下的土匪，寫給他一紙文契，地便成了他的；老百姓的土地被人霸佔，自然十分憤恨，然而有什麼辦法？此外，他們更大做其買煙土或金丹及販軍火的生意大發其橫財；彰德販賣煙土的暴發戶固然很有，然而吸鴉片傾家蕩産的亦復不少。彰德土匪的猖狂，誰都知道；土匪鎗械的齊全，甚於官家的軍隊。機關鎗，大礮……應有儘有。其來源大半是紳豪的供給。鄉民受擾不堪，而紳豪則安然無驚；甚至買得馬三等紳豪的署名蓋章的小旗，縱使你滿載銀洋，出入土匪的窟門，只聽匪頭說聲·『自家人的。』不但可安然通過，並且有許多嘍囉送你出境。

說到軍政來，眞是一部十七史，不知從何說起。按正式的軍隊說，自政變時說起，余蔭森的，米國賢的，王維城的，蘇霽的，陳文釗的，……都曾光顧過，並且都駐過相當期間。老百姓已飽嘗吳大帥軍隊的滋味。據這次老百姓們親身嘗試的結果，得了如下的結論：就地抽款，勒派捐項，不見得比國民二軍好，甚或要壞些；軍隊的紀律越發使老百姓髮指，不但和小生意攤不講理，甚至大天白日，竟有兵士向大舖家勒詐，竟有兵士在大街上硬拉良家婦女要到空廟裏去强姦。米國賢的兵士雖然好些兒，然而又不是吳大帥的親信隊伍。

於是老百姓只有長嘆一聲說：『吳大師今不如昔了！』思國民軍尤其是一軍和國民革命軍到來的心眞正迫切。蘇霽在彰駐一兩個月，收編了一兩團土匪，擴充自己的實力；陳文釗到來則大吃其醋，聲言吳帥不準收匪。現在陳文釗向商家勒派了兩三萬現洋，亦大收其土匪，誰能湊足一千五百人，誰便做個團長。我們現在不敢說陳文釗與靳雲鶚斷絕瓜葛，只知道陳某與寇英傑衝突甚烈，現已由暗鬥而至於明爭。陳某是積極收匪擴充實力了，而寇某亦派專員到彰招收；河南陸軍第六混成旅——本是王相賢的第十六混成旅——吳帥撥給陳某，陳某即電令移駐彰德，而寇某的電令亦到，於是旅長嚴際明率領一團到彰德，其餘兩團則開拔赴汴，寇即另委旅長李元藻（？）仍以舊名名之；陳則無法，將嚴所部一團易名爲第四軍第二路第六混成旅。最近陳的馬弁傳出消息，如能集中實力，則將取寇而代之；我們不敢斷定其眞確，然而也不敢斷定是馬弁撒謊。更知道陳文釗對吳帥亦不十分忠實。十六日（十七日？）吳佩孚因湘戰吃緊，一點鐘內給陳兩個電報，令其南拔應戰，而陳則迄無開拔消息。

其他如土匪的猖狂，民衆的痛恨和厭棄，內部的同狀異夢各自爲謀，這些都是直系駐彰德軍隊瓦解的朕兆！

讀者之聲

社會革命成功以後……

嚮導週報編輯先生：

我拿同志和後學的資格來問你幾個問題，諒你為『先覺覺後覺』的責任所驅使，一定不存『不屑教』之心而且樂意詳加解示的。

在我未說明題目以前，我還有幾句話，即是：我住的地方甚為閉塞，見聞極其希罕（當然沒有廣大的書店），所得點皮毛的見聞都是人們久已成了糟粕品的東西：我的問題自然很鄙陋很粗淺為人所不屑論的（因為知之熟矣）。這固然是地理的關係，也是我們不努力的緣故。現在為滿足我的智識慾起見，所以不怕淺陋的來問一問，倘蒙不棄，使我有『拋磚引玉』之效，則不勝感激之至。

自機器工業發達手工業破產以來，造成了世界種種不平等不相安的現象。拿唯物史觀的眼光來看，這自然是經濟的一大趨勢（因為社會的築物——政治法律道德哲學……都是建築於經濟之上，一切現象都是以經濟為背影的。）我們為省事起見，也不說下這資本家之剝削，帝國主義之侵略，無產階級聯合以期無產專政，為我們已認為斷定了的話，我們是問成功以後怎樣分配和安置的方法。

資本制度之大病是生產機關集於一二少數人之手，其餘的大部分人都是惶惶無定陷於無產的地位，專以賣勞力以求活；有時生產過剩資本家要虧本的時候，還要為工廠閉門的緣故眼睜睜的挨餓。我們治這個病以對症下藥的方法當然主張『生產機關公有』，但是雖然生產機關公有，總不能說人人都去理事，一定是要舉幾個好點的人去負責了。這負責的人有什麼憑據可以斷定他們不為惡不作弊呢？假若留定一個規矩，私產滿若干者提為公有；但他們的華衣美服豐食，宴樂以及他人難於干涉的事情，誰又能禁止呢？這負責的人與一般平常的人，不又是陷於不平等了嗎？『各取所需』表面上看來是很平等的，但以什麼為標準呢？勞力大者怎樣，勞力小者怎樣，勞心者怎樣，勞力者又怎樣呢？工廠怎樣安置，田地又怎樣分配呢？照孫先生的『民生主義』按人口分配麼？若二家人口相等，分的東西也相等；但一個謹愼而儉裕的足用，一個浪費不唯不足用而且破產；對於這破產者又怎樣呢？不再給他東西麼？若按其勞動力之大小分配，則多得者儲蓄者日積月累久而久之不又要生出貧富之懸殊嗎？若不按用力之大小而按消費者之多少，而需勞力大者厭惡者之工作誰人來做呢？另外，政府若何組織，各省縣若何區分呢？

最大的疑點是：各取所需，當然禁止私蓄，那末，人只會呆板的做這必需生活以外他種慾望了（就是不勤勞）。我們知道世界文化的發展是慾望以進步，人類的慾望既絕了，豈不是沒有進化了嗎？當今的學說道：『西洋文明出了物質文明的病，要轉向精神走人生第二條路——中國將日趨向上發展的理想麼？

我終覺得歷史——過去、現在、將來——是永遠階級鬥爭的。過去及現在已證明了是階級鬥爭，即將來還是免不了階級鬥爭；任什麼主義總不能把人類相互間弄成『水平線』的一樣平等；就是實行了馬克思主義，還是免不了階級鬥爭。如各機關負責的人生活，總比一般人的生活為優裕；就此即產生了不平；階級鬥爭之胚胎亦即此。我不過改革以後的階級鬥爭稍為縮小——暫且的縮小一點罷了。我也知道『平等』二字是大半指法律上權利上說的，譬如貧富貴賤犯了一樣的罪，當然課以相等之罰；有利的東西，當然貧富貴賤享同一之權利，人格平等，職業之價值平等，非僅指外形如衣服裝飾……種種不要緊之平等。但我總覺得由外形之不平，狹小不注意之不平，定會演成法律上之大不平，永久難變的不平。初時師傅與徒弟之不平，何以演成現在廠主與工人之不平呢？

以上所問種種，我的確知道是很粗鄙，很淺陋的。先生見之定要嗤之以鼻的。但智識有限，亦實無可若何！望先生賜以詳明之解示，則黑在五里霧中的人得見光明的路線而益鼓力勇向前進了。

我最後要聲明的一句，我並非不相信資本制度是要倒台，無產專政是要代興的。我實於成功後的安置莫明其妙啊！並希先生於解示外，還將關於將來組織，安排的書籍介紹幾部使我等得杖而能壯也。

敝地不通郵政，若能於警導週報上答覆和解示更妙。

惠民於襄陽李家集　十四年六月三日

惠民先生：

共產主義，是科學的社會主義，不是烏托邦的社會主義。我們，共產主義者，我們現在的腦筋裏，并沒有一個組織十分完備的未來的社會。因為我們知道社會是物質發展的結果，而不是人的心靈創造出來的。然而這并不是說，我們絕沒有未來社會的觀念！我們雖然不能夠想像出一個十分完備的未來的社會，却能夠像這社會的雛形，却能知道這社會的根本的幾點特性。所以先生提出社會革命成功怎樣以後的問題我今祇能從大處答覆你。

先生提出的問題綜括起來，大致可分為：

（一）在未來社會裏，公有的生產機關也需要人負責去管理，這些管理者不免有私心，他們營私舞弊，結果仍然發財成資本家。

（二）不但如此，即便在『各取所需』底下，也仍然有勤惰儉侈之分，結果仍然要分化貧富出來，即仍然有階級之存在，亦即仍然有階級鬥爭。

這二個問題解決了，先生的一切疑問也就都可以解決了。這二個問題本是一貫的問題，但為方便起見，我也分幾層答覆：

第一，公有的生產機關自然仍須有人負責去管理，但是管理者并不是固定的。今天在紗廠當工人，明天或者就去當紗廠管理者，後天或者又去開火車頭去了……。在未來社會裏，固定的職業是沒有的，一切職業都是人人可以做的，因為那時人人的智識程度都普遍的提高了，不像現在紗廠管理者不會紡紗，而紗廠工人不會管理的狀況。

第二，管理者的私心是不會有的。不僅管理者，那時一切的人都沒有私心。人們為甚麼有私心呢？不就是為維持自己的生活和滿足自己的享樂嗎？在未來社會裏，技術發達，生產力發展；一切生產品，無論是維持生活的或是滿足享樂的，都是十分充足：誰需要，誰就享用去。你若有私心，即你願意於需要之外多拿去些，那也由你。可是拿去了又做甚麼用呢？拍賣嗎？誰也不買你的！因為大家都有了。

第三，大家都須做工，便無所謂勤惰。大家一樣的自由享用，便無所謂儉侈。因此社會沒有貧富之分，即沒有階級，亦即沒有階級鬥爭。

做到這步田地，必須生產力和社會教育（包含道德在內）普遍提高了。可是這必須推翻現行的資本主義制度才有可能。資本主義制度的特性就是生產的無政府狀況和社會的階級分化，共產主義制度的特性便是有組織的生產和無階級的社會。

以上的答覆係根據於『共產主義的ＡＢＣ』一書第三編

產主義與無產階級專政」第一四ー一七章，這本書還可以介紹給先生。　末了，尚有二點應該解釋的：（一）共產主義是集產主義不是均產主義，生產品是公共享用的不是個人分配的。（二）世界文化進步之根本動力是社會的生產力不是人的慾望，人的慾望不是世界文化的母親，反是世界文化的兒子，文化愈進步，慾望就愈益無厭。

記者

The Guide weekly

嚮導週報

◁第一百六十九期▷

目次

一九二六年八月二十九日

奉聯軍攻下南口與北伐軍攻下岳陽

述之

「現在奉聯軍已經攻下了南口，并且進據了張垣；而北伐軍同時又攻下岳陽，正在直搗武漢。」在這種南北兩方軍事如此突變的情形之下，對於中國政局前途將發生何種影響，有何種意義呢？

我們先看奉聯軍攻下南口的意義。南口是奉國兩軍數月來相持不下的焦點，國民軍傾全力守此以抗奉軍，而奉軍亦傾其全力以奪此天險，故奉國兩軍之勝敗關頭完全繫於南口之能否攻下。現在南口居然被奉聯軍攻下了，居然被奉聯軍藉日本帝國主義的砲力與天然的山洪之幫助而攻下了，國民軍的勢力居然被奉聯軍趕出直隸以外了，這在目前北方政局上不能不說是一個重大的現象，對於北方政局的新變化不能不暫時給一個重大的打擊。因為南口未攻下之前，吳佩孚的部下正在進行第二次新直系運動，魏益三穀軍田維勤部下都有相當的聯絡，準備倒吳，并打擊奉軍，如果南口的相持局面能再延長相當時期，則第二次新直系的運動必然爆發，吳佩孚必倒於長辛店，如此北方的局面自然是另一個形勢，這樣影響到全中國，那時中國政局必不待北伐軍攻下武漢而已煥然改觀了。可是南口的攻下，將這個新變化壓下去了。

南口攻下不但壓住了北方政局的新變化，并且還產生了幾種新的現象：（一）延長了吳佩孚的殘喘，（二）給了國民軍一個嚴重的打擊，（三）增長并鞏固了奉系軍閥在北方的勢力。總而言之，此次南口攻下的唯一結果，便是確定了和鞏固了奉系軍閥今後在北京一個相當時期的狄克推多，即日本帝國主義在北方一個相當時期的狄克推多（但是同時英美帝國主義未必能容日本之獨霸而不掣其肘）。北方的民衆在這個強盜的狄克推多之下，其所受壓迫與摧殘，不用說是更要深一層的了（商報北京廿五日電：二十四日，各公寓犯左派嫌疑之學生及寓客被捕者約有三千餘人，便是顯例）。

但是我們這裏要問：國民軍受此打擊是否便無再起之望？吳佩孚是否因此能免於塌台？奉系軍閥能否永久維持其狄克推多？

據我們的觀察是：（一）國民軍這次失南口退張垣，在政治上軍事上，誠然受了一個重大打擊，但是國民軍的軍事實力卻始終還保存着，并沒受多大損失；因為國民軍這次的退，仍然是有計畫的，有秩序的，如以前由北京退南口時一樣（廿四廿五等日的路透電都說國民軍此次之退為有計畫的，實力并無損失。）國民軍實力既保存，那便隨時都可以再起反攻，問罪張吳。如北伐軍佔領武漢，進兵豫直，那時便是國民軍整軍重起之時。（二）吳佩孚的殘喘雖然得到一時的苟延，可是他的末路之來臨，絕不因南口之攻下而有所挽回。因為此次攻下南口，乃完全出於奉聯軍之力，與吳佩孚可謂毫無關係，因此吳佩孚在北方的地位不惟沒有提高，反而一落千丈。況且吳佩孚的部下如魏益三穀軍田部等始終對吳是游移不定的，新直系的運動始終沒有終止，吳佩孚在北方之部隊終必不能免於瓦解。我們且摘錄八月廿四日商報北京特約通信關於『吳部之解體』一段來看：『吳既南去，則北方局勢將顯然易其重心。關於軍事方面，田維勤止於懷來，魏益三頓於蔚縣，擁兵不下數萬，給養不過一縣，北上則扼於奉聯，南去則乖吳節度，此六七萬大軍，侷促於長城恆山間，可謂慘憺之至矣！次則穀軍，穀軍五旅三萬人，兩旅作戰，三旅守都，統於米振標而受轄於王懷慶，其聽吳節制調遣一也。吳氏既南，王亦任辭，米振標一闒茸子弟，終無統一全軍之能力，然則此軍將來，因地盤給養之故，有不能不先歸淘汰之勢也。此外為舊直系軍隊，王為蔚馬吉第之所部，馬吉第一旅在豫，汪為蔚全軍駐易，將來地盤亦是問題。　故吳之南行，其時暫也，則此等軍隊，尙得以老面子維持不變，若其去之過久，或湘鄂形勢有少不利，此十餘萬受轄吳氏之大軍，必創一吾人意中不到之局勢。……吳佩孚能忘榆關之深仇宿怨，自必慷慨大度，以燕雲爲饋贈，吳不慷慨，奉亦自取，勢到於今，力難與抗。　惟其十餘萬之部下健兒，覩此倒行逆施之主帥，途窮日暮，一變至此，無一不撫膺切齒而必冀一報者，是則吳佩孚之末日將至矣。」　這一段對於吳賊在北方勢力之將來，可以算是描寫得極其客觀。　吳之在北方既是如此，又加以在南方之失敗——岳州之失，武漢之危……，吳賊其能免於亡乎？　（三）奉系軍閥在北京的狄克推多，暫時或者不會搖動。　但是現在的張宗昌簡直變成了天之驕子，橫衝直撞，倒行逆施（妄殺新聞記者，逮捕人民，及種種苛捐雜稅等），弄得直魯人民恨之入骨髓，這正是多行不義。　在奉張因奉票奇落，財政已根本破產（戰爭的影響），雖則厲行槍斃商人的高壓政策來救濟，但終必不能免於失敗；因經濟問題決不是高壓的政治手段所能解決的，如此，不過徒然暴露其弱點與殘暴而已。　現在日本帝國主義的資產階級，爲奉票問題，已向奉張提出極嚴重的警告與抗議；日日新聞甚至露骨地說出：『戰勝而政治失敗者滅亡，政治勝而經濟失敗者滅亡，張氏之所爲，乃自取滅亡之道彰彰矣。　夫軍票問題乃事之末，停止戰爭乃事之本，戰事雖止而猶不向中央之政府抽身者，張氏其將墮於自滅之淵而不克振拔乎。』（八月廿五日東方電）。　至於在南口苦戰中，奉聯軍事損失非常之大（據大陸報記者稱，奉聯軍死三千人，傷一萬四千人，其實還不止此數），絕非短時間所能恢復。　至於中央政治，從前吳佩孚固毋可如何，現在奉系軍閥亦對之難有辦法，無論杜內閣改組與否，對於財政問題是絕難解決的，現因美日帝國主義間之衝突，美國帝國主義對於二千五百萬元之新公債已提出嚴重之抗議（路透社二十五日電），這是美國帝國主義對奉系軍閥的狄克推多之當頭一棒。　總之，奉系軍閥在北京的狄克推多，縱令沒有外力來破壞，本身的經濟破產，直魯人民的怨恨，北京內閣產生的困難，財政無辦法，美國帝國主義的掣肘，有一於此，都不能長久維持下去。　何況，國民軍還在窺其側，北伐軍正在往前發展，吳部下時有蠢動之可能？　由此看來，南口攻下的意義，只是壓住了吳佩孚部下一時的暴動，確定了奉系軍閥在北京一時的狄克推多，對於中國整個政局的發展是沒有多大影響的，吳佩孚仍然免不掉要塌台，北伐軍和民衆的勢力仍然在往前猛烈發展。　岳州攻下，便是北伐軍和民衆勢力往前猛烈發展的具體表現。

但是岳州攻下究竟於政局前途有什麼意義呢。　我們可以簡單說來：（一）自奉聯軍攻下南口，打擊國民軍後，頗提高了吳奉和一切反動派的高興與氣燄，彷彿反赤軍眞是勝利了，『赤化軍』眞要消滅了，但是現在北伐軍輕輕地於三四日之內把岳州攻下，這麼一來，對於吳奉及一切反動派之高興與氣燄，未免當頭撥了一盆冷水，對於『討赤軍』在北方之勝利，至少可算是二五相消了。　（二）表現了北伐軍的戰鬥力，并鞏固和壯大了北伐軍的軍心。　在戰鬥力的表現上足以寒敵人之膽，在軍心的壯大上足以助一往直前之氣，這兩點，在軍事上都有很重大的意義，廣東黨軍所以兩次東征勝利，掃平南路，多賴乎此（當黨軍二次東征，陳林軍隊多不戰而潰，鄧本殷部下亦多聞風而逃，故黨軍能奏奇功）。　（三）同時在吳軍方面，不但損失甚巨，大部分軍隊已不成軍，并且全部軍心，半趨瓦解。　本來，吳軍自經長沙失敗後，便已膽戰心寒，又加此次岳州之下，簡直如驚弓之鳥。　觀吳軍自汨羅和平江方面失敗，不數日而退至蒲圻，海軍亦退至新堤，便可知道其恐慌和狼狽之狀態。　吳軍的戰鬥力經此至少要損失一半。　（四）最要緊的還在於因此鞏固了川黔投誠國民政府的小軍閥之傾向，使得吳佩孚部下一班游雜分子（劉佐龍盧金山等）

更加搖動起來，并且可使孫傳芳部下一班抱有異趣者如王普陳調元甚至鄧如琢之流，因此恐懼而存觀望態度。（五）岳州為湖南唯一之門戶，岳州不下，長沙不能守，便是整個的湖南成問題，現在取得岳州，可謂整個的湖南到北伐軍之手，由此進可以攻，退可以守。

由上五點總括起來，北伐軍攻下岳州，對於反動的吳佩孚已給了一個極嚴重的打擊；在北伐軍本身上增加了信力與勇氣，便是增加了戰鬥力；鞏固了一班對於北伐軍搖動分子的信仰；取得了進可以攻，退可以守的險要；因此，我們便可以預言：「北伐軍取得武漢，已不成問題。」 至北伐軍取得武漢對於中國政治前途發生何種影響，那無須我此刻來詳細說明。

但是在這南口與岳陽攻下當中，屢次聲稱：「保境安民」「人不犯我，我決不犯人」的五省聯軍總司令孫傳芳，現在除了已將大批軍隊調到江西之外，據時報八月廿四日漢口電：「武昌有孫傳芳之三團開抵」，又廿三日電：「孫傳芳派赴贛西援軍一師一旅，業已運至九江陳嘉謨以湘鄂邊防緊急，商調來鄂」，是孫傳芳已經完全加入戰爭了。

由此我們可以看出來，中國政治全部的焦點已經由北方而移到了武漢，北伐軍奪取武漢，是「赤」與「反赤」鬥爭的一個最緊急關頭。 在這個關頭上，我們已預言過了，北伐軍一定要勝利的。 然而我們須知道，在這個關頭上敵人是要拚死力的，敵人是要以全力來抵抗北伐軍的，吳佩孚、張作霖、孫傳芳、英美帝國主義恐怕都將要下動員令，因此北伐軍要小心。 在軍事上，北伐軍利於速戰，應以迅雷不及掩耳之手段奪取了武漢，因為如果迅速，敵人的聯合戰線還沒有成功，還不能各方一致動員。

自從奉吳軍閥聯合以討赤名義進攻國民軍，中國的政局便入「赤」與「反赤」的戰爭狀態之中，現在正是到了「赤」與「反赤」決死戰的時期了。 自南口攻下，總算是反赤勢力在北方到了勝利之巔，因為過此以往他們再沒有勝利可圖了，所以反赤將軍張宗昌張學良都躊躇滿志，宴酒高會，狂奏他們凱旋之歌。 但是，北伐軍卻也於此時攻下了岳陽，這算不算得「赤」派勝利呢？ 自然是勝利的。 不過我卻要說，這還算不得勝利，「赤」派勝利在軍事上至少要取得武漢；然而軍事上取得武漢，甚至取得北京，還算不得「赤」的勝利，因為所謂「赤」的真正勝利便是國民革命的勝利，國民革命的勝利是要根本消滅封建軍閥的勢力，取消一切不平等條約，召集國民會議，建立真正民權的國民政府。 現在岳陽之下不過是軍事上一件小小的勝利而已，然而這件小小的勝利，比起反赤派攻下南口，其意義要大得多。 反赤的奉聯軍攻下南口，是他們勝利之巔，過此只好往下落，而北伐軍攻下岳陽是勝利之始，由此可以入於一切勝利之途。

我們曾經說過，中國全國政治大變動快要來臨（見本報一百六十七期「中國政局大變動之前日與民衆之責任」），現在奉聯軍打下南口對於這個大變動并不能有所阻礙，北伐軍攻下岳陽卻加緊了這個大變動的速度。 站在這個政局大變動之前面的民衆們，應加強你們的力量，準備你們的工作（在「中國政治大變動……」中所指出的），不過對於五省聯軍總司令的孫傳芳，既屢經宣言保境安民，現在居然秘密調兵入武昌，實際參加戰爭，這是何等的無恥！ 他在上海又見神見鬼地檢查郵電，宣布戒嚴，想借此壓迫江浙的民衆，摧殘江浙民衆的自由，這個陰謀險狠的孫傳芳，這個老奸巨滑的孫傳芳，我們還可以容忍他嗎，大家應該起來想個方法實際對付他一下纔好啊！

八月廿七晨六時

上海日廠工人反日罷工

施英

——六論上海的罷工潮——

經過兩月半長期的經濟罷工以後，上海的工人又走到民族的政治的戰鬥場上來了。這一次由經濟奮鬥走入民族政治奮鬥的罷工，本報已曾預言，並且預言正在發展的罷工運動將愈擴大，而形式亦愈嚴重！但在同時，我們亦指出依據上海勞動生活的實際狀況，仍保有兩種必然的性質和趨向，這便是：（一）在民族政治性的罷工中，其主要原素亦包含有經濟的爭鬥；（二）工人階級之政治自由完全沒有，工廠的待遇又萬般苛虐，工會組織之百折不回的奮鬥乃罷工的原素之一。

從本月二十日起，上海小沙渡日本內外棉紗廠開始實現總同盟罷工。肇成這次罷工的有兩個主要原素：一是最近發生的陳阿堂之被殺案；二是日本資本家最近對於工人之進攻。這一次總同盟罷工開始時，參加者有一萬三千四百餘人，迄至現在（罷工實現六日以後），繼續加入者達兩萬人以上。再觀察各區域日廠的形勢，三五日內均不免動搖。並且不限於紗業範圍，而將擴大到日本資本家在上海的各種企業。總之：這一次的形勢，是對日的總同盟罷工；這一次罷工的性質，是上海工人的民族政治性兼經濟性的奮鬥。

我們應當重視這一次的罷工。凡是不堪忍受壓迫的革命分子，主張中國民族解放者，無產階級奮鬥的戰士，都應當了解與重視這一次罷工，並實行起而援助。上海日本工廠與日本各種企業的工人發動罷工，固然因為自身不堪忍受日人的壓迫，然而爆發罷工乃民族的政治的原因。顧正紅被殺案，是偉烈的五卅運動之導火線。最近陳阿堂被殺案，又成為這次運動的導火線。日本帝國主義者對於中國民族，仍繼續施行屠殺的策略。五卅的偉大運動，因為有「中日親善」者的斡旋，并沒有給日本人以多大的懲戒，又何況日本帝國主義在華扶植的軍閥勢力，正當炙手可熱之時。國民軍被迫再退，奉聯軍進佔南口與張垣，日本帝國主義在華的勢力，又一次的如日之方中。姑無論表面在政治上，日人教訓奉系軍閥不宜激進；然而日本政府與日本的資產階級，已準備進行完全取得東三省與南滿的主權，并趁此時機奪取長江流域的英美地位。這是我民族政治的目前主要問題之一，這亦是引起上海有組織有訓練的工人階級，不能不擊鼓呼戰的根本原因。

陳阿堂案發生已月餘了。誰是陳案的有力抗爭者？上海的新聞記者（舉例說，如較進步的商報）以為空言無補於事實，漸漸討厭宣言式的空談。但是怎樣才不算空談？除開會發宣言而外，什麼是有力的實際的行動？上海的一般『名流』又說要講法律。日本人在中國犯罪，殺死中國人，因為有領事裁判權，并不歸中國法律辦理，法律從何講起？上海的中國資產階級，在此時并不肯『提倡實業』并不肯說對日經濟絕交，而抵制日貨的口號，仍然只由工人學生與一般市民高呼。這次首先擊鼓作戰的，又是工人階級。我們并不反對，假使中國的資產階級，在此時肯提出『禁止日人在中國設工廠』的口號。然而這是『過激派的口吻！』中國的資產階級斷不肯說這句話。但是像各日本工廠對中國工人那樣虐待與壓迫的狀況，在工人羣衆却無所姑息，甚至願意實行驅逐日本資本家出中國境。日本資本家被逐的至少好處是：顧正紅可以不被殺；現在的陳阿堂案，或者也可以不至於發生。不幸顧案以後又有陳案，空言又無補於事實，上海各日本工廠的工人，怎樣才足以表示抵制日本的行動呢？米價這般高漲（最近竟達每石十九元六七角！）生活這般困苦，不作工何以生存？然而上海工人階級，終於舉行對日的總罷工了！

本月二十日上午六時，上海紗廠總工會發佈第一次罷工命令，原文如下：

「內外棉東西五七八十二各廠工友們：東洋人橫暴無理，在萬里丸船上，竟秘密殺我同胞陳阿堂；在日華廠中，又敢用電網害死我工友郝福卿；三廠四廠九廠的全體工友，又備受日人無理停廠之壓迫，飽嘗拘捕毒打開除之苦；最近九廠工友有萬才，又被毒打，生死不明。　日人之種種罪惡，擢髮難數！　我工人為爭國權，為爭工人生命安全與利益，決以最後手段對付。　聯絡各界，一致抗爭。　我東西五七八十二廠全體工友，着先於即日起，實行同盟罷工，聽候工會命令！　勿怠！　勿忽！　切切！此命。

上海紗廠總工會，八月二十日」

此次首先實行罷工者，即命令中所述內外棉東五、西五、七、八、十二共五廠，計一萬餘人。　日本內外棉廠在上海者共十一廠，前述五廠先發動，乃該五廠工會自向紗廠總工會所要求；但在發動後數日內，其餘六廠亦經紗廠總工會繼續發佈，第二次第三次……命令，先後加入罷工同盟。　各廠發動時，多以陳案及各廠情形為準，如十三、十四兩廠，於二十五日見報載陳案消息，日本總領事對陳案抵賴，及證人發表之口供，憤慨不已，即時宣布罷工。　在罷工後，全上海各日廠（紗廠及紗廠以外各廠各業）工會，復舉行代表會議，決議為爭陳案及反抗工廠壓迫謀自身利益起見，請求上海總工會發佈全上海對日總罷工令。　會議後，各處即着手組織罷工委員會。　迄現在止，雖尚未全體發動，但已由滬西至滬東，由內外棉及於其他各紗廠，由紗業及於其他各業。　上海總工會是全上海工人的總組織，且是一個革命的工會，在此時自然竭盡所能，指導羣衆行動。　各廠各業工人，在此次行動中，更表示出有組織有秩序的力量。　現在僅僅是這一次運動的開始。　或者這一次運動是勝利的，又或是勝利少而失敗多的：但勝利與失敗的條件并不單獨建築在工人自身上。　因為這次罷工是民族政治性的，各階級民衆俱有責任。　因為這次運動的導火線是陳案，對陳案應抗爭者是各階級的民衆，亦不限於工人。　在工人一方面，最初內外棉廠發動時，僅提出五個最簡單的條件：

「（一）解決陳阿堂案：引渡兇手交中國法庭辦理，撫卹被難家屬，保證以後不得再有此等事件之發生，日本領事向中國道歉。

（二）改良工人待遇：不得雇用武裝巡捕流氓入廠毆打工人及濫罰工資與蔑視工人人格（如打腳踢手印等事）等。

（三）增加工資十分之二。

（四）釋放各廠被捕工人，恢復被開除工友工作，以後不得任意開除工人。

（五）賠償關廠期內工人之損失——三、四、九廠關廠期內工人之損失及此次罷工期內之工資，須一律照發。」

這五個最低度的條件若能完全達到，便算是罷工的最高度勝利了。

但這並不是很簡易的事。　上海各界人民的態度如何——最重要的是行動如何，才是罷工勝利或失敗的關鍵。　假使罷工失敗呢，工人的損失固然無從取償，然而民族的損失更是不可挽回的。　工人羣衆在此次運動中，不能負成敗之責。　工人目前的利益，亦並沒有外於民族的利益。　怎樣才算是不只在紙上空言，怎樣才算是有效的行動，在工人羣衆裏的唯一的答覆，便是罷工。　各界民衆若不在紙上發空言，報上發宣言，如何才能作出一些有效的行動呢？　對陳案講法律是唯一的有效行動麼？　日本法律的某百某十某條，即使能與中國法律某百某十某條相同；上海日本總領事與長崎日本司法官，即使和丁文江許沅與吳凱聲大律師等的法律意見完全相同；然而這裏有一個很深的利害衝突的界限：這便是日本帝國主義與中國民族利益根本衝突的問題。　這一問題若不解決，一萬條法律也是沒有用處。　因此，所謂注意進行「法律解決」，並沒有用處，並不是有效的行動。

什麼才是各界民衆一致有力的有效行動呢？　自罷工後，工人群衆已經提出——姑無論那些歷來的老調，但只要實行，便會是最低度的有效行動，那就是：對日經濟絕交；或者縮小一點說：抵制（切實實行的）日貨。　如果抵制日貨實行了，就等於援助了陳案，且援助了工人的能工。　這樣，比發宣言固然有效得多，比講幾百幾十幾條法律更有效得多了。

在上海的日本總領事與在上海的日本資本家，當然是聲息相通，態度相同的。　他們的聲息相通的先着，就在於借軍警的勢力先來壓迫罷工；他們的態度相同，就在於等候中國人民冷淡以後，將陳案含糊了結。　所以我們要求中國人的聲息也要相通，態度也要相同！上海日本紗廠能工以後，已將紗市的跌價扼住，日本資本家已漸起恐慌（詳情可參看上海各報近日經濟消息，茲不具論）；這是工人罷工行動有效的一個小證明。　從反面言之，這种現象是有利於中國資產階級的。　但工人這一次罷工的目的，并不為了幫助中國資產階級，只是直接的表示民族勢力之反抗。　所以更有效力的行動，乃是各界人民實行經濟絕交或抵制日貨。　上海總商會現在并不在親日派之手，肯不肯議決一個抵制日貨的議案呢？　各馬路商界總聯合會是比較肯反抗帝國主義的，現在能不能繼續五卅精神，與工人學生合作，澈底反日呢？　在反抗帝國主義的戰線裏，上海的中小商人（各馬路商總聯是其代表）本是工人的朋友，然而這一次罷工事件發生後，商聯會是中間調停人。　當罷工開始時，工人派代表團至商聯會報告，縷述日廠待遇工人之苛虐；十餘代表，引證舉例，指出事實，說明時，聲淚俱下；說明後，一律膝跪，哀求援助！　這是在中國社會裏一幅很好的「全民合作」圖。　這是「下等社會工人」請求高等人的一幅活圖畫。　然而這是無關重要的；所關乎重要的，乃是上海商人如何援助工人與如何進行陳案。　這并不是我們故意假設的問題（請商聯會的人不要心懷成見，以為這是「過激派」或「赤黨」的言論，其實「過激派」與「赤黨」目前所說所行的，無一不是民族的公同利害問題），而亦是帝國主義者所注意的問題，因為帝國主義者正要再試驗一次中國民族的勢力。　在我們，對於陳案，對於日廠罷工，所有的結論是很簡單的：凡是不注意陳案，失同情於對日罷工者，必是違叛民族利益的分子。　大家看看：章太炎是反赤的「有力者」，每星期有三五次電報發出，但對於陳案曾說過半句話沒有？　國家主義派是反赤的宣傳部，但對於陳案曾按照主張國家主義的諸大理由，有半點主張沒有？　民族解放的問題，原不在乎「過激」不「過激」，而在乎是誰肯謀民族的解放。　上海的民衆是巳有一次五卅運動之經驗的，但這一次的陳案與反日罷工，要再試驗一次上海民衆的能力。

假使上海民衆的能力竟然不能復興，那便如我前面所說的日本人聲息相通的先着，立刻就要實現了。　自日廠罷工後，中外官廳巳開始向工人群衆壓迫。　罷工工人近來苦於缺少援助，對各處報告時，只有出於哀訴。　然而哀訴到警察廳時，警廳人貌若虎狼，撕破工人代表所遞呈文，呵叱怒罵，即欲將工人代表拘捕，拒絕請願不理，斥代表「滾蛋」，罵代表為「動輒敢於反對外人，顯係倒亂分子！」各廠工會，時被巡捕、警察、偵探之蹂躪。　罷工工人被捕者，每日有數起。　偵騎四出，工人的家庭一夕數驚。　這樣的現象，是民族解放運動中人民所受軍閥之待遇！　這樣的現象，比起英帝國鐵蹄下的印度人，日帝國鐵蹄下的朝鮮人，有何分別？　罷工工人在漕子口地方開會，警察時來干涉；各馬路商聯會與對日市民會在寧波會館因陳案開會，亦受租界捕房之干涉。　中國人到底是亡國奴呢？　還是「中華民國」的國民呢？

而且還有反動派要興波助浪！　孫傳芳在上海的機關報紙，——新申報，便是執行這一任務的。 當工人初罷工時，新申報即大膽造謠，謂罷工乃『某派』的陰謀，與時局有關；其用意在暗示中外官廳，速施壓迫。 最主要的造謠措詞，在於誣衊這次罷工，有意破壞『孫聯帥』的實際欲奪取江西爲自己的純勢力，而名爲『援贛』與抵抗北伐的軍事行動。 這是一件可笑的事，反動派的軍閥走狗亦可太恥了！

我們願意正告那一般反動走狗：這樣的造謠與誣衊是毫無用處的！

上海三月來爲什麼有許多罷工，其詳情我們已屢次說明。 這一次反日罷工的原因和理由，本文亦已詳述。 這樣人人皆知的罷工事件，何必有關於軍事？ 我們願意更進一步，嚴重指教這般造謠者，須知工人階級的地位和責任，只有工人階級自己才明白。 不用說無產階級罷工有關軍事的行動，現在還說不上；就是爲目前北伐問題的罷工，亦說不上；因爲幷沒有這一種必要。 工人罷工與政權有關的正式時機，乃在工人階級自己奪取政權時；到那時候，才有工人階級自己組織武裝或暴動之必要。 現在工人的行動，雖時時是經濟性兼政治性的，但在軍閥淫威勢力底下，工人階級亦無直接奪取政權之不合時機的思想。 這一類謠言，在效果上不過是使工人更受壓迫；但這種政治壓迫在工人以爲無須免避，只是促成工人的更多政治覺悟罷了！

反日的罷工已經實現，陳案尚拖延未決。 果然，孫傳芳要『保境安民』，而動員出兵，預備送死一大批江浙的人民了。 丁文江在上海急急爲孫傳芳籌軍餉、造子彈；嚴春陽急急在上海宣布戒嚴。 但是工人幷不畏懼這些事，一般民衆也不畏懼這些事。 因爲這正是革命的工作之時機！

八月二十六日晨五時

孫傳芳對贛之一箭雙鵰

超麟

我們是在上海，是在五省聯軍總司令孫傳芳治下的上海，在這裏我們從報紙上是不能見着不利於孫傳芳的消息的。

現在中國人民的視線全集於北伐戰爭的勝負上面，而孫傳芳治下五省人民的視線則特別集於所謂援贛之軍事動作。 據聯軍總司令部秘書長陳闇的談話，目下準備調動援贛之兵計：蘇有陳公俠一師鄭俊彥一師孟昭月一旅，浙有盧香亭三團，閩有張毅一師孔昭同蘇挺各一旅，皖有陳調元二團王普一旅馮紹閔一師，贛有鄧如琢一師楊如軒一師楊池生一旅唐福山一旅，共六師五旅五團；於必要時尚可抽調二師二旅。 現在這些擬算的軍隊已紛紛調動，且已有三師數旅入贛了。

但在援贛的軍事上，我們不要忘記吳佩孚，因爲援贛是吳佩孚的命令，他任命王普爲總司令孟昭月副之。 然而吳大帥畢竟是空口說白話，孫傳芳何曾一一照着做去？ 就報紙上載，我們顯然看出援贛軍隊分明是以孫傳芳之嫡系爲主體，而不是以王普爲主體。 北京晨報說：『……嗣以寧垣軍事會議之結果，以爲援贛軍如非嫡系勁旅，實有關於戰事成敗。 設非孫直接指揮，或將引起贛省原駐軍隊之誤會。 且值此炎暑用兵，尤必須親信軍隊，孫親自駐甯指揮，各軍方能奮勇無怨可操必勝之權。』 可見孫傳芳之用嫡系援贛是有用意的。 他的用意真如晨報記者所謂祇在作戰上的便利嗎？ 我們不相信。 因爲北京順天時報的上海通信明白告訴我們：

『蘇省入贛軍隊現已開始調動，所謂援贛業由籌備而入於實行時期。 從表面看來，東南係根據楊文愷居間所言之條件，應吳（佩孚）約助其對蔣（介石）作戰，而實際則尚不如是簡單。 蔣孫之間尚未到揭破面目之程度，而孫之對吳亦未必盡如表面之所云。 五省出兵，仍無非準備實行條件，兼牽制南軍，並未必卽刻便與南軍對壘。蓋孫之所欲者，不全在於助吳擴張勢力，而實爲希圖鞏固本人在贛之勢力。緣江西今日雖在東南五省範圍，而鄧如琢與孫，則究同床異夢，孫既視贛爲己有，此時未嘗不思乘機安排，實行統轄之；然鄧亦有其相當之實力，既不可以一紙命令將其更動，出兵又不能無名，於是乃假此機緣以防贛爲言，謀達所抱之目的，適吳復急欲孫出兵助戰，對於贛省權力支配亦諒解孫意，甘願遷就，故孫今日乃得堂堂正正出師。……』

這些話，我們在上海報紙上都是見不着的，但這些話都是實話，既不是赤黨造的謠，又是軍閥間常耍的把戲。人說孫傳芳以巧勝人，他的五省聯軍總司令就是巧來的——這話的確可信，你看他派兵到江西去，一面可以敷衍吳佩孚，一面可以牴制北伐軍，一面又可以奪得江西地盤，非巧爲何？尤其巧的，便是他奪鄧如琢地盤乃是鄧如琢歡迎他去的。孫傳芳誠巧，然而開門揖盜的鄧如琢未免太蠢了。

讀了孫傳芳致蔣介石書以後

——國民黨右派的好手筆！——

述之

好一篇絕妙佳音：用筆婉轉而尖辣，命意周到而刻毒，眞不愧爲五省聯軍總司令生平得意之作！但是，但是……，怎麼呢！怎麼這樣地酷肖國民黨右派先生們的口吻，這樣地酷肖右派先生們的手筆呢?! 你看！你試多讀一遍，仔細地讀一遍，你就好像到了影戲院，右派先生們的神氣，右派先生們的聲音顏色，簡直活躍着在你眼前!! 哈哈！這難道不是右派先生們的大手筆麼？我們看：『貴黨雖以國民黨爲名，內部已爲過激所據』，『公之軍實，純假於外人，乃至兵之指揮亦委之於外人』（見八月二十三日申商等報所載之原文），所有這些，不都是右派先生們年來所發明，所視爲亡黨之痛，常用來反對左派，攫取黨權之唯一『法寶』嗎？不都是他們自西山會議以來在他們一切刊物上，宣言上，傳單上以至於口頭演說上所常常挑撥煽動的嗎？『公已爲外國人所監視，已爲過激派所包圍，公之舉動已不能自由』，這不是右派先生們幾個月來所常挑撥與離間蔣介石之最得意和最刻毒的口號嗎？至於『公能表示軍中府中盡去外人，貴黨貴部不留過激』，那更是這班右派先生們幾個月來所奔走呼號以冀達到之唯一希望了。哈哈，像這樣的露骨表示，難道不是右派先生們的大手筆麼？

好一篇絕妙佳音！好一篇右派先生的大手筆！但是那一位右派先生的大手筆呢？讓我們來猜猜。是不是沈玄廬？不是，玄廬雖好作幾句文筆，學得幾個馬克斯馬斯克的新名詞（獨立報所稱道），可是其文章與思路都太浮泛，是亂七八糟胡說一起的；那末，是鄒魯或林森了？也不是，林森只會幾句官樣式的通電，鄒魯只會幾句童生式的考卷，都不行；那在上海的右派祇有這麼幾個人，難道是謝持？不，絕對不，謝持不會動筆的；那末，究竟是誰呢？張繼，胡漢民？差不多了，再也沒有別的人了，我想恐怕不出此兩人之外，尤其是張繼老先生。聽說幾星期前，張老先生曾致書蔣介石，勸其『離俄排共』，其文意可謂與孫傳芳此書無獨有偶，這樣看來，張老先生是第一個嫌疑犯了。不過究竟是否張老先的手筆，這是無關宏旨的，總之，不管張也好，李也好，祇要是右派就夠了。

但是爲什麼右派居然能勾結上孫傳芳，這樣替孫傳芳賣氣力？孫傳芳又爲什麼居然能採納右派先生們這種理論呢？諸位不要急，讓我慢慢地說來。原來自從劉楊被逐，廖案發生後，右派在廣東便受了一個大大的打擊，劉楊更不用說，便是許崇智胡漢民伍朝樞鄒魯林森等一班人也站不住脚，熊克武吳鐵城且被監禁。因此他們都先後跑到北京上海武漢各處活動，想從各地攫取黨部，進而推翻廣州政府；但是自西山會議演了一齣滑稽戲以後，右派大失信用，對於攫取各地黨部不惟沒有達到目的，反而吃了許多黃連；在廣東雖然發生一個三月二十日的事變，國民黨本身上起了一大變化，但對於右派仍然沒有多少好處，反而吳鐵城要嘗點鐵窗風味，伍朝樞要受點忙裏虛驚。

因此一班右派先生們的活動便不得不轉變方向了。他們除了在廣東仍然利用土匪，貪官污吏，土豪劣紳和陳林餘孽以外，便決定拼命地運動有實力的軍閥。他們曾經想拉攏馮玉祥勾結劉允臣，但皆被拒絕（那是鄒魯自討沒趣）；不久以前上海的右派已派人往四川勾結劉湘，往河南拉攏樊鍾秀，并且派人與吳佩孚接洽，表示合作，至於孫傳芳那是早就勾結上了（此項消息北京順天時報常有披露）。

至於孫傳芳本來是一個老奸巨猾的東西，專門想利用一班時髦的官僚政客來形成他的勢力，來供他的驅使，所以他極力拉攏研究系的丁文江蔣百里，他收買章太炎徐紹楨，近且及於張繼謝持許崇智等了。尤其在這個北伐軍北伐討赤的時候，孫傳芳更用得着這班右派的先生們，譬如要作一篇致蔣介石的書，或一篇漂亮點的討赤宣言，便非這班右派先生們不能辦。我們須知道，帝國主義，北洋軍閥，國民黨右派（牠是代表買辦階級和地主官僚），現在已成了三位一體了。

似乎話說長了，現在我們回到本題來，孫傳芳這篇絕妙佳音的內容和根本用意究竟是什麼呢？內容可以說是很簡單的，無論牠翻來覆去，總括起來不外要蔣介石『排斥蘇俄，剷除共產黨』幾個大字。

而其用意則在：（一）挑撥蔣介石與蘇俄和共產黨間的關係；（二）指出蔣介石之赤化，不啻一篇變相的討赤宣言；（三）藉此引起社會對於蔣之懷疑，對於北伐之懷疑。其實像這樣挑撥離間的陰險的宣傳，右派先生們和陳林諸逆以及國家主義派不知幹了多少次，現在孫傳芳不過是更重演一次罷了，但是這裏到證明孫傳芳也是一個國民黨右派的好同志，居然能夠採納右派的理論！將來蔣介石如何答覆孫傳芳，是否便依孫傳芳之請，而毅然變更其主張，那是蔣介石自己的事，我們且不管他，不過我們這裏應該指出兩點來：

（一）『去外國人剷除過激黨』即排斥蘇俄與剷除共產黨，站在英國帝國主義的走狗，北洋封建軍閥的遺孽——孫傳芳的地位上，自然是非如此不可的；因爲蘇俄與中國共產黨是他唯一的敵人，實際上蘇俄與帝國主義尤其英國帝國主義是不兩立的，中國共產黨之對於帝國主義和軍閥更不用說是不共戴天之仇（中國共產黨目前主要的責任是推翻帝國主義和打倒軍閥的民族革命）。所以孫傳芳要向蔣介石提出『去外國人剷除過激黨』，一點沒甚麼希奇。不過孫傳芳在那封書上彷彿是很推重孫中山先生的，并稱引中山先生的主義以責蔣，如謂：『中山昔日之主義，本爲今日多數所同情』，又謂：『中山方求對外得平等之交，公復借外人爲刀俎之用。』可是孫傳芳却忘記了（右派當不會忘記）或者沒有聽見過『中山昔日之主義』即是民族民權民生的三民主義，而民族主義的實現必須消滅侵略中國民族的帝國主義，民權主義的實現必須剷除侵害民權的軍閥；因此，中山先生一生所努力的便是消滅國際帝國主義與剷除封建軍閥的國民革命工作。

現在孫傳芳既承認今日多數同情於中山主義，那便是承認多數同情於中山之消滅帝國主義與剷除軍閥的國民革命，如此便須承認他本身與他的主人英國帝國主義應該被剷除也是今日多數同情的。至於『中山方求對外得平等之交』，不錯，中山先生遺言中曾有『聯絡世界以平等待我之民族』一語，可是這裏絕非所語於英美日法的強盜帝國主義，而恰是指蘇俄和其他弱小民族而言，說到『借外力以爲刀俎之用』，這倒是孫傳芳自己與奉吳等軍閥之絕妙寫眞。大家總不會忘記，孫傳芳不是替英日帝國主義活活把五卅愛國運動的領袖，上海幾十萬工人的首領劉華殺了嗎？　不是時常替英日資本家逮捕工人打殺工人，封閉工會嗎？　這不僅借外人以為刀俎之用，簡直是替外國人當劊子手！

至於聯絡蘇俄和共產黨加入國民黨，那更是孫中山先生所手定的政策，用外國人鮑羅廷和加倫將軍等也是中山先生親自聘請的，今孫傳芳一面尊重中山先生，一面又勸蔣介石去外國人剷除過激黨，這正是國民黨右派先生們平日鬧不清的矛盾，現在孫傳芳可說是上了右派的當了。

（二）『如去外國人剷除過激黨，則不待用兵，無不可商之國事』好一個有本事有擔當的五省總司令，居然能擔保無不可商之國事。我們試問：蔣介石果『去外人剷除過激黨』，你孫傳芳真能保不待用兵，無不可商之國事麼？　可是我們久已領過大教。　當新直系倒吳運動敗露之時，吳佩孚僅從幾千里外來一個電報，五省總司令的孫傳芳先生便駭得屁滾尿流，慌慌張張地進貢一百多萬巨款，運幾十列車槍械，放還鹽款，那種恐慌可笑的情形，只爭沒有北向望吳大帥三跪九叩首了，那時孫傳芳的擔當那裏去了？　至於說到奉張與狗張，你孫傳芳現在能夠向他們放半句屁嗎？　對於北京政治你今天不是打電宣言不過問嗎？　好一個大言不慚不知自量的東西。

此外，我們可以在這封書裏看出右派之陰險狠毒，右派先生們想排斥蘇俄剷除共產黨的運動，換言之，即消滅中山先生的革命政策，曾經屢次失敗，現在意想天開，一方借軍閥和一切逆黨之武力企圖從外而攻打國民革命軍破壞革命；一方則隱身軍閥幕後，借軍閥來恐嚇和引誘革命軍領袖，企圖使革命軍內部自相殘殺，而坐收漁人之利。

不過由我們看來，右派先生們這樣的陰謀毒雖是毒，但可以斷言，是不會根本成功的，因為中國的革命無論如何是不會長久失敗下去，將必有成功之日，縱或有不識時勢的野心家一時為所煽動，但是歷史的命運是拗不過的，至多不過把中國的革命過程延長罷了。我們相信蔣介石先生對於孫傳芳這篇絕妙佳音一定能與以圓滿的答覆，因為他已經答覆過右派的張老先生，孫傳芳這封書橫豎是右派的意思，或者簡直以答張者答孫也未可如。

然而這究竟是一篇絕妙佳音，蔣介石先生固須特別留意，須特別答覆，但我希望每個革命的同志對於這封信，都須加以注意，因為這是國民黨右派先生聚精會神的得意之作，是任這北伐緊急當中用五省聯軍總司令孫傳芳的名義寫給北伐軍總司令蔣介石的。

河南軍事狀況與政治前途（八月十日開封通信）

素懷

自樊老二崛起於豫南以來，迄今兩月有餘，不惟河南當局沒有辦法可以剷平，并且影響到各方面，寇英傑的河南恐難免要步岳維峻的後塵，現在的河南正是往岳維峻以前的河南路上走。

現在且從軍事方面的情形分析於下，用以作觀察河南的將來和吳佩孚的命運之參考材料。

軍政概況　全省軍隊名目繁多，不歸統一；軍事領袖，毫無政治觀念，只圖各自發展其勢力，大別之可分為七軍：一、寇軍，為統治豫省的主要軍隊；二、靳軍，在豫省佔重要地位；三、洛西張治公軍；四、鄭州西南任應岐和李振亞軍；五、豫東郭振才軍；六、潢州袁家驥軍；七、南陽樊軍。　各派相互間極少聯絡，且常相猜忌，各自都想乘機反吳倒寇，取得河南政權，故對樊軍都不願出力剷平，且欲趁此機會，各自擴張勢力，而靳軍與寇氏尤不睦，寇熊又是暗鬥，故寇氏現在幾乎無法統治河南了。

各軍的內容　（一）寇氏直轄鄂軍三師，實際仍是三混成旅，戰鬥力平常，械彈雖由漢廠接濟，實則吳氏並未給與，故現用子彈，皆用汴垣兵工廠製造，賀國光師駐開封爲警備司令，現抽調一部往郾城剿樊老二，賈方興師原駐郾城，現在調往鄭州爲警備司令，陳德輝駐衛輝及道清路一帶，陳爲豫北鎮守使，凡此三師除原有槍支外並未增添，新招兵士皆係徒手，寇氏待遇此三師鄂軍甚好，故官長兵士，頗能服從。　寇氏所轄豫軍有：李鳴鐘旅，人數槍械差不多，稍有戰爭力，今由豫東調往豫南辦陽剿樊，馬元德師人數不滿，槍械只有一半，戰鬥力微弱，原駐泌陽，近已進佔方城，皆爲寇氏利用。　其餘爲寇氏所利用者，還有些旅團，人數槍械多不齊全，無甚戰鬥力，且其官長兵士亦極複雜，不大可靠，寇氏亦從不接濟械彈，軍餉亦常拖欠，故多有怨寇者。

（二）靳軍，駐彰德之陳文釗師駐鄭州之徐壽春師，人數槍械頗足，久經戰事，戰鬥力頗強，自靳寇爭豫督起以至靳氏免職，官長兵士全不滿意於吳，且與寇氏感情亦甚壞，故寇氏雖處危急，亦不願借用靳軍。　其收編之豫軍閻日仁師，人數槍械不過一旅，現駐許昌，內容成分多是土匪，無甚戰鬥力，現寇氏委爲京漢南段護路司令，陳徐不遵吳令南下援湘，故餉彈亦無從出。

（三）張治公軍割據洛西，人數共約三萬，槍支不過一半，且甚複雜，官長及兵士多係會匪——紅槍會人，很少戰鬥力；因不遵吳令開拔援陝，餉彈遂由自己籌劃；部分紅會現有分化，大部欲驅張出洛西。

（四）任李軍，李軍駐鄭州西至洛陽一帶，任軍駐豫南周家口一帶，合共有人數萬餘，鎗炮俱全，有實力，餉彈由寇氏供給，但未照常發放，現爲寇吳所忌，特將其鄭州警備司令取消，官兵多與樊氏發生關係，因任李原係國民第二軍舊部。

（五）郭振才，原係一旅，只因私自擴張勢力，收編會匪，現已達萬人，惟槍不足，從前寇氏取消其豫東鎮守使職，彼乃大不滿意，有反寇之勢，但戰鬥力薄弱。

（六）袁軍駐潢州，現仍只一旅人，無甚戰爭力。

（七）樊氏，現約有三萬至四萬人，槍械有一大半，近駐南陽一帶，部下多係土匪，故常出奇制勝，近與劉佐龍有關係，能得劉氏接濟。

民團紅會土匪　河南民團係紅會化名，在河北的如彰德、衛輝、懷慶及豫南、信陽、豫東、商邱等處統稱民團，每縣人數約數千，槍支不過數百，在每縣約分爲數團，不歸統一，勢力微弱，近因土匪衆多，有聯絡的趨勢，首領多係劣紳土豪，多侵害農民，故一般農民對之亦無好感。　紅會則以豫東杞縣一帶及豫西洛陽一帶爲嚴密，豫南許昌一帶現又有恢紅會舊觀之趨勢，在豫東者，約及萬人，槍數千，有聯絡，在豫西者約二十萬人，槍二萬餘支，豫南者現亦有萬餘人，槍約千餘，各處多係從前舊首領統率，以抵抗土匪潰兵以圖報服吳氏爲職志，惟有一部分土匪式的仍被吳寇利用。　土匪在彰德西北者約三千多，槍約二千支，且有大砲及機關槍，在濬陽者千餘人、槍數百支，在滑縣濬縣者二千餘人，槍亦千多支；豫東馬牧集一帶者千餘人，槍數百支，時常拆毀鐵路；豫南郾城西平遂平等處者，約二千餘人，槍千多支，已與樊氏聯絡，常毀鐵路；在許昌長葛一帶者約三千多人，槍約兩千支，現該處土匪已分出一股，約千餘人，向東擾亂，扶溝太康尉氏等處，使省垣驚恐。

財政　異常困難，軍餉無法供給，兵士欠餉嘖有繁言，不願出力，預征田賦到十七八年，多引起農民之反抗，抽取各種雜捐，人民更怨聲載道，千餘萬元的紙洋，而今一文不值，兩千萬串的銅子票，價已跌到四折，猶日下不止，引起市民的恐慌（紙票鄉下早已不用）；全省糧食缺乏，不敷養給，軍民更是發生不安的現象。

我們由上面的軍事狀況看來，樊老二的軍隊雖然很多土匪，然確是一種勢力，并且這種勢力是一天一天的發展的，因為凡反寇反吳之勢力都逐漸集其部下，如紅槍會任李……等部，如此必成為將來河南之唯一新勢力，或者便將取寇而代之亦未可知。 至於寇英傑已經沒有統治河南的力量了，即如吳氏沒有統治北京的力量一樣；但是靳雲鶚的勢力還不可侮，恐怕將來河南的爭長不在樊寇，而樊與靳之間。 不過北伐軍已經攻克了長沙，正在進攻岳陽武漢，如果北伐軍一到，那時的河南必然有新的變化，因為有一種新勢力正在醞釀呢。

陳森事件之眞相（八月三日廣州通信）

羅浮

陳森事件中，表面看來是廣州工人內部的糾紛，而其實乃是資本家和工人間的衝突。 陳森原來是站在東家方面，為東家利益幫助東家破壞工人組織的一個工賊。 若把陳森事件祇看做工人內部的糾紛，則失之毫厘謬以千里。 但這事件之有重大意義，則是公認的事實。 這事件恰好反映出廣東各方勢力的關係。 我們從這事件中可以看出廣州各業資本家怎樣壓迫工人，政府取甚麼態度，廣州工人怎樣應該自救。 所以我們不妨詳細一點敘述這件事。

陳森事件雖然發生不久，但其起源至少當算至一年以前。 去年七月十六日粉麪茶館工人有二個工人因事得罪東家被陳森慘殺而死，當時一般工人便已異常憤慨，反陳的空氣十分濃厚，不過當時工人沒有好大力量，廣州工人也還沒有很大的團結力量，同時陳森的罪惡尚未完全暴露，所以不能號召全部工人羣衆起來反陳。 到了省港罷工以後，工會的勢力漸次發展，現在廣州已有二百多個工會，在工人代表會領導之下的有一百七十幾個。 在這個由極棉薄渙散的勢力發展到這樣偉大勢力的進程中，便引起了資本家的驚惶，廣州的政治環境又不能允許他們高度的壓迫，於是資本家就不能不想出更新的方法對付工人，暗中達到他們的企圖了。 去年九月底就誕生了這新的方法，暗中破壞工會。 但那時還只是用收買手段，像南洋煙草公司那樣用錢收買走狗，借「勞資合作」的頭銜欺騙工人，淆亂視聽，以破壞職工運動之發展；可是這個方法很容易給工人看透，不受其愚弄，而且要大東家才有充足的金錢收買少數工人領袖，小東家就沒有辦法了。

因此，去年十月以來，他們又另換新調，「利用工人分裂工會」成為他們最毒辣的手段。 凡是工人組織起了工會的，資本家也就利用少數不覺悟的工友組織御用工會與眞正的工會對立。 試舉幾個例來看：一、牙刷抿掃工會是眞正工人的工會，經農工廳批准立案的。 資本家便發起組織牙刷抿掃善育工會，并沒有確實的工人入會，其實完全是東家包辦，掛着工會的招牌專與牙刷抿掃工會為難。 自從有了這個東家的組織後，曾發生許多糾紛，最近便發生慘殺工會工友的事情。 二、菜欄工友因為生活十分痛苦，感覺團結的需要，遂起來組織菜欄工會，而東家便也起來組織一個菜欄職工總會與工會對抗，這個糾紛現在仍未得解決。 三、火柴廠的東家很有點聰明，他知道職工運動的潮流在廣州已極高漲，雖然火柴工人還未見動靜，但一定有個時候要起來的，於是他便先一着來利用工人，自己發起組織工會了。 他召集工人開成立大會，到會的每人發給四毫錢。 但是裏面却有些覺悟的工人，暗中聯絡，計劃得很好，等到在開會中，便一齊退出到工人代表會開會，組織起自己的工會。 資本家的騙局不行，便又仍然發起組織他東家操縱的工會了。 同樣的事實還可以舉出很多。 現在廣州市這種對立的工會計有二十多個。 這些東家工會便是陳森活動的對象。 這些工會就全數加入陳森所掌握的所謂「廣東總工會」。所以廣東總工會完全是包庇未得批准立案或給政府批消的工會，破壞眞正工會集合的工人代表會，——陳森便是主持這個勾當的首領。因此，陳森的罪惡漸給羣衆認識了。

陳森既然屢次與工人代表會爲敵，一般工人便感覺到非撲殺此獠不可，尤其粉麪茶館工人一刻都不能忘記替去年被殺的二工友報仇。加以省港罷工後，工人的團結力大大增加，陳森之所謂「廣東總工會」的紙老虎早已戳穿，即使沒有今年七月十三日事件，廣州工人也是要向陳森算賬的，何況又有今年的事件火上添油呢？

我們明白了陳森事件之歷史的背景，然後再說這事件的經過。

這事件直接的導火線是：七月十三日牙刷抿擋工會工人因爲勸導工友加入工會，在惠福西路給東家糾合兇徒殺死二人，這個事實完全是陳森以總工會招牌包庇東家對工人的一個大警告，主使者實在是工賊陳森。經了這回慘殺，工人十分忿怒，說工人代表會不准工人打工人，現在我們工人却給人家殺死了……許多話，這時工人在這種忿怒之下，很想同他們打一打，拚個命，因爲工人是知道自己有很大的羣衆，百七十多個工會，不應當受工賊的慘殺而沒有動作的。但當時有一部分工人以爲這不是少數人殺人問題，乃是東家利用工賊壓迫全部工人問題，并不是一打即可了事，故不主張打，而要借這件事作個極廣大的普遍的有力的宣傳：（一）反對工賊，（二）取消東家工會，（三）工人一致團結起來，反對資本家利用工人打工人——這樣才能得到根本的解決。

十五日，工會代表便議決向黨部及政府請願，十六日召集一百七十個工會代表幾千人向中央黨部，國民政府，總司令部，省政府，農工廳請願。到中央黨部，彭澤民答應次日開常務會議，定負責提出解決，並稱政府定能執法嚴辦工賊；到國民政府總司令部都遞了請願書，政府的副官司令部的值日官都答應即晚便交譚蔣辦理；代表們又到了農工廳，知道陳公博在那裏，即提三條件要求面答：（一）嚴懲殺人兇手，（二）解散一切東家的工會，（三）通緝包庇東家工賊陳森，陳很爽快的答應：（一）即刻下令公安局於日內捕獲陳森黃冕廖垣等兇手，（二）已捕獲的惡東李國興嚴重懲辦並嚴緝破壞工人組織之惡東，（三）以後嚴行不准東家組織工會，嚴厲執行解散不正當的工會。於是各代表都認爲很滿意，請願便算完了。

可是結果怎樣呢？只是口頭上說了就完了，實際上一點都沒有照辦，新聞方面登載的也很少。於是工人就起一個很大的懷疑：陳森去年慘殺粉麪工人二人斃命，政府始終不辦理，現在又出牙刷抿擋工會的事件，政府很好的答應了，事實上又不辦，可見政府是靠不住的，只有空口講假話。十八日各界各團體在廣大開歡送北伐大會，陳森居然在那裏大搖大擺，當時有工人看見，極其忿怒，一面報告工人代表會，一面實在容忍不過了，決定只有自己作自己的事才靠得住，於是在莊嚴盛大的歡送會中，他們邀集了幾十個粉麪及牙刷工友，也就不管什麼大人先生軍官司令，在軍警林立的地方，從事抓陳森的工作了。這時陳森或者發覺了，便往外面跑，工人便跟着出來，在大門口就抓起來了。這個時候，孫科的衛隊舉槍要打工人的樣子，而工人一點不怕他，結果還是沒有開槍。

陳森拘捕了來，工人便把他送到工人代表會，這個時候一部分工人領袖以爲陳森既犯刑法，應該送到公安局去。十九日早上又決定交總司令部，所以給了個呈文到總司令部。但後來工人又覺得這樣不對，應要求公安局交回陳森給工人代表會自己去辦，因爲事實上政府絕難嚴辦這案，而陳森是被工人自己抓到的，這事乃是工人自身處理工賊的事件，所以應交回工代會，並決定一個辦法：組織個審判委員會，由廣東總工會和工人代表會各派出三代表，以中央工人部長作主席，審判這個事件。

二十一日工人到公安局要求交回陳森，李章達大起恐慌，因為廣東總工會要他放人，工人代表會却去要人，事前上他又放了。

二十二日工代會代表會議決定：（一）再向中央黨部請願懲辦陳森並要求給回工代會自理；（二）繼續向公安局索出兇犯，因爲我們理由很充足，這件案既是工人自身的事，陳森又是工友自己執獲的。

這時李章達才答應已放了。 當時代表們十分鼓噪，嚴重質問。他的答覆是：（一）以爲只是普通的打架案，所以交保放出；（二）這事起後，并未奉到上級機關命令如何辦理；（三）工人代表會亦沒有正式通函公安局。 有這三點，他以爲是不關緊要，所以放了。代表們馬上反駁他：（一）此事發生後，一百七十幾個工會曾請願中央黨部及總司令國民政府農工廳，并於日內限公安局拿到陳森，豈是普通的糾紛？（二）政府上級爲什麼沒正式命令是政府的事，我們管不到；（三）連日新聞紙都登載這項消息，公安局難道沒有看到，工代會既沒正式通知，公安局更不能把工人交押的兇犯釋放！ 這時李沒有理由講了，只說：『陳森是最好打的，工代會是不主張打架，擁護政府的，我以爲工代會就不會同陳鬧引起更大糾紛』；可見公安局已是怕陳森的勢力了。 工人代表遂答覆他：工代會是不主張工人打工人，陳森是個殺人的兇手，工賊，政府因爲怕他打架就不懲辦他殺人的罪惡，那不是政府到怕惡人，犧牲工友嗎？ 革命政府不是要剷除惡人的麽？ 在這裏我們可以充分看出政府的弱點了。 後來李又說出是蔣總司令來信，信內說請釋陳森同志（一）并帶陳同志於明日下午二時半到總部見校長，因此把陳放了，他把那封信給工人看，於是責任便在老蔣身上去了。

二十四日又到中央工人部去，陳樹人見到這樣情形簡直沒有辦法，因爲他原是個美術家，對於勞工糾紛是摸不着頭腦的。 他對代表等候宣佈了中央黨部的決議，說點寬慰的話，并說要去見蔣校長。

結果蔣答他交回陳森是不行的，這回工人代表會抓人的手續就不合，他當然不能負責。 這些話引起了工人代表很大的忿激，再向陳樹人要求，陳自己無法子決定，個人又不能去見總司令，要求何香凝彭澤民同去，這時何對工人也只是說幾句悲痛的話，叫兩聲廖先生能了。

他們同去見了老蔣，答應擔保陳森以後辦理此案時隨傳隨到，但工人這時已不相信總司令的口上空話，要求給個憑據，於是老蔣親筆寫個『命公安局將陳森隨傳隨到。』 下面署了個總司令的頭銜，旁邊又寫個中央執行委員會主席，交給陳樹人報告代表。 這張條仍然是不負責任的，工人是要求他以擔保的口氣寫，他却以『令公安局』了事，如公安局傳不到誰又來負責呢？ 結果，陳樹人接受了工人的辦法，即組織一個審判委員會，工人始散回。

陳樹人於二十五日即照工人辦法發信召集廣東總工會和工人代表會各三代表組織特別委員會，辦理這件事。 第一日開會雙方都沒有什麽意見，只有廣東總工會提出個意見，要在這問題未解決前兩方都要保持秩序，不好打架。 這個意見工人是贊同了的。 特別委員會會議最後的結果目今還不可知，但前面已經說過陳森事件是資本家壓迫全部工人的事件，自然不是一次或幾次會議便可以解決。 在這審判的會議席上，陳森所代表的并不是他自己一個人，而是廣東各方面的反動勢力：（一）資本家，（二）買辦階級，（三）反動派。

第一點，陳森作資本家的走狗，勾結資本家壓迫工人的事實很明顯，在第一段所列舉的事實便可證明。 現在廣東東的工會都是投入廣東總工會，執着廣東總工會的大旗專門破壞工人的工會，而陳森就爲之包庇，總是站在東家方面的。 第二點，現在廣東總工會有一個『工人義勇隊』，天天操練，并且有幾百枝槍，這種槍械都是前年商團所有，在西關起出來的，這件事專由西關土洋什貨華強店員工會勾同廣東總工會辦的，而這個華強工會又多是買辦階級，以前屬於商闆的東家參加組織的，這又證明陳森是與買辦階級勾結。第三點，陳森是和貪官污吏反動軍人勾結的，去年粉麪工會案他不受懲處，就因為他結合得這些反動勢力，在政治上能活動，這次公安局都不敢接受農工廳命令，抓着他，可見他是和反動勢力結合的。這次陳森一被粉麪工人抓着，現象報及其他幾家報紙，都是替陳說話，誣陷工人代表會，所以有現象報館的印務工人及報販停止替該報服務以警告該報，這原是對付反動惡東的正當辦法，但是廣東總工會發出宣言，稱現象報是持論最正確公平的報紙，是他總工會的喉舌，竟遭工人代表會摧殘等語，於此可見陳森背後還有些腐敗的報館，反動的新聞記者幫助，這些腐敗的報館竟至為陳森一件事而聯盟罷業。

反對陳森的大本營自然是工人代表會。這次反陳最利害的，當然是直接被陳森摧殘過的粉麪茶館工會和牙刷抿掃工會。粉麪茶館工會從去年被陳森指使慘殺了兩個工人，就十分忿恨，去年得不到懲辦他，更是忿怒，所以這次是十分努力。其他所有受東家工會摧殘的工會，與東家衝突的工會，都知道是廣東總工會陳森的罪惡，所以都很積極的反陳。就是在歷史上與廣東總工會衝突的工會，很痛恨他借依惡勢力橫行，趁這個羣衆反陳的機會，也十分努力，運輸工會聯合會便是極利害的反陳勢力。

現在政治情形已有點變更，農工廳去年對工人代表會是十分信任的，現在却有點動搖了，工人知道這點，所以要起來示威，陳公博在最初表示是很好的，命令公安局兩日內拿到陳森，公安局却不執行，農工廳便也沒有辦法，直到工人自己抓着，公安局反轉放去；當農工廳要公安局拿人時，李章達曾請示於老蔣，蔣說不行，於是公安局就擱下。政府自身有了這樣利害的矛盾，令工人代表十分忿激，尤其是看了蔣那封要放陳森的信，工人更覺得難過。因此這裏工人就得了一個很好的教訓。

發行部 編輯部 通信處： 廣州國光書店黃正君

分售處

廣州	丁卜圖書社	太原	晉華書社
北京	各學校號房	潮州	青年書社
長沙	文化書社	雲南	新亞書店
寧波	寧波書店	重慶	唯一書局
武昌	時中書報社	南京	樂天書館
	共進書社	寶慶	寶慶書局
福州	福州書店	黃梅	書報流通處
香港	孝文書坊	西安	西安書局
汕頭	汕頭書店	成都華陽	書報流通處
蕪湖	科學圖書館	紹興	亞民文具實業社

價目

訂閱：國內一元寄足三十五期。國外一元寄足二十五期。郵票代款九五折算。但以一分半分為限。

代派：每份大洋三分。六折計算。寄費在內。十份起碼。十期清算一次。概不退回。

零售：每份銅元六枚。

The Guide weekly

嚮導週報

第一百七十期

目次

一九二六年九月十日

我們的北伐觀

述之

廣州國民政府的『北伐』，現在已由宣傳醞釀而見諸實際行動了，并且北伐軍在事實上已經攻下岳陽，逼取武漢，因此『北伐』在中國目前政局上已成了一個中心問題，已成了各社會階級和各方面的實際勢力注意之焦點。 從帝國主義反動軍閥資產階級研究系國家主義派國民黨右派……以至於工農羣衆，對於北伐不管贊成與反對，差不多都有相當的表示。 可是『北伐』究竟是什麼一回事，北伐的眞正意義在那裏，直到現在大家還不大了解，多是模糊誤會。 帝國主義反動軍閥研究系國家主義派……等，固然不用說對於北伐，是信口雌黃，任意誣衊，就是北伐的本身（國民黨，北伐軍）和贊助北伐的民衆也多誤會，他們不是過於誇張，便是過於輕視。 這種過於誇張或輕視的態度，對於北伐前途的進行上，即對北伐的實際策略和實際行動上，都不免要陷於主觀，這是很危險的。 現在『北伐』雖然是浩浩蕩蕩的前進，雖然給了參加北伐和贊成的人們以無限的希望，可是北伐的前途還是很艱難的。 北伐的眞正意義在那裏，北伐前途究有多少希望，還是很值得我們詳細研究的。

我們爲了要答覆一切反動派對於北伐的誣衊，要解釋一般民衆對於北伐的誤會，總之，要使北伐更順利的進行，使北伐將來能得到更大限度的效果，那我們每個誠實的革命者，我們每個忠實地參加北伐和擁護北伐的人，對於北伐的眞正意義，這回北伐在中國目前民族解放運動上的意義，都有更明確地來認識，更深切地來了解之必要，只有明確認識與深切了解之後，才可以免除我們主觀上過分的誇張和輕視，那時我們的實際策略和行動才可以減少錯誤，才可以順利進行。

北伐之歷史根源

我們要了解此次北伐的眞正意義，須首先明白牠的歷史根源。北伐并不是憑空而來的東西，有牠經濟、政治的背影，這種經濟和政治的背影，又爲長遠的歷史所形成。

大家都知道，「北伐」這個口號不是什麼新的花樣，在近幾十年的中國歷史上已經出現過好幾次，太平天國之『北伐』，姑且不提，單就辛亥革命以來，便已經有了三次：（一）辛亥革命軍的北伐；（二）民六南方護法政府之北伐；（三）民國十三年江浙戰爭時孫中山先生之聲言北伐（彼時在北伐的本身力量上雖然有點滑稽，但中山先生確曾發表過北伐宣言，并出兵韶關），此外如民四西南討袁稱帝之役，雖然沒有北伐的口號，也可以說帶有北伐的性質。 自然這幾次的北伐都帶有誇張的性質，不是『北伐』本身的力量到了眞能討伐敵人的程度，而多是因受敵人的壓迫而起的一種防禦戰爭（如護憲如討袁，實際上只算是防禦南伐）。 不過這些次的北伐，在其性質上有一個共同的點，便是反抗或企圖消滅北方的封建勢力，即北伐的對像是北方的封建階級——滿洲政府及其後身袁世凱段祺瑞曹錕吳佩孚等，而北伐本身則皆爲代表南方革命勢力的軍事力量（不管當時那些北伐的本身如何複雜，投機，有多少缺點，如護法軍討袁軍等，但在當時客觀上始終是代表南方革命勢力反抗北方封建勢力的一種軍事力量）。 總之，歷次北伐，在其性質上都帶有一種南方革命勢力企圖向北發展，剷除北方封建勢力或抵抗北方封建勢力南侵的傾向——即中國革命勢力的發展由南而北的傾向。 但是這種傾向的原因何在呢？

這裏便到了經濟的和政治的問題了。

原來中國近數十年來的經濟發展是由南而北，由海濱而陸地。在古代的中國經濟是以黃河流域爲中心，并且其發展的趨勢是由北而南（指唐宋以前），因爲當時的社會經濟基礎完全建築在自給的農村經濟上。　迄到西方帝國主義將牠們的商品強行輸入以後，長江和珠江流域的商業發展便一日千里，逐漸形成了初期的商業資本主義，并且還有少數近代的產業發生，使　時的農業經濟和手工業經濟受了一個很大的打擊而流於破產。　在這種情形之下，新興的商業資產階級——如華僑，破產的農民手工業者——兵匪，以及少數工人，便成了革命的種子了。　而在北方如山西陝西河南等地直到現在大部分還是停滯在純粹的封建的農業經濟狀況之下，雖然沿海沿鐵路的地方如山東直隸奉天商業亦頗發展，并且有不少的近代產業，可是比起長江和珠江流域來還是要幼稚得多，尤其在整個的經濟制度上，無論如何，北方比南方要落後一步。

在政治上中國歷代封建勢力的根據地又都在北方，（自滿洲政府至現時之北洋軍閥都在北方），也就正因為北方經濟比較落後，而宜於此種封建勢力之生存和發展。　同時自帝國主義侵入中國後，為要在中國實現其經濟侵略之目的，維持其特殊地位，便不能不利用中國舊統治階級的勢力，因此便必須維持北方此種封建勢力——滿洲政府直至現時之張吳，以為牠們侵略之工具。　因此，在政治方面，北方也較南方落後，南方的民衆比較在北方要自由。

由以上經濟和政治的原因，中國的革命勢力自然地容易產生於南方，并且容易發展，而在另一方北方的封建勢力，因落後的經濟與帝國主義之維繫，能延長其命運。　因而形成近數十年來南方革命勢力與北方封建勢力互鬥之形勢。　我們來看一看實際的情形。　太平天國的革命勢力不用說完全發生於兩廣，便是辛亥革命之先鋒軍的同盟會一班領袖差不多都是南產，（尤以廣東湖南江浙居多，如孫中山汪精衛胡漢民廖仲愷朱執信黃興宋教仁陳英士……等），至於參加辛亥革命之羣衆不用說是南方商業資產階級的華僑會匪新軍和新智識階級等分子了。　而在封建的勢力恰好相反，滿洲政府的皇族不待說，封建軍閥如皖如直如奉無一不是北方的產品，所有軍閥的領袖自袁世凱馮國璋段祺瑞曹錕吳佩孚張作霖以至孫傳芳，沒有一個不是產生於北方，至他們的羣衆更無須說是北方之已破產和將破產農民羣衆了。　自然南方也出了不少軍閥，如唐繼堯趙恆錫陳炯明陸榮廷等，可是這些小軍閥差不多曾經都多少參加過革命，他們都是從革命的隊伍裏反叛出來的，而他們的反叛又多因北方軍閥之威脅和利誘，并且這些軍閥雖然反動，但表面上還時常要帶什麼聯省自治一類假面具，藉以欺騙民衆，這也就証明牠們與北方軍閥不同之處。　至於革命的勢力自然在北方也有相當的發展，也曾經出過許多革命黨人，尤其近來北方的鐵路工人，唐山的礦工，河南直隸的農民以及許多青年學生，都已經漸漸成為北方偉大的革命勢力，不過這些都是最近發展起來的（在五四運動後），還沒有成為一種堅強的有組織的羣衆力量，不能直接給北方封建軍閥以致命的打擊。

在南北根本上既然形成兩種相反的政治勢力，因而自然形成歷年來的政治鬥爭。　自辛亥以來北方的封建勢力和南方的革命勢力差不多在兩相對峙的狀態之下，不是南方革命勢力企圖討伐北方封建勢力，——所謂「北伐」，便是北方反動軍閥勢力征討南方——可以謂之「南伐」，或利用南方革命叛徒搗亂使自相殘殺。　民國十五年來的歷史，除了北洋軍閥因帝國主義的唆使自相爭鬥以外，便是此種南北相反的政治勢力互相鬥爭的歷史。　如果北方的封建軍閥不消滅，或者北方的民衆革命勢力不形成起來，此種南北鬥爭的歷史是要延長下去的。

由上面說來，我們可以知道，所謂「北伐」是有政治經濟的背影，有歷史的根源，有相當的革命意義。

至於說到這次國民政府的北伐，除了以上所說的歷史根源外，其直接原因是由於吳佩孚的「南伐」，即吳佩孚侵佔長沙，企圖進攻廣東。　而吳佩孚的南伐又是五卅運動的結果。　由反帝國主義的五卅運動而引起反對奉系軍閥的戰爭，由反奉戰爭而引起奉吳聯合的反國民戰爭，以至於吳佩孚企圖進攻廣東侵入湖南的戰爭。　總之，由中國民衆和接近民衆的軍事勢力之反帝國主義運動反奉戰爭而引起帝國主義及其工具反動軍閥之反攻，即所謂「反赤」或「討赤」。「反赤」是反國民革命，是現時帝國主義反動軍閥及一切反動勢力之反對國民革命運動的總口頭。　因此，這次的北伐是反赤的直接影響，是反赤運動逼迫出來的。　國民政府的北伐雖然早就在準備，但如果沒有帝國主義的反赤工具吳佩孚之壓迫，還沒有如此之快，故這次北伐是防禦「反赤」的進攻，含有制止「反赤」的性質、含有繼續五卅反帝國主義運動的性質。　但是現在北伐的發展已由防禦而轉而進攻的形勢了。

前此北伐失敗之原因

我們已經知道北伐在歷史上不是一次，前此的北伐都是失敗了的，但是失敗的原因在那裏呢？　這是值得我們追究的。　我們知道，北伐是一種革命的表現，但是革命是有一定的步驟的，革命的進行必按照革命步驟才有勝利之可能。　第一步是宣傳，宣傳羣衆使其了解自身的痛苦和痛苦的來源以及解除痛苦的必要和方法；換言之，即須使羣衆認識自己的地位和眞正的敵人，了解革命的必要及怎樣革命的方法。　第二步是組織，革命是一種奪取政權的死活鬥爭，如果革命羣衆沒有堅強的組織，只是烏合之衆，那絕對不會成功。　所以革命的第二個步驟必須將各種革命羣衆組織成爲一種戰鬥的力量，并且還須有一個堅強的政黨作一切羣衆組織的重心，担負最高的指揮責任。

第三步則爲武裝暴動或軍事行動，即武裝羣衆，以羣衆的武裝解除壓迫階級的武裝，奪取政權，以建設羣衆所需要之新的政治和經濟的社會。　自然宣傳與組織絕不是死板板地劃分某一期只作宣傳某一期專作組織，而是要同時并進的，即是武裝暴動也是時常要準備的，可是這三個步驟，如果有一不備，革命是很難成功的，革命沒有軍事行動固不能成功，但只有軍事行動而無羣衆的宣傳與組織，那也沒有成功之可能，即或偶然軍事勝利，結果只能算是幾個軍人的勝利，至多不過能成功一時的軍事獨裁，絕不能成功羣衆的革命。　總之，凡是革命的軍事行動，必須羣衆的宣傳和組織工作到了一定程度，軍事力量要由羣衆內部發展出來的，即是革命的武裝須建築在羣衆的基礎上，而絕不是像軍閥或資產階級的雇傭軍隊，如此、才有成功羣衆革命之可能。　可是自辛亥以來的革命，便只有軍事行動而無羣衆的宣傳與組織（自然也沒有堅強的政黨作領導）尤其對於北方民衆差不多簡直沒有顧及，歷次北伐便是單純的軍事行動之表現，這種單純的軍事行動便是歷次北伐失敗之根本原因，也就是中國近年來革命失敗之根本原因。

自中山先生創辦興中會到辛亥革命之前夕，中間所有的革命準備工作差不多都集中在軍事行動一點，如運動會匪和新軍等，很少注意到當時羣衆的宣傳和組織，如農民手工業者國內商人都是當時眞正的廣大的革命羣衆，可是當時的革命黨人很少注意到此，很少在這些羣衆作宣傳與組織的工作，因此革命黨自身的組織自然也不能擴大和強固。（中山誠然是個偉大的革命者，革命的偉大領袖，但只專注意軍事行動而忽略羣衆的宣傳與組織，這不能不說是中山先生革命多次失敗之重要原因）　因此辛亥雖然爆發了，但結果只憑一些新軍和會匪形成的軍事勢力，去打當時幾百年來根深蒂固的封建階級，民衆尤其北方的民衆又沒有積極參加和擁護革命，所以辛亥革命就成了流產。

南方雖然有幾省的督軍是革命黨人，但不久那些督軍因爲沒有民衆的監督，都一個一個地不是脫離革命投降敵人，便是無形墮落而爲新式軍閥了。　到了討袁護憲等役，那更無容說，只是簡單的軍事行動。　辛亥前雖然缺乏羣衆的宣傳與組織，但始終還有民報民呼報……等一類的宣傳機關和會匪華僑同盟會等一類的組織，但到辛亥以後迎這些東西都沒有了。所以討袁護憲等的北伐其實不過南方幾個革命軍人和投機的新式軍閥與北洋軍閥的混戰而已，離眞正革命的軍事行動眞是一萬八千里。所以在當時的民衆看來自然以爲與他們沒有關係，如此焉有不敗之理？自然以前北伐的失敗在客觀上還有許多其他的原因，但是這個只單純地作軍事行動是一切失敗原因之最主要原因。

這一次的北伐，當然比以前大大的進步了，因爲中國近兩年來，尤其自五卅運動後，一般民衆的革命認識與要求，都有猛烈的發展，在組織上也有巨大的進步，尤其是工人和一部分農民羣衆，他們不但了解他們的痛苦和痛苦的來源，了解革命的必要，幷且還相當了解革命的方路，有了偉大的組織（如上海廣東工人和粤湘農民）。我們看這次北伐軍入湖南以後，所到之處，都有廣大的羣衆爲之作種種關於軍事上政治上的有利工作，各地的羣衆也很多是幫助北伐軍之行動，反對北洋軍閥吳佩孚張作霖孫傳芳等，便可知這次北伐軍的環境與以前大不同了。然而由此我們便以說此次北伐是羣衆的宣傳和組織工作已到了一定的程度，北伐軍已經是羣衆的武裝，北伐已經是革命羣衆的軍事行動麼？我們革命者不應欺騙自己，此次北伐雖然比以前進步了很多，可是還不能說是革命羣衆的軍事行動，只能說是接近革命民衆或爲革命民衆所贊成的軍事行動，這是我們可以從北伐軍的來源和內部的複雜可以看得出來的。北伐軍大部分是由小軍閥的軍隊投誠改名或改編的，如唐生智彭漢章王天培等，這些軍隊及其軍事領袖投誠國民政府固然於革命有重大的影響，有重大的意義，但是他們昨天確還是軍閥的軍隊，還是小軍閥，他們跑到革命的門裏來還沒有幾個鐘頭，不用說他們不是革命羣衆自己的武裝，幷且他們對於革命羣衆還有多少的懷疑與憂慮，這是我們應當注意的，革命的黨——國民黨比以前固然進步了不少，已能指揮相當的羣衆，但是黨的力量還很薄弱，還說不上能指揮一切的政治和軍事，實際上還是幾個軍事領袖的作用，這是不能否認的事實。至於羣衆雖然有了相當的組織，對革命有相當的認識，但在全中國全部的觀點上看，有組織的羣衆還只是很少一部分，佔全中國人口百分之八十以上的三萬萬餘農民，有組織的不過是幾百分之一而已。所以羣衆的力量還很幼稚。所有這些弱點都是此次北伐軍身上無可諱言的。

各方面對北伐之認識

北伐究竟是什麼？此次北伐的眞意義在那裏？我們現在應該簡單來答覆這個問題。我們根據上面的說明，這次「北伐」是：（一）代表南方革命勢力向北方發展；（二）防禦吳佩孚南伐，由防吳南伐而轉爲討吳北伐。由第一點此次北伐仍然含有南方革命勢力企圖消滅北方封建勢力的意義，含有繼續辛亥革命工作的意義；由第二點則含有繼續五卅運動的意義，含有低禦「反赤」派進攻的意義。但是同時北伐的本身還不是一種眞正由革命民衆內部發展起來的武裝勢力，牠不過是一種接近民衆的軍事勢力。因此，這次北伐雖然是代表南方革命勢力向北發展，雖然代表南方的革命民衆討伐反赤的吳佩孚，在中國民族革命運動的發展上在防禦反赤的運動上有極偉大的意義，但還不能說是眞正民衆的革命勢力已發展到了一定程度之一種民衆革命的軍事行動，是推翻封建軍閥打倒帝國主義（指取消帝國主義在華之特殊勢力）的國民革命之最後階段，而只是「南方革命勢力向北發展，討伐北洋軍閥的一種軍事行動」（獨秀同志「論國民政府之北伐」），只是代表五卅以來南方的革命勢力抵禦北方「反赤」派進攻的一種軍事行動。

現時各方面對於北伐的認識有幾種錯誤傾向：（一）以爲北伐是國民革命的全部工作，彷彿北伐軍是眞正民衆勢力已發展到一定程度之一種武裝力量，換言之，北伐軍是民衆的武裝，北伐是國民革命的全部工作。這種見解忘記了北伐軍構成的原素，因而把北伐看得過高，過於奢望，這自然是一部分站在北伐本身上的人們——一部份北伐軍的軍事領袖和執政的國民黨領袖及不了解實際的民衆——紐於主觀的一種錯誤。這種錯誤可以發生一種大的危險，站在北伐本身方面便是易於自視過高，而不能了解自身的弱點和羣衆的要求及北伐前途的眞正可能性。在民衆方面，則容易忘記自己的責任，輕視自己的地位，對北伐存過分之奢望，而不努力於自身的組織工作，取得部分政權的工作，及怎樣以民衆地位參加北伐的工作。（二）以爲北伐不過是一種通常的軍事戰爭，如上海一部分資產階級及一些小資產階級的智識份子。他們根本上沒有了解北伐軍是接近民衆的軍事勢力，北伐的對象是摧殘民衆壓迫愛國運動之帝國主義的走狗封建軍閥。北伐根本雖是軍事行動，但始終是革命的行動，是達到解放中國民族運動之一種鬥爭。（三）北伐是赤化運動，『南北戰爭爲赤與非赤的戰爭，中國人與外國人的戰爭，』（孫傳芳致蔣介石書）這種論調是帝國主義（尤以英國帝國主義宣傳爲最甚）反動軍閥買辦階級研究系國家主義派國民黨的反動右派以及一切帝國主義軍閥的走狗章太炎等所揑造出來的。這些份子誣蔑北伐軍爲赤化軍，北伐爲赤化運動，本沒有什麼稀奇，因爲牠們本是革命的對象，中國民族解放運動的敵人，牠們對於凡含有民族運動的一切運動都誣之爲赤化，自然對於目前在民族解放運動上佔重要地位的北伐是要誣爲赤化的。但是還號稱爲國民黨黨報的上海民國日報，天天只是爲北伐軍蔣介石向帝國主義反動軍閥及一切反動派作很笨的辯白，而不揭破這些反赤派的內幕，指出這些反動派所以反赤的陰謀，這是很可惜的。此外還有『獨立靑年』稱：『「赤」與「討赤」之爭，乃思想之爭，乃封建思想與民主思想之爭，而非甚麼赤與非赤之爭。有共產黨在內固成爲他們討赤派的絕好的口實，但卽無共產派在內而只是三民主義，亦是要受封建派的排斥的。我固然不敢相信蔣馮是民主主義者，像張作霖吳佩孚那樣的人，腦中絕沒有民主主義四字，更不必說有此精神了。』（獨立靑年第一卷第七號『顯微鏡下的時局』）。獨立靑年是國家主義左派的刊物，本來是反赤的，現在因事實的教訓也不能改變論調，像這樣的說法，總算是比較合乎事實的。至少可給他們的兄弟醒獅派一個巴掌。但這裏我們要注意，「赤」的北伐軍似乎是代表民主主義的思想，但是在實際上也還是很複雜，不用說昨天投誠的王彭唐方離民主主義很遠，便是廣東黨軍的許多領袖也很難說的，至於北方的吳張軍閥，固然是封建專制的餘孽，但要說到他們有什麼專制主義的眞正理想也不甚合事實。我以爲這班人自身到現在已無所謂思想，不過簡單的是帝國主義的工具是無廉恥的強盜而已。張宗昌之強盜性情與土匪行動，固不待說，張作霖完是個紅鬍子，是日本帝國主義簡單的走狗，也是大家知道的，卽吳佩孚雖然讀了含封建思想的關岳傳古文觀止三國演義，但他何嘗有什麼主義！因封建主義至少也須有相當的信義觀念，而吳則今天聯國反奉，明天便聯奉反國，如此反覆無常，純係一無恥無信之強盜。我們由以上這些關於北伐的認識，便可以看得出目前中國各種社會階級之對於北伐的態度了。

北伐前途——決定北伐勝利的條件

北伐前途將達到何種程度，我們還很難確定。但代表反動軍閥的太平導報和代表買辦士紳階級的　獅很肯定斷定北伐必然失敗（見太平導報第三十二號南北軍事揣測和醒獅第八九號『論蔣介石北伐不能成功之六大原因』）但是現在的事實已證明他們的觀察只是主觀的希望，事實上北伐已逼近武漢，據本日申報漢口電，并稱漢陽已下，不管武漢現在是否已下，我們從各方面分析北伐軍與吳軍的實力及各方面的形勢，（見本報一六七和一六八兩期），可以說北伐軍取得武漢不過是時間問題。　至北伐軍取得武漢後，將來如何發展，當然要看那時的環境如何，但我們也可以大概推測有兩種趨勢：（一）至高限度以湖南湖北爲根據地，北則取得河南，或將河南置於中立派之手，成爲奉系軍閥與北伐軍的緩衝地，南則取得江西或進而由鄧如琢陳調元周鳳岐起來驅逐孫傳芳，在安徽江蘇浙江等省成立北伐軍與帝國主義間較緩衝的局面，經過相當休養時期後，北伐軍再同北方國民軍聯合與奉張決最後之勝負。　（二）取得武漢後，對武勝關以北和東南暫時妥協，或只對奉妥協，對東南則仍取得江西和福建，以兩湖爲根據，經過相當期間再圖發展。　總之，北伐軍的前途在軍事上現在還不能根本剷除北方和東南及各地一切封建軍閥，即下武漢後還不能直搗北京，武漢之下，須告一段落，以後的勝利不能專靠簡單的軍事行動，須視政治運用之如何而定。

可以決定北伐軍前途命運的有兩個根本條件：（一）能否眞正得到羣衆的擁護，（二）北伐軍自身能否始終有一致的團結，（三）能否有明確的適合民衆要求的政治主張。　要想眞正取得民衆的擁護，絕不是空口宣傳所能辦到，必須使羣衆在北伐軍已到的所在得到實際的利益，必須有正確的政治主張和政治設施。　如廢除苛捐雜稅，保護民衆一切自由權——集會結社言論出版罷工抗租等，總之，絕不可只顧目前的小利益或因軍事行動而防害民衆的利益，犧牲民衆。　要想保持北伐軍內部的始終一致團結，這也不是空言所能辦到。　我們絕不能否認現時之北伐軍內部是非常之複雜，從蔣介石唐生智李宗仁李濟琛……到王天培彭漢章袁祖銘方本仁，雖然同是站一個戰線上，但實際上難免同床異夢。　尤其到打下武漢，快至勝利關頭之時，問題的困難是可以想見的。　要想解決將來的必然產生的困難，預防將來的危險，現時北伐的軍事領袖們就須根本了解，根本覺悟。　北伐軍現時本身最重大的缺點是：（甲）北伐軍號稱黨軍，但實際上只有幾個軍事領袖的權威，只有某系某系的結合，而沒有黨的指揮。　國民黨自三月廿日後，在各方面的領導權威已成強弩之末，尤其在軍隊中，許多軍事領袖差不多看國民黨是達到個人某種目的之工具，而心目中幷沒有黨的存在。　沒有黨便無所謂主義，便沒有眞正共同的較遠的目標和趨向。　如此而欲求始終一致團結，那是很困難的，簡直可以說沒有可能。　所以北伐軍想保持各軍事領袖始終一致的團結，只有建立較堅強的黨，只有將黨的權威提高起來，黨的權威應該在一切軍事領袖之上，在任何軍事領袖之上，以黨來支配一切。　然而作到這層是非常艱難的，問題不在黨員羣衆，而全在軍事領袖自身，軍事領袖如果只顧個人目前利益，不肯向遠的方面看，不肯犧牲，不肯以身作則，黨始終只能作一班軍事領袖之工具，黨將完全犧牲在軍事領袖之手，黨如果犧牲了，軍事領袖固然沒有好處，那時便是革命的破產。　（乙）北伐是國民政府的北伐，北伐軍是國民政府的北伐軍，但是現在的國民政府是很輭弱的，是有名無實的，實際上不過是軍事領袖的一個特別機關，他不惟不能支配政府下的民政和財政，就連自身也要受束縛，這種現象，國民政府的勢力只在廣東一隅還可維持下去，但一到長江流域，那是不行的。　雖然在軍事時期政府不能不帶一點軍事的性質，不能不受軍事的限制，但絕不可不注意國民政府的建設事業，建立民治主義政府的基礎，因此便不可不建立政府的權威，要以整個的政府支配軍事，不能以軍事去支配整個的國民政府。　如果北伐軍下了武漢，現時的國民政府應該有相當的改變，應該逐漸離開軍事的支配，而有獨立的形式與權力，指揮北伐軍已經攻下的地方之一切政治的建設，使國民政府確然有相當的民治政府的氣象，在各方面有相當政治權威。　因此，國民政府的政治領袖如汪精衛應使之趕快消假復職，使政治上有領導的重心。　至對於適合民衆要求的政治主張，也是攻下武漢後須特別注意的。　現在一般人還不明了國民政府北伐的用意，甚至懷疑北伐軍是赤化，就是一般贊成北伐的民衆也還不甚了解，北伐軍到武漢，國民政府便應公開的將牠的政治主張宣布於一切民衆之前，并還須籌所以切實履行其政治主張之法。我以爲北伐軍在政治主張上最須注意的是召集國民會議的問題，人民自由權的問題。

我們爲了中國的國民革命的成功，爲了北伐前途的勝利，我們不能不苦口的指出北伐軍的缺點和所以救治之道。現在北伐軍快到勝利之途，北伐的前途是很有希望的。中國的革命由這次北伐的勝利，打倒吳佩孚，進而肅清破壞奉系軍閥，破壞北洋封建軍閥的統治，逐漸肅清全中國的軍閥勢力，統一中國，建立比較民治主義的政府，以對抗帝國主義，取消不平等條約，或許有相當之可能。然而要看北伐軍的軍事領袖能否了解目前北伐軍的地位，能否眞正站在革命的立地去犧牲一切，能否眞正擁護民衆的利益而定。不然北伐軍即或得取武漢亦未可樂觀，還可以發生大的危險。

至於民衆此時對北伐的根本責任是：（一）盡力參加北伐，幫助北伐軍在客觀上達到儘可能的勝利，（二）在參加北伐中發展自身的力量，儘可能的建立自己的政治地位，取得應得的一切政治權利。

一切參加北伐和贊助北伐的人們，須在客觀上來了解北伐的眞正意義，脫去主觀的偏見，很客觀地運用革命的策略，很眞誠地進行革命的工作，北伐前途的勝利常在眼前。

一九二六，九月八日脫稿

廢約運動與九七紀念

龍池

以武力爲先導強迫締結不平等條約，政治與經等的侵略即隨之並進，必使其國爲附庸，民爲奴隸而後已，這是各國帝國主義侵略落後民族最慘酷最巧妙的方法。中國是各國帝國主義目爲落後民族之一，又象地廣民多，財富與膏血，可供無窮之榨取，更是彼等所垂涎，自然無法脫離這種刼運。八十年來的外交痛史，一切不平等條約的束縛遂使中國陷於今日之半殖民地的地位。

廢除一切不平等條約的口號，五卅運動以後，已深入一切民衆，誰都認定這是要從半殖民地的地位解放出來的唯一的方法，最近中日、中法、中比、中荷、中英、中美等商約快要滿期，各界民衆羣起主張『廢除舊約，另訂以平等爲原則的新約』。不管帝國主義及其走狗，如何宣傳『廢除不平等條約是過激派的主張』，一般民衆偏不怕『過激』，偏要向着這條『過激』的路上走，就是北京軍閥政府，雖然對於中日商約不敢出以斷然的手段，對於中比中法商約仍然宣告無效，預備另訂新約，我們不能不說是中國民衆已經覺醒了。但是現在民衆的主張還太軟弱，因爲光只廢除這幾條通商條約，不過是消除了幾個皮膚之疾，仍不能夠使中國從根本上斬斷一切束縛的鎖鍊，得到完全的獨立自由。

現在滿期的中日通商航海條約在第四款規定『日本臣民，得在中國已開及日後約開通商各口岸城鎮來往居住從事商業工藝制作及別項合例事業……』，因此，日本得在中國任意開設工廠；第五款規定『中國已准作停泊之港如安慶大通湖口……等及將來准作停泊之港，均准日本船裝卸貨物』，因此喪失內河航行權；第九款第十款第十一款等規定『日本臣民所輸進口稅比中國相待最優之國臣民不得加多』及『日本臣民有欲將照章運入中國之貨進售內地，倘願一次納稅，以免各子口徵收者，聽其自便』，因此，喪失關稅自主權；第二十款及第二十一款規定『日本在中國之人民及其所有之財產物件，專歸日本安該官吏管轄，凡日本人控告日本人或別國人控告日本人，均歸日本官吏訊斷與中國官員無涉』『凡中國官員人民控告在中國之日本人民負欠錢債等項歸日本官員訊斷』，因此日本有領事裁判權。　在中比條約也有同樣喪權辱國條款的規定。　但是此項中日通商航海條約是根據中日戰後馬關條約的條款來簽訂的。　在馬關條約中第六款規定『中日兩國，所有約章，因此次失和自然廢絕，俟本約批準互換之後速即訂立通商行船條約，其兩國新訂約章應以中國與泰西各國現行約章為本』。　那麼不廢除馬關條約，任中日通商條約如何改訂，仍不能出『兩國新訂約章應以中國與泰西各國現行約章為本』一項之規定，即是在通商條約中所喪失的許多權利，仍不能收回。　如果我們照處置中法越南邊界條約例，自動宣告無效，那麼他又在馬關條約中規定了『從本約批準互換之日起，新訂約章未實行之前，所有日本政府官吏臣民及商業工藝行船，陸路通商等與中國最為優待之國禮遇護視，一律無異』，並將必得的重要的權利，開列條款附在後面，他仍可根據馬關條約執行。　所以要收回中日間喪失的權利一定要首先廢除馬關條約。　在中比條約上第四十六款上規定日『後比國若於現議章程條款內，有欲變通之處，應俟章程互換之日起至十年為止，先期六月備文知照中國，如何酌量更改方可籌議……』如果根據條約說話，只有比國可以提議修改中國簡直無提議修改權。　所以現在比國態度非常強硬，對此點已切實申明，並預備提付海牙法庭，這樣下去，是永遠無法廢約。　至於中英通商條約，是根據南京條約協訂的；中法越南邊界通商條約是根據中法越南戰後中法新約協訂的；中荷領事條約是根據中荷條約協訂的。　總之，不平等條約層層束縛，廢除這項，他可以根據那項。　若是想完全依據條約來說話，只有子孫萬代，永為奴隸。　因為許多萬惡條約，如南京條約，中法新約，中美條約……，都沒有規定年限就是永遠不能修改，或廢止。　所以我們現在如果甘願永為洋大人的奴隸則已，否則，只有全國民眾團結起來，立即自動的宣告廢除所有一切『賣身契約』。　如現在這樣力爭『期滿廢約』『修改條約』，不怕你聲嘶力竭，仍是白費氣力，毫無效果！帝國主義還要譏笑我們是無意識，無常識的舉動。

九七紀念又到了，不管帝國主義對義和團如何誣衊，不管義和團本身有如何的缺憾，然而他的反抗帝國主義的精神，是永遠不會磨滅，永遠值得崇拜。　如果我們對義和團仍以『野蠻殘暴拳匪』等類名詞去誣衊他的一切，那麼不是喪心病狂，甘作外人奴隸，就是深中了洋大人宣傳之毒。　義和團失敗了，結果被帝國主義加上了一條更重的鎖鍊——辛丑條約。　但是我們要斬斷這一條鎖鍊，斬斷一切鎖鍊，仍只有在民眾中復興義和團的精神加以有組織的強爭惡鬥，才可以使帝國主義屈服，才可以完成民族的獨立自由。　在九七紀念日，各階級的民眾，都應該一致起來，向帝國主義示威，檢查我們組織的力量，使帝國主義發抖。　最後要把國恥的九七紀念，變成中華民族獨立自由的紀念日。　已經覺悟了，力爭廢約的民眾們，應該百尺竿頭更進一步。

注意長江英艦干預戰爭！

超麟

北伐軍已包圍武漢，此次南方革命勢力向北發展之進步，為辛亥革命後所未曾有。　辛亥革命後，武漢一向便為直系軍閥所盤據，一切討袁護法之役，南方軍隊皆不能搖撼武漢，像目前的局面者。這自然有許多原因可以解釋，而長江沿岸尤其武漢是英國帝國主義的勢力範圍，不容革命勢力侵入，這乃是許多原因中之一個重要的原因。　直系軍閥是英國帝國主義的工具，如奉系軍閥之對於日本帝國主義一樣。　假使武漢一旦入於非直系軍閥之手，則英國帝國主義在華霸權，將受一重大打擊，若入於反英之北伐軍手裏，則其打擊之重更不用說了。　所以近來吳軍敗北聲中，英國帝國主義乃至恐怖，其必出大力以擁護此行將損害的長江勢力範圍，自在吾人意料之中。　英國目前的處境乃有類於郭松齡倒戈時和大沽口交涉時之日本帝國主義。　日本帝國主義不惜出兵滿洲喬裝華兵雜奉張軍中以擊敗郭松齡，不惜砲轟大沽礮台掩護奉系軍艦襲擊天津，這些既然是我們所熟知的；那麼現在英國帝國主義以軍艦助吳直接參加戰事，我們自然也應該十分注意了。

據各國駐滬海軍辦事處消息，現泊戰區之外國軍艦計有：

英國軍艦　狄司巴區號、斯克拉勃號、蜂號（巡洋艦）
　　　　　奈德號、之立開德號（砲艦）
美國軍艦　柏洛斯號
　　　　　鳩號
日本軍艦　三艘（名未詳）
法國軍艦　烈斐德號

其他美日二國又有數艦奉命調遣駛往漢口。　但就已在戰區之軍艦言之，英國軍艦佔其半，而且早已直接參加戰事。　我們隨便披閱報紙一閱，即可發現英艦參戰的消息。　譬如：

路透社二十九日漢口電：「昨日怡和公司之吉和，太古公司之沙市輪船，由英艦斯加拉白號護送開往長沙，倘如再遭轟擊，則英艦擬發砲回擊。」

時報三日漢口電：「日商輪大吉丸東（一日）上駛赴宜，過嘉與時見該處軍隊（按指北伐軍）與某國（按指英國）軍艦砲擊，當即折回；冬（二日）到漢，該兵艦亦返漢。」

東方社五日漢口電：「據所得消息，三日吳軍之軍艦五艘懸掛英國旗，欲突破金口，幸被黨軍擊退………。」

這些消息都足使我們回憶起大沽口事件，那時何嘗不是奉系軍艦掛日本國旗，何嘗不是國民軍警告外艦，結果　嘗不是日本軍艦威嚇國民軍，進而砲擊？　同時，英國軍艦在戰區以外近日也十分蠻橫接連發生了許多事件，譬如在廣州拘捕罷工糾察隊，在萬縣砲轟楊森軍隊。　爲救護其在中國中部的根據地，英國帝國主義是不怕公然直接參戰的。

公然的直接的參戰是人人注目的，而暗中英國帝國主義的行動更加厲害：牠以餉械助吳軍不知有多少，牠在政治上軍事上爲吳佩孚借箸代籌不知若何巧妙，牠不知怎樣準備於吳佩孚不幸失敗之後扶植孫傳芳代吳位置，牠又於廣州後方千方百計助陳炯明擾亂！　北伐軍所與作戰者，直接是吳佩孚，而間接乃英國帝國主義也。　北伐戰爭正處在緊急關頭，全國人應速起積極奮鬥！　我們應該猛烈攻擊英艦在長江的行動，以防止更嚴重的第二次大沽口事件之發現；我們尤應該認清英吳及英孫的關係，認清武漢的決鬥乃是革命的中國與侵略的英國之決鬥，而不是蔣介石與吳佩孚個人之爭持！

孫傳芳解散上海保衛團與上海資產階級

述之

八月廿八日孫傳芳的哈巴狗丁文江奉他主人的命令，忽然以迅雷不及掩耳之手段，將上海南北兩市的保衛團居然解散了。　這一個事實的表現，是目前上海一個很嚴重的問題，幾乎與日廠罷工問題相等；這是孫傳芳壓迫上海資產階級之一種露骨的表現，這是孫傳芳向上海左派資產階級進攻之一種嚴重的鬥爭。

孫傳芳此次所以解散上海保衞團的原因，據八月三十日商報所載：「（一）近來贛鄂形勢緊迫，所招新兵甚多，而完全均係未經訓練之人……此次保衞團丁，多數旣係第十師之訓練，而又可作戰者，孫氏收之，將其編入新隊伍中，可收事半功倍之效。（二）上海地方，五方雜處，民黨勢力，不可侮視，近傳某方面（記者按，即指廣州國民政府）從事運動，將待時而發，與其貽患將來，不如先發制人。又謂編制不合，地方反對。」其實這些原因，都是似是而非的。第一，此次贛鄂形勢緊急，孫傳芳誠然需要有訓練之軍隊以對付北伐軍，不過上海區區數百保衞團丁，實無濟於事，孫氏需要雖急，如無其他特別原故，絕不至出此下策，以引起上海資產階級之嚴重反感。第二，當此孫傳芳用兵贛鄂專心對付北伐軍之時，恐廣州政府及國民黨運動保衞團，擾亂後方，因而防閑以至解散保衞團，這有相當的理由。但孫傳芳如果與上海資產階級沒有其他的衝突，能一致合作，保衞團卽有不穩，孫氏儘可與資產階級預先商量解決辦法，決不至如此突如其來，與資產階級以十分難堪。至說到人民反對保衞團的話，不錯，保衞團因重收保衞捐，曾引起上海南北兩市的小商人和一班市民的反對，可是我們可以斷定孫傳芳絕不是爲此：小商人和一班市民反對保衞團捐已經數月，并曾屢次呈請孫傳芳丁文江停止保衞捐，下令停辦保衞團，可是孫丁從未理會，簡直是充耳不聞，那裏有忽然一旦爲這班小資產階級來解散保衞團開罪大資產階級的道理？

因此我們可以斷言，此次孫傳芳之解散保衞團，必有其更重要的原因在，必然是與上海資產階級有不可調和的衝突。

我們知道，上海保衞團是上海資產階級的武裝組織，牠的成立是在第一次江浙戰爭之時，因當時軍閥戰爭的騷擾，上海資產階級迫而組織此種武裝自衞，這原是極合理的，而且是必要的。不過後來上海資產階級有了此種武裝之後，往往利用來壓迫小資產階級（如重抽保衞捐）和工人（如與警察合同壓迫罷工和示威運動），這是資產階級的反動行爲，這也就是現在引起小資產階級仇視和反對保衞團之唯一原因，但我們已經說過，這與孫傳芳此次解散保衞團是沒有關係的，孫傳芳不過借此爲口實而已。要知孫傳芳此次解散保衞團的眞正原因，須了解孫傳芳與上海資產階級間的關係。

上海的資產階級向分兩派，卽傾向英國帝國主義派和傾向日本帝國主義派，尤其到了五卅運動以後，這兩派的對峙愈加顯露。傾向英國帝國主義派以傅筱庵方椒伯爲首領，傾向日本帝國主義派則以虞洽卿爲領袖，他們在上海常因其經濟地位不同以及各種利害關係而明爭暗鬥。在五卅運動中虞洽卿與方椒伯因對上海工人罷工態度問題而起很大的暗潮，在前次上海總商會選舉競爭時，他們兩方的爭鬥更是激烈。孫傳芳是英國帝國主義的走狗，自然他要扶助傾向英國帝國主義派的資產階級而與傾向日本帝國主義派的資產階級以打擊的。當他初到上海時，便撤換并監禁上海警察廳長虞洽卿的用人江正卿，收回兵工廠，取消虞洽卿的淞滬督辦，所有這些都是給虞洽卿以難堪和打擊，在總商會選舉時更是露骨地幇助傅筱庵。總之，孫傳芳在上海的策略，除了拼命地壓迫和剝削工人及小資產階級以外，便是用各種方法扶植英國帝國主義派的資產階級傅筱庵一班人而打擊日本帝國主義派的資產階級虞洽卿等。因此，兩年來在上海車馬盈庭權勢過人的虞洽卿，經過孫傳芳這樣接二連三的打擊之後，便弄得門前冷落車馬稀，幾與齊民平等了。可是虞洽卿這一班資產階級雖然受了打擊，但是他們十數年所形成的潛勢力還是存在的，并且時時要謀復辟，因此不免與孫傳芳作對，遂拉攏各方面的勢力（如有時拉攏工八小資產階級和國民黨及謀與廣東政府接近等）以對付孫傳芳。而武裝的保衛團便是在此派資產階級和接近此派資產階級的一班紳士手裏。孫傳芳見到這個情形，同時又值北伐軍着着勝利，江浙地盤搖動，於是便下毒手，根本來解除上海此派資產階級的武裝了。這便是上海保衛團所以被解散之眞正原因。

虞洽卿與傅筱庵這兩派資產階級，一般說起來都直接間接是帝國主義的買辦，對於中國民族解放運動終究是一個障礙。但在近來的表現上，虞洽卿一派是比較左傾的，傅筱庵一派則完全反動。虞洽卿一班人固然有時欺騙小商人，壓迫工人，但在某種民族革命運動上還相當的表示革命，如主張關稅自主，主張設立海關公庫，和批評上海紗廠待遇工人不平等，不像傅筱庵方椒伯等擺出純粹貴族買辦的架子，只是陰謀破壞民族革命運動，壓迫市民和工人，攫取上海統治權（如奪取總商會），以好盡其英國帝國主義走狗之責。因此，孫傳芳現時壓迫虞洽卿這派資產階級，公然解除這派資產階級的武裝，這不僅是虞洽卿一派資產階級的單純問題，而是全上海的問題，是最兇惡的英國帝國主義的走狗反動軍閥孫傳芳，向上海較左傾的資產階級進攻的問題。

孫傳芳此種對付上海資產階級的毒辣手段，在孫傳芳自身上也是一種自殺政策。當這北伐軍將下武漢，東南震動之時，陳調元鄧如琢周鳳歧陳儀白寶山一班人已屬非常之搖動，今孫又向上海資產階級開戰，這是孫傳芳自速其亡之徵兆。聞虞洽卿和一班左傾的資產階級，現正準備反孫，將來必有積極之行動。或者上海這班資產階級因受孫傳芳之過分壓迫，更左傾而與上海的一致民衆聯合戰線與北伐軍發生實際關係以促孫之滅亡，亦未可知。

上海的全體市民，應該起來認識孫傳芳此次解散上海保衛團之嚴重意義，應該了解這是英國帝國主義的走狗孫傳芳，進攻上海資產階級之一種反動行爲，而應一致起來反對。現在上海南北市的小商人以爲孫傳芳解散保衛團，彷彿是因他們之反對，容納了他們之意見，而大歌其功，大頌其德，這是非常之錯誤的，其實孫傳芳解散保衛團不過是想剷除異己，以實行其在上海之狄克推多而已。

上海的左派資產階級，此時須起來工作，眞正認識：孫傳芳是封建階級的餘孽，是英國帝國主義侵略中國的工具，是眞正資本主義產業發展之障礙。他既受英國帝國主義的指使，調兵遣將，對待北伐軍，幫助萬惡吳軍閥延長其殘喘，現在又解散你們的武裝，這應是你們所不能容忍的，你們應積極起來反抗。你們應與上海的小商人和工人聯合戰線以對付這個老奸巨猾的賣國軍閥。北伐軍快下武漢了，孫傳芳應在被解決之例，上海的政權應該由上海的資產階級小資產階級和工人來管理，上海的資產階級小資產階級工人和一班市民應該望着這個目標奮鬥——解除孫傳芳的武裝，建立上海的市民自治政府！

奉票跌價與奉系軍閥之前途

超麟

南口陷落之後，奉系軍閥在北京幾乎是一個迪克推多；吳佩孚在北方軍事上既一無進展，政治上的勢力自然一落千丈，同時武漢吃緊，忽急南旋之後，吳氏仍無力統率潰敗之北軍於武岳之間以禦北伐軍之進迫，而至於兵臨城下將至河邊，北伐軍旦夕可下武昌，吳氏地位已根本動搖矣。此時，奉系軍閥的地位乃益加重要；吳氏推倒之後，北伐軍遂與奉系軍閥短兵相接，北伐軍再進展，則與奉系軍閥即有一場惡場；而在此武漢戰事未見分曉之際，奉系軍閥果實行援吳，更爲北伐戰爭中一嚴重的問題。故我們此時對奉系軍閥應加以十分注意，估量其現處的地位及其前途。

奉系軍閥現在實處在矛盾的地位。一方面，軍事上政治上日趨發展，他方面，財政上，莫德惠所謂「爲東三省之第二生命」的奉票則大跌其價，陷於不可收拾的狀況。這種矛盾地位，我們也是應該十分注意的。這種矛盾地位予奉系軍閥以不利，將使之不能有積極的軍事和政治行動，而予反奉勢力以種種便利，甚或奉系軍閥運命自身亦將因之步吳佩孚的後塵了。

這種矛盾地位如何發生的呢？即是說，奉票爲何大跌其價呢？要瞭解此問題，須先知道日本帝國主義與奉系軍閥之關係。

奉系軍閥一向便是日本帝國主義侵略中國之工具，其所以如此，乃因日本帝國主義在東三省有優越的權力，能操縱東三省的經濟命脈。去年的調查，日人在東三省經營之各種公司計達一千三十六家，資本總額共達九億四千二百九十五萬二千餘元，其中用於鐵路事業之資本幾佔半數：四億四千四百萬元。有這樣大的資本，日本帝國主義爲保存已有計，爲繼續發展計，自然非利用奉系軍閥爲其侵略工具不可。奉系軍閥在政治上軍事上既處處受日本帝國主義之指揮，而東三省的金融亦不離其掌握。於是遂發生奉票跌價問題。

奉票之發行始於前清末葉，最初發行額有限，而且是照票面行使，隨時都可兌現的。辛亥革命以後，濫發紙幣之風大盛，微少之準備金實不能維持無限制發行的奉票，於是奉票開始跌價。茲列舉十年來奉票發行額增加的數目如下表：

年份	發行額
民國五年	一五·八〇〇·〇〇〇元
民國六年	一六·九三五·〇〇〇
民國十一年	三六·〇〇〇·〇〇〇
民國十三年二月	五一·〇〇〇·〇〇〇
民國十四年十一月	二二三·二八四·〇〇〇

本年「討赤軍興」，奉票發行額之多倍增加自無待說。這超過五六億以上的奉票究竟有多少準備金呢？據上海「日日新聞」言，當郭松齡倒戈時官銀號及其他機關尚保管有二千萬元左右之現洋。姑無論此款是否已提用，即許此款存在，但對於五六億以上的紙幣，試問能有何種作用呢？所以結果，奉票跌之又跌以至於每元現洋可換奉票至五六元。在這情況之下，即便張作霖本身也看出東三省之破產即在眼前，日本帝國主義之恐慌更不用說了。

奉票跌價之原因究竟何在呢？自然是在無準備金而濫發紙幣。但奉系軍閥明知無準備金而必出於濫發紙幣，一定有個原故。這裏便是我們所應追究的。

奉票之濫發主要是由於戰爭的需要。日本帝國主義的野心不以取得東三省現在的地位爲已足，且謀入關取得北京政權進而統治全中國。因此從民國十年直皖戰爭起一直到現在，奉系軍閥沒有一年不參加關內的戰爭。在戰爭中或在備戰時期，一切購買軍火的費用，軍隊開拔的費用，兵士給養的費用，都靠濫發紙幣而來，尤其是郭松齡倒戈以後以至南口戰爭，這一時期戰爭的損失更加重大，因此奉票自然多倍濫發，造成今日的狀況。總括起來，奉票跌價是濫發紙幣的結果，濫發紙幣是奉軍入關的結果，而奉軍入關又是日本帝國主義侵略中國政策的結果。奉軍入關之後，日本帝國主義終於看出北京政府是個食之無味棄之可惜的鷄筋，是不能替奉系軍閥增闢財源的；反之，奉系軍閥反因壟斷得北京政府而引起了奉票跌價，反過來危害於日本在東三省的種種利益。同時，南滿鐵路拒絕收用奉票及一部分日本商人反利用奉票之跌價去做投機事業，更促進奉票跌價——其實日本帝國主義在東三省操縱金融吸收現洋，亦是在東三省沒有準備金諸原因之一。　在這形勢之下，日本帝國主義因受奉票跌價之害要奉軍回歸關外來，而奉系軍閥尚不忘情於北京的一塊雞筋，二者之間已經不是一致了；在奉票的使用及整理上，日奉中間又發現了不少的衝突；於是遂構成現在的日奉關係。　奉系軍閥目前的問題是如何整理奉票的問題，而此問題便牽連到與日本帝國主義的關係上面。

所以奉票跌價問題對於奉系軍閥是一個嚴重而複雜的問題，絕不是罵幾聲『他媽拉巴子的』或槍斃幾個錢商，便可以解決的。　現在奉系軍閥正雷厲風行的謀解決此問題，但除了罵幾聲『他媽拉巴子的』及槍斃幾個錢商之外，我們實在未曾看見他們實行何種更有效的辦法，其實他們在日本帝國主義操縱金融之下和關內十萬奉軍餉械給養之下，也不能有更有效的辦法。　他們祗管在限制商人『倒把』裏做工夫，是無論如何尋不着辦法的。　要解決奉票問題，便應立卽停止戰爭，換一句話說，卽立卽撤回關內奉軍，不但說不上援吳，而且要停止對內作戰。

現在無論奉系軍閥在關內政治上軍事上佔得何等優勢，但若此『東三省之第二生命』的奉票繼續跌價，則關外根據地且根本動搖，何有於關內所得之優勢？　日本帝國主義眼光畢竟較遠見些，所以差不多舉國一致勸奉系軍閥『向中央政治抽身』：

東方社二十五日東京電：『奉票問題，今已漸成日本朝野之一重大問題，報紙之社論，謂若戰事不止，或張氏干與中央政局，則奉票跌落之挽救，殆成絕望。

『朝日新聞』云：因戰爭而濫發奉票，乃票價跌落之主因，不除去其根本原因而務用其權力壓迫之過激辦法，則欲挽救暴跌之勢，終不可得，卽能維持一時，而所種之禍因益深而可懼也。卽借款一事，若非根本覺悟，放棄武力政策之迷夢，亦屬無意識之事；然根本的救濟方法，爲日本計，自不得不爲一時應急之策，抗議與警告，皆不適用，最好與張氏直接爲嚴重之談判也。

『報知』云：欲恢復奉票之信用，不得不先恢復張氏自身之信用，以奉票暴跌之罪歸諸錢商，乃理之不當者，卽借款一端，若蔑視金融上之習慣與定規，僅以武力壓迫之暴行，施諸於人，誰肯出金以相借乎。

『日日新聞』云：戰雖勝而政治失敗者滅亡，政治雖勝而經濟失敗者亦滅亡，張氏之所爲，乃自取滅亡之道彰彰矣。　夫軍票問題乃事之末，停止戰爭乃事之本；戰事雖止，而猶不向中央之政治抽身者，張氏其將墮於自滅之淵，而不克振拔乎。』

日本帝國主義這種辦法固然可以救奉系軍閥於完全覆滅的危險，而尚得退保關外苟延殘喘；然而以勝自鳴的奉系軍閥，是否能接受日本帝國主義之警告，而毅然退出關外，尚是一問題。　現在擺在奉系軍閥面前是二條路：繼續討赤而自取覆滅呢，抑或退兵關外猶得保其殘喘？

九七二十五週年紀念日

北伐聲中廣東之政治狀況（八月十九日廣州通信）

叔堅

自廣東國民政府預備北伐並實行出師以來，在政治上有一個大的變動，從組織方面去看，最明顯的就是添了一個總司令部。　添了一個總司令部在表面上看來並不算有多大的變動；但這次的總司令部以及由總司令部而引出的其他變動，那就非常之大了。　這個總司令部由國民政府委任總司令一人，——自然在今天是人所共知的蔣介石，凡國民政府下之海陸航空各軍，悉歸其統轄。　他如政治訓練部、參謀部、軍需部、海軍局、航空局以及兵工廠等機關，均直屬於總司令部。　且自北伐動員令發下以後，凡國民政府所屬軍民財各部機關、均須受總司令指揮，所謂『秉其意旨，辦理各事。』這些都是總司令部組織法內所規定了的。 以外如國民政府的軍事委員會，國民黨——指導國民政府的黨——的中央執行委員會，國民黨內在此時所設的軍人部，俱以總司令為主席為部長。[illegible]就是總司令出發後，亦由代理總司令一人，代行職權，維持治安，指揮後方軍事。 因此可以說目前廣東政治，乃是一種軍事獨裁的政治，換言之，即軍事籠罩一切的政治。 這或許就是孫中山所謂的『軍政時期』之實現罷！ 這種形式的軍政時期在廣東方面，是否合於中山本意（凡一省完全底定之日，則為訓政開始之時，而軍政停止之日）和民權要求，暫不置問，我所注意的，就是在這個時期中，政府對於人民之態度。

國民政府成立於去年革命與反革命爭鬥獲得勝利當中，曾經得到革命人民尤其是工農羣眾之熱烈的擁護，因此，國民政府的基礎是應該建築在人民尤其是工農羣眾之上，國民政府必須用積極代表人民利益的行為，抓住革命人民——尤其是工農羣眾，而後其勝利才可維持，其基礎才能鞏固，並且也才能與軍閥政府有別，的確，國民政府成立後是相當地照着這個方向努力過的。 但是自從準備北伐到實行北伐以來，我由報紙上談話中得來的有下列這些事實：

（一）政治會議決議，在北伐期中，禁止罷工。 因此，一般右派份子和工人的對手都說罷工是反革命的行為。 過去做了許多打殺工人壓迫工人的工賊陳森，現在又做了既搗亂工界又違犯法律的事情，公安局初亦不去逮捕。 及工人捉送於該局時，不久又釋放了。 到最近陳森更肆行無忌地打殺工人，激動廣州全體工人之義憤時，聞政治會議雖決定逮捕，而執行者仍是徘徊。 直到廣州工人代表會用大力請求時，乃行逮捕，然陳森卻得着機會，『逃之夭夭』了。……

（二）廣東土匪之多，真出人意外，在北伐預備中，原定於八月一日以前肅清土匪。 不期到現在，幾於到處都是土匪橫行，槍殺農民。 報紙所載，每天都有四五起，非革命的和香港反革命的報紙，便也就載得更多了。 而軍隊往剿的，有一部份，不是不勇敢出發，便是打匪不力，甚至藉打匪而槍殺農民，解散農會。 公債票第一次攤銷，沒有方法，致為一般貪官污吏、土豪劣紳所利用，農民備受其敲索和壓迫，——如分攤及於貧農和特別派與農民協會會員之類，第二次的公債票比較有方法得多，但以廣東貪官污吏土豪劣紳這樣大的勢力，是否可以行之無弊，還是一個問題。 至於貪官污吏土豪劣紳自己那方面，更是直接簡接壓迫農民。 他們時而勾結土匪，時而利用民團，以增加人民底痛苦。 農民因此種種，遂對國民政府懷疑。

（三）此外，城市小商人，亦因公債票而加重了負擔。 不過這種負擔，或者尚可勉力接受，但大商人之從中剝削，把數目多攤些給小商民，那就 點感覺痛苦。

以上這些事實看來，那末國民政府不是不能代表人民利益，國民黨的工農政策不是已動搖了麼？ 這又不然。 國民政府在這個時期中，還是做了很多為民眾利益而奮鬥的事情，舉例說來，國民政府曾有肅清土匪的計劃；監察院曾有考察官吏辦弊事：近更已頒布 第二次公債攤派法；成立有改良稅捐委員會；擬訂取締奸人操縱公債票金庫券條例；已有繼續援助省港罷工的辦法——這些雖未完全期望必須成功，但都是值得稱頌，而為在現時軍閥統治的任何省中，所找不出來的政績。

不過因為：（一）在北伐期中，他們認廣東仍應是軍政時期，致有偏重軍事忽略吏治的現象；（二）一般貪官污吏土豪劣紳地主民團以及右派軍人 孫文主義學會份子（學會表面號稱解散，而其勢力和活動都仍存在着。）都在政府與人民中間作梗，阻撓工農政策之切實施行。 這樣一來，難免使人感覺到軍事獨裁的國民政府在目前客觀上所表現出來的，彷彿有點不如從前那樣積極為人民奮鬥的樣子。 所以農民之懷疑，也是有實在原因的。

據看來，在這種情形中，國民政府應該繼續努力為人民謀利益。

若以為在軍事時代，應該犧牲利益，這話政府是不能對人民說的。

因為人民是可獲得利益減少痛苦而來參加革命，絕不是為犧牲利益增加痛苦而來參加革命。並且人民要求立刻的利益緊急於要求預約的利益。何況一般勞苦人民，實無可犧牲而亦經不住犧牲呢？再就他方面說，北伐中的後方防務，非常重要。目前各報紙時載反革命派——香港帝國主義和陳炯明軍閥以及國民黨反動的右派份子——聯絡土匪煽惑人民的事。這一點國民政府是看得很清楚的，所以採用了實行了警備，戒嚴，禁止罷工和限制武裝團體（當然是指人民的武裝團體）等等辦法。不過像這樣專爲限制人民的自由來防止敵人的搗亂，那是沒有用處的，適得其反，我以爲應該與人民以充分的自由，絕對禁止反動派的自由，那時積極地發展人民的組織，武裝人民團體，使工人與工賊奮鬥，使工人糾察隊幫助軍警查緝城市亂黨，使農民與勾結反革命派的貪官土豪爭鬥，使農民自衛軍幫助軍隊攻打土匪。這是對人民下動員令一齊注意防務的方法，是維持後方治安最好的方法。若照警備，戒嚴那些方法看，不過是把人民與革命防務離間而只委之於軍警罷了。至於禁止罷工和限制人民武裝團體，反而成了一種不信任人民的表示。把他們看成搗亂後方的人，反而要去設法制服他們，鎮壓他們，那就非常之左於革命政策，成爲離開人民的政策了。

廣東在目前的革命爭鬥，分成這樣的兩個營寨：（一）革命方面——城市的工人，手工業者和小商人——鄉村的農民——中農，貧農和農工；（二）反革命方面——城市的買辦工賊，貪官汚吏——鄉村的土豪劣紳，地主民團。

固然，香港帝國主義和陳炯明唐繼堯等等環伺於外的軍閥，仍是廣東人民的大敵，但人民對於他們的對抗，實不若其對於買辦工賊貪官土豪地主民團等等的對抗之更直接更顯著更要緊更有關於日常生活。因此，目前已到這兩方面爭鬥開始的時代了。廣東國民政府在目前那種矛盾表示——一面仍爲工農奮鬥，一面又限制工農的活動，就無異於因偏重軍事和討赤運動之反對，在目前這個新的爭鬥陣勢之前現出猶豫不決而徘徊其側的樣子。領導革命爭鬥的國民政府，應該認清這樣局勢，穩在民衆方面，爲他們的利益，大家向前！……

發行部 編輯部 通信處：

廣州國光書店黃正君

分售處

廣州	丁卜圖書社
北京	各學校號房
長沙	文化書社
寧波	寧波書店
武昌	時中書報社
	共進書社
福州	福州書店
香港	萃文書坊
汕頭	汕頭書店
蕪湖	科學圖書館
太原	晉華書社
潮州	青年書社
雲南	新亞書店
重慶	唯一書局
南京	樂天書館
寶慶	寶慶書局
黃梅	書報流通處
西安	西安書局
成都	華陽書報流通處
紹興	亞民文具實業社

價目

訂閱：國內一元寄足三十五期。國外一元寄足二十五期。郵票代款九五折算。但以一分半分爲限。

代派：每份大洋三分。六計算。寄費在內。十份起碼。十期核算一次。概不退回。

零售：每份銅元六枚。

The Guide weekly

嚮導

週報

◁第一百七十一期▷

目次

一九二六年九月二十日

北伐軍佔領武漢以後

述之

北伐軍佔領武漢之意義

北伐軍現在已佔領了武漢（武昌城內雖還有劉玉春陳嘉謨一小部份軍隊死守，其實問題只在投降條件而已），幾年來偏促一隅之廣州國民政府的勢力總算已伸張到了長江，到了中國的中心區域。這在中國目前的政局上，在革命勢力的發展上，在中國整個民族解放運動的進步上，都不能否認牠的意義。就是素來反動的研究系的張君勱也不能不說：『蔣介石之佔領武漢，爲太平天國及辛亥革命以來第一件事。』（十七日民國日報覺悟所載張君勱自錄九月十三日在政大開學演說詞末段）；即帝國主義的日本也不能不承認：『若黨軍佔領武漢，則中國之形勢，必再起一大變化而開展一新局面也。』（順天時報九月三日社論）　但是究竟北伐軍佔領武漢的意義是怎樣呢？　我們要瞭解這個問題，第一，須明白武漢在中國經濟上軍事上和政治上之地位，第二，須明白武漢在革命歷史上之意義。

武漢據中國地理之中心，扼長江和京漢粵漢兩路之樞紐：在經濟上除上海外，可以說是中國最大的工商業區域；在軍事上，北可以沿京漢路直趨河南而取北京，東可以順長江直撲皖贛以臨江浙，西扼四川而南障湖南，幷且有全國產量最大之兵工廠；在政治上坐守武漢可以鎮壓西南而與北京對峙。總之，無論從經濟政治軍事各方面看，武漢在全中國的地位上是非常之重要的，武漢可以說是兼有上海的經濟地位和北京的政治地位二者之長。　現在北伐軍佔領了武漢，便是國民政府已得了第二個經濟區域的上海和第二個政治重心的北京，在中國整個經濟和政治的生命上，雖不能說三分天下有其二，至少可以說三分天下有其一。　如果國民政府能保持武漢，將來無論保守和進取，對於國民革命運動的進展上，其意義之重大是無疑義的。　至於佔領武漢在革命歷史上的意義更是明顯。　我們都知道武漢是辛亥革命的發難地，當時革命義旗自武漢一張而全國響應，竟成辛亥革命軍擁有長江以南之局面；可是自民二黎元洪投降袁世凱之後，武昌便從此落於北洋封建軍閥之手，北洋軍閥據此得以鎮壓南方革命勢力，南方革命軍如討袁護憲之迭次失敗者亦在乎此。　如今北伐軍佔領武漢，便無異恢復辛亥革命時之局面，這在革命的歷史上是有何等意義！

從另一方面，北伐軍佔領武漢，便是根本搗破了吳佩孚的巢穴，斷絕了吳佩孚的生命（吳佩孚的生存全靠漢陽兵工廠和武漢之餉源），可算從根本上結果了吳佩孚，結果了最兇惡的英國帝國主義的工具。　這在目前政治的意義上更是非常之重大。　此外，北伐軍佔領武漢，給了全國民衆一副興奮劑，尤其使多年束縛和沈醉在軍閥鐵鎖下的湖北民衆，得了一個呼吸革命空氣和自身發展的機會，同時使許多小軍閥更加搖動起來，幷且使許多投機分子甚至反赤的反動分子也漸漸地改變態度（國民黨右派，上海一部份資產階級如虞洽卿等，國家主義派等）轉換腔調，由高唱反赤而漸沉默而漸傾向『赤化』的國民政府。　這也是很有意義的。

總之，北伐軍攻下武漢，使中國得轉到一個新的局面，辛亥革命以來所未曾有的局面，革命潮流高漲，反動潮流即五卅以來所極猖獗的反赤潮流低落的局面，這是毫無疑義的。

北伐軍佔領武漢後政局的變化

我們已經知道北伐軍佔領武漢，對中國的政局革命勢力的發展和整個的中國民族解放運動都有重大的意義，自然影響到政局前途的變化也是很重大的。　在北伐軍未到武漢時，吳佩孚在政治上還算一種勢力，表面上在北方還是與奉張對峙，而另一方面孫傳芳在東南亦自成一種獨立力量，與張吳鼎足而三。　但北伐軍一到武漢，此種鼎足而三的局面已根本搖動趨於消滅，而將形成一個新的局勢，便是吳佩孚根本消滅，孫傳芳不北附奉或南和國民政府妥協，以暫維持其殘喘，即不能免於滅亡，如此便形成國民政府與奉系軍閥南北相持之局面，亦即『赤化』政府和黑化政府對峙的局面。

我們現在從實際上來看。　吳佩孚雖然還退守河南，在河南直隸陝西等地似乎還有不少的勢力，但實際上吳佩孚當退出武漢時便已等於壽終正寢了。　現在奉天的策略，第一步便是驅逐吳佩孚的勢力於直隸，消滅吳佩孚在北京的內閣，進一步假援鄂之名，進兵奪取河南（尤其張宗昌對於此種傾向更明顯而急切），一以完成直魯豫的統治，一以便直接抵抗北伐軍之北向。　在吳佩孚的部下，固不用說早是人心已去，或者不久吳佩孚部下還有落井下石的請吳下野之舉（聞毅軍米國賢袁家聲高培伍和魏益三梁壽愷任應岐等已經聯絡一致，到河南便發動請吳下野）。　無論如何，吳佩孚是絕對不能存在的了（縱或英國帝國主義千謀百計欲為之挽既倒之狂瀾，但大勢已去，也只好付之一歎而已）。　孫傳芳現在似乎還是揚威耀武，進兵贛鄂，但是實際上也是已腐之木。　前有北伐軍，後有張宗昌，內有白寶山周鳳歧等反側分子，并且還有上海的左派資產階級與之勾心鬥角，孫傳芳有何妙計，以渡此難關？　現在表面上似乎奉系軍閥尤其張宗昌表示與孫『誠意』合作『討赤』，其實這不過是奉系軍閥之一種戲法。　在奉天的楊宇霆自去年被孫逐走之後，無時不在圖謀報復之中，如今正是其時候，而張宗昌對於江蘇這塊肥肉更是朝思暮想，張宗昌差不多近二十萬強盜軍隊，在現時之山東直隸那裏能夠供給，并且其部下如褚玉璞程國瑞至今還沒有找到地盤，現在好容易有這樣一個『假道伐虢』的機會！　所以張宗昌極力使靳雲鶚王占元一班人說孫，使孫專意對付北伐軍，彼好從後方從容攻取江蘇，這是小孩子都能懂得的。　但是孫傳芳現在也似乎有點懂得，在前幾時挪稱帥師十萬，親擣赤氛的氣概，現在已軟和下來，并且還請出許多所謂江浙名流赴漢赴粵請求和平（江浙一班名流的和平運動，完全是孫傳芳的把戲），不然奉張魯張既如此願與之『誠意』『討赤』，而孫傳芳乃反心虛氣餒如此呢？　總上這些事實看來，吳佩孚絕對消滅，孫傳芳必附奉或與北伐軍妥協，將來不敗於北伐軍，必亡於奉系軍閥，換言之，即孫傳芳無論如何已不能成為一種獨立勢力。　如此則此後中國之政局如無其他特別變動，自然形成國民政府與奉系軍閥南北對峙之局面，經過相當時期而再成為國民政府與奉系軍閥決勝負之死活鬥爭。

北伐軍佔領武漢後應有之策略與工作

我們就客觀上觀察，北伐軍佔領武漢後中國政局之趨勢雖然將形成國民政府與奉系軍閥南北對峙之局勢，雖然吳佩孚要消滅，孫傳芳或消滅或成為何方之附屬物，并且我們可以說，此種趨勢對於目前北伐軍是有利的。　可是北伐軍的主觀上如果沒有適當之策略應付，政局前途也許走到壞的方面去。　因此北伐軍雖然取得武漢，還不許樂觀，目前還是最緊急的關頭，北伐軍將來能否得到最後的勝利，還要看其政策之實施和工作如何而定。　決定北伐勝利的根本條件，我們雖已經說過，在取得民眾的擁護，內部始終一致團結和正確的政治主張（嚮導一七〇期『我們的北伐觀』），但是對於目前更具體的策略和工作，我們以為還須指出來：

（一）在軍事上，對北應速將吳之勢力驅逐於武勝關以北，但亦不可長驅入豫，對於吳佩孚在河南之勢力應待其自滅。　但如果吳部下如毅軍魏益三梁壽愷等起來倒吳時，北伐軍亦須與以援助，最好使河南成立一緩衝局面。　對東南，孫傳芳如未停止對北伐軍一切軍事行動時，北伐軍應用全力迅速取得江西和福建，如孫傳芳知所悔悟，誠意求和，亦可暫時與之妥協，藉以休息士兵。　同時須極力收拾湖北吳佩孚之舊部，如盧金山張聯陞等，并急速攻下武昌，以統一湖北。尤其在江西須用全力取得南昌，解決修水方面之孫軍，結束江西軍事。總之，北伐軍既佔領武漢，在軍事全部的觀點上應暫時取保守和整頓的態度，同時對江西與福建則急速與以相當的結束。

（二）在政府上，第一，須鞏固國民政府本身。我們已經說過，目前的廣州國民政府那種軟弱而無力的狀態應予以根本改造，應使國民政府脫離軍事領袖的支配，急建立國民政府的獨立權威，進行國民政府關於民政財政等的獨立工作，建立相當的民治基礎。第二，在北伐軍已佔領的地方如湖南湖北以及原有之廣東廣西，應進行建立省民自治政府，便是這些地方的政治權，應付予當地的民衆，應使當地的民衆盡量地參加政治，使軍事領袖脫離包辦地方政治之現象。至於民衆怎樣才能參加政治呢？在國民會議未召集之先，在湘鄂粵桂等省須急召集省民會議，而由此種會議選出代表實際參與地方政治。現在長沙已開始進行召集省民會議的工作，現時國民政府及北伐軍的領袖們應努力贊助此種會議實現，早日完成較鞏固的較民治主義的地方政府，只有如此，只有建立各地民衆勢力的地方政府，才可以免除軍事領袖分據地盤即變相的軍閥割據之勢。第三，國民政府應開始實際進行國民會議的工作，即在全國未統一之前，國民會議仍然可以召集的，自然進行國民會議的工作，須民衆特別努力，才有召集之可能，但是國民政府應督促此種工作的進行，絕不能謂須待北伐軍打倒北京統一全國之後，才可召集國民會議。第四，凡北伐軍勢力即國民政府勢力所到的地方，應根本廢除苛捐雜稅，尤其對於吳佩孚長久剝削之鄂民應趕快實行此舉，以示北伐軍是為解除人民的痛苦而來的。有人說目前還需要軍餉，不能完全無所取於民，但求軍餉應取之於殷實，而決不可嫁之於貧民——如農民中小商人手工業者等，并且要闢軍餉之來源，則在整理地方財政，禁止貪官污吏之中飽，而不在苛取於貧苦人民。第五，應具體規定人民集會結社言論出版抗租罷工等自由權利，尤其對於農民的集會結社，應特別明文規定保護，防止民團土豪劣紳貪官污吏對於農民之剝削與壓迫，因為北伐軍國民政府不取得大多數農民的信仰，不鞏固農民的組織，那北伐軍國民政府便等於沒有根基，不惟不能發展，并且還難久於存在。在另一方面，對於貪官污吏土豪劣紳及反革命分子等，應有明文的限制，使失其為惡之機會，對於民團，最好以農民自衞軍為基礎，其權付之農會，以免土豪劣紳藉以為壟斷鄉曲之工具。

我們已經說過，北伐軍佔領武漢後，北伐軍前途的判斷，不是簡單的軍事問題，而是政治問題，而在政治運用之能否適當。如果只專注意於軍事，而忽略了政治的工作，北伐軍最後的勝利是沒有希望的。

總之，北伐軍佔領武漢之後，在軍事上應取保守態度，而在政治上則須取積極的建設態度，務使在國民政府北伐軍勢力下之民衆在事實上得到好處，使他們從事實上自覺北伐軍是真正為解除他們痛苦的軍隊，那時才是北伐軍的真正勝利，那時北伐軍在軍事上雖一時或失敗，但是最後的勝利絕對是北伐軍的。

但是民衆方面呢？那他們應該在北伐軍勢力下盡量地發展自己的組織，如農會，工會，商民協會，工農自衞軍等，對於一切應得的權利如各種集會言論等自由權以及地方自治權等，應當向北伐軍國民政府要求，應自己起來建立自己的政治地位，如極力進行省民會議，縣民會議，鄉民會議，各界代表會議以及國民會議等的工作，由這些會議中產出代表管理和參加地方政治及國民政府中央的政治。

目前應注意的兩個目標——英國帝國主義與孫傳芳

目前政局的趨勢是吳佩孚消滅，孫傳芳消失其獨立性或至消　而形成國民政府與奉系軍閥對峙之勢，但這種形勢反映到國際舞台上使引起國際帝國主義之態度的轉變。 自從北伐軍佔領長沙，攻下岳陽，英國帝國主義便驚慌失措，傾全力鼓動日美法意等帝國主義干涉北伐軍，同時在宣傳上軍事上（如軍艦掩護吳軍等）拚命援助吳佩孚，逼迫孫傳芳參加討赤；迄至兩漢下後，英國帝國主義差不多要發狂了，牠除了公開地在國際間主張干涉北伐軍外，并在事實上露骨地壓迫北伐軍，在廣州公然派軍隊上岸，槍殺逮捕工人糾察隊，強行闖駛輪船進口，在萬縣英艦故意撞沈中國船，藉端開砲轟毀萬縣城，死傷人民至五千人之多，并由英國 駛艦隊來華欲實行其在鴉片戰爭與義和團時之砲艦政策。 這是英國帝國主義因為在廣東嘗了國民政府治下的人民之厲害，眼見到長江流域——牠的根據地，又有變成廣東第二之虞，便至神經錯亂，橫蠻很毒，而欲拚全力對付北伐軍；無奈其他帝國主義不為之助，并且從中掣肘。 現在日本帝國主義在北方奉系軍閥勢力形成獨霸之下，牠已是躊躇滿志，自慶得未曾有之盛況（順天時報稱奉系軍閥現時地盤之廣大，為從來未有之盛況，其意可知），故牠對於北伐軍之佔領武漢并未視為什麼了不得的危險，而只警告奉張持盈保泰，剷除吳佩孚在北方之勢力，以成立六省三特區的北京政府，實行門羅主義，得到國際之承認，以與北伐軍平分天下（見九月十五順天時報社論『時局與奉派之責任』）。 因此牠對於英國帝國主義之瘋狂地要求干涉，只是輕輕答以『可惜』和『同情』等樣，而以中立態度應之（日外相對英公使態度）。 在美國帝國主義因尚與日英帝國主義衝突的原故（因日英有特殊地盤，而美則無之，故美常主張打破獨霸而主開放），現在對於北伐軍之伸入長江，取得武漢，彷彿是毫無關係，甚至大陸報和密勒評論稱許蔣介石比中國人還要厲害。并謂此次南北之戰為南方民主主義與北方專制主義之戰，當英國帝國主義請干涉北伐軍時亦一概謝絕；法國帝國主義現亦取中立態度。如此現時的英國帝國主義雖企圖斷然以武力干涉北伐軍，無奈日美法等帝國主義因利益不一致，不能與之表同情，因此對英國帝國主義在國際上鼓動干涉北伐軍，已很難成功；然而英國帝國主義之很毒的陰謀與無恥的強盜行為仍然是繼續的，牠見到吳佩孚少有希望，於是積極幫助孫傳芳，強制孫傳芳對北伐軍作戰，因此孫傳芳始終仇視北伐軍，攻擊北伐軍，企圖代替吳佩孚地位為英國帝國主義之唯一工具。

可是孫之本身沒有成為一種堅固的勢力，內部危機，隨在皆是，以致不能如英國帝國主義之願，積極執行其命令。 但是我們須知道，英國帝國主義對北伐軍的陰謀破壞是不會停止的，英國帝國主義的走狗孫傳芳，對北伐軍也一定是惟力之是視，決難停止其敵視與攻擊行的動。

全國的民眾們，你們在北伐軍佔領武漢以後，除了在軍事上政治上督促其執行民眾的願望以外，在北伐軍勢力下進行自己組織，建樹自己政權以外，目前唯一的責任是：反對英國帝國主義之砲艦政策及一切暴行，反對孫傳芳之一切不利於北伐軍的行動，壓迫民眾的行動；英國帝國主義及其工具孫傳芳是我們目前應該反對之唯一目標。

一九二六、九、十八

北伐軍戰勝聲中英國對華的陰謀和壓迫

超麟

記者曾經說過：我們須『認清武漢的決鬥乃是革命的中國與侵略的英國之決鬥，而不是蔣介石與吳佩孚個人之爭持。』 這是無須乎詳細解說的。 大家都知道：第一、封建餘孽之北洋軍閥所以能夠維持存在至今，并能聯合進行所謂『反赤』戰爭，積極向革命勢力進攻，乃是帝國主義在發蹤指使；現在為防禦『反赤』軍閥勢力向南方革命根據地進攻而起的北伐戰爭，其對象便直接是北方軍閥，而間接乃帝國主義。第二、北伐戰爭既發展到了以長江中部武漢爲決鬥之場，而這一決鬥之場恰好就是侵略中國歷史最久權力最大攫獲最豐的英國帝國主義之勢力範圍；英國有不平等條約和直系軍閥二者爲保護此勢力範圍之工具，一旦若宣言廢除不平等條約幷誓師討伐直系首領吳佩孚的北伐軍勢力佔據武漢，英國的所謂『在華利益』必受重大打擊，英國之必或明或暗向北伐軍作戰自不言可知。北伐戰爭的勁敵實際是英國帝國主義，而不是人所共知的吳佩孚。

武漢已被北伐軍攻下了，長江流域已澎漲北伐軍的勢力了。北伐軍此種戰勝的形勢，同時當然就是英國帝國主義失利的形勢。英國帝國主義之重視北伐戰爭，其必以大力防護此已得之勢力範圍，自無待言；而英國帝國主義外交手腕之狡猾及其侵略殖民地手段之兇辣，尤爲全世界所公認；——然而所以終於造成目前的形勢者，主要是因爲：第一各帝國主義國家在華利益衝突太甚，難於一致行動，致狡猾之英國外交亦難得手；第二北伐軍進展十分神速，岳州總攻擊開始不數日即到武昌城下，爲歷來中國內戰中所僅見，致此殖民者的魁首亦有措手不及之歎。

然而英國帝國主義終於開始施展其魔手了！兩漢攻下之後，中國問題遂成英倫各方注目的問題。英倫各報大書特書中國戰爭消息，尤其注意於中國的反英運動及北伐軍的行爲。自然，積極干涉戰爭以至於共管中國的論調，便跟着從英倫傳來中國：

『「每日新聞」論中國時局，謂目前不能有何舉動，惟有忍待機會以實行切實有效之事而已。

「每日郵報」社論謂，在此紊亂時局中，如以壓力施諸北京之無助的政府，殆無實效可言。惟中國軍閥與共產黨對外人與友邦之行動亦須有一定之限制，若逾此限制則非所容許。此乃事理顯明者，單獨的干涉苟能避免，則以避免爲是。但東西文明國在扶助中國以拔出於暴亂中之一舉，有共同關係者未嘗不可協定一種共同政策也云。

「每日紀聞」稱，亟宜在中國組織眞正有效之中國宣傳。

「泰晤士報」社論稱，中國內亂蔓延，或將促成列強之共同政策，英國定將倍出其力以保衛其在華人民之權利與安全。蘭浦生有將任爲駐華公使之說，可信英政府不久將能在遠東採行更切實之政策，蓋英國在遠東之不活動，不盡佔勝着也云。』（路透社九日倫敦電）

『路透電社探悉，英政府對於揚子江之事變，擬向正當方面提出嚴重之詰責，所爲難者，華兵之行爲儼如匪徒，不因政府而發生；一面大約將許當地海軍長官便宜行事。………』（路透社九日倫敦電）

「每日電報」載有社說，謂英政府對於中國現局，急當施積極的政策。其第一步顯在覓求願予助力者及其利益與英國密切相合者，俾相合作。日本在華之利益與英國在華之利益重要適同。華南共產黨排斥英日較排斥其他外國爲甚，而日政府視莫斯科之主義與政策，厭惡一如吾英，如條約國目下不能結合爲一，則英國至少須與日本共同行事。又意國對華政策，近今之趨勢，已表明反對交還上海會審公廨，故意國或能加入挽救時局以利在華外人之企圖云云。』（路透社十日倫敦電）

『「晨郵報」論中國之亂局，謂吾人向唯注意北京似是之政府所施之外交戲弄，今則吾人似已臨實際應付之時，否則將遭失敗。蔣介石爲英國商務強頑之敵，且爲控制揚子江軍隊之敵。此種軍隊若聽令自謀，其力能否拒之，實爲須加考慮之問題。今日局勢有共同行動之可能，在華列強或將被迫出此，英國在華之勢力常屬海軍，此層亦有重作考慮之可能。吾人苟如善用

駐廣州之海軍，則或能阻止粵軍侵入揚子江，然廣州或仍將操時局之關鍵云。』（路透十一日倫敦電）

「英國擬至萬不得已之時將與列強引廣東軍注意長江方面，然後一舉而衝廣東。　目下尙須視北伐軍之態度如何再行决定云。」（電通社十一日東京電）

『「每日電報」論中國時局，謂目下最急之問題爲依時勢之需要以全力保護歐人生命及最要之權利。　解决此問題之道乃在充分擴張與事變接觸之英國及其他海軍當局之權力，幷竭力補助之。』（路透社十三日倫敦電）

『海軍聯合會香港支會致電倫敦總會，略謂同人對於萬縣案，殊深扼腕，且願弔慰死者眷屬。　同人之意，此種輕捨生命，無益而可悲，因本國當軸於正在發展中之中國極危時勢，苟不從速對付，則將釀成世界歷史上空前之大禍。　同人之意，萬縣之喪將損兵，乃由中國內地各水道缺乏砲船，故將不適用之商船改裝以應戰事所致，今切望總會將現局及亂勢請當軸注意云云。』（路透社十五日香港電）

以上這些論調，用不着注解，大家看見都可以明白，英國帝國主義再不對中國『客氣』了，以爲以前之『不活動』（！）是失着而要急施行『積極的政策』了。　所謂『積極的政策』是甚麼？　第一是列強在華的共同行動，『共管』；條約國的『共同行動』若是做不到，至少日本是要聯絡的。　第二是『善』用海軍，換一句話說，卽施行直接的大屠殺政策。　這其實也就是施展英國帝國主義的二齣拿手好戲：狡猾的外交和兇辣的殖民地鎭壓。　我們不曉得英國帝國主義在外交上卽在聯絡各條約國尤其日本對華的共同行動上做到何種成效；但帝國主義國家在中國利益衝突之劇烈是人所共知的，現在美國國務院已有拒絕『共同行動』的表示（大陸報十四日華盛頓電），法國政府的半官報——『時報』——亦非難『共同行動』，日本自有其對付北伐軍戰勝形勢下時局的策略（見九月十五日『順天時報』爲其工具——奉系軍閥——所籌劃之五策）不見得能與英國結成英國所希望的『共同　動』。　要之，在外交方面，英國帝國主義的計劃尙未成熟，是可以斷言的。　但在其屠殺的計劃方面，則又不同了。　在這方面，英國帝國主義正無所顧忌地進行。　英國駐華公使已改任蘭浦生。　巡洋艦三艘『開里斯福』號『開斯托』號『達特茅資』號卽將來華，名爲瓜代，實卽增兵。　三萬具綱盔運至中國送給張作霖爲作戰之用。　北京英使聲明：英國將『自由行動』。　飛機運送艦『赫末斯』號由愛琴海艦隊中調出已抵馬爾太備置糧食卽將開往香港。　香港英官令英國駐亞海軍對中國時局取相當手段，幷令澳印兩處之英兵預備動員出發。　這些事實祇是報紙上拉雜登載的，自然，還有許多更重大的舉動，向着中國而來。　但就以上這些消息，我們已經可以想像得到未來之英國帝國主義對華屠殺如果實現將是若何之慘酷！

這樣有確定計劃的屠殺之慘酷，我們同樣也可以從最近英艦在萬縣的屠殺和在廣東的蠻橫，想像出來。　我們試看英艦最近的行動。　英艦之干預長江戰事，記者已於上一期本報說過了，現在祇說萬縣的大屠殺和廣州汕頭登岸及拘捕罷工糾察隊事件。

我們先說萬縣事件。　萬縣事件發起於英輪撞沉中國官兵乘坐之木船。　原來英國根據不平等條約取得內河航行權，平時卽在內河肆行無忌，撞沉民船簡直是家常便飯，不當做一囘事，中國人的生命財產爲之犧牲的，不知若干數！　我們僅據揚森的報告，卽可知道英輪平日之横行。　計這二個月來，滇光輪撞沉木船一隻淹斃五人（六月十三日）；萬流輪撞沉划子一隻，淹斃營長田雨亭等三人（七月八日）；嘉利輪撞沉木船二隻，淹斃兵士共五人，沉沒公款六千餘元（八月二日）；萬流輪撞沉木船一隻，淹斃軍官六人（八月二十九日），同時萬縣輪又擂沉木船二隻，淹斃官兵五十八人，沉沒公款八萬五千元，餘械子彈無數。　這一筆賬自然還不完全，因爲除官兵乘船被擂沉之外，一定還有人民的乘船不在這筆賬之中。　然而這在帝國主義者眼中又算是怎麼一回事呢？　結果，楊森因爲自己的官兵及公款屢被擂沉，再忍耐不住了，便派兵一隊向萬流輪交涉，於是遂與英艦兵士衝突，繳械；同時楊森亦將英輪萬通和萬縣扣留。　到九月五日，屠殺於是開始。　英國帝國主義者在這屠殺之中，的確立下浩大的『武功』！　屠殺的經過，字林西報——上海工部局的半官報——敘述得最好；我們現在就錄字林西報十日漢口通信如下：

『自吉和船員及受傷諸人由宜昌抵漢後，關於萬縣事件之詳情已漸悉。　當兩軍激戰時，血飛肉薄短兵相接，其劇烈殆爲近世所無，乃十八世紀式之戰爭也。　緣太古吉和輪船，在宜昌被英艦孟蒂斯號扣留，改作兵輪，前後各架一自動機關砲並機關槍榴彈砲等，船上華人改至極少。　於九月四日，載水兵六十三人，軍官五人，秘密赴萬縣　船上新經油漆，僞爲商輪。　至五日下午六時，船抵萬縣下游之灣曲處，經過英艦考克卻菲號而至萬縣輪之右舷。　其目的則在救出船上被扣之英大副及總機師。

擬分四隊登輪，抵禦華軍，使船主得以乘機逃上吉和。　當時雖明知有楊森軍四百在船上，但出其不意襲之，可望免釀流血之慘。　詎華軍已有準備，並設穽以待。　當吉和輪駛傍萬縣時，見船上有兵約五十八倚欄進餐，不甚注意；及至兩船相接，各兵忽不見，而第一人上船，即遭槍擊，第二人亦如之；及兩聲一起，四隊同時躍登萬縣輪，但遭機關槍快槍猛擊。　此戰始於六時二十八分，歷時三刻鐘之久，兩船則由吉和用鈎鈎住。　英水兵於起初數分鐘，死傷頗鉅；及後華兵蠭趨甲板，英兵即以機關槍及榴彈砲擊之。　吉和輪船復與萬縣輪相並，開放其船尾自動機關砲，其彈離炮口四五英尺即炸裂，萬縣船上，屍積如山，已而紛紛墮入江中。　吉和輪船之左舷，血花飛濺如新漆作紅色，而萬縣輪船艙面，則血液腦漿，徧地淋漓。　其由前面登輪者，自下面上至總艙，尋覓被禁諸人，後知其在望橋上據險　守，乃使萬縣輪之望橋與吉和輪之望橋相並，萬縣船員，即被救出險。

是時遂萊司令偕數人在吉和望橋上槍擊華軍，由中國領港員接濟子彈，遂氏見部下死傷者，決　刼取萬縣，兩手各握手槍，馳至艙面，招呼部下過船，未抵萬縣，先發兩槍，旋爲機關槍擊中倒地。　華軍復以槍刺猛戳之並斷其喉。　時則華軍四百人死者已有三百，其餘乃亡命爭登吉和，擊退頗爲困難，且因彈藥已罄，吉和乃急急離開萬縣輪船，華軍則疾趨船首甲板，以機關槍擊之，吉和亦以船首之自動機關炮還擊，　其甲板炸燬。　惟此時萬通船員，尚未救出。　乃駛過法炮艦杜達德，而向八分之一英里外之萬通，意在登輪。　既近，華軍謀斃在船諸人，總機師莊司登被擊一槍，躍下水中，即不復見。　大副保爾則鳧水而至法艦。　船主關茲，懸於船尾，爲華軍所不見；故吉和不傍萬通，而駛至其後，輕觸船尾，船主即攀登吉和。　吉和遂駛出火線，向下游而去。　雙方戰事，乃至此告終。　當兩軍交戰時，英艦考克卻菲號在下游，維勤號在上游，被兩岸軍隊砲轟，兩艦亦發砲還擊。　吉和由萬縣輪至萬通輪時，在萬縣下游之岸上，有一砲向之開放，第一彈落於稍前約二十碼外，第二彈擊破水箱及艙面機輪等物，考克却菲當即以六英寸口徑之砲還擊之，及至烟塵既息，則岸上人砲，皆已不見，僅有一巨穴而已。　維勤號專擊華軍之砲及沿江兵士，考克却菲號則以大砲轟城。　楊森於是日下午後退二十英里，以避危險。　惟第一彈即將其司令部完全擊毀。　聞其發彈三十九枚，或云五十六枚。　全城起火。　吉和於下午八時，卽駛向下游五英里停泊過夜，就望見城中火光燭天，終夜不熄。翌日黎明，卽乘流而下，每小時行二十二海里，直至武昌。按是役吉和輪機器間華人，因信任外兵，故絕不慌亂。華副機師於一百二十度之熱度下，工作二十小時，並不稍息。翌日有人與之語，輒爲淚下。華員幸無一死者，萬縣萬通兩輪之情形未詳，大概均受重創；一說當英艦退去時，萬縣船上有小火，萬通船尾沉入水中，兩輪於交戰時，咸受考克却菲號及維勤號之砲火云。」

同時字林西報又記川中美國人報告，萬縣民兵共死五千，日本人估計至少亦在五千以上。萬縣差不多成爲灰燼！卽字林西報亦說『該城大部分已破壞』！而英人方面死傷的，祇有十餘人！在以上的紀載中，英國帝國主義者慘無人道的暴行昭然供認出來！這是何等悽悲的事！現在，英國公使倒反向中國抗議，英國艦隊并且還準備第二次轟擊萬縣，巨艦『霍根司』已從威海衞調到漢口來，準備向萬縣出發。新的更大的屠殺正在等待着！

然後再說廣東事件。九月四日，突有英艦二艘及淺水艦一艘自白鵝潭駛進廣州西堤，佔領省港碼頭，派兵登岸驅逐行人拘捕糾察隊，并在河面干涉行駛船隻，又時時架機關槍大砲向市街作準備轟擊狀。國民政府外交部長陳友仁當卽提出嚴重抗議，限英兵立卽撤退，英艦立卽調開。但英領答覆毫不讓步。同時在汕頭亦發生同樣的事件。英艦『梅娜利』號於九月八日上午派水兵至招商局輪船碼頭，拘去山西號電船，毆打水手及司機人，抗不放還。國民政府亦同樣提出抗議。廣州和汕頭二事件不先不後同發生於北伐吃緊之際，可證英國帝國主義有別種作用，卽欲牽掣後方，以援助垂敗之吳佩孚。其他如幫助陳林魏反革命派在廣東搗亂，那更是香港的慣技，用不着說了。

英艦在廣東之行動正合於倫敦晨郵報的政策，亦正是電通社所指出的陰謀（見前），卽英國帝國主義將乘北伐軍有事於長江之時，『善用駐廣州之海軍』，一舉而衝那『尙操時局之關鍵』的廣東。我們看見英艦來勢之兇，可推想，是準備在廣州重演萬縣的慘劇。

然而萬縣慘劇祇算小創，新的軍艦正在來華途中，我們還是等待被屠殺呢，抑或殺開一條血路往前進？

一九二六年九月十八日晨六時

北伐聲中廣東之農民狀況（八月五日廣州通信）

羅浮

當廣東工人因陳森事件得着『只有本身勢力可靠』一個教訓之時，廣東農民也有機會得着這同樣的教訓；認眞說起來，農民得着這個教訓的代價，比工人的代價更昂貴了。可以說，北伐聲中廣東農民是在敵人的四面八方包圍攻擊之中。我們可以分成幾方面來說：

政治方面　現在各縣縣長沒有一個沒有一天不攻擊農會，并且各縣一致，好似他們曾經在一塊兒開過大會，彼此約定了要取一致的政略一樣。西江方面的鬱南封川等縣如是，東江方面的潮陽五華等縣亦如是，南路有些縣屬亦然。他們如此不謀而合的舉動，好像受了同一的『暗示』，大概古應芬有『暗示』給他們。他們異口同聲反對農會的口號爲：（一）『農民協會就是土匪』，這個口號本來是李福林一派人早就發明了的，并不是這些縣長老爺們的新發明，不過現在這些老爺們應用得很多就是了；（二）『干涉行政』，自從東江的徐何會銜佈告取締工農團體干預行政後，各縣縣長因此就根據來攻擊農會，舉凡農會之開會示威等之行動，都是他們所謂的『擾亂治安」。從前陳公博當農工廳長的時代，農工廳很肯幫助農會，現在「紀文當廳長．大家都知道劉紀文同古應芬很有關係（是古的女婿）當然劉之一切工作，都是古應芬所做。從前省政府也能幫農會的忙，但現在政府裏邊古應芬劉紀文等一班右派盤踞着、不但不會幫助農會，并且他們唯一的工作就是摧殘農會，各縣的縣長自然無有不根據上峯的命令辦的。拿各縣縣長及軍隊捉人來說，從前拿農會的名義，是很容易保出來的，現在是保不出來了，農會的會員因此就恐慌起來了。同時他們更散布謠言，說農會將要解散了。還有縣署的游擊隊，大概都是民團改編成功的，最顯著的例子是三水，三水的游擊隊，是每鄉抽去一二個民團編成。過去政府決定民團經受團務委員會批准才能成立，但是現在不是這樣了：現在不惟不經團務委員批准，只經縣長批准就要成立，并且他們更利用團務委員會不准農會併吞民團的佈告，動不動就報告縣長，說農會要吞併民團，縣長也就直轉政府，并加緊攻擊農會，其實那有這麼一回事？

軍事方面　現在北伐聲浪高唱入雲的時候，政府的軍隊大都要出師北伐，對農民痛苦的呼籲，完全不理，并且留守的軍隊，如像第二十師，開到中山縣去剿匪，也槍斃下南鄉農會的職員，強姦農民婦女。中山縣農會的執行委員因此去找到他們的軍事長官說：「你們要這樣幹下去，我們只好去向政府請願。」他們也就老實不客氣的說：「你們儘管去請吧！」廣甯的防軍更同土匪勾結，明是圍攻土匪，實是圍攻農會。

土匪及民團方面　土匪專門向農會進攻，廣甯便是一個很顯著的例子。日前李福林曾在軍事委員會裏邊報告順德的農會通匪，實在順德的土匪是向農會進攻。土匪以為農民協會要勾結軍隊打他，所以很恨農會。東江的土匪一方面打搶農會，一方面其首領又在虎門要塞司令部當書記。惠陽羅定等縣，水路完全不能走，土匪到處攻打農會，淡水數日前被逆黨土匪進攻，農會及糾察隊，有幾個同被捉去了。東江方面的土匪是陳炯明的軍官在領導，寶安惠陽一帶，莫魏的部下團結一起當匪。所以惠州八屬的農會現在簡直不能動了。西江的鬱南等處，土匪一方面攻打農會，一方面又混進農會。南路更是隨處都行不通、現在正是民團氣盛的時代，各縣都有報告來說縣長舉辦民團。最厲害的是三水：三水民團勒抽團費，一兩銀的糧要抽　兩銀的民團費，并且勾結縣長壓迫農民，每條鄉要出一槍一人去當民團；每條牛和每條正[illegible]部要抽六毛錢，各處都有所謂緝奸隊，保衞團，民團等東西，五光十色，變化百出。他們更有口號：「有匪徒在辦農會」，他們本來要解散農會，但他們說並不是要解散農會，祇是攻打土匪。

內奸方面　反動派在農民內現在有兩種組織：（一）沙田田工工會，這種組織，從前未曾拿到農工廳立過案，沒有批准，此種組織的總機關在河南，其餘東莞順德等縣有沙田的地方也有此種分機關；并且沒有沙田的地方，在山田所在的地方也有。他們分頭派人到各縣去組織，很有金錢的力量，很顯明的後面有人指揮經濟。（二）中山縣有農民俱樂部，順德有農民自治協會。總之，他們因為在外面摧殘，覺得農會是整個的，難於入手，所以改變方針，想拉一部分農民在手，然後從農民內部向農會進攻。

言論界方面　七月八日人權報有時評，標題「今日大患安在乎？」內有：「然吾以為今日之大患，有甚於土匪者，則混充農民之匪黨所組織之農會，實今日不可不防之後患，……深望於軍事當局加以嚴防之處分也。」七月十七日共和報的時評也有「農會以併吞為事，擾亂鄉村的治安。」最利害最狡猾的還是現象報，他把各縣縣長付來反動派攻擊農會的報告，常是一字不漏的登載出來。此外國華報等也有攻擊農會的言論。

由上面的情形看來，當可明了反動派現在很是厲害，本來自從何會銜佈告禁止工農干預行政後，此種情形即已有之，不過最近更加厲害罷了。

讀者之聲

討論北伐問題

獨秀先生惠鑒：

頃讀第一百六十一期嚮導中尊著『論國民政府之北伐』一篇，竊願致其腑誠，以助足下將來提筆論事之參考。　深悉足下識見卓遠，言必有因，一文之出，影響甚大，若、傑知而不言，或足下置而不聽，皆非忠於黨國之道，故不辭煩瀆，唯亮察是幸。

國民政府此次出師，為實現總理主張之第一步，今日國中，外而為帝國主義者之爪牙，內而逞其武力，使人民無法生存，國家無由建設者，無一非軍閥為之首惡。　故出師北伐，廓清軍閥，雖非國民革命之全部工作，實為國民革命之惟一先著也。　凡在革命旗幟之下，同抱打倒帝國主義目的者，對此惟一先著，應無異義，足下更何忍加以攻擊乎？　夫北伐軍之性質程度及平日之訓練，當為足下所素知，尊著乃對於北伐軍出師，糊塗閃爍，加以投機權位之惡名。　使民衆而盡聞足下之言，且以足下之言為可信，其影響所及，足下曾一計之乎！　至於因北伐而籌款，為此間不得已之辦法，足下固認此次出師為防禦之戰者，則寇盜在門，豈容偃息，塞井夷竈，尙非苛政。　政府以不忍人之心，籌不得已之款，兢兢業業，未嘗稍弛，足下如能來此一遊，必知眞相。　乃據遠道傳聞，遽施攻擊，且施攻擊於北伐中與賊相持之時，實此間同志所惶惑不解者，切望足下之一注意於北伐前途合作意義者也。　最後尊著中對於國民政府的政治實力及國民革命軍革命，一概加以否認，且因此否認此次出師之為革命，尤近於臆斷。　此種臆斷，出諸敵方，則為當然，出諸足下，實為意外！

以上所言，全出至誠，足下明達，當不悖悖。　總之，北伐之失敗，乃一切革命者之失敗，一切革命者在此革命急迫期間中，能合作則存，不能合作則亡，相扶助則存，相猜忌則亡，此必然之理，必至之勢也。　足下領袖羣彥，動關衆聽，惟望以後明辨事理，鄭重立言，此間如確有不善處，不妨函電相繩，資為藥石。　若翹此以為報章快心之談，則甚非所望也。　忠切之言，諸希亮察。　籍祝努力！

弟張人傑頓首　八月十三日

獨秀先生：

我讀了你在嚮導一百六十一期上『論國民政府之北伐』的一篇大作，我心裏很不自在！　因為我對你的大作中發生了許多的疑問，這許多的疑問，在我腦海裏懸了有三四禮拜之久，還是莫明其妙，所以纔寫信問你。　想你不以為討厭。

先生說：『北伐的意義，是南方的革命勢力向北發展，討伐北洋軍閥的一種軍事行動；……』　照這句話說來，可見先生承認：北伐是革命勢力實行打倒軍閥的意義。　這種革命勢力，誰都要說，是中國國民革命的勢力。　中國國民革命，是各階級來打倒軍閥，打倒帝國主義為求他們的民族政治經濟獨立的一種革命。　現在這種革命過程中，免不了要消除軍閥這種障礙，要消除這種障礙，非有一種軍事行動不可（卽孫總理所說的軍政時期。） 而 生為什麼要說：『……一種軍事行動，而不能代表中國民族革命之全部意義？』 然則中國的民族革命的國民革命的政府出師北伐、是代表少數人利益而奮鬥的嗎？ 先生說：『這種軍事行動，對於推翻軍閥確是一種重要方法，然亦僅僅是一種重要方法，而不是唯一無二的方法』，請問先生唯一無二的方法是什麼？ 先生說：『再論到北伐軍本身，必須他眞是革命的勢力向外發展，然後北伐才算是革命的軍事行動。』 先生在大作起始不是說：『北伐的意義，是南方的革命勢力向北發展，討伐北洋軍閥的一種軍事行動』這層意思與那層意思，豈不是衝突了嗎？ 然則還是一個人的軍事行動嗎？ 先生說：『近來國民政府對農民態度，已經使農民懷疑。』 這懷疑之點，請先生告知我。

以上這幾點疑問，我希望先生來函教責：

符琇鞠躬 八月四日於黃埔

獨秀先生：

我向來很歡喜看『嚮導』，更喜歡讀先生的論文，因為先生是一個中國『新青年』的領袖，尤其是提倡革命的一個健將，鼓吹革命潮流的角色，所以一般幼稚的革命青年，都承認先生是我們的良牧，是我們的指南針，願意服從先生的指揮，甘心領受先生的教訓，以達到中國革命成功，世界革命成功的目的。

在百六十一期的『嚮導』上，讀了一篇先生的『論國民政府北伐』之後，我突然起了一種說不出的感想！ 翻來覆去，讀了又讀，到底不能使我明瞭先生的用意，最初我以為是反動份子冒先生的名，來挑撥北伐期中的人心，煽惑一班不明眞像隨風飄蕩的幼稚革命者嗎？ 或者先生被反動派利用，在此北伐期中灌輸令人懷疑的論文，代他們鼓吹嗎？ 或者先生聰明一世矇懂一時嗎？ 後來我想都不是的，機而我又向善意方面想想先生恐北伐失敗，搖動革命根據地，而反對北伐嗎？ 何以不在北伐軍未動員以前反對，而現在才發表這篇論文？ 先生恐怕農工平民，因籌備軍餉而懷疑國民政府，或甚至……而進的忠告嗎？ 我想這是國民政府樂於接受的；但就革命觀點上，兩黨合戰線上，嚴重的北伐時期上看，先生何以不直接忠告，而偏偏要在北伐緊急，後方需要絕對的安寧時公開的忠告呢？、先生想變北伐為防禦戰爭，以鞏固革命根據地嗎？ 先生何以不直接與北伐當局者商量，而要公開肆口攻擊國民政府的政治狀況上，實力上……如何如何的不配北伐，他的領袖們如何如何，對人民又如何如何呢？ 所以我始終想不到先生這篇文章的用意？

另外還有幾個疑點撮出，均望先生指教！ 免得幼稚的革命的我起懷疑，因為革命的人，對任何事都要站在革命觀點上去看，不是決諸東方則東流，決諸西方則西流的，更不是別人說『好』，就喊『好』，說『歹』，就叫『歹』的。 如果有這種腦子簡單的人在革命路上，是站不牢的，很容易做人家的傀儡；不然他就是一個投機主義，想升官發財，趨方討好的蝙蝠派。 我說這種話，並非故意出口傷人，好出風頭，實在是我眼光中所得來的。 究竟這個眼光對不對，還要請先生賜教！

現在將我對先生『論國民政府北伐』中的疑點，寫在下面：

（一）『在上述情形之下，所謂革命軍事行動的北伐，現在尚未成問題……都可以看出革命的北伐時期，尚未成熟』，這一段含有國民政府北伐，並非因求北方民衆解放而北伐，下是革命的軍事行動，像軍閥擴張地盤的北伐。 先生你的論文，恐怕大錯而特錯了，簡直沒有認清國民政府北伐的意義，太冤枉北伐前線為民衆而犧牲的將士們，太忽視在水深火熱的北方民衆的呼聲了。 先生！ 照你的眼光看起來，到什麼時候才可以北伐？ 國民政府內部的政治狀況上，雖個的國民政府的實力上，國民政府所屬的軍隊戰鬥力和革命意識上要如何的北伐時期才算成熟？　有什麼標準？　革命的經驗與歷史告訴我們，革命運動的力量：常常是不完備的，換句話說，即力量完備後才發生的革命運動，在歷史上還沒有看見過，只看見革命運動一起，民衆響應，然後革命的力量，才漸漸的增大。　先生這樣空空洞洞的說革命下的北伐時期尚未成熟，鄙意不敢苟同，你說『四面圍攻的國民政府』是不錯的，國民政府既然站在危險的地位，如果不向外發展，那末連廣東小部分，也要被人奪去了，國民政府比方是一堆火，四面的軍閥和帝國主義者是水，倘若火不蔓延，燃燒，勢所必然的要被水撲滅了，先生是不是呢？

（二）『在第一點，他自然還不是直接的和帝國主義者武裝衝突。』　這一點，先生好像還沒有把帝國主義者與軍閥關係弄清楚，軍閥是帝國主義的走狗，好像是帝國主義者用以殺我們的刀一樣，我們現在努力消滅他殺我們的刀，還不算同他直接武裝衝突嗎？　那末就好像說『殺人者非我也兵也』，一樣的可笑！

（三）『北伐軍之本身，必須他眞是革命的勢力向外發展，然後北伐才算是革命的軍事行動，若其中夾雜有投機的軍人政客個人權位慾的活動，即有相當的成功，也只是軍事投機之勝利，而不是革命的勝利。』　這一段原是先生的誠意，用一種打避疫針的預防法，激勵與警告北伐將領，僅防瘟疫的傳染，做一個純粹革命的運動者。　然而先生好像不應該在北伐期中發展這種容易使人誤會的言論，并且容易給那反動派造謠惑衆的機會。　如果先生是好意，何以不用別種方法，勉勵將士們呢？

（四）『至於因北伐增籌戰費，而搜刮及於平民』，又『國民政府北伐之戰費，應該發行軍事公債，向紳富籌募，如果因北伐而預征錢糧，和抽收重捐』，又『必須北伐與民衆利益雙方兼顧，如此才能鞏固國民政府』。　這一層意思很好，不過先生你要明白革命是犧牲少數人而謀多數被壓迫民衆利益的；當革命向外發展的時候，革命政府下的人民，應該盡一點義務，並不是長此下去的一種橫征暴斂，不然何以使火坑裏的同胞脫離此境呢？　譬如有人淹在水中，如果不捨身去救，怎麼撈得起呢？　並且因增籌戰費而及於平民，是事實上的要求，不得已而出此的。　國民政府是爲民衆謀利益的，難道牠還不願意北伐與民衆利益兼顧嗎？　先生已是唯物論者，何不設身處地的替國民政府想一想，而去學閉戶讀書的先生們，坐在書桌上唱高調，說風凉話，以騙民衆歡心的慣技呢？

（五）『這種軍事行動，對於推翻軍閥，確是一種重要方法，然亦僅僅是一種重要方法，而不是唯一無二的方法，在軍閥統治下的民衆，若誤認北伐是推翻軍閥，解放人民之唯一無二的希望，遂坐待北伐軍之到來，自己不努力進行革命工作，這便是大錯。』　又『然後再滙合全國民衆革命的勢力，進而北伐，才能夠以革命的北伐力量，成國民革命。』　這一種的策略是很對的，不過既在軍閥統治下的民衆，如何可以起來造成革命的勢力，不但黨部不能公開，而且稍一動作，即遭通緝捕殺的禍患，假使北伐軍不作他們的先鋒，革命工作怎麼能發達？　所以就依先生的說法，此次北伐亦是民衆急需的，何以先生說：『現在國民政府的職任、已經不是北伐而是防禦戰爭』？

以上五點，我終有些懷疑，更不明先生的用意何在。　或者我思想不廣，眼光不遠，所以請先生賜教，祝你努力！

黃埔軍校學生黃世見上

記者先生：

我是嚮導的一個愛讀者，只要我在報上看見嚮導的出版要目，我就飛也似的跑去買一本；回來坐在書室裏細讀。　不但細讀，并且還和朋友們在一塊共同討論。　有時也妄胆的下一兩句批評！　因爲我認定嚮導是指導中國革命理論和策略的獨一無二的刊物，所以我們這些需要革命的青年，對它是當爲分注意的！

在貴週刊一百六十一期上有獨秀先生論國民政府北伐一文，淺見的我看了之後，以爲是深中肯綮的，可是我的朋友（他是國民黨員）大不以我意爲然！ 他說獨秀此文含有挑撥性質，是來分散革命勢力的。 據他的理由是：

一、國民政府北伐，純粹是要達到『打倒軍閥』『打倒帝國主義』的目的，完成國民革命，在此一舉！ 而獨秀僅說北伐只是討伐北洋軍閥的一種軍事行動，這是太小看了北伐的意義，而且蔑視我們國民黨！

二、獨秀說國民政府因北伐戰費而預征錢糧，抽收賭捐，向農工平民搜刮，連唐生智也不如；這是等於向北方軍閥告國民黨監視下的國民政府的密，與陳炯明之反革命沒有什麼差異。

三、從這篇文章裏，看出共產黨的領袖——獨秀——好像認定蔣介石爲一個變相的軍閥，國民黨的革命指導者，不過是些飯桶！』

除此以外，他還說：『共產黨是倚賴國民黨才得發展的，獨秀不滿意國民黨，實是自殺政策。』 又說：『國民黨是代表全民的，不能單獨表那一階級的利益。 廣東農民困苦，負擔太重，這是革命過程中，不能避免事實，若北伐成功，自然可以減輕他們的賦稅。現在獨秀如此的渺視北伐，簡直是不願意民衆得到解放，尚談什麼革命！』

他的這些理論，我是很不滿意的，而爲了學識薄淺又不在黨的原故，所以沒法判斷他的錯否，只好寫出來，請貴週刊記者，爲我解釋一下。 此祝撰安！

冥飛九月五日於廣州

張人傑符琇黃世見冥飛諸先生：

諸先生對於鄙人前作『論國民政府之北伐』一文，有所辯難，以抱病久未奉答，歉仄之至。 諸先生意見大致略同，所以現在一并作答，病後體弱，恕不能詳。 在答復諸先生示教之先，謹將鄙人前文要旨略重述一下。 第一個要旨是警告國民政府統治以外的民衆，第二個要旨是警告國民政府的當局。 警告民衆的是：不可專門依賴國民政府北伐得到解放，各地民衆應該自己努力做推倒軍閥統治的運動，至少也要搖動當地軍閥的統治地位；各地民衆若不自起奮鬥，專門坐待北伐軍之到來，便是極大的錯誤。 警告國民政府的又有二義：一是不可把北伐 得太神聖了，因爲他是神聖事業，遂不惜犧牲民衆利益，民衆若自願爲北伐而犧牲利益，那是可以的，若政府當局拿神聖北伐的大帽子來壓住民衆，硬要犧牲他們利益，這便大大的失了北伐之眞實的意義了（至於北伐名義不妥當如本報讀者于楓冷先生所云，還不是重要問題）； 二是不可主觀的把此次北伐看得太誇張太奢望了，現時民衆的組織勢力上，在國民黨指揮政治軍事之黨的權威上，在國民政府所屬軍事的內容及實力上，這些客觀的狀況看起來，此次北伐始終只能是防禦戰爭，是防禦反赤的北方軍閥勢力希圖消滅南方革命勢力的戰爭，眞正完成國民革命的革命戰爭，還要待今後有充分準備的，第二次北伐第三或第四次北伐 不看清客觀上的實際情形，專憑主觀妄自誇大，或希望速成僥倖圖功，這決不是意志堅強的革命黨人所應取的態度，而且會僨事。 這些實際情形，這些革命北伐的意義，在革命的責任上，我們不得不公開的普遍的告訴全國民衆及一切革命派的同志，免致誤人迷途，決非對於一二人『函電相繩』可以濟事的（像諸先生都不了解，竟來函辯難，恐怕除諸先生之外，不甚了解的還有多人，即此更足證明非公開的普遍的討論不可了。），更不是什麼『翹此以爲報章快心之談』，因爲民衆的力量還未充實，國民黨國民政府國民革命軍本身又還有許多缺點，使國民革命一時不能急切成功，正是我們痛心的事，不應該是我們快心的事！

你們說：『出師北伐，廓清軍閥，雖非國民革命之全部工作，實為國民革命之唯一先著也，凡在革命旗幟之下，同抱打倒帝國主義目的者，對此惟一先著，應無異議，足下更何忍加以攻擊乎。』 我前文曾說過：「北伐是討伐北洋軍閥的一種軍事行動」，在此等軍事行動之先，應該以充分的民衆宣傳與組織為先著，現在你們仍舊以出師北伐為國民革命之唯一先著，你們這種軍事行動萬能的老觀念仍然絲毫未改，怎不令人失望！ 軍閥是帝國主義的工具，抱打倒帝國主義目的者，當然主張要打倒軍閥；但我們對於出師北伐是否國民革命之唯一先著，對於怎樣出師北伐，和你們都有不同的意見，你們一聞不同的意見便以為是攻擊，你們這 不受善言的老皮氣也仍然絲毫未改，更是令人失望！

你們說：「北伐軍之性質程度及平日之訓練，當為足下所素知，尊著乃對於北伐軍出師，糊塗閃爍加以投機權位之惡名，使民衆而盡聞足下之言，且以足下之言為可信，其影響所及，足下曾一計之乎？」 你們當知：現在所有的北伐軍之性質程度及訓練，是不是同等的，是否含有投機權位分子，即訓練最好之黨軍現在是怎樣，你們倘不要求我詳細指數，我姑且不必多說。 你們又當知：民衆只認識事實，當看北伐軍的實施政策為向背，任何人空口說好話都是無用的；并且我們固然應該引導民衆贊助北伐軍，然而一概蒙蔽民衆欺騙民衆，每個革命黨人都不應如此。

你們說：「至於因北伐而籌款，為此間不得已之辦法，足下固詔此次出師為防禦之戰者，則寇盜在門，豈容偃息，塞井夷竈，尚非苛政。 政府以不忍人之心，籌不得已之款，兢兢業業，未肯稍弛，足下如能來此一遊，必知真相。 乃據遠道傳聞，遽施攻擊，且施攻擊於北伐中與賊相持之時，實此間同志所惶惑不解者。』 既然出兵，自必要籌款；然不籌之於殷富，不籌之於官吏中飽，而攤派公債預征錢糧及於小商貧農，且有恢復賭捐之議，好一個不得已之辦法，這都是遠道傳聞嗎？ 并且你們自己公然說：『因增籌戰費而及於平民是事實上的要求』，又說：『廣東農民困苦，負担太重，這是革命過程中不能避免的事實。』 既然是事實，又何以說是遠道傳聞呢？ 總之，你們的責任是在力求與賊不同，并不是於北伐中與賊相持之時力拒任何忠告！

你們說：『尊著中對於國民政府的政治實力及國民革命軍革命一概加以否認，且因此否認此次出師之為革命，尤近於臆斷。』在一般意義上，不但現在的國民政府和現在的出師北伐是革命的，就是以前楊劉討伐沈鴻英討伐商團，在客觀上都是革命的；有許多人以為此次北伐的內容雖然有些缺點，而北伐軍所佔的地方，總比吳佩孚要好些，這個事實，除了帝國主義及軍閥，無人能夠否認。 然而我們以為這樣觀察批評國民政府及其北伐軍，與其說是恭維，不如說是輕蔑；因為凡是尊重國民政府的人，應該要求他有「高度的革命性」。 事實是怎樣呢？ 中山先生擁護農工利益聯俄聯共，此革命政策，都幾乎推翻了，現時還在推翻的運動中，北伐總司令部成立後，國民政府幾乎是無形取消了，北伐期中限制人民自由的什麼條例幾乎頒布出來了，什麼『因增籌戰費而及於平民是事實上的要求』，什麼『農民困苦負担太重這是革命過程中不能避免的事實』，竟成了政府黨人口中革命的理論，這樣來革命，其結果怎樣呢？

你們不相信「一種軍事行動不能代表中國民族革命軍全部意義」，又不相信『這種軍事行動對於推翻軍閥不是唯一無二的方法』，這兩層上文已經答過，茲不重贅。

我說：『北伐的意義是南方的革命勢力向北發展討伐北洋軍閥的一種軍事行動』，這是泛論北伐這一名詞之本身的定義；我又說：『再論到此伐軍本身，必須他眞是革命的勢　向外發展，然後北伐才算　革命的軍事行動』，這是特論北伐軍這一行動必須合乎北伐的定義；這丼無所謂衝突處，難道這樣淺顯的文義你們都看不懂嗎？

們又不相信『近來國民政府對農民態度已經使農民懷疑』之說，廣東之五華、中山、花縣、廣西之東蘭、平南、懷集等處農民，被駐軍縣官蹂躪的事，你們不知道嗎？　中央黨部中，國民政府中，都有人大賊農民協會是土匪，你們不聽見嗎？　這樣怎令農民不懷疑！

你們要問北伐時期成熟的標準嗎？　在內須有堅固的民衆基礎，在外須有和敵人對抗的實力，民衆的暴動已經非有充分的準備不可，何況國民政府的北伐是有一定領土的政府正式出兵？

你們以爲我說討伐軍閥還不是直接和帝國主義來武裝衝突，這是我沒有把帝國主義與軍閥關係弄清楚；我們知識淺陋，一向不會把軍閥與帝國主義之間的關係弄清楚，只知道國民黨右派是帝國主義的走狗，還不懂的軍閥也是帝國主義的走狗，承教至爲感謝！

你們既然承認北伐將領有打避疫針的必要，却又提議用別種方法。　用別種什麼方法呢？　或者是諱疾忌醫，不肯打針，還是去燒香打醮罷！

、你們不以我說：『必須北伐與民衆利益雙方兼顧』的話爲然，而主張『革命政府下的人民應該盡一點義務』『因增籌戰費而及於平民是事實上的要求』，既然如此，便不必責我『乃據遠道傳聞』了！

你們斷定在軍閥統治下的民衆不能起來造成革命的勢力，又感覺得『稍一動作卽遭通緝捕殺的禍患』，如此誠然是危險呀，大家坐等着候北伐軍打來罷！

你們對於我這個答復，如果還有不滿意的地方，尚望再賜教言，我們是不拒絕異議的。

獨秀　九月十三日

發行部 編輯部 通信處：

廣州國光書店黃正君

分售處

廣州	丁卜圖書社
北京	各學校號房
長沙	文化書社
寧波	甯波書店
武昌	時中書報社
	共進書社
福州	福州書店
香港	萃文書坊
汕頭	汕頭書店
蕪湖	科學圖書館
太原	晉華書社
潮州	青年書社
雲南	新亞書店
重慶	唯一書局
南京	樂天書館
寶慶	寶慶書局
黃梅	書報流通處
西安	西安書局
成都華陽	書報流通處
紹興	亞民文具實業社

價目

訂閱：國內一元寄足三十五期。國外一元寄足二十五期。郵票代款九五折算。但以一分半分爲限。

代派：每份大洋三分。六折計算。寄費在內。十份起碼。十期淸算一次。概不退回。

零售：每份銅元六枚。

The Guide weekly

嚮導

週報

第一百七十二期

目次

一九二六年九月二十五日

我們現在為什麼爭鬥？

獨秀

民國十五年，幾乎年年有戰爭，大家厭惡戰爭，希望和平，這是當然的事。 可是戰爭決不是僅僅由厭惡而可去的，和平也決不是僅僅由希望而可來的；必須經過幾次有主義有社會目的之戰爭，來去掉那無主義無社會目的之戰爭的源泉，然後戰爭可止而和平可期，否則終於混戰而已。

「現在的戰爭，是不是有主義有社會目的之戰爭呢？ 我們可以堅決的肯定他是有主義有社會目的之戰爭。」 自從吳佩孚出兵討赤討憲到國民政府北伐，這八個月以來的戰爭，不但國民政府國民軍方面有主義有社會目的，就是奉直軍方面在客觀上也有他們的主義他們的社會目的，和以前個人的一黨一系的直皖戰爭直奉戰爭，確是不同。

「這八個月以來的戰爭，在表面上固然也可以說是赤與反赤之戰爭，但更科學些即更實際些觀察起來，乃是中國半封建勢力與民主勢力之戰爭」。 不但兩方直接戰爭者其性質如此，即關係兩方之社會勢力，亦顯然分成兩大營寨如左表：

半封建派（反赤的）：	民主派（赤的）：
奉直軍閥	國民黨及國民政府
官僚	國民軍
洋行買辦	農民
大學教授	工人
地主土豪	學生
交通系	有政治覺悟的工商業家
安福系	中小商人
研究系	共產黨
聯治派	共產主義青年團
國家主義派	語絲派創造派等文學家
復辟派及新社會民主黨	
老民黨	
各種宗教徒	

這兩派的營寨旗幟都很鮮明，其爭鬥亦日趨劇烈，很少有中立之餘地；只有研究系一派人，還常常裝出中立的態度，最近他們的張君勱，於吳淞政治大學開學日演說：「目下時局，不論誰勝誰敗，吾人殊無過問之必要。」 其實，他們一向站在清室袁世凱段祺瑞曹吳那邊，拚命和民主派作對，吳佩孚齊燮元之盛時，他們卻大過問而特過問，張君勱曾親身出力擁護曹憲，丁文江也做了孫家的官，他們的大將蔣方震，從去年爲吳孫奔走，一直到現在不曾停蹄。 他們的機關報說：「吳之力不足自救，東南以力分又不足以剪滅當前之大敵，雖有強援焉，而不可以爲吾用，……若其不幸而有所挫敗，……」（見九月二十日時事新報時論）；曰「吾」曰「不幸」，這分明是站在吳孫那邊說話。 他們的機關報又說：「我并不相信什麼國民革命，而且我更不能承認國民革命可以完成。」（見九月二十一日時事新報時論，這篇論文起首卻說：「現在國民革命正舉行之時，我們若是發國民革命沒有成功的可能的話，即不是受了帝國主義的唆使，亦是反革命者的鬼蜮。」 這幾句自相矛盾的話，分明是痛罵他們自己）。 「國民革命包含有民族革命民主革命兩個意義，也就是打倒外國帝國主義和國內半封建勢力這兩個意義」。 他們既不相信有什麼國民革命，更不能承認國民革命可以完成，那麼他們主張怎樣呢？ 難道他們主張向前社會革命，當然不會，當然他們是主張向後仍舊由帝國主義扶助中國的半封建勢力統治中國。 因此，我們把研究系也列在半封

建派之內，總不至於不符事實罷！

現在分明是半封建和民主這兩派勢力的戰爭，所以能夠肯定他是有主義有社會目的之戰爭，而不是無主義的個人的或一黨一系的目的之戰爭。因為此次戰爭若仍舊是奉直軍閥的勝利，不用說中國仍舊脫不了外國帝國主義和國內半封建勢力之統治；勝利若歸諸國民政府國民軍，至少我們能夠漸漸走上對外民族獨立對內建設民主政治的道路，再至少我們總可以大大的發展走上這條道路的運動。一切半封建勢力，都是中國民族走上這條道路的障礙物，這些障礙物不搬開，中國永世不會有進步。所以我們堅決的毫不游移的現在要為這個目的而爭鬥，即一切民主派為實現民主政治對於半封建勢力之爭鬥；這個爭鬥也就是此次八個月以來國民軍國民政府對奉直戰爭之社會目的。

這個爭鬥在中國是一定需要的，本來不成問題，雖研究系的人也不便公然否認；現在的問題是：在這個爭鬥中，有沒有向左超過民主主義的傾向和向右不及民主主義的傾向。

在前一問題，大半是不懂得共產黨革命理論與政策的人之懷疑，或是有意造謠。最近研究系的機關報（九月二十一日時事新報時論）說國民革命成功必然發生兩個問題：（一）信仰無產階級專政的列甯黨，將與國民黨左派爭政權；（二）赤俄必定幫助列甯黨戰勝國民黨左派，將中國設為他的赤塔共和國來主持中國的一切事業。研究系這班人，一向是替帝國主義軍閥信口造謠來攻擊中國共產黨和蘇俄的，現在眼見吳佩孚被北伐軍打敗，氣昏了，更要失神的無端狂吠了！列甯黨應該信奉列甯主義，主張徹底的民族自治，反對強大民族壓制弱小民族，本是列甯主義要素之一，中國共產黨若希圖中國歸蘇俄統治，這簡直是賣國黨，而不是什麼列甯黨了。至於國民革命成功，共產黨便要與國民黨左派爭政權，這也是不會有的事。共產黨取得政權，乃是無產階級革命時代的事，在國民革命時代，不會發生這類問題。馬克思主義列寧主義的共產黨，他們是科學的社會主義者，而不是烏托邦的社會主義者，他們是最懂得歷史各時代之革命的理論與政策的：他們懂得中國的歷史和經濟狀況，現在還是國民革命時代，而不是無產階級革命和專政時代，現在不但資產階級需要民主政治，即無產階級亦需要民主政治，或者比資產階級需要民主政治更為迫切；因此，我們敢說：在國民革命的爭鬥中，中國共產黨是不會有向左超過民主主義的傾向的，或者有時比國民黨左派分子一時浪漫的說話還右一點也難說。我們還敢說：即國民革命成功後之建設時期，也必然是革命的民主的民眾政權，而不是無產階級專政，並且還不是工農政府；在那時革命的民主的民眾政權之下，中國的資本主義當然要發展起來，也只有到那時，真正中國的資本主義才能夠自由發展。我們不是烏托邦的社會主義者，決不幻想不經過資本主義，而可以由半封建的社會一跳便到社會主義的社會。不過那時的中國資本主義，已經過國民革命的洗禮，已經是民族的民主的資本主義，他的發展影響到全民族的經濟生活，和研究系這類人所要的資本主義——『不要民族革命，不要民主革命，不經過國民革命的洗禮，只由半封建勢力下之軍閥官僚買辦，結托帝國主義，在中國發展道威斯式的資本主義。』——相差甚大。

在後一問題，前表所列民主派的各社會成分，民主化的程度雖不齊一，而根本上都是站在民主的戰線上和半封建勢力爭鬥的。我們為鞏固充實民主戰線起見，不得不向正站在民主主義旗下和軍閥血戰的國民政府與國民軍，要求他們更高度的民主主義化。第一，他們應該在思想上拋棄仁愛愛民保民救民這類論調；仁民愛民保民救民，這都是封建時代聖君賢相的所謂仁政，真正民主主義者，應該走到人民中去，引導人民自己奮鬥，不應該高居人民之上，來愛他們保他們救他們！第二，他們應該在行動上拋棄封建時代軍事專政的萬惡制度，他們政權所及之地，務須使該地方政治儘可能的民主化；而且在事實上，貪官污吏是中國政治之致命傷，只有政治民主化可望救濟，軍事專政正是貪官污吏藏身之所。」「第三，他們政權所及之地，應該和農民合作，懲治貪官污吏劣紳地主土豪，而不應放任貪官污吏及駐軍勾結劣紳地主土豪，蹂躪農民；因為農民是國民革命中主要的廣大民衆，劣紳地主土豪乃是半封建勢力之真實基礎。」只有他們自身這樣更高度的民主化，才能肅清民主派內部的封建餘毒，才能鞏固充實民主的戰線，才能保證民主派的勝利。

研究系這班人，在表面上或不敢公然反對民主政治，實際是反對的。 他們否認國民革命可以成功，否認國民會議可以召集，否認國會農會工會教育會學生會可以代表人民，一切都否認乾淨了，不看見他們於這些消極的否認之外，有什麼積極的主張。 他們積極的主張，不用說就是照舊由半封建的軍閥統治中國，更好是由有兩次戰功八省地盤的直系統治中國，最好是袁世凱復活來統治中國，好用他們來組織所謂『第一流內閣』。 我們現在為打倒半封建勢力而爭鬥，為實現民主政治而爭鬥，不但要用槍砲和半封建的軍閥爭鬥，還要用筆舌和反民主主義的研究系這類政客爭鬥！

北伐軍佔領武漢後之廣東往那裏走？

述之

現在擺在廣東的前面差不多是兩條路：一是往香港英國帝國主義的口袋裏去，一是更加鞏固起來作全國革命的根據地。 買辦階級地主貪官污吏土豪劣紳軍閥遺孽以及民團土匪等是在推動廣東走第一條路，而工人農民手工業者進步的智識分子以至小商人進步的資產階級，則是願意廣東走第二條路的。 但是現在的廣東究竟往那裏走呢？

廣東自消滅劉楊，驅逐陳鄧，進行統一以來，工人農民手工業者……等革命勢力是一天一天地發展，買辦階級地主軍閥……等反革命勢力是一天一天地衰落，國民政府在全國的地位和在民衆間的信仰，是一天一天地增高，廣東確已漸漸走向全國革命根據地的道路；可是到了三月二十日後，情形便大大的變了，尤其自北伐軍出師以來，代表買辦階級地主的貪官污吏土豪劣紳民團及其利用的土匪，便大活動而特活動，在各方面向革命勢力進攻，資本家的走狗工賊如陳森等進攻工人，尤其一般縣長土豪劣紳右派等進攻農民，現在從貪官污吏土豪劣紳民團土匪國民黨右派如孫文學會分子，差不多都向農民動員，齊聲大叫：「農會是土匪」，企圖利用這個口號來根本消滅廣東之八十萬的農民組織（見本報上期「北伐聲中廣東之農民狀況」）。

當這一切反革命勢力向農民進攻時，廣東國民政府是怎樣呢？

國民政府管轄下的駐防軍常常站在反農會方面，如在中山縣六十團竟居然槍斃農會職員，二十師在市郊強繳農民槍械，在廣寧的防軍則看土匪焚農村打農軍而明取旁觀暗與勾通，其餘在東江惠州花縣等處都有同樣的事實，在國民政府中和國民黨中央執行委員會裏還有許多人，甚至明理的大學教授，也高談現時之農會是流氓式的，彷彿是應該解散或根本改組的樣子，此外再加貪官污吏土豪劣紳之利用公債票剝削農民壓迫農民等（公債票由政府攤派各縣，即由各縣或各地的貪官污吏土豪劣紳包辦，而盡嫁之於農民和中小商人，甚至有某縣的同一公債票攤派於農民至數次者。），因此農民便到了不能容忍的地步了。 當沙基慘案週年紀念遊行時，廣州市郊農民拒不參加，理由便是政府軍隊繳了他們的槍。 自然這些情形不一定是政府的主觀立意如此，而許多是由於政府本身沒有力量，譬如防軍槍斃了農會職員，政府牟得沒有辦法，因為其權不在政府而在軍事領袖之手。 但政府自北伐軍出師以來不大注意農民是不可否認的事實。 像現時這種四方八面向農民進攻的形勢，如不早籌補救，農民將來是怎樣呢？ 只有兩條路走：或消極，或暴動；然而這兩條路都對於廣東政府，對於廣東這個革命根據地，是非常之危險，都足以促進廣東走到香港英國帝國主義口袋裏去。 因爲農民在此時之廣東所佔的地位非常之重要，我們簡直可以說，現時的廣州政府如果沒有農民的維持，尤其是八十萬有組織的農民的擁護，是不會存在的。

自廣東出發的北伐軍現在雖然佔領了武漢，抓住了整個的湖南，結果了吳佩孚，彷彿廣東已失其向時之重要。 其實決不如此，北伐軍佔領武漢後的廣東，在中國革命上仍是佔重要地位的，廣東不但是北伐軍餉械之所從出，那裏還有經過長期奮鬥和訓練的廣大的革命羣衆，譬如省港工人和八十萬有組織的農民，這不僅是廣東的革命基礎，并且是全國革命的生力軍，尤其在廣東背後有最厲害的香港，英國帝國主義的根據地，如果廣東不穩，北伐軍所佔領的全部都要搖動。

昔時太平天國佔領南京，拋棄兩廣，未嘗不是失敗的一個重要原因，所以無論北伐軍即打倒北京，佔領全中國，廣東仍然是很重要的，并『廣東的革命勢力基礎始終較各省要先進一步。 所以我們對於廣東這個革命根據地無論如何須得保持住，并且還須使之更鞏固而更發展。 換言之，須更加鞏固廣東使成爲全國革命的根據地，而絕不讓牠跑到香港英國帝國主義的口袋裏去。

可是怎樣才能鞏固廣東成爲全國革命之根據地呢？ 怎樣才能免除現時之危險現象呢？ 這絕不是空口所能辦到，更不是那些右派先生們或號稱左派分子的人們，用消滅或改造現時『土匪農會』——流氓農會』之辦法所能行，必須從根本上着手。 我們以爲現在救治廣東、其根本的辦法是：（一）從速建立較民治而強有力的省政府。 現時的廣東省政府，可以說是古應芬的政府，是代表地主買辦階級的政府，是貪官汚吏土豪劣紳土匪民團的結晶，因爲現時在廣東全省的貪官汚吏土豪劣紳民團土匪是一根錢串子一直貫串起來的，這根錢串子可以說是古老先生，這是無可諱言的。 因此現時的古民省政府自然要站在地主買辦階級與農民作對，要壓迫小商人，反對工人，所以要想整理廣東，第一便須改造這個代表地主階級的政府，創立左派眞正的革命政府。 這個政府的組織分子應該由省民會議推舉出來。 同時應進行縣長民選與鄉民自治。 （二）須建立適合民衆要求的政綱。 尤其是對於農民的要求，應與以儘可能的滿足。 現在廣東人從工人農民小商人到資產階級，在各方面都感覺痛苦、都有其急切的要求。 如果政府不能滿足其要求，政府是不能得到民衆擁護的。 這個政綱消極方面：儘可能廢除苛捐雜稅 政府的軍政費可由禁止貪官汚吏之中飽和整理各種公款上取之，再不夠可捐之殷富，絕不可苛取之於貧民。 嚴禁貪官汚吏土豪劣紳。 限期肅清土匪，并須籌出具體的計劃。 規定防軍的任務，禁止防軍干涉民政。 在積極方面：確定人民的自由權，頒布工會法農會法，工人自衛軍與農民自衛軍組織法，取消反動派的民團，至少須限制民團的權利，逐漸擴充農軍以代民團，對於商民之保護則可擴充現時之商民緝私隊。 遇必要可以成立省軍。 此外則應積極開闢黃埔、接軌與漢路發展實業。 澈底肅清陳林魏鄧及各種反革命份子 總之，在廣東已到了一個相當的建設時期，建立一個民治主義的爲民衆謀利益的省政府來代替現時之省政府，建立適合民衆要求的政綱，從消極方面儘力除去民衆現時所受之痛苦，積極方面從事經濟上和政治上的建設，這是目前絕不可緩的工作，也是鞏固廣東成爲全國革命根據地之絕對必要的條件。 廣東的民衆應該站在這個觀點去要求國民政府實現這些要求。

我現在要申明兩句，我這裏指出廣東的許多缺點，指出廣東的危機，并不是『於北伐軍與賊相持之時』故作危言，好施攻擊，而是希望這個經過許多奮鬥和犧牲所得來的廣東，不可輕易斷送。我們應當慎重保持，時時注意牠的病徵，隨時補救，我們決不可諱疾忌醫。這才是真正革命家的態度。

七論上海的罷工潮

施英

謝謝資產階級和官廳的壓迫，上海的罷工運動竟繼續發生而不休止！從六月起到八月止，上海工人罷工者，前後達二十萬。於今九月中，猶有三萬上下支持長期罷工的工人——其中已超過五十日者佔八千餘，超過一月者佔一萬七千餘人。在資本家一方面，對付罷工的策略縱然愈更兇惡（例如英日各廠僱用流氓打手圍打工人）；在官廳一方面，壓迫工人的方法縱然愈更嚴厲（例如除搜索逮捕外還藉口軍事戒嚴禁止罷工）；然而在工人一方面，罷工的勢力卻愈更雄厚，罷工的戰略也愈更精良。上海罷工運動在八九月兩月中之激盪，更甚於六七兩月。同時在工人運動的本身，有其一定的趨勢，和必然進展的形式。作者曾六次論述上海的工潮，迄八月中旬爲止，現在先述八月罷工之總結。

八月份罷工的統計表

工廠名稱	產業	罷工之時間（以鐘點計）	參加之人數	要求條件 政治	經濟	待遇	工會	共計	勝利	失敗	未決
日華二一紗廠	紗業	六四八	四•三五		一	四		五		五	
老怡和紗廠	紗業	七四四	四•〇〇〇		三	三		六			六
恒豐永地毯廠	手工業	六〇	一三〇		四	二		六	三	三	
大北地毯廠	手工業	六〇	一五〇		四	二		六	三	三	
北方地毯廠	手工業	六〇	二		四	二		六	三	三	
公義成地毯廠	手工業	六〇	四〇		四	二		六	三	三	
義恆豐地毯廠	手工業	六〇	一三〇		四	二		六	三	三	
永和成地毯廠	手工業	六〇	一五		四	二		六	三	三	
海京地毯廠	手工業	二六	三四〇		四	二		六	一	五	
辛昌地毯廠	手工業	六〇	一一		四	二		六	三	三	
德森水地毯廠	手工業	六〇	四		四	二		六	三	三	
義仁昌地毯廠	手工業	六〇	一三		四	二		六	三	三	
永大地毯廠	手工業	六〇	九		四	二		六	三	三	
恆記地毯廠	手工業	六〇	一〇		四	二		六	三	三	
華昌洋地毯廠	手工業	六〇	七九		四	二		六	三	三	
同義昌地毯廠	手工業	六〇	七五		四	二		六	三	三	
同豐昌地毯廠	手工業	六〇	一五		四	二		六	三	三	
同□和地毯廠	手工業	六〇	五三		四	二		六	三	三	
陳福祥地毯廠	手工業	六〇	五三		四	二		六	三	三	
張德興地毯廠	手工業	六〇	五三		四	二		六	三	三	
文記絲廠	絲業	九	二八〇		二	一		三	三		
花旗烟廠	烟業	一七二	七五二		三	三		六	一	五	
上海日報館	印刷	一二	五		一	一		二	二		
新怡和紗廠	紗業	一〇	一五〇〇		一	一		二		二	
中華書局裝訂部	印刷	二七八	七二〇		四	四	一	九	二	七	
益興印刷局	印刷	二四	四五		四	二		六	六		
美華書局	印刷	一六八	一五〇		七	三		一〇	三	七	
中華書局總店	印刷	三	一九		四	四	一	九		九	
祥生鐵廠	鐵廠	六〇	三〇〇		一	一		二	二		
勤華布廠	布廠	三六	二一〇		二	一		三	三		
商務書館鐵機匠	鐵廠	二四			一	一		二	二		
內外棉九廠	紗業	一五六	三•〇〇〇		一	一		二		二	
內外棉東五廠	紗業	二六八	一•八九〇		三	二		五			五
內外棉西五廠	紗業	二六八	一•五〇〇		三	二		五			五
內外棉七廠	紗業	二六八	一•七三三		三	二		五			五
內外棉八廠	紗業	二六八	八〇〇		三	二		五			五
內外棉十二廠	紗業	二六八	六〇〇		三	二		五			五
內外棉十五廠	紗業	二六八	一•三〇〇		三	二		五			五

內外棉十三廠	紗業	一四四	一•三〇〇	一	二	二		五		五
內外棉十四廠	紗業	一四四	一•三〇〇	一	二	二		五		五
內外棉三廠	紗業	一二〇	一•四〇〇	一	二	二		五		五
內外棉四廠	紗業	一二〇	二•一〇〇	一	二	二		五		五
同興紗廠	紗業	九六	二•二〇〇	一	二	二		五		五
南北市裝訂業	手工業	四八	二•二〇〇		三	三		六		六
金銀業十四家	手工業	四八	一•〇〇〇							
華商電廠	交通	二四	四五〇		三			三		三
統計		五•九九九	三七•五三七	一〇	五二	三九	一	九三	二八	四五	二〇

(附註（一）罷工之總數計有六十企業，共二十三次（以單獨罷工與同盟罷工合算）。

（二）罷工時間以八月一日至三十一日計算。

（三）罷工工人總數，以可靠者列入，其未確實者暫不列入。

（四）要求條件之總數，凡同盟者條件相同，只能合計（例如各日廠同盟罷工的政治條件共爲一條）。

八月份罷工的說明

欲說明前列統計的內容，總括的應有下列之結論：（一）產業的罷工已爲含有政治性的，其表現爲長期性的；（二）手工業的罷工特別加多，這證明在產業罷工已起之後，手工業者因生活壓迫，亦表現其組織的新力量，加經濟的鬥爭生活（地毯工人在本月中之興起，猶如六月中絲廠工人之興起）；（三）罷工的條件，屬於工資與待遇的，佔百分之八十強，與前此兩月相同；（四）失敗的條件，佔最多數，亦與前此兩月相同；（五）本月份參加罷工人數，因手工業佔企業多數單位，將近四萬人，比前兩月減半，但其中將近兩萬人於月底罷工猶未結束；（六）月底華商電車之罷工，證明經濟鬥爭推廣到城市交通工人，這是八月罷工情形之概略。

但按照統計內容以說明，那僅是一個結論，僅能知道一般的現象罷工事件的本身——其經過情形與其教訓，却不是從統計可得而知的。在事實上，這些情形惟有工人自己才知道得最清楚；其次，罷工的對方被反抗者（即資本家）僅知道片面；至於官廳則蠢若豕豚而淫威十足，毫不懂得。所以兩星期前淞滬警察廳出了一張肉麻不通的禁止罷工佈告，其口氣大有『格殺勿論』之概，而其內容則處處自己打自己的嘴。這張佈告曾被日廠工人的罷工日刊反駁個痛快。例如佈告說罷工便沒有飯吃，殊不知工人正因飯不夠吃才罷工，又如佈告公然說五卅慘案中工人罷工乃受人利用之輕舉妄動，這樣的話與五卅時英人的謠言『誠言』是一樣論調。其餘荒謬言詞甚多，而日本紗廠恰好利用此佈告翻印數萬份，以二百元僱數十人到處散發。

這個佈告自然也是上海每個報紙所必須登載的；反之，罷工工人的實際情形各報却拒絕登載。因此，我們說工人的苦況與罷工的實情，只有工人自知之而已。從最近罷工的各種經過裏，我們可以得出許多悲壯事跡的記錄。這些事蹟之最顯着者，如：（一）各日廠總同盟罷工的屢次集議；（二）日華紗廠罷工一月後佯許復工，向廠主取一元後又繼續罷工；（三）總計一月中前後被廠主僱氓打傷之糾察得及演講隊童子團達二百餘人；（四）因散傳單或演講或秘密集會被警署及捕房拘捕者數十人，或判罰金或充苦力或判囚數月；（五）九七辛丑條約紀念日在民國路與孫傳芳的軍隊格鬥，在南京路與英捕印捕衝突，是日罷工工人之講演，是在租界中爲帝國主義唱輓歌，馬路兩旁充滿了悲壯激昂的呼聲使巡捕偵探皆張皇失措。

八月中罷工運動之最大者爲日廠，作者曾一次詳論（見本報一百六十九期）；直到現在，這一罷工猶未結束（參看前表之日廠人數與條件）。這一次的罷工爆發於陳阿堂案，然陳案受日人之遲延敷衍，罷工運動至今已轉入經濟條件的談判。但日本廠主始終持強硬態度，最初甚至拒絕談判。在經濟談判中，工資與虐待問題是其焦點；開除工人領袖是工人所最不能忍受的事實；但日廠主一概拒絕談判此次罷工，遂致長久相持。

日廠罷工的趨勢

迄現在止，日廠之罷工者尚有兩萬人。 工人對罷工條件堅持之心，始終如一。 但罷工均在紗業，以現在紗市之疲，紗價不佳，日廠主亦似乎有所恃而無恐。 但這並不是真象。 真象乃是廠主仍企圖復工，但他們所用的復工方法，不是與工人講條件，而是一方面嗾使警署與捕房壓迫工人，另一方面花錢請流氓打手大吃大喝，出重賞使強迫工人上工。 他們曾與捕房及警署約通，某日某時鳴汽笛開廠，到時候就一齊動員努力，武裝押解工人入廠。 日華紗廠工人被迫復工第一日，因未帶飯籃，至午廠主購買大餅饅頭，委棄滿地，工人因餓取食，日人在旁鼓掌大樂！ 這是日本資本家對付中國工人的方法和態度！

日廠之一的同興紗廠，因定貨者多遂不得不派人與工會磋商條件，這足以證明廠主至不得已時也只好講條件求工人復工。 在上海以中國紗業霸王誇稱者是內外棉紗廠，此次罷工中亦惟內外棉廠主頑強到底。 他們的口實，一則曰日廠工資已比中國廠高，再則曰工資自五卅以來已增加若干倍。 其實這都是騙人的話！ 對於前者我們無容追究，因為在中國廠中，工人之要求增加工資也是一樣的。 惟對於後者則所說有種種黑幕，實不可不嚴重指出。 自五卅罷工後至今，工資確有增加，這是事實，在工人亦並不否認。 即使把物價昂貴要求再加工資的理由不說，而舊日的工資雖加，但工作的繁重亦加；昔日數人勝任的工作，現在一人兼任；廠主　次裁減工人，其結果是所付工資少而所得工力多。 這一筆刻薄帳，在日廠主是以為可以朦混過去的。 上海紗廠總工會曾作說明書一一列舉，指出事實（其詳見後），以證明工資雖加而工作亦加之結果，工人之苦愈甚。 罷工的原動力，就是這些痛苦；復工的解決，惟有依條件減除這些痛苦。現在日廠主不喜歡講條件，只喜歡用走狗——捕探、稽查、流氓、打手。 我們只好說這是日本帝國主義在中國因有特別權利而有的特別策略了！

因此而日廠的罷工趨勢未可樂觀。 這一罷工的前途仍不出於一般罷工之必然結果：勝利或失敗。 現在虞洽卿出作調人，有借政治狀況取得日人妥協的形式；但這一妥協是不可靠的，其結果仍算是工人的失敗。 如果是失敗呢，我們應當勇敢的承認這一失敗，以圖再舉；因為這一失敗的主要原因是客觀的環境過於惡劣。 如果是勝利呢，亦絕少多量的勝利可言，日本資本家頑強且陰謀，有過去事實可證，我們只有時時提防着。

什麼是日廠工人的痛苦？

日本資本家既以工資高於他廠自誇，又矜誇待遇之優良，彷彿在日資下的工人已大幸福，如警察廳長嚴春陽所謂『得作工就能生活算是萬幸，罷了工何處去找飯吃？』 我們如若空言日廠待遇不良工人痛苦，亦難有人相信。 我們所重的是事實。 現在有一批不知什麼人的『工業調查委員會』，宜乎有些事實經他們調查而出，但我們只看見報紙上他們的宴會，還沒有看見調查。 其實真能調查的，並不是他們，而是工人自己。 日廠工潮發生後，上海紗廠總工會曾發表詳細的報告，灑述一切情形；上海報紙惟商報轉載，但刪改甚多，幾失原意。 下列各段由該報告中摘出，我們應當仔細尋讀其內容：

第一、關於日廠之待遇，原報告說：

『日本紗廠待遇之惡劣，設備之不全，自為意中之事，而日人則口口聲聲，以設備完美向社會宣傳。 其設備稍為完美者，如公大一廠，但洗澡等事，仍須納資。 至於內外棉各廠，則完全無有益於工人之設備。 如飯間洗衣之設備，數千工人，僅有盆子數只，廁所中以前尚有窗戶，現在亦已填塞；空氣不通，臭穢難聞。 送飯之處，狹小不能容，遂有不許送飯之舉。其他種種不平待遇，舉述於下：

（一）日人毆打工人之事，時有所聞，且不分男女童工，稍有不遂，即以惡毒手段痛打。事實之可供參證者，最近如東五廠日人田路，因磅間陳某嫌工資過少，要求略為增加，即打其耳光。七廠日人松下，因筒子間王小妹生病欲打鐘頭請假，即拉住頭髮大打，幷擲之於地。十二廠日人田中，因有一工人要請假回家，即捆綁痛打，抱傷臥病，扶病回家，生命為之斷送。此皆事實之可據者。其他零星虐待，筆難盡述。

（二）昔日日人皆直接毆打工人，自顧正紅案而後，方決略為變更，即假手於華人，如稽查流氓工頭等，事實之可據者，如九廠稽查董友賢，因工人陳眞如請假過期兩天，即揮拳大打，幷用小刀刺傷其面部，打之不算，復停其生意。又如九廠包探及工頭張阿二、黃桂勳、馮寶如、朱阿二等，毒打工人石萬才，痛毆至死，復用冷水噴醒，送至捕房。又九廠買通流氓四十餘人，分佈廠門內，毆捕工人，新近在九廠，拘捕東五八十二等各廠工人，送入捕房，任意判決。

（三）廠中最為兇惡之手段，即為利用租界勢力，雇用巡捕進廠，不僅工廠內橫行無忌，即在廠外，復時時傷及無辜，如三四廠停工時，一華捕在廠門口毆斃小販劉成民，及在勞勃生路三十一場用手槍彈傷一行路童子，此種事貭，凡留心社會治安者，其將作何感想乎。

（四）廠中添人時，最近益加苛刻，無論何人，均須拍照驗身，女工亦須脫去衣服，受日人男醫生之玩弄，女工中之不甘侮辱者，遂不去做工，平時在車間稍有小過，即迫打手印，勒寫保單，視我國人如牛馬奴隸。

（五）在廠中侮辱工人之事，不一而足。日人無好顏面，開口即罵，動手即打。對於童工，又復拉其耳朵，踢其腰部。對於女工，則調戲脅迫，十四廠日人小川，往往調戲女工，稍有不遂，即藉端尋事。

（六）日人中之不良者，如七廠之登山，不論任何工人，彼往往以筒管擲擊之。又烏游氏不知工作，常與女工謔吵。十二廠田中之濫打工人，十四廠山枝之罵小工，其他各廠，均有不良之日人逞勢胡為，而日廠主不知禁阻，以致與工人間之惡感日深，遂為引起工潮之絕大暗潮。

（七）日人稍有不遂，常對於工人濫施暴行，使工人受損失以為快。如搖紗女工，稍不如日人之意，即將其工簿撕毀，無論簿子上有多少工資，不予發給，而工人則無如之何也。

（八）工人在工作時，偶有疾病請假，廠中往往不予准許，竟欲其死在車間中以為快。曾憶在某廠中，有一女工，在臨時欲打鐘頭出來，而不之許，竟產在車間中也。

（九）日人薪水，每月至少八九十元，每年有例假數星期，每二年可回國一次，而對於我國工人，則往往不許請假，請假逾一月者，即遭開除。疾病時，停一小時即扣一小時之工資。故工人不病則已，病則惟有待斃耳。

（十）童工年齡，小者祇九十齡，大致以十三四歲為多，須做大人生活，而工資則比大人少去數倍。

（十一）工人向來如做工半年一工不停，有賞金四元，今已完全取消，又在日人方面，均有養老金，而對於華工則無之，且廠中不容老年工人，見工人年齡稍大，即停歇其生意，毫不顧其生計。

（十二）當五卅簽訂復工條件時，有不准帶武器進廠之規定，但現在並不實行，有某工頭親見日人藏手槍於抽屜中也。

（十三）在廠中有試驗日當心日等之規定，天天有試驗，而每月有當

心日　在此日中，在工作之機上，須時清潔，工人又要顧到工作，又要顧到清潔，忙碌不堪言狀，而生活則又因此做得甚少。但如生活不如平常之多，卽謂工人在平時拆爛污，而加以粗製濫造之罪名。

（十四）廠中罰工錢之規矩頗多，如皮棍稍有油花，花衣稍爲堆積，在筒管上稍坐下，卽須罰錢，一罰輒在數角以上。

第二、關於工資問題，原報告中說：

『工人工資，依廠家統計，平均爲五角九分，其實不滿此數。蓋日廠中工作十餘年之老頭目，正式工資，亦不出三十元，普通工人，每日工資約三四角，最少每日僅有二角三分而已。茲將內外棉工人之工資數目，約舉如下，此數乃爲工人實得之數，較爲正確，與廠方工資表對照，大有出入。

一、拆包間，最多三角九分，最少三角一分。

二、鋼絲車，頭等三角八分，二等三角六分，最少三角三分。

三、條子車，每亭司工價一分三厘二五。　每日最多做三十亭司，最少二十亭司，平均爲二十五亭司，故每日平均工資爲三角二分一二五也。

四、粗紗車，頭號每亭司五分三厘，平均每日做八個亭司，可得工資四角二分四；二號每亭司六分五厘，每日做七亭司半，可得工資四角八分七厘五；三號七分三厘，每日做四亭司，可得工資二角九分二厘。

五、細紗間，每一木棍一分一厘五，每日最少做二十六木棍，最多四十四木棍，平均爲三十二木棍，可得工資三角六分八厘，換紗者每日約做三十木棍至三十六木棍。

六、酌水間，每日工資最多四角，最少者三角三分。

七、搖紗間，每元七十車，每日可搖三十車，少者僅二十五車，平均工資爲四角二分八厘。

八、打包間，工作最吃力，以包工計算，除貨品不缺，工作不停止，每日可做八九角，但秤紗者每日工資，僅爲二角八分。

九、磅紗間，工資最多三角六分，最少二角八九分。　此外加油掃地之長日工，每日平均工資爲三角二三分，頭腦中之資格最老者，不過二十八元至三十元，黑簿子特選工，每月工資有低至十六七元者。　至寫字間華人，則工資更小，打印子算賬者之工資，每月不過七八元。』

第三、關於日本資本家自稱工資已加的問題，我們試察內容何如，原報告說：

『日人在我國初設紗廠時，雖因生活較低、工價比現在爲小，而所雇工人人數，則較現在爲多，工作不如今日之繁忙；近年以來，工資雖略增，然生活程度亦日高，且各廠屢次裁減工人增加工作，故實際上工資不但未增，反大爲減少，茲將二三年來各廠裁減之人數，列述如下：

（一）拆包間，以前每一部淸花車用六人，三部車十八，現在每部車四人，二部車八人，以前有長日工六人，現減爲四人。

（二）彈花間，車上人數照舊，但工作較前增加，車外減少揩車一人，掃地一人。

（三）鋼絲車，以前有掃地四人，現減爲一人，以前有收花衣三人，現在減爲一人，在開廠時三人做一部車，現在二人一部，且將揉條子者減去。

（四）條子車，以前有拉條子四人，現已取消，由車上工人兼做，并減少掃地一人，收花衣一人，加油頭腦一人。

（五）揀花間，以前揀油花白花者共有一百八十餘人，現在只有七八人至十餘人。

（六）粗紗間，頭號二號車以前二人做一部車，現在一人一部，三號車仍舊一人一部，但以前有四個小頭腦，一人領六人，相幇換紗，現在一律取消，無人相帮，以前前後弄有掃地八人，現在只有三人，以前有收花衣三人，現在減爲一人。

（七）細紗間，以前有收花衣四人，現只有一人，加油二人，現減爲一人，以前有童工頭，現已取消，搖車頭以前一人做四部車，現在一人做十三部車，擺筒管以前一人做四部車，現在一人做六部車，以前有揉爛紗四人，現已取消，以前有掃地六人，現減爲三人，加油二人，現減爲一人，擺粗紗以前一人管六部車，現在一人管十三部車，木棍皮提經拉，以前有六個人揩車，現已完全取消，由做車者兼做。

（八）酌水間，以前有工人十八人，現只有十二人，以前有頭腦，現已取消。

（九）搖紗間，減去掃地一人，男頭腦一人，女頭腦二人，抄號頭一人。

（十）打包間；減去掃地一人，以前有磅紗三人，現已取消，以前有秤包三人，現減爲一人，以前有收紗四人，現完全取消，其工作由酌水者兼做。

（十）織布部，（甲）布機間，在民國十三年時，甲乙布機間六部份，每部有一上手頭腦，二個下手，一上手機匠，二個下手，裝布經二人，加油二人，每班有掃地一人，揩車一人，幷有一男總管頭腦，一掃地頭腦。 現在六部份頭腦，只有一上手，一下手，一上手機匠，一下手裝布經加油，每班只有一人，總管頭腦及掃地頭腦，均已取消，以前布機間有掃地八人，現減爲四人，織布女工，以前一人管三部，現管二部，因之工資大爲減少。（乙）筒子間，以前有三個小頭腦，一總管頭腦，一抄號頭，現已取消。（丙）播紗間，以前有搬紗四人，現減爲一人。（丁）漿紗間，以前做經常工作者有十四人，掃地一人，揩盤頭二人，現做經常工作者減十人，揩盤頭者減爲一人。（戊）筒子間，以前有三個小頭腦，一個總頭腦，一個抄號頭，現總頭腦已取消。

此外挑紗揩盤頭者，本有六人，現減爲四人，布織間織布女工，本有繅紗者三十八，現已一律取消，由織布女工自做，布機間揩車長日工，本有二十四人，現減爲十七人。

（十二）長日工，以前紗間有四十五人，現只有二十，細紗間揩車，以前有大小兩班，大揩車十二人，小揩車十八人，現無小揩車，生活由接頭者兼做，鋼絲車以前有三十一人，現只有二十八人，彈花間以前十五人，現只有十八人。

依照上述情形，可知近來上海日紗廠工人人數，減少在十分之二以上，人數既減，但對於工作，不但不稍爲減輕，且日有增加之勢，此雖工人技能進步，而未饜廠主之望，常令工人增加出貨，有時工人或因天時關係，如自五月黃梅起至七月炎暑稍退時止，不及平時爲多，有時或因調換紗支，如紡六支紗每日可出貨百餘包，改紡二十支紗，每日只能出七十餘包，而誣工人爲怠工，開除大批工人，廠主之用心可知矣！」

上海工潮的前途

從上面日廠工人生活之引證，我們得知工人痛苦情形的一斑。從日廠罷工之趨勢裏，我們亦可以得知上海罷工的前途。 到了現在，上海工 的組織固是可以運用而發揮其力量的。 被孫傳芳丁文江封閉的上海總工會，依然始終是上海工人唯一的指導者。 在對日罷工及手工業的罷工中，我們處處看出工會策略之得當。 但是社會環境的條件仍給予上海工人許多的困難。我們應當了解上海工潮之前途。

字林西報的論者說：上海工人並沒有政治的罷工；煽動罷工的並不是共產黨人而是工人生活不好；工頭與稽查等制度是常激怒羣衆的（以上大意如此）。這些話我們並不完全反對，可以承認他說對的也有最小一部份。但是帝國主義的報紙，總是不記得自國帝國主義的罪惡和，自國資產階級的罪惡。假使他們更老實一點，就應該進一步說：上海工人若有政治罷工，必是反對帝國主義和軍閥；共產黨人雖然也煽動工潮，由廠方煽動工潮之罪，較共產黨尤大；工頭與稽查的不好制度，在於廠主利用之以壓迫工人；——如此，就可以明眞相了！總而言之，工人要求改善生活的經濟鬥爭，與反帝國主義反軍閥爭自由的政治奮鬥，是無可遏止的；除金錢收買與武裝勢力壓迫而外，字林西報所代表的洋資本家們，還有什麼高明辦法能遏止工潮沒有？

總而言之，我們自己要指出工潮前途的趨勢。依現在情形之變化，上海的工人罷工運動，將有下列三點的表現：（一）政治性的成分漸多；（二）城市交通及各種市政工人與少量重工業工人。將是此後運動的繼續者；（三）為生活條件的奮鬥仍將繼續發展，但是不必有過去數月的浩大形式。這一趨勢我們可待事實證明，但這一趨勢的必然性却已經存在了。

九月十四晨七時

寸鐵

人民之軍隊!?

中國此時實需要有『人民之軍隊』，然而這不是一件容易成功的事。孫傳芳對張一麐說：『余之軍隊為人民之軍隊，當受人民指揮，故一切行止當以人民之意旨為依歸。』我不知他此話從何說起！代表人民意旨之各團體各報館，一致要求孫傳芳保境安民，反對他參加五省以外的戰事，然而他悍然不顧，紛遣大兵，以援助吳佩孚名義，由江西福建向國民政府軍示威，并祕密與國民政府軍談判，以武漢讓給，與否為和戰條件。動員令早已下了，前敵已在開火時，還說什麼『受人民指揮以人民之意旨為依歸』這一派鬼話，這是欺誰？（實）

好一個有弊而却公道的治外法權！

美國駐華公使馬慕瑞近在上海美國人招待會說：『治外法權乃一種苟且之計，但此時實屬必要之物，明知其弊，而亦不能去之，……因此權一去，公道被危。』平心而論，治外法權在中國人自然認其有弊，在外國人自然覺得是必要之物而且公道，倘一旦這種『公道』被危，英國領事便不能在青島護庇殺害德國人的兇犯，日本領事也不能在上海護庇打死陳阿堂的兇犯了。這種公道在帝國主義者欺凌中國人的作用上誠屬必要之物，可恨赤俄竟不感覺其必要，竟在中國把這種『公道』拋棄不要，所以有些人痛恨蘇俄起來反赤！（實）

張宗昌的親口供狀

張宗昌對濟南各界代表說：『并聞黨軍實行共產共妻主義，不論公私房地，執行沒收，各地稍有財產者，黨軍概強迫勒捐，或將全部財產，全數沒收，歸公之產，作三三四三股分派，以三成充黨費，三成充戰費，其餘四成則入私囊，沿線所擄之婦女，悉遭奸淫，慘不忍聞；又其出兵之際，即印就中央銀行鈔幣二萬萬張，強迫地方行使；現湖南至漢口一帶，均強迫行使此項紙幣，貽害人民，凡此種種慘無人道之罪惡，罄竹難書。』 張宗昌這一篇談話，若將其中『黨軍』改爲『奉聯軍』，『中央銀行鈔幣』改爲『軍用票』，湖南至漢口一帶改爲濟南至張家口一帶，再加槍殺新聞記者一項，便是張宗昌的親口供狀。（實）

南軍之行爲

路透社十一日漢口電說：『漢口以上鐵路一帶傳來消息，南軍頗受民衆歡迎，民人紛紛餽食，并願爲嚮導追逐北軍，南軍之行爲實遠勝北軍，故各方面消息均稱美之。』 所稱南軍自然是黨軍，也就是所謂『赤軍』，英國人的路透社當然不肯爲赤軍宣傳，可是照他所說的赤軍行爲，却正和張宗昌所說相反，我們還要反赤嗎？（實）

這也是赤化運動嗎？

帝國主義者對於稍有不利於他們的中國民族運動，一概加以赤化之名，現在中國人對於英帝國主義在萬縣之大屠殺，全國悲憤，雖吳佩孚亦不得不電北京外交部抗議，雖上海反赤的國民外交協會也不得不通電聲討，這也是赤化運動嗎？（實）

國家主義者那裏去了？

萬縣最大屠殺事件出來以後，全國悲憤，無論新舊黨派，都一致奔走號召，反對英帝國主義之橫暴，獨有一向自稱外抗強權的國家主義者，不知道那裏去了？ 國家主義者的大首領多半是四川人，現在強權屠殺到他們的家鄉了，他們再不出來抗一抗，他們的血也未免太冷了！（實）

政還諸民

孫傳芳致蔣介石電，主張湘政還諸湘民，我想蔣介石一定復電贊成，并且聲明湘政已經還諸湘民（湘民當然不是以趙恆惕爲限），還要勸孫傳芳也將蘇政還諸蘇民，皖政還諸皖民，贛政還諸贛民，閩政還諸閩民，這樣的結果，孫傳芳陳調元鄧如琢周蔭人都一齊滾蛋，豈不和平大吉！（實）

醜哉和平運動

和平是人人所希望的，真正的和平運動更是不應該反對的；可是奉直聯軍急攻國民軍之時，吳佩孚對湘粵大張撻伐之時，都無人出來運動和平，獨當北伐軍急攻武漢之時，南北巨紳都應時而出，主張和平，彷彿和平運動也算是北洋軍閥一種武器，危急時也用得着。 孫傳芳只想保境安民時，上海和平運動之聲大起，孫傳芳想進兵攻取湘鄂時，上海和平運動便沈寂，現在孫傳芳軍事失利，上海和平聲浪又高起來了。 月薪千元之孫傳芳的高等顧問蔣伯器出來號召和平，幾扎甏脚紳商跟着他跑腿，這種和平運動，豈不醜哉！ 張一麐君老矣，何苦也出來跟着獻醜!?（實）

師生合不作

外國博士郭任遠這班人，對於愛國運動一向不曾作，現在他們主張學生勿以作愛國運動妨礙讀書，又主張師生合作，實際上這就是主張『對於愛國運動師生合不作！』（實）

反赤的老民黨原來如此

新聞報北京電說：『關會送表册，馬素等見委員夫馬費每月二千元，現已減爲一千元，大失望；又梁士詒索關會缺席時夫馬費八千元，十九日可付』。 關會現已擱淺，委員缺席還要夫馬費，梁士詒這類超碼人當然做得出。 所可怪者，反赤的老民黨鼎鼎大名之馬素，『因向吳（佩孚）條陳反對赤化大受吳之賞識』（新聞報北京通信語）而獲得關會委員一職，可惜官運雖佳而財運不佳，竟因減少夫馬費一千元而大失望，反赤的老民黨原來如此

建設專家研究系！

研究系機關報（時事新報）九月廿一日時論極力說國民革命不會成功，因為『國民黨和列寧黨的領袖人物如蔣介石……等，那一個說得上建設的能力？』　其實這件事他們不必擔憂，到那時自然還要恭請建設專家研究系的諸大人老爺出來擔任，因為他們一向富於建設的能力，從前在第一流內閣在段內閣的建設成績，全國中誰人不知，那個不曉！

（實）

日本資產階級的反動政策（九月一日日本通信）

山水

近年來日本經濟界的衰敗，一年較甚一年，今年尤甚！　所以日本全國內到處呼喊着『不景氣！』——意即經濟界衰落——大小的工廠，都因為銷售不過，或停門或縮短製造。　一般國民的生活都陷於不安的狀態裏去，最甚的當然是無產階級了。　資產階級在這樣衰敗的狀況下，第一炮便是向勞動者進攻！　『減低工資』『解雇』『延長時間』……在日本大小的工廠裏盛行起來，所以逼得一般勞動者無可奈何而應戰，罷工風潮到處皆是！　只要我們翻開勞動者的新聞一看，便可看見滿紙都是罷工的戰訊——日本資產階級的報紙，關於罷工事多不載——其次在鄉下，地主對於農民的進攻，也是無所不用其極！　倒如前次新潟縣農民五千餘人被地主解約，農民反抗至一月之久。　總之日本帝國主義的巢穴內，革命運動是在到處或隱或顯的爆發起潛伏着。

日本資產階級在這樣的革命之火下有什麼辦法呢，只有向無產階級反攻。　所以本年來日本資產階級對於一切的罷工運動，均施以極橫暴毒辣的壓迫政策。　每一次的罷工，除極力破壞外，常常借『共產』『赤化』等名辭，以逮捕大批的工人領袖。

這次英國大罷工時，英國資產階級所御用的走狗『暴力團』等盡了最大的效力及成功，所以日本的資產階級也視為妙計，於是在近幾個月內，盡力的組織此種變名的團體以為將來的預備，并且對於共產黨盡力用其逮捕陷害之毒計，對於學生也大施其取締思想的暴令，本年來眞可算是日本資產階級大反動的時期了，現在舉其幾件顯著的事實如下：

一、青年訓練所　日本的軍隊是徵兵制，凡日本人到了一定的年限，都有當兵的義務。　資產階級因為近來全國反對軍事教育太盛烈，再則因為軍事教育除過在營的期間，不易隨時使用，於是便想起組織『青年訓練所』的方法來。

青年訓練所是在各都市各鄉村組織起來的，凡在各都市各鄉村的青年，都須入該地的青年訓練所，每日均有軍事訓練及公民教育——即麻醉青年革命思想的麻醉劑——的功課。　據日本政府宣布說，青年訓練所是縮短在營年期，實際是無限期的延長，所不同的不過是把在營改為在所罷了。

在軍隊上說，青年所還要比較在營擴大而嚴密。　在營是有年限的，青年所是無年限的。　在營是有一定的地所，營期畢即可退伍，青年所雖不需要長年的住營，但在該處的青年是永遠屬於該處的青年所，這樣有一呼皆應之方便，隨時可以就地調遣。　這不但在將來帝國主義的戰爭上便利，尤其是在防制無產階級的革命運動上，更為便利而統一！

日本的資產階級也想到，將來日本無產階級的暴烈的和大規模的運動，必然要漸次發生。　在應付這種偉大運動的方法，最好莫過於英國資產階級今次大罷工時所收效的『暴力團』等機關，以破壞阻撓無產階級的行動，而替資產階級打江山。　所以便在全國各處組織起這種的團體，以麻醉一般的青年，使他們忠心為資產階級效力。

自這種反動政策發出以後，除過都市在資產階級勢力內而莫可奈何外，在許多鄉村裏，鄉民出了死力的反對，因為在鄉村的『在鄉軍人會』，常常代地主壓迫農民，農民已受了莫大的壓迫，所以農民看得極其清楚，然而政權拿在資產階級的手裏，怎能反對得過呢！

現在青年訓練所差不多在全國各地均已組織起，一般青年均麻醉在資產階級的毒劑中，終日間不辭苦勞的訓練。 若果日本的無產階級一有大規模的行動，此種青年訓練所便是第一道向無產階級反攻的火綫，並且是有力的火綫呢！ 日本資產階級用心是怎樣的深長呀！

二、處女會。 在上面業已說過，日本近年來經濟界的衰敗，使一般國民因窮困而陷於革命的傾向！ 一般處女不特在家庭中不能生活而出外作工，並且就是作工也生活維持不住了，所以一般處女也漸漸隨着這種環境而趨於革命。

日本資產階級看着自己到處都是傷痕，到處都有敵人，於是便想法去怎樣補縫這種傷痕，怎樣去拉攏這些敵人，結果在婦女方面便組織起這種『處女會』了。

處女會顯明是資產階級所製造的反動團體，這個團體是由日本現內閣教育部發起組織而成的。 自然教育部是為日本資產階級製造機械及施行文化麻醉的總機關，牠的最大任務正是在此，在牠的使命上，原來是應該負的天職！

處女會之組織是由教育部召集全國有名的教育界女鉅子（？）及內務部社會局的官僚，他們集會了幾次，便決定在全國把處女會組織起來，由教育部拿出十七萬元的鉅款，以吸收全國的處女。 並且決定發行有系統的機關報，以期普遍的鼓吹資產階級的仁慈德政。

日本的女工同中國不同，凡作普通女工的，至少也要在女子高等小學校卒業，因為受了教育的人，在工作上是比較的靈活而敏銳的，至於社會上一般的女事務員等，都要在女子中學卒業。 因為這種情形，日本資產階級便不能不從教育界裏下手了。

從前凡日本大小的紡織工場所用的女工，因為女子們易於欺騙壓迫，所以他們受資本家非人待遇雖更較男工困苦，而仍是伏耳不動，任其剝削。 近年來不行了，女工已漸漸覺悟，大小罷工也不時的轟起，所以惹得資產階級不得施行反動的文化麻醉政策，以組織處女會了。

三、取締學生思想。 『取締學生思想』這句話是怎樣『蠻橫』『不通』……的話呢！ 然而這樣『蠻橫』『不通』的話，居然由日本資產階級的劊子手教育部以正式訓令通令全國學校執行了，日本資產階級的橫蠻到了何地？ 壽終正寢的致命傷到了怎樣的程度？ 由這一件事上，便可充分的判斷出來！

原來日本學生近年來因經濟界的衰敗，使他們的生活陷於不安的狀態，從前大學生專門學生由學校畢業後，即給資本家作造富的機械，還能把衣食混着。 可是經濟界這樣的『不景氣』，工場不停閉即縮小，公司亦是同樣，已經搶上飯碗的人都被慘恨的資本家把飯碗打破，這些年年起來無數的學生，更在何處去求？ 因此上弄得畢業的學生畢了業找不下事做，白白的挨餓，這樣事實逼迫的結果，於是學生界革命思想橫溢起來，日本全國的大小學校學生，研究社會科學熱潮，突然飛躍起來。 『赤化』的種子也漸漸由資產階級製造出來，向學生的腦子裏反射，於是革命思想一瀉千里的在青年界裏流行起來，資產階級呢，却嚇得發慌了，即刻由教育部召集專門學校校長會議，由岡田教育部長提出取締學生思想規則六條，訓令全國學校嚴厲執行，預防革命怒潮。 其六條大意為：（一）不許學生組織以研究左傾（？）思想為目的的團體，如社會科學研究會讀書會等，即個人的研究左傾思想，亦在嚴禁之列； （二）禁止學生加入左傾團體，參加實際運動及鼓吹宣傳危險思想等事； （三）凡開辯論會時，須先將其講演題目預先交學校審查，不許有鼓吹危險思想等事，到外處演說時，亦須同樣執行；（四）不許別校學生在他校參加辯論會演說會等，惟外國語大會等可參加，須以第三次方法監督之；（五）凡以學校內學生團體所出之雜誌刊物，須經學校之審查後，方能發行，校外爲學生所刊行之刊物，亦照同樣辦理之；（六）學生不依上令者，得與以嚴格之處罰。自此六條通令後，全國學生起而反抗，組織『全國學生自由擁護同盟』以與資產階級戰

四、共產黨事件。共產黨團體在日本是嚴禁的，所以日本共產黨的同志們都是極隱密的在暗中活動。然而資產階級所用的走狗警察，無時不把共產黨的指揮者前後監督着，使他們不能暢快的飛揚，這已經是蠻橫不過的了，誰知道資產階級竟然還不以爲足，企圖一網打盡，借共產黨祕密結社的名義，將堺利彥、佐野學、猪保 南雄、西雅雄、青野季吉、佐野文夫等十數人下獄。

我們看得很淸楚資產階級的用意，現在因爲普選將到，日本的無產階級正是到了政治運動的好機運，所以現在無產政黨的組織，比什麼都切要！可是日本無產政黨的台柱子，便是共產黨的幾位同志——雖然在勞農黨的委員裏，右派的安部磯雄、賀川豐彥、麻生久……佔了不少的位置，但這都不過是借他們不受警察壓迫的機會而得到的，實際運籌規畫的還是共產派同志們。現在同右派決裂——此事以後另述——日本資產階級深恐這些同志們再行活動，所以把他們下獄，減少無產階級的前進力！這是怎樣卑汚而下賤的反動政策呢！無產階級要推翻資產階級的運動，並不是某幾個人鼓動而成的，有他的客觀的經濟基礎！資產階級以爲將共產派同志捉去，便算停止了無產階級運動，這不是等於妄想嗎？

由以上各種反動政策，我們可以看來日本資產階級因無產階級偉大勢力的飛漲，驚慌得手忙足亂的大施其反動政策！不革命的小資產階級學生，從此也感覺得非革命不可了。無產階級因資產階級的進攻，愈使他們不得不趨於革命的大道上去！看吧，看日本資產階級的反動，能到何時！

發行部 編輯部 通信處：
廣州國光書店黃正君

分售處

廣州	丁卜圖書社
北京	各學校號房
長沙	文化書社
寧波	甯波書店
武昌	時中書報社
	共進書社
福州	福州書店
香港	萃文書坊
汕頭	汕頭書店
蕪湖	科學圖書館
太原	晉華書社
潮州	青年書社
雲南	新亞書店
重慶	唯一書局
南京	樂天書館
寶慶	寶慶書局
黃梅	書報流通處
西安	西安書局
成都	華陽書報流通處
紹興	亞民文具實業社

價目

訂閱：國內一元寄足三十五期。國外一元寄足二十五期。郵票代款九五折算。但以一分半分爲限。

代派：每份大洋三分。六折計算。寄費在內。十份起碼。十期淸算一次。概不退回。

零售：每份銅元六枚。

The Guide weekly

嚮導

週報

第一百七十三四期合刊

目次

一九二六年十月十日

原書原樣

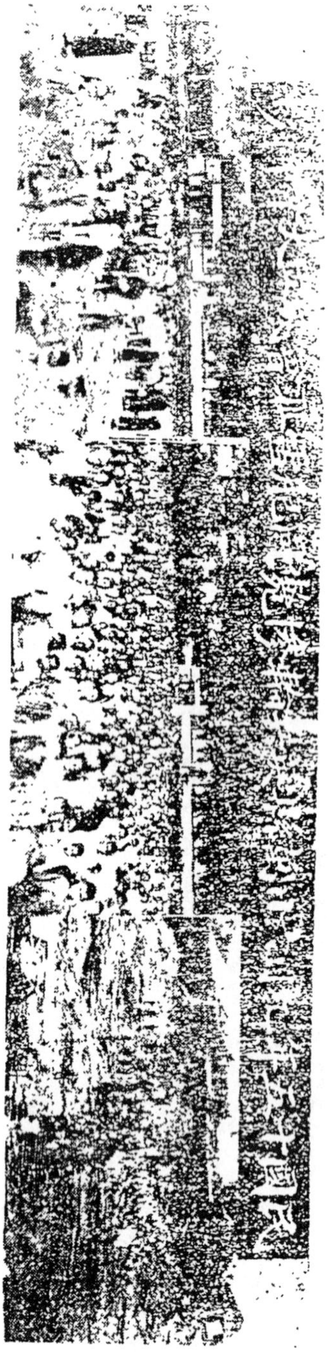

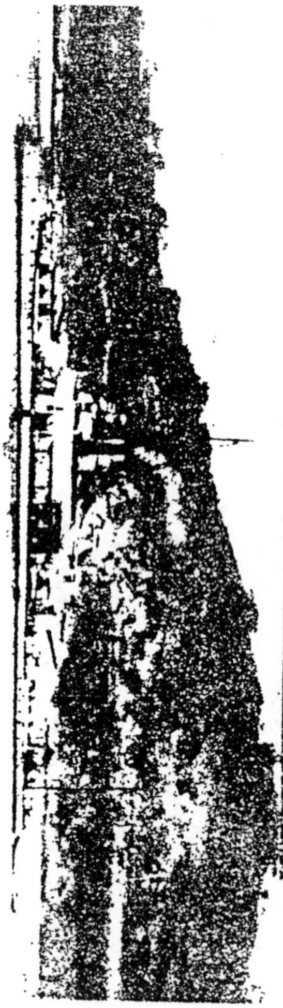

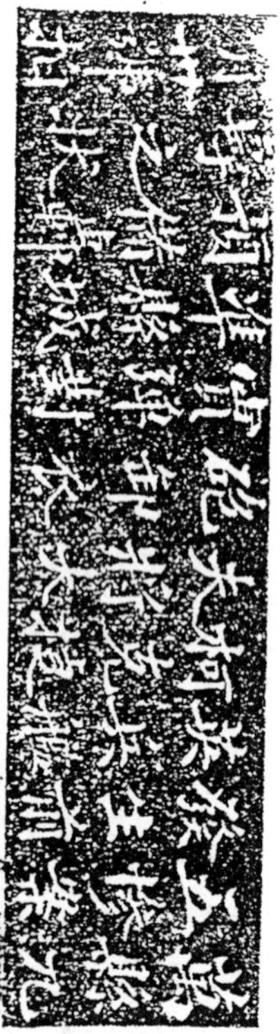

原書原樣

石佛寺傷亡拍照

東較場擊斃居民四人拍照

中國共產黨爲英國帝國主義屠殺萬縣告民衆書

全國一切被壓迫的民衆們！

英國帝國主義在五卅中慘殺上海漢口廣州等處的愛國同胞的空前慘案，還未了結，現在又陡起殺心，在萬縣大屠殺而特屠殺，這是何等的嚴重問題啊！

英國帝國主義這次在萬縣既利用不平等條約任意航行內河，不按航規，橫衝直撞，致撞沉民船數次，淹斃人命數十，地方官提出抗議一味橫蠻不理，反而用十二生的之大礮野戰礮硫磺彈盡量施行轟擊，傷斃人民至五千之衆，焚燬房屋至數千間，損失財產至千餘萬，整個的萬縣城差不多成了腥血塗染的斷瓦殘垣；這不僅比五卅時的屠殺情形更凶惡慘酷十倍，簡直是近百年來世界史上未有之慘案奇聞（除向敵人正式宣戰外，沒有如此用大砲肆行轟擊者）。 這種野蠻毒辣的行爲，在帝國主義對於非洲南洋之野人尙不敢遽施，今英國帝國主義竟一再施之於中國，他簡直視中國爲屠場，視中國人爲非人類，不過是他任意屠殺的對象罷了！

這次屠殺的起因，表面看是由英船撞沉官船，與楊森衝突的結果，其實英國帝國主義早就在準備一個大屠殺，故屢次挑釁乘機作發。當北伐軍興師之初，英兵便在梧州上岸捕人，這是挑釁的第一次；當北伐軍到武漢英艦公然援助吳軍，砲擊北伐軍，這是第二次；九月四日在廣州英艦派兵上岸，佔領碼頭，逮捕工人糾察隊，截獲船，強行駕駛貨船進口，這是第三次；在萬縣便是第四次。 因爲英帝國主義在五卅時雖然屠殺了數百中國人，却引起了全中國民衆空前的反英運動，英國帝國主義在各方面都受了嚴重的打擊，尤其在廣東，昔日繁盛逼人的香港幾成了荒島，現在北伐軍又攻入武漢，廣東國民政府的勢力伸入了長江流域，英國帝國主義的工具吳佩孚根本崩壞，英國帝國主義在長江的勢力將根本搖動，因此，他便不顧一切，橫行無忌盡量地使用他的砲艦政策來施行大屠殺了。

英國帝國主義現在不但用各種方法擾害北伐軍的後方，拚命幫助敗亡之吳佩孚，並且正在援助孫傳芳，助孫軍費一千萬元，子彈二千萬，公然加害於北伐軍，希圖延長北洋軍閥的統治，延長中國的內亂，以遂其在中國任意侵略之野心。

現在英國帝國主義一面援助孫傳芳加害北伐軍，一面在國際間提倡共同干涉中國，同時，復調兵遣艦，地中海之艦隊近已來華，準備更大的兇毒之屠殺。

全國一切被壓迫的民衆們，你們應該起來注意呀，我們今天不知明天英國帝國主義要轟擊那一個城市，不知誰又是英國帝國主義槍口裏的炮灰，眞是死的恐怖充滿了全中國人的周圍呵！ 但是我們要指出，萬縣這樣的屠殺慘案，靠什麼政府交涉，是絕對沒有希望的，因爲現時的北方政府以至四川地方政府，都是帝國主義直接或間接的工具，段祺瑞政府對五卅慘案交涉之失敗便是顯例。 現在只有民衆起來，用自己的力量使用一切方法對付這個強盜的英國帝國主義，便是有更廣大運用五卅運動的經驗，再形成第二個更廣大的反英的五卅運動，以民衆的力量與英國實行經濟絕交，根本剷除英國帝國主義在中國各地經濟命脈，同時一致擁護北伐軍的勝利。 只有如此，才能免除英國帝國主義強盜之第二第三次……的大屠殺。

中國共產黨願以全力來反抗英國帝國主義此種兇橫殘酷的強盜行爲。

全國一切被壓迫的民衆們！ 起來！

反對英國帝國主義之砲艦政策！

反對英國帝國主義援助中國軍閥吳佩孚孫傳芳延長中國內亂！
全中國人民起來排斥英貨！
撤退英國駐華海陸軍！
撤廢中英間一切不平等條約！
為萬縣五千死難同胞復仇！

中國共產黨中央執行委員會
一九二六年十月五日

帝國主義者對待中國人之態度

獨秀

帝國主義者對待中國人之態度，歷來是把中國人當做未開化的蠻族看待，動輒開砲轟擊，以快其意，以遂其欲求，以為無論有理無理先打死他們幾個再說，他們最怕的是大砲，大砲打死了他們，我們便有了理了，他們的酋長也就屈服了。 帝國主義者，對待中國人這樣的態度，簡直與對待非洲和南洋各處未開化的蠻人生番一樣，對待半開化民族都不至如此。

自鴉片戰爭到萬縣屠殺，英國這種砲艦政策，便是一切帝國主義者對待中國人之代表態度。

萬縣屠殺之起因，是由於最近英輪在川江一連任意撞沉了中國官船七隻，淹死的軍官兵士前後共計七十七人，楊森派兵一隊向英輪交涉，反被英輪繳械，楊森遂將英輪二隻扣留。 英國帝國主義者是怎樣辦法呢？ 他是不曾和楊森交涉，而馬上採用砲艦政策，開砲轟擊萬縣城。 其結果怎樣呢？ 英國人自己的機關報字林報說：『維勤號專擊華軍之砲及沿江兵士，考克却菲號則以大砲轟城。……第一彈即將其司令部完全擊毀，聞共發彈三十九枚，或云五十六枚，全城起火，……城中火光燭天，終夜不熄。……萬縣民兵共死五千，……該城大部分已破壞。』 這是何等無理由的大屠殺！

即依據帝國主義者所視為神聖不許侵犯的不平等條約，試問何約何條，載明英國兵艦在非宣戰時亦得有任意開砲轟擊中國軍民之特權呢？ 英國人這樣橫暴不法的砲艦政策，不是對待蠻族生番的態度是什麼？

路透社九月二十八日倫敦電：『保守黨洛克問在華英國兵力足以充分保護英人利益否？ 首相答稱，刻已在途之援應兵力，計飛機運送艦一艘及驅逐艦九艘，連同現已在華之兵力，可視為艦隊力充足。』以此可見英國人對華砲艦政策，現在仍是有進無已。

同時，英國人在上海號召的什麼『自由保障會』，在各報上大登其啓事說：『本會專事聯合各國人民反對第三國際之學理及共產政策之宣傳，增進各國各階級之合作心，維護原有良好之教化思想言論之自由。』 他們正在宣傳這些德意，萬縣大屠殺，却好把他們這些德意證實了；考克却菲號準對着萬縣市民所發的大砲砲彈五十六枚，才算是自由之保障哩！ 難道楊森及萬縣市民也和第三國際學理共產政策有什麼關係麼？

英國帝國主義者既然始終以砲艦政策對待我們『未開化』的中國人，我們未開化的人，只有自己盡可能的力量，用『未開化』的手段回答他們，切勿希望什麼政府交涉可以解決這樣的血腥問題；因為無論北京政府或四川政府，都是在英國奴才直隸軍閥勢力支配之下啊！

歐洲給與中國的幫助

馬　恩

現在全世界工人階級對於中國民衆反對英國在萬縣慘案之熱烈抗議的運動表示十分的贊助，并且對於中國民族革命運動的新勝，抱着無限的希望，他們認爲萬縣的慘殺和中國現在的革命運動有與去年上海沙面等處慘殺及因此而引起的廣大的反帝國主義運動有同樣的嚴重。

最近歐洲電訊傳來的消息，聞西歐各國重要城市的工人，又如去年一樣的起來作援助中國民衆的廣大運動，其主要的口號是：『反對帝國主義武力干涉中國』和『中國民族解放運動萬歲』！

英國所派駐華保護英帝國利益的艦隊，在廣州則任意派兵登岸搗毀省港罷工委員會的糾察隊，這次爲着楊森扣艦問題而竟大動其英皇制下的海軍於幾點鐘之內槍殺萬縣城市五千餘和平的居民并焚毀全城，對於這種慘無人道的殺戮，英國工人階級已由自己的職工同盟會向全世界提出反英國帝國主義的呼聲，并且對中國英勇奮鬥的民衆表示十分同情，英國工人知道本國政府準備以武力來干涉中國政策的愚笨，已向政府表示反抗并將監督政府一切行動。

現在北京領事團及各帝國主義的政府對於中國民族解放運動新發展和種種不利於自己的新變化極形恐慌，正想設計自圖平服，英國已提出各國聯合武力解決中國問題的提議，并最先以武力來對付中國的民衆了。 幸各國態度，尚甚猶豫，未能釀成聯合武力解決的事實。

美國因恐中國更接近蘇俄，也常不贊成砲艦政策之施行，但同時再不讓中國有獨立的解除不平等條約的機會；日本現正計畫如何利用自己在華的工具——張作霖乘英國勢力之衰危，而鞏固其在華北的勢力，極力促使鬍匪張作霖向蘇俄進攻擾亂中東鐵路之安全，欲得而轉交於自己的主人——日本，使其勢力擴大於北滿之後而甘心。 從這許多事實，我們可以看出國際帝國主義的政策，是用公開的武力干涉或是暗中指使其工具——軍閥；槍殺政策或是滑稽外交，以圖干涉中國的內爭，并欲挑撥新的世界戰爭，借此毒害代表全世界被壓迫民衆利益的蘇俄。

現在西歐各國——在柏林、巴黎、倫敦、瑞士……的工人羣衆，均隨第三國際和赤色職工國際的號召，一致起來作反對帝國主義干涉中國的運動了，廣東北伐軍所給與反動軍閥——吳佩孚孫傳芳之每一打擊，和中國工農學生和商人，每一反對帝國主義的鬥爭，無不使西歐工人階級引爲痛快之消息，現在英國一百五十萬罷工的礦工經過了五個月飢餓的苦戰因爲英國政府的強頑而未得到絲毫勝利，他們對於一『反對英國帝國主義的運動，當然十分的欣慰。 總之那些對於中國民衆表同情的西歐工人，實爲中國革命運動有力的幫助者。 我們不得不十分誠意的表示感激。

在全世界工人反對帝國主義侵略中國的廣大運動中，蘇俄的無產階級及勞動羣衆爲最出力，據近來蘇俄電報傳來的消息，全俄各城市無不有『反對新戰爭』『幫助中國獨立運動』『反對張作霖侵佔中東鐵路』的遊街示威的運動。

第三國際及赤色職工國際所號召反對帝國主義在華砲艦政策的運動，已有顯著的效果，英國政府已不敢像他們在華艦隊那樣放肆的亂講中國問題了，上海英國機關報極力讚賞在萬縣所施行的砲艦政策，但英國的鮑爾溫在國會席上乃不敢對英國無產階級公然承認英輪在萬縣的殘暴行爲，即英政府亦恐由此而造成如去年五卅及沙面慘案一樣的反英廣大國民運動。

全國民衆，我們對帝國主義與軍閥的鬥爭僅在開始，廣東北伐軍的勝利還是不足以達到民族革命之成功，前途必定還有無限的艱苦鬥爭，西歐無產階級所給於中國革命鬥爭的同情，應更促我們奮勇的前進，對於這次英國在萬縣野蠻的砲艦政策，我們中國的民衆應造成極偉大的羣衆運動，進行反英國帝國主義的鬥爭去求中國的獨立與自由以期民衆政權之實現！

慘無人道之英國帝國主義屠殺萬縣

記者

吳佩孚對外交部之報告

百萬急，北京外交部鑒：頃四川楊省長東電稱，「接劉代表電稱，駐漢英領派員到總部面稱，森軍在萬縣扣英國商輪，裝運士兵情形，不勝駭、　英國商輪往往不遵規定，任意風馳，瀘光輪於六月十三日撞　木船一隻，淹斃王張田王秦吳傅雲生等五名；又萬流輪於七月八日在酆都立時鎮地方，撞沉划子一隻，淹斃六師營長田雨亭及勤務督察長張復初田云等三名；又嘉禾輪於八月二日在涪灘地方撞沉木船一隻，淹斃十師差遣張澤瀛一人，兵士谷迪良崔英保二名，沉沒公款四千六百六十元，同時又撞沉木船一隻，淹斃十師差遣崔英瑞船主秦大志二人，公款二十萬元等案，均在嚴重交涉中。　又八月卅日，據四師師長楊淑身報告，稱二十九日上尉夏雲奇劉作舟中尉黃連城少尉良明傳令兵吳治平閻傳祥等，於午前十點在雲陽登萬流輪，時小船方至河心，該輪忽開快車，木船登時浪沒，淹斃六人；同日據憲兵司令楊漢忠報稱，接雲陽電話，第二大隊奉命派員赴雲陽縣署提鹽款及糧稅各款，已提得現洋八萬五千元，於同日領士兵及所提款項，押至江干候輪運萬，即於是日午前十點萬流商輪適到雲陽，該輪已開慢車，以爲照例停駛候客，即命該隊士兵，押款上輪，詎該輪於小船接近時，突開快車上駛，將所載士兵款項船隻，登時撞沉，計損失八萬五千元，連長排長各一員，士兵五十六名，槍枝五十六支，子彈五千六百發。　具報前來，適該輪到萬，當派本部檢察長率兵數十，前往該輪，訊明情形，以便交涉，乃英國兵艦派兵多名到該輪，復將本部所派官兵，檢支子彈，一併提去，又開槍傷士兵一名，旋一巨砲，直向陳家壩南津街西岸民房，勢欲轟擊，居民惶駭，莫知所措。　夫英艦如此橫行，罔恤民命，其侮辱我國國體，已達極點，只得暫將該公司萬通萬縣兩縣扣留在萬，以便嚴重交涉，並求賠償損失，以顧國體，而慰輿情，不勝待命之至等語」特達，即希嚴重交涉，向英政府要求賠償損失，以慰輿情爲盼。　吳佩孚歌印。

萬縣日報社之電告

全國各報館均鑒：英帝國主義者自取得我國內河航權以來，商輪兵艦，橫行川江，浪沉木船，擊泊民衆，屢釀事端，積案未結。八月二十九日駐漢楊總司令部憲兵由雲陽運款赴萬，候輪江干，適該輪萬流通過雲陽，正開慢車候客，押款木船二隻，划子一隻，甫近該輪，而該輪忽加快駛，三船登時浪沉，計溺斃官佐三名，士兵五十六名，商民船夫十八名，損失槍枝五十六枝，解款八萬五千元。　旋該輪到萬，楊總司令派憲查官率兵數名前往該輪查訊情形，殊泊萬英國兵艦科克澤夫派兵多名到岸，劫提檢查官槍七支，同時開槍擊傷兵士二名，并將大砲卸衣，移向陳家壩南津街兩岸民房，勢欲轟擊。　查該英人奪我內河航權，僅依據藉口於中官登英船捕盜所構成之片面的天津條約，而英艦駛入我腹地，尤屬侵犯我國獨立主權，商船拒絕搭客，有意快駛，鼓浪溺斃軍民，顯然目中無我同胞生命　且劫提軍士槍械，槍斃士兵，並　砲向我，轟，作控　之勢，依國際慣例，均屬違反公約也。　此種暴行，人道所誅，法理不容，此而可忍，孰不可忍！　現楊總司令正嚴重抗議，各界人士羣起力爭，謹懇全國人士一致憤起：（一）組織全國抗英大同盟，（二）不購英貨，不爲英人服役，不供給英人食料，完全對英經濟絕交，（三）收回英人在華內河航權，（四）取銷中英間一切不平等條約，（五）責令賠償此次生命財產之損失，不達目的，勢不休止。　臨電迫切，毋任屏營！　萬縣日報社叩冬。

大慘案前楊森與英領之談話

英領　敝領事為萬流案交涉來此，請將萬縣萬通上貴國監視兵士先為撤退，以便談判，因此種動作，有類作戰行為。

楊氏　此次太古渝公司萬流輪在雲陽肇禍，我方損失五十八名官兵、及多數商民款項八萬五千元，該輪到萬，我方派員交涉，英兵艦擅自開槍射擊，我方並未還擊，致重傷我方兵士二人，並將檢查兵士繳械，此種行動，實屬蔑視人道公理，侮辱我國體，侮辱我國人民。查英輪肇事川江，三月之內，先後五次，損失人命財產甚多，我方嚴重交涉，貴領事竟置不理，故我方此次為促進和平解決起見，暫將太古渝公司萬縣萬通扣留，以待解決，並將此種情形，電達敝國政府，請向英使嚴重交涉，並聞川中人民團體，已電貴國國會，請主張公理，懲辦此案肇事負責人員，償先後各案損失。　貴領事來此，甚望秉公交涉，俾得圓滿解決。　惟我國人民甚為憤激，余本良心之使命，受人民之付託，不能不嚴重抗議，請貴領事注意！

英領　據敝方報告，萬流僅在雲陽浪沉木板船一支，在萬施射機關槍原為自衛起見，殺斃貴國兵士二人之事，尚待調查。　惟貴國武裝兵士佔住敝國商輪，顯係作戰行為。

楊氏　貴國兵士首先開槍，我方並未還擊，貴國兵艦竟以大砲向南津街陳家壩一帶勢作轟擊，艦長並警告日本兵輪着將萬城日本僑民從速遷徙，以免危險。　據此看來，貴國兵艦顯係有意轟擊萬城，試問誰有作戰行動。

英領事至此無言可答，靜默數分鐘乃支吾其辭，另提他項談論。

英領　貴總司令若於傍晚撤去萬縣萬通上兵士，余願保證將萬縣萬通兩輪船主及大副大車離開該輪，惟須除返輪外，聽其自由，並保證余在萬縣一日，該兩輪不得離萬。

楊氏　請貴領事將該二輪領江離開該輪，同船主大副大車一並到實隆洋行居住，以便我方保護。

英領　此項事件，敝領事承認實有困難之處。

楊氏　我們唯一目的，在扣留萬縣萬通兩輪，以待交涉了結。設貴領事先期離萬，該兩輪仍不能隨意離萬。　貴國素重公理人道，對於我方此次損失，及人民公憤，當不能蔑視，余本良心及民意交涉，務必堅持到底。

此乃一日楊總司令與英領事交涉情形，因時過久，尚無具體結果，約二號再談，至三日十時交涉情形如左。

英領　昨日敝領事同貴司令交涉殭局已電達敝國公使，我方認為十分嚴重。

楊氏　我們本昨日所談意思，完全一致，想貴領事已徵集多方事實證據，對於此案當更較明悉，對於我方要求，當認為正當。

英領　在雲陽浪沉木板船，我方承認，在萬縣開機關槍向水面射擊，以防止岸上貴國兵上開槍，我亦承認，惟殺傷兵士二人，我方絕不承認有此事（此時兵艦翻譯某君云，聽聞艦上船夫云，中國兵士係受鐵棒所傷，談至此，英領遂目之，該翻譯遂未盡辭。）

楊氏　從種種事實上看來貴國向輪隨意浪沉我國兵士人民，貴國兵輪隨意開砲向我方射擊，並隨意殺傷我國士兵，我方並未還擊，誰為肇禍者，誰有作戰意思，誰有作戰行動，不待評論，貴領事願望和平解決，我亦抱同一希望，惟彼此談判，相距太遠，希望貴領事再加攷慮，本日余尚有要事，須先回，請貴領事與敝部秘書長黃錫祥，及外交處長楊顯隨時討論，貴領事如願再賜步接洽，余極歡迎。

九月二日交涉，至此結束，惟尚無結果，三日停止一日，至後日交涉如何，實難逆料。

萬縣雪恥會通電

中國今日國體受辱，國權喪失，亡國之禍，迫於眉睫，推原禍始，距此首先肇釁橫暴無理之英國乎？　中國今日大開海禁，啓歐西列強競爭之機，使莽莽神州，有瓜分之禍，芸芸華冑，有滅種之虞者，詎非始於英人以毒物輸入中國釀成之鴉片戰爭之禍首乎？　試讀東亞近百年來外交史，英吉利之對我中國，始則抉破我門戶，如佔廣州陷厦門，漸至舟山鎭海寧波乍浦以次失守，繼則直陷我腹地，由吳淞以犯長江之鎭江南京，傷心華人，死亡無數，畢竟哀憐乞和，締結南京條約，由中國政府賠償二千一百萬元，並允割讓香港，通商五口。　自茲以還，日俄德美對我國之要求利益均沾及割地租借與其他各苛刻無理之條件者，遂效英人之故智，紛至沓來，不可抵禦。　聯軍之役，英國東洋艦隊司令西摩亞率領八國聯軍，進攻北京，搗毀我首都，動搖我根本，俾我國創鉅痛深，不堪回首。　尤復攫奪我緬甸，垂涎我西藏，撤毀我藩籬，並逼訂種種不平等條約，以壓迫我同胞，侮辱我國體，如天津條約，以領事裁判權及協定稅率內河開放等無理要求，逼我畫諾，不恤違反國際公法，犧牲兩國感情，必欲以待安南印度手段對付我五千年古國之華族，嗟我同胞，寧堪忍此。　夫入我疆土而不服從我法律，尊重我主權，使我長江各埠及內河流域門戶洞開，軍艦直駛，何莫非英人之苛刻條約之所作俑者乎？※乃查比年來，英輪在長江上游，違章蔑理，逞兇肆虐，以浪沉木船溺斃華人爲兒戲，如今年萬流輪船，於七月八日在酆都立石鎭浪沉木船淹斃軍民四人，嘉禾輪船於八月二日在萬縣白水溪浪斃官兵損失槍款二千元，又同日復在涪灘浪沉民船淹斃士兵損失餉款四千八百餘元，滇光輪船於六月十三日在萬縣湘子石浪沉民船溺斃船夫五人，均係事實確鑿，慘無人道。　案尚未結，復於八月二十九日駐萬楊總司令部憲兵，由雲陽運款搭英萬流輪船回萬，將及該輪，而該輪忽加快駛，致浪沉木船二只，划子一只，溺斃官佐七人，士兵五十八人，民夫十餘名，槍支輜重暨餉款八萬餘元，全數損失。　及該輪抵萬，又被英軍艦科克澤夫劫提槍支，擊傷士兵二名，以大砲移向沿河兩岸民房，岌岌欲轟，以致羣情惶駭，軍民共憤，勢將激成非常事變。　萬縣人民目覩慘狀，心憂外交，爰特發起英輪慘斃同胞雪恥會，訂於九月初四日開成立大會，集羣衆之策力，作政府之後盾，庶幾衆志成城，共同救亡，敢以六不主義及六大要求宣告同胞。　自今日雪恥會成立之日始，敦勸國人不達要求目的，誓不讓步，不實行抵制辦法，誓不爲人，皇天后土，鑒茲悃忱，邦人諸友，勉旃無斁，言念國恥，無淚可揮，謹此宣言，伏維公鑒。附錄六不主義及六大要求。　（甲）六不主義：一、不供給英人的油鹽米炭，二、不作英買辦水手領江及一切僱工，三、不與英人貿易往來，拒絕經濟關係，四、不裝運英人貨物及接送英輪客貨，五、不買英人輸出品貨物亦不賣貨物與英人，六、不搭英國商輪，（乙）六大要求：一、廢除中國與英國國際間締結的一切不平等條約，二、要求在中國內河不得行駛英國軍艦並取消英國在華內河航行權，三、懲辦肇事各英輪禍首，四、撫恤歷年英輪浪沉民船死亡之商民官兵及其家屬，五、要求英人爲歷年英輪溺沉同胞立紀念碑，六、英國政府須向中國政府表示道歉。　萬縣英輪慘斃同胞雪恥會宣言。

楊森對外交部之報告

萬萬急，北京外交部分轉各國駐京公使均鑒：英國萬流輪船在雲陽肇禍及英艦柯克捷夫在萬開釁，曾於世日電陳詳情在案；迭與駐渝英領事在萬交涉，尚無結果，突於本日午後四點由宜開來英國裝甲嘉禾輪船載英兵數百名，大礮機關槍甚多，到萬時，逼我方所扣萬縣輪船，乘守輪士兵不備，襲入該輪，猛用手機關槍掃射，斃我憲兵百餘名；同時駐萬英艦柯克捷夫及世日由渝來萬英艦威警，復用大礮轟擊縣城兩岸陳家壩南津街及省長行署等地，焚燬民房商店一千餘家，死傷人民數以千計。　我軍職責所在，爲救護人民生命財產及自衞起見，不得已開槍還擊，經三小時許，該兵艦等始向下游退避。　竊查英兵艦柯克提夫前同萬流輪已勒提我軍槍枝，並擅用機關槍掃射，我方概未還擊；嗣在交涉進行中，仍以大礮對準萬城作攻擊狀，並通知旅萬外僑遷避，足證其早有轟城決心；乃本日竟同威警艦嘉禾輪，悍然向我擅開戰端，實屬破棄公理，絕滅人道，等我國直殖民之不若。應請公使主持正義，制止戰禍，以維公法而重人道，是所至盼。討賊聯軍川軍第一路總司令兼四川省長楊森叩青印。

楊森通電

各省區督理省長總司令都統各師旅長各省議會各廳道縣局各機關法團各報館學校暨全體人民均鑒：八月二十九日，英商萬流輪在雲陽有意快駛浪沉木船二只，溺斃兵民五十八人，損失本軍解款八萬五千元，步槍五十六枝，子彈五千五百發；及該輪抵萬，適本軍檢察官前往查訊，泊萬英艦柯克捷夫突然派兵勒繳檢查士兵槍枝，同時開射機關槍，重傷士兵二人，我方概未還擊，隨該艦將艦上大礮卸衣實彈，對準萬城勢欲轟擊，萬流卽安然上駛。查川江英輪嘉禾滇光萬流等，於近三月內，浪沉木船淹斃乘客，業已五次，先後提出交涉，均置不理，而此次英艦更同英輪採取作戰準備，情形極為嚴重，本軍不得已乃將泊萬英輪萬縣萬通扣留，防其代運戰品，以待交涉了結，一面提出抗議，迭與駐渝英領事在萬交涉，尙無結果。不意於本日午後四時，由宜昌開來英國裝甲嘉禾輪船，載運英兵數百名，大礮機關槍甚多，到萬時逼近我方所扣萬縣輪船，乘守輪兵士不備，襲入該輪，猛用手機關槍掃射，斃我憲兵數百餘名，同時由渝來萬英艦威警及駐萬英艦柯克捷夫，復用大礮轟擊縣城兩岸陳家壩南津街及省長行署等地，焚燬民房商店一千餘家，死傷人民數以千計；我軍職責所在，為救護人民生命財產及自衛起見，不得已開槍還擊，該兵艦等始向下游退避。竊查英艦柯克捷夫前同萬流已勒提我軍槍枝，并擅開機關槍掃射，方概未還擊，嗣在交涉中，仍以大礮對準萬城作攻擊狀，并通知旅萬外僑遷避，足證其早有轟城決心，乃本日竟同威警艦嘉禾輪悍然向我方擅開戰端 實屬破棄公法絕滅人道，等我國家直殖民地之不若。除電請政府向英使嚴重抗議制止英艦繼續作戰保留一切要求來萬調查以作交涉根據外，謹請軍民各界起維國權，主張公道，一致條件並派員對英，雪此大辱，是所至盼。楊森叩微亥印。

重慶萬案宣傳代表劉宗沛報告

英帝國主義者挾持不平等條約之武具，恣向我中華民族濫施最蠻橫最殘酷之武力進攻，而尤以此次萬縣九五慘案，實為英人向我民族空前未有之大屠殺。慘案發生之後一日(六號)，重慶各團體，得萬縣電局十萬火速快電，當卽聯合開緊急會議，余亦列席與會。當時以慘案詳情未明，交涉抗爭，苦無事實作根據，因此萬案雪恥會遂特派余赴萬，實地調查慘案始末詳情，并囑余沿江東下，向各埠各界宣傳慘案詳情，聯合全國民衆共同抗議，力爭外交，以為政府後盾。余當卽遵命赴萬，從事調查徵集慘案證據，照片，各一部分，攜帶東下，沿途宣傳。茲已事畢抵滬，理當將調查所得，披露於滬上各報及報告各愛國團體，以供全國父老及熱心國事者一覽萬案慘狀，而更奮勇抗英熱忱扶助，以為國家爭獨立民族求解放，而庶可以對死難烈士於地下也。茲將調查詳情，分述於後。

(甲)慘案起因　(一)根本原因。由英帝國主義者在長江之勢力現已根本動搖，故用其高壓手段，武力進攻，意在威迫政府挑撥戰爭，以便藉口保持其所有之勢力，並欲藉此威力以壓服人民；(二)英輪在川江肇禍之直接原因。英輪因有內河航行之不平等特權，又恃該本國政府武力之後盾，故在川江航行並不遵守航行公約，每於開抵各碼頭時任意疾駛，以致迭次浪沉民船：如滇光輪船，於六月十三在萬縣箱子壩地方，浪沉木船一隻，淹斃人民何興泰劉吉五張炎王素雲傅雲生等十數人，又萬流輪船，於七月八日在酆都立石鎮地方，浪沉划子一隻，溺斃川軍營長田雨亭等二十三人，及商會人員張二外有不知姓名人民數人，又嘉禾於八月二日在涪灘地方，浪沉木船數隻，淹斃公差人民張海淑覃邦良崔英偉崔英瑞秦大志等數十人，並沉沒公款六千八百餘元。　川政府屢向英領事提出嚴重抗議，均置不理不復。

正在交涉中，詎英輪萬流於八月二十九日復在雲陽地方，故意肇禍，特開快輪，以致浪沉木船十數隻，溺死人民數十人（姓名確數俱無從考）及官兵五六十人槍枝五十六枝子彈五千餘發，復沉沒公款八萬五千餘元。　此次損失較前數次尤鉅，駐萬楊總司令為顧全國體，保衛人民起見，不能不派兵將該肇禍英輪扣留，以便辦理交涉；殊英人蠻橫，當由兵艦派兵多名到該輪，將楊部扣船兵槍子彈強行一併提去並傷亡軍士數人，威迫將萬流輪放行，並同時架置鉅礮，直向萬城南津街等處，勢欲轟擊作對敵行動。　楊軍為容納人民之請求，保衛地方之安全，痛恨英艦之蠻橫，不能不添派重兵，非將該公司（太古渝）商輪，扣留在萬，始有交涉可言。　八月三十日，適該公司萬通萬縣兩輪過萬楊軍遂將兩輪扣留，以待正當交涉。　於是萬縣空前絕後之大慘案，遂以此開演矣。

（乙）慘劇開演之詳情　（一）英兵準備屠殺之事前處置。

當楊軍之扣留萬通萬縣兩輪也，重慶英領事，即疾駛來萬，對楊總司令作野蠻強橫之威迫，厲語楊司令……立刻放還兩輪，始有交涉可言，不然，本領事自有辦法云云。……其態度之橫蠻，有失國際之儀禮，由此數語（此係得自英領，與楊總司令之談話記錄中，非虛假），可想見一斑矣！　同時英兵艦（Cockchafur）苛克捷夫，即卸衣實彈，架置12C.D.M:（十二生的）之大砲數尊，對準萬城威迫兩輪，作對敵行為，又立即由渝開來威警Widgen英艦，會同示威，意同作戰。　當時川中軍民及萬縣父老，痛恨英領之強橫無禮，奮慨英兵之野蠻威迫，堅請楊軍萬勿退讓，而楊總司令亦以職責所在，順從軍民之請，為正當防衛計，遂對英兵亦作相當之警戒。　英領及兵艦，有見川軍民之不侮，而駐萬兩兵艦，又不足制萬城軍民之死命，遂急電宜漢英海軍，加派重砲大兵，火速來萬，準備屠殺。　（二）正劇之悲慘。　九月五日午後五時半，即由宜昌開來裝甲英輪嘉禾，架置巨砲數尊，機關鎗百數桿，硫磺彈無數，滿載英兵，甫抵萬城，喧聲未絕，即逼近被扣之萬縣。　於五點四十五分，英兵突然衝過萬縣輪上，用機關槍及大砲轟擊扣輪軍士，幾乎死亡殆盡。　同時威逼兩輪之英艦苛克捷夫號，於五點四十八分，一面開快槍，向萬通輪射擊，一面用大砲向萬縣城兩岸亂轟；而威警英兵艦亦於五點五十分開排槍，向兩輪及楊軍長進攻，並用巨砲對準萬城兩岸，及南津街商場省長行署萬縣中學楊總司令部等地方放射；同時嘉禾裝來之巨砲，亦向上列各地亂轟。　據法兵艦之統計，三英艦共發大砲三百餘響，而嘉禾輪上更濫用其慘無人道，國際禁用之硫磺炸彈，向準南津街商場地方，放射百餘發，以致萬城繁華興盛之商場，崇偉廣大之民房，遂成烽火冲天，鬼哭神號，愁雲慘霧瀰漫全市之災區！　英賊之兇橫，受災之慘痛，實非記者筆墨所能形容，亦即余不忍為閱者痛陳耳！　當時楊軍為正當防衛計，保全民命計，不得已始開槍還擊，有三小時之久，乃英兵恃強橫行，野蠻成性，而有砲擊一法教堂（眞原堂）之舉，法兵震怒，遂開砲還擊，幫助我軍共同驅逐英艦出境，而空前絕後　英賊大屠殺，至此始閉幕，而暫告一段落矣！

（丙）事後實地調查之概略　（一）砲彈轟燬後之一斑。　萬縣九五慘案發生之第二日，余即受學聯會之委託，特派赴萬實地調查詳情。　因航輪稍阻滯至八日午後，到萬城。　遠在行輪之上，即遙望被焚燬各災區，仍烟霧瀰漫，難見青天，余已不禁椎胸啼泣而嗚慘矣！　當即忍痛登陸，馳赴各災區觀察，則月前過萬所見繁華興盛之南津街商場，今已大半化為灰燼渺無人跡矣！　計被硫磺彈炸燬之商店，確有二三百家之多，而民房之被焚於火者，至少亦以數百計，卽號稱崇高偉大之萬州旅社，亦付諸一炬，而獨留破瓦頹垣，又高懸法國旗　崇偉森嚴，人神不敢侵犯之法國教堂（真原堂），亦被英砲彈燬一角，至於萬縣中學　省長行署，楊總司令部及其他各處民房商店，亦有各中數彈，而慘　災少者也。　（二）軍民傷亡之略計，當英兵衝過萬通萬縣兩輪上，開放機關槍時，其彈如密雨橫飛，兩岸人民之飲彈長臥者，已達百數十人之多，又派往扣輪之楊軍憲兵，死難是役者，亦在數百人之上，受傷軍民，更屈指難計其數矣，卽指揮士兵之憲兵司令余淵氏，亦身受重傷，由此可　見戰爭激烈之一斑矣。文據云，當英排槍之初放也，住房商店家屋之人民店夥，卽隱臥於地下以爲可免流彈之危險，不料英賊果眞用巨砲轟擊　橫施硫磺，炸彈亂擲，以搗燬其巢穴，而將作烽火之魂也，凡隱藏在屋之父老同胞，無一不屍骨俱焚，同爲九泉之寃鬼也。　其名稱姓氏及人數之多少，現已渺不可聞，祇能付諸後日之詳查，然照略計，至少亦在六七百人以上，亦可謂殘酷極矣！　（三）財產損失之浩大更無從着手調查，據云至少亦在數千萬以上。　臨行曾將是責轉託萬案抗英大會，從事調查，編成統計，以作交涉賠償之根據。　此次余赴萬縣調查，因時促事忙，急欲東下，故所得各情，竟不過慘案之概狀，而攜來慘劇之照像尤其萬案之一小部分，幸閱者諸君勿忽視，號稱空前絕後之屠殺案，亦不過如此。　再者上文僅係報告慘案之情形，並未加入個人之意見主張及川中軍民熱烈援助之態度，甚望全國父老兄弟諸姑姉閱此慘案報告後速聯合全國民衆，奮起抗英共圖救亡之責，以謀國家之獨立，民族之解放，不勝盼禱之至！　萬案雪恥會調查宣傳代表劉[illegible]沛泣告。

國聞社重慶通信

當記者在成都赴重慶途中，適爲英國兵船在萬縣河中，砲轟萬縣城之際，此次中國人民生命損失四五百，財產損失千餘萬，視去年五卅滬案，甚百十倍，爲數十年來所罕見之殘殺事件，且甚於中國庚子年義和團之野蠻也。　詎適時値國人視線正注武漢戰事，而此種慘事，又不幸出於偏僻之四川萬縣，故事至七日以後，外省尚無援助之同情聲傳入川中，良勝慨嘆。　爰將此次慘案之詳細情形，爲有統系之紀述於次。

（一）英商輪浪沉中國木船肇禍　此次慘案發生之遠因，爲英國太古公司萬流商輪，浪沉木船。　查川河南面仄狹，外國商輪，近年以來，恆有浪沉中國木船之事；惟此次事較大，八月二十九日，萬流輪由宜昌上駛川河雲陽縣境內，適楊森部下第一大隊兵士，在雲陽提得鹽款，合共有八萬五千元，先裝於二木船中，以一連兵士在船押送，是日上午十時，適值該輪駛經雲陽，押款兵士，欲移裝輪船，該輪見木船兵士欲上船，乃急開快車，遂起鉅浪，不數分鐘，將二木船浪沈，並將所有款項，全船沈於江中，並溺死兵士五十六名，連排長各一，快槍五十六枝，彈五千六百萬發。　事發後立刻由雲陽駐軍，以電話告知萬縣楊森之憲兵司令部，該司令楊漢忠，急將各情稟楊森。　楊森接報後，不久萬流輪即至萬縣，楊遂派其部下之檢察長，到該輪詢明原委；詎泊在萬縣之英國兵艦，見此情形，卽派兵多名，蜂擁上輪，迫楊之檢查人繳械，隊兵抵抗，雙方開槍，卒以衆寡不敵，隊兵被傷兩人，槍七枝均被提去。　於是楊乃加派大隊，將該輪扣留，同時並將泊於該處之萬縣輪一併扣留作質，以備與英領交涉，而萬縣慘案，卽種因於此（編者按據日前本報萬縣通信報告，首先肇禍之萬流英輪，經英艦迫退華兵後，當卽上駛，適另有其他二英輪由上流下駛，過萬停泊，楊森以萬流肇禍逃逸，無從向其交涉，乃暫將下駛之二英輪扣留作押，俟原輪回，再行，放，此二輪實爲萬縣號與萬通號，國聞社渝訊稱萬流亦被扣，恐有誤。）

（二）楊森與英國領事兩度交涉　楊森將萬流（編者按萬流實即萬通下同）在萬縣輪扣留之後，隨即電知重慶交涉署季宗孟，向英國領事提出抗議。　季接楊電後，一面將上項情形電報北京外交部，請向駐京英使，嚴提抗議，一面由季向駐萬英領提嚴重抗議，請該英領注意，須負懲兇及賠償諸責，並聲明所有要求條件，應保留待與楊森承商後，再行提出。　同時萬縣及重慶各團體，對於此事亦拍通電，發　單，痛責英輪及英國兵艦之蠻暴。　軍人方面，如劉湘潘文華鄧錫侯等，皆表示憤慨。　在渝英領對於重慶交涉署長季叔平之抗議，置不答覆，一面則親身赴萬縣，與楊森直接談判，兩次皆無結果。　楊森乃於本月三日，致季叔平一電，略謂：英領來萬迭經交涉，異常狡賴，須我方放還扣押之兩商輪，乃能開始談判，並謂扣押商輪，顯係交戰動作等語，經森嚴加駁斥，質問該兵艦提取我槍支，擊傷我兵士，及以大砲向兩岸民房，勢欲轟擊，通告居留日本商民，請其暫避，此等舉動一旦釀成非常之變，咎將安歸？　英領默然，不能置喙，兩日以來，舌敝唇焦，毫無結果云云。　英領於四日晚，最後通牒楊森，限令二十四小時內，將扣押兩輪釋放，否則實行轟擊。　此時該英領已將在宜昌之英兵艦增調一艘至萬縣準備轟擊矣！

（三）萬縣居民之焦頭爛額　迨英領與楊森交涉既無效，被扣之萬流萬縣兩輪，由楊派憲兵若干名，駐船監視，雙方入於相持之狀態。　迨英領已將駐宜昌之英國裝甲嘉禾輪船，載英兵四百餘人，駛至萬縣，而同時英國駐重慶之兵艦，名威警者，亦來調至萬縣，與原駐萬縣之英兵艦名柯克捷夫者，三艦遂橫行於萬縣江面。　九月五日午後四時之際，裝甲嘉禾輪　英兵，即以手機關槍，向被扣之萬流萬縣兩輪上楊部憲兵射擊，勢極猛烈，人力過巨，一時民房起火者有四五處之多，既受延燒又受彈擊，居民亦奔亂逃，男女老幼，哀聲震天，慘不忍聞，直至次晨六點，英艦受楊部砲擊，中二彈，始下駛逃去。

而萬縣城廂人民之一切損失，誠實堪驚異，計兵民共死於槍與火者，約計在五百人以上，房屋焚燬者，計千餘戶以上，財產受損失者，在千餘萬以上。　受害最烈之地，則為萬縣城內精華所在之南津街與陳家壩一帶。　當五日慘劇發生之後，及正在發生之際，萬縣郵局與電報電話均將上述狀況，急電各機關當局，請設法制止。　至人民之哀號呼籲者　乃更不可言。

（四）全川軍民各界一致謀雪恥　慘劇發生之後，楊森及萬縣各團體，乃通電各方報告眞象，請一致援助，以保國權（編者按本報迭次刊載萬縣各界呼籲電可參閱）。　此項慘劇消息，傳到重慶成都及川省交通便利各地之後，聲討英人之函電紛馳者，尤以各軍人間為甚，幾乎無論為各派首領，如田頌堯鄧錫侯劉文輝劉湘等，乃至各首領屬下之師旅長，亦無不通電表示憤慨者。　至人民方面，如學界商界亦均發出激昂悲憤之宣言，主張取消英國在中國之內河航權，及一切不平等條約，英政府須向中國謝罪，並賠償損失，懲辦兇手等類；重慶方面，各界對此慘案，尤所憤恨，除已組織萬案國民雪恥紀念會，並定本月十八日全城軍民各機關停止辦公一天，商界罷市一日，舉行大規模之游行示威運動外，每日各校學生，分組在全城內外，講演英國侵略中國之種種往事。　目前雪恥會之工作分為兩種：一種進行與英人經濟絕交，此點已得商界同意；一種進行宣傳工作，現川江內之領江公會，已決議不為英國船隻開船。　一般民情之憤慨，可云達於極點。

（五）慘殺後中英兩方交涉近狀　英領赴宜昌，請盧金山出面調停，英海軍司令提出條款如下：（一）當將萬通（編者按以上之萬流須如此處作萬通方是。）萬縣兩輪釋放；（二）保證長江上游英國船隻，完全免受何種干涉；（三）賠償萬流萬通兩輪被扣期間損失。　楊森接到此項調停後，昨提出四條：（一）遵照吳玉帥命令放行兩輪

（現兩輪已釋放矣），由英商賠償迭次浪沉木船之損失，賠償由第三者負責，兩輪卽交第三者；（二）英輪行入長江上游與他國商輪同等待遇；（三）此次兩輪兩次均由英輪先開釁端，萬縣人民所受損失，應負責賠償；（四）肇事艦隊，應由英政府懲辦，並向我國政府中道歉。　楊森將上例情形，電告各方人民，大加反對，謂楊欲苟且了事，目下交涉情形，尙在秘密進行中。

（六）英輪歷次浪沈木船之調查　英國商輪，於本年以內，在川江中浪沈之木船，據調查所得，有如下之數目：（一）愼光輪六月十三日在萬縣彈子石浪沈民船一隻，溺死船夫五人；（二）萬流於七月八日在豐都縣立石鎭浪沈木船一隻，溺死軍民四人；（三）嘉禾於八月二日在萬縣白水溪浪沈民船一隻，溺死官兵三人，損失約共一千八百元；（四）嘉禾輪同日（八月二日）又在湖灘浪沈民船一隻，溺死兵士二人，損失餉款銀四千八百元；（五）萬流並八月廿九日浪沈木船一隻，划子一隻，溺死官兵五十六人，槍五十六支，彈五千六百發，款八萬五千元。

民國日報重慶通信

十二日重慶特約通信。　英艦在川，疊肇事端，浪沉民船，蔑視邦交，最近萬流案之發生，卽足以令人髮指者。　詎知萬流案正在交涉，而英兵艦突於五日夜轟城，情勢十分嚴重，記者以茲事關係重大，特自五日起將關於此案之詳情，彙誌如次。

第一日　萬流慘案發生後，省政府曾兩次與英領談判，彼方一味狡賴，交涉正在進行，不料本日午後四鐘，英輪嘉禾，由宜裝甲抵萬，輪上滿載英兵，突用機關槍向我軍方民掃射，同時英國兵艦二艘，馳騁江心，用大砲向兩岸轟擊，並以極猛裂之硫磺彈突燬民房無算，截至發電時止，全城四處延燒，彼猶轟射，仍不稍停，瓦礫遍野，血肉橫飛，哀聲震天，慘不忍聞，並聞宜昌尙有英艦四艘，行將抵萬，萬城數十萬生命，懸於俄頃。

第二日　三英艦於五日轟擊萬縣城後，楊森卽有電致此間，報告經過詳情茲錄如下（銜略）均鑒：八月二十九日，英商萬流輪，在雲陽有意快駛浪沉木船一隻，溺死軍民五十八名。損失本軍解款八萬五千元，步槍五十一枝，子彈五千五百發；及該輪抵萬，適本軍檢查長前往察訊，泊萬英艦柯克捷夫突然派兵勒繳檢查士兵槍枝，同時開射機關槍，重傷士兵二人，我方概未還擊，陡將艦上大砲，卸衣實彈，對準萬城轟擊，萬流輪卽安然上駛。　查川江英輪嘉禾光滇萬流，於近三月內浪沉木船，淹斃乘客，業已五次，先後提出交涉，彼方概置不理，而此次英艦，再同英輪採取作戰準備，情形極爲嚴重；本軍不得已，乃將泊駐萬縣萬通輪扣留，防其代運戰品，一面提出抗議，迭與駐渝英領事在萬交涉，尙無結果。　突於本日午後四時，由宜開來英國裝甲嘉禾輪船，載英兵數百名，大砲機關槍甚多，到萬時卽逼我方所扣輪船，乘守輪兵士不備，襲入該輪，猶用手機關槍掃射我憲兵一百餘名，同時由渝來萬兵艦威警，及駐萬英艦柯克捷夫，後用大砲轟擊兩岸陳家壩南津街及省長行署等地，焚燃民房一千餘家，死傷人民，數以千計。　我軍職責所在，爲保護人民生命財產及自衛起見，不得已開槍還擊，該兵艦等始向下流逃避。　竊查英艦柯克捷夫，前同萬流勒提我軍槍支，并用機關槍掃擊，我方均未還擊，嗣正交涉中，仍以大砲對準萬城，作故擊狀，并通知旅萬外僑遷避，足證其早有轟城決心。　乃本日竟同威警艦嘉禾輪，悍然向我擅開戰端，實屬破壞公法，滅絕人道，等我國於殖民地之不若，除已電請政府向英使嚴重抗議，制止該艦繼續作戰保，留一切要求條件，并派人來萬調查，以重交涉根據外，謹電軍民各界，起維國權，主張公道，雪此大辱，是所至盼，楊森叩微印。

此案交涉關於國家體面甚大，乃六日此間當局接吳佩孚一電，欲安協了事，是眞甘心媚外不顧國權矣！

第三日　七日爲三英艦　擊萬縣城之第三日。　省政府當局，雖無何種之嚴厲對待，而暗中已在積　準備，交涉署方面，昨向英領嚴重抗議外，並定今日召集各界討　應付辦法，期與民衆取一致行動，並已定期由季交涉員前往萬縣調查，向英領交涉，至各團體各將領各學校之開會討論，通電乞援，大有罄竹難書之勢。

又關監督署發出通啓，召集各學校長各報社長開茶話會，討論此事，又楊森催屬縣解撫恤傷亡電云：萬縣倍州忠州並轉石柱鄷都長壽江北梁山墊江大竹開縣奉節巫山各縣知事局　各軍官特派員均鑒：本部昨因餉需迫切，電令該員等迅就稅　項下，大縣抵籌一萬元，小縣抵籌五千元，並限五日內悉數構解在案。　此電拍發後，英國兵艦因萬縣浪沉民船，不認交涉事，竟敢蔑視公理，轟擊縣城，雖經將該艦擊退，但南津街一帶，商場被砲火擊毀，損失至鉅，所有撫恤傷亡官兵暨駐縣軍隊與本部火餉，在在急需巨款，以供支撥，該員等務即遵照前電迅速籌解，不得過誤限期，致干重戾，在萬縣籌定之款，因受損失，萬難收繳，該員等亟應仰體時艱，盡力籌辦，是爲至要，楊森陽印。

又聞此次英艦在萬特強肇禍，蔑視公法，絕棄人道，法日駐萬兵艦，均不直其所爲，力向我方表示親善，嚴守中立。　本日楊總司令特電各方，贊佩兩國兵艦尊崇正誼，其原電云：（銜略）均鑒：此次英艦在萬肇事，用大礮轟擊萬城及南津街陳家壩等處，歷四小時之久，法日兩國兵艦在萬嚴守中立，並對我方極爲和善　特此聲明，楊森叩陽印。

第四日　八日已爲萬縣九五慘案之第四日。　在此四日之中，雖有種種之表示，然皆偏於民衆方面，是日最高軍官劉督辦，及上下東二十八將領先後發出通電聲討，而關監督署，又有重要議決七案，茲將各項情形誌下。

關監督署之會議　八日關監督公署季叔平交涉員，召集本埠各學校校長各報館新聞記者，開會討論對於萬流案辦法，是日到會有數十人，首席季君報告：（一）此案之經過，（二）英人無理態度，我民應設法一致反對，（三）望各界人士提出意見辦法，以作當局交涉參考，報告畢，紛紛討論。　後本報記者劉蔚芋提出辦法三項，第（一）此次交涉署所取之態度，應打破向來外交慣例，換言之，即不能依靠北庭外交部與英交涉，因歷來發生之外交案件，無一爲外交部所能解決，且或以之爲私人交換之條件，加害國家人民而不惜，加以最近川中將領，主張北伐，是不啻根本否認北庭，更無依靠北京外交部之理，最好辦法，取法廣東去年沙基案之方法，省自爲政，直接與英交涉，以人民爲後盾，而北京外交部，即可於不得已時，作文字上之往還；第（二）請季君與德法日領事相往還時，極力說明此中眞象，要求各國主張，第（三）請季君極力向吾川軍政當道，述明此次外交，非靠人民與武力不能解決。　次由沈懋德校長，提出交涉署應速派人前往調查萬案眞象，以便交涉，並可將此中眞象通電世界各國，末後由胡宇光將討論結果，一律書出，交請季君辦理，其辦法如下；（一）封鎖夔門，不准英國兵艦商船入川，以斷其接濟子彈之路，在川之巡兵商各艦，限期出境；（二）所扣留之萬縣萬商兩輪，在交涉未有結束以前，決不退還；（三）將此次肇禍情形及經過，通電報告於世界各國；（四）邀集名流學士，組織萬案討論會，研究各種交涉辦法，提供當局參考；（五）由交涉署特別派　往萬調查此案之眞象；（六）外國人民生命　產一律保護；（七）請各軍界當局一律預備後步。

劉督之嚴重表示　川宜督辦署劉甫澄，以此案範圍擴大，至如此程度，實由英領違向來外交程序所致，特通電全國請求一致主張，良維國權。茲將原電錄次：十萬火急，各省軍民長官四川各將領各師旅長各鎮道縣各學關法團報館均鑒：：月魚日接萬縣電，微日電稱，本日午後四鐘，宜昌英國兵輪，甫抵萬縣，用機關槍大礮向南津街張家壩及城內射擊，同時駐萬及由渝來萬英輪用大礮快放射擊，全城房屋被硫磺彈起火者十餘處，軍民傷亡數百等語；并據萬縣各機關法團人民等電同前情，披覽之餘，憤慨填膺，此種事端猝發，事緣何起，署無案可稽，但就近日英商萬流輪船在雲陽浪沉載兵木船而論：在外交慣例上自有一定之手續，以謀適當之解決，駐渝英領，既未向本署有所提商，對於交涉署之抗議，亦未有明白之答覆，即其逕行赴萬，更未事前通知，是英領已違反向來外交之程序，不循正當之辦法，乃更調集兵艦，轟擊我城池，燒燬我房屋，傷亡我軍民，凶橫殘暴，甘冒不韙，於斯已極；湘總制川康，於國家主權所關，軍民生民所繫，詎能忍彼辱我國體，茲特鄭重聲明，所有此次事變，完全由英國負責，萬不容其諉卸。除將此案飭由重慶關監督兼交涉員嚴重抗議，並責成妥慎辦理隨時分報查核外，並盼諸公本一致之主張，求相當之挽救，國權民命，於是乎賴，特電奉告，仍祈明教，劉湘叩虞印。

上下東將領奮起　此案發生，楊軍將領及唐王諸將領首先表示憤慨，願為後援，請楊嚴重抗議，此日上下東二十八將領又聯名通電全國，請共禦外，又自該案發生，各地民衆已紛紛起而援助，擴大組織，從事長期抗英工作。吾川軍民當局及各軍將領，對於此案，亦有極嚴重之表示，八日夜一時，此間丙寅軍事委員會，並開緊急會議，討論對英方法，有某代表痛述帝國主義侵略我國之種種罪惡，聲淚俱下，各將領及各代表無不悲憤填膺，當由各代表一致表決，軍民合作，為此案交涉後援，並議決辦法三項如下：（一）推舉代表接洽報學工商各界，（二）由各代表電促本部主官，積極準備，（三）致電外部，請對英使提出嚴重抗議，以為將來交涉地步。

守輸兵奮勇禦敵　五號英艦攻城，我方迫而自衛，激戰三小時，英艦負傷退，萬縣萬通兩艦，均在我手，守輸兵士，奮勇撲敵，從所未見，南津街延燒半夜，財產人命，損失極重。

第五日　九日為萬縣九五案之第五日，情形更為嚴重，茲錄各項消息如次：

劉督辦復楊森電　特急萬縣楊總司令子惠兄鑒：接微日通電，驚悉英兵艦科克捷夫威瑾嘉禾等三號，因該國商輪，違章肇禍，不服交涉，竟衝傷我士兵，砲擊城市，徹宵達旦，玉石俱焚，引企劫灰，曷勝痛惜。除轉命李交涉員查明事實，依據約章，迅予商承辦理外，尤盼我兄力持正義，維護國權，交涉前途，實深利賴，特電慰問，諸維炤察，劉湘叩。

重慶之市民大會　由北伐促成會發起召集市民大會，九日在夫子池開會，所到團體有百餘之多，人數有五六千之衆，公推劉翌叔君主席，首先報告開會理由，次由賴德祥省長唐子晉軍長，李叔平交涉員之代表，表示一致北伐，力爭萬縣案，次由曹叔實白耀中等演說，最終有多數人提出辦法如左：（一）政府方面應取的交涉手段：（甲）宣布對華一切不平等條約對於四川完全失效；（乙）解除在川英國軍艦武裝，並封鎖巫峽，於萬縣交涉未終了以前，禁止何國軍艦入川；（丙）限令英領事五日出境，英商僑民教士及中政府之一切郵政海關雇員十日出境；（丁）通電武漢國民革命軍，將長江上游封鎖禁該國軍艦行駛；（二）人民方面應取的交涉手段：（甲）實行經濟絕交；（乙）行不合作主義；（丙）通電全世界全國說明眞象，通電軍政當局，一致力爭。

渝英人將全出境　盧金山八日來電云，重慶劉督辦甫澄兄勳鑒：萬縣外交決裂，關係甚重，現駐重慶英領事在宜與弟接洽調處，頃據該領事云：在渝英人，現極危險，擬全數出渝等語，值此調處之際，萬不可再生他變，務望吾兄對於在渝外人，飭并加意保護，是爲至禱，諸此電懇，臨祈示復，弟盧金山叩庚印。

劉督電萬縣各界　急萬縣各機關各法團均鑒：接微日通電誥悉英國兵艦科克捷夫威瑾嘉禾等號，因該國商輪迭次在川河肇事，經由楊總司令飭令賠償損失，該英艦等竟恃強袒庇，砲轟萬城，激攻焚燒，傷員無算，願瞻浩刦，良堪痛心。　除轉飭重慶季交涉員嚴重抗議妥爲交涉，用伸國權外，特電慰問，即希查照，督辦劉湘灰印。

第六日　十日爲萬縣案之第六日，各項消息，有足述者，誌之如下：

重慶商埠署賑濟　自萬案發生之後，市政督辦潘仲三，即以私人名義，致電萬縣當局，情願犧牲一切爲國家爭主權，爲民族爭人格；十日又在該署召集本埠各團體各報館及各民政機關開會，到會者有農工商學報各團體代表，及　政各機關長官四十餘人，下午二時開會，由潘督辦主席，報告開會理由，繼由張仲祺報告雪恥會準備如何絕交，如何提條件等詳細辦法，後爲季君發言，辭氣頗爲激昂，大意謂楊森非外交官，其所提條件極端違反民意，餘如商會長汪雲松等均有極誠懇極精密之討論，後喻育之，提出意見三項如下：一，川省既已脫離北庭，與國民政府關係又未明瞭，川政府應拿出魄力來，自認爲國際間之一員，直接令交涉員，向英政府交涉，國民政府對沙面案之先例，可資借鏡；二，英人對華政策在一掠，彼必根據國際慣例，仍與可以予取予求之北庭交涉，川政府須先聲明否認；三，條件最小限度，須提出廢除中英一切不平條約，手段更宜切實。　另一方，川中將領，乘此民氣激昂之時，尤應努力於國民革命，革命成功之日，即一切不平等條件失效之時，豈獨萬案勝利而已，討論結果：一，由到會各團體致電撫告楊子惠，勿妄認，外交當局，尤其不應亂提辱國喪權之條件；二，成立萬縣賑濟會，由潘督辦劉道尹李警廳長袁知事商會長李征收局長負責辦理，擬先借墊派人往賑，再行設法勸募；三，關於單純的外交具體辦法，請由各團體努力進行。

重　市商民開會　重慶市商民協會自成立後，會務進行，不遺餘力，（九日）午後該會爲萬縣慘案，特設國民師範校開聯席會議，由謝曉星主席，茲將議事程序及討論各件，分誌於下：一、開會由主席報告開會原因；二、介紹職員；三、討論援助萬案方法，由主席將萬案經過報告後，各會員均相繼提議；（甲）主張加入雪恥會，（乙）實行經濟絕交；（丙）組織特別委員會；（丁）出標語；四、發行定期刊物，——議決決定發行半月刊，組織特別刊社。

英艦大批來華

駛中海英艦隊之第三驅逐艦隊，昨在伏洛忽奉命開行，前往中國，以增厚在華英艦隊之力，該隊之野鵝號驅逐艦，日內將偕維夏特號駛往中國，維夏特號刻正在裝載米物與彈藥，以供全隊之需，如野鵝號與維夏特號未能裝運需要之供給品，則驅逐艦德里號亦將開往中國。

英海軍之報告　英國海軍辦公處，報據各關係戰艦之電訊，作下列之報告云：八月二十九號萬劉號（譯音）輪船，方在通陽（地名譯音）卸貨時，突有武裝華兵十六名，闖登甲板，同時有小舢板一艘，滿載兵士，亦駛向該輪，萬劉號當即用緩速率前進，以避舢板，但江旁兩邊兵士即向該輪射擊，而已登甲板之兵士，亦向浮橋及引擎間衝來，但此項士卒，均爲輪上之英官佐驅逐殆盡；際時，有一兵士八名之舢板，與另一船相撞，以致沉沒，但該輪上之買辦，爲在舢板之兵所刦，且以勢脅大班，該輪且行且拒，直至萬縣，始由蜣螂號軍艦將該　兵士逐去。　楊森因受二船沉沒，軍士死者有五十八人，而財產之損失，達八萬五千元。　因於二十九日飭軍隊三四百人，將泊在萬縣之商輪萬通萬縣兩號佔住，並於兩岸密佈軍隊，以阻蜣螂號軍艦之援救。　重慶領事當即提起交涉，但楊不為所動，於是乃決派遣軍隊，以圖解決，此行之軍隊，為副官處大管所統率，由漢口出發，隨帶官佐四十名，於九月五日晚間抵萬，隨即通知楊森，但並未有答覆，遂變更計劃，將所有兵士，推開武（譯音　輪出發，用密集的礮火，向萬縣號（船名）轟擊，結果，救出　扣英人多名。　但開武號以楊軍礮火猛烈，不能駛近萬通，（船名）而在該船　迫之英人，已乘機躍登岸上，萬通號之船上，為開武號所救出，大副則為法礮艦泣格格（譯音）救去，惟司機約翰係則傳云因傷致死，蜣螂號軍，用大礮向萬縣城轟擊，城中損失，頗屬不貲云云。

字林西報十日漢口通信

『自吉和船員及受傷諸人由宜昌抵漢後，關於萬縣事件之詳情已漸悉。　當兩軍激戰時，血飛肉薄短兵相接，劇烈殆為近世所無，乃十八世紀式之戰爭也。　緣太古吉和輪船，在宜昌被英艦孟蒂斯號扣留，改作兵輪，前後各架一自動機關礮並機關槍榴彈，船上華人故至極少。　於九月四日，載水兵六十三人，軍官五人，秘密赴萬縣。　船上新經油漆，偽為商輪。　至五日下午六時，船抵萬縣下游之灣曲處，經過英艦考克卻菲號而至萬縣輪之右舷。　其目的則在救出船上被扣之英大副及總機師。　擬分四隊登輪，抗禦華軍，使船中得以乘機逃上吉和。　當時雖明知有楊森軍四百在船上，但出其不意襲之，可望免釀流血之慘。　詎華軍已有準備，並設穽以待。　當吉和相駛傍萬縣時，見船上有兵約五十人倚欄進餐，不甚注意；及至兩船相接，各兵忽不見，而第一人上船，即遭槍擊，第二人亦如之，及角聲一起，四面同時躍登萬縣輪，但遭機關槍快槍猛擊。　此戰始於六時二十八分，歷時三刻鐘之久，兩船則由吉和用鈎鈎住。　英水兵於起初數分鐘，死傷頗鉅；及至華兵蕩越甲板，英兵即以機關槍及榴彈破壁之　吉和輪船復與萬縣輪，開放其船尾自動機關破其彈雖破口四五英尺即炸裂，萬縣船上，屍積如山，已而紛紛墮入江中。　吉和輪船之左舷，血　飛濺如新漆作紅色，而萬縣輪船艙面，則血液腦漿，徧地淋漓。　嗣由前面登輪者，自下面上至總艙，尋覓被禁諸人，後知其在望橋上藉險自守，乃使萬縣輪之望橋與吉和輪之　橋相並，萬縣船員，即被救出險。　是時達來司令偕數人在吉和望橋上槍擊華軍，由中　領港員接　彈，達氏見部下死傷者，決計劫取萬縣，兩手各握手槍，馳至艙面，招呼部下過船，未抵萬縣，先發兩槍，旋為機　槍擊中倒地。　華軍復以槍刺猛戳之並斷其喉。　時則華軍四百人死者已有三百，其餘乃亡命圖登吉和，擊　頗為困難，且因彈藥已罄，吉和乃急急　開萬縣輪船，華兵疾趨船首甲板，以機關槍掃之，吉　亦以船首之自動機關礮還擊，將其甲板炸燬。　惟此時萬通船員尚未救出。　乃駛過法礮艦杜達德，而向八分之一英里外之萬通，意在登輪。　既近，華軍設礮在船諸人，總機師莊司登被擊一槍，躍下水中，即不復見。　大副保爾則鳧水而至法艦。　船主蘭茲，懸於船尾，為華軍所不見；故吉和不傍萬通，而駛至其後，輕觸船尾，船主即攀登吉和。　吉和遂出向火線，駛下游而去。　雙方戰事，乃至此告終。　當兩軍交戰時，英艦考克卻菲號在下游，維勤號在上游，被兩岸軍隊礮擊，兩艦亦發礮還擊。　吉和由萬縣輪至萬通輪時，在萬縣下游之岸上，有一礮向之開放，第一彈落於稍前約二十碼外，第二彈擊破水箱及艙面機輪等物，考克卻菲當即以六英寸口徑之礮還擊之，及至烟塵既息，則岸上人礮，皆已不見，僅有一巨穴而已。　維勤號專擊華軍之礮及沿江兵士，考克卻菲號則以大礮轟城。　楊森於是日下午後　二十英里，以避危險。　惟第一彈即將其司令部完全擊毀。　聞其發彈三、九枚，或云五、六枚。　全城起火。　吉和於下午八時，即駛向下游五英里停泊過夜，就望見城中火光燭天，終夜不熄。　翌日黎明，即乘流而下，每小時行二十二海里，直至武昌。　拔是役吉和輪機關間華人，因信任外兵，故絕不慌亂。　華副機師於一百二十度之熱度下，工作二十小時，並不稍息。　翌日有人與之語，輒爲淚下。　華員幸無一死者，萬縣萬通兩輪之情形未詳，大概均受重創；一說當英艦退去時，萬縣船上有小火，萬通船尾沉入水中，兩輪於交戰時，咸受考克却菲號及維勒號之礮火云。」

字林西報所記目擊者言

字林西報云，萬縣事件發生之地，遠在川中，今有目擊當日之事者，爲言其時兩方交鬨情形云：先是楊森在萬縣扣留萬通萬縣兩輪，英國有將衔命赴援。　兵艦之外，更借用怡和洋行之開和輪船一艘，裝甲而往。　船首設砲位，架機鎗數枝，載大宗彈藥糧食俱行，自宜昌出發。　次日五號，有英艦司加拉勃來艦上將卒登輪者六十三人，復裝一砲位，司令首將爲艦長達理，輪於上午八時自宜昌啓椗，輪身重加油漆，使人不易立識，輪上砲位及水兵等，均隱蔽不可見，俾視之與尋常無別，晚六時二十分抵萬縣，即開近萬縣輪船，緊在一起，司令當時下令，須登萬縣輪船。　於是擇一將四卒共往，此五人方欲登輪之際，萬縣船中之中國兵士四百許，即描準放鎗，五人同爲第一排排鎗所慘殺。　於是開和輪船之上亦同時動武，不數分鐘，萬縣輪船前後面爲機關鎗巴巴砲所轟射，彈如雨下。　僅船首因兩船相繫，無大損傷，當此之時，開和輪船之司令，復遣第二批將卒登萬縣輪船，且知中國兵士所用武器爲機關鎗來福鎗手鎗之屬，登輪英人雖不無傷亡，然卒登上該輪，得力於開和輪船之巴巴砲者不少，中國兵死於此砲者甚衆，當時兩方交綏之際，知艦長達理已遭横死，故登輪將卒，改推副將福克愛力亞爲先鋒，中國兵士之槍砲聲，既爲英軍消滅。　登輪諸將，卒乃往船下釋出被繫三船員，其時兩方肉搏相爭，蓋已歷三十五分鐘之久矣。　三船員者：一爲船主湯生；一爲大副瓊生，一則機師克爾也。　開和既救出萬縣輪船上之人，乃移而並於萬通輪船，該船之人，被繫者亦三人，既近萬通，見船上船員兩人方涉水而逝，一爲大副包爾，在水中爲法艦多脫救起，一爲機師瓊松，趕向法艦不及，爲亂彈所中而斃。　其時萬通輪船之船長貝慈，亦鳧水而逃，身乘船後，攀援未下　船上之中國兵士　紛紛對之放槍，然卒被英軍救出，惟彈貫其喉，人已受傷。　萬縣萬通兩船之英員，既盡爲開和救出，船遂開行，據此目擊者言，當開和救出船員之時，英艦威琴與考克翮，英艦向萬縣城發砲，城中數處起火，紅光滿天，一夜不滅，英艦所以放砲，乃因岸上近城之處，發出十二磅之大砲也，兩岸楊森之兵，以數千計，均對英輪放槍，交戰之時，岸上十二磅砲聲中開和兩次，毀去水池通風機等物。　開和既去之後，兩英艦仍發砲攻城，至八時許，岸上砲聲乃息，船上中國兵士死三百人，屍如山積，亦血殷然，墮水者亦不少云。

萬縣外僑報告

泰晤士報云：據目擊英艦砲轟萬縣　外僑六日由萬縣來函云：我人於六時始聞機關槍聲，繼以英艦之三磅小砲聲，又繼以柯克却否號之大砲聲，霹聲約一小時之久，砲聲炸裂時，房屋皆岌岌動搖。　至於彈落何處，無從探知，旋見火光熊熊，南津街附近沿江一帶，均被延燒，有數彈落於楊森之總司令部附近，但無一命中。　教會財產，聞亦有一部份中彈，中學校與海關房屋，均爲小砲彈擊中，楊森軍駐守沿江一帶，並於各處架有小炮數尊，其一即在海關之旁，海關房屋之被彈，或即因此。　居民死傷甚多，據華人言約一百，但以聞警出外探看者爲多，聞有一彈擊斃二三十人，居民商店，被焚者約六十家，火勢蔓延，歷三小時之久，人民不敢救火，軍界下令戒嚴，徹夜防範，禁止行人。　一班教徒，令我儕他適，但因哨兵密布，無法離去，美孚公司中，外人前往避難者頗多。　七日又函云：謠傳英艦不接受議和條件，限令居民退出城外十五里，居民已紛紛遷徙云云。」　此函不能知其確否，但余將致函英艦，因無故入民，受害已多，請勿再炮攻，城中安謐，但不能離萬，軍界出示禁止協助外人，而一班教徒，則不顧危險，盡力爲我僑幫忙，僕役亦照常當差，聞楊森之司令部，曾於前晚中一彈，今晨又聞海關於昨晚被封，恐係謠傳，學校皆已閉門，學生一律回家，（中略）至炮轟原因，由楊森扣留萬通萬縣兩輪而起，深望此後勿再攻擊，早獲和平解決，聞日艦與海關稅務司方作調人云。

萬縣中學爲慘案呼籲電

各報館鑒：英輪肆虐，兩月以來，連釀五次慘案，交涉尚無結果，不意英人於九月五日突裝甲商輪嘉和上駛，滿裝大炮機槍，午後四鐘抵萬縣，即同泊萬河之威警科克捷夫二兵艦，以機槍大炮向縣城兩岸南津街陳家壩及省長行署等地轟擊，并以硫磺彈四出放火，闔市屋宇，幾成灰燼，人民死傷無算，財產損失至數千萬，而敝校亦連落五彈，同學死者數人，傷者數十人，校舍轟毀逾半，儀器圖書被燃無存。同人等刧後餘生，痛定思痛，逕向駐萬楊總司令請求，向英人嚴重交涉外，特電籲懇全國軍政當局，各界人士一致對英，同伸義憤，誓雪國恥，俾得追賠各項損失，保我國家尊嚴，臨電不勝迫切待命之至。萬縣中學校教職員學生叩陽。（七日）

各法團電

十萬火急（銜略）均鑒：萬流慘案發生，詳情早已電達，我省政府曾兩次爲英領談判，彼方一味狡賴，交涉正在進行，不料本日午後四鐘，英輪嘉禾由宜裝甲抵萬，輪上滿載英兵，突用機關槍向我方軍民掃射，同時英國兵艦兩艘，復駛駢江心用大炮向兩岸轟擊，並以極猛烈之硫彈炸燬民房無算，截至發電止，全城四處延燒，彼方轟射仍不稍停，瓦礫遍地，血肉橫飛，哭聲震天，慘不忍聞，并聞宜昌尚有英艦四只，行將抵萬，萬城數十萬生命懸於俄頃，英人此種橫行動，實等我於亡國奴之不若。用特飛電泣懇全國同胞，一致奮起抵死力爭，戢彼凶燄，伸我國權，雪此奇恥大辱，臨電迫切，佇盼聲援，萬縣各機關法團暨全縣人民同叩微。（五日）

萬縣商會之通電

北京國務院外交部各部總長各國公使漢口吳玉帥南京孫馨帥成都鄧督辦劉幫辦重慶劉督辦交涉署領事團萬縣楊省長各省區省長督辦各總司令各師長各關監督各特派交涉員各領事各機關各法團各學校各報館均鑒：英商輪萬流在雲陽浪沉楊部兵船，楊部扣留萬縣萬通兩輪，交涉無效，各法團曾將英兵艦科克捷夫橫情形電達在案。正交涉間，英船嘉和突於微（五）日由宜潛運大炮子彈暨英兵多名，於午後四時半，甫經抵萬，即開機關槍射擊，并由兵艦以大炮施放至三小時之久。城人民，驚惶萬狀，奔走呼號，哭聲震天。硫磺彈觸屋燃燒，焚燬南津街商號民房約數百家，損失生命財產甚鉅。該兵輪旋即下駛，本日突聞宜昌又到英國兵艦四艘，萬民驚魂未定，聞耗更加惶恐，設再來萬，必更糜爛地方，萬民何辜，遭此荼毒？除一面查明損失死傷確數詳報外，當茲時機迫切，危在旦夕，特泣懇諸公俯念萬民痛苦，先行設法制止英艦入川，以免再演慘劇，一面將此案移京交涉，令停止戰事，俾免各走極端，牽動全局，迫切陳詞，伏候電示。

萬縣商會會長劉龍榜牟雅暨全體會董同叩魚。（六日）

萬縣人民呼籲

竊法團等歌晨接宜昌旅宜同鄉會支電謂英嘉禾輪載大炮子彈英兵上駛萬縣，勢在接濟駐萬軍艦幾逞，商民正遑惑間，即日午後四鐘，突見陳家壩絖沱 處，英艦陣列整齊，準備射擊，須臾嘉禾裝甲由宜駛至，外艦即以大炮機關槍向縣城及南津街一帶民房衙署猛攻，約三小時，并以硫磺彈向街市直射，大火四起，全埠爲墟，死傷人民無算，焚毀貨物值逾數千萬以上。當經僑萬外人出作調停，英船長態度崛強，絕無轉圜餘地，前途實難逆料。　哀我市民，罹此屠戮！　除就近呈請萬楊總司令嚴重交涉并妥籌善後外，特電籲懇全國當局及人民鑒茲慘狀，一致對抗，并懇中央照會駐京公使，迅電英駐渝領事嚴轉英軍艦威警柯克捷夫等停止蠻橫動作，要求道歉，懲罰保證及賠償等項，以解倒懸而雪國恥，無任盼切之至。　四川萬縣各法團機關各學校暨全體人民同叩。

萬縣外交後援會通電

全國各軍政長官各學校各報館各法團公鑒：英人垂涎吾蜀，蓄意挑釁，近三月來，屢唆英輪肇禍，此次萬流淹斃五六十人，交涉尚無頭緒，而英人復於本月五日午刻調來甲輪嘉禾，滿載軍火，不問情由，駛近萬城，即協同原泊英艦威警及科克捷夫，肆以大炮機關槍，掃射兩岸，一時彈如雨注，烟火瀰天，血肉橫飛，慘不忍覩，傍晚始向下游移去。　計是役人民死者數百人，傷者千餘人，如南津街安子堋縣城一帶，俱被焚毀，全邑竟成灰燼，轉徙流離，不知死所。　并聞英人又另調四艦，尚有一番屠殺。　似此絕滅人道肆意殘殺，此而可忍，孰不可忍。　除逕向駐萬楊總帥請求正式提出抗議並籌備防禦外，尚希諸公共賦同仇，一致抗英，外交幸甚，中國幸甚，不勝切禱之至。　萬縣各校教職員英輪慘案外交後援會叩。

英使對於萬縣案之覆牒

為照覆事。　貴部本月十日十四日來照，關於萬縣截留英國商艦問題及關於長江上游中國舢板之沉沒向下列四艦提出抗議等情，本公使業已接悉，其各艦如次：一、天廣號，六月十三日在萬縣，二、萬流號，七月八日在酆都，三、嘉禾號，八月二日在富潭，四、萬縣號，八月二十九日在雲陽（以上艦名均係譯音）。　本公使因長江方面發生戰端，致使普通交通均已斷絕，又因英國駐重慶領事目下尚在宜昌，只能接得關於此案之電訊而已；但重慶英國領事則謂所稱之四案，第一案並未通告於彼，第二案完全已被否決，第三案已交有關之輪船公司參考，至於第四案，英領於肇事之翌日，即電楊森，謂如對於萬流船有所要求，即與該領事署交涉辦理，自能立即公允解決云云。　該領又以楊森對於與雲陽案無關之兩英輪，出以高壓手段，立即前往萬縣，親自辦理該項事宜。　本公使已於十三日與貴總長討論萬流案及由該案所發生之重要情形，本公使擬將下列所接得之事實，為之一述。　萬流號輪船為太古洋行之財產，於八月二十九日在雲陽地方放走搭客時，武裝軍人十六名立即登入該船，擬抓該船為裝運華兵之用，此種行為，實違反於中國發生內地戰爭時，英輪應嚴守中立，不得裝運中國軍隊之條規。　是時適有裝載軍隊之舢板數隻，行至該船（萬流）附近，該輪當即緩行，以避前來之舢板，於是兩岸同時放槍射擊，該船上之軍隊趨入望臺機器室，但被船上官員驅逐。　是時裝載八人之舢板，擬開至萬流船之附近，但因撞碰船尾，有一船漂泊，卒至沉沒，萬流船上之軍人，遂將該船之康白度捉捕，並以殺却船主相恐嚇，且在船中武裝看守，直至該船開至萬縣時，始由英炮艦卡克齊夫爾將該軍人移去。　八月二十九三十兩日，楊森顯係為報復此案起見，在萬縣口岸將太古洋行之萬通號與萬縣號兩輪船擄去，遂即登入軍人三千名，並將萬流船之官員六名扣留。　重慶英領事因楊森拒絕與卡克齊夫爾艦司令交涉案，立即前往萬縣，辦理交涉。　但楊森對於英領之質問，置之不理，亦不釋放太古行之輪船與船員等，俟萬流案解決後方能釋放。　該英領照奉本公使之訓令，盡力主張和平，甚至採取相當法律詢查辦法，但無若何結果。　楊森對於不允向該行索賠償之任何條件，均不表示贊成，而置該案真情於不顧，致一切和平解決均歸失望。　九月五日之英國炮艦威健號與汽艦嘉和號，開赴萬縣救助卡克齊夫爾號艦欲開釋英艦英員。　嘉和艦上海軍有駕駛員四人並其他六十人。　及嘉和駛近被擄英艦、中國軍隊，並未發出警告，即用步槍機關槍向該艦射擊，其他各艦亦受岸上華兵步槍野炮之轟擊；該炮艦爲自衛計，勢須向目的地射擊，聯同萬縣全城包括在內，久則順江退去，救出英員六人，萬通號之總工師，聞已受傷，或已溺斃，亦未可知。 計此役計斃海員三人並常人四名，又傷員二名，並與常人十三名。 本公使未接訓令以前，保留英政府關於該案所提出之一切權利。 但不得不請貴部注意者，即此案之最近原因，純由中國軍事長官之高壓手段，欲徵發英艦爲運兵之用有以致之。 本政府對華內爭素持嚴正中立政策，迭次拒絕允諾英艦運載華兵。 設該軍事長官或其上官有不滿於該英艦之處，其適當方法，應請求駐重慶英國領事調查一切，則萬案必可迅速解決。 不此之出，乃試欲強行截留英艦英員，實屬大錯特錯。 本公使對楊森在萬縣對英艦及英商之行動，亦萬難承認。 楊森爲中央政府承認之川省最高長官，對於英艦英人抗議之方法，寧不之曉？ 今則截留萬縣號英艦，派武裝軍隊駐於艦上，其行動幾等海盜，相信貴部對此行動將不能有所袒護。 貴部所應知悉者，即本政府之有關官員，將竭力設法將萬案就地解決，但未開始討論萬案之先，所截留之英艦二艘，應即交還英當局，無任迫切之至。 須至照會者。 麻克類。 ，一九二六年九月二十日。

英國會中之萬縣事件

路透社二十八日倫敦電：工黨領袖麥克唐納爾今日在下院詢問萬縣事，首相包爾温答覆頗長，言楊森在萬縣拘留英商船以後之發展情形。 首相述及萬縣戰事，謂英人死者艦員三，水手四，傷者艦員三，水手十三；華人死傷尚未能知，但據最近消息，死傷數較前謠傳者爲少；英人要求先釋回被拘之船，然後調查，故已有一船駛回，餘一船亦在途中，俟此船到後，將考慮辦理調查事；英領事現赴重慶，以期解決爭點；至於所詢：（一）華人死傷中有無平民，（二）炮擊萬縣城邑是否受有訓令，（三）英軍艦是否仍遊弋揚子江三問題，須預先提出，方可答覆，故不能遽作答詞云。 保守黨洛克（前香港律師）問在華英國兵力足以充分保護英人利益否？ 首相答稱：刻已在途之接應兵力，計飛機運送艦一艘及驅逐艦九艘，連同現已在華之兵力，可視爲艦隊力充足，目前時局尚未有軍事干涉之必要，是以未遣發陸軍與飛行軍之援應云。 洛克又問政府亦知如粵軍到滬，則上海英人與外人將受危害否？ 首相答稱：此乃假設的問題，渠意今尚未有必須在國會有所宣布之時局。 洛克又問曾否設法與有關係國商酌保護外僑之聯合辦法？ 首相答稱，未曾有之，政府以爲任何有關係國，應各自就事酌視情形，自行決定保護其人民與利益之必要辦法云。 工黨勞倫斯亦有詰問，首相續有發揮。 最後麥克唐納爾問政府曾決意取銷杯葛之經濟條件否？ 首相答稱，外相現公出，數日可回，故渠未便多言，僅可謂此事現已爲政府所注意而已云。

萬縣大屠殺之反響

這番英國帝國主義對於萬縣之慘無人道的大屠殺，當然要引起全國各界民衆轟轟烈烈的大反抗。 不僅中國民衆，即各國無產階級及被壓迫民族亦表同情於萬縣慘死同胞，反抗英國帝國主義野蠻殘暴的擧動。

記者

第三國際聽見萬縣屠殺消息，即刻發表宣言，號召全世界勞動者，切實動員起來反對英國之暴行。 各國共產黨皆已準備實力援助中國，倫敦及柏林且開羣衆大會。 農民國際亦通電抗議萬縣的屠殺。 英國工黨也在國會裏質問保守黨政府關於英國海軍在中國之屠殺。

在國內，民衆反抗之熱烈自可推想而知。 事發後萬縣英美烟草公司工人罷工，萬縣商人亦宣言不買英貨。 重慶聽見屠殺消息，卽有熱烈運動，學生到處講演發傳單；數日後復有三萬餘人之示威大遊行，并派代表劉宗沛到長江下游各地報告。 長江上游俯港工人因此屠殺對英輪罷工。 漢口開市民大會，江浙各都市多有羣衆的講演。 江蘇各縣代表將於上海集議有所表示。 上海市民且籌備大規模之市民大會，以反抗英國帝國主義之屠殺。 厦門亦有講演。 至於各界民衆之通電宣言尤多至不可勝數了。 現在且擇重要團體的通電或宣言登於下：

上海商總會二電

（一）致外交部電　北京外交部蔡總長鈞鑒：英艦襲擊萬縣，人民生命財產，慘遭浩刼，破壞吾國獨立，背棄世界公理，吾國人民，實深憤激。 鈞座折衝樽俎，當國重任，務請提出嚴重抗議，以警英國，醒彼武力壓迫之迷夢而保中華民國之主權！ 附列四項，請卽提出：（一）懲辦兇手，（二）賠償損失，（三）保障將來無野蠻舉動，（四）向吾國政府道歉。 並請鈞部將交涉經過情形隨時佈告，吾全國人民，願爲交涉後盾，並電致各友邦共伸公理。 上海各馬路商界總聯合會叩皓。

（二）致全國各公團電　各報館轉全國各公團公鑒：吾中華民國有四萬萬之民衆，五千年之文化，自民國成國體共和，責任所在，端賴吾民。 日本研究王陽明公之學而興，歐戰以後，歐美各國亦參考中國精神之文化。 今英艦突入廣州珠江，砲擊萬縣，慘殺情狀，令人髮指，蓋已破壞吾國獨立，背棄世界公理，猶復高唱共愛，希圖侵略，此眞亡國慘禍，逼在眉睫。 吾全國人已激厲奮起，共知警覺，爲軍人者，受人民給養共息內爭，以禦外侮，在教育者領導青年，注意精神文化與科學之競進；商則保固有之信用謀國產之發展；農勤畎畝，改良種植之精技，能日益進步；勞資本互助之義，關稅爭自盟主之權，此尤所於實業界也。 天下興亡，匹夫有責，國將不國，家室安在？ 尙古儉樸之風，學近代尙武精神，鷄鳴起舞，共謀富國強民，臥薪嘗膽，毋忘強鄰逼迫，願吾同胞共勉之。 上海各馬路商界總聯合會叩皓。

致駐京英使電　貴國礮艦轟擊萬縣，慘殺人民數千餘人，財產損害，不計其數，破壞中國獨立，背棄國際公法，吾全國人民，共深痛憤。 當此強權消亡公理戰勝之時，礮艦政策早已失其效用，倒行逆施亦徒增吾國民衆之惡感而已。 特此警告！ 上海各馬路商界總聯合會皓。

上海總工會對英宣言

國民革命軍攻取武漢，吳佩孚崩敗，中國民族獨立運動得一絕大進步，不料英人竟百方啓釁。 見之於行動者，如英艦礮擊萬縣，城內大半被燬，死傷我同胞以千計，損失財產建築不可勝數；又以兵艦入珠江，驅逐廣州糾察隊。 見之於言論者，如倫敦等地英報，鼓吹列強共同武力干涉中國，且對於日本尤盡力慫恿 一方又以運艦來華相威嚇。 百餘年來，我國受列強之侵略壓迫，英爲之首，今復有此行動與計劃，敝會願國人驚醒，共同禦侮。 上海總工會。

全國學生總會通電

（一）致國民政府電　國民政府鈞鑒：帝國主義屢以武力摧殘中國民衆，五卅一役，血跡未乾，近復乘機侵擾廣州汕頭，意圖擾亂北伐軍之後方，危及我政府；志不得逞轉而礮轟萬縣，死傷無數。似此直視中國國權爲無物，若不嚴重抗爭，根本取消其在華之權利，不徒死難同胞冤沉海底，卽後生同胞，後患何堪設想！ 懇卽據理力爭，以期雪恥。 全國學生總會叩馬。

（二）致外交部電　北京外交部鈞鑒：英艦礮轟萬縣，死者數千，國權人命，岌岌可危，應由政府嚴重交涉，以維國權。　乃聞貴部默許就地交涉縮小範圍，似此遷延了事，辱國喪權，縱不念死難烈士之含冤九泉，獨不懼全國民衆之齒冷乎？　特電務懇依法抗爭，以杜後患。　全國學生總會叩馬。

（三）通電　北伐軍會師武漢，吳逆逃亡，軍閥政治行將崩潰，中華民族解放可期；乃英艦在四川轟毀萬縣，阻礙我民族獨立，以保持其統治長江流域勢力，又復倡言共同干涉中國，絡繹派艦來華，事實彰明，不一而足。　値此千鈞一髮之際，全國同胞果能繼續精神，一致奮起，百折不回，中國前途庶乎有豸。　臨電迫切，不盡欲言。　全國學生總會文。

（四）通告各地學生會　各地學生聯合會鑒：萬縣屠殺較諸去年滬漢渝各地事件十倍嚴重，總會已一再通告各地學生聯合會一致抗爭。　茲爲切實表示冀有圓滿解決起見，特由總會通電全國各界，建議於十月五日至十二日爲反英運動週，在此週中全國各界應一致提出反對英帝國主義砲艦政策及厲行抵制英貨兩口號，於十月五日全國工農商學一致罷業，舉行大規模之反英示威運動，表示國內民氣之激昂，以促交涉之進展。　望於接到通告後，即行本此意思建議於當地民衆，聯合各團體熱烈進行，盡量宣傳，並通令各校學生會於十月五日全體罷課，以圖喚起民衆，奮發圖存，至爲重要，盼即執行。　總會執行委員會。　九月二十八日。

上海學生聯合會通電及宣言

（一）致全國電　各報館轉全國同胞均鑒：此次英人砲擊萬縣，斃人數千，全縣精華，盡付灰燼；窺彼用意，無非行見我革命勢力近來澎漲，恐將與彼不利，故採取積極高壓政策，示威於長江之上。　務望我全國民衆，勿爲彼所威嚇，一致奮起，誓與英帝國主義反抗，以求中國民族獨立之實現，特此電聞，希即鑒察。　上海學生聯合會叩銑印。

（二）宣言　此次學軍北伐，原係剷除反動軍閥，建立國民政府，救人民於水深火熱之中，故軍行之處，民衆莫不樂與合作，以助其成功；吾人亦早知吳佩孚必然一敗塗地而莫之復振也。　乃英國百計以圖破壞北伐軍之進行，英倫報紙復竭力鼓吹積極政策，聯絡其他列強以實行干涉中國內政，此種野心，直欲吾全國民衆永伏其威權之下而後已。　中國民族解放運動，現已到一重大關頭，吾全國民衆均應努力奮鬥。

二次宣言　同胞乎！　去歲五卅慘案，上海廣州漢口等地飲英帝國主義鐵彈而畢命者，凡數百人；前者之熱血未乾，今者之流血又起，寄生於英帝國主義鐵蹄之下之中國民衆之生命，誠乎其危且殆耶！　此次萬縣慘案，殘暴之甚，千古未聞，所謂十二生的之巨炮，最毒烈而兇猛之磺彈，我萬縣同胞居然又被其轟擊，血肉橫飛，尸骸狼藉，光燭原野，煙霧彌空，四千人民之生命，燈火萬家之繁區，不須臾間一成灰燼，至今焦頭爛額，凄整棲身者，觸目皆是，呼天號地，覓子尋兄者，塞耳猶聞，哀我同胞，誰無父母，誰無兄弟，誰無家室，又何辜而遭屠戮及此！……英人政府復致電在華海軍，嘉獎其無上之威武，所謂最文明之英帝國主義之行爲，原來如是，其對待殖民地之政策亦不過如此也。　嗚呼！　我七千萬之產業均已毀滅，四千人民之生命亦已殞亡！　今置此而勿論一言，恐吾全國同胞均有遭其屠殺之危矣！　同胞乎！　英帝國主義者此種蔑視我國權草菅我人命之暴行野心，吾人視之其亦憤乎否耶？　上海爲全國政治之中心，同時亦爲帝國主義角逐覷食之地，倘對此違背人道之殘酷慘案，仍袖手旁觀，無所表示，則殺人之兇手，勢必撚鬚搖首，爲之竊喜矣。　同胞乎！　事急矣，時至矣，其速一致奮起，對英進行經濟絕交，反對英政府對華之炮艦政策，本會率領全上海四萬餘同學，誓與英人反抗。

……。上海學生聯合會。

（四）致萬縣雪恥會電　萬縣雪恥會公鑒：灰電敬悉。英人殘暴性成勿可理喻，此次貴縣橫遭炮擊，斃民數千，燬房產無算，滬上得此噩耗後，咸以英人此種舉動實有意侮辱我國家，草菅我人命，現已一致奮起進行，與英經濟絕交，反對英政府之炮艦政策。務望貴會堅持到底，敝會及全上海民衆誓爲後盾。臨電神馳，無任盼禱。上海學生聯合會叩敬。

上海各團體聯合會致英領事

駐滬大英國總領事先生閣下：此次北伐軍興乃中國人民自求解放之必[illegible]可免的軍事行動。按北伐軍之唯一目的，在打倒阻礙和平統一之直系軍閥吳佩孚，而廣東國民政府及吾國人民之所希望於吾友邦者，則爲嚴守中立。吾友邦正宜趁此時機取嚴守中立之態度，以打消中外民族間之一切隔膜，而否定國際友誼上之一切讕言；乃不圖自北伐軍興以來，貴國之態度則始終使吾人發生疑慮：廣東國民政府既傾其全力於北伐，而貴國軍艦則橫施威逼於廣東，且使兵士登陸，當北伐軍與吳佩孚相持於武漢時，貴國非特以英國國旗假吳氏，貴國之軍艦且直接向北伐軍攻擊，近且大批軍器資助軍閥，長江英艦，齊集漢口，倫敦消息，尚有對華增兵之議，而香港總督，且已準備下令，襲取廣東，至於砲擊萬縣，幾使城郭化爲灰燼，不一而足。凡此種種，貴國之用心何在，殊非吾四萬萬人之所知，今中外輿論，已公然揭貴國與直系軍閥吳佩孚同其利害，貴國將何以自解耶？　本聯合會代表吾民族意識，特向閣下致忠告於貴國政府，果使貴國此次悍然以武力經濟援助吳佩孚或其他軍閥，干涉吾國內亂，則北伐之失敗，將歸其一切原因於不問，而集中民族仇恨於貴國。如此一方面足以增加吾全民族反英之濃厚空氣外，他方面更促進民族運動之繼續發展，而貴國之在東方信用，將喪失無餘，此則敢斷言者也。望閣下轉遞貴國駐北京公使通告貴國在華海陸軍隊，改正對於此次北伐戰爭之態度，從事實上證明此次已經發生之一切不幸事端，皆非貴國政府之本意，則中英兩國邦交幸甚！世界和平幸甚！上海各團體聯合會。

國民黨部通電

（一）江蘇省黨部通電　武漢克復，吳已覆滅，此爲我國家撥亂反正之曙光，人民庶幾得自由平等之嚆矢；乃英國軍艦駛入蘇州省河，縱兵登陸；萬縣自六月中至八月底止，有民船六艘，爲英輪衝沒，死傷華人七十五人，復砲擊萬縣，使爲灰燼；近更藉口遣大批軍艦。吾人須知此種舉止，决非係僅對付萬縣問題，實含有更大之意味。昨日英倫轉來電訊，儼然倡言列強聯合干涉，實施積極對華政策之怪論。目前情勢之嚴重，關係全國。本部爲此嚴重警告我全民衆：其速毅然奮起，團結一致，以獲得真正之自由與解放。中國國民黨江蘇省黨部。

（二）浙江省黨部通電　各報館轉全國民衆均鑒：鴉片戰役以來，英國所施於我中華之侵略，在政治經濟兩面，無不至乎其極……！今者我國民革命軍北伐之師攻克武漢，英國所卵翼之吳佩孚已見倒敗，我全國民衆感於身受壓迫之苦，對此爲中國民族爭解放之國民革命軍，表示其熱烈的擁護，因之引起英國之恐慌。據連日報載，則英帝國顯欲於我國北伐軍勝利之時，以蠻橫的政策，妨害我國民革命之成功，如聯合日本以壓迫我國之企圖，如用巡洋艦載兵來華之準備，如香港澳洲海軍之下動員，如在長江一帶英兵艦不法之行動，如以三萬具鋼盔運交張作霖，如以軍用品接濟吳佩孚，如在廣州汕頭拘捕我國工人，扣留我國汽船，如捏造關於我國民革命軍不利之消息，如在各地幫助軍閥以妨害我國民革命之種種事實，推其用意，無非欲保持其在華的勢力，永遠宰制我國民衆，以遂其侵略的野心。本省黨部茲特警告全國民衆：我國民革命軍爲爭民族之解放，爲求中國之自由平等，實行打倒軍閥打倒帝國主義，此次北伐關於中國民族之興亡，不徒爲求政治之修明而已；我全國民衆爲自身之利益計，亟應團結一致，嚴重反抗，我全國民衆一德一心，非中國民族完全得到解放中國地位完全達到自由平等，則此種反帝國主義之運動，决不一日停止。存亡在此一舉，時急勢迫，願共努力。 中國國民黨浙江省執行委員會謹告。

（三）上海特別市黨部　英輪撞沉民船，草菅人命，當地官廳不得已將其扣留，以求公平之談判；乃英帝國主義，乃以救其商輪爲名，以砲艦轟擊萬縣，毀滅全城，死傷數千，慘無人道，曠古未聞！嗟乎，我萬縣同胞無故慘斃於英艦砲火之下者，已積屍累累，而各地同胞，猶 秦人之視越人，政府已早昏昧，而我民心豈亦盡死乎？ 五卅之役死傷數十以視今日之萬縣慘案，實爲滄海之一粟，然而吾人能抗爭五卅屠殺者，今豈安忍於萬縣屠城之慘乎？ 彼英帝國主義之砲艦，又繼續開往萬縣矣，第二次屠城之慘劇，將再現於吾人之眼前，吾人之緘默，惟有助長英帝國主義之暴行而已。 且倫敦已派艦運兵來華，實行其鐵腕政策，萬縣之屠城，僅其開端，是以吾人縱能安忍萬縣同胞之慘死，亦將略爲生者得免慘死之道。 國人乎吾人之生命已懸於英艦砲火之下矣，其速取團結一致，實行對英經濟絕交，厲行抵制英貨，以遏其放棄鐵腕政策，否則吾人其爲坐待宰割之奴隸矣。 本市黨部不惜犧牲，誓爲前驅云云。……。 中國國民黨上海特別市黨部。

（四）上海特別市黨部致英工黨議員電　倫敦麥克唐諾爾先生鑒：頃悉先生 貴國下院責問萬縣案，雖道遠未得其詳，然已心感之至。 顧以中國之交通機關，盡在帝國主義者之手，是以帝國主義者在華歷次暴行，均得利用其交通機關散佈不實之消息，以淆惑觀聽。今次萬縣慘案雖發生於九月五日，而本市黨部直至萬縣代表於二十四日抵滬後，始知其異象，至遠在國外，恐不易得正確之消息。 茲特據萬縣代表劉宗沛君之報告，略述其事實於下：在萬縣案以前貴國商輪之往來萬縣宜昌者，常以過度速率浪沉帆船，計潰光輪船，於六月十三在萬縣箱子壩地方，浪沉木船一隻，淹斃人民何興泰，劉吉之張資王素雲傅雲生等十餘人，又萬流輪於七月八日在酆都立石鎮地方，浪沉划子一隻，溺斃川軍營長田雨亭等二十三人，及商會人員張二外有不知姓名之人民數人，又嘉禾輪於八月二日在洛灘地方，浪沉木船一隻，淹斃公安人民張海淑賈郭良崔英偉崔英瑞秦大志共數十人，並沉沒公款六千八百餘元。 四川省政府屢向貴國領事提出嚴重抗議，迄未圓滿解决，詎萬流輪於八月二十九日復在雲陽地方，特開快輪，以致浪沉木船十數只，溺斃人民數十人，官兵五六十人，槍枝五六十支，子彈五千餘發，復沉沒公款八萬五千餘。 此次損失較前數次尤重。 駐萬楊總司令爲顧全國體，保衛人民起見，不得不派兵將該英輪扣留，以便辦理交涉，而貴國軍艦反派兵多名，到該輪將楊部扣船兵槍子彈，一併提去，並擊傷兵士數人，威迫將萬流輪放行，並同時架設鉅砲，直向萬城南津街等處，勢欲轟擊。 楊軍爲保衛地方之於安全，不能不添派官兵。 八月三十日，適該公司萬通萬縣兩輪過萬，楊軍遂將兩輪扣留，以待正當交涉。 萬縣慘案，從此開始矣。

當楊軍之扣留萬通萬縣兩輪也，駐重慶貴國軍艦即派艦來萬，嚴詞恫嚇，令立刻放還兩輪，始有交涉可言云云。 同時貴國兵艦韋克提夫即卸去砲衣，裝置二十生的大砲數尊，瞄準萬縣城，又立即由漢口添派兵艦，並又電宜昌漢口海軍，加派陸兵來萬。 九月五日午後五時半，即由宜昌開來鐵甲英輪嘉禾，架設鉅砲兩尊，機關槍百數桿，艙面彈無數，滿載英兵。 首抵萬城，即逼近被扣之萬縣輪，於五點四十分，水兵突然衝過，並於輪上用機槍快放，開大砲轟擊，扣輪兵士，幾乎死亡殆盡。 同時軍艦韋克提夫號，於五點四十八分，一面開快槍向萬通輪射擊，一面用大礮向萬縣城兩岸亂轟；而威警兵船，亦於五點五十分開排槍，並用鉅礮對準萬城兩岸及南津街商場省長行署萬縣中學楊總司令部等地方放擊；同時嘉禾裝來之鉅礮，亦向上列各地亂轟，硫磺炸彈向準南津街商場地方放射百餘發，以致萬城商場民房，遂成烽火冲天。　計被硫磺彈炸燬之商店，確有二三百家之多，民房之被焚於火者，至少亦有數百計，萬州旅社，亦付一炬，法國教堂（眞原堂）亦被轟燬一角，至於萬縣中學，省長行署，楊總司令部，及其他各處民房商店，亦各中數彈，人民之飲彈而死者，至少在六七百人以上，財產之損失，至少在數千萬以上。　當貴國軍艦轟擊萬縣之時，中國軍隊為自衛起見，曾略施還擊，致貴國水手亦死傷八人。　於此不幸事件中，吾人所當注意者，卽外國商輪軍艦在內河自由航行，已屬有損主權，而商輪往來原以貿易為主，今竟疊次損害華人之生命財產，華人之人權，大背通商互市之意。　卽軍艦駐華亦以保護居留民為主，而竟因與一高級軍官發生交涉事件，乃對於無防衛之城市，施以砲擊，使一般與交涉事件全無關係之華人所有生命財產盡遭損害，其事之嚴重實過於法之屠大買司寇。　蓋萬縣人民事前並無反英之舉動，今日之對英杯葛運動，純為貴國砲艦政策所造成。　杯葛運動今已日益嚴重，而貴國政府又有增派艦隊來華之息，中英邦交之惡化，殆將隨貴國來華艦隊之增加而俱增。　且貴國艦隊在廣州強行登陸，逮捕罷工工人，干涉內河輪船，又在漢口砲擊北伐軍並以高射砲射擊北伐軍之飛機，而同時又運巨大軍火幫某軍閥抵抗北伐軍，類此事實均由中國人民正在奮力打倒軍閥以建設統一的人民政府之意嚮相背。　吾人深信貴國之對華政策，實有改變之必要，而此不幸之萬縣案，更當有公道合理之解決，否則中英邦交，實已無法使其不趨於惡化。　本市黨部深望先生以及貴黨諸同志卽行制止貴國政府之砲擊政策，徐圖挽救之道，實為目前急切之任務。　中國國民黨上海特別市黨部叩

濟難會宣言

（一）宣言　英帝國主義殘殺我國同胞，不圖於五卅之後，又於萬縣見之……炮轟萬縣，全城燬滅，死傷數千，損失百萬，我萬縣同胞，無故慘斃於英帝國主義之下，已足酸鼻；況我全國同胞，隨時有受英帝國主義慘殺之可能，思之能不寒心！　近且倫敦方面已派大隊炮艦來華，我人豈能坐以待斃？　本會為萬縣數千被害同胞申冤與全國同胞以後生命之安全計，願率二十萬會員，與全國同胞，一致反抗，務使英帝國主義不敢再施行其殘暴鐵腕政策，尤望官廳方面，與民衆一致反抗到底，不達目的不止，謹此宣言。

（二）二次宣言　萬縣殘暴事件，本會為維持本於救濟為解放運動而受難者的宗旨，已發表宣言，表示反對。　此次四川雪恥會代表劉君，來滬詳述慘案經過，其大概情形，當為全國同胞所共見。　本會對此殘暴事件，始終反對，蓋此次事變，實出於歷史上英政府本其在中國之特殊的條約的　權，另一方面，又始於草菅我華人之生命的心理，致釀成此次九五的萬縣慘案。　我全國同胞暨世界上主持人道之團體，均已不滿英政府之所為，乃英政府不知悔改認罪，反而又有派遣大批艦隊來華之事，其長惡不悛殘殺人命之暴行，尤見其卽將表現而無遺！　本會敢本第一次宣言初意，對於高壓殘暴行為，嚴重表示反對，務望全國同胞速起團結，嚴重抗議，使英政府知所驚惕，并謀此事善後，而勿再使有類此事件之發生，中國前途，實有賴之。　謹此宣言。　中國濟難會全國總會。九月廿六日。

上海各界婦女聯合會致楊森電

萬縣楊子惠先生鑒：報載英商船衝沒華船，致傷多命，被我公扣留，而英國兵艦竟因此與我開釁，維勤號軍艦竟用大砲轟擊萬城　以致城中損失不貲。　英帝國主義既盡力破壞北伐，復在我長江上游大

虛威嚇，此間聞訊，不勝憤慨。望我公堅持反英勿稍屈服，本會當爲後盾。上海各界婦女聯合會叩魚。

北京新聞界致萬縣日報社電

萬縣日報社鑒：冬電敬悉。英輪橫蠻，兩次砲擊萬城，死傷數千人，損失數百萬，此種酷暴行爲，幾不以人類視我。同人職司輿論，未敢緘默。惟京萬遼遠，交通不便，報紙所載零星片段，未能得詳，務請貴社將肇事詳情及損失確報，詳爲告知，以便據實呈請外交部抗爭，並通電中外，訴請國際裁判。北京新聞同人叩。

四川旅京團體通電

全國各報館各機關各法團暨全國父老昆季均鑒：國事蜩螗，強隣日逼，彼素以稀族歧視我吾華數十年之英人，歐戰以來，變本加厲，滬案漢案九江沙基，屠殺我同胞至再至三。頃讀四川省長楊森通電，英軍艦數艘，竟於本月九日因袒護其迭次撞沉川江民船之萬流商船，大肆兇殘，無故砲擊四川極繁盛之萬縣商埠，燬家千戶，死傷數千，此空前未有之慘劇，實世界人道所不容；且彼既無砲擊之理由，尤復不合國際法上之手續，蔑視公理，侮我國家，視我民命如草芥，等我領土於殖民，猖獗橫行，已達極點。吾國民爲保護國權計，爲保護民族精神計，決應急起高呼，打倒英國強盜，張我民力，振我國威，一面督促政府嚴重交涉道歉，賠償損失，一面全國一心，繼續抵制英人仇貨，再勵再接，驅逐此獠。吾川民苟一息尚存，決願負矢前驅，與我全國同胞，共同努力殺賊。特電陳詞，磨礪以待，邦人君子，其共鑒之。北京川政協進會，旅京四川民黨聯歡社，四川法友社，四川交通協會同叩篠。

四川旅寧同學會通電

四川各報館轉全川父老兄弟諸姑姊妹諸鑒：頃見報載英輪用大砲轟擊我萬縣縣城，同胞中彈死者達二千人，房舍燬成爲廢墟，誠空前絕後之大屠殺也！英人近更以武力威脅楊森，在宜昌裁判，使我全川父老，鞭長莫及，一面增加內河軍艦，以期武裝示威，蠻橫迫脅，而博得非法條件。我全川父老，須知英人謀我已非一日，以不平等條約爲護符，日肆侵略，滬漢粤渝諸案，相繼而來，全國大埠，塗遍血跡，每一念及，令人髮指！今也五卅事件未終、而屠殺我萬縣之聲又起，人爲刀俎，我爲魚肉，其忍坐待帝國主義之屠戮乎？同人桑梓情殷，不忍聞我萬縣同胞橫遭屠殺，更不忍國權之淪胥，誓與英帝國主義奮鬥到底，並望全川父老一致起來，保我民族，固我國權，謹提下列各項，願與全川同胞共同奮鬥，誓不達此目的不止。（一）收回內河航權；（二）永久禁止英艦駛入內河；（三）廢除一切不平等條約；（四）懲辦肇事海軍官佐；（五）賠償一切損失；（六）向我政府及全川民衆道歉。

天津大川同學通電

全國各機關各法團各報館暨父老昆季均鑒：九月五日英艦在萬護袒肇禍英輪，砲轟縣城商店民房，擊毀甚夥，人民死者數逾二千。嗟彼英人，似此橫逆，蔑視正義，滅絕人道，殺我同胞，蹂我國土，少有血氣，其孰能忍？同人聞耗，悲憤異常。概自鴉片戰後，英路吾國，日極其術，近更乘我國家多事，大肆兇殘，希冀威迫，逞其野心，客歲滬漢潯粤慘案繼生，舉國鼎沸，共謀抵制，犧牲偉矣，代價云微，病之所在，俱非交涉不力，民未持久，彼強吾弱，視無能爲，故後敢肆無忌憚，續演此次空前未有之慘劇。嗚呼噫嘻，長此不圖，國何以立，民何以生，爭國權，保民命，張正氣，護人道，凡屬國民，責無旁貸，自應疾起奮呼，羣策羣力。一、責成外交當局嚴重抗議，不達勝利，不能稍止；二、團結民衆，協力一心，督促政府，聲援外交；三、繼續抵制英貨，不與作工，不供給彼之材料，實行與之經濟絕交，以制其死命，努力奮鬥，終始不渝，期作根本之圖，爲一勞永逸之計，誓殲其兇燄剷其勢力而後已。同人不敏，除電請楊省長就地嚴重交涉外，願與我全國同胞共勉之。邦人君子，諒有同情，迫切陳詞，幸共垂察，不勝待命之至。天津國立北洋大學四川同鄉叩。十五年九月二十四日。

旅滬川人萬案後援會宣言

鐵血主義，砲艦政策，此英帝國主義之侵略偉論；屠殺焚燒，攻城掠地，此英帝國主義之掠奪行爲。近百年來，英帝國主義之對待中國，壓迫中國，無所不用其極。如鴉片戰爭，啓列強利益均沾之漸；如聯軍之役，開各國壓迫中華之端。莽莽神州，始有瓜分之議，繼年共管之說，皆彼英夷，爲之厲階。興念及此，良堪浩歎。民國成立，英帝國主義乘中華根基未固，更不惜大施毒計，勾結軍閥，爲彼工具，顯然以太上政府自居。廿三年來，如去歲上海之五卅慘案，今春北京之三一八事件，雖直接導源於日本，而集其大成者，實在英國。學生工人，親罄市民，碧血未乾，霹靂一聲，萬縣慘劇，又告開幕。英帝國主義之殘暴慘酷，至今日而極矣。當英輪在雲陽浪沉民衆之初，依國際慣例，即應停泊該地，靜候當地官吏與駐在領事交涉談判，乃英人計不出此，於當地官吏扣留肇事輪船時，反使駐泊軍艦，開始攻擊城市。照國際公法，其駐泊該處兵艦，平日僅含有保護及調停性質，非遇兩國正式談判破裂邦交斷絕時，不得擅開兵釁，即在兩國交戰期間，亦不得向通商市鎮砲擊。而英人竟一再而三，視友邦若敵人，等人命如草芥，砲轟萬城，焚燒房舍，屠殺人民，動以千計，損失財產，更以億萬，誠亙古所未有，世界所未聞，英帝主義之待我中國，直埃及印度之不若，尙何有於國際之關係？邇證報載，英帝國主義之蠻橫獸行，壓迫中國，猶以爲未足，復變本加厲，陸續調來大批軍艦，擬作第二次第三次之攻擊萬縣以及全國各地之舉，咄咄逼人，嗟我國民，當有噍類。同人身在黃浦，心繫鄉處，消息傳來，義憤填膺，桑梓遭斯慘禍，史屬責無旁貸，特於昨日召集旅滬各團體聯席會議，僉以英人蔑視公理，侮辱國體，莫此爲甚，倘一息尙存，罷課，罷工，罷市，舉行總罷業，督促政府，據理力爭，切勿再蹈往日外交因循退讓之覆轍。同胞們，時急矣事危矣，其速奮起，努力殺賊，一同趨於下列之目標，（一）打倒帝國主義；（二）打倒英國砲艦政策；（三）不與英人服務；（四）實行經濟絕交；（五）廢除中英間一切不平等條約；（六）中國民族解放萬歲。四川旅滬各團體萬案後援會啓。九月二十八日。

旅鄂川人宣言及通電

（一）宣言　帝國主義之英國蔑視公法，殺我同胞，已非一次，溯自上海五卅以後，沙面漢口九江重慶各地慘案相繼而起，懸案至今未結，今更肆行橫暴，竟派出兵艦砲轟萬縣之慘劇，死傷人命，在三千以上之多，損失財產，在千萬以上之巨，而肇禍原因，竟與人民毫無關係，天下忍心害理之事，詎有過於是耶。查英輪行駛川江，浪沉民船，積案百計；從前政府，以邦交爲重，遇事遷就以致養成英國驕橫之慣。茲於八月念九日駐萬楊將軍由雲陽雇乘小船運餉抵萬，遭英國商輪名萬流者，上駛至萬時，與餉船遇，故開快車，竟浪沉木船二隻，划子一隻，溺斃官佐三員，士兵五十六名，船夫居民十八名，損失槍支五十隻，餉款八萬五千元。輪到萬時，楊部派員破查，率兵赴該輪查訊情形；詎英兵艦科克捷夫派兵多名，勒提該員弁兵槍支，同時開槍擊傷士兵數名，並將大砲直指萬城，勢將轟擊。楊森派人交涉，且與英領事談判，該領事理屈詞窮，因羞作怒，同日率威警艦嘉不輪載英兵數百名，用大砲掃射，全城房舍，半被焚燬，並於萬縣對河之陳家壩，亦以大砲轟焚，血肉橫飛，死傷狼藉，哭聲震地，慘不忍聞。視此蔑視國權，慘無人道，同胞何辜，罹此屠毒！夫人民肇禍，責在政府，向來外交，莫不如是。茲肇事者爲政府之官員，該英人竟遷怒於民衆，而施此殘酷之手段，是直視我中國民族牛馬奴隸之不如。此次慘殺，在我萬縣同胞，不過受目前之痛苦，將來愈出愈奇，恐我四萬萬民族，不至於同歸於盡不止。同人等遠居漢上，聞之痛心，已於九月二十三日成立後援大會，除呈國民政府及四川省政府向英兩事提出嚴重交涉外，當衆議決，取不合作主義，實行經濟絕交。此後凡我國人，悉與英人斷絕關係，即由本會監督執行。特此通電全國父老兄弟諸姑伯姊，一致奮鬥，必期達到目的而後已。伏望全國同胞，毉於兔死狐悲，起而援助，俾歷次慘案，得有正當解決，我七千萬川人，無不同聲感荷。謹此宣言。

（二）向全國呼籲電　全國各省暨特別區各軍師旅各機關各法團各學校各報館各愛國團體均鑒：英帝國主義者本其侵略政策，實施高壓手段，英輪兵艦，任意航行內河，浪沈民船，漂泊民貨，積案數百件，無法結束。此次凶燄益張，竟開砲轟萬縣及對岸陳家壩南津街等處，焚燬民房千餘家，死傷人民數千計。幸萬縣駐軍不畏強權，力持正誼，與英領嚴重抗議。同人等遠在漢皋，逖聽之下，悲憤莫名，已於九月廿三日在漢成立旅鄂川人萬縣慘案後援會，并電四川同胞努力奮鬥，堅持到底。特電呼籲全國各界同胞，一致援助，同人等當盡力所能以爲後盾。臨電迫切，不知所云。旅鄂川人萬縣慘案後援會叩。

廈門各界後援會通電

上海時事新報中報轉海內外各報館各社團暨國民公會鑒：此次英艦砲轟萬縣，焚燬慘殺，又強佔粵西堤碼頭，搗亂能工飯堂，擅捕糾察隊，在汕扣留巡輪，兇毆糾察隊水手，種種暴行，顯違公法。五卅慘案，國人痛恨未已，今又在蜀粵逞兇，橫上加橫，居心叵測，凡屬國民，同深憤慨！敝會願率廈民爲外交後盾，除進行第一步工作，分隊宣傳英酋暴行外，甚望海內外同胞急起對付，爭回國權，臨電不勝憤激之至！廈門國民外交後援會銑。

The Guide weekly

嚮導

週報

第一百七十五期

目次

一九二六年十月十二日

怎樣紀念今年的雙十節？

述之

在今年的雙十節裏，我們劈頭碰到的有一個偉大的新的現象，民國十五年所未曾有的現象，便是辛亥革命的發源地武漢現在又回繼於辛亥革命的北伐軍手裏來了！　這個現象不僅在目前的政局上有偉大的意義，便是在全中國民族革命運動的歷史上也有偉大的意義，尤其對於我們今年紀念辛亥革命的雙十節更是非常之有意義而有趣味的一回事啊！

辛亥革命自武漢起義而全國響應，不數旬而東南各省全爲革命軍所有，當時革命軍的聲勢震動了全國，全中國的社會階級都起了搖動，而傾向革命軍，這一次北伐軍攻下武漢之後，對於全中國的影響差不多與辛亥時相等。　現在國民政府已佔有整個的兩廣二湖，三分之二的江西，還有輸誠的貴州和四川，甘肅與陝西河南的一部分也在與國民政府聯盟的國民軍之手，在地域上可以說三分天下有其一，尤其是全中國的被壓迫民衆甚至資產階級（如上海的虞洽卿王曉籟等）差不多都傾向於國民政府，最有意義的是北洋軍閥指揮下的小軍閥也都搖動起來，或明或暗地向國民政府輸誠。　這種現象證明了什麼？我想誰也不能否認這是證明中國的民族革命潮流又到了高漲時期，換言之，便是中國的民族革命潮流又回復到辛亥革命時的狀態來了。這是何等有意義的現象啊！

但是這種現象雖然是最有意義的現象，雖然是辛亥革命十五年來最可樂觀的現象——可是在另一方卻有很大的危險，和辛亥革命時的危險一樣。　辛亥革命可以說完全是犧牲在袁世凱和英國帝國主義之手。　因爲當時革命的對象——滿州政府，差不多已完全毀壞，如果沒有賣國賊的袁世凱和供給大借款於袁世凱的英國帝國主義，辛亥革命的結果決不會至於那樣失敗的。　現在北伐的對象——吳佩孚，又差不多成了當時的滿州政府，可是英國帝國主義又找到了一個袁世凱——孫傳芳，英國帝國主義又以全力幫助孫傳芳起來代吳對付北伐軍，防礙北伐軍的發展。　牠不僅幫助吳佩孚孫傳芳，并且還直接打擊北伐軍，擾亂北伐軍的後方（如英艦在廣州汕頭梧州等處之直接行動），公然提倡國際干涉，到處挑釁（如萬縣屠殺）。　總之，英國帝國主義又用辛亥革命時的故智，企圖維持北洋軍閥的統治，阻礙南方革命勢力的發展，以遂其任意侵略中國之陰謀。　這是何等一件危險的事啊！

現在正在國民政府的北伐軍與英國帝國主義的工具孫傳芳爭死活的緊急關頭中，全中國被壓迫的民衆應該起來注意啊！　如果這次北伐軍失了敗，那便是等於第二次辛亥革命的失敗，那便是等於第二次的袁世凱和英國帝國主義的勝利。　現在全中國被壓迫的人民都應起來以全力擁護北伐軍，以全力反對孫傳芳和強盜的英國帝國主義。　現在有一班先生們又在高唱和平，其實這個和平把戲，便又是辛亥革命時的老套，是當時袁世凱對於南方革命軍的緩兵之計的老詭計。　全國被壓迫的民衆們應該認清這個詭計，應該瞭解我們被壓迫的民衆對於英國帝國主義的走狗孫傳芳是不能有和平的，因爲孫傳芳本身便是眞正和平之障礙物。　要想得到眞正和平只有先剷除這類防害和平的障礙物。

全國被壓迫的民衆們，辛亥革命的結果完全被英國帝國主義所扶植的走狗袁世凱所犧牲了，辛亥革命所給與人民的一切權利——約法所載的言論出版集會結社等自由權利——完全被袁世凱所毀碎了，中華民國的人民十五年完全是在帝國主義尤其是英國帝國主義和北洋軍閥之最殘酷的壓迫和無情的剝削下過最悲慘的奴隸生活。　現在繼續辛亥革命的北伐軍佔領了武漢，辛亥革命的高潮又高漲起來，中國人民的奴隸生活似乎有解脫的新希望，可是英國帝國主義及其走狗孫傳芳又在這個新的希望面前橫着，又想將目前的中國拖到袁世凱的黑暗時代裏去。 全國被壓迫的民衆們，這是我們的生死關頭啊！ 我們在這個雙十節裏，應該以堅決的精神來擁護繼續辛亥革命工作的北伐軍，以全力擁護北伐軍的勝利，以全力反對英國帝國主義，反對英國帝國主義的走狗孫傳芳，這是我們今年紀念雙十節的唯一工作。

我們現在怎樣爭鬥？

獨秀

醉夢他自己以武力統一中國的吳佩孚，已由武漢而敗退到鄭州，只落得奉張鼓掌稱快和孫傳芳乘機出頭。 現時在吳佩孚名義之下的部隊，雖號稱尚有十萬，然不獨戰鬥力薄弱，而且各自欲覓得地盤，不能為吳佩孚反攻武漢而戰了。 其中由國民二軍由靖國軍改編的部分，還要乘機倒吳，吳佩孚的勢力是要根本消滅的了。

繼起的孫傳芳是否能以成功，全看他在鄂贛邊界和北伐軍戰爭之勝敗和奉軍是否乘機南下奪取蘇皖。

奉軍尤其是張宗昌軍，急欲以援吳名義擴張地盤，以安插其有功將領；然為吳佩孚孫傳芳陽求援助陰拒其派兵南下所阻，現時只得且用全力經營直魯及熱察二特區，將來再觀變而動。

孫傳芳若在鄂贛得到勝利，則奉據北方，孫佔長江，國民政府僅保有南方，直系軍閥勢力倒了一個吳佩孚，又起來一個孫傳芳，中國政治將更陷入混沌局面。 孫傳芳軍若在鄂贛失敗，則直系勢力全滅（靳雲鶚在河南，四面受敵，非依奉必依國，即表面上勉強存在，亦不能自成一派獨立的軍閥勢力。） 奉魯軍遲早必南窺蘇皖，這時便會形成國奉南北對峙的局面。

如果到了國奉南北對峙的局面，中國的政局，將由混沌而轉入活潑，或者由軍事爭鬥暫時轉入政治爭鬥；然而是否真能如陶孟和先生所希望『由戰爭到政治』呢？ 當然還不能。 要真能由戰爭到政治，至少必待奉軍退出關外。 因為軍閥勢力未消滅，在民主派統一政權代替軍閥的軍事專政以前，國內戰爭是不會停止的。

因此，我們要真能由戰爭到政治，要真能得到和平，便應該懂得現在及最近的將來要怎樣爭鬥了，怎樣為到政治到和平而爭鬥：

第一步是要消滅孫傳芳勢力；

第二步是要消滅奉張勢力。

這兩個軍閥勢力是目前中國半封建勢力之代表，消滅了他們，才能夠停止內戰，才能夠由戰爭到政治，才能夠得到和平，才能夠走上民主政治的路，才能夠使中國歷史由半封建時代進化到資本主義時代；全國革命的民衆及接近民衆的軍隊，應該一致向着這個目標前進！

廣東湖南湖北這些省分的民衆，應該努力擁護國民政府的政權，努力助北伐軍擊破孫傳芳侵入湖北江西的軍隊。 東南各省民衆，應該盡可能的力量驅走孫傳芳的駐防軍，為實現地方自治政府而爭鬥，至少農民商民不應該再以納稅出捐形式幫助孫傳芳做擴張地盤的軍餉了；知識界言論界不應該再以中立態度助長孫傳芳的野心，更應該起來揭破奉直軍閥以討赤來欺騙人民的假面具。 尤其是東三省的民衆，應該盡可能的力量阻止奉軍南下援助吳佩孚與孫傳芳，更進而在軍事上在財政上，搖動奉系軍閥統治的基礎，一直到武裝響應國民政府和國民軍討奉戰爭。 西北各省民衆，應該與國民軍合作，肅清吳佩孚在陝甘的殘餘勢力，更進而援助國民軍向奉軍反攻。

國民政府眼前的緊急爭鬥，自然是擊退孫傳芳之進攻，非此不能保持此次北伐已得的勝利。　同時，對孫傳芳戰爭一有結束，「國民政府對於所統治的省分尤其是廣東，即須儘可能的力圖民主政治之建設，力助民衆的組織力和武裝戰鬥力之發展，盡力來肅清境內的半封建勢力，如貪官污吏劣紳地主土豪工賊等，如此才能充實南方民主派的實力，繼續北伐，完成民主革命的爭鬥」。

國民軍欲圖向奉軍反攻，必先盡力與民衆尤其是農民合作，以鞏固其在陝甘的政權。　特別是對於西北各省回民，須有適當的政策，不損礙其政治上經濟上的生存權利，以引導他們參加全國的民主革命爭鬥，至少也要使他們不妨害此爭鬥。

現時中國的政治爭鬥，是民主主義勝利呢，還是半封建的軍閥勝利，這要看我們是怎樣爭鬥和爭鬥的努力至何程度了。　現在確是中國歷史之一重大時期！

中國民衆速起反對英國之對華干涉政策！

馬恩

英國保守黨政府，英國工人階級的壓迫者，決定來干涉中國了。楊森扣留二英輪事件，遂給英國以很方便的藉口，其方便處約可分為三方面來說：

第一、英國與吳佩孚系楊森之衝突，不啻可以向列強確定證明，北京政府之無力，甚至於不能統制承認該政府的軍官。　從此求得結論，便是列強必須聯合起來以武裝的力量保護外國人在中國的資本。

第二、英國與北方軍閥之衝突，不易於引起民衆的反感，因為民衆敵視吳佩孚及其同系的軍閥，是英國人所熟知的。　衝突的地點離開大都會及工人中心很遠，這也足以隱蔽事實使萬縣事件不易於被幾個『鼓動家』『利用』去做反英的宣傳，如上海五卅屠殺一樣。

第三、英國炮擊萬縣，焚燬全城，一開始便轟斃了五千的無辜人民，這樣便是給予中國民衆以絕大的恐嚇，使之戰慄於英國帝國主義砲艦政策之前，拜伏於地不敢動彈。

英國資產階級對殖民地政策及其在殖民地刼掠，積蓄了三百年的經驗，其手腕自是巧妙不過。　此次的動作，讀者自然可以看出，是十二分巧妙的。　然而事變的發展竟出於英國資產階級意料之外。

對英國帝國主義的第一個打擊，便是美國拒絕參加干涉中國。而且，美國駐華公使竟鄙笑干涉幅員廣闊的中國這種想頭，為完全的幻想。　日本也跟着美國出來反對。　日本報紙說：『大不列顛對華的傳統之鎖鑰，是『干涉』。　在英日同盟時代，日本熱烈地贊助英國的干涉政策，但這種幫助對於日本是值價甚鉅的。　英國人能夠從武裝干涉中國之中得着利益，日本人則祇有失敗，因為中國民衆的仇憤永遠是轉過來反對日本。　日本民衆應該尊重（！）英日同盟，然而不應該忘記這同盟的約章早已不存在了。』　在日本之後，法國也來拒絕干涉。　這樣，在國際舞台上，現在就不是中國一國對抗帝國主義列强的聯合，像英國報紙所恐嚇的，而是英國處在完全孤立的地位了。

英國計劃的第一點現在已經失敗了。——保不定碰着機會牠還要拿出來應用。　他的第二點計劃，也是同樣的失敗。　在萬縣事件中，中國民衆感覺得，並非英國帝國主義與中國軍閥之偶然的衝突，而是英國帝國主義向全體中國民衆武裝進攻之序幕。　除張作霖，這班國際帝國主義忠實的憲兵之外，中國一切社會分子連曹錕賄選國會議員在內，都起來反對英國人。　北京政府受輿論的逼迫也起來抗議這種駭人聽聞的屠殺。　英國人聽見各種社團對萬縣屠殺之抗議聲，自然感覺不大快活。　所以京津太晤士報歎息說：『顯然有個時候，連南方人的事業（即國民革命）之「家賊」也能夠有道理。……在這所謂民族運動中，有一種奇異的論理：全體拿住一個中國小販（陳阿堂）之死和一個海盜（楊森）之懲罰……利用之，以爲宣傳的材料。』 英國報紙本想向全世界人說，民衆的憤怒不是反對英國强盜，而是反對楊森的。 京津太晤士報曾經說：『大家都知道，民衆厭惡本國軍事權力，比厭惡英國軍艦還要厲害。 四川的外僑絕不怕民衆對他們有何敵視。』 可是不過數日之後，僑居四川的一切英國人，都迫得離開四川的重要城市，以避免民衆對他們之日加一日的敵視了？

英國人不能始終隱蔽萬縣事件之眞相。 反對英國帝國主義砲擊無武裝的民衆之運動，像洪濤一樣普遍於全國。 正在開始之反英運動週，證明英國人的傀儡政策實在恐嚇不住中國的民衆。 武裝干涉中國的巧妙計劃，現在各方面都失敗了。 英國帝國主義只好自認晦氣而已。

大家都不要忘記了英國强盜在萬縣所做『英雄事業』之報告：全城擊燬，羣衆死亡。死傷至五千人。 這便是偉大的英國保護其資本之手段！

我們現在試讀英國報紙。 英國方面究竟損失多少呢？ 死者不及一百個兵士！ 我們試讀九月二十九日的字林西報：『中國人自然想在英國軍艦二次駛往萬縣以前交還二輪，可以避免第二次的進攻。 這就給英國人以便利的機會，證明交還二輪僅僅是第二次進攻計劃的小起點。』 這幾行字的著者是一位美國的新聞記者，他替英國資本家服務已經有了十五年，他的意思隱約是說，英國砲艦應該作第二次的進攻。 砲擊長江流域一切城市嗎？ 使長江兩岸居民化成灰燼嗎？ 他難道想重演安黎察（印度北部之一城）的慘劇嗎？ 在那裏，於一九一九年四月，有一萬印度人（內有女人和小孩）在一公園內開和平的會議，但英國人即在公園門口安下機關槍，當羣衆驚惶奔出過門時，機關槍齊發，一切人都成砲灰了。 這一天晚上，全城居民都在鞭笞之下拜伏於軍官面前。

我們不知道，這第二次進攻的計劃將如何的廣大，如何的兇猛，才能使居爾伯爾先生及其他吸血的英國强盜滿意。 但我們知道，第二天，三十日，這位居爾伯爾先生復在字林西報上痛哭流涕的說：『第二次進攻沒有了。 軍艦駛往上遊不過爲通常的自衞而已。……和海盜楊森代表之交涉已將二輪討回。 因此，我們的官員以爲二次進攻的工作已經完了，而且告訴我們，沿江上駛的小艦隊，絕不是爲進攻（卽居城）而用的。 他們似乎說是爲尊重（！）廣東的先生們及其俄國「上司」的意見。』

英國帝國主義在華宣傳德意的鼓動家很想把事情裝點得好像英國在華的行動都只是使領的不好。 然而同日字林西報復登載英國國會中關於中國事變的質問及首相鮑爾溫的答復。

第一問題：『在華英國兵力足以充分保護英人利益否？』

答：『刻已在途之接應兵力，計飛機運送艦一艘及驅逐艦九艘，連同現已在途之兵力，可視爲艦隊力充足。 目前時局尚未到有軍事干涉之必要。』

第二問題：『曾否設法與有關係國商酌保護外僑之聯合辦法？』

答：『未曾有之，政府以爲任何有關係國應各就事酌視情形，自行決定保護其人民與利益之必要辦法。』

首相還說了許多關於中國狀況的話，但路透社不知何故幷未報告過來。 可是，就路透社所已報告的看來，已經就很明顯了。 英國帝國主義者退步了，第一因爲列强不和他們一致行動，第二因爲中國一切階級的民衆聯合起來堅決的反對英國帝國主義。

然而危險仍然存在。 英國艦隊正向中國海岸開來。 中國民衆反抗的呼聲祇要稍些低落一點，英國帝國主義干涉中國的嘗試又要開始了。

這一反英運動週便可以向英國資產階級表明，中國的工人農民學生和商人，是在自衛着，并永遠不會忘記英國帝國主義的狡獪陰謀。

英美在遠東的報紙與中國事變

馬恩

北伐軍佔領漢口以前，英國在遠東的報紙彷彿裝做對於北伐勝利不甚措意的樣子。　京津太晤士報甚至造出整個的理論，說明北伐軍必歸失敗。　照這個報紙的見解，中國軍閥，在其基礎地盤附近行動而與其他獨立的軍事勢力結成同盟時，是時常會得勝利的。　戰勝的軍閥一經開始擴張其勢力範圍，兼併其他紀律較劣的或半獨立的軍事勢力於自己根本的軍事中心內，於是自己根本的軍事中心的戰鬥力反因之削弱，而其軍事組織之解體乃是早晚間問題。　吳佩孚便時常如此，張作霖也是如此，去年馮玉祥亦是如此。　這個報紙及預言，蔣介石一定也是要失敗的。　說到北伐軍幾次單個的勝利時，英國這班在遠東的新聞記者總是說，這是勇敢的蘇俄人員在那裏指揮。

但北伐軍前隊到了武昌城下之後，帝國主義的報紙便改變他的對北伐軍輕視的態度了。　上面所說的那種『歷史的』理論便丟開一邊，而字林西報竟恐慌起來，老實不客氣的問孫傳芳——這個唯一還能夠挽回局勢的軍閥——乞援了。　字林西報九月三日的社論說，孫傳芳如能善用其優勢的地位，側面攻擊北伐軍，給北伐軍以致命的打擊，那他便將受全中國的尊敬。　孫傳芳，你在吳佩孚下手做了光榮的事業，現在吳佩孚的位置顯然空閒着，你應該來代替他！

英國帝國主義在中國的機關報，發出這種失望的呼聲，其原因是可想而知的。　北伐軍威嚇了英國對中國內部商業的中心——漢口。　北伐軍佔領漢口，卽無異乎扼着英國在長江商業之命脈。　廣東政府勢力影響到長江，卽指示排斥英貨的運動將實際蔓延於中部各處了。　自從北伐出師以至最近，英國在華報紙總把戰中兩方勢力看做是一坵之貉沒有甚麼好壞的分別。　英國報紙既然天天歎息中國沒有眞正的政府，便自然不能把廣東政府看做是反叛北京政府的。　由此，另一家英國報紙，大陸報，幾日前便發問：爲甚麼要停止長江的商業呢？　難道因爲南方軍事的干涉嗎？　大陸報以爲現在不是內戰的問題，乃是簡單的兩派强盜火併的問題。　他們并沒有『眞正的』政府做後援，他們祇想割據中國肥美的地方。

然而在中國以外的英國報紙，對於廣東政府和軍閥政府兩方原則上的差異問題，却比較的坦白些說出來。　我們可以舉在日本出版的有力的英國報紙，Japon Chronicle，之言論以爲代表。

『我們應該注意南方。　南方有較大的政治天才，在民治方面有較進步的表現，這是很顯明的。　可是這一事實并不能作我們決定政策的方針。』

我們知道，決定英國對華政策的，自然另是一種方針。　在同一論文裏，這個報紙又說：

『在中國，投放有許多的英國資本，不僅在外國公司和工廠上，而且在鐵路航路及其他社會設施上。　廣東的理論家能夠把這些資本看做是殘酷的剝削。　他們的見解或者也是對的。　但列强對其投放於中國資本的見解，并不是這樣。　列强以爲他們的人民得着了合法的利益，他們是有權利保護這些利益的……。

像英國一類的國家，那樣注重國外投資，那樣需要國外投資所得的利息，自然提出這些資本的安全在『民族自決』或其他好聽名詞上面。　如果有人要說明自由的和自尊的國家，比起那充滿仇憤和怨望的國家，是更可靠的債務者，那麼，便應答覆：債權者的利益問題，最好是讓債權者本身來解決。』

這一篇論文的論調是很可惡的，同時也是很明顯證明英國資本對於廣東所擁護的政綱、已經不是視如不見了。英國人不願意在中國談到原則上的話，這也是我們所很瞭解的。美國報紙對於原則上問題，却完全與英國兩樣。

我們能夠致疑於唯一的美國在華報紙密勒評論，是不能眞實反映美國統治的資產階級對於中國事變之觀點。然而從美國來的消息（譬如亞細亞雜誌中國於太平洋學術會的辯論）告訴我們以美國一般論很強的傾向廣東，這却是無可致疑的。密勒評論的論調是很可注意的，然而我們切不可過於看重他是美國對華政策的正式論調。

密勒評論在北伐出兵時便比一切帝國主義報紙首先瞭解并說出這次的南北戰爭根本上與從前歷次軍閥間的衝突不同。誰是誰非我們且不管他，但我們須明白，廣東與奉直軍閥所分別的，即在廣東方面有一個政綱。國民軍和蔣介石統率下的軍隊以『國民的軍隊』爲名，而且也注意於兵士的關於民族問題之教育。他們的敵人究竟爲甚麼而戰呢？吳佩孚說是以武力護憲，孫傳芳大概也是這種思想。孫傳芳以爲在目前形勢之下，最少需要五年來養成個人的力量——個人的精神和刺刀的數量，以統一中國。他，孫傳芳，大概以爲孫傳芳就是主持這事功的人才。

美國報紙的這種觀點，重要的還不在他以爲廣東不至妨害美國利益的論調，而在他所取的態度。我們還須注意一點，即美國報紙沒有一個字說到英國報紙所鼓吹的武裝干涉。甚至於英國宣傳所藉口的萬縣事件，在密勒評論中也是一聲不響的。

寸鐵

孫傳芳章炳麟的雙簧

章炳麟勸孫傳芳討蔣的支電，不但高叫『迫切陳詞，爲國呼籲，爲民請命。』并且責備孫傳芳不應『宴安江左，偷引歲時。』其實這道將近一千字的電報，乃是孫傳芳特別拿出一千塊大龍洋，叫章炳麟如此這般的。這豈不是他倆在那裏唱演雙簧嗎？（實）

好一個有節操的章炳麟！

章炳麟今夏在蘇州什麼平旦學社講學說：『文學當重氣節，明末清初顧亭林先生之文學，爲後世所推崇，亦以其氣節耳，後人文章或能及之，而節操品概，往往不逮遠甚。即如古人楊雄韓愈，其文章雖好，而一則崇拜王莽，爲當時帝王所雇用，志氣消沈，一則重視富貴利祿，乞憐求援，廉恥喪失，氣節皆不高超也。』我根聽了他這段話的人，不渾身肉麻，便誤以爲是他自己痛責自己。以一個同盟會會員，首先向張之洞乞憐求援，乞憐不成，又派何震（劉申叔之妻）到端方處運動投降，首先通電說統治中國非項城不可，稱孫黃爲小醜，章炳麟的氣節安在？王莽比袁世凱總算略識詩書，而且楊雄在王莽朝，也並未曾像章炳麟榮任籌邊使大擺勳章那樣出醜；韓愈固然上書宰相不忘利祿，然而當時的宰相，也還不像現在的什麼鎭威孚威這樣作惡，韓愈更未曾像章炳麟爲區區一千元替孫傳芳搖旗吶喊，且稱孫傳芳爲神武這樣的『廉恥喪失』。（實）

妙哉孫傳芳的三愛主義！

孫傳芳看見孫中山有三民主義，他也發明了一個三愛主義來抵制：一、愛國，二、愛民，三、愛敵。我以爲孫傳芳對於他自己發明的主義，都曾一一實行，却不是空談，他愛他的五省孫國，他又愛他的子民傳筱庵，他尤其愛中華民族的敵人英日帝國主義者，曾爲英日帝國主義者祕密鎗殺了劉華。（實）

好個中國和平之奧祕！

教會辦的時兆月報上說：『在上有權柄的，人人當順服他，凡掌權的都是上帝所命的，當得糧的給他納糧，當得稅的給他上稅，當懼怕的懼怕他，當恭敬的恭敬他。』這段話非常智慧，乃由偉大的上帝所說。中國和平之奧祕包括其中。今中國若遵行此話，國中就有和平，倘輕視之，就必興起騷亂紛爭。』（見該報本年七月號裴以文做的『中國可享和平麼』一文中。）青年們注意呵！照基督教的教義，中國若要享和平，只有遵行上帝的話，服順所有中外掌權的人，懼怕他，恭敬他，切不可再說什麼『打倒帝國主義』『打倒軍閥』了！（實）

研究系主張社會革命!?

前幾日我們看見研究系的機關報，否認國民革命可以成功，否認國民會議可以召集，否認商會農會工會教育會學生會可以代表人民，一切都否認乾淨了，不見他們在消極否認之外，有何積極主張。可是他們現在發表積極的主張了，他們說：『寧願爲反國民革命者』，又說：『只有民衆覺悟後團集起來實行民衆社會革命。』列寧黨現在只主張國民革命，研究系却主張社會革命，可見列寧黨并不過激，研究系才眞是過激黨哩！我聽見研究系最近這樣的主張，不覺喜歡得把牙齒都笑掉了，腰也笑得直不起來，他們（研究系）害得我們好苦呀！研究系很聰明，他們知道『反社會革命』的工作將來再做不遲，現在不妨唱唱高調，眼前要緊的工作是『反國民革命』，因爲這個革命是要推翻奉直軍閥之統治地位的。好聰明的研究系！（實）

『反國民革命者』的民權呼聲

民權是我們應該主張的，摧殘言論是我們應該反對的，可是我們却不贊成反革命者可以拿民權與言論自由做護身盾牌。研究系一班人對於民權與言論自由的觀念，完全和我們相反：反動的北京晨報被燬時，他們大叫民權與言論自由被損害了，到了奉直蹂躪北京報界，他們却一聲不響，還仍舊附和奉軍反赤；最近孫傳芳封閉上海國民通信社，逮捕記者，他們是不響一聲，同時對於國民政府禁售反對革命的報紙，則大呼民權與言論自由；照他們這樣的態度，彷彿民權與言論自由僅僅只有給反革命運動做盾牌的單純意義，似乎不甚妥當吧！

所以我們對於此次廣州禁售報紙的態度是：不根本責備他們這是摧殘民權與言論自由，而是希望他們將所禁的報紙再審查一下，那些是反對革命的（如『寧願爲反國民革命者』的時事新報之類），那些不是反對革命的（如獨立青年之類），應該分別看待。像新申報分明是孫傳芳的機關報，新聞報一向爲陳炯明鼓吹，現在又在爲吳佩孚出力，順天時報更不用說是日本帝國主義的喉舌，上海的獨立報正論報和香港的討赤報，都是英帝國主義出錢辦的，都天天大捧其張雨帥吳玉帥孫馨帥，民權與言論自由若爲此等報紙而設，試問民權與言論自由還有什麼價值？

以黨治國與軍事專政

現在治英國的是保守黨，治意大利的法西斯黨，治美國的是共和黨，凡非以君治國的國家，都是以黨治國，本來一點也不稀奇；如果有人說以黨治國是孫中山先生的新發明，或以此非難他，都算缺乏常識。現是的中國，既非以君治國，又非以黨治國，乃是以軍治國；中山先生以爲這樣不好，所以主張也要和別國一樣以黨治國；換句話說，就是以政黨政治來代替軍事專政。我們以爲凡是反對軍事專政的人，便應該贊成以黨治國；同時，主張以黨治國的人，也不應該仍舊留戀軍事專政！（實）

我們的教育家還要反赤嗎？

在反赤軍勢力下之北京國立各大學，直到現在都還沒有開學希望；同時，胡適之由赤俄寫信給北京一班主張『仇赤友白』的朋友說：『我看蘇俄的教育政策，確是採取世界最新的教育學說，作大規模的試驗。』 如此看來，我們的教育家還要反赤嗎？ （實）

請看治外法權所產生之公道！

近據為陳阿堂案赴日代表郝兆先報告：『抵長崎上陸時，即被十餘日警包圍與稅關嚴重檢查弟之手提箱，對陳案文件強行索取，被弟拒絕，不意弟到我國領館時，日警與稅關擅開行李，將所帶陳案報告書數十本完全盜去，由此可以證明日政府偏袒行為。 茲已向日警嚴重交涉，領館亦抗議，彼方雖承認取去，然至今未還，』 日本帝國主義者拿治外法權護庇他們的殺人兇犯之效果如此，美公使馬瑞慕如今不憂慮『公道被危』了吧！ （實）

反赤派聽者！

反赤派大首領吳佩孚所作大罵公妻公產的關聖伏魔歌，已足令人

讀之噴飯。 反赤派二首領孫傳芳，居然在正式文告中說蔣介石已經實行公產公妻，弄得其部將陳儀也有點不相信，派員赴漢口調查。 最近他們的三首領褚玉璞所發討赤勘電，益發有趣了。 該電妙文，可謂字字珠璣，尋開心的朋友們，萬不可不一讀；其中最有趣的話是說：『其（指馮逆玉祥蔣逆介石）宣言曰，吾無父母，與吾同志者即是父母。』 又說：『其（亦指馮蔣）處分人地畝，無論田若干頃，園若干區，僅留一夫之耕，供八口之食，餘田公諸私人，彼輩攫其半數。』 他們（反赤派）這班大二三首領的宣傳本領，可謂一個不如一個，反赤派中諸大知識者，何不為他們的首領效效文字之勞，免得樣樣出醜!? （實）

章炳麟和康有為的財運不齊

章炳麟辛辛苦苦為孫傳芳做了一篇洋洋千言的討蔣電報，只到手一千塊錢；同時，康有為到山東天津奉天走了一躺，『南返程儀萬金五千不等。』（見時事新報九月念九日北京電） 章炳麟得毋羨煞妬煞！ （實）

英國帝國主義最近在廣東之蠻橫（九月十日廣州通信）

叔堅

反抗上海慘殺及沙基慘殺的香港罷工，已與英帝國主義堅持一年又二月有餘了。 香港罷工後，即實行封鎖政策，一面與香港經濟以絕大打擊，使其成為荒島；一面又使香港的反革命勢力與廣東反革命勢力不能聯絡，造成了國民政府之鞏固。 所以這個罷工在反對帝國主義方面和擁護中國革命根據地方面，均卓著奇功。 可是英國却因此痛恨極了，一年以來，百計破壞罷工。 初則竭力挑撥工商惡感，使罷工工人由孤立而至失敗；繼則嗾使其走狗陳炯明鄧本殷等擾亂東江和南路；更勾結國民黨右派的軍人政客，以破壞國民政府，企圖無條件地解決這個罷工。 無如這些辦法，一一失敗，乃遂不得不直接與罷工為難。 今年春間粵海關稅務司英人卑爾，受香港政府指使，藉口罷工糾察隊干涉驗貨事，突然宣佈封關。 七月廿六日潮海關稅務司英人亦以封關威嚇，要挾放行英貨。 八月英國兵艦更在梧州舉行廿三小時以上的封鎖。 粵海關又藉口於工人組織工會事，陰謀重行封關。 除這一類的事實外，還有勾結沿海民團土匪襲擊罷工糾察隊等事。 舉凡這些，統是英帝國主義企圖破壞罷工，因以破壞革命基礎，破壞中國人民解放運動之一貫的政策。

在七月中英談判中，英國代表對罷工不滿之意，竟於樽俎間透露出來，說罷工已成過去事實，及談判停頓後，香港總督金文泰竟在他

們會議中罵糾察隊爲『匪徒海盜』。 可是自八月以後，廣東民衆擁護罷工甚爲熱烈。 在八月底還舉行了幾十萬人的擁護罷工反抗英國的大示威。 而擁護罷工週，各界慰問工友，盡量援助，更引起香港帝國主義之憤怒。 同時，國民革命軍克長沙，下岳州，佔領武漢，反帝國主義的革命勢力反向北發展，並且這種反英排貨的運動，將由廣東廣西而擴張到湘鄂。 因此，香港政府和沙面英領急欲乘此後方兵力較前單薄之時，一面予廣州以打擊，爲吳孚佩幫助，一面又擬製造一殺人機會，好壓迫罷工。 於是英帝國主義九月份的蠻橫又開始了。

九月四日上午九時許，在沙面的英國兵艦兩隻，越界駛入省河西堤大新公司前工商檢驗貨物處河面。 到時，立即分開拋錨，其艦中大砲亦指向工商檢驗貨物處。 復下令該處前面所有船隻一律移開。 於是各船艇均向南躱避，其未及即時解纜者，英艦則派人上岸將纜斬去。 一時西堤省港碼頭前行人，以英艦兇惡，紛紛走避。 在此碼頭的兩個罷工飯堂亦被拆去，把堂內用具拋出，河邊厨艇驅走。 香港罷工委員會聞信，恐罷工工人及市民不察英艦挑釁之計，與之衝突，乃派人向大衆解釋，處以鎮靜態度。 英帝國主義見機不得逞，乃於下午二時又召來淺水砲艦一隻，停泊於省港碼頭河面。 另外，尚以無數小汽船往來巡視。 三時許又派出水手五十餘人，帶機關鎗數架上岸，將省港碼頭佔據並將碼頭鐵門封鎖，於是省港碼頭一帶，交通亦爲之斷絕。 其兇惡無理的情形，實爲從前所未曾有。

自四日以後，迄於今日，每天都有搗亂行兇的事件。 在九月五日，英艦把在小艇中的糾察隊員二名捉去，搶去其身上所帶之中央紙幣及手表等物。 六日，對於糾察隊所扣留之專爲香港運輸的亞細亞船，派小艦前往包圍，大有武裝奪船之事。 到七日，順利英艦，配足武裝，再往亞細亞輪船處開駛。 至時，艦上英兵，放空槍數響示威，然後紛紛派出全副武裝英兵四十五名，內有十五名，手持機關鎗者，蜂擁過亞細亞船，先將駐艦值日糾察捆綁，並且勒令船中糾察隊交出槍械子彈。 糾察隊以遵守罷工委員會命令爲重，不與衝突，英兵以糾察不抗拒，乃勒令他們即刻離船，計此次英兵搶去九七槍二支，漏低槍一支，單響槍一支，尚有子彈及旂幟輜重用品等物。 八日下午順利艦又對一華艇放槍十餘響示威，并且將牠扣下不放行。 九日，第一碼頭之英艦除在四日艦頭已架起機關槍指向堤岸行人外，并於艦尾加設機關砲兩尊，指向西濠口方面。 艦旁大木船上坐有英兵六人守望。 至第二碼頭之英艦，又於上午下令驅逐該處小船，非常騷擾。 自沙面方面，在四日以來，即行戒嚴。 計沙面西橋內，高架機關槍兩桿，并有英兵十二名，印兵十名守衛；東橋內亦有武裝法兵六名站立。 近聞海關中人云，自英艦駛入省河停泊西堤風潮發生之後，各商人前往報關領紙起卸貨物者，非常之少，比較英艦未駛入省河以前，減去十分之四，稅收亦受連帶影響。 這便是此次英帝國主義野蠻行爲的大概經過。

自從此事發生後，罷工委員會在當日除派員勸告工人市民一律鎮靜外，即呈報國民政府，請求嚴重交涉。 當時國民政府即據報令外交部向英領提出抗議，要求：（一）各碼頭之武裝英兵應即撤退；（二）所有英國水師在沙面干涉小船隻之行爲應即停止；（三）停泊各碼頭之英艦應調回停泊沙面外原泊之處。 同時，廣州各人民團體如四商會，中華全國總工會，廣州工人代表會及農工商學聯合會等，憤恨已極，現正在大發宣言，上文政府，通電各地，開會討論，要求停止英帝國主義這次的蠻橫行爲。 這件事情，我想不是廣州一隅的事情，全國人民俱應踴躍起來：

反對英國帝國主義！

擁護香港罷工！

劉鎮華在陝西討赤的成績（十月一日陝西通信）

中　哲

自從張吳打起討赤的旗幟後，竊據陝省有年，蹂躪備至的嵩山匪首劉鎮華，居然成爲赴陝討赤的所謂總司令了。　這次的討赤我們早就看穿，尤其是在討赤後證明，完全是英日帝國主義的主動與吳佩孚復活要做武力統一中國的迷夢，不過借用的一個新鮮招牌，來迷惑一般人的視聽罷了。　他們（討赤軍）那裏知道『赤』是什麼？　爲什麼？　要怎麼？　他又那裏敢估量自己有討『赤』的資格。　自然；吳佩孚要來討赤了，劉鎮華早就是吳的馴狗，那能不起而點頭搖尾，何况劉鎮華的離陝西，不是他甘心願意，原是那年胡（景翼）憨（玉琨）之戰時，劉鎮華率兵助憨敵胡，結果反被胡打得七零八落，一敗塗地而逃遁了的哩！　所以他這次毅然入陝，實行討赤了。

可笑！　可痛！　陝西原是僻處西陲，交通阻塞，傳統的宗法思想，似早已像鐵的團結了人心，迄今猶牢不可破。　那有所謂一線光明，含半點兒赤光！　一般人的思想完全沒有脫離宗法色彩，他們正在拜孔祭孟，希望眞命天子降臨，掃平天下使登諸袵席，或是吳秀才出來武力統一。　這樣的現象，吳佩孚劉鎮華也要加以赤名來討，豈不是可笑！　陝西的教育雖不如前幾年那樣黑暗，然而教授白話文，使學生閱覽小說雜誌報章的學校，實行沒有幾處，而多是韓柳歐蘇，『詩云』『子曰』的。　難道這些古董到現在自會變作赤化而非討不可麼？　陝西的無識人民就不必提，只就知識階級的分子說，這些人還正在崇拜梁啓超，認爲是最可崇拜的青年模範人物。　又教學生以『唸佛坐靜』，『埋頭攻書不問國事』，『國民黨共產黨都是亂黨』，『共產就是窮人分富人的錢財』，『共人家的婦女』，『赤化是胡鬧』等等。　他們那裏夢見過赤是什麼！　然而劉鎮華一進潼關城便大張討赤的廣告，試問討誰的『赤』呢？

劉鎮華本來深悉陝西是赤無可討，但是旗幟標出，却不能不設法應付，關於這一點我們不能不贊美他的妙想天開。　怎樣呢？　他一進佔了潼關，便把陝內各地所購訂的日報雜誌書籍，一概都扣留而爲已有，他說『外來書報，多帶赤化，故特扣留，以免善良沾染，受其愚惑』。　尤異者，他明知這次返陝，心懷鬼胎，必難見容於陝人，尤其對於學生及在豫失敗回鄉之軍人，時生疑畏，於是大雷大鼓的唱道：『凡有剪洋頭，穿洋襪，穿對襟衣及洋布服者皆有赤化嫌疑』。　因此，嚇得這類人皆鎖聲匿跡了。　這樣一來，劉鎮華便可爲所欲爲了。

劉鎮華既深入陝境以後，他便怎樣討赤呢？　自然，他的唯一對象就是與他利害衝突，地盤發生問題的國民軍了，他這次雖率有五師之衆（實際只有三師），然國民軍的數量，並不減於他。　何况他所部的軍隊，完全是新招的土匪和河南的紅槍會，大半是烏合之衆，毫無紀律的土匪，其攻西安數月不克也宜矣。　他部下所用的軍械，不是棍棒，便是刀劍，大有揭竿而起的風味。　他不能獲勝的事實是如此，而吳大帥忙於討赤於西北於東南，繼而反被革命軍打敗，於是又忙於逃竄，收束軍隊，以圖反攻，所以始終對劉鎮華沒有什麼幫助。　閻錫山雖與劉鎮華有所結合，但閻亦自顧不暇，那有餘力顧及他人？　在這種情形之下，他在軍事上雖沒有勝利，但是對於陝人却有不少殘害的事蹟：——

一、陝西雖是僻處西陲，黑暗重重，但自五卅以來的革命怒潮，已經波及到陝西，搖撼了一般人，尤其深入了一般的陝西青年，使得他們不得不走上革命的道路了。　當劉鎮華起初禍陝時，三原、西安以及各地的學生反劉最烈，所以他對於青年學生除扣留書報外，在行動上尤其嚴加制止，在言論上更無絲毫自由之可能，如有談及嵩匪禍陝情事，將信扣留自不在話下，且必處以重罰監禁。　華縣某因信中敘及嵩軍之擾害，被罰洋千元事尚未了，即可見一斑而知其毒辣之甚矣。　國嵩兩軍接觸後，陝西的教育即宣告停止，此外莫不受其直接或間接之影響。　現已歷半年之久，而陝西教育仍無恢復之可能。此劉鎮華討赤及於教育之成績。

二、陝西的農民眞是苦到一髮千鈞，岌岌瀕危之時了。　他們若是了解了自己而不再希望皇帝出世時，不知已經由暴動而達到某種程度了。　這種情形是經常而複雜的，由帝國主義的侵掠，土匪的搶刼，兵禍之騷擾，官僚惡紳之剝削，天災等而形成的。　現在又遇到劉鎮華大舉禍陝之奇災，更是在今年麥秋薄收的時候，所以人民農苦得要死了。　何況在收穫期間，正是激戰的時候，人民只在逃命即薄收也未到手。　然而劉鎮華的數師之衆，完全要農民供養，供給他們糧草衣物還不足，什麼預支，借款，富戶，預徵，特稅等統統都加在農民身上。　至拉民夫，牽牲畜，搶財物，更是嵩軍的經常慣行、視為應該的了！　然此猶不足，常誣賴人民藉以取錢，倍收烟款，擴充軍備，即未種烟者，亦必按其私意規定之畝數款數出錢，不然便是肉體受刑，人民因此而喪命者，亦多所聞。　農民在此壓迫之下，惟有聽其宰割。　保護農民的民團，已被嵩軍完全解散，如有倡之者，即以逆匪論。　因此，土匪益形猖獗，遍布各處，而匪兵又得任意剝削蹂躪了。　因此人民流離失所，省西人民遷徙至甘省者不少，省東各縣逃往山西者亦甚衆，因之，貧農無力他逃者，只得居於水深火熱之中，於是一切苛徵兇派又集中在貧農的身上了。　土匪又要在貧農身上剝削零星錢了。　這樣禍上加禍的陝西農民所遭的痛苦，是劉鎮華討赤及於農民之第二成績。

三、陝省一切小手工業者都因劉鎮華之禍陝而變作赤貧的失業者了。　一般的小商業都因攤派不支而停業了，停了業的商舖都變作嵩軍的行營，豫人的旅次了。　這是劉鎮華討赤的第三成績。

劉鎮華討赤的成績，大略如上所述，總之，劉鎮華的討赤已使得陝省十室九空，而盡成「赤」土了。　在這次的討赤中，已經使一般人民深悉了赤是什麼，討赤是什麼意義了，更明瞭所謂赤軍與討赤軍的分別。　現在一般人民表面上雖似渙散，而偉大的潛勢力早就隱伏，在陝內各縣人民多學習硬鬭，而時常發生的激烈暴動，正是這種勢力的表現。　他們只在相時而動了。　這是劉鎮華討赤的成績與必得的酬報呵！

悼趙醒儂同志！

孟冰

嗚呼！　醒儂同志死了！　醒農同志是怎樣死的而且為什麼死的呢？　據：

一、商報十六日南昌電：黨人趙醒儂十六日槍斃；

二、申報同日南昌電；敵黨趙醒儂銑（十六）斃；

三、新申報同日南昌電：赤趙醒儂銑（十六）斃；

四、新聞報同日南昌電：趙幹有赤化嫌疑十六日已槍決；

五、民國日報同日南昌函……突於今晨（十六）派軍警將趙君押赴德勝門外芝田，執行槍決，時趙君正濃睡未醒，見軍警密布，知已無倖免理，要求書一遺囑，不許。　臨行時態度從容，并呼打倒帝國主義打倒軍閥等口號，其罪狀則為「宜傳赤化圖謀不軌。』

這一束死耗總不會是謠言罷！　我們從這些死耗中可以知道醒儂同志是這樣死的及爲什麽死的了！　因此醒儂同志的身世恐怕是許多人所要知道的罷！

醒儂同志是一個被壓迫的青年！　他在中學還沒有畢業，因家貧而輟學，在長沙常德等處曾做商店學徒，從來在上海販賣報紙以維持生活，此時他是備嘗艱難辛苦之至，夜無宿處而臥於小菜場內，有時爲巡捕所驅逐，竟在馬路上步行達旦，然而他在這個貧困飢寒種種物質上的壓迫幾乎無以爲生的環境中找到了一條光明的出路——革命！

醒儂同志是一個職業的革命家！　他自認識革命後便加入了中國共產主義青年團及中國共產黨，此後他便是在艱難辛苦的革命工作中過活了。　他在上海時爲無產階級及一般被壓迫羣衆做過不少實際鬥爭的革命工作，一九二二年在南昌曾組織文化書社爲江西青年作革命知識的灌溉，不久江西民權運動案發生，文化書社被封，他亦逃亡上海。

醒儂同志是江西民族革命運動的先路！　一九二四年他在江西組織國民黨省黨部，領導江西民衆爲國民革命運動而奮鬥，一九二五年十一月因此被捕，在獄三越月，出獄後仍繼續其革命工作。　不久因工作過忙，積勞成疾，病中又復被捕，　獄約一個月至九月十六日，即以『宣傳赤化圖謀不軌』的罪狀而與江西革命羣衆永訣了！

醒儂同志的遇害是江西國民革命工作中一個很大的打擊，也是我們革命工作中一個很大的損失，江西的民衆在醒儂同志遇害中至少應該有以下的幾個覺悟：

一、孫傳芳在江蘇殺了農民的首領周水平，在上海殺了工人的首領劉華，現在又在江西屠殺民衆的首領趙醒儂了！　這是孫傳芳初到江西對於江西民衆的示威，江西的民衆應該了解這個示威，應該積極的起來答復這個示威！

二、我們要進一步的認識，醒儂同志的遇害尙有帝國主義的原素，民族運動是帝國主義者所疾首痛心的，英國帝國主義者在上海已經嗾使孫傳芳把劉華秘密槍斃了，很顯明的間接屠殺醒儂同志的是英國帝國主義者，北伐軍佔領武漢以後，英國帝國主義者在長江的勢力發生動搖，已經手忙脚亂地直接起來干涉北伐軍，嗾使他的走狗孫傳芳屠殺醒儂同志是意中事也。

三、醒儂同志是國民黨員也是共產黨員，國民黨與共產黨都是爲民衆利益而奮鬥的政黨，他的黨員都是站在民衆的前面拿自己的頭顱血肉去爲民衆謀利益的，江西的民衆在醒儂同志的遇害中應該了解國民黨與共產黨都不是一般軍閥及帝國主義者所謂洪水猛獸，赤化過激我們要想在帝國主義及軍閥的雙重壓迫之下解放出來，只有我們自己在國民革命的旗幟之下團結起來，才有可能。

四、『軟弱無能偸生怕死』這是江西人民的特性，自一九一三年以來江西人民爲革命而入獄者不到十人，爲革命而犧牲者醒儂同志要算第一個，當一九二三年民權運動案發生時，江西人民是何等的恐慌呵！　現在醒儂同志的遇害，恐怕又在惶恐萬狀了罷！　江西民衆在醒儂同志遇害中應該了解害怕絕對不是我們的出路；我們的出路，只有繼續醒儂同志的精神努力奮鬥！

嗚呼！　醒儂同志死了！　醒儂同志的精神——革命的精神，是永久永久在我們面前活着的！

讀者之聲

國民政府與廣東革命民衆

嚮導記者：

做革命工作，想引起民衆的同情信仰，沒有不從宣傳工夫做起的，然後組織訓練奮鬥……不斷的熱烈的工作，才可以望革命的成功。

中山先生遺囑上說：「予致力國民革命凡四十年」，以中山先生經過四十年奮鬥之歷史，民衆方面對於國民革命一層，尚不能普遍的同情，深刻的信仰；在反動勢力之下，因爲不能作公開的運動，固是一種主要的原因。但在革命政府統治下的廣東，受革命空氣薰染最廣最易最深的廣東民衆，也是這種現象，抱懷疑觀望的態度，不能與政府切實合作，向革命的路上熱烈的做去。對於這個問題，當初我也非常懷疑，以爲宣傳的工作不能切實的做到，所以發生這種現象。

但是我心裏總是不能了解，安慰。因爲已經過長時間宣傳工作的廣東民衆，對於革命政府，還是這樣的態度，其中必定有個緣故。後商同志們討論，也未能得到滿意的解決。然後我時時留心考察到民衆言論，他們多說：「我們老百姓，並不是不迎革命，如得能夠眞的安樂，那是沒有一個不歡迎的。像從前革命黨推倒滿清政府，我們都是非常歡迎的，以爲天下從此可以太平了，大家有工夫可以做了，有飯可以吃了，但是革命了十多年，我們不但沒有得到什麼好處，反倒增了無限的痛苦，像籌餉借錢糧認公債呀，弄得我們自己連衣食都靠不到，打仗拉夫呀，弄得我們田地沒人做工，什麼捐什麼稅呀，弄得百物高貴，沒有力量購買。在從前沒有革命的時候，我們本來還有碗粥可以的，現在因爲革了命，倒反弄得我們連碗粥都沒有吃了。這樣情形，怎能叫我們信仰革命來幫革命的忙呢……」。我聽了這段話，才知道現在民衆的希望需要，第一在乎解除目前切身的痛苦，如何能滿他們這點要求。無論如何宣傳運動，結果，弄得越做宣傳工作，越不得民衆的同情，反使他們誤會，以爲是一種空談的學說。

廣東歷年革命的經過，多在軍政期內，政府對於社會的建設，在主觀上來說，固然是做不到的，但是客觀的要求，以又非做不可；因爲智識幼稚意志薄弱素無政治眼光的民衆，見了革命政府還不能替他們解除目前切身的痛苦；自然會起一種懷疑觀望的反感，在軍閥宰制下時受反動宣傳的民衆，得到這樣情形，對於革命政府的信仰自然越形薄弱了。所以我認爲現在我們革命的工作，尤其在革命政府下的廣東。欲使民衆普遍的同情，深刻的信仰，鞏固革命政府的基礎，一方面固然不能拋棄宣傳工作，一方面尤其是要澈底的積極的解除民衆目前切身的痛苦不可，換言之，革命政府，對於民衆除不斷的做宣傳工作外，尤其需要澈底解除他們目前切身的痛苦，那末，革命政府下的民衆，因得到解除痛苦，自然能普遍的深刻的信仰革命政府，而鞏固革命政府的基礎。反動勢力下民衆，知道革命政府確是解除民衆痛苦的政府，自然的起來反抗帝國主義軍閥，而傾向革命政府信仰革命政府了。

民衆目前切身的痛苦急需解除者概括如左：

一、言論出版集會結社之絕對的自由；

一、澈底的解除苛捐雜稅籌餉拉夫預征田賦強認公債及其他一切殘害平民政策；

一、對於殘疾老弱孤苦的設法救護。

嚮導爲謀解除民衆痛苦最熱烈，幷得民衆最信仰的言論，所以我的這點意思，很誠懇的向你們報告，望你們嚴厲的批評，切實的指教。倘你們也認爲現爲革命工作中之最需要者，還望熱烈的主張，嚴厲的督促，已得民衆同情，而未得民衆深刻信仰的根據地——廣東。尤望熱烈的主張，促進革命政府的實行，務使徹底的解除民衆目前的痛苦，使民衆深刻的信仰革命政府，鞏固革命政府的基礎，打倒帝國主義打倒軍閥之實現，完成國民革命的工作。

德運十五年八月十日於廣州

德運先生：

先生所言：『革命政府對於民衆，除不斷的宣傳外，尤其要徹底解除他們目前的切身痛苦』，這是非常之對的。因爲已執政的革命黨，革命的政府，已經不是在敵人政權之下，僅僅作些破壞的工作，僅僅宣傳自己的主張，揭示敵人的黑暗。而須將以前所宣傳的主張來實現，便是在實際上來擁護民衆的利益，然後才能取得民衆的信仰和擁護。現在的廣東政府，是國民黨執政的政府，所以執政的國民黨不僅須宣傳其主張，在宣傳上擁護民衆的利益，而須實現其所主張，在實際上擁護民衆的利益了。縱或現在限於環境不能實現其主張之全部，但至少亦須儘可能的實現一部分。可是近來的廣州革命政府，對於實際擁護民衆利益一點上，尤其對於農民的利益，確有不能令人滿意的地方，並且可以說簡直很少注意。這是很可惜的。所以本報近爲擁護廣東民衆的利益起見，爲保存廣東的革命根據地起見，每戆直陳辭，希冀執政的國民黨國民政府有以所改造。想先生和一般讀者當已入目了。

記者

我們最近有二本——

新書出版：

一是『中國革命問題論文集』

這一部書分訂二本共六百頁定價大洋一元。我們因種種關係付印很久到現在才完全出版，我們從各方來信詢問或催促中，可以知道各方對於此書出版企望甚殷了。可惜初版紙印五千份實不足供應全國的要求，購者請從速。

二是『論北伐』

這是一本小集子，嚮導叢書第四種，內容有獨秀述之國燾諸同志關於北伐問題的意見。定價大洋八分，本報代派處皆有發售。

以上二書全國總代售處是廣州財政廳前國光書店

發行部
編輯部　通信處：
廣州國光書店黃正君

分售處

廣州	丁卜圖書社
北京	各學校號房
長沙	文化書社
寧波	寧波書店
武昌	時中書報社
	共進書社
香港	萃文書局
汕頭	汕頭書店
太原	晉華書社
湖州	青年書社
雲南	新亞書店
重慶	唯一書局
重慶	重慶書局
黃梅	書報流通處
西安	西安書局
成都華陽	書報流通處
紹興	亞民文具實業社

價目

訂閱：國內一元寄足三十五期。國外一元寄足二十五期。郵票代洋九五折算。但以一分半分爲限。

代派：每份大洋三分。六計折算。寄費在內。十份起碼。十期清算一次。概不退回。

零售：每份銅元六枚。

嚮導（四）

數位重製・印刷　秀威資訊科技股份有限公司
https://www.showwe.com.tw
114 台北市內湖區瑞光路 76 巷 65 號 1 樓
電話：+886-2-2796-3638
傳真：+886-2-2796-1377
劃　撥　帳　號　19563868　戶名：秀威資訊科技股份有限公司
讀者服務信箱：service@showwe.com.tw
網　路　訂　購　秀威網路書店：http://store.showwe.tw
國家網路書店：http://www.govbooks.com.tw

2021 年 11 月
全套精裝印製工本費：新台幣 13,500 元（全套五冊不分售）

Printed in Taiwan　　ISBN:9789863269502 CIP:574.105

本期刊僅收精裝印製工本費，僅供學術研究參考使用

ISBN 978-986-326-950-2
9 789863 269502 13500

讀者回函卡